Landesrecht
Freistaat Bayern

Bayerisches Kommunalrecht

von

Dr. Gernot Lissack
Rechtsanwalt und Fachanwalt für Verwaltungsrecht in München

4. Auflage 2019

C.H.BECK

www.beck.de

ISBN 978 3 406 73514 1

Wilhelmstraße 9, 80801 München
Druck: Druckhaus Nomos
In den Lissen 12, D-76547 Sinzheim

Satz: jürgen ullrich typosatz, Nördlingen
Umschlaggestaltung: Druckerei C. H. Beck Nördlingen

Gedruckt auf säurefreiem, alterungsbeständigem Papier
(hergestellt aus chlorfreiem Zellstoff)

Vorwort

Gegenstand dieser Darlegung ist das geltende Bayerische Kommunalrecht in dem Umfang, wie es dem Studenten in der Ersten Juristischen Staatsprüfung und dem Rechtsreferendar in der Zweiten Juristischen Staatsprüfung abverlangt wird. Dabei wurde dem Umstand Rechnung getragen, dass es sich beim Kommunalrecht um einen Rechtsbereich handelt, der zu fast allen anderen Rechtsmaterien Bezüge aufweist. Aus diesem Grund gibt es kaum einen Examenstermin, in dem nicht kommunalrechtliche Fragestellungen zu erörtern wären. Wer diese Abhandlung durcharbeitet, wird demzufolge auch seine Kenntnisse im Deutschen und Bayerischen Verfassungsrecht, insbesondere im Staatsorganisationsrecht, im Verfassungsprozess- und Verwaltungsprozessrecht, im allgemeinen Verwaltungsrecht, im Bauplanungsrecht und im allgemeinen Sicherheitsrecht vertiefen, da es Ziel des Autors war, die Verknüpfungen des Kommunalrechts – insbesondere durch zahlreiche Beispiele, die meist der Rechtsprechung entnommen wurden – herauszustellen. Wenn sich der Autor gelegentlich wiederholt, so ist dies durchaus beabsichtigt, da dem Buch eine Art Wendeltreppenprinzip zugrunde liegt. Besonderer Wert wurde auch auf die Darstellung der Rechtsfolgen fehlerhaften kommunalen Handelns sowie der richtigen Rechtsbehelfe hiergegen gelegt.

Obschon sich das Buch in erster Linie an den Lernenden richtet, wird auch der Praktiker, der sich in das Kommunalrecht einzuarbeiten hat, durch die Lektüre einen ersten Überblick gewinnen; die zahlreichen Fundstellen ermöglichen eine weiter gehende Beschäftigung mit den interessierenden Fragestellungen. Überhaupt wurde von dem Instrument der Fußnote großer Gebrauch gemacht; zum einen als Fundstelle oder Beleg, zum anderen als texterweiternde Anmerkung. Diese Anmerkungen müssen vom Lernenden bei der erstmaligen Lektüre nicht unbedingt gelesen werden. Oftmals sind es aber gerade sie, die zum Verständnis des Kommunalrechts wesentlich beitragen und den Bezug zu anderen Rechtsbereichen herstellen oder vertiefen werden.

Der Examensrelevanz gemäß wurde auf die Darstellung des Finanzrechts weitgehend verzichtet, das Abgabenwesen wurde – obwohl nicht mehr Prüfungsstoff – in seinen wesentlichen Grundzügen abgehandelt. Aus dem Bereich der Gemeindewirtschaft wurde nur der Rechtsbereich der Gemeindlichen Unternehmen skizziert. Dem Wesen eines einführenden Kapitels entsprechend, ist § 1 – Die kommunalen Gebietskörperschaften und ihr Selbstverwaltungsrecht – vor allem den theoretischen Grundlagen des Kommunalrechts gewidmet. Dem Studenten sei empfohlen, dieses Kapitel zunächst zu übergehen und mit den praktischeren und vielleicht auch anschaulicheren Darlegungen der §§ 2–5 zu beginnen.

Die Drittauflage wurde vollständig überarbeitet, was nicht zuletzt wegen der zahlreichen Gesetzesänderungen erforderlich geworden war. Zu den zahlreichen zusammenfassenden und erläuternden Übersichten, Schaubildern und Prüfungsschemata sind weitere hinzugekommen, um die visuelle Unterstützung zu vertiefen. Die Arbeiten wurden im April 2019 abgeschlossen, Rechtsprechung und Literatur sind bis zu diesem Zeitpunkt berücksichtigt. Kritik und Verbesserungsvorschläge sind willkommen und zu richten an: Dr. Gernot Lissack, Wagensonner Rechtsanwälte Partnerschaft mbB, Nymphenburger Straße 70/IV, 80335 München oder per Email an gernot.lissack@wagensonner.com.

Ich danke Frau Dr. Nicola Wiesinger und Frau Viola Kemmer für die Hilfe bei der Literaturrecherche und beim Korrekturlesen sowie der Erstellung der Übersichten und Schaubilder und Frau Franziska Bauer bei der technischen Bearbeitung der Schaubilder.

München, im Juni 2019 *Gernot Lissack*

Inhaltsverzeichnis

§ 2 Die Aufgaben der kommunalen Gebietskörperschaften

§ 3 Handlungsformen kommunaler Gebietskörperschaften

Seite

§ 4 Die für die kommunalen Gebietskörperschaften Handelnden und ihre Kompetenzen

§ 5 Der Geschäftsgang

§ 6 Das Abgabenwesen

§ 7 Kommunale Unternehmen

§ 8 Staatsaufsicht

§ 9 Kommunale Zusammenarbeit

Verzeichnis der Übersichten

Literaturverzeichnis

Achterberg	Allgemeines Verwaltungsrecht, 2. Auflage 1986
Battis/Krautzberger/Löhr	Baugesetzbuch, 13. Auflage 2016
Bauer/Böhle/Ecker	Bayerische Kommunalgesetze (Losebl.)
Becker/Heckmann/Kempen/ Manssen	Öffentliches Recht in Bayern, 7. Auflage 2017
Bengl/Berner/Emmerig	Bayerisches Landesstraf- und Verordnungsgesetz (Losebl.)
Bonengel/Kitzeder	Verwaltungsgemeinschaft und Zweckverbände (Losebl.)
Burgi	Kommunalrecht, 5. Aufl. 2015
Cronauge	Kommunale Unternehmen, 6. Auflage 2016
Bedane/Apfelbeck	Leitsatzsammlung zum bayerischen Kommunalabgabenrecht (Losebl.)
Engelhardt/App/Schlatmann	VwVG/VwZG, 11. Auflage 2017
Forsthoff	Lehrbuch des Verwaltungsrechts, 10. Auflage 1973
Forsthoff	Die öffentliche Körperschaft im Bundesstaat, 1931 (zit.: Körperschaft)
Gallwas/Lindner/Wolff	Bayerisches Polizei- und Sicherheitsrecht, 4. Auflage 2015
Geis	Kommunalrecht, 4. Auflage 2016
Gern/Brüning	Deutsches Kommunalrecht, 4. Auflage 2018
Happ/Allesch/Geiger/ Metschke/Hüttenbrink	Die Station in der öffentlichen Verwaltung, 7. Auflage 2012
Harrer/Kugele/Kugele/ Thum/Tegethoff	Verwaltungsrecht in Bayern (Losebl.)
Hölzl/Hien/Huber	Gemeindeordnung mit Verwaltungsgemeinschaftsordnung, Landkreisordnung und Bezirksordnung für den Freistaat Bayern (Losebl.)
Hufen	Verwaltungsprozessrecht, 10. Auflage 2016
Jarass/Pieroth	Grundgesetz, 15. Auflage 2018
Knemeyer	Bayerisches Kommunalrecht, 12. Auflage 2007
Köhler/Bornkamm/Feddersen	Gesetz gegen den unlauteren Wettbewerb, 37. Auflage 2019
Körner/Mehringer	Gesetz über das Landesstrafrecht und das Verordnungsrecht auf dem Gebiet der öffentlichen Sicherheit und Ordnung (Landesstraf- und Verordungsgesetz – LStVG) Kommentar (Losebl.)
Kopp/Ramsauer	Verwaltungsverfahrensgesetz (VwVfG), 19. Auflage 2018
Kopp/Schenke	Verwaltungsgerichtsordnung (VwGO), 24. Auflage 2018
Lenz/Wager	Eigenbetriebsverordnung Bayern, 5. Auflage 2010
Lindner	Bayerisches Staatsrecht, 2011
Lindner	Öffentliches Recht, 2. Auflage 2017
Lindner/Möstl/Wolff	Verfassung des Freistaates Bayern, 2. Auflage, 20017
Lissack	Das kommunale Selbstverwaltungsrecht nach bayerischem Verfassungs- und Verfassungsprozessrecht, 2000 (zit.: Selbstverwaltungsrecht)

Maurer/Waldhoff – Allgemeines Verwaltungsrecht, 19. Auflage 2017

Meder/Brechmann – Die Verfassung des Freistaates Bayern, 5. Auflage 2014

v. Mutius – Kommunalrecht, 1996

Nawiasky/Schweiger/Knöpfle – Die Verfassung des Freistaates Bayern (Losebl.)

Oehler – Bayerisches Kommunalabgabengesetz (Losebl.)

Parzefall/Ecker/Katzer – Kommunales Ortsrecht (Losebl.)

Pieroth/Schlink – Grundrechte. Staatsrecht II, 34. Auflage 2008

Pietzner/Ronellenfitsch – Das Assessorexamen im Öffentlichen Recht, 14. Auflage 2018

Prandl/Zimmermann/Büchner/Pahlke – Kommunalrecht in Bayern (Losebl.)

Sachs (Hrsg.) – Grundgesetz, 8. Auflage 2018

Schieder/Happ – Bayerisches Kommunalabgabengesetz (Losebl.)

Schmidt-Aßmann – Kommunalrecht, in: Schoch (Hrsg.), Besonderes Verwaltungsrecht, 14. Auflage 2008

Schmidt-Jortzig – Kommunale Organisationshoheit, 1979 (zit.: Organisationshoheit)

Schmidt-Jortzig – Kommunalrecht, 1982

Schraffer – Der kommunale Eigenbetrieb, 1993

Schulz/Wachsmuth/Zwick – Kommunalverfassungsrecht Bayern (Losebl.)

Schwenk/Ecker – Abgabenrecht in Bayern (Losebl.)

Schwerdtfeger/Schwerdtfeger – Öffentliches Recht in der Fallbearbeitung, 15. Auflage 2018

Simon/Busse – Bayerische Bauordnung (Losebl.)

Steiner – Kommunalrecht, in: Berg/Papier/Knemeyer/Steiner, Staats- und Verwaltungsrecht in Bayern, 6. Auflage 1996

Steiner/Brinktrine – Kommunalrecht, in: ders. (Hrsg.), Besonderes Verwaltungsrecht, 9. Auflage 2018 (zit.: Besonderes Verwaltungsrecht)

Stern – Das Staatsrecht der Bundesrepublik Deutschland, Bd. I, 2. Auflage 1984

Thimet (Hrsg.) – Kommunalabgaben- und Ortsrecht in Bayern (Losebl.)

Thum – Bürgerbehren und Bürgerentscheid in Bayern (Losebl.)

Tipke/Lang – Steuerrecht, 23. Auflage 2018

Wachsmuth/Oehler/Reif – Kommunale Zusammenarbeit in Bayern, 1985

Waechter – Kommunalrecht, 3. Auflage 1997

Weides – Verwaltungsverfahren und Widerspruchsverfahren, 3. Auflage 1993

Widtmann/Grasser/Glaser – Bayerische Gemeindeordnung (Losebl.)

Wölfl – Der Fremdenverkehrsbeitrag (Losebl.)

Wolff/Bachof/Stober/Kluth – Verwaltungsrecht I, 13. Auflage 2017 (zit.: I)

Wurzel/Schraml/Becker – Rechtspraxis der kommunalen Unternehmen, 3. Auflage 2015

Wuttig/Thimet – Gemeindliches Satzungsrecht und Unternehmensrecht (Losebl.)

Abkürzungsverzeichnis

a. A.	anderer Ansicht
a. F.	alte Fassung
AEUV	Vertrag über die Arbeitsweise der Europäischen Union
AGBGB	Gesetz zur Ausführung des Bürgerlichen Gesetzbuchs
AGPaßPAuswG	Gesetz zur Ausführung des Paßgesetzes und des Personalausweisgesetzes
AGPStG	Gesetz zur Ausführung des Personenstandsgesetzes
AGBSHG	Gesetz zur Ausführung des Bundessozialhilfegesetzes
AllMBl.	Allgemeines Ministerialblatt der Bayerischen Staatsregierung
Anm.	Anmerkung
AGVwGO	Gesetz zur Ausführung der Verwaltungsgerichtsordnung
AO	Abgabenordnung
AöR	Archiv des öffentlichen Rechts
Art.	Artikel
BauGB	Baugesetzbuch
BauR	Zeitschrift für das gesamte öffentliche und zivile Baurecht
BayAbfG	Gesetz zur Vermeidung, Verwertung und sonstigen Bewirtschaftung von Abfällen in Bayern (Bayerisches Abfallwirtschaftsgesetz)
BayAbwAG	Bayerisches Gesetz zur Ausführung des Abwasserabgabengesetzes
BayBG	Bayerisches Beamtengesetz
BayBgm	Der Bayerische Bürgermeister (Zeitschrift)
BayBO	Bayerische Bauordnung
BayDO	Bayerische Disziplinarordnung
BayGastV	Bayerische Verordnung zur Ausführung des Gaststättengesetzes (Gaststättenverordnung)
BayGT	Bayerischer Gemeindetag (Zeitschrift)
BayLplG	Bayerisches Landesplanungsgesetz
BayNatSchG	Bayerisches Naturschutzgesetz
BayObLG	Bayerisches Oberstes Landesgericht
BayStG	Bayerisches Stiftungsgesetz
BayStrWG	Bayerisches Straßen- und Wegegesetz
BayVBl.	Bayerische Verwaltungsblätter (Zeitschrift)
BayVerfGH	Bayerischer Verfassungsgerichtshof/Entscheidungen des Bayerischen Verfassungsgerichtshofs
BayVGH	Bayerischer Verwaltungsgerichtshof
BayVwVfG	Bayerisches Verwaltungsverfahrensgesetz
BayVwZVG	Bayerisches Verwaltungszustellungs- und Vollstreckungsgesetz
BayWG	Bayerisches Wassergesetz
Bd.	Band
BestG	Bestattungsgesetz
BezO	Bezirksordnung für den Freistaat Bayern

BezWG	Gesetz über die Wahl der Bezirkstage (Bezirkswahlgesetz)
BGB	Bürgerliches Gesetzbuch
BGHZ	Entscheidungen des Bundesgerichtshofes in Zivilsachen
BSHG	Bundessozialhilfegesetz
BV	Verfassung des Freistaates Bayern
BVerfG	Bundesverfassungsgericht
BVerfGE	Entscheidungen des Bundesverfassungsgerichts
BVerfGG	Gesetz über das Bundesverfassungsgericht
BVerwGE	Entscheidungen des Bundesverwaltungsgerichts
DÖV	Die öffentliche Verwaltung (Zeitschrift)
DVBl.	Deutsches Verwaltungsblatt (Zeitschrift)
EBV	Eigenbetriebsverordnung
etc.	et cetera
EU	Europäische Union
EUV	Vertrag über die Europäische Union
f.	folgende
FAG	Gesetz über den Finanzausgleich zwischen Staat, Gemeinden und Gemeindeverbänden (Finanzausgleichsgesetz)
ff.	fortfolgende
FGO	Finanzgerichtsordnung
Fn.	Fußnote
GastG	Gaststättengesetz
GewO	Gewerbeordnung
GewStG	Gewerbesteuergesetz
GG	Grundgesetz für die Bundesrepublik Deutschland
ggf.	gegebenenfalls
GLKrWG	Gesetz über die Wahl der Gemeinderäte, der Bürgermeister, der Kreistage und der Landräte (Gemeinde- und Landkreiswahlgesetz)
GLKrWO	Bayerisches Gesetz- und Verordnungsblatt
GmbH	Gesellschaft mit beschränkter Haftung
GO	Gemeindeordnung für den Freistaat Bayern
GrStG	Grundsteuergesetz
GrKrV	Verordnung über Aufgaben der Großen Kreisstädte
GVBl.	Wahlordnung für die Gemeinde- und Landkreiswahlen (Gemeinde- und Landkreiswahlordnung)
GVG	Gerichtsverfassungsgesetz
GWB	Gesetz gegen Wettbewerbsbeschränkungen
HS.	Halbsatz
i. d. R.	in der Regel
i. S. d.	im Sinne des
i. S. v.	im Sinne von
i.V. m.	in Verbindung mit
JAPO	Juristische Ausbildungs- und Prüfungsordnung
JöR	Jahrbuch des öffentlichen Rechts
JuS	Juristische Schulung (Zeitschrift)
JZ	Juristenzeitung (Zeitschrift)
KAG	Kommunalabgabengesetz
KG	Kostengesetz/Kommanditgesellschaft
KommHV	Kommunale Haushaltsverordnung

Kommp By	KommunalPraxis Bayern – Zeitschrift für Verwaltung, Organisation und Recht
KommZG	Gesetz über die kommunale Zusammenarbeit
KUV	Verordnung über Kommunalunternehmen
KWBG	Gesetz über kommunale Wahlbeamte
LKrO	Landkreisordnung für den Freistaat Bayern
LKrT	Landkreistag
LRA	Landratsamt
LStVG	Gesetz über das Landesstrafrecht und das Verordnungsrecht auf dem Gebiet der öffentlichen Sicherheit und Ordnung (Landesstraf- und Verordnungsgesetz)
m. w. N.	mit weiteren Nachweisen
MABl.	Ministerialamtsblatt der Bayerischen Inneren Verwaltung
NHGV	Verordnung über kommunale Namen, Hoheitszeichen und Gebietsänderungen
NJW	Neue Juristische Wochenschrift (Zeitschrift)
Nr.	Nummer
NVwZ	Neue Zeitschrift für Verwaltungsrecht
NVwZ-RR	Neue Zeitschrift für Verwaltungsrecht – Rechtsprechungs-Report
o.g.	oben genannte
OHG	Offene Handelsgesellschaft
OLG	Oberlandesgericht
OVG	Oberverwaltungsgericht
OWiG	Gesetz über Ordnungswidrigkeiten
PAG	Gesetz über die Aufgaben und Befugnisse der Bayerischen Staatlichen Polizei (Polizeiaufgabengesetz)
POG	Gesetz über die Organisation der Bayerischen Polizei (Polizeiorganisationsgesetz)
Rn.	Randnummer(n)
Rspr.	Rechtsprechung
S.	Seite
sog.	sogenannt
SpkG	Gesetz über die öffentlichen Sparkassen (Sparkassengesetz)
StGB	Strafgesetzbuch
StMI	Bayerisches Staatsministerium des Innern
StVO	Straßenverkehrs-Ordnung
u. a.	unter anderem
Urt.	Urteil
UWG	Gesetz gegen den unlauteren Wettbewerb
VerwArch.	Verwaltungsarchiv (Zeitschrift)
VfGHG	Gesetz über den Bayerischen Verfassungsgerichtshof
VG	Verwaltungsgericht
VGemO	Verwaltungsgemeinschaftsordnung für den Freistaat Bayern
vgl.	vergleiche
VwGO	Verwaltungsgerichtsordnung
VwZG	Verwaltungszustellungsgesetz
z. B.	zum Beispiel
ZPO	Zivilprozessordnung
ZustGVerk	Gesetz über Zuständigkeiten im Verkehrswesen

ZustV .... Zuständigkeitsverordnung
ZustVBau .... Zuständigkeitsverordnung im Bauwesen

§ 1 Die kommunalen Gebietskörperschaften und ihr Selbstverwaltungsrecht

I. Begriff und Arten der kommunalen Gebietskörperschaften

1. Gegenstand des Kommunalrechts

Im Blickfeld dieser Darlegung stehen die kommunalen Gebietskörperschaften Gemeinde, Landkreis und Bezirk, auch Kommunen[1] genannt. Das Kommunalrecht ist eine Querschnittsmaterie, die nicht nur die institutionelle Ausgestaltung der Kommunen, deren Organisation, insbesondere die Aufgaben der Kommunen und die Kompetenzen der kommunalen Organe umfasst, sondern auch die Bezüge z.B. zum Bauplanungsrecht, zum allgemeinen Sicherheitsrecht, zum allgemeinen Organisationsrecht und zu zahlreichen sonstigen Materien herstellt, die auch durch das europäische Unionsrecht geprägt sein können, wie z. B. das Vergaberecht, das Beihilferecht oder das Umweltrecht. Das Kommunalverfassungsrecht, also das Organisationsrecht der Kommunen, unterfällt der **ausschließlichen Gesetzgebungskompetenz** der Länder gem. Art. 70 GG und stellt eine der wenigen Materien dar, die neben den Bereichen Kultur, Polizei und eigene innere Verwaltung noch zur ausschließlichen Gesetzgebungszuständigkeit der Länder gehört. Trotzdem waren aber bundesrechtliche Regelungen mit kommunalrechtlichem Bezug nicht von vornherein ausgeschlossen. Vielmehr hielt das Grundgesetz besondere Kompetenznormen bereit, deren Ausnutzung den Bund zu einer Einschränkung der kommunalen Selbstverwaltung befähigte[2]. Diesbezüglich kamen z.B. die konkurrierende Gesetzgebungskompetenz gem. Art. 74 I Nr. 18 GG[3] oder Art. 84 I[4], 85 I GG in Betracht. Seit der Änderung des Grundgesetzes aufgrund der Föderalismusreform im Jahr 2006 dürfen den Gemeinden und Gemeindeverbänden Aufgaben durch den Bundesgesetzgeber nicht mehr übertragen werden, Art. 84 I 7, 85 I 2 GG[5]. Dieser kann neue Aufgaben nur den Ländern übertragen, die dann über eine etwaige Weiterübertragung an die Kommunen entscheiden. 1

Soweit der bayerische Gesetzgeber durch Erlass der Kommunalordnungen (GO, LKrO, BezO) und sonstiger Gesetze mit Kommunalbezug (z.B. VGemO, KommZG) von seiner ausschließlichen Gesetzgebungskompetenz Gebrauch macht, ist er selbstverständlich nicht nur an die landesverfassungsrechtlichen Maßgaben (vgl. z.B. Art. 9ff., 83 BV) gebunden, sondern auch an die diesbezüglichen Regelungen im Grundgesetz, vgl. z.B. Art. 28 I, II GG[6]. 2

---

[1] lat. „cum“ = zusammen, „munus“ = Aufgabenkreis, vgl. Schmidt-Jortzig, Rn. 1; in DÖV 1993, 973 weist Schmidt-Jortzig zudem darauf hin, dass „kommunal“ letztlich nichts anderes bedeute, als gemeinsame Lastenbewältigung.

[2] Vgl. BVerfGE 56, 298/310ff.; BVerfGE 57, 43/59; BVerfGE 58, 177/191ff.

[3] Vgl. BVerfGE 3, 407/423ff. (Recht der städtebaulichen Planung).

[4] Vgl. BVerfGE 22, 180ff.; BVerfG, DÖV 1988, 465ff.

[5] Beachte insoweit auch die Übergangsregelung des Art. 125a I 1 GG. Aufgabenänderungen sollen weiterhin zulässig sein. Vgl. hierzu Jarass/Pieroth, Art. 125a GG, Rn. 8; vgl. auch Durner, BayVBl. 2007, 161f. m.w.N.

[6] Vgl. BVerfG, Urt. v. 21.11.2017, Az. 2 BvR 2177/16, Leitsatz 1 und Rn. 49. Vgl. auch Maurer/Waldhoff, § 23, Rn. 7.

2. Die Kommunen als Gebietskörperschaften

3 Wie Art. 1 GO, Art. 1 LKrO, Art. 1 BezO ausdrücklich feststellen, sind die Kommunen Gebietskörperschaften, also Körperschaften des öffentlichen Rechts, also rechtsfähige juristische Personen des öffentlichen Rechts.

a) Die Kommunen als juristische Personen

4 Die Erfindung der **juristischen Person** ist ein Kunstgriff, in dessen Konsequenz die Rechtsfähigkeit, sprich die Fähigkeit, Träger von Rechten und Pflichten zu sein, nicht den natürlichen Personen (vgl. §§ 1 ff. BGB) allein vorbehalten ist. Letzteren kommt die Rechtsfähigkeit bereits kraft ihrer Existenz zu. Juristische Personen sind Personenvereinigungen oder Vermögensmassen, denen die Rechtsordnung Rechtsfähigkeit zuerkennt. Die Folge ist, dass die juristischen Personen selbst im Rechtsverkehr handeln, Eigentum erwerben, klagen und verklagt werden können. Als hier nicht weiter interessierende Zwischenform ist die Teilrechtsfähigkeit anerkannt.

b) Die Kommunen als juristische Personen des öffentlichen Rechts

5 Wurzelt die Rechtsfähigkeit der juristischen Person im privaten Recht, so spricht man von **juristischen Personen des Privatrechts**. Festgehalten sei in diesem Zusammenhang nur, dass im BGB ausschließlich der rechtsfähige Verein (vgl. §§ 21 ff. BGB) und die rechtsfähige Stiftung (vgl. §§ 80 ff. BGB) behandelt sind. Weitere wichtige juristische Personen des Privatrechts sind die Aktiengesellschaft (vgl. § 1 I AktG) sowie die Gesellschaft mit beschränkter Haftung (vgl. § 13 GmbHG). Wurzelt die Rechtsfähigkeit im öffentlichen Recht, wobei es maßgeblich auf den Entstehungsakt ankommt, so spricht man von **juristischen Personen des öffentlichen Rechts.** Juristische Personen des öffentlichen Rechts entstehen durch „Anerkennung" bei solchen Handlungssubjekten, die als existente Aktionsgrößen bereits vorgefunden worden sind (Beispiel: Kirchen, Gemeinden), ansonsten durch spezialgesetzliche Schöpfung (Beispiel: Industrie- und Handelskammern) oder durch sonstigen Staatsakt. Hinsichtlich der Erscheinungsformen der juristischen Personen des öffentlichen Rechts besteht ein numerus clausus. Es werden die rechtsfähige Körperschaft, die rechtsfähige Anstalt und die rechtsfähige Stiftung des öffentlichen Rechts unterschieden.

c) Die Kommunen als Körperschaften des öffentlichen Rechts

6 Die **rechtsfähige öffentliche Anstalt** wird seit Otto Mayer definiert als ein „zur Rechtsposition des öffentlichen Rechts erhobener Bestand von sächlichen und persönlichen Verwaltungsmitteln, welcher in der Hand eines Trägers öffentlicher Verwaltung einem besonderen öffentlichen Zweck dauernd zu dienen bestimmt ist"[7]. Die rechtsfähige Anstalt ist aufgrund ihrer rechtlichen Selbständigkeit Hoheitsträger mit der Verpflichtung, die ihr obliegenden Aufgaben zu erfüllen. Anders als die Körperschaften hat die Anstalt keine Mitglieder, sondern Benutzer.

7 **Beispiele:** Öffentlich-rechtliche Rundfunkanstalten, die Sparkassen gem. Art. 3 SpkG, die Kommunalunternehmen gem. Art. 89 GO[8].

8 In der kommunalen Praxis ist wohl noch häufiger als die rechtsfähige Anstalt die nichtrechtsfähige Anstalt anzutreffen, die sich dadurch auszeichnet, dass sie rechtlich

---

[7] Vgl. Otto Mayer, Deutsches Verwaltungsrecht, Bd. 2, S. 331.

[8] Zur Bundesagentur für Arbeit und zur früheren Bundesanstalt für Arbeit vgl. Maurer/Waldhoff, § 23, Rn. 55 m. w. N.

nicht verselbständigt ist, sondern nur einen gewissen organisatorischen Grad an Selbständigkeit erreicht hat.

Beispiel: Öffentliche Einrichtungen i. S. d. Art. 21 GO können nichtrechtsfähige Anstalten 9
des öffentlichen Rechts sein, z. B. das gemeindliche Schwimmbad, die gemeindliche Stadthalle, die gemeindliche Wasserver- und -entsorgung.

Die **Stiftung des öffentlichen Rechts** ist eine rechtsfähige Organisation zur Ver- 10
waltung eines von einem Stifter zweckgebunden übergebenen Bestands an Vermögenswerten[9], vgl. auch Art. 1 II BayStG.

Die **rechtsfähige Körperschaft des öffentlichen Rechts** ist von der rechtsfähi- 11
gen Anstalt bzw. Stiftung des öffentlichen Rechts dadurch geschieden, dass sie ein mitgliedschaftlich verfasster Verband ist. Die Mitglieder verfolgen im Rahmen der (zumindest teilweise durch sie selbst bestimmten) Organisation die Aufgaben und Zwecke; insbesondere sind sie am Willensbildungsprozess innerhalb der Körperschaft beteiligt. Allerdings bleibt die Körperschaft des öffentlichen Rechts vom Wechsel der Mitglieder unberührt.

Übersicht 1: Juristische Personen des öffentlichen Rechts 11a

d) Die Kommunen als Gebietskörperschaften

Die Körperschaften des öffentlichen Rechts lassen sich weiter unterteilen, wobei der 12
Grad der Differenzierung je nach Autor variiert[10].

Personalkörperschaften sind dadurch gekennzeichnet, dass ihre Mitglieder durch 13
einen gleichen oder ähnlichen Willensentschluss, durch eine Eigenschaft oder durch die Zugehörigkeit zu einem Beruf miteinander verbunden sind.

Beispiele: Gem. § 58 I HRG sind die Hochschulen i. d. R. Körperschaften des öffentlichen 14
Rechts, deren Mitglieder gem. § 36 HRG die an der Hochschule hauptberuflich Tätigen und die eingeschriebenen Studenten sind. Weiter sind beispielsweise die Rechtsanwaltskammern und die Ärzteverbände[11] zu nennen.

Verbands- oder auch **Bundkörperschaften** sind solche Körperschaften des 15
öffentlichen Rechts, deren Mitglieder juristische Personen sind.

Beispiele: Verwaltungsgemeinschaft gem. Art. 1 II 1 VGemO; Zweckverband gem. Art. 2 16
III, 17 KommZG; Bundesrechtsanwaltskammer, in der die Rechtsanwaltskammern zusammengeschlossen sind, gem. §§ 175 f. BRAO.

---

[9] Vgl. Maurer/Waldhoff, § 23, Rn. 62.

[10] Im Rahmen dieser Darstellung sollen nur die wichtigsten Körperschaftsarten herausgestellt werden; vgl. im Übrigen Maurer/Waldhoff, § 23, Rn. 36 ff.

[11] Vgl. BVerwGE 39, 100; 39, 110.

17 Die **Gebietskörperschaft** schließlich zeichnet eine „gebietsmäßige Relevanz“[12] aus. Diese drückt sich zum einen dadurch aus, dass sich die Hoheitsgewalt der Gebietskörperschaften (vgl. nur Art. 22 I GO) auf einen räumlich abgegrenzten Teil des Staatsgebietes bezieht, sog. Gebietshoheit. Zum anderen ergibt sich die Mitgliedschaft bei natürlichen Personen aus dem Wohnsitz, bei juristischen Personen aus der Niederlassung im Hoheitsgebiet der Gebietskörperschaft. Da sich die Gebietshoheit dahingehend auswirkt, dass jedermann, der sich auf dem Gebiet der Gebietskörperschaft aufhält, der Hoheitsgewalt der Gebietskörperschaft unterworfen wird, gilt dies auch für bloß in der Kommune Anwesende, selbst wenn sie nicht Mitglied der Körperschaft sind[13]. Die Frage der Mitgliedschaft in einer Gebietskörperschaft ist z.B. für die (quasi-)organschaftliche Berechtigung oder für spezielle sonstige Rechte und Pflichten ausschlaggebend.

18 **Beispiele:** Alle Gemeindeangehörigen haben einen Anspruch auf Benutzung der gemeindlichen öffentlichen Einrichtungen, Art. 21 GO. Die Gemeindebürger wählen den Gemeinderat und den ersten Bürgermeister, Art. 17, 15 II GO.

19 Gebietskörperschaften sind neben den Gemeinden, Landkreisen und Bezirken auch die Bundesländer und die Bundesrepublik Deutschland. Letztere nehmen jedoch wegen der ihnen zukommenden Staatsqualität eine Sonderstellung ein.

19a Übersicht 2: Körperschaften

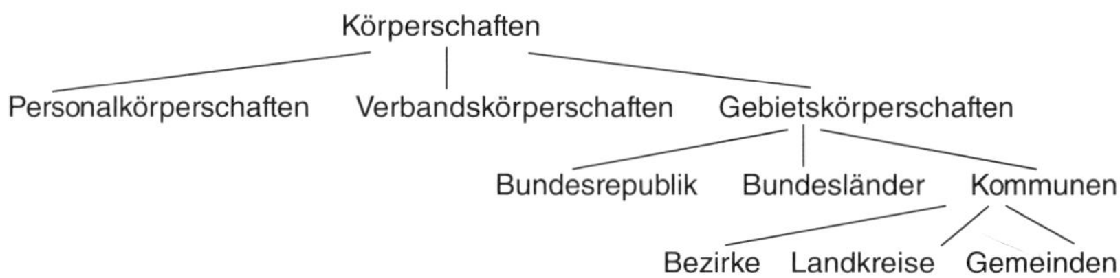

3. Arten der kommunalen Gebietskörperschaften

20 Das Gebiet des Freistaates Bayern gliedert sich in die sieben **Regierungsbezirke** (in der BV altertümlich „Kreise“ genannt, Klarstellung erfolgt in Art. 9 I BV): Oberbayern, Niederbayern, Oberpfalz, Oberfranken, Mittelfranken, Unterfranken, Schwaben. Die Bezirke wiederum sind in **Kreise** unterteilt[14] (Art. 9 II BV, bitte dort „Bezirk“ durch „Kreis“ ersetzen und umgekehrt!). Den Kreisen stehen dabei die kreisfreien Gemeinden (= kreisunmittelbaren Städte, vgl. Art. 9 II BV) gleich, d.h. die kreisfreien Gemeinden sind keinem Landkreis zugeordnet. Soweit Art. 9 BV die Unterteilung in Regierungsbezirke und Kreise anspricht, ist hiermit die Unterteilung des Staatsgebiets in Amtssprengel gemeint, die zunächst für die Organisation der allgemeinen inneren Verwaltung bedeutsam ist. Erst Art. 10 I BV bestimmt, für das Gebiet jedes Regierungsbezirkes bzw. Kreises müsse auch ein Gemeindeverband als Selbstverwaltungskörper bestehen. Damit sind die Landkreise und Bezirke als **Gemeindeverbände** definiert, so dass nach bayerischem Landesrecht diese Begrifflichkeit weder für Verwal-

---

[12] Vgl. Schmidt-Jortzig, Rn. 57ff.

[13] Definition der Gebietskörperschaft in BVerfGE 52, 95/117f.

[14] Beachte zur Gliederung des Freistaates Bayern die bildliche Darstellung in Ziegler/Tremel, Verwaltungsgesetze des Freistaates Bayern (Z/T), S. XXIII.

tungsgemeinschaft noch für Zweckverband oder ähnliche Zusammenschlüsse benutzt werden darf[15].

Übersicht 3: Kommunen 20a

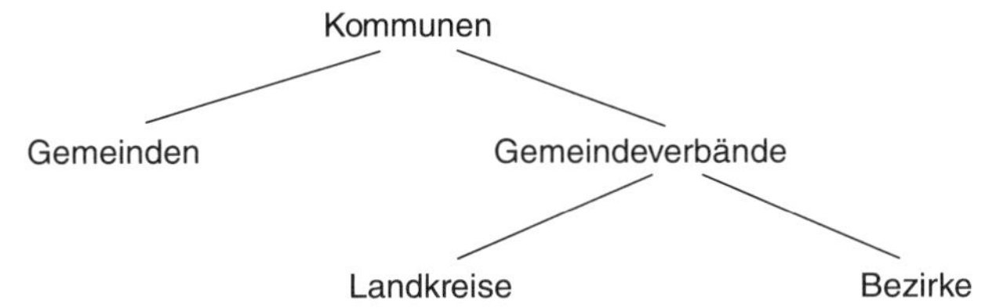

Schließlich ist jeder Teil des Staatsgebiets entweder einer **Gemeinde** zugewiesen, 21
oder aber es handelt sich um „bestimmte unbewohnte Flächen", also die in Bayern durchaus zahlreichen sog. **ausmärkischen Gebiete,** Art. 11 I BV, vgl. auch Art. 10a GO[16]. Allerdings sind diese ausmärkischen Gebiete, die zu keiner Gemeinde gehören, jedenfalls Kreisen zugehörig, Art. 7 LKrO.

Die Gemeinden selbst sind entweder **kreisangehörig** oder kreisfrei, Art. 5 I GO. 22
Eine kreisangehörige Gemeinde ist auch die sog. Große Kreisstadt, bei der es sich häufig um eine ehemals kreisfreie Gemeinde handelt, die (im Zuge der Gebietsreform) in einen Landkreis eingegliedert worden ist, vgl. Art. 5a III GO. Allerdings können auch kreisangehörige Gemeinden mit mehr als 30000 Einwohnern auf ihren Antrag nach Anhörung des Kreistags durch Rechtsverordnung des Staatsministeriums des Innern zu Großen Kreisstädten erklärt werden, wenn ihre Leistungs- und Verwaltungskraft die Gewähr dafür bietet, dass sie die Aufgaben einer Großen Kreisstadt ordnungsgemäß erfüllen können, Art. 5a IV GO.

Der Unterschied zwischen „normalen" kreisangehörigen Gemeinden, Großen Kreisstädten und kreisfreien Gemeinden wirkt sich insbesondere bei der Aufgabenwahrnehmung aus. Da die **kreisfreie Gemeinde** nicht einem Landkreis zugeordnet ist, muss diese selbst die Aufgaben wahrnehmen, die sonst der Landkreis als eigene bzw. übertragene Aufgaben erfüllt; die Gemeinde ist insoweit **Kreisbehörde,** vgl. Art. 9 I 2 GO, Art. 37 I 1 LKrO. Ferner hat die kreisfreie Gemeinde alle Aufgaben zu erfüllen, die sonst das Landratsamt in seiner Funktion als untere staatliche Verwaltungsbehörde im Landkreis (Art. 37 I 2 LKrO) wahrnimmt; die kreisfreie Gemeinde ist insoweit **Kreisverwaltungsbehörde,** vgl. Art. 9 I 1 GO. Zu bemerken ist, dass eine kreisfreie Gemeinde, selbst wenn sie Staatsaufgaben i.S.v. Art. 9 I 1 GO wahrnimmt, niemals zur Staatsbehörde wird. Dies wirkt sich z.B. bei der Bestimmung des richtigen Beklagten gem. § 78 I Nr. 1 VwGO aus, bei der es keine Rolle spielt, in welcher Funktion die kreisfreie Gemeinde tätig wird[17]. 23

[15] Der schillernde Begriff des Gemeindeverbands kann je nach Landesrecht unterschiedliche Bedeutung haben, vgl. BVerfGE 52, 95/110ff.

[16] Gemeindefreie Gebiete sind vor allem Wälder, Seeflächen, Hochgebirge und Truppenübungsplätze, vgl. Hölzl/Hien/Huber, Art. 10a GO, Erl. 1.

[17] § 78 I Nr. 1 VwGO liegt das sog. Rechtsträgerprinzip zugrunde, wonach richtiger Beklagter immer der Rechtsträger der handelnden Behörde ist. Es spielt keine Rolle, in welchem Wirkungskreis z.B. eine Gemeinde tätig wird. Auch wenn sie Aufgaben des übertragenen Wirkungskreises, also letztlich materielle Staatsaufgaben wahrnimmt, wird sie niemals zur Staatsbehörde. Es ist also keineswegs der Freistaat Bayern, sondern stets die Gemeinde zu verklagen. Gänzlich anders ist die Situation beim Landratsamt. Handelt dieses als untere Verwaltungs-

24 Die Mittelstellung der sog. **Großen Kreisstadt** – einerseits nicht kreisfreie Gemeinde, andererseits eben nicht bloß „einfache" kreisangehörige Gemeinde – zeigt sich in der Aufgabenzuweisung des Art. 9 II GO. Darnach erfüllt die Große Kreisstadt nicht nur den Aufgabenkreis einer normalen kreisangehörigen Gemeinde, sondern darüber hinaus auch eine gewisse Anzahl von Aufgaben, die durch Rechtsverordnung[18] allgemein bestimmt werden.

24a Übersicht 4: Gemeinden

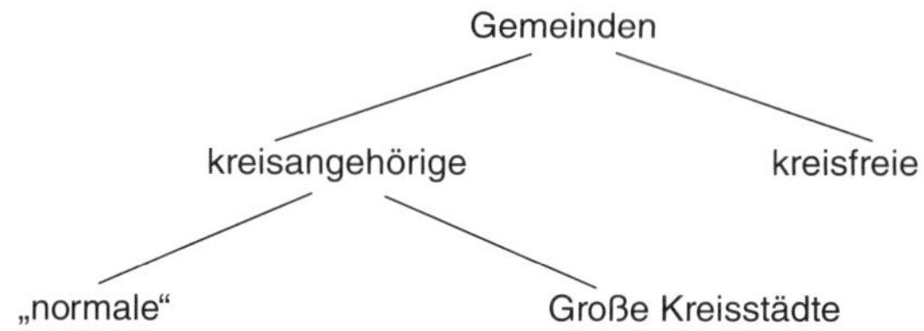

25 Keine kommunalen Gebietskörperschaften sind hingegen die Verwaltungsgemeinschaft oder der kommunale Zweckverband, da es ihnen an einem eigenen Gebiet fehlt. Auch handelt es sich bei beiden nicht um Gemeindeverbände, da diese für das bayerische Landesrecht in Art. 10 I BV abschließend definiert sind.

4. Zusammenfassendes Schaubild

25a Übersicht 5: Kommunale Gebietskörperschaften

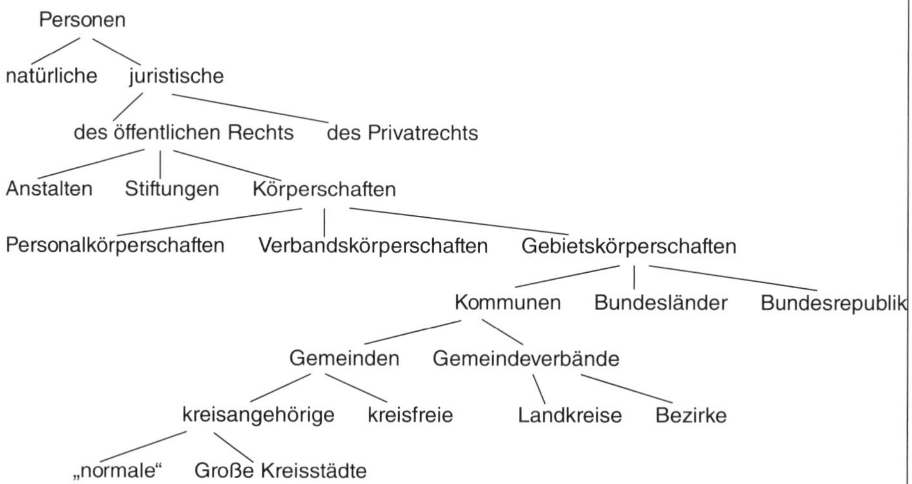

behörde des Staates, ist der Freistaat zu verklagen. Handelt es als Kreisbehörde (und zwar unabhängig davon, ob es Aufgaben des eigenen oder übertragenen Wirkungskreises des Landkreises vollzieht), ist der Kreis zu verklagen. Im Übrigen sei darauf hingewiesen, dass § 78 I Nr. 2 VwGO nie einschlägig sein kann, da das bayerische Landesrecht Behörden nicht zu potentiellen Beklagten i. S. d. VwGO erklärt hat.

[18] Verordnung über die Aufgaben der Großen Kreisstädte (GrKrV).

II. Folgerungen aus dem Status als kommunale (Gebiets-)Körperschaft

1. Rechtsfähigkeit, Geschäftsfähigkeit, Partei- und Beteiligungsfähigkeit, Prozess- und Handlungsfähigkeit, Deliktsfähigkeit

Die kommunalen Gebietskörperschaften als juristische Personen des öffentlichen Rechts sind rechtsfähig, d.h. sie besitzen die Fähigkeit, Träger von Rechten und Pflichten zu sein, wobei die **Rechtsfähigkeit** sowohl den Bereich des öffentlichen Rechts als auch des Privatrechts umschließt. 26

Sie besitzen auch **Geschäftsfähigkeit,** d.h. sie haben die Möglichkeit, Willenserklärungen abzugeben, Verträge abzuschließen sowie sich der Handlungsformen des öffentlichen und des Privatrechts zu bedienen, soweit es ihre Verbandskompetenz zulässt. 27

Die kommunalen Gebietskörperschaften haben ferner die Fähigkeit, in einem Zivilrechtsstreit Partei zu sein, § 50 ZPO, sog. **Parteifähigkeit.** Die Fähigkeit, in einem Verwaltungsprozess Kläger, Beklagter oder beigeladener Beteiligter zu sein, wird im Verwaltungsprozessrecht **Beteiligungsfähigkeit** genannt, § 61 VwGO. Auch die Fähigkeit, an einem Verwaltungsverfahren beteiligt zu sein, wird Beteiligungsfähigkeit genannt, Art. 11 BayVwVfG. 28

Die kommunalen Gebietskörperschaften als juristische Personen sind auch **prozessfähig,** also fähig zur Vornahme von Prozesshandlungen, vgl. z.B. § 62 VwGO, bzw. **handlungsfähig** im Sinn des Verwaltungsverfahrensrechts, Art. 12 BayVwVfG, handeln aber durch ihre gesetzlichen Vertreter[19], die Gemeinden also durch den ersten Bürgermeister, Art. 38 I GO, die Landkreise durch den Landrat, Art. 35 I LKrO, die Bezirke grundsätzlich durch den Bezirkstagspräsidenten, Art. 33a I BezO. 29

Schließlich sind sie auch **deliktsfähig;** sie haften privatrechtlich z.B. gem. § 823 i.V.m. §§ 89, 31 BGB bzw. gem. § 831 oder § 839 BGB. Eine öffentlich-rechtliche Haftung kommt z.B. in Betracht über § 839 BGB i.V.m. Art. 34 GG. 30

2. Grundrechtsfähigkeit kommunaler Gebietskörperschaften?

Kontrovers diskutiert wird die Frage, ob Kommunen auch Grundrechtsträger sein können[20]. Das Grundgesetz selbst schließt dies zunächst nicht aus, da über Art. 19 III GG die Grundrechte prinzipiell auch auf inländische juristische Personen anwendbar sind, so dass juristische Personen des öffentlichen Rechts grundsätzlich in den Erstreckungsbereich (persönlichen Schutzbereich) der Grundrechte fallen können. Dies ist unbestritten für die Fälle, in denen ein Grundrecht eine juristische Person des öffentlichen Rechts positiv zum Grundrechtsträger nominiert[21]. 31

Beispiele: Die Kirchen über Art. 4 i.V.m. Art. 140 GG, die öffentlich-rechtlichen Rundfunkanstalten über Art. 5 I GG, die Universitäten über Art. 5 III GG. 32

Das **Bundesverfassungsgericht** hat die Berufung juristischer Personen des öffentlichen Rechts auf die Grundrechte des Grundgesetzes außerhalb der o.g. Fälle prinzipiell ausgeschlossen. Juristische Personen des öffentlichen Rechts seien als Verwaltungsträger Grundrechtsverpflichtete, Art. 1 III, 20 III GG, und könnten deshalb nicht 33

---

[19] Vgl. Kopp/Schenke, § 62 VwGO, Rn. 14.
[20] Vgl. auch Lissack, Selbstverwaltungsrecht, S. 102ff.; 147ff.; 200ff.
[21] Vgl. nur BVerfG NJW 1985, 1385ff.; NJW 1996, 1588f.

zugleich Grundrechtsberechtigte sein (sog. Konfusions- oder **Identitätsargument**)[22]. Eine Ausnahme hat es nur für die sog. Justizgrundrechte der Art. 101 I 2 und 103 I GG gemacht, da diese weder formell zu den Grundrechten i. S. v. Art. 19 GG gehörten noch dem Inhalt nach Individualrechte wie die Art. 1 bis 17 GG gewährleisteten[23].

34 Die sog. **Sasbach-Entscheidung** des Bundesverfassungsgerichts[24] hat im Hinblick auf die Grundrechtsfähigkeit der Gemeinden klargestellt, dass sowohl in als auch außerhalb der Wahrnehmung öffentlicher Aufgaben die Grundrechtsfähigkeit der Gemeinden – abgesehen von etwa denkbaren ganz speziellen Konstellationen[25] – zu verneinen sei. „Die Gemeinde befindet sich auch bei Wahrnehmung nichthoheitlicher Tätigkeit in keiner **„grundrechtstypischen Gefährdungslage“** …; sie wird auch in diesem Raum ihres Wirkens durch einen staatlichen Hoheitsakt nicht in gleicher Weise wie eine Privatperson „gefährdet“ und ist mithin auch insoweit nicht grundrechtsschutzbedürftig“[26]. Damit wird generell der Grundrechtsschutz der Gemeinden abgelehnt. Obwohl der Begriff der „grundrechtstypischen Gefährdungslage“ verwendet wird, ist für die Beantwortung der Frage, ob eine solche vorliegt, nicht etwa auf den konkreten Fall abzustellen. Das „Wesen“ der Grundrechte i. S. v. Art. 19 III GG wird also nicht für jedes spezielle Grundrecht und für jede streitbefangene Situation im Einzelfall untersucht. Vielmehr ist entscheidend das „allgemeine Wesen“, das nach allgemeinem Sinn und Zweck der Grundrechte und deren geistesgeschichtlicher Tradition und Entwicklung bestimmt wird. Im Vordergrund der Wesensbestimmung der Grundrechte steht dabei eine „personale“ Auffassung[27], wonach die Grundrechte zunächst Schutz- und Abwehrrechte sind, die „Gefährdungen und Verletzungen der Würde, der Freiheit und der rechtlichen Gleichheit der einzelnen Menschen oder von Menschengruppen durch öffentliche Gewalten“ verhindern sollen. Anders als bei den juristischen Personen des öffentlichen Rechts ist bei den juristischen Personen des Privatrechts deswegen meist die Grundrechtsfähigkeit zu bejahen, „weil diese regelmäßig auf der Ausübung von Privatautonomie und Vertragsfreiheit beruhen und damit eine organisatorische Erscheinungsform individueller Freiheitsentfaltung sind“[28].

35 Die Bayerische Verfassung kennt keine dem Art. 19 III GG entsprechende Vorschrift. Deswegen hat der **Bayerische Verfassungsgerichtshof** darauf abgestellt, ob die sich auf die Grundrechte berufende Gemeinde „in einer Schutzsituation befindet, welche die betreffende Grundrechtsnorm voraussetzt“[29]. Dieser Passus scheint zunächst der „grundrechtstypischen Gefährdungslage“ des Bundesverfassungsgerichts zu entspre-

---

[22] Vgl. BVerfGE 15, 256/262; 21, 362/370; 61, 82 (Sasbach); 68, 193; 70, 1; 75, 192.

[23] BVerfGE 61, 82/104. Vgl. zu den Justizgrundrechten auch BVerfGE v. 29.5.2007, 2 BvR 695/07 (Waldschlösschenbrücke, Brückenstreit), Rn. 19 ff. (juris).

[24] Vgl. BVerfGE 61, 82 = BayVBl. 1982, 621.

[25] Vgl. BVerfGE 61, 82/109; Mögele nennt diese Ausnahme eine salvatorische Klausel, mit der sich das Gericht ein „Schlupfloch“ für ein Abweichen von seiner sehr generellen Argumentation bereit halte (NJW 1983, 805/806).

[26] Vgl. BVerfGE 61, 82/105. An dieser Rechtslage soll in Bezug auf die Gemeinden und Gemeindeverbände auch nach den neueren Entscheidungen des Bundesverfassungsgerichts zur Grundrechtsfähigkeit von juristischen Personen des öffentlichen Rechts (BVerfGE 68, 193; 70, 1; 75, 192) festgehalten werden; vgl. BVerfGE 70, 1/21; 98, 17/47; 137, 108 Rn. 107. Da sich somit die Kommunen nicht auf Art. 14 GG berufen können, ist ihr Eigentum allenfalls über Art. 28 II GG geschützt, nämlich soweit es Gegenstand und Grundlage kommunaler Betätigung ist, vgl. BVerwGE 97, 143/151.

[27] Vgl. Badura, BayVBl. 1989, 1.

[28] Vgl. Badura, BayVBl. 1989, 1.

[29] BayVerfGH 29, 105/119 m. w. N. Vgl. ferner BayVerfGH 37, 101/105 ff.; 49, 111/115; 54, 1; 62, 167/172.

chen. Aber anders als das Bundesverfassungsgericht mahnt der Verfassungsgerichtshof eine Prüfung im konkreten Einzelfall an, ob das „als verletzt erachtete Grundrecht seinem Wesen nach auf juristische Personen des öffentlichen Rechts anwendbar ist“[30]. Allein aus der Tatsache, dass die Gemeinden als Körperschaften des öffentlichen Rechts im eigenen und übertragenen Wirkungskreis öffentliche Aufgaben wahrnähmen und in die staatliche Verwaltungsorganisation eingegliedert seien, könne nicht gefolgert werden, dass sie vom Grundrechtsschutz ausgenommen seien. Auch eine Gemeinde könne der Ausübung der Staatsgewalt – durch Akte der Legislative wie der Exekutive – in einer Weise unterworfen sein wie eine natürliche Person. Ob eine solche als **„Subjektionsverhältnis“**[31] bezeichnete Situation vorliege, müsse stets im konkreten Einzelfall untersucht werden. Dabei schließe auch die Tatsache, dass die Gemeinde im konkreten Fall in Wahrnehmung öffentlicher Aufgaben betroffen sei, nicht prinzipiell den Grundrechtsschutz aus. Eine Begrenzung der Grundrechtsfähigkeit der Gemeinden ergäbe sich allerdings zum einen aus der Fassung der betreffenden Grundrechtsnorm, zum anderen daraus, dass im Bereich der Wahrnehmung von übertragenen Aufgaben regelmäßig ein Spannungsverhältnis Staat-Gemeinde nicht vorliegen werde[32]. Entscheidend für die Bejahung des Grundrechtsschutzes sei damit die wesensmäßige und prinzipielle Anwendbarkeit des fraglichen Grundrechts sowie das Vorliegen einer grundrechtstypischen Gefährdungslage im konkreten Einzelfall, indiziert durch ein Subjektionsverhältnis vergleichbar dem Bürger-Staat-Verhältnis. Während somit das Bundesverfassungsgericht abgesehen von einzelnen, ganz besonderen Ausnahmefällen („salvatorische Klausel“) den Grundrechtsschutz von Gemeinden generell ausschließen will, erachtet der Verfassungsgerichtshof die Zulässigkeit der Berufung von Gemeinden auf die Grundrechte der Bayerischen Verfassung eher für den Regelfall. Der Verfassungsgerichtshof konzediert dabei den Gemeinden sowie den Gemeindeverbänden die Berufung auf das **Willkürverbot** des Art. 118 I BV nicht nur als selbstverständlichen Verfassungsgrundsatz objektiven Rechts, sondern als grundrechtlichen Anspruch, und zwar im Prinzip voraussetzungsunabhängig. Zwar wird postuliert, dass sich die Gemeinde bzw. der Gemeindeverband in einer „grundrechtstypischen Gefährdungslage“ befinden müsse, eine Untersuchung im konkreten Fall findet jedoch regelmäßig nicht statt[33]. Ähnlich wurde auch für das **Eigentumsgrundrecht** gem. Art. 103, 158f. BV entschieden. Da die Gemeinden Eigentum erwerben und besitzen sowie am Wirtschaftsleben teilnehmen könnten, sei nicht ausgeschlossen, dass sie sich innerhalb eines Rechtsstreits auf die Eigentumsgarantie beriefen[34]. Eine Modifikation dieser Rechtsprechung könnte sich, wenigstens im Zusammenhang mit der Erfüllung öffentlicher Aufgaben, mit der Entscheidung des Bayerischen Verfassungsgerichtshofs vom 2.3.2001[35] anbahnen. Hier wurde bezugnehmend auf die Grundrechte des Art. 101 BV (**Handlungsfreiheit** und **Berufsfreiheit;** für letzte Freiheit hält die BV kein spezielles Grundrecht bereit) und Art. 103 I BV (Eigentumsrecht) festgestellt, dass die Gemeinden und Landkreise bei Wahrnehmung öffentlicher Aufgaben sich nicht in einer Situation befänden, die typischerweise von den Grundrechten geschützt würde (also: Fehlen des Subjektionsverhältnisses). Gemeinden und Landkreise erfüllten die im

---

[30] BayVerfGH 29, 105/119; 37, 101/105.

[31] BayVerfGH 29, 105/120.

[32] BayVerfGH 29, 105/119f.

[33] Vgl. BayVerfGH 29, 105/119ff.; BayVerfGH 41, 140/145; 47, 165/171; 49, 37/49; 50, 15/39f.; vgl. auch Lissack, Selbstverwaltungsrecht, S. 109ff.

[34] BayVerfGH 29, 105/120f.; 37, 101/108; vgl. Lissack, Selbstverwaltungsrecht, S. 106ff.

[35] BayVerfGH, BayVBl. 2001, 339f.

konkreten Fall durch das Tierkörperbeseitigungsrecht verliehenen Kompetenzen nicht in Wahrnehmung von Eigentums- und Freiheitsrechten, sondern in Ausübung von Kompetenzen, weshalb verfassungsrechtlicher Orientierungspunkt nicht die grundrechtliche Garantie von Freiheit und Eigentum, sondern die Selbstverwaltungsgarantie sei. Inkonsequenterweise wurde dann aber wieder eine Verletzung des im Gleichheitssatz des Art. 118 I BV enthaltenen Willkürverbots erwogen.

36 Die dargestellte Rechtsprechung des Verfassungsgerichthofs ist prinzipiell abzulehnen. Die kommunalen Gebietskörperschaften sind nach der vom Autor vertretenen Ansicht auch nach bayerischem Verfassungsrecht nicht grundrechtsfähig. Dies ergibt sich daraus, dass jedwedes Handeln der Kommunen an öffentlichen Zwecken orientiert und privatautonomes Handeln nicht möglich ist. Kommunalem Handeln fehlt der für die Bejahung der Grundrechtssubjektivität notwendige unmittelbare Individualbezug. Überdies spricht gegen die Bejahung der Grundrechtsfähigkeit der Kommunen, dass deren verfassungsmäßiger Schutz – insbesondere im Rahmen eines Rechtsstreits mit dem Bürger – ausgeprägter wäre als derjenige des Bürgers, weil sich der Bürger regelmäßig nur auf die Grundrechte berufen kann, zugunsten der kommunalen Gebietskörperschaft aber möglicherweise zwei Gewährleistungen – kommunales Selbstverwaltungsrecht und Grundrechte – stritten. Der Grundrechtsschutz von Gemeinden und Gemeindeverbänden könnte dann denjenigen der Individuen insbesondere in der Rechtsgüterabwägung relativieren und sogar mindern; der einzelne Bürger würde in der Ausübung seiner Freiheitsgrundrechte nicht mehr ausschließlich mit anderen Bürgern konkurrieren, sondern auch mit Trägern öffentlicher Gewalt. Auch aus diesem Grunde muss die Ansicht des Verfassungsgerichtshofs abgelehnt und die Grundrechtssubjektivität der Kommunen verneint werden[36]. Dies gilt unabhängig von der Frage, ob bei oder außerhalb der Ausübung öffentlicher Aufgaben gehandelt wird. Auch eine Differenzierung zwischen den verschiedenen Grundrechten ist abzulehnen; dies gilt insbesondere auch für Art. 118 I BV, der weder in seiner Ausprägung als allgemeiner Gleichbehandlungsgrundsatz noch als Willkürverbot in Anspruch genommen werden darf. Das Willkürverbot ist vielmehr als integraler Bestandteil des Selbstverwaltungsrechts vermittelt über letzteres als Prüfungselement anzulegen.

36a Die praktischen Auswirkungen der Ablehnung der Grundrechtsfähigkeit der bayerischen Kommunen sind vor allem unter verfassungsprozessualer Sicht beachtlich. Es wäre ihnen dann nämlich – im Gegensatz zur derzeitigen Praxis – verwehrt, unter Berufung auf die Grundrechte das Institut der Popularklage gem. Art. 98 (4) BV i.V.m. Art. 55 VfGHG zu bemühen.

3. Notwendigkeit von Organen

37 Juristische Personen als Ergebnis juristischer Kunstfertigkeit können per se weder einen Willen bilden noch – ganz allgemein gesprochen – handeln. Daraus ergibt sich die Notwendigkeit von Organen[37], die für die juristische Person die nötigen Willensbildungsakte vornehmen und umsetzen. **Organe** sind durch die Rechtsordnung geschaffene und umschriebene Stellen oder „Funktionseinheiten“[38] einer juristischen Person, die deren Aufgaben und Befugnisse wahrnehmen. Da das Organ selbst auch nur eine abstrakte Umschreibung von Aufgaben und Befugnissen darstellt, muss die Organstellung durch eine natürliche Person („aus Fleisch und Blut“) ausgefüllt werden, den sog.

---

[36] Vgl. Lissack, Selbstverwaltungsrecht, S. 200ff.; 214ff.
[37] Vgl. auch § 4, Rn. 1ff.
[38] Vgl. Schmidt-Jortzig, Rn. 105.

Organwalter. Das Handeln des Organwalters ist dann das des Organs, welches der juristischen Person zugerechnet wird. Dabei spielt es zunächst keine Rolle, ob es sich um eine juristische Person des Zivil- oder des öffentlichen Rechts handelt.

Beispiele: Für den Verein handelt gem. § 26 BGB der Vorstand, für den § 31 BGB die Organhaftung festschreibt. Für die Gemeinde handelt der Gemeinderat, soweit nicht der erste Bürgermeister tätig wird, vgl. Art. 29 GO. **38**

Für die Gemeinden und Kreise in allen Bundesländern gibt Art. 28 I 2 GG die Existenz eines Organs, nämlich der gewählten Volksvertretung, vor. An deren Stelle kann in den Gemeinden gem. Art. 28 I 4 GG auch die **Gemeindeversammlung** treten, die das bayerische Gemeinderecht aber nicht vorsieht. Ferner bestimmt Art. 11 II 2 BV, dass die Gemeinden das Recht haben, ihre Bürgermeister und Vertretungskörper zu wählen. Demzufolge bestimmt Art. 29 GO, dass die Hauptorgane der Gemeinden der **Gemeinderat** und der erste Bürgermeister sind. Gleichermaßen bestimmt Art. 22 LKrO, dass der Landkreis durch den **Kreistag** verwaltet wird, wenn nicht ein vom Kreistag bestimmter Ausschuss oder der Landrat entscheidet. Da Art. 28 I 2 GG höherrangige Gemeindeverbände nicht erwähnt, ist die Existenz eines von den Bezirksbürgern unmittelbar gewählten **Bezirkstags** nicht grundgesetzlich abgesichert[39]. Allerdings ist Art. 12 I BV die Notwendigkeit eines unmittelbar gewählten Vertretungskörpers auf Bezirksebene zu entnehmen. Gem. Art. 12 I BV gelten die Grundsätze für die Wahl zum Landtag auch für die Gemeinden und Gemeindeverbände. Da Art. 14 I 1 BV das Verhältniswahlrecht festschreibt, also ein System zur Verteilung von Prozentanteilen auf Sitze, ist aus der Bayerischen Verfassung abzuleiten, dass es nicht nur auf Gemeinde- und Landkreisebene, sondern auch auf Bezirksebene jedenfalls jeweils ein unmittelbar gewähltes Kollegialorgan geben muss. **39**

Die Tätigkeit der Vollkollegialorgane, also z. B. des Gemeinderats oder des Kreistags, erschöpft sich im Wesentlichen darin, Willensbildungsakte vorzunehmen (beachte allerdings z. B. die Überwachungstätigkeit des Gemeinderats gem. Art. 30 III GO). Die monokratischen Organe, also z. B. **erster Bürgermeister** oder **Landrat,** haben ebenfalls (Allein-)Entscheidungsbefugnisse, vgl. Art. 37 I Nr. 1, II GO bzw. Art. 34 I Nr. 1, II LKrO, sind insbesondere aber auch Vollzugsorgane, die die durch die Kollegialorgane zu fassenden Willensentscheidungen vorzubereiten und zu vollziehen haben. **40**

4. Namensrecht

Ausprägung der Rechtsfähigkeit ist auch das hier nur zu erwähnende Namensrecht. Gem. Art. 2 I GO haben die Gemeinden ein Recht auf ihren geschichtlichen Namen; für die Landkreise bzw. Bezirke ist etwas anderes bestimmt[40]. Zum sog. **Namensführungsrecht** führt das Bundesverfassungsgericht[41] aus: „Teil der historisch überkommenen Gemeindehoheit ist das Recht der Gemeinden zur Führung ihres einmal bestimmten Namens. Dieser vermittelt der Gemeinde rechtliche Identität und ist zugleich Ausdruck ihrer Individualität. Seit Erlass der deutschen Gemeindeordnung vom 30.1.1935 ist das Recht der Gemeinde zum Führen des eigenen Namens anerkannt. ... Das Recht zur Führung des Gemeindenamens fällt deshalb unter den Schutzbereich des Art. 28 II 1 GG". Der von den Gemeinden, aber auch von den sonstigen kommunalen Gebietskörperschaften geführte Name ist vor Beeinträchtigun- **41**

[39] Vgl. BVerfGE 52, 95/110.
[40] Art. 2 I LKrO, 2 BezO.
[41] BVerfGE 59, 95/118 = BayVBl. 1982, 335 ff. Vgl. auch BVerfG, BayVBl. 2002, 19/20.

gen Dritter absolut geschützt, bei zivilrechtlichen Beeinträchtigungen durch § 12 BGB, bei öffentlich-rechtlichen entsprechend § 12 BGB bzw. direkt aus Art. 11 II BV bzw. Art. 28 II GG[42].

42 Allerdings kann gem. Art. 2 II GO wegen eines öffentlichen Bedürfnisses (z.B. Verwechslungsgefahr)[43] die Rechtsaufsichtsbehörde nach Anhörung des Gemeinderats und der beteiligten Gemeindebürger (vgl. § 2 II NHGV[44]) den Namen einer Gemeinde oder eines Gemeindeteils ändern oder den Namen eines Gemeindeteils aufheben. Somit genießt der Gemeindename keinen absoluten Schutz vor Änderungen durch den Staat. „Nach dem historischen Befund erscheint die Änderung von Gemeindenamen also überwiegend als ein staatliches Hoheitsrecht, dessen Ausübung den bundesverfassungsrechtlich geschützten Kernbereich des kommunalen Selbstverwaltungsrechts grundsätzlich nicht beeinträchtigt“[45].

43 **Städte** und **Märkte** heißen die Gemeinden, die diese Bezeichnung nach bisherigem Recht führen oder denen sie durch das Innenministerium neu verliehen wird. Die Bezeichnung Stadt oder Markt darf nur an Gemeinden verliehen werden, die nach Einwohnerzahl, Siedlungsform und wirtschaftlichen Verhältnissen der Bezeichnung entsprechen, vgl. Art. 3 I, II GO. Rechtlich ist die Bezeichnung einer Gemeinde als Stadt oder Markt weitestgehend bedeutungslos, allerdings führt der Gemeinderat in Städten die Bezeichnung Stadtrat, in Märkten die Bezeichnung Marktgemeinderat, Art. 30 I 2 GO.

5. Dienstherrnfähigkeit

44 Gem. § 2 Nr. 1 BeamtStG, Art. 1 I BayBG besitzen auch die Gemeinden und Gemeindeverbände **Dienstherrnfähigkeit,** also das Recht, „Beamte zu haben“. Vgl. hierzu insbesondere Art. 94 I BV sowie Art. 33 IV GG, den sog. **Funktionsvorbehalt**[46]. Hiernach ist die Ausübung hoheitlicher Befugnisse als ständige Aufgabe in der Regel Angehörigen des Öffentlichen Dienstes zu übertragen, die in einem öffentlich-rechtlichen Dienst- und Treueverhältnis stehen. Die Ausübung hoheitsrechtlicher Befugnisse soll damit prinzipiell Beamten und nicht sonstigen Angestellten oder Arbeitern des Öffentlichen Dienstes anvertraut sein. Da aber Gemeinden und Gemeindeverbände solche hoheitlichen Befugnisse ständig, und zwar nicht nur im Bereich der übertragenen Aufgaben (also der Aufgaben, die sich inhaltlich als Staatsaufgaben darstellen), sondern auch im Bereich der eigenen (Selbstverwaltungs-)Aufgaben ausüben, ergibt sich hieraus die zwingende Notwendigkeit der Dienstherrnfähigkeit.

45 Diese Aussage ist nicht auf Gemeinden und Gemeindeverbände zu beschränken. Sie gilt ferner für andere juristische Personen des öffentlichen Rechts, die Hoheitsgewalt ausüben. Das sind in diesem Zusammenhang insbesondere die Verwaltungsgemeinschaft und der Zweckverband, vgl. § 1 Nr. 2 BeamtStG, Art. 1 I BayBG, Art. 1 II 2 VGemO, Art. 23 KommZG.

46 An dieser Stelle sei auch die **Personalhoheit** erwähnt, also das Recht, in eigener Regie die Beamten (aber auch sonstige Arbeiter und Angestellte im Öffentlichen Dienst) auszuwählen, zu ernennen, zu befördern oder zu entlassen, da die eigenver-

---

[42] Vgl. Bauer/Böhle/Ecker, Art. 2ff. GO, Rn. 1.
[43] Vgl. Widtmann/Grasser, Art. 2, Rn. 8; Bauer/Böhle/Ecker, Art. 2 GO, Rn. 10.
[44] Verordnung über kommunale Namen, Hoheitszeichen und Gebietsänderungen, Z/T Nr. 281.
[45] Vgl. BVerfG, BayVBl. 1982, 336.
[46] Vgl. Jarass/Pieroth, Art. 33, Rn. 40ff.

antwortliche Wahrnehmung von Aufgaben nur dann gewährleistet ist, wenn die Selbstverwaltungskörperschaft auch eine eigene Personalpolitik betreiben kann[47].

III. Einbindung der kommunalen Gebietskörperschaften in die Staatsorganisation und -verwaltung

1. Ausübung von Hoheitsgewalt durch die kommunalen Selbstverwaltungskörperschaften als mittelbare Staatsverwaltung

Die Bundesrepublik Deutschland gliedert sich in Bund und Länder, so dass ein **zweistufiger Staatsaufbau** festzustellen ist. Dies zeigen insbesondere Art. 30, 70ff., 83ff. GG, dies belegt aber auch Art. 28 GG. Gem. Art. 28 II 1 GG muss den Gemeinden das Recht gewährleistet sein, alle Angelegenheiten der örtlichen Gemeinschaft im Rahmen der Gesetze in eigener Verantwortung zu regeln. Eine ähnliche Aussage trifft Art. 28 II 2 GG für die Gemeindeverbände. Der Bund ist verpflichtet, die kommunale Selbstverwaltung in den Ländern zu gewährleisten, Art. 28 III GG. Dadurch wird klargestellt, dass Gemeinden und Gemeindeverbände den Bundesländern zugerechnet werden, als deren Untergliederungen sie angesehen werden[48]. 47

Teilweise wird – ungeachtet dieses unbestrittenen zweistufigen Staatsaufbaus – ein dreistufiger Verwaltungsaufbau – Bund, Länder, Gemeinden –[49], teilweise ein vierstufiger Verwaltungsaufbau – Bund, Länder, Gemeinden, Kreise –[50] postuliert. Andere halten eine solche Betrachtungsweise für unzulässig, da das Grundgesetz eben nur zwischen Bund und Ländern unterscheide und Gemeinden wie Gemeindeverbände unbeschadet der Selbstverwaltungsgarantie des Art. 28 II GG nur als Untergliederungen der Bundesländer angesehen werden dürften[51]. 48

Dessen ungeachtet muss festgehalten werden, dass jedwede Ausübung von Hoheitsgewalt, also auch die der kommunalen Gebietskörperschaften, nur vom **ausschließlichen Gewaltmonopol des Staates** abgeleitet sein kann. Diese Aussage im Hinterkopf, hat es nichts Verwerfliches[52] an sich, die Ausübung von Hoheitsgewalt durch die kommunalen Gebietskörperschaften als „mittelbare Staatsverwaltung" zu bezeichnen, „sofern nur im Auge bleibt, dass die Mittelung hier gerade in einer weitgehenden Verselbständigung ihrer Träger liegt"[53]. Von **mittelbarer Staatsverwaltung** wird ganz allgemein dann gesprochen, wenn der Staat staatliche Verwaltungsaufgaben nicht durch eigene Behörden ohne Rechtspersönlichkeit wahrnimmt (in Bayern also z.B. durch die Landratsämter als untere Verwaltungsbehörden, die Regierungen oder die Ministerien), sondern wenn staatliche Verwaltungsaufgaben von juristischen Personen des öffentlichen Rechts wahrgenommen werden, wenn also einer verselbständigten juristischen Person des öffentlichen Rechts Kompetenzen zugeordnet werden. 49

---

47 Vgl. Lindner/Möstl/Wolff, Art. 11 BV, Rn. 35ff.
48 Vgl. BVerfGE 22, 180/203; 83, 363/375; 86, 148/215.
49 Vgl. Kirchhof, DVBl. 1995, 1057.
50 Vgl. Maurer, DVBl. 1995, 1040; Maurer/Waldhoff, § 23, Rn. 5.
51 Vgl. v. Mutius, Rn. 13.
52 Vgl. aber z.B. Knemeyer, Rn. 8.
53 Vgl. Schmidt-Jortzig, Rn. 4. Vgl. auch Maurer/Waldhoff, § 23, Rn. 1.

49a Übersicht 6: Staatsverwaltung in Bayern

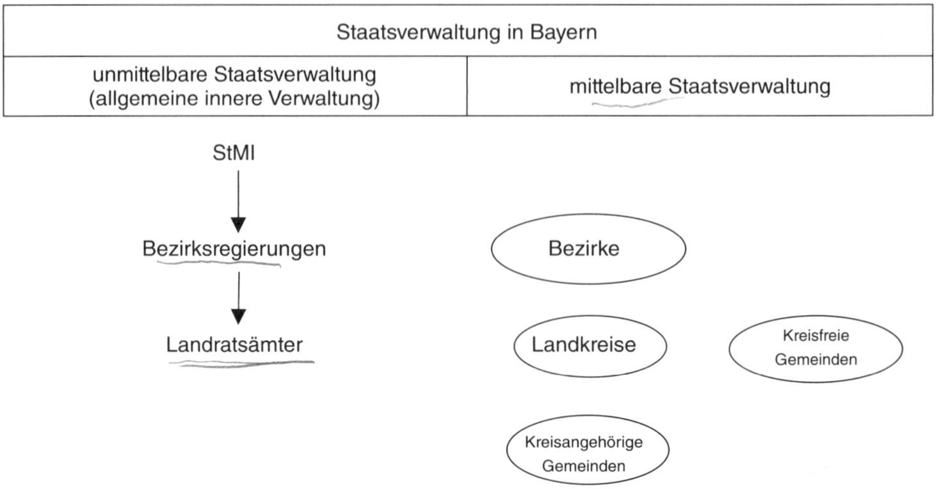

50 Das Bundesverfassungsgericht führt hierzu aus: „Nach der bundesstaatlichen Ordnung des Grundgesetzes sind die Gemeinden – und auch die Gemeindeverbände – Teile der Länder. Als Glied der mittelbaren Staatsverwaltung – im vorliegenden Zusammenhang hat dieser Begriff zumindest i. S. einer formalen Systematisierungskategorie seine Berechtigung … – leiten sie ihre hoheitlichen Befugnisse vom Land ab, dessen Staatlichkeit sich demgegenüber in grundsätzlich unabgeleiteter Hoheitsgewalt manifestiert“[54]. „Art. 28 I und II GG konstituieren die Gemeinden als einen wesentlichen Bestandteil der staatlichen Gesamtorganisation; sie sind Teil des Staates, in dessen Aufbau sie integriert und mit eigenen Rechten ausgestattet sind … Indem der Verfassungsgeber die gemeindliche Selbstverwaltung in den Aufbau des politisch-demokratischen Gemeinwesens des Grundgesetzes eingefügt und – anders als die Reichsverfassung von 1849 (§ 184), die Weimarer Reichsverfassung von 1919 (Art. 127) oder die bayerische Verfassung (Art. 11) – nicht als Grundrecht, sondern als institutionelle Garantie ausgestaltet hat, hat er ihr eine spezifisch demokratische Funktion beigemessen … .“.[55]

51 Stern formuliert zutreffend[56]: „Das Grundgesetz hat die frühere, noch der Reichsverfassung von 1849[57] zugrunde liegende Ansiedelung der Gemeinden und Gemeindeverbände in der gesellschaftlichen Sphäre mit Gegenposition zum Staat nicht übernommen. Garantienormen kommunaler Selbstverwaltung sind im organisatorischen Teil der Staatsverfassung niedergelegt. Kommunale Selbstverwaltung steht mithin im Staat und ist

---

[54] Vgl. BVerfG, DVBl. 1995, 286/287 ff.

[55] BVerfG, Urt. v. 21.11.2017, Az. 2 BvR 2177/16, Rn. 77.

[56] Vgl. Stern, § 12 II 1, S. 405 ff.

[57] Anmerkung des Verfassers: § 184 des Frankfurter Entwurfs der Paulskirchenverfassung lautet:

„Jede Gemeinde hat als Grundrechte ihrer Verfassung:

a) die Wahl ihrer Vorsteher und Vertreter;
b) die selbständige Verwaltung ihrer Gemeindeangelegenheiten mit Einschluß der Ortspolizei unter gesetzlich geordneter Oberaufsicht des Staates;
c) die Veröffentlichung ihres Gemeindehaushaltes;
d) Öffentlichkeit der Verhandlungen als Regel.“

kein Grundrecht gegen den Staat. Das schließt nicht aus, dass ihr verfassungsrechtlich ein besonderer Garantiebereich zugesichert ist ... Kommunale Selbstverwaltung ist heute nicht mehr eine genossenschaftlich oder gesellschaftlich verwurzelte antistaatliche Institution, sondern eine durch Demokratie und vertikale Funktionen-(Gewalten-)Teilung legitimierte, dezentralisierte und damit die Staatlichkeit entlastende und Autonomie vermittelnde Verwaltungsform zur eigenverantwortlichen Erledigung öffentlicher Angelegenheiten inmitten eines zweiteilig gegliederten Staatsaufbaus"[58].

Wenn Art. 1 (1) GO sowie Art. 11 II BV die **Gemeinden** als **ursprüngliche Gebietskörperschaften** des öffentlichen Rechts[59] bezeichnen, so kann hieraus nicht etwa – entgegen gerade Festgestelltem – eine gesellschaftlich legitimierte Frontstellung der Gemeinden zum Staat gefolgert werden. Aus rechtswissenschaftlicher Sicht ist die Aufnahme des Ursprünglichkeitspostulats als „mystisch-antiquierte Ursprünglichkeitsdeklamation"[60] oder als Ausdruck eines „Schöpfungsmythos"[61] zu bedauern. Es handelt sich hierbei um einen genetischen Fehler der Bayerischen Verfassung, der wohl darauf zurückzuführen ist, dass die Mehrheit der Mitglieder des Verfassungsausschusses der Bayerischen Verfassunggebenden Landesversammlung Ansichten zuneigte, wonach die Gemeinden und deren Gemeindegewalt vorstaatlichen Ursprungs sein sollten. Dabei wurde aber die Frage des gegenständlich-tatsächlichen Ursprungs der sozialen Realität der Gemeinden mit der Frage nach der verfassungsrechtlichen Legitimierung der Gemeinden vermengt. Da der rechtliche Status der Gemeinde derjenige eines Hoheitsträgers ist, kann, wie oben dargelegt, dieser Status nur vom Staate abgeleitet werden[62]. Der Begriff der Ursprünglichkeit hat auch in der Rechtsprechung des Verfassungsgerichtshofs für Verwirrung gesorgt; er dürfte dafür verantwortlich sein, dass sich der Verfassungsgerichtshof in der Fischereirechte-Entscheidung zu der schlicht unhaltbaren Annahme verleiten ließ, das Recht der Gemeinden, ihre eigenen Angelegenheiten im Rahmen der Gesetze zu ordnen und zu verwalten, sei ihnen weder vom Staat verliehen noch von diesem abgeleitet. Vielmehr sei das Selbstverwaltungsrecht eine originäre Befugnis[63]. 52

Will man der „Ursprünglichkeit" einen tragfähigen Inhalt durch Auslegung zukommen lassen, so könnte dies als Hinweis darauf angesehen werden, dass die Gemeinden als soziale Realität älter seien als der Staat[64]. Auch könnte man die Ursprünglichkeit als Auslegungsregel des Inhalts verstehen, dass der Gesetzgeber im Sinne der „Historischen Methode" die besondere geschichtliche Dimension der Gemeinden und ihres Selbstverwaltungsrechts zu berücksichtigen hat[65]. Nach der hier vertretenen Ansicht enthält das Ursprünglichkeitspostulat i. V. m. Art. 11 IV BV, wonach die Selbstverwaltung der Gemeinden dem **Aufbau der Demokratie** in Bayern **von unten nach oben** dient, ein positiviertes **Verfassungsänderungsverbot,** wonach die Institution der **gemeindlichen** Selbstverwaltung in ihrem Wesensgehalt verfassungsänderungsfest im Sinn der Ewigkeitsklausel des Art. 75 I 2 BV ist[66]. Ganz ähnlich hat der 53

---

[58] Vgl. auch BVerfGE 83, 37/53 ff.
[59] Vgl. hierzu ausführlich Lissack, Selbstverwaltungsrecht, S. 173 ff.
[60] Bethge, Das Selbstverwaltungsrecht im Spannungsfeld zwischen institutioneller Garantie und grundrechtlicher Freiheit, S. 150.
[61] Steiner, S. 114; ders. BayVBl. 2010, 161.
[62] Vgl. Lissack, Selbstverwaltungsrecht, S. 173 ff.
[63] BayVerfGH 37, 101/108.
[64] Vgl. BayVerfGH 2, 143/163; 7, 113/118; vgl. aber auch Nawiasky/Schweiger/Knöpfle, Art. 10 BV, Rn. 2, 4. Vgl. ferner Lindner/Möstl/Wolff, Art. 10 BV, Rn. 8 f.
[65] Vgl. Lissack, Selbstverwaltungsrecht, S. 183.
[66] Vgl. Lissack, Selbstverwaltungsrecht, S. 183 f.

Bayerische Verfassungsgerichtshof dargelegt[67], dass der Kernbereich des Selbstverwaltungsrechts von Gemeinden und Landkreisen als demokratischer Grundgedanke der Verfassung i. S. v. Art. 75 I 2 BV anzusehen und damit verfassungsänderungsfest sei. Der Begründungsansatz des Bayerischen Verfassungsgerichtshofs hinsichtlich des Selbstverwaltungsrechts der Landkreise überzeugt allerdings weniger, weil die Bayerische Verfassung allein schon angesichts von „Ursprünglichkeit" und der Aussage in Art. 11 IV BV deutliche Unterschiede zwischen Gemeinden und Landkreisen macht, die es argumentativ zu überbrücken gegolten hätte.

2. Dezentralisation als Verstärkung der Gewaltenteilung

54 Wie bereits oben und in § 4 Rn. 54 verdeutlicht, ist das Handeln der Kommunen dem Bereich der Exekutive zuzuordnen. Dies vorausgeschickt, kommt der Existenz von kommunalen Gebietskörperschaften mit Selbstverwaltungsrecht unter Gesichtspunkten der demokratischen Legitimation und der Gewaltenteilung eine ganz besondere Bedeutung zu. **Dezentralisation,** also die Verteilung von Verwaltungsaufgaben auf Hoheitsträger mit eigener Rechtspersönlichkeit außerhalb der hierarchisch aufgebauten Staatsverwaltung[68], dient nicht nur einer sach- und ortsnäheren, damit bürgernäheren und u. U. effektiveren Erledigung der Aufgaben. Vor allem bewirkt die kommunale Selbstverwaltung eine besondere Verstärkung der Gewaltenteilung. Während die sogenannte **horizontale Gewaltenteilung** im montesquieuschen Sinn zwischen Legislative, Exekutive und Judikative, zumindest was das Verhältnis von Legislative und Exekutive angeht, immer mehr an Trennungsschärfe verliert, erlangt die **vertikale Gewaltenteilung** eine immer größere Bedeutung, die angesichts von EU-Einflüssen und Vorgaben des Bundesgesetzgebers besonders ersichtlich wird. So muss nicht nur der Bund die Gesetzgebungs- und Verwaltungskompetenzen der Länder wahren, diese müssen den kommunalen Gebietskörperschaften auch den ihnen zukommenden Rang einräumen, worüber der Bund gem. Art. 28 III GG zu wachen verpflichtet ist. Jedenfalls die Selbstverwaltungsaufgaben der Gebietskörperschaften unterliegen einem erschwerten Zugriff des Staates. Von besonderer Bedeutung ist zudem das **Homogenitätsgebot,** das in Art. 28 I 2 GG ausspricht, dass auch die Vertretungskörper von Gemeinden und Kreisen einer unmittelbaren, freien, gleichen, allgemeinen und geheimen Wahl entspringen müssen. Werden wie in Bayern ferner auch erster Bürgermeister und Landrat direkt vom Volk gewählt, so ist ein besonders hohes Maß an unmittelbarer demokratischer Legitimation erreicht, das allein deswegen gar nicht zu überschätzen ist, weil sämtliche Gemeinde- und Kreisorgane, insbesondere auch erster Bürgermeister bzw. Landrat nicht nur mit der Wahrnehmung von Selbstverwaltungsaufgaben, sondern auch mit der Erfüllung von echten Staatsaufgaben betraut sind.

3. Die Kommunen und die EU

54a Das EU-Recht hat Anwendungsvorrang, sogar vor bundesdeutschem oder landesrechtlichem Verfassungsrecht. Die Kommunen haben das Unionsrecht, auch gegen nationales Recht, durchzusetzen, was zunächst auch außerhalb der Rechtsetzungszuständigkeit der EU, also zum Beispiel im Bereich des Kommunalrechts die Kommunen dazu verpflichtet, die Grundfreiheiten (Warenverkehrsfreiheit, Arbeitnehmerfreizügig-

---

[67] BayVerfGH, BayVBl. 2000, 460 ff.
[68] Vgl. auch Brohm, DVBl. 1984, 293 ff.

keit, Niederlassungsfreiheit, Dienstleistungsfreiheit, Kapitalverkehrsfreiheit), das Diskriminierungsverbot sowie die unionsbürgerrechtliche Freizügigkeit zu beachten und beispielsweise eine Gebührensatzung für eine öffentliche Einrichtung diskriminierungsfrei zu gestalten[69]. Die Kommunen haben ferner EU-Recht selbst zu vollziehen, also beispielsweise bei der Vergabe von Beihilfen zugunsten einer gemeindlichen Congress-Center-GmbH das EU-Beihilferecht oder bei der Datenbearbeitung die Datenschutzgrundverordnung. Ferner haben die Kommunen, wie darüber hinaus selbstverständlich auch die Gerichte, bei der Anwendung von Landes- und Bundesrecht zu untersuchen, ob dieses gegen EU-Recht verstößt[70], die Kommunen haben die Normen des EU-Rechts gegen nationales Recht durchzusetzen. Ganz allgemein werden durch die zahlreichen Pflichten der Kommunen zur Beachtung und Umsetzung des EU-Rechts die Handlungsspielräume kleiner[71]: das Bauplanungsrecht ist durch das EU-gesteuerte Umweltrecht genauso wie das Vergaberecht in den letzten Jahren deutlich komplexer geworden[72]. Das sog. Einheimischenmodell, ein über Jahrzehnte bewährtes Modell zur Bereitstellung von Wohnraum für einheimische Bevölkerungsgruppen, wurde in seiner hergebrachten Form gegenüber der Kritik der Europäischen Kommission nicht erfolgreich verteidigt, → § 3 Rn. 89.

Die Bundesrepublik Deutschland ist Mitgliedstaat der EU, nicht jedoch die Bundes- **54b** länder. Die Verfassungsstruktur eines Mitgliedstaates ist für die EU grundsätzlich unbeachtlich, sie kann also außer Betracht lassen, ob der Mitgliedstaat bundesstaatlich oder zentralstaatlich organisiert ist, lokale Handlungseinheiten mit kommunaler Selbstverwaltung ausgestattet werden oder nicht. Die EU ist „landesblind". Aus dieser „Landesblindheit" folgte bis zum Vertrag von Lissabon eine sog. „Kommunalblindheit". In Art. 4 II EUV wird nunmehr jedoch vereinbart, dass die Pflicht der EU zur Achtung der nationalen Identität der Mitgliedstaaten auch die regionale lokale Selbstverwaltung umfasse. Auch das Subsidiaritätsprinzip des Art. 5 III EUV nimmt auf die regionale und lokale „Ebene" Bezug. Zudem gehören dem „Ausschuss der Regionen" i. S. d. Art. 13 IV EUV i. V. m. 300 ff. AEUV auch Vertreter der Kommunen an.

Vor diesem Hintergrund hat die Frage, inwieweit die Garantie der kommunalen **54c** Selbstverwaltung „europafest"[73] ist, möglicherweise etwas von ihrer Bedeutung verloren. Insoweit man die Garantie der kommunalen Selbstverwaltung als „europafest" ansehen will, wäre beispielsweise eine Kompetenzübertragung durch innerstaatliches Zustimmungsgesetz auf die EU unzulässig und verfassungswidrig. Maßgeblich für die Beurteilung einer Kompetenzübertragung ist, „ob der unantastbare Kerngehalt der Verfassungsidentität des Grundgesetzes nach Art. 23 I 3 i. V. m. 79 III GG gewahrt ist"[74]. Die wohl überwiegende Meinung in der Literatur interpretiert die Entscheidungen des

---

[69] Vgl. BVerfG NVwZ, 2016, 1553 ff. zur diskriminierenden Preisgestaltung durch ein kommunales Freizeitbad.

[70] Vgl. hierzu im einzelnen Lindner, BayVBl. 2011, 1 ff.

[71] Zur „Omnipräsenz" des Gemeinschaftsrechts für die kommunale Selbstverwaltung vgl. Meyer, NVwZ 2007, 20 ff.

[72] Es ist nach der Erfahrung des Autors für eine Gemeinde beispielsweise inzwischen kaum noch möglich, ein komplizierteres Bebauungsplanverfahren „unfallfrei" durchzuführen. Das hängt gerade mit den verfahrensrechtlich hochkomplexen, insbesondere umweltrechtlichen Anforderungen, die aus EU-Richtlinien resultieren, zusammen.

[73] Vgl. zu dieser Frage Nierhaus/Engels in Sachs, Art. 28 GG, Rn. 36 ff.; Schmidt-Eichstaedt, KommJur 2009, 249 ff.; Löwer in v. Münch/Kunig, Art. 28 GG, Rn. 108 ff.; Gern/Brüning, Rn. 140 ff.; Heberlein, BayVBl. 2014, 193 ff. Haratsch, EuR 2016, 131 ff.

[74] Vgl. BVerfG, Urt. v. 30.9.2009, Az.: 2 BvE 2/08 u.a. (Lissabon), LS 4, Rn. 244 ff. m. w. N. BVerfGE Urt. v. 12.10.1993, Az. 2 BvR 2134/92 (Maastricht), LS 4.

Bundesverfassungsgerichts wohl dergestalt, dass die staatsorganisationsrechtliche Gewährleistung des Art. 28 II GG nicht den Schutz der „Ewigkeitsgarantie“ gem. Art. 79 III GG genießt bzw. ist der Auffassung, dass die kommunale Selbstverwaltung nicht in die „Hochsicherheitszone des Art. 79 III GG verbracht“[75] worden sei, weil Art. 28 II GG nicht in Art. 79 III GG erwähnt bzw. nicht als ein „niedergelegter Grundsatz“ anzusehen sei. Die Befürworter einer Europafestigkeit scheinen wiederum ohne besondere Differenzierung zwischen Gemeinden und Kreisen das Selbstverwaltungsrecht sowohl der Gemeinden als auch der Landkreise einem Schutz unterstellen zu wollen. Nach der hier vertretenen Ansicht ist jedenfalls der Kernbereich der gemeindlichen Selbstverwaltung als elementarer Bestandteil des bundesdeutschen Demokratieprinzips als europafest anzusehen. Die in Art. 11 IV BV enthaltene Aussage, die Selbstverwaltung der Gemeinden diene dem Aufbau der Demokratie von unten nach oben, ist für den bundesdeutschen Verfassungsraum allgemeingültig. Die gemeindliche Selbstverwaltung ist Basis des demokratischen Gemeinwesens, jedenfalls wie es im Grundgesetz auch unter Berücksichtigung des Art. 28 I 2, II GG beschrieben ist[76]. Aus diesem Grunde muss zum unantastbaren Kerngehalt der Verfassungsidentität des Grundgesetzes der unantastbare Kernbereich der gemeindlichen Selbstverwaltung mit dem charakterisierenden Allzuständigkeitsgrundsatz als Keimzelle demokratischer Entfaltung gehören. Insofern wäre dann sogar ein Gleichklang zwischen der Rechtsprechung des Bayerischen Verfassungsgerichtshofs zur oben beschriebenen Ewigkeitsklausel des Art. 75 I 2 BV und der bundesverfassungsrechtlichen Gewährleistung gegeben[77].

IV. Der Inhalt des Selbstverwaltungsrechts der kommunalen Gebietskörperschaften

55 Gem. Art. 1 GO sind die Gemeinden ursprüngliche Gebietskörperschaften mit dem Recht, die **örtlichen** Angelegenheiten im Rahmen der Gesetze zu ordnen und zu verwalten. Eine ähnliche Aussage treffen Art. 1 LKrO und Art. 1 BezO, wonach Landkreise und Bezirke Gebietskörperschaften mit dem Recht, **überörtliche** Angelegenheiten im Rahmen der Gesetze zu ordnen und zu verwalten, darstellen[78]. Etwas plastischer wird das Selbstverwaltungsrecht der kommunalen Gebietskörperschaften in Art. 11 II 2 BV für die Gemeinden bzw. in Art. 10 I BV für die Gemeindeverbände umschrieben. Gem. Art. 11 II 2 BV haben die Gemeinden das Recht, ihre **eigenen Angelegenheiten** im Rahmen der Gesetze **selbst** zu ordnen und zu verwalten, insbesondere ihre Bürgermeister und Vertretungskörper zu wählen. Gem. Art. 10 I BV besteht für das Gebiet jedes Kreises und jedes Bezirkes ein Gemeindeverband **als Selbstverwaltungskörper.** Am deutlichsten ist Art. 28 II GG. Darnach muss den Gemeinden das Recht gewährleistet sein, **alle** Angelegenheiten der örtlichen Gemeinschaft im Rahmen der Gesetze in **eigener Verantwortung** zu regeln. Auch die Gemeindeverbände haben im Rahmen ihres gesetzlichen Aufgabenkreises nach Maßgabe der Gesetze das Recht der **Selbstverwaltung.**

---

[75] Steiner, BayVBl. 2010, 161/164; vgl. auch Steiner, BayVBl. 2018, 397/400.

[76] Soweit in der Literatur behauptet wird, dass Demokratieprinzip sei kein tauglicher Ansatz, weil in vielen demokratischen Staaten keine kommunale Selbstverwaltung bestehe, kann dies nicht als Argument gegen die hier vertretene Ansicht vorgebracht werden, weil maßgeblich für die Auslegung des Art. 79 III GG nur das Grundgesetz und die dort beschriebenen Verfassungszusammenhänge sind, vgl. Sachs, Art. 28 GG, Rn. 37, Fn. 149.

[77] Zur sog. Ewigkeitsklausel nach Art. 75 I 2 BV → Rn. 53.

[78] Allerdings sind Landkreis und Bezirk keine „ursprünglichen“ Gebietskörperschaften.

Das Selbstverwaltungsrecht der kommunalen Gebietskörperschaften ist Charakteristikum, das eben deswegen Inhalt der verfassungsrechtlichen Gewährleistungen in Art. 11 und 10 BV bzw. Art. 28 II GG ist. Das Selbstverwaltungsrecht der Gemeinden einerseits und der Gemeindeverbände andererseits ist aber unterschiedlich ausgestaltet. Während den **Gemeinden** das Recht gewährleistet sein muss, **alle** Angelegenheiten der **örtlichen Gemeinschaft** im Rahmen der Gesetze in eigener Verantwortung zu regeln, besitzen die **Gemeindeverbände** das Selbstverwaltungsrecht nur im Rahmen ihres **gesetzlichen Aufgabenbereiches nach Maßgabe der Gesetze.** 56

Das Selbstverwaltungsrecht beinhaltet zunächst ein modales Element, d.h. es zeichnet sich zunächst durch die **Eigenverantwortlichkeit** der Aufgabenwahrnehmung aus. Der **modale Charakter** des Selbstverwaltungsrechts bezieht sich damit auf das **„Ob“**, **„Wann“** und **„Wie“** der Aufgabenwahrnehmung. 57

Ferner stellt sich die Frage nach dem **Aufgabenbezug** des Selbstverwaltungsrechts (das **„Was“** des Selbstverwaltungsrechts). Insoweit besteht ein deutlicher Unterschied zwischen den Gemeinden und den Gemeindeverbänden: Letzteren steht das Recht der Selbstverwaltung nur im Rahmen ihres gesetzlichen Aufgabenbereiches zu, vgl. Art. 10 II BV, Art. 28 II GG. 58

Schließlich kann ein gewisser Aufgabenbestand eigenverantwortlich nur dann erledigt werden, wenn es überhaupt Selbstverwaltungskörperschaften als Handlungseinheiten gibt, denen die zu verwaltenden Aufgaben zugerechnet werden (das „**Wer**“). Insoweit beinhaltet Art. 28 II GG, Art. 11 II, 10 BV eine **institutionelle Rechtssubjektsgarantie** bezüglich der Gemeinden und Gemeindeverbände. 59

Übersicht 7: Inhalt des Selbstverwaltungsrechts 59a

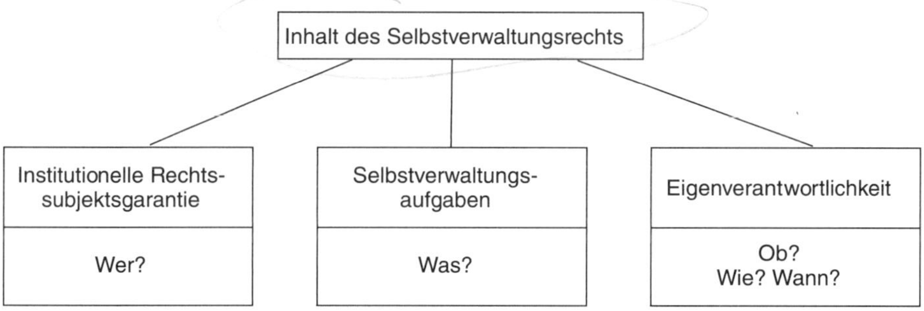

1. Die institutionelle Recshtssubjektsgarantie von Gemeinden und Gemeindeverbänden

Die Gemeinden sind als Rechtssubjekte generell, nicht aber individuell[79] garantiert[80]. Art. 28 II GG, Art. 10, 11 BV treffen zunächst die staatsorganisationsrechtliche Aussage, dass es Gemeinden und Gemeindeverbände überhaupt geben muss. Garantiert wird somit zunächst die Existenz kommunaler Selbstverwaltungsebenen mit den nachstehend zu behandelnden typusbestimmenden Merkmalen im Bereich des aufgabenbezogenen und des modalen Elements des Selbstverwaltungsrechts. 60

[79] Zur Ausnahme bzgl. der bayerischen Bezirke wegen Art. 185 BV sogleich Rn. 62.

[80] Ständige Rechtsprechung, vgl. nur BayVerfGHE 7, 113/118; 31, 99/122f.; BVerfGE 86, 90/107; BVerfG, Urt. v. 21.11.2017, Az. 2 BvR 2177/16, Rn. 78.

61 Fraglich ist, worauf sich die **institutionelle Rechtssubjektsgarantie** des Art. 28 II GG hinsichtlich der Gemeindeverbände im Einzelnen bezieht. Art. 28 II GG erwähnt nämlich lapidar die Gemeindeverbände, ohne dass genauer erklärt würde, was hierunter zu verstehen sei. Dies gilt auch für andere Bestimmungen des Grundgesetzes[81]. Wegen der Erwähnung der Kreise in Art. 28 I 2 GG ist die institutionelle Rechtssubjektsgarantie der Gemeindeverbände jedenfalls, möglicherweise aber auch nur auf die Kreise zu beziehen.

62 Anders als das Grundgesetz bestimmt die Bayerische Verfassung in Art. 10 I BV, dass es für das Gebiet eines jeden Kreises und Bezirks einen Gemeindeverband als Selbstverwaltungskörper geben muss. Neben den Gemeinden über Art. 11 II BV sind damit nicht nur die Kreise, sondern auch die Bezirke als Rechtssubjekte institutionell abgesichert[82]. Allerdings ist bezüglich der bayerischen Bezirke die Besonderheit zu beachten, dass Art. 185 BV sogar eine **individuelle Garantie** verbürgt[83]. Dieser Bestimmung ist zu entnehmen, dass die alten Regierungsbezirke wiederherzustellen waren, so dass sie ihrer Zahl nach – wenn auch nicht unbedingt in ihrem territorialen Umfang – erhalten bleiben sollen. Deswegen lässt Art. 9 I HS. 2 BV auch keine neue Einteilung, sondern allenfalls neue Abgrenzungen zu, vgl. Art. 8, 9 BezO. Über Art. 10 I BV garantiert Art. 185 BV die Regierungsbezirke nicht nur als Amtssprengel individuell, sondern auch die Bezirke als Selbstverwaltungskörperschaften. Eine Veränderung der Zahl der Bezirke ist somit wie die vollständige Abschaffung dieser Selbstverwaltungsebene nur durch Änderung der Bayerischen Verfassung möglich; Art. 75 I 2 BV stünde dem – anders als bei den Gemeinden, deren Selbstverwaltungsebene nach der unter Rn. 53 dargestellten Meinung verfassungsänderungsfest ist – allerdings nicht entgegen[84].

63 Da die Gemeinden und Kreise nicht individuell garantiert sind, war eine „speziell-individuelle Aufhebung, Teilung oder Umgliederung der Kommunen"[85] im Rahmen der kommunalen Gebietsreformen zwischen 1971[86] und 1978 prinzipiell zulässig. Natürlich haben die Verfassungsgerichte solche Umstrukturierungen mit verfassungsrechtlichen Bedingungen verknüpft[87].

64 **Festzuhalten ist**: Art. 28 II i. V. m. 28 I 2 GG garantiert bundesverfassungsrechtlich die Gemeinden und jedenfalls die Kreise als Rechtssubjekte institutionell, d. h. es muss diese überhaupt geben. Gem. Art. 10 I, 11 II BV sind landesverfassungsrechtlich nicht nur Gemeinden und Kreise, sondern auch die Bezirke als Rechtssubjekte institutionell sowie letztere gem. Art. 185 BV auch individuell gewährleistet.

---

[81] Vgl. Art. 105 III, 106 VI, VII, VIII, IX, 107 II, 108 IV, V, VII, 115c III GG.

[82] Noch einmal sei betont, dass Art. 10 BV anknüpft an die Formulierung in Art. 9 I BV. Darnach sind mit den Kreisen eigentlich die Teile des bayerischen Staatsgebiets gemeint, die wir heute Regierungsbezirke nennen. Hingegen ist mit Bezirk das gemeint, was heute unter Landkreis verstanden wird. Deswegen heißt es in Art. 9 II BV auch: „Die Kreise sind in Bezirke eingeteilt." Allerdings sind in Art. 9 BV zunächst noch nicht die Gebietskörperschaften, sondern die Amtssprengel gemeint, in die das bayerische Staatsgebiet gegliedert ist.

[83] BayVerfGHE 24, 181/192.

[84] Der BayVerfGH hat aber entschieden, dass dem Schutzbereich der Ewigkeitsklausel auch der Kernbereich und Wesensgehalt des Selbstverwaltungsrechts der Gemeinden und Landkreise unterfielen, BayVerfGH, BayVBl. 2000, 460 ff.

[85] Vgl. Schmidt-Jortzig, Rn. 32.

[86] Außerhalb Bayerns wurde mit gebietsreformerischen Maßnahmen bereits ab 1967 begonnen.

[87] Vgl. unten, Rn. 98 ff.

Übersicht 8: Institutionelle Rechtssubjektsgarantie 64a

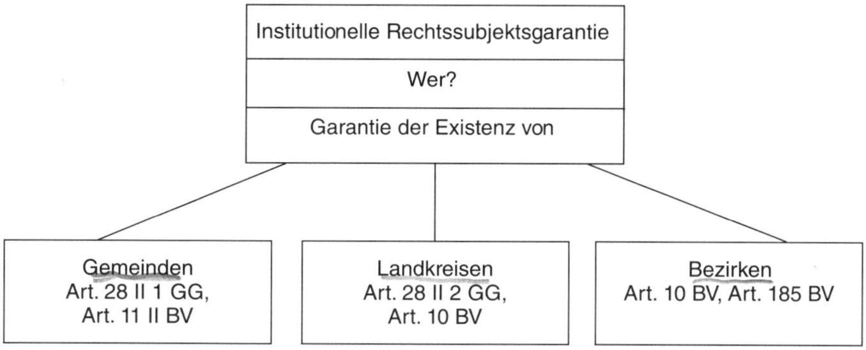

2. Aufgabenbezogenes Element der Selbstverwaltungsgarantie

Soweit das aufgabenbezogene Element inmitten steht, ist das „Was" des Selbstverwaltungsrechts der Kommunen, also der Umfang der Selbstverwaltungsaufgaben, angesprochen. Während gem. Art. 28 II 1 GG den Gemeinden das Recht gewährleistet sein muss, **alle Angelegenheiten der örtlichen Gemeinschaft** im Rahmen der Gesetze in eigener Verantwortung zu regeln, haben gem. Art. 28 II 2 GG die Gemeindeverbände das Recht der Selbstverwaltung nur **im Rahmen ihres gesetzlichen Aufgabenbereiches** nach Maßgabe der Gesetze. Eine ähnliche Aussage lässt sich auch der Bayerischen Verfassung entnehmen. Während die Gemeinden gem. Art. 11 II 2 BV das Recht haben, ihre **eigenen Angelegenheiten** im Rahmen der Gesetze selbst zu ordnen und zu verwalten, wird den Gemeindeverbänden gem. Art. 10 II BV der eigene Wirkungskreis durch die Gesetzgebung **zugewiesen.** 65

Dieser grundsätzliche Unterschied zwischen Gemeinden einerseits und Gemeindeverbänden andererseits wird herkömmlicherweise durch die Begrifflichkeiten „Universalität" des gemeindlichen Wirkungskreises oder „Allzuständigkeit" der Gemeinden umschrieben. 66

a) Prinzip der Universalität oder Allzuständigkeit

Das Prinzip der **Universalität** oder **Allzuständigkeit** besagt, dass die Gemeinden grundsätzlich das Mandat haben, sich aller Angelegenheiten der örtlichen Gemeinschaft ohne besonderen Kompetenztitel anzunehmen. Im Gegensatz hierzu steht die sog. **Spezialität,** wonach andere Verwaltungsträger – in unserem Zusammenhang die Gemeindeverbände – eine Aufgabe nur kraft besonderer Kompetenzzuweisung wahrnehmen dürfen[88]. Damit stellt das Universalitätsprinzip eine (gesetzlich widerlegbare) Vermutung für die sachliche Zuständigkeit der Gemeinden auf, soweit es um die Wahrnehmung örtlicher Aufgaben geht[89]. 67

Folglich stellt sich die schwierige Frage, wann Angelegenheiten der örtlichen Gemeinschaft vorliegen und wann nicht. Auch die Formulierung des Bundesverfassungsgerichts, wonach **Angelegenheiten der örtlichen Gemeinschaft** „diejenigen Be- 68

---

[88] Vgl. BVerfGE 79, 127/146 ff.

[89] Vgl. Nierhaus/Engels in: Sachs, Art. 28 GG, Rn. 46 ff.; Jarass/Pieroth, Art. 28 GG, Rn. 23 ff.

dürfnisse und Interessen sind, die in der örtlichen Gemeinschaft wurzeln oder auf sie einen speziellen Bezug haben, die also den Gemeindeeinwohnern gerade als solchen gemeinsam sind, indem sie das Zusammenleben und -wohnen der Menschen in der (politischen) Gemeinde betreffen“[90], hilft nicht sonderlich weiter. Ebenso wenig die Formel: „Angelegenheiten der örtlichen Gemeinschaft sind diejenigen Vorhaben, deren bestmögliche Verwirklichung den Menschen in einem geschlossenen Siedlungsraum für ihre gemeinsamen Lebensbedürfnisse von konkretem Interesse sind“[91].

69 Richtig ist natürlich der Hinweis, dass die Angelegenheiten der örtlichen Gemeinschaft nicht unveränderlich fixierbar sind, sondern einerseits dem Anschauungswandel der Zeit, andererseits unter Umständen auch den speziellen örtlichen Gegebenheiten unterliegen. Auch ist ein Abwanderungsprozess zu beobachten, wonach viele ehemals örtliche Angelegenheiten nun überörtliche Aufgaben darstellen. Auf der anderen Seite kann ein Nachwachsen örtlicher Angelegenheiten konstatiert werden[92].

70 Etwas vereinfacht wird diese Problematik durch Art. 83 I BV bzw. Art. 57 I, II GO. So enthält z.B. Art. 83 I BV eine exemplarische Aufzählung von Angelegenheiten der örtlichen Gemeinschaft. Auf der anderen Seite kann die Aussage des Bundesverfassungsgerichts, wonach der Begriff der örtlichen Angelegenheiten die gemeindliche Allzuständigkeit gegen den Zuständigkeitsbereich der allgemeinen Politik abgrenzen will, andererseits der grundgesetzlich gewollten Teilnahme der Bürger an der öffentlichen Verwaltung ein Betätigungsfeld zuordnen will, als Auslegungskriterium herangezogen werden[93].

71 **Beispiel:** Durch Beschluss des Kreisverwaltungsausschusses der Landeshauptstadt München wurden Oberbürgermeister und Verwaltung beauftragt, „gegenüber der Bundeswehr und den US-Streitkräften den Standpunkt zum Ausdruck zu bringen, dass eventuelle, wider Erwarten entstehende Absichten, ABC-Waffen in München zu lagern, auf entschiedene Ablehnung der Landeshauptstadt stoßen würden“. Dasselbe sollte auch „für den eventuellen Transport von ABC-Waffen über das Münchener Stadtgebiet“ gelten. Deswegen erklärte sich München „zur atomwaffenfreien Zone in diesem Sinne“. Der BayVGH[94] hielt diese Beschlüsse für rechtswidrig, weil sie mangels gemeindlicher Verbandskompetenz ergangen seien. Gemeindliche Organe dürften (zu verteidigungspolitischen Fragen) keine **„Vorratsbeschlüsse“** fassen, die ohne konkreten, auf das Gemeindegebiet bezogenen Anlass ergingen. Dies sei nur dann anders zu beurteilen, wenn die Gemeinde sich gegen ein konkretes Vorhaben wendete, das unmittelbare Auswirkungen auf das Gemeindegebiet habe. Die Revision vor dem Bundesverwaltungsgericht[95] hielt die Entscheidung des BayVGH für im Ergebnis richtig, wandte sich jedoch gegen den Begriff des „Vorratsbeschlusses“. Eine Gemeinde dürfe sich, auch vorsorglich und ohne unmittelbar zu benennenden Anlass, mit der Frage einer etwaigen Stationierung von Waffen auf ihrem Gebiet befassen[96]. Antezipatorische Äußerungen im Sinne vorausschauender Vorsorge seien der Ge-

---

[90] Vgl. BVerfGE 79, 127/151 f.; sowie BVerfGE 8, 122/134; 50, 195/201; 52, 95/120.

[91] So Schmidt-Jortzig, DÖV 1993, 974.

[92] Brohm, DVBl. 1984, 293 ff.; ders., DÖV 1986, 397 ff. Vgl. auch BVerfG, Urt. v. 21.11. 2017, Az. 2 BvR 2177/16, Rn. 113.

[93] Vgl. BVerfGE 79, 127/151. Vgl. BVerfG, BayVBl. 2002, 19 f., wonach die Wahlkreiseinteilung für die Wahlen zum Deutschen Bundestag nicht zu den Angelegenheiten gehört, welche die Gemeinden eigenverantwortlich regeln können; sie wurzelt weder in der örtlichen Gemeinschaft noch hat sie einen spezifischen Bezug auf sie. Vgl. auch BVerwG, NVwZ 2006, 595 ff., wonach Art. 20a GG eine Gemeinde nicht ermächtigt, Aufgaben des Umweltschutzes losgelöst vom gemeindlichen Kompetenzbereich (Allzuständigkeit nur für in der örtlichen Gemeinschaft wurzelnde Angelegenheiten) an sich zu ziehen.

[94] Vgl. BayVBl. 1989, 14 ff.

[95] Vgl. BayVBl. 1991, 440 ff.

[96] Vgl. insoweit Urteil des BVerwG vom 14.12.1990 – 7 C 40.89; vgl. auch BVerwGE 87, 237 ff.

meinde daher gestattet. Eine Gemeinde, die zu einer etwaigen noch nicht konkret zu prognostizierenden Waffenstationierung in ihrem örtlichen Umfeld Stellung nähme, begäbe sich damit oder jedenfalls damit allein noch nicht auf das Feld der der Gemeinde verschlossenen, weil überörtlich wirkenden verteidigungsspezifischen Politik. Vielmehr sei der Beschluss an seinem Inhalt, wie er sich aus dem Wortlaut erschließe, zu messen. Da sich die letzte Aussage der Landeshauptstadt München, sie erkläre sich zur „atomwaffenfreien Zone", nur äußerlich auf das Stadtgebiet beziehe, konkludent aber die allgemein politische Aussage enthalte, die durch den Bund beschlossene Bewaffnung sei unerwünscht, sei die Landeshauptstadt München der vom Bund getroffenen verteidigungspolitischen Entscheidung unter deutlicher Überschreitung ihrer Kompetenzen entgegengetreten. Insgesamt ging es also dem Bundesverwaltungsgericht vor allem darum, die an sich im Ergebnis für richtig befundene Entscheidung des BayVGH in ihrer Begründung zu verbessern und den missverständlichen Begriff des „Vorratsbeschlusses" zu kassieren.

Ebenfalls indizielle Wirkung für die Beantwortung der Frage, ob Angelegenheiten 72
der örtlichen Gemeinschaft vorliegen, haben **geschichtliche Zusammenhänge, Größe** sowie **Struktur**[97] einer Gemeinde. Keine indizielle Wirkung kommt jedoch nach Ansicht des Bundesverfassungsgerichts der **Verwaltungskraft** einer Gemeinde zu, denn „wenn es noch allein darum geht, zu bestimmen, was eine Angelegenheit der örtlichen Gemeinschaft bedeutet, können Aspekte ihrer praktischen Bewältigung noch keine Berücksichtigung finden"[98]. Dass diese Aussage nicht selbstverständlich ist, liegt auf der Hand, da oftmals Größe einer Gemeinde und Verwaltungskraft Hand in Hand gehen werden. Würde es jedoch auch auf die Verwaltungskraft der Gemeinden zur Bestimmung der örtlichen Angelegenheiten ankommen, so könnte der Staat durch die Finanzzuweisungen die Verwaltungskraft und damit den Umfang der gemeindlichen Angelegenheiten manipulieren; vielmehr muss der Staat gemäß Art. 28 II 3 GG den Gemeinden gegebenenfalls die Mittel zur Verfügung stellen, die sie zur Erfüllung ihrer Aufgaben benötigen[99]. Zudem entspricht das Absehen von der Verwaltungskraft auch dem Grundsatz des Vorrangs kommunaler Zusammenarbeit vor der Hochzonung einer Aufgabe insbesondere auf die Landkreisebene[100]. Einfach-gesetzlich entspricht dies geltendem bayerischen Gemeinderecht, da gem. Art. 57 III GO jedenfalls bezüglich gemeindlicher Pflichtaufgaben der Grundsatz gilt, dass bei Überschreiten der Leistungsfähigkeit einer Gemeinde die Aufgabe in kommunaler Zusammenarbeit zu erfüllen ist.

Ist nach alledem nicht genau auszumachen, ob eine Angelegenheit eine solche mit 73
örtlichem oder überörtlichem Charakter ist, reicht ein „relevanter örtlicher Charakter"[101] aus, um die Vermutung für die Örtlichkeit der Angelegenheit auszulösen. Allerdings kommt dem Gesetzgeber eine gewisse Einschätzungsprärogative bei der Bewertung der örtlichen Bezüge einer Aufgabe und ihres Gewichts zu[102]. Unabhängig von der verfassungsrechtlichen Gewährleistung der Wahrnehmung aller Angelegenheiten der örtlichen Gemeinschaft ist durch Art. 6 I GO (einfachgesetzlich) bestimmt, dass den Gemeinden in ihrem Gebiet die Erfüllung **aller öffentlichen Aufgaben** zusteht. Freilich gilt dies nur, soweit der Gesetzgeber die Aufgaben nicht anderweitig verteilt hat.

---

[97] Vgl. BVerfGE 23, 350; BVerfGE 79, 127/153; BVerfG, Urt. v. 21.11.2017, Az. 2 BvR 2177/16, Rn. 83.
[98] Vgl. BVerfGE 79, 127/152.
[99] BVerfG, Urt. v. 21.11.2017, Az. 2 BvR 2177/16, Rn. 78; vgl. auch bereits Maurer, DVBl. 1995, 1043.
[100] BVerfG, Urt. v. 21.11.2017, Az. 2 BvR 2177/16, Rn. 86.
[101] BVerfG, Urt. v. 21.11.2017, Az. 2 BvR 2177/16, Rn. 82.
[102] Vgl. BVerfGE 79, 127/153f.; vgl. auch BVerfG, NVwZ 2004, 1477/1483.

b) Überörtliche Angelegenheiten[103]

74 Die Aufgaben des eigenen Wirkungskreises der Gemeindeverbände werden durch Gesetz festgelegt, vgl. Art. 10 II BV, Art. 28 II 2 GG. Gem. Art. 1 LKrO sind Landkreise Gebietskörperschaften mit dem Recht, **überörtliche** Angelegenheiten, deren Bedeutung über das Kreisgebiet nicht hinausgeht, im Rahmen der Gesetze zu ordnen. Gem. Art. 1 BezO sind Bezirke Gebietskörperschaften mit dem Recht, **überörtliche** Angelegenheiten, die über die Zuständigkeit oder das Leistungsvermögen der Landkreise oder kreisfreien Gemeinde hinausgehen und deren Bedeutung über das Gebiet des Bezirks nicht hinausreicht, im Rahmen der Gesetze selbst zu ordnen oder zu verwalten.

75 Kennzeichen der Selbstverwaltungsaufgaben der Landkreise und der Bezirke ist die Überörtlichkeit der zu erledigenden Angelegenheiten. Da der eigene Wirkungskreis der Gemeindeverbände durch die Gesetzgebung bestimmt werden muss, bedarf es einer **Aufgabenzuweisungsnorm.** Dies ist für die Landkreise in Art. 4 I, 5 i. V. m. 51 LKrO geschehen, wonach den Landkreisen die Erfüllung der auf das Kreisgebiet beschränkten öffentlichen Aufgaben zusteht, die über die Zuständigkeit oder das Leistungsvermögen der kreisangehörigen Gemeinden hinausgehen, soweit es sich nicht um Staatsangelegenheiten handelt. Diese Definition grenzt einerseits die Kreisaufgaben des eigenen Wirkungskreises nach unten von den gemeindlichen Angelegenheiten der örtlichen Gemeinschaft ab. Andererseits werden die Kreisaufgaben nach oben begrenzt durch Art. 4 I, 5 i. V. m. 48 BezO, wonach den Bezirken die Erfüllung öffentlicher Aufgaben zusteht, die sich auf das Gebiet des Bezirks beschränken und über die Zuständigkeit und das Leistungsvermögen der Landkreise und kreisfreien Gemeinden hinausgehen[104]. Wegen ihrer tatbestandlichen Weite stellen Art. 4, 5 i. V. m. 51 LKrO und Art. 4, 5 i. V. m. 48 BezO generalklauselähnliche Aufgabenzuweisungsvorschriften für die Aufgaben des eigenen Wirkungskreises dar[105].

c) Zusammenfassung

76 Das Prinzip der „Universalität" oder „Allzuständigkeit" des gemeindlichen Wirkungskreises bedeutet ein „identitätsbestimmendes Merkmal der gemeindlichen Selbstverwaltung", welches im Gegensatz zur „Spezialität" einer Befugnis nur kraft speziellen Kompetenztitels bei Landkreis und Bezirk zu sehen ist. Die Befugnis, sich aller Angelegenheiten der örtlichen Gemeinschaft, die nicht durch Gesetz bereits anderen Trägern öffentlicher Verwaltung übertragen sind, ohne besondere Kompetenztitel anzunehmen, gehört zum **Wesensgehalt (oder Kernbereich)** der gemeindlichen Selbstverwaltung. Dabei sind Angelegenheiten der örtlichen Gemeinschaft diejenigen Bedürfnisse und Interessen, die in der örtlichen Gemeinschaft wurzeln oder auf sie einen spezifischen Bezug haben, die also den Gemeindeeinwohnern gerade als solchen gemeinsam sind, indem sie das Zusammenleben und -wohnen der Menschen in der Gemeinde betreffen; dabei kommt es auf die Verwaltungskraft der Gemeinde nicht an[106].

76a Der eigene Wirkungskreis der Gemeindeverbände Landkreis und Bezirk ist nicht verfassungsrechtlich durch das Prinzip der Universalität geprägt, sondern die Wir-

---

[103] Die Kritik an der Bezeichnung „überörtliche Aufgaben" mag in der Sache nicht unberechtigt sein, dieser Begriff entspricht aber geltendem bayerischen Kommunalrecht.

[104] Vgl. Hölzl/Hien/Huber, Art. 1 LKrO, Erl. 3.

[105] Zur Wirkung dieser weiten Vorschriften in Bezug auf die Landkreise vgl. BVerfGE 83, 37/54; Schink, VerwArch. 1990, Bd. 81, Fn. 54.

[106] Vgl. BVerfGE 79, 127, Leitsätze 2, 4; ebenda S. 146f.

kungskreise werden durch Gesetz bestimmt. Damit verbürgt die Selbstverwaltungsgarantie der Gemeindeverbände die Aufgabengarantie nicht in dem Umfang, wie sie für die Gemeinden gerade geschildert wurde, da die Gemeindeverbände auf eine gesetzliche Aufgabenausstattung angewiesen sind. Allerdings darf es sich dabei „nicht durchweg um an sich staatliche Angelegenheiten des übertragenen Wirkungskreises handeln". Der Gesetzgeber muss den Gemeindeverbänden vielmehr bestimmte Aufgaben als Selbstverwaltungsaufgaben, also als kreis- oder bezirkskommunale Aufgaben des eigenen Wirkungskreises zuweisen[107], wobei das zugewiesene Aufgabenfeld von solch substantiellem Gewicht sein muss, dass eine kraftvolle Betätigung der Gemeindeverbände ermöglicht wird[108]. Eine solche Verpflichtung zur Aufgabenausstattung ergibt sich auch aus Art. 28 I 2 GG, weil eine direkt gewählte Vertretung der Gemeindeverbände nur dann Sinn macht, wenn diese auch einen gewissen Fundus von nicht unbedeutenden Aufgaben des eigenen Wirkungskreises wahrzunehmen hat.

Übersicht 9: Selbstverwaltungsaufgaben **76b**

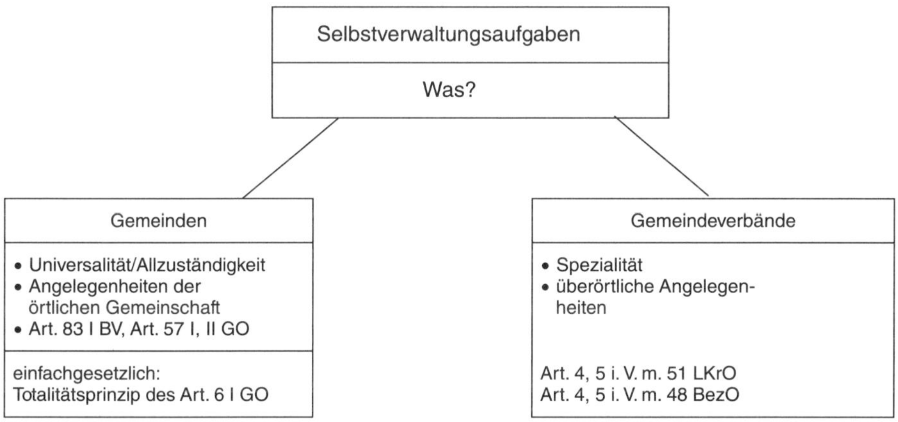

3. Modales Element des Selbstverwaltungsrechts

Die **Eigenverantwortlichkeit** der Aufgabenwahrnehmung ist das besondere Cha- **77** rakteristikum jedweder – also nicht nur kommunaler – Selbstverwaltung. Gemeinden und Gemeindeverbände haben nach Maßgabe der Gesetze im Wesentlichen das gleiche Recht auf Selbstverwaltung, soweit es um dessen modalen Bezug geht[109]. Den Gemeinden und Gemeindeverbänden bleibt es darnach grundsätzlich überlassen, **ob, wann** und **wie** sie die Aufgaben des eigenen Wirkungskreises wahrnehmen wollen. Eigenverantwortlichkeit bedeutet in erster Linie Freiheit von Zweckmäßigkeitsvorgaben von staatlicher Seite. Diese Eigenverantwortlichkeit der Wahrnehmung der Aufgaben des eigenen Wirkungskreises umfasst insbesondere die Gebietshoheit, die Organisationshoheit, die Personalhoheit, die Finanzhoheit, die Planungshoheit sowie die

---

[107] Vgl. BVerfGE 83, 363/383.

[108] Vgl. BVerfG v. 20.12.2007 – 2 BvR 2433/04 – Rn. 116f. (juris); BVerwGE 67, 321/323; Knöpfle, BayVBl. 1994, 386; Schink, VerwArch. 1990, Bd. 81, 385/408ff.; Schmidt-Aßmann, DVBl. 1996, 533/534. Vgl. auch v. Mutius, Rn. 142.

[109] Vgl. BVerfGE 83, 363/383. BVerfG, BayVBl. 2008, 201.

Rechtsetzungshoheit. Diese Ausprägungen der Eigenverantwortlichkeit der Aufgabenwahrnehmung werden üblicherweise als **„Gemeindehoheiten"** bezeichnet, soweit es um die Charakterisierung des gemeindlichen Selbstverwaltungsrechts geht[110]. In ähnlicher Weise können diese Hoheiten aber auch für die Gemeindeverbände herangezogen werden. Diese Kommunalhoheiten sind Bestandteile der Selbstverwaltungsgarantie[111] und gehören als solche – vorbehaltlich der Ausgestaltung im Einzelnen – zum Kernbereich der kommunalen Selbstverwaltung[112].

78 Die **Gebietshoheit** ist die Rechtsmacht der Gebietskörperschaften, allen Personen und Sachen, die sich in ihrem Gebiet befinden, hoheitlich gegenüber zu treten und rechtserheblich (durch Rechtsetzung oder Einzelfallmaßnahmen) handeln zu können[113].

79 **Finanzhoheit** bedeutet das Recht der Kommunen auf eine eigenverantwortliche Einnahmen- und Ausgabenwirtschaft im Rahmen eines gesetzlich geordneten Haushaltswesens. Eine ausreichende Finanzausstattung ist für die Gebietskörperschaften von herausragender Bedeutung, da Finanzausstattung und freiverantwortliche Aufgabenauswahl und -erfüllung zusammenhängen. Der Verfassungsgerichtshof geht davon aus, die Garantie der kommunalen Selbstverwaltung umfasse regelmäßig eine angemessene Finanzausstattung (Randbereich), wobei sich der Staat in Abhängigkeit von seiner finanziellen Leistungsfähigkeit auch auf eine finanzielle Mindestausstattung (Kernbereich) zurückziehen kann, ja in besonderen Ausnahmefällen diese sogar unterschreiten darf[114]. Vor diesem Hintergrund ist anzunehmen, dass die Neuregelung in Art. 83 II 3 BV nur eine deklaratorische Wirkung besitzt[115]. In diesem Zusammenhang zu sehen ist auch die **Abgabenhoheit,** die einen Ausschnitt aus der Finanzhoheit darstellt. Die Abgabenhoheit umfasst die Kompetenz, Abgabesatzungen zu erlassen, die Abgaben zu verwalten und zu vereinnahmen. Nach Ansicht des Verfassungsgerichtshofs gehört das Recht zum Erlass von Abgabesatzungen für die Gemeinden grundsätzlich zum Kernbereich der Selbstverwaltung[116]. Eine solche Interpretation liegt für den Geltungsbereich der Bayerischen Verfassung auch nahe, da den Gemeinden in Art. 83 II 2 BV die Abgabenhoheit expressis verbis gewährleistet ist und diese Vorschrift zugleich Verortungsstelle für die weiterreichende Finanzhoheit ist[117]. Schließlich enthält Art. 83 III BV seit dem 1.1.2004 ein striktes Konnexitätsprinzip zugunsten der Gemeinden und Gemeindeverbände (Art. 83 VI BV), wonach künftige Aufgabenbelastungen nur bei entsprechendem finanziellen Ausgleich der Mehrbelastung zulässig sind. Das Konnexitätsprinzip ist eine von der Finanzkraft der Kommune unabhängige Ausgleichsregelung, die neben die allgemeinen Bestimmungen zur Absicherung einer finanziellen Mindestausstattung tritt. Bundesverfassungsrechtlich ist vor allem auf Art. 28 II 3 GG zu verweisen. Hiernach umfasst die Gewährleistung der Selbstverwaltung auch die Grundlagen der finanziellen Eigenverantwortung; hierzu gehört eine den Gemeinden mit Hebesatzrecht zustehende wirtschaftskraftbezogene Steuerquelle. Gemäß § 106 VI

---

[110] Vgl. Nierhaus/Engels in Sachs, Art. 28 GG, Rn. 52ff.

[111] BVerfG, BayVBl. 2002, 19/20.

[112] Vgl. BVerfG, BayVBl. 2010, 400/404, Rn. 93; BVerfG, Urt. v. 21.11.2017, Az. 2 BvR 2177/16, Rn. 88.

[113] Vgl. BVerfGE 52, 95/117f. Vgl. auch BVerfG, BayVBl. 2002, 19/20.

[114] BayVerfGH, BayVBl. 2008, 172ff., vgl. auch BayVerfGH, BayVBl. 1996, 462/463ff.; BayVerfGH, BayVBl. 1997, 303. Nach wie vor vom BVerfG unentschieden ist, inwieweit die bundesverfassungsrechtliche Gewährleistung reicht; vgl. BVerfGE 83, 363/386; vgl. auch v. Mutius, Rn. 164, Schmidt-Aßmann, DVBl. 1996, 533/540 m. w. N.

[115] Vgl. Lindner/Möstl/Wolff, Art. 83 BV, Rn. 51.

[116] Vgl. BayVerfGH, DÖV 1989, 307; BayVBl. 1992, 365ff.

[117] Vgl. BayVerfGH, BayVBl. 1989, 237ff.

2 GG ist den Gemeinden das Recht einzuräumen, die Hebesätze der Grundsteuer und Gewerbesteuer im Rahmen der Gesetze festzusetzen.

Zur **Personalhoheit** gehört nicht nur die Dienstherrnfähigkeit (also das oben behandelte Recht, Beamte zu haben), sondern überhaupt das Recht, Personal auszuwählen, anzustellen, zu befördern und zu entlassen. Die Personalhoheit ist für die Praxis nicht zu unterschätzen, da die kommunalen Organe auf eine loyale Verwaltung angewiesen sind. Keine Rolle spielt es dabei, ob die einzusetzende Dienstkraft nur Aufgaben des eigenen, des übertragenen Wirkungskreises oder beider Wirkungskreise erfüllt. Die Personalhoheit ist also Ausprägung des Selbstverwaltungsrechts unabhängig von der konkreten Funktion, die der Beamte oder Arbeitnehmer zu erfüllen hat. Auch sie gehört zum **Kernbereich** des Selbstverwaltungsrechts, allerdings nur insoweit, als es den Kommunen grundsätzlich gestattet sein muss, eigenes Personal zu haben und im Regelfall selbst auszuwählen[118]. **80**

Die **Organisationshoheit** gibt den Kommunen die Befugnis, für die Wahrnehmung ihrer Aufgaben Abläufe und Entscheidungszuständigkeiten festzulegen. Sie können grundsätzlich nach eigenem Ermessen Behörden, Einrichtungen und Dienststellen errichten, ändern und aufheben, diese ausstatten, beaufsichtigen und Steuerungsmechanismen festlegen. Hierzu gehört auch die sog. **Kooperationshoheit,** also die Befugnis, darüber zu befinden, ob eine bestimmte Aufgabe eigenständig oder gemeinsam mit anderen Verwaltungsträgern wahrgenommen wird und ob zu diesem Zweck gemeinsame Institutionen gegründet werden[119]. Die Organisationshoheit gilt nicht nur für die Wahrnehmung von Aufgaben des eigenen Wirkungskreises, sondern für die gesamte Verwaltung[120]. Damit besitzt die Organisationshoheit einen von den materiellen Selbstverwaltungsaufgaben losgelösten Stellenwert, d.h. auf die Verletzung des Selbstverwaltungsrechts bei Eingriffen in die Organisationshoheit können sich die Kommunen auch dann berufen, wenn Aufgaben des übertragenen Wirkungskreises wahrgenommen werden. Allerdings gehört zum Kernbereich der Selbstverwaltungsgarantie nicht auch die grundsätzlich freie Bestimmung über die Organisation der Gemeinden überhaupt. Die Festschreibung des Kommunalverfassungsrechts gehört traditionell zu den Angelegenheiten, die der Gesetzgeber für sich beansprucht. Die Organisationshoheit der Kommunen ist deswegen durch die Kommunalverfassungen nicht unerheblich eingeschränkt. Als Beispiel für staatliche Eingriffe in die Organisationshoheit mag die Einführung kommunaler Gleichstellungsbeauftragter dienen. Gem. Art. 20 BayGlG müssen die Bezirke, Landkreise und kreisfreien Gemeinden, nicht aber die kreisangehörigen Gemeinden hauptamtliche oder teilhauptamtliche Gleichstellungsbeauftragte bestellen, deren Aufgabe es ist, auf die Gleichstellung von Frau und Mann hinzuwirken. Das Bundesverfassungsgericht hat die Kommunalverfassungsbeschwerde gegen die schleswig-holsteinische Regelung, aufgrund der bereits Gemeinden mit mehr als 10000 Einwohnern eine Gleichstellungsbeauftragte bestellen müssen, als unbegründet zurückgewiesen[121]. In diesem Beschluss wurde der Kernbereich der Organisationshoheit sehr klein konturiert und dem Staat eine sehr große Gestaltungsprärogative im Bereich der Organisationshoheit zugesprochen. **81**

---

118 Vgl. BVerfG, BayVBl. 2008, 201ff.

119 BVerfG, BayVBl. 2008, 201. Vgl. auch BVerfGE 91, 228ff. = BayVBl. 1995, 367ff.; BVerfG, BayVBl. 2002, 19/20.

120 Vgl. BVerfG, NVwZ 1992, 365/366.

121 BVerfG, NVwZ 1995, 677ff. mit Anm. von Mayer, NVwZ 1995, 663ff. Lies auch die Anmerkungen von Berlit, DVBl. 1995, 293ff. Zur niedersächsischen Lage: NdsStGH, DÖV 1996, 657ff.

82 Die **Planungshoheit** hat sowohl einen modalen als auch einen aufgabenbezogenen Bezug zum Selbstverwaltungsrecht. Als allgemeine Planungshoheit bezeichnet sie die Fähigkeit, in allen Aufgabenbereichen, also z. B. bei der sozialen Infrastruktur und bei der Finanzplanung, vorausschauend Methoden zur Aufgabenerledigung zu entwickeln. Einen Unterfall stellt die Raumplanungshoheit dar, also das Recht zu eigenverantwortlicher Ordnung und Gestaltung des Gebiets, wobei hier die gemeindliche Planung (vgl. die Erwähnung der Ortsplanung in Art. 83 I BV[122]), insbesondere die Bauleitplanung (vgl. §§ 1 I, II, III, 2 I BauGB), im Vordergrund steht. Die Raumplanungshoheit hat eine weitgehende Regelung durch den Gesetzgeber, vor allem im Bereich der Bauleitplanung, erfahren. Eingriffe in die gemeindliche Planungshoheit werden zudem durch andere planende Gebietskörperschaften, durch die (z. B. straßen- oder luftverkehrsrechtliche) Fachplanung[123], insbesondere aber auch durch die Landesplanung vorgenommen werden. Die Auswirkungen solcher Eingriffe zu minimieren, ist das Bestreben von Beteiligungs-, Anhörungs- und Abstimmungspflichten. Die Raumplanungshoheit umfasst mithin nicht nur die örtliche Bauleitplanung, sondern auch ein formelles Recht auf Beteiligung an solchen Planungen und Maßnahmen, die das Gemeindegebiet oder Teile nachhaltig betreffen und die Entwicklung der Gemeinde beeinflussen und ein materielles Recht auf Berücksichtigung gemeindlicher Belange, das beeinträchtigt wird, wenn das Vorhaben eine hinreichend bestimmte Planung nachhaltig stört, wesentliche Teile des Gemeindegebiets einer durchsetzbaren Planung entzieht oder wenn kommunale Einrichtungen durch das Vorhaben erheblich beeinträchtigt werden; das Recht auf Berücksichtigung wird auch beeinträchtigt, wenn die Entwicklung der Gemeinde, insbesondere die Gestaltung ihrer Infrastruktur beeinflusst wird[124].

83 **Beispiel:** Gem. § 4 BauGB sollen die Träger öffentlicher Belange, also auch Nachbargemeinden, im Bauleitplanungsverfahren beteiligt werden. Diese Beteiligung sichert formell die Beachtung des materiellen interkommunalen Abstimmungsgebots in § 2 II BauGB ab.

84 **Beispiel:**[125] In einem Regionalplan beschließt der regionale Planungsverband die Ausweisung eines auch in der Gemeinde G liegenden Gebiets als Vorrangfläche für Lehm und Tone. Die Gemeinde G muss diese Ausweisung gem. § 1 IV BauGB bei der Bauleitplanung beachten. Die Ausweisung der Vorrangfläche begründet das fachliche Ziel, in diesem Bereich der Gewinnung von Lehm und Ton den Vorrang gegenüber anderen Nutzungsansprüchen einzuräumen. Die betroffene Gemeinde kann die Verletzung ihres Selbstverwaltungsrechts rügen.

85 Schließlich ist die **Rechtsetzungshoheit** zu erwähnen, die nur die Befugnis zum Erlass kommunaler Satzungen umfasst. Zur Satzungshoheit vgl. § 3, Rn. 1 ff.

---

[122] BayVerfGH, Entscheidung v. 17.7.2018, Az. Vf. 28-IX-18, Rn. 56. Vgl. zur bundesverfassungsrechtlichen Gewährleistung Nierhaus/Engels in Sachs: Art. 28 GG, Rn. 53, 56.

[123] Vgl. zur abgelehnten Verletzung der Planungshoheit der Landeshauptstadt München durch den Planfeststellungsbeschluss der Regierung von Oberbayern für den Bau der Bundesautobahn A 99, Autobahnring München, Streckenabschnitt Langwied-Allach: BVerwG, BayVBl. 1996, 567 ff.

[124] BVerfG, BayVBl. 2002, 19/20. Vgl. auch BVerwG v. 18.3.2008 – 9 VR 5/07 – (juris); BayVerfGH v. 15.7.2002, Vf. 10-VII-00 und Vf. 12-VII-00 (juris), Rn. 56.

[125] Beispiel nach BayVGH, BayVBl. 1996, 81 ff. Zur Zielfestlegung eines Vorranggebietes für Flughafenentwicklungsflächen vgl. BayVGH v. 25.4.2006 – 8 N 05.542 – (juris).

Übersicht 10: Eigenverantwortlichkeit 85a

Eigenverantwortlichkeit
Ob?
Wie? Wann

1. Gebietshoheit
Kompetenz der Kommunen zur Ausübung von Hoheitsgewalt im Hoheitsgebiet (räumlicher Umfang des Selbstverwaltungsrechts).

2. Finanzhoheit
verleiht den Kommunen die Befugnis zur eigenverantwortlichen Regelung der Finanzen im Rahmen eines gesetzlich geordneten Haushaltswesens; eigenverantwortliche Einnahmen- und Ausgabenbewirtschaftung. Anspruch auf angemessene Finanzausstattung. Kommunen können örtliche Steuern (i. d. R. nur Gemeinden), Gebühren und Beiträge (= Abgaben) und privatrechtliche Entgelte selbständig gestalten und erheben.

3. Personalhoheit
umfasst Befugnis, eigenes Personal auszuwählen, zu beschäftigen und alle in diesem Zusammenhang notwendigen Entscheidungen zu treffen.

4. Organisationshoheit
umfasst Befugnis, innere Organisationen der Kommune zu regeln, bei bestimmten Aufgaben die Rechtsformwahl und die Kooperationshoheit.

5. Planungshoheit
umfasst die allgemeine Planungshoheit sowie die Bauleitplanung.

6. Rechtsetzungshoheit
ist Befugnis, die Selbstverwaltungsangelegenheiten durch Erlass von Satzungen zu regeln.

4. Zusammenfassende Übersicht

Übersicht 11: Inhalt des Selbstverwaltungsrechts 85b

Inhalt des Selbstverwaltungsrechts

Wer?	Was?	Ob? Wie? Wann?
Garantie der Existenz von • Gemeinden Art. 28 II GG, 11 BV • Landkreisen Art. 28 II GG, Art. 10 BV • Bezirken, Art. 10 BV (diese aus Art. 185 BV auch individuell)	Gemeinden • Universalität/ Allzuständigkeit • in Angelegenheiten der örtlichen Gemeinschaft • Art. 83 I BV, Art. 57 I, II GO Gemeindeverbände • Spezialität • überörtliche Angelegenheiten • Art. 4, 5 i. V. m. 51 LKrO/ Art. 48 BezO darüber hinaus Auffangzuständigkeit des Art. 6 I GO bei Gemeinden	Hoheiten • Gebietshoheit • Finanzhoheit • Personalhoheit • Organisationshoheit • Planungshoheit • Rechtsetzungshoheit

V. Die rechtliche Struktur des Selbstverwaltungsrechts der Gemeinden und Gemeindeverbände

1. Die Rechtsnatur des Selbstverwaltungsrechts der Gemeinden und Gemeindeverbände

86 Betrachtet man die Ausführungen des Bundesverfassungsgerichts und des Verfassungsgerichtshofs zu Rechtsnatur und -inhalt des Selbstverwaltungsrechts von Gemeinden und Gemeindeverbänden sowie zur Verfassungsmäßigkeit von Eingriffen in das Selbstverwaltungsrecht, so bietet sich ein komplexes Bild. Für den Lernenden dürften die Facetten vor allem der Rastedeentscheidung[126] und der folgenden Entscheidungen des Bundesverfassungsgerichts einerseits sowie der Judikate des Verfassungsgerichtshofs andererseits wohl kaum im Detail nachzuvollziehen sein, auch wenn es so aussieht, als würde sich die verfassungsgerichtliche Rechtsprechung insbesondere des Bundesverfassungsgerichts deutlich konturiert haben und sich die unterschiedlichen kommentierenden Äußerungen in der Literatur zunehmend annähern. Im Rahmen einer Darstellung, die sich vor allem an den Lernenden richtet, darf als Bestandsaufnahme daher folgende Skizze ausreichen:

87 Das **Bundesverfassungsgericht** bezeichnet die Verbürgung des Selbstverwaltungsrechts der Gemeinden und der Gemeindeverbände als **institutionelle Garantie** bzw. **Einrichtungsgarantie.** Zurückzuführen ist die Interpretation als institutionelle Garantie auf den hinter Art. 28 II GG zurückbleibenden Art. 127 WRV[127]. Nach der von Carl Schmitt[128] begründeten Unterscheidung von institutioneller Garantie (Garantie öffentlich-rechtlich ausgestalteter Rechtskomplexe) und Institutsgarantie (Garantie privatrechtlich ausgestalteter Rechtskomplexe) wurde das Selbstverwaltungsrecht der kommunalen Gebietskörperschaften als eine institutionelle Garantie angesehen, die die Einrichtung der kommunalen Selbstverwaltung als solche mit ihren typusbildenden Bestandteilen schützt, und verbietet, dass die Selbstverwaltung durch die Gesetzgebung beseitigt oder ihrer wesentlichen Bestandteile beraubt wird[129].

88 Diese institutionelle Garantie, Einrichtungsgarantie bzw. Garantie der Einrichtung „kommunale Selbstverwaltung“[130] hat nach Ansicht des Bundesverfassungsgerichts der Verfassungsgeber nicht nur in ihrer überkommenen Gestalt aufgenommen, sondern mit eigenen Aufgaben in den Aufbau des politischen Gemeinwesens nach der grundgesetzlichen Ordnung eingefügt[131]. Nach Ansicht des Bundesverfassungsgerichts handelt es sich bei Art. 28 II GG um eine Vorschrift, die die Funktionen öffentlicher Gewalt nach staatsrechtlichen Gesichtspunkten im Sinne einer dezentralen, auf unmittelbare demokratische Legitimation gestützte Organisation verteilt. Auch wenn das gemeindliche Selbstverwaltungsrecht sowie das der Gemeindeverbände gem. Art. 28 II GG **kein Grundrecht oder eine verwandte Erscheinung** darstellt, erwachsen doch aus dieser institutionellen Garantie verfassungsmäßige subjektive Berechtigungen. Al-

---

[126] BVerfGE 79, 127ff.

[127] Art. 127 WRV lautet: „Gemeinden und Gemeindeverbände haben das Recht der Selbstverwaltung.“ Damit ist eine Aufgabengarantie für die Gemeinden in Art. 127 WRV nicht festgeschrieben.

[128] Vgl. Carl Schmitt, Freiheitsrechte und institutionelle Garantien der Reichsverfassung in: Verfassungsrechtliche Aufsätze aus den Jahren 1924–1954, S. 140ff.; vgl. auch derselbe in: Verfassungslehre, 1928, S. 170ff.

[129] Vgl. Carl Schmitt, Verfassungslehre, S. 170, 172.

[130] BVerfGE 65, 298/313.

[131] BVerfGE 79, 127/143.

lerdings handelt es sich nur um **reflexartige Subjektivierungen,** die den Sinn haben, „der gemeindlichen Selbstverwaltung auch verfahrensrechtlich einen besonderen Schutz zukommen“[132] zu lassen, welcher vor den Fachgerichten und gem. Art. 93 I Nr. 4b GG auch vor dem Bundesverfassungsgericht geltend gemacht werden kann. Das Bundesverfassungsgericht hat insgesamt den nicht-grundrechtlichen, institutionellen Charakter des Art. 28 II GG deutlich herausgestellt[133].

Der **Verfassungsgerichtshof** sieht das **gemeindliche Selbstverwaltungsrecht** als 89
institutionelle Garantie und gleichzeitig als **„grundrechtsähnliches Recht“** an[134], wohingegen das **Selbstverwaltungsrecht der Gemeindeverbände** als „nur“ **institutionelle Garantie** qualifiziert wird. Der Verfassungsgerichtshof eröffnet damit den Gemeinden – im Gegensatz zu den Gemeindeverbänden – die verfassungsprozessuale Rechtssatzbeschwerde der **Popularklage.** Darüber hinaus ist mit dem Begriff der Grundrechtsähnlichkeit wohl auch der Hinweis auf eine vorgebliche Vorstaatlichkeit des gemeindlichen Selbstverwaltungsrechts und damit verbunden auf eine materiellrechtliche Grundrechtsähnlichkeit gemeint.

Der Verfassungsgerichtshof hat hinsichtlich der nach Bundesverfassungsrecht gege- 90
benen Möglichkeit, Normen wegen mutmaßlicher Verletzung des Art. 28 II GG im Rahmen der Kommunalverfassungsbeschwerde gem. Art. 93 I Nr. 4b GG überprüfen zu lassen, Folgendes ausgeführt: „Mit der den Gemeinden nach § 91 BVerfGG eingeräumten Befugnis, gegen Beschränkungen ihrer Handlungsfreiheit in dem durch Art. 28 GG garantierten Raum der Selbstverwaltung mit der Verfassungsbeschwerde gegen ein Bundes- oder Landesgesetz vorzugehen, hat die Frage der Grundrechtsfähigkeit im Bereich der Bundesverfassungsgerichtsbarkeit weitgehend ihre Aktualität verloren“[135]. Dieses Zitat kann deswegen als entlarvend bezeichnet werden, weil im Hinblick auf Art. 28 II GG nicht etwa von einer kompetenzabsichernden Verfassungsnorm des Organisationsrechts die Rede ist, sondern von einer „Handlungsfreiheit“ der Gemeinden. Damit wird das gemeindliche Selbstverwaltungsrecht in die Nähe einer zunächst unbeschränkten und nur durch den Gesetzgeber beschränkbaren, sämtliche Verhaltensweisen umfassenden Freiheit gebracht. Es zeigt sich ein am Grundrechtsdenken orientiertes Verständnis des gemeindlichen Selbstverwaltungsrechts[136]. Dies belegt auch folgende Aussage des Verfassungsgerichtshofs: „Art. 11 II 1 BV bezeichnet die Gemeinden als ursprüngliche Körperschaften des öffentlichen Rechts. Hiermit kommt zum Ausdruck, dass die Gemeinden als Institution keine künstlich vom Staat geschaffenen Gebilde sind. ... Demnach ließen sich wichtige Gründe dafür anführen, das Selbstverwaltungsrecht der Gemeinden, denen ein „durch die Natur zugewachsener Aufgabenkreis gewährleistet ist“, als Grundrecht und nicht lediglich als institutionelle Garantie anzusehen ...“[137].

Die Ansicht des Verfassungsgerichtshofs, wonach das Selbstverwaltungsrecht der 91
Gemeinden „grundrechtsähnlich“ sei, ist abzulehnen. Eine grundrechtliche Veranke-

---

[132] BVerfGE 79, 127/154f.

[133] Vgl. BVerfG, Urt. v. 21.11.2017, Az. 2 BvR 2177/16, Rn. 77 m. w. N.

[134] BayVerfGH 41, 140/145; 45, 157/160. BayVerfGH v. 15.7.2002, Vf. 10-VII-00 und Vf. 12-VII-00 (juris), Rn. 56; BayVerfGH v. 23.12.2004, Vf. 6-VII-03 (juris), Rn. 37; BayVerfGH, Entscheidung v. 17.7.2018, Az. Vf. 28-IX-18, Rn. 56 unter Verweis auf die ständige Rechtsprechung m. w. N.

[135] BayVfGH 29, 105/119.

[136] Auch Bethge, Grundrechtsschutz kommunaler Selbstverwaltung in Bayern?, S. 117/122, weist auf diese Besonderheit hin und moniert zu Recht, die Verwendung des Begriffs der Handlungsfreiheit liege neben der Sache.

[137] BayVerfGH 29, 105/123.

rung kommunaler Selbstverwaltung erfüllte nur solange einen – politischen – Zweck, als geschichtlich ein Gegensatz zwischen Staat und Gesellschaft bestand. Mit restloser Verwirklichung des Demokratieprinzips kann die Ausübung kommunaler, insbesondere gemeindlicher Selbstverwaltung nicht mehr der als in Opposition zum Staate stehenden bürgerlichen Sphäre zugeordnet angesehen werden. Eine Parallele zwischen Grundrechten einerseits und gemeindlicher Selbstverwaltung andererseits kann insbesondere nicht unter dem Gesichtspunkt der vermeintlichen „Ursprünglichkeit" der Gemeinden gezogen werden. Während grundrechtliche Freiheit des Individuums tatsächlich vorstaatlichen Ursprungs ist, sind die Gemeinden unter rechtlichem Aspekt allein Schöpfungen der staatlichen Ordnung. Diese besitzen keine originäre Freiheit, sie leiten ihre im Rahmen der staatlichen Kompetenzordnung auszuübende Hoheitsgewalt vom Staate ab. Sie besitzen auch keinen „durch die Natur zugewachsenen Aufgabenkreis", etwa vergleichbar den dem Menschen von Natur aus zustehenden Menschenrechten. Die Tatsache, dass das Institut der gemeindlichen Selbstverwaltung durch ein verfassungsmäßiges, subjektives Recht abgesichert ist, ermöglicht ebenfalls keine ausreichende Begründung einer „Grundrechtsähnlichkeit", weil andernfalls sämtliche verfassungsmäßigen subjektiven Rechte als grundrechtsähnlich gekennzeichnet werden könnten. Vor allem aber muss gesehen werden, dass jede Kennzeichnung des gemeindlichen Selbstverwaltungsrechts als „grundrechtsähnlich" die Gefahr in sich birgt, individuelle Freiheit und staatsabgeleitete Kompetenzausübung auf die gleiche dogmatische Stufe zu stellen. In einem Konflikt der Verfassungsgüter grundrechtliche Freiheit des Individuums einerseits, gemeindliches Selbstverwaltungsrecht andererseits, bestünde die Gefahr, dass die Ausübung gemeindlicher Hoheitsgewalt als Eingriff in grundrechtliche Freiheit nur noch reduziert begründungsbedürftig wäre. Ein Streit zwischen Bürger und Gemeinde wäre dann ein Streit „Gleichgestellter", so dass die speziellen grundrechtlichen Absicherungen der individuellen Freiheit in Bedrängnis kämen. Von daher kann das gemeindliche Selbstverwaltungsrecht nicht als „grundrechtsähnliches Recht" angesehen werden. Wie bereits oben unter → Rn. 53 dargestellt, soll nach der hier vertretenen Ansicht das Ursprünglichkeitspostulat i. V. m. Art. 11 IV BV außer Streit stellen, dass die Institution der gemeindlichen Selbstverwaltung verfassungsänderungsfest i. S. v. Art. 75 I 2 BV (sog. Ewigkeitsklausel) ist[138].

92 Die Verbürgung des gemeindlichen Selbstverwaltungsrechts wie desjenigen der Gemeindeverbände ist auch nach bayerischem Verfassungsrecht nur als institutionelle Garantie anzusehen. Die reflexartige Subjektivierung der von Verfassung wegen zugeordneten Kompetenzen stellt keine Besonderheit im Verfassungs- bzw. einfachen Recht dar. Die Gewährleistung des Selbstverwaltungsrechts gibt den Gemeinden und Gemeindeverbänden ein Abwehrrecht gegen Eingriffe und Beeinträchtigungen von Seiten des Staates, der jedenfalls nicht in den Kernbereich des Selbstverwaltungsrechts eingreifen darf. Das dem Selbstverwaltungsrecht entspringende subjektive Recht mit Verfassungsrang gewährleistet den Kommunen dreierlei, nämlich die mit der oben beschriebenen institutionellen Rechtssubjektsgarantie korrespondierende **„beschränkt individuelle Rechtssubjektsgarantie"**, den Schutz der **eigenverantwortlichen Erledigung** ihrer Aufgaben (modaler Bezug) sowie die Beachtung des **Aufgabenbezugs.**

---

[138] Vgl. Lissack, Selbstverwaltungsrecht, S. 183 f. In diese Richtung auch BayVerfGH, BayVBl. 2000, 460 ff., wonach der Kernbereich des Selbstverwaltungsrechts von Gemeinden und Landkreisen als demokratischer Grundgedanke der Verfassung i. S. v. Art. 75 I 2 BV anzusehen und damit verfassungsänderungsfest ist. → Rn. 53.

Übersicht 12: Rechtsnatur des Selbstverwaltungsrechts 92a

Rechtsnatur des Selbstverwaltungsrechts

Bundesverfassungsgericht	Bayerischer Verfassungsgerichthof
• institutionelle Garantie • kein Grundrecht • reflexartige Subjektivierungen: somit Rechtsschutzmöglichkeiten	• institutionelle Garantie (Gemeinden, Landkreise, Bezirke) • grundrechtsähnliches Recht (nur Gemeinden: insoweit unter Berufung auf Verletzung des Selbstverwaltungsrechts auch Popularklage)

2. Ausgestaltung des Selbstverwaltungsrechts

Das Selbstverwaltungsrecht der Gemeinden ist gem. Art. 28 II 1 GG, Art. 11 II 2 BV nur im Rahmen der Gesetze gewährleistet. Das Gleiche gilt gem. Art. 28 II 2 GG für die Gemeindeverbände. Ein solcher ausdrücklicher Gesetzesvorbehalt ist in Art. 10 BV für die Gemeindeverbände nicht enthalten, ergibt sich aber aus der Natur der Sache, da das Selbstverwaltungsrecht der Gemeindeverbände nicht weitreichender gewährleistet sein kann als das der Gemeinden. Dabei bezieht sich dieser **Gesetzesvorbehalt** zunächst auf die Eigenverantwortlichkeit der Erledigung der Angelegenheiten der örtlichen Gemeinschaft (modaler Bezug des Selbstverwaltungsrechts). 93

Beispiel: Die Art. 45ff. GO sichern eine gewisse Einheitlichkeit des Geschäftsablaufs der Gemeinden und belassen ihnen dennoch genügend Möglichkeiten, beispielsweise bei der Formulierung der Geschäftsordnungen Eigenständigkeit zu beweisen. Natürlich beschränken die Art. 45ff. GO das gemeindliche Selbstverwaltungsrecht in der Ausprägung der Organisationshoheit, da die Gemeinden nicht vollständig frei in der Ausgestaltung des Geschäftsablaufs sind. 94

Zudem bezieht sich der Gesetzesvorbehalt auf den aufgabenbezogenen Gehalt des Selbstverwaltungsrechts. Was die Gemeindeverbände angeht, so ist ohnehin eine gesetzliche Zuweisung auch der Aufgaben des eigenen Wirkungskreises nötig. 95

Beispiel: Die Rastedeentscheidung des Bundesverfassungsgerichts[139] hatte zum Inhalt eine Sachgestaltung, wonach durch Landesgesetz den kreisangehörigen Gemeinden die Aufgabe entzogen wurde, den Hausmüll einzusammeln und zu transportieren. Nur auf Antrag konnten die nunmehr im eigenen Wirkungskreis zuständigen Landkreise diese Aufgabe auf die kreisangehörigen Gemeinden zurückübertragen, wenn diese gewährleisten konnten, dass die Abfälle in einer dem Allgemeinwohl entsprechenden Weise beseitigt würden. In Konsequenz dieser Regelung wurde eine gemeindliche Aufgabe „hochgezont". 96

Schlussendlich ermöglichte der Gesetzesvorbehalt auch die Gebietsreformen, vgl. die nachfolgenden Ausführungen. 97

a) Bestands-, Gebiets- und Statusänderungen

Bereits 1808 führte **Montgelas** in Bayern eine Gebietsreform durch, an deren Ende von über 40000 Städten, Dörfern und Weilern nur noch 7025 Gemeinden übrig blieben, die vollständig unter Staatskuratel gestellt worden waren. Die Selbstverwaltung der 98

[139] BVerfGE 79, 127ff.

Städte und Märkte wurde schrittweise, aber zur Gänze beseitigt. Diese Gebietsreform war somit nicht vom Gedanken der Stärkung der kommunalen Selbstverwaltung, sondern allein von dem der Effektivierung der staatlichen Verwaltung getragen[140]. Anders als **Freiherr vom und zum Stein,** der zur gleichen Zeit vom Nutzen der Selbstverwaltung für das Staatsganze überzeugt war und deshalb die kommunale Selbstverwaltung in Preußen förderte[141], hatte Montgelas vorwiegend Nachteile in der Selbstverwaltung beobachtet, die er durch deren Abschaffung beseitigen wollte: nahezu unkontrollierte Selbstverwaltung in den ehemaligen Reichsstädten und bayerischen Residenzstädten, aber auch in den kleinen Märkten Familien- und Zunftherrschaft, Eigennutz und Verschuldung[142]. Nach Montgelas' Sturz wurde mit dem Gemeindeedikt von 1818 die gemeindliche Selbstverwaltung wieder begrenzt eingeführt[143].

99 Die in Bayern in den Jahren 1971–1978[144] durchgeführten **Gebietsreformen** hingegen hatten die Stärkung der kommunalen Selbstverwaltung zum Ziel und ergaben, dass die ursprünglich über 7000 Gemeinden auf etwas über 2000 reduziert wurden, wovon ungefähr die Hälfte Mitglieder in Verwaltungsgemeinschaften geworden sind. Auch die Zahl der kreisfreien Städte sowie Landkreise wurde halbiert. Mit dieser Gebietsreform ging eine Funktionalreform (Neuverteilung der Verwaltungsaufgaben, Neuorganisation der Behörden, Rationalisierung der Verwaltungsarbeit)[145] einher. In dieser Zeit wurden die wesentlichen formellen wie materiellen Kriterien für die Organisationsakte der Bestands-, Gebiets- und Statusänderungen festgelegt, die sich in jüngerer Vergangenheit in den neuen Ländern bewähren mussten.

100 Das Bundesverfassungsgericht formulierte folgende Anforderungen, die im Wesentlichen auch die Landesverfassungsgerichte[146] anwandten: „Art. 28 II 1 GG gewährleistet die Gemeinden nur institutionell, aber nicht individuell. Das Grundgesetz steht Eingriffen in die gemeindliche Gebietshoheit, auch soweit sie gegen den Willen der betroffenen Gemeinde erfolgen, nicht von vorneherein entgegen. Auflösungen von Gemeinden, Gemeindezusammenschlüsse, Eingemeindungen und sonstige Gebietsänderungen beeinträchtigen den verfassungsrechtlich geschützten Kernbereich des Selbstverwaltungsrechts grundsätzlich nicht ... Indessen gehört zum verfassungsrechtlich garantierten Kernbereich der kommunalen Selbstverwaltung, so wie diese sich geschichtlich entwickelt hat ..., dass Bestands- und Gebietsänderungen von Gemeinden nur aus Gründen des **öffentlichen Wohls** und nach vorheriger **Anhörung** der betroffenen Gebietskörperschaften zulässig sind ... Das Verfassungsgericht hat insbesondere nachzuprüfen, ob der Gesetzgeber den für seine Maßnahmen erheblichen **Sachverhalt** zutreffend und vollständig **ermittelt** und dem Gesetz zugrunde gelegt hat, ob er alle Gemeinwohlgründe sowie die Vor- und Nachteile der gesetzlichen Regelung umfassend und in nachvollziehbarer Weise **abgewogen** hat und ob der gesetzgeberische Eingriff **geeignet, erforderlich und verhältnismäßig** ist und die Gebote der Sach- und **Systemgerechtigkeit** beachtet"[147]. Ferner legt der Bayerische Verfassungsge-

---

[140] Vgl. Weis in: Spindler, Handbuch der bayerischen Geschichte, Bd. IV/1, § 3d, j, k, S. 48 ff.

[141] Vgl. E.R. Huber, Deutsche Verfassungsgeschichte, Bd. 1, § 13, S. 172 ff.

[142] Weis in: Spindler, Handbuch der bayerischen Geschichte, Bd. IV/1, § 3d, S. 48 f.

[143] Vgl. hierzu auch Max von Seydel, Bayerisches Staatsrecht, 2. Auflage, 1896, Bd. I, § 38.

[144] Außerhalb Bayerns begannen die Gebietsreformen bereits ab 1967.

[145] Vgl. BayVerfGH 27, 14 ff./25.

[146] Zur Rechtsprechung des BayVerfGH vgl. Lissack, Selbstverwaltungsrecht, S. 62 ff.; vgl. ferner BayVerfGH 31, 44 ff.; 31, 99 ff.; 33, 1 ff.; 33, 47 ff.; 33, 87 ff.; 33, 140 ff.; 34, 180 ff.; 36, 15 ff.; 40, 154 ff.

[147] BVerfGE 50, 50 f.; vgl. auch Hoppe, DVBl. 1995, 179 ff., 181.

richtshof das Grundrecht des Art. 118 I BV als zusätzliche Gewährleistung an, während das Bundesverfassungsgericht das Willkürverbot als Gewährleistungsinhalt des kommunalen Selbstverwaltungsrechts unter dem Gesichtspunkt der Systemgerechtigkeit berücksichtigt.

Gem. Art. 12 I GO werden Bestandsänderungen (Auflösungen) oder Neubildungen 101
von Gemeinden durch formelles Gesetz vorgenommen. Rechtsbehelf ist nach Rechtsprechung des Verfassungsgerichtshofs ausschließlich die Popularklage gem. Art. 98 (4) BV, da das gemeindliche Selbstverwaltungsrecht als vorgeblich grundrechtsähnliches Recht und damit als Recht i.S.v. Art. 98 (4) BV i.V.m. Art. 55 VfGHG angesehen wird. Die sonstigen Änderungen werden gem. Art. 12 I 2 i.V.m. 11 GO durch Rechtsverordnungen vorgenommen. Rechtsbehelf kann dann auch die verwaltungsgerichtliche Normenkontrolle gem. § 47 I Nr. 2 VwGO i.V.m. Art. 5 AGVwGO sein, wobei jedoch zu beachten ist, dass wegen § 47 III VwGO regelmäßig die gleichermaßen zulässige Popularklage gem. Art. 98 (4) BV vorzuziehen sein wird[148].

b) Sonstige gesetzliche Ausgestaltungen des Selbstverwaltungsrechts

Im Folgenden wird dargestellt, wie weit gesetzliche Ausgestaltungen des gemeindli- 102
chen Selbstverwaltungsrechts gehen dürfen bzw. wie weit die Selbstverwaltungsgarantie hiervor schützt[149]. Gesetzliche Ausgestaltungen mit Auswirkungen auf das Selbstverwaltungsrecht können im Aufgabenbezug dadurch erfolgen, dass gemeindliche Aufgaben des eigenen Wirkungskreises entzogen (und z.B. „hochgezont", d.h. auf eine andere kommunale Ebene gebracht oder zu staatlichen Aufgaben gemacht) werden, aber auch dadurch, dass Aufgaben zugewiesen werden, wenn dadurch die Möglichkeit eingeschränkt wird, Selbstverwaltungsaufgaben wahrzunehmen, die zum verfassungsrechtlich geschützten Aufgabenbestand gehören[150]. Dies gilt unbeschadet des neu in die Bayerische Verfassung aufgenommenen Konnexitätsprinzips des Art. 83 III BV, das ohnehin nur den bayerischen Gesetzgeber bindet. Im Bereich des modalen Bezugs können Ausgestaltungen beispielsweise dadurch erfolgen, dass freiwillige Aufgaben des eigenen Wirkungskreises zu künftig pflichtigen erklärt oder die Modalitäten der Erfüllung einer Selbstverwaltungsaufgabe geändert werden.

Selbstverständlich ist der Gesetzgeber zunächst an das **Gemeinwohlerfordernis** ge- 103
bunden. Allerdings ist dieses Kriterium nur geeignet, legitime von illegitimen Eingriffen zu sondern[151]. Eine weitere Konkretisierung erfährt es durch das **Demokratieprinzip,**

---

[148] Bezüglich der Landkreise vgl. Art. 8-10 LKrO, bzgl. der Bezirke vgl. Art. 8-10 BezO.

[149] Die nachfolgenden Äußerungen zum Eingriff in das gemeindliche Selbstverwaltungsrecht können nur unter Anwendung größter Sorgfalt auf die Gemeindeverbände transponiert werden: das Recht der Selbstverwaltung ist den Gemeindeverbänden nach Art. 28 II 2 GG für die Ausgestaltung ihres Aufgabenbereichs nur eingeschränkt gewährleistet, da anders als bei den Gemeinden die Verfassung die Aufgaben der Gemeindeverbände nicht selbst beschreibt, sondern dies dem Gesetzgeber überantwortet. Diesen muss gesetzlich lediglich ein dem Herkommen entsprechender Mindestaufgabenkreis zugewiesen werden, den diese eigenverantwortlich erledigen können. Eine darüberhinausgehende Aufgabengarantie im Sinne der Allzuständigkeit gibt es nicht. Somit bedeutet eine Änderung im Aufgabenbestand in aller Regel nicht einen Eingriff, sondern eine neue Umschreibung des Umfangs des Aufgabenbestandes. Anders als bei den Gemeinden spricht bei den Gemeindeverbänden die Vermutung zunächst gegen einen Eingriff in das Selbstverwaltungsrecht. Zu den Unterschieden darf im Einzelnen z.B. auf BVerfGE 119, 331 ff., Rn. 115 ff. verwiesen werden.

[150] BVerfG v. 20.12.2007, 2 BvR 2433/04, 2 BvR 2434/04 (juris), Rn. 118; vgl. diese Entscheidung insbesondere auch wegen des aufgabenbezogenen Elements des Selbstverwaltungsrechts der Kreise.

[151] Vgl. Lissack, Selbstverwaltungsrecht, S. 53.

wonach der Gesetzgeber jedenfalls bei der Ausgestaltung der Organisation der Selbstverwaltungskörperschaften die Gehalte und Wirkungen des Demokratieprinzips berücksichtigen muss[152]. In diesem Zusammenhang darf auch das Durchgriffsverbot der Art. 84 I 7 und 85 I 2 GG, das an den Bundesgesetzgeber adressiert ist, sowie das Konnexitätsprinzip des Art. 83 III BV, das sich an den bayerischen Gesetzgeber richtet, erwähnt werden. Das **Willkürverbot** als Element des objektiven Gerechtigkeitsprinzips und damit der Rechtsstaatlichkeit ist zugleich Prüfungsbestandteil des Art. 28 II GG[153] und Art. 11 II BV; nach (hier bestrittener) Ansicht des Verfassungsgerichtshofs ist das Willkürverbot zudem unmittelbar über das Grundrecht des Art. 118 I BV anzulegen.

103a Ferner ist nach der Rechtsprechung des Bundesverfassungsgerichts der **Kernbereich** der Selbstverwaltungsgarantie unantastbar, also absolut geschützt. Der **Wesensgehalt** der Selbstverwaltung darf hiernach nicht ausgehöhlt werden[154]. Der **Randbereich** des Selbstverwaltungsrechts ist hingegen nur relativ nach Maßgabe des Verhältnismäßigkeitsprinzips geschützt (sog. **Spiegeleimodell**). Es ist also die Frage aufzuwerfen, wann dieser Kernbereich verletzt ist. Zum Kernbereich des gemeindlichen Selbstverwaltungsrechts gehört zunächst das Aufgabenerfindungsrecht, also die Universalität des gemeindlichen Wirkungskreises oder auch **Allzuständigkeit,** mithin die Befugnis, sich ohne besonderen Kompetenztitel aller Angelegenheiten der örtlichen Gemeinschaft anzunehmen, die nicht durch Gesetz anderen Verwaltungsträgern zugeordnet sind[155]. Im Übrigen lässt sich die Frage nach dem Umfang des Kernbereichs nicht allgemeingültig beantworten, insbesondere zählt mit Blick auf die Aufgabengarantie zum Kernbereich kein gegenständlich bestimmter oder nach feststehenden Merkmalen bestimmbarer Aufgabenkatalog. Zur Bestimmung des Inhalts des **Kernbereichs** wendet das Bundesverfassungsgericht seit jeher[156] vor allem die sog. **„Historische Methode“** an. Hierbei handelt es sich um ein Hilfsinstrument zur positiven Bestimmung und Umschreibung des Kernbereichs, wobei in besonderer Weise der geschichtlichen Entwicklung und den verschiedenen Erscheinungsformen der Selbstverwaltung Rechnung zu tragen ist[157]. Das bedeutet jedoch nicht, dass die kommunale Selbstverwaltung zur Versteinerung verdammt wäre, vielmehr ist der geschichtlichen Entwicklung (nur) Rechnung zu tragen, so dass Änderungen, die in der Linie einer Fortentwicklung des überkommenen Systems liegen, auch dann zulässig sind, wenn sie ohne Vorbild und daher neu sind. Im streitbefangenen Einzelfall ist es meist schwierig, den absolut geschützten Kernbereich zu definieren. Letztlich forderte das Wesensgehaltsdenken zunächst eine abstrakte Betrachtung des Bestands der kommunalen Selbstverwaltung, aus dem dann das schlechthin charakteristische und kennzeichnende herausdestilliert werden müsste. Im Bereich der Gemeindehoheiten stellte das Bundesverfassungsgericht fest, dass die Gebietshoheit, die Planungshoheit, Organisationshoheit, die Personalhoheit, die Finanzhoheit und die Satzungshoheit „in ihrem Grundbestand“ zu den we-

---

[152] BVerfGE 91, 228/244; 83, 60/72.

[153] Vgl. zum aus Art. 28 II GG abgeleiteten Gebot interkommunaler Gleichbehandlung BVerfG, Urt. v. 19.9.2018, Az. 2 BvF 1/15, Rn. 213ff.

[154] Ständige Rspr. des BVerfG (vgl. nur BVerfG, DVBl. 1995, 290/291; Urt. v. 21.11.2017, Az. 2 BvR 2177/16, Rn. 88 m. w. N.) und des BayVerfGH (vgl. nur BayVerfGH 49, 79/87 und BayVerfGH v. 15.7.2002, Vf. 10-VII-00 und Vf. 12-VII-00 (juris), Rn. 56).

[155] Urt. v. 21.11.2017, Az. 2 BvR 2177/16, Rn. 88 m. w. N.

[156] Vgl. BVerfGE 7, 358/364; 11, 266/274; 17, 172/182; 22, 180/205; 23, 353/356; 26, 228/238; 38, 258/278; 50, 195/201; 59, 216/226.

[157] Vgl. zur Historischen Methode auch z.B. BVerfG, Beschluss v. 27.1.2010, Az. 2 BvR 2185/04 und 2189/04, Rn. 93 (Mindeststeuerhebesatz); BVerfG, Beschluss vom 19.4.2014, Az. 2 BvL 2/13, Rn. 62ff. (Schulnetzplanung).

sentlichen Hoheitsrechten zu zählen seien[158]. Die andere, ebenfalls ergebnisorientierte Methode zur Bestimmung des Kernbereichs ist die sog. **Subtraktionsmethode.** Sie erfordert letztlich eine negative Abgrenzung. Dies zeigt folgendes Zitat aus der sog. Gleichstellungsbeauftragten-Entscheidung: „Der Kernbereich ... verbietet Regelungen, die eine eigenständige organisatorische Gestaltungsfähigkeit der Kommunen im Ergebnis ersticken würden[159]. Dies wäre der Fall bei einer Regelungsdichte, die den Gemeinden die Möglichkeit nähme, eine Hauptsatzung zu erlassen oder ihnen hierbei keinerlei Entscheidungsspielraum mehr beließe, oder wenn die Organisation der Gemeinden durch staatliche Behörden beliebig steuerbar wäre. Ein Gesetz etwa, das Verwaltungsbehörden im Rahmen der Fachaufsicht umfassend hinsichtlich der Organisation ihr unterstehender Gemeinden ein jederzeit aktualisierbares Weisungsrecht einräumte, wäre im Hinblick auf Art. 28 II GG Bedenken ausgesetzt. Gleiches gälte für ein Verbot, überhaupt andere als gesetzlich vorgegebene Ämter zu errichten. Ebenso könnte eine die zentralen Vertretungs- und Ausführungsorgane lähmende Zergliederung der Verwaltung auf Bedenken stoßen“[160]. Die Aufzählung dieser Beispiele ist Ausdruck einer gewissen Hilflosigkeit angesichts der Aufgabe, mit Hilfe der Subtraktionsmethode den Kernbereich mit Leben erfüllen zu müssen.

Auch der Verfassungsgerichtshof wendet sowohl Historische Methode als auch Sub- 104
traktionsmethode an. Eine Besonderheit ergibt sich allerdings aus der Rechtsprechung zu Art. 83 I BV. Der Verfassungsgerichtshof schränkt insoweit die Befugnis des Gesetzgebers deutlich ein, da es ihm verwehrt sein soll, auch nur ein der in Art. 83 I BV erwähnten Aufgabengebiete der Gemeinde völlig zu entziehen und sie auf die restlichen zu verweisen; das Selbstverwaltungsrecht bestünde für jeden einzelnen der in Art. 83 I BV aufgeführten Tätigkeitsbereiche. Allerdings könne der Gesetzgeber den Gemeinden einzelne Aufgaben eines Aufgabengebiets des Art. 83 I BV entziehen. Somit ist Art. 83 I BV als Vorschrift zu interpretieren, die die in ihr aufgezählten Aufgabengebiete prinzipiell, allerdings nicht in allen Ausprägungen und Facetten, zum Kernbereich erklärt. Man könnte Art. 83 I BV aus der Sicht des Verfassungsgerichtshofs auch als **widerlegbare Kernbereichsvermutung** ansehen. Im Übrigen ist der Verfassungsgerichtshof in der Annahme einer Kernbereichsverletzung, im Gegensatz zu der Rechtsprechung des Bundesverfassungsgerichts, das – soweit ersichtlich – noch nie die Verletzung des Kernbereichs bejaht hat, bereitwilliger[161].

Das **Verhältnismäßigkeitsprinzip** mit seinen Prüfungspunkten von Legitimität des 105
Zwecks, Geeignetheit, Erforderlichkeit und Angemessenheit (Verhältnismäßigkeit im engeren Sinn) wurde vom Bundesverfassungsgericht als Beurteilungsmaßstab stets jedenfalls jenseits abstrakt-genereller Ausgestaltungen des kommunalen Selbstverwaltungsrechts angelegt, also z.B. wenn ein Verwaltungsakt in Normgestalt, somit insbesondere bei Organisationsakten einige wenige Gemeinden betraf. Nach der Rastede-Entscheidung ist ausführlich in der Literatur diskutiert worden, inwieweit das Verhältnismäßigkeitsprinzip auch darüber hinaus zur Anwendung kommen sollte, da das Bundesverfassungsgericht für die Ausgestaltung des gemeindlichen Selbstverwaltungsrechts im aufgabenbezogenen Element das **Aufgabenverteilungsprinzip** entwickelt hatte, das einem Prinzip der besonderen Berücksichtigung des Instituts der gemeindlichen Selbstverwaltung entsprechen sollte[162]. Hiernach sollte der Gesetzgeber den verfas-

---

158 Vgl. BVerfG, Urt. v. 21.11.2017, Az. 2 BvR 2177/16, Rn. 88.
159 BVerfG, Urt. v. 21.11.2017, Az. 2 BvR 2177/16, Rn. 88.
160 BVerfGE 91, 228/239.
161 BayVerfGH 41, 140/146, 149f.
162 BVerfGE 79, 127/154.

sungsgewollten prinzipiellen Vorrang einer dezentralen, also kommunalen, vor einer zentral und damit staatlich determinierten Aufgabenwahrnehmung zu berücksichtigen haben. Inhaltliche Vorgaben bedurften hiernach eines gemeinwohlorientierten rechtfertigenden Grundes und seien auf das zu beschränken, was der Gesetzgeber zur Wahrung des jeweiligen Gemeinwohlbelangs für erforderlich halten kann, wobei er typisieren dürfe und einen grundsätzlich weiten Einschätzungs- und Beurteilungsspielraum habe[163]. Dies lief wenigstens im Ergebnis auf eine Verhältnismäßigkeitsprüfung bei weitem gesetzgeberischem Ermessen hinaus. Inzwischen hat das Bundesverfassungsgericht jedoch unmissverständlich verdeutlicht, dass auch im Rahmen gesetzgeberischer Eingriffe eine Verhältnismäßigkeitsprüfung, angelehnt an die klassische Grundrechtsdogmatik, durchgeführt wird[164]. Dies gilt nunmehr sowohl für Eingriffe in die Aufgabengarantie wie die Ausgestaltung der Eigenverantwortlichkeit der Aufgabenwahrnehmung.

Der Bayerische Verfassungsgerichtshof bekennt sich ebenfalls ausdrücklich zum Verhältnismäßigkeitsprinzip als Mittel der Begrenzung gesetzgeberischer Eingriffe in das gemeindliche Selbstverwaltungsrecht, dies auch bei abstrakt-generell wirkenden gesetzlichen Regelungen. Der Verfassungsgerichtshof hat ausgesprochen, dass sich Regelungen, die Inhalt und Umfang des Selbstverwaltungsrechts bestimmen, auch außerhalb des Kernbereichs der Selbstverwaltung an den Erfordernissen des Verhältnismäßigkeitsgrundsatzes orientieren müssten. Es müsse jeweils eine Güterabwägung zwischen der konkret betroffenen Selbstverwaltungsaufgabe und den durch das einschränkende Gesetz zu schützenden oder zu fördernden öffentlichen Interessen vorgenommen werden. Zudem sei auch das vom Bundesverfassungsgericht ins Leben gerufene Aufgabenverteilungsprinzip zu berücksichtigen[165].

c) Das Selbstverwaltungsrecht belastende Einzelfallmaßnahmen

106 Nicht nur durch gesetzliche Regelungen, auch durch sonstige staatliche Handlungen oder Unterlassungen oder sogar Maßnahmen anderer kommunaler Gebietskörperschaften kann das Selbstverwaltungsrecht verletzt werden.

107 **Beispiel:** Ein Verstoß gegen das Gebot nachbargemeindlicher Abstimmung der Bauleitplanung gem. § 2 II BauGB verletzt die Nachbargemeinde in ihrer Planungshoheit, die einfachgesetzlich durch § 2 II BauGB, verfassungsrechtlich über Art. 28 II GG, Art. 11 II BV geschützt ist, und verschafft der Nachbargemeinde die gem. § 42 II VwGO nötige Klagebefugnis.

108 **Beispiel:** Die Rechtsaufsichtsbehörde beanstandet unter Zweckmäßigkeitsgesichtspunkten eine gemeindliche, rechtlich an sich zulässige Satzungsbestimmung und verlangt ihre Änderung, Art. 112 GO, vgl. nachstehend § 8.

109 Werden **sonstige Eingriffe** auf ihre Rechtmäßigkeit überprüft, so werden insbesondere das Willkürverbot und das Verhältnismäßigkeitsprinzip als Beurteilungsmaßstab für den konkret-individuellen Eingriff angelegt werden.

---

[163] BVerfG, BayVBl. 2008, 201/202.

[164] Vgl. Urt. v. 21.11.2017, Az. 2 BvR 2177/16, Rn. 80 ff. sowie die dort aufgeführten vorhergehenden Entscheidungen. Das ist insofern interessant, als das Bundesverfassungsgericht zwar betont, dass die gemeindliche Selbstverwaltung nicht als Grundrecht, sondern als institutionelle Garantie ausgestaltet sei; die Gemeinden seien wesentlicher Bestandteil der staatlichen Gesamtorganisation, Teil des Staates, in dessen Aufbau sie integriert und mit eigenen Rechten ausgestattet seien. Andererseits wird mit der Begrifflichkeit und der Prüfungsabfolge des Verhältnismäßigkeitsprinzips eine Übertragung aus der Grundrechtsdogmatik vorgenommen, Urt. v. 21.11.2017, Az. 2 BvR 2177/16, Rn. 77. Vgl. auch BVerfG, BayVBl. 2010, 400/404, Rn. 91, 94 ff.

[165] BayVerfGH 49, 79/87; BayVerfGH, Entscheidung v. 17.7.2018, Az. Vf. 28-IX-18, Rn. 57 ff.

Beispiel: Die rechtsaufsichtlichen Mittel der Art. 111 ff. GO hat die Rechtsaufsichtsbehörde unter Beachtung des Verhältnismäßigkeitsprinzips anzuwenden. 110

d) Gesamtübersicht 13: Inhalt des Selbstverwaltungsrechts/Eingriffe in die Selbstverwaltung auf Grund Gesetzesvorbehalt/Schranken

110a

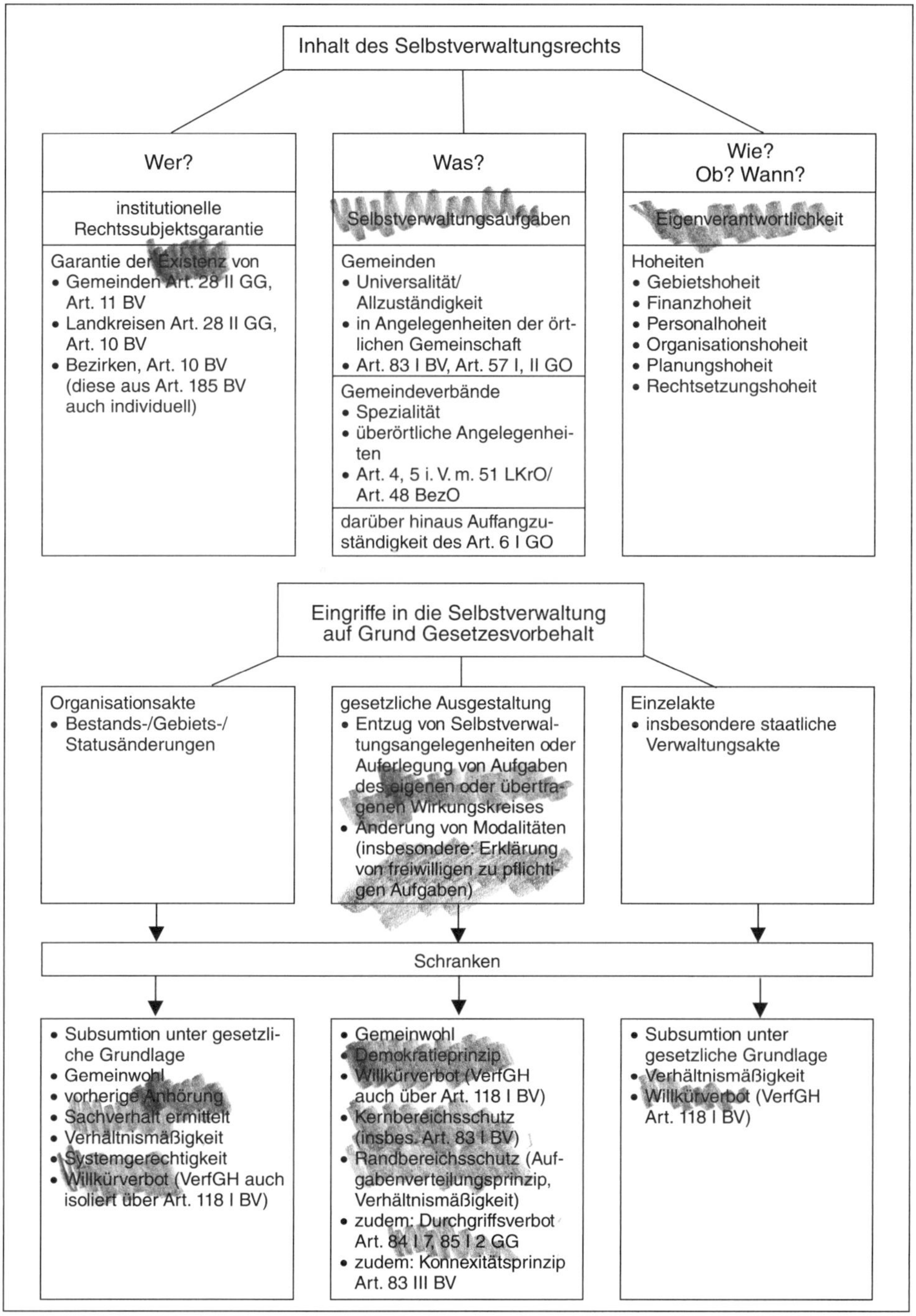

VI. Rechtsbehelfe der Kommunen

111 Allen im Folgenden behandelten Rechtsbehelfen liegt eine Situation zugrunde, in der die kommunale Selbstverwaltungskörperschaft ihr Selbstverwaltungsrecht als verletzt rügen wird. Das setzt einen konkreten Bezug zur Selbstverwaltungsgarantie – bei den verfassungsgerichtlichen Rechtsbehelfen zur verfassungsrechtlich geschützten Garantie, bei den verwaltungsgerichtlichen ggf. auch nur zu einfachgesetzlichen Ausprägungen des Selbstverwaltungsrechts – voraus[166]. Es werden die nachfolgenden Rechtsbehelfe erläutert:

- Kommunalverfassungsbeschwerde zum Bundesverfassungsgericht
- Normenkontrolle zum Bayerischen Verwaltungsgerichtshof
- Popularklage zum Bayerischen Verfassungsgerichtshof
- Verfassungsbeschwerde zum Bayerischen Verfassungsgerichtshof
- Verwaltungsstreitverfahren zum Verwaltungsgericht.

Diese Rechtsbehelfe werden schematisch behandelt. In der Zulässigkeitsstation werden nur Antragsberechtigung, Prüfungsgegenstand, Antragsbefugnis, Frist und eine etwaige Rechtswegerschöpfung dargestellt. In der Begründetheitsstation wird die Frage nach dem Prüfungsmaßstab gestellt. Schließlich werden Entscheidungsmodalitäten und der vorläufige Rechtsschutz angerissen. Nicht dargestellt wird die Nichtigkeitsklage gem. Art. 263 IV AEUV[167].

1. Kommunalverfassungsbeschwerde gem. Art. 93 I Nr. 4b GG, §§ 13 Nr. 8a, 90ff. BVerfGG

112 Im Rahmen der **Zulässigkeitsprüfung** der Kommunalverfassungsbeschwerde zum **Bundesverfassungsgericht** sind nur Gemeinden und Gemeindeverbände gem. § 91(1) BVerfGG **antragsberechtigt.** Gem. § 91 (1) BVerfGG ist zulässiger **Beschwerdegegenstand** der Kommunalverfassungsbeschwerde „ein Gesetz des Bundes oder Landes“, womit alle formellen und materiellen Normen des Bundes- und Landesrechts gemeint sind. Das können auch Bundesgesetze zur nationalen Umsetzung von EU-Recht sein. Konkrete Maßnahmen der Exekutive oder gerichtliche Entscheidungen können nicht zulässiger Beschwerdegegenstand sein, die Kommunalverfassungsbeschwerde ist also ausschließlich eine Rechtssatzbeschwerde. Die **Beschwerdebefugnis** setzt voraus, dass die Gemeinde oder der Gemeindeverband darlegen können, in ihrem durch Art. 28 II GG garantierten Selbstverwaltungsrecht selbst, gegenwärtig und unmittelbar[168] betroffen zu sein. Die Kommunalverfassungsbeschwerde ist gem. § 93 III BVerfGG binnen **Jahresfrist** seit Inkrafttreten der fraglichen Rechtsnorm zu erheben; sie ist allerdings ausgeschlossen, soweit eine Beschwerde wegen Ver-

---

[166] Häufiger Studentenfehler: Ohne auf die Frage einzugehen, in welchem Wirkungskreis gehandelt wird, wird Art. 28 II GG zur Bejahung der Klagebefugnis aus § 42 II VwGO herangezogen. Dabei kann sich eine Gebietskörperschaft, wenn sie im übertragenen Wirkungskreis handelt, im Regelfall gerade nicht auf die Selbstverwaltungsgarantie berufen, da die Aufgaben des übertragenen Wirkungskreises ja keine Selbstverwaltungsangelegenheiten darstellen.

[167] Nach Art. 4 II 1 EUV hat die Union die nationalverfassungsrechtlich gewährleistete lokale, also kommunale Selbstverwaltung als Bestandteil der nationalen Identität des Mitgliedstaates zu achten. Somit muss der EuGH zuständig sein, die Einhaltung dieser Achtungspflicht unter den Voraussetzungen des Art. 263 IV AEUV zu prüfen.

[168] Zur Einschränkung des Unmittelbarkeitserfordernisses bei Kommunalverfassungsbeschwerden BVerfG, NVwZ 1986, 289.

letzung des Selbstverwaltungsrechts nach Landesrecht zum Landesverfassungsgericht erhoben werden kann, § 91(2) BVerfGG, sog. Grundsatz der Subsidiarität[169]. Da nach der Rechtsprechung des Verfassungsgerichtshofs die bayerischen Gemeinden Popularklage gem. Art. 98 (4) BV, Art. 55 VfGHG gegen Normen des Landesrechts einlegen können, greift insoweit die **Subsidiaritätsklausel**[170]. Bayerische Gemeinden können somit nur gegen Normen des Bundesrechts Kommunalverfassungsbeschwerde beim Bundesverfassungsgericht einlegen. Da nach der Rechtsprechung des Verfassungsgerichtshofs Gemeindeverbände keine Popularklage unter Berufung auf das Selbstverwaltungsrecht einlegen können, greift insoweit die Subsidiaritätsklausel nicht. Die Gemeindeverbände können deswegen auch gegen Normen des Landesrechts Kommunalverfassungsbeschwerde gem. Art. 93 I Nr. 4b GG einlegen[171]. Die **Erschöpfung des Rechtswegs** gem. § 90 II 1 BVerfGG ist bei untergesetzlichen Normen des Landesrechts dann nicht gegeben, wenn das Verfahren gem. § 47 I VwGO offen steht.

Im Rahmen der **Begründetheitsprüfung** wird als **Prüfungsmaßstab** an die inkriminierte Norm die jeweilige Garantie des kommunalen Selbstverwaltungsrechts gem. Art. 28 II GG gelegt sowie ggf. Bestimmungen des Grundgesetzes, als sie ihrem Inhalt nach das verfassungsrechtliche Bild der Selbstverwaltung mitzubestimmen geeignet sind und auf die kommunale Selbstverwaltungsgarantie ausstrahlen[172], wie z.B. Art. 3 I GG, 20 I GG. **113**

Gem. § 95 III BVerfGG ist die maßgebliche Rechtsnorm für **nichtig** zu erklären, wenn der Kommunalverfassungsbeschwerde stattgegeben wird. Gem. § 31 II 2 BVerfGG hat diese Entscheidung **Gesetzeskraft.** Eine **einstweilige Anordnung** ist gem. § 32 BVerfGG denkbar. Schließlich sei darauf verwiesen, dass im Vorfeld einer Kommunalverfassungsbeschwerde das **Annahmeverfahren** gem. §§ 93a ff. BVerfGG Anwendung findet. **114**

Beispiel: Die im Beispiel Rn. 96 geschilderte, der Rastedeentscheidung zugrundeliegende Situation führte deswegen zu einer Kommunalverfassungsbeschwerde beim Bundesverfassungsgericht, weil in Niedersachsen landesverfassungsrechtlich eine den Grundsatz der Subsidiarität auslösende Beschwerde zum Landesverfassungsgericht nicht bereitstand. Hätte sich dieser Fall in Bayern zugetragen, so hätte Popularklage beim Bayerischen Verfassungsgerichtshof eingereicht werden können, so dass die Beschwerde beim Bundesverfassungsgericht unzulässig gewesen wäre. **114a**

2. Prinzipale Normenkontrolle gem. § 47 VwGO

Im Rahmen der **Zulässigkeitsprüfung** der Normenkontrolle zum **Bayerischen Verwaltungsgerichtshof** können Gemeinden und Gemeindeverbände gem. § 47 II 1 VwGO **antragsberechtigt** sein, und zwar einerseits als betroffene juristische Person des öffentlichen Rechts, andererseits ggf. als Behörde, soweit die fragliche Rechtsnorm von der Gemeinde oder dem Gemeindeverband anzuwenden ist. **Prüfungsgegenstand** können gem. § 47 I Nr. 1 VwGO Rechtsvorschriften nach dem BauGB, also **115**

---

[169] Der Grundsatz der Subsidiarität der Kommunalverfassungsbeschwerde findet keine Anwendung, wenn die landesverfassungsrechtliche Garantie der kommunalen Selbstverwaltung hinter dem Gewährleistungsniveau des Art. 28 II GG zurückbleibt; entschieden für die Landesverfassung von Sachsen-Anhalt, BVerfG, Urt. v. 21.11.2017, Az. 2 BvR 2177/16, Leitsatz 2.

[170] BVerfG, BayVBl. 1993, 303f.

[171] Vgl. Lissack, Selbstverwaltungsrecht, S. 130ff.; 141f.; 224f.; vgl. auch BVerfG v. 19.11. 2002, 2 BvR 329/97 (juris), Rn. 33ff.

[172] Vgl. BVerfG v. 20.12.2007, 2 BvR 2433/04, 2 BvR 2434/04 (juris), Rn. 125ff.

insbesondere Bebauungspläne von Nachbargemeinden sein. Gem. § 47 I Nr. 2 VwGO i. V. m. Art. 5 AGVwGO können ferner sonstige Normen im Rang unter dem Landesgesetz Prüfungsgegenstand sein. Zu denken ist in diesem Zusammenhang beispielsweise an Rechtsverordnungen i. S. v. Art. 12 I 2 GO. Bei der **Antragsbefugnis** i. S. v. § 47 II 1 VwGO beruft sich die Kommune auf ihr gem. Art. 28 II GG garantiertes Selbstverwaltungsrecht (nicht jedoch auf die Gewährleistungen gem. Art. 11 II, 10 BV, da wegen § 47 III VwGO allein der Verfassungsgerichtshof die Bayerische Verfassung als Prüfungsmaßstab anlegt) bzw. auf einfachgesetzliche Ausprägungen des Selbstverwaltungsrechts. Sofern die Kommune nicht als betroffene juristische Person, sondern als Drittrecht zu vollziehende Behörde auftritt, genügt der Verweis hierauf[173]. Gem. § 47 II 1 VwGO ist der Antrag innerhalb **Jahresfrist** nach Bekanntmachung der Norm zu stellen.

116 Im Rahmen der **Begründetheitsprüfung** wird als **Prüfungsmaßstab** alles über dem Prüfungsgegenstand stehende Bundes- und Landesrecht mit Ausnahme des Landesverfassungsrechts sowie EU-Recht angelegt. Gem. § 47 IV VwGO wird der Verwaltungsgerichtshof das Verfahren aussetzen, wenn gleichzeitig ein Verfahren vor dem Verfassungsgerichtshof anhängig ist.

117 Die **Entscheidung** ergeht gem. § 47 V VwGO. Eine einstweilige Anordnung ist gem. § 47 VI VwGO möglich.

117a **Beispiel:** Der Bebauungsplan einer Nachbargemeinde kann im Rahmen der prinzipalen Normenkontrolle gem. § 47 I Nr. 1 VwGO z. B. unter Berufung auf die mögliche Verletzung des kommunalen Selbstverwaltungsrechts gem. Art. 28 II 1 GG und/oder auf eine unterlassene interkommunale Abstimmung gem. § 2 II BauGB angefochten werden.

3. Popularklage gem. Art. 98 (4) BV, Art. 2 Nr. 7, 55 VfGHG

118 Im Rahmen der **Zulässigkeitsprüfung** der Popularklage zum **Bayerischen Verfassungsgerichtshof** kann gem. Art. 55 I 1 VfGHG „jedermann" **antragsberechtigt** sein, somit auch Gemeinden und Gemeindeverbände. **Beschwerdegegenstand** der Popularklage sind gem. Art. 55 I 1 VfGHG „Rechtsvorschriften des bayerischen Landesrechts", also formelle Gesetze, Verordnungen und Satzungen des bayerischen Landesrechts. Dem Wesen einer Popularklage entsprechend fordert Art. 55 I 2 VfGHG im Rahmen der **Antragsbefugnis** nur, dass ein Grundrecht der Bayerischen Verfassung als verfassungswidrig eingeschränkt gerügt wird. Eine Selbstbetroffenheit ist an sich nicht erforderlich. Bei den Kommunen hat der Bayerische Verfassungsgerichtshof jedoch – verkürzt dargestellt – folgende Maßgaben gemacht: In Bezug auf die Rüge des Selbstverwaltungsrechts sind nur Gemeinden beschwerdebefugt, da die Selbstverwaltungsgarantie des Art. 11 II BV[174] als für die Antragsbefugnis ausreichendes „grundrechtsähnliches Recht" angesehen wird. Allerdings ist erforderlich, dass die inkriminierte Norm abstrakt-generell das gemeindliche Selbstverwaltungsrecht berühren kann. Bei Organisationsakten kann, dem Gedanken einer Popularklage eigentlich widersprechend, sich nur die betroffene Gemeinde auf das grundrechtsähnliche Recht des Art. 11 II BV bzw. das Konnexitätsprinzip des Art. 83 III BV berufen. Daneben kommt nach der Rechtsprechung des Verfassungsgerichtshofs regelmäßig auch eine Verletzung des Gleichheitssatzes in Betracht[175]. Gemeindeverbände können sich nach Rechtsprechung des Verfassungsgerichtshofs nicht auf die Selbstverwaltungsgarantie des

---

173 Vgl. BVerwG, NVwZ 1989, 654 f.

174 Häufiger Studentenfehler: Das Selbstverwaltungsrecht darf bei der Popularklage natürlich nur auf Art. 11 II BV und nicht etwa auf Art. 28 II GG gestützt werden.

175 Vgl. Lissack, Selbstverwaltungsrecht, S. 102 ff.; 200 ff.

Art. 10 BV berufen, weil das Selbstverwaltungsrecht der Gemeindeverbände nur institutionell gewährleistet sei; allerdings können sie meist eine Verletzung des Art. 118 I BV als Ersatzrüge behaupten[176]. Eine Fristenbindung wie eine Rechtswegerschöpfung kennt die Popularklage nicht; unter besonderen Umständen kann allerdings der Grundsatz der Verwirkung eine Grenze setzen. Gem. § 47 IV VwGO kann der Bayerische Verwaltungsgerichtshof eine parallele Normenkontrolle aussetzen.

Im Rahmen der **Begründetheitsprüfung** wird als **Prüfungsmaßstab,** wenn in zulässiger Weise die Verletzung des Selbstverwaltungsrechts gerügt worden ist, die Gesamtheit der Normen der Bayerischen Verfassung angelegt, also auch objektives Verfassungsrecht, insbesondere das Rechtsstaatsgebot gem. Art. 3 BV. Unter besonderen Voraussetzungen (Widerspruch zwischen Landesrecht und Bundesrecht ist offensichtlich und als schwerwiegender Eingriff in die Rechtsordnung zu werten) wird die Verletzung von Bundesrecht als Verletzung des Rechtsstaatsprinzips des Art. 3 BV angesehen[177]; das gleiche sollte auch bei einer offensichtlichen Unvereinbarkeit von Landesrecht mit EU-Recht gelten[178]. Bundes- und EU-Recht können also mittelbar über Art. 3 BV zum inkludierten Prüfungsmaßstab werden[179]. **119**

Bzgl. der **Entscheidung** vergleiche Art. 25 VfGHG. Wird eine Norm für verfassungswidrig, nichtig oder nur in einer bestimmten Auslegung für verfassungsgemäß erklärt, ist die Entscheidung im Gesetz- und Verordnungsblatt zu veröffentlichen, Art. 25 VII VfGHG. Eine **einstweilige Anordnung** ist gem. Art. 26 VfGHG möglich. **120**

Beispiel: Der Entscheidung des Bayerischen Verfassungsgerichtshofs vom 28.11.2007[180] lag eine Popularklage des Bezirks Schwaben sowie 267 anderer (Bezirke, Landkreise und kreisfreie Städte sowie Gemeinden) gegen Bestimmungen der Bezirksordnung, des AGBSHG, des AGSGB und des FAG zugrunde. Die Popularklage war wegen des Vorbringens der Verletzung des Gleichheitssatzes und des darin enthaltenen Willkürverbots (Art. 118 I BV) bzgl. aller klagenden Kommunen als zulässig angesehen worden, so dass es auf die Frage, ob sich die Gemeindeverbände wie die Gemeinden auf ein grundrechtsähnliches Recht (der kommunalen Selbstverwaltung) berufen können, nicht ankam[181]. **120a**

4. Verfassungsbeschwerde gem. Art. 66, 120 BV, Art. 2 Nr. 6, 51 ff. VfGHG[182]

Im Rahmen der **Zulässigkeitsprüfung** der Verfassungsbeschwerde zum **Bayerischen Verfassungsgerichtshof** kann gem. Art. 120 BV „jeder Bewohner Bayerns", wozu auch juristische Personen des öffentlichen Rechts zählen[183], also auch die Kommunen, **antragsberechtigt** sein. **Beschwerdegegenstand** sind gem. Art. 51 VfGHG alle hoheitlichen Akte, die nicht Normsetzung sind, da insoweit ausschließlich die Popularklage statthaft ist. Insbesondere unterfallen der Verfassungsbeschwerde auch gerichtliche Entscheidungen[184]. Somit kann die Verfassungsbeschwerde auch als Einzel- **121**

---

176 Vgl. Lissack, Selbstverwaltungsrecht, S. 112 ff.

177 BayVerfGH, BayVBl. 1996, 462/463.

178 Vgl. Lindner/Möstl/Wolff, Art. 98 BV, Rn. 70.

179 Freilich wird dies in dem hier dargestellten Zusammenhang, anders als bei Rechtsbehelfen privater Dritter, vgl. § 3, Rn. 39 ff., 57 ff., kaum eine bedeutende Rolle spielen.

180 BayVerfGH, BayVBl. 2008, 172 ff.

181 BayVerfGH, BayVBl. 2008, 172/173 f.

182 Vgl. Lissack, Selbstverwaltungsrecht, S. 133 ff.

183 Vgl. Lindner/Möstl/Wolff, Art. 120 BV, Rn. 14.

184 Vgl. zu einer Verfassungsbeschwerde der Stadt Nürnberg gegen eine Normenkontrollentscheidung gem. § 47 VwGO nach Zurückweisung der Nichtzulassungsbeschwerde durch das Bundesverwaltungsgericht BayVerfGH, BayVBl. 2012, 234 ff. mit Anmerkung Lorenzmeier BayVBl. 2012, 236 ff.

aktbeschwerde bezeichnet werden. Die Gemeinden sind prinzipiell **beschwerdebefugt,** wenn sie sich auf die Verletzung des Selbstverwaltungsrechts gem. Art. 11 II BV, das als verfassungsmäßiges Recht i. S. v. Art. 120 BV anzusehen ist, oder z. B. auch auf die Verletzung des Gleichheitssatzes des Art. 118 I BV berufen können. Ob das Selbstverwaltungsrecht der Gemeindeverbände als verfassungsmäßiges Recht anzusehen ist, hat der Verfassungsgerichtshof nicht mit hinreichender Deutlichkeit geklärt; allerdings kommt auch hier regelmäßig als potentielle Ersatzrüge Art. 118 I BV in Betracht. Der Beschwerdeführer muss selbst, unmittelbar und gegenwärtig beschwert sein. Gem. Art. 51 II 2 VfGHG ist die Verfassungsbeschwerde binnen einer **Frist** von zwei Monaten nach der letztgerichtlichen Entscheidung einzureichen. Gem. Art. 51 II 1, III VfGHG ist die **Erschöpfung des Rechtswegs** ebenfalls Zulässigkeitsvoraussetzung.

122 Im Rahmen der **Begründetheitsprüfung** werden als **Prüfungsmaßstab** die gerügten verfassungsmäßigen Rechte und objektives Verfassungsrecht, wenn es in den Schutzbereich der gerügten Rechte hineinwirkt, angelegt. Die Missachtung von Bundesrecht oder EU-Recht kann allerdings willkürlich i.S.v. Art. 118 I BV anzusehen sein[185].

123 Bzgl. **Entscheidung** und **einstweiliger Anordnung** vgl. Art. 25, 26 VfGHG.

123a **Beispiel:** Dem Markt Hindelang versagte die Rechtsaufsichtsbehörde mit Billigung beider verwaltungsgerichtlicher Instanzen die erforderliche Genehmigung der Zweitwohnungssteuer, zu deren Erteilung der Bayerische Verfassungsgerichtshof schließlich den Freistaat Bayern verurteilte[186]. In Konsequenz dieses Urteils verbot der Gesetzgeber grundsätzlich die Erhebung von Zweitwohnungssteuern, was er zwischenzeitlich wieder zuließ.

5. Klagen vor den Verwaltungsgerichten gem. § 40 I VwGO

124 Schließlich können sich die Kommunen gegen staatliche Maßnahmen bzw. sonstige Handlungen des Staates, seiner Behörden oder sonstiger Gebietskörperschaften vor den **Verwaltungsgerichten** zur Wehr setzen. In der **Zulässigkeitsprüfung** kann die **Beteiligtenfähigkeit** der Kommunen als juristische Personen gem. § 61 Nr. 1 VwGO festgestellt werden. Der **Prüfungsgegenstand** bestimmt mit dem geltend gemachten Begehren die **Klageart:** Wird die Aufhebung eines aufsichtlichen Verwaltungsakts begehrt, ist die Anfechtungsklage gem. § 42 I VwGO einschlägig; wird die Genehmigung der Änderung des Flächennutzungsplanes geltend gemacht, wählt die Gemeinde die Verpflichtungsklage gem. § 42 I VwGO. Darüber hinaus kommen auch die sonstigen Klagearten, wie allgemeine Leistungsklage, Feststellungs- und Fortsetzungsfeststellungsklage in Betracht. Die für die klagende Gemeinde darzulegende Klagebefugnis gem. § 42 II VwGO kann sich dabei zunächst auch aus einfachgesetzlichen Normen ergeben, z. B. § 36 BauGB, § 2 II BauGB. Eine Berufung auf das verfassungsrechtlich gewährleistete Selbstverwaltungsrecht gem. Art. 28 II GG, Art. 11 II, 10 BV kommt dann in Betracht, wenn die Kommune in Wahrnehmung von Aufgaben des eigenen Wirkungskreises beeinträchtigt ist. Das **Widerspruchsverfahren** i. S. v. § 68 VwGO ist in Bayern gem. Art. 15 II AGVwGO grundsätzlich abgeschafft. Gem. Art. 15 I AGVwGO hat der Betroffene nur in abschließend aufgeführten Rechtsbereichen die Wahl, ob er vor dem Klageverfahren ein Widerspruchsverfahren durchführen will, so insbesondere im Bereich des Kommunalabgabenrechts, Art. 15 I Nr. 1 AGVwGO. Die **Widerspruchsfrist** und die **Klagefrist** betragen in Anfechtungs- und Verpflichtungssachen je ein Monat, §§ 70, 74 VwGO.

---

[185] Vgl. Lindner/Möstl/Wolff, Art. 120 BV, Rn. 41 ff., 94 ff.

[186] BayVerfGH 41, 140.

Im Rahmen der **Begründetheitsprüfung** sind die den Anspruch begründenden Normen anzulegen; auf die Bestimmung des § 113 VwGO sei verwiesen. 125

Bzgl. der **Entscheidung** sei auf die §§ 107 ff. VwGO verwiesen. Vorläufiger **Rechtsschutz** ist über die §§ 80, 80a und 123 VwGO zu erlangen. 126

Beispiel: Wird von der Rechtsaufsichtsbehörde eine gemeindliche Gebührensatzung i. S. v. Art. 2 I, 8 KAG beanstandet und deren Änderung verlangt, Art. 112 GO, so stellt dies einen in das gemeindliche Selbstverwaltungsrecht eingreifenden Verwaltungsakt dar. Eine Berufung direkt auf Art. 28 II 1 GG, Art. 11 II 2 BV ist möglich. Ob die Gemeinde tatsächlich in ihrem Selbstverwaltungsrecht verletzt ist, ist eine Frage der Begründetheit der Anfechtungsklage. 127

Beispiel: Eine kreisfreie Gemeinde erteilt einem Bauherrn gem. Art. 68 I, 55 I, 53 I BayBO die beantragte Baugenehmigung. Dabei handelt sie im übertragenen Wirkungskreis, vgl. Art. 54 I BayBO, Art. 9 I 1 GO. Die Fachaufsichtsbehörde erteilt die Weisung, die Baugenehmigung wegen Rechtswidrigkeit zurückzunehmen. Ob die fachaufsichtliche Weisung einen Verwaltungsakt darstellt, ist umstritten, nach richtiger Ansicht aber zu bejahen[187]. Eine Berufung auf Art. 28 II 1 GG, Art. 11 II 2 BV schlägt fehl, da die Gemeinde bei der Erteilung der Baugenehmigung keine Selbstverwaltungsaufgabe erfüllt hat[188]. 128

---

[187] Vgl. § 8, Rn. 44.

[188] Wann die Berufung auf Art. 109 II 2 GO in Betracht kommt, wird in § 8, Rn. 45 f. dargestellt.

6. Zusammenfassende Übersicht

129

Rechtsbehelfe der Kommunen					
	Kommunalverfassungsbeschwerde Art. 93 I Nr. 4b GG, §§ 13 Nr. 8 a, 90 ff. BVerfGG	Prinzipale Normenkontrolle § 47 VwGO	Popularklage Art. 98 (4) BV, Art. 2 Nr. 7, 55 VfGHG	Verfassungsbeschwerde Art. 66, 120 BV Art. 2 Nr. 6, 51 ff. VfGHG	Verwaltungsstreitverfahren § 40 I VwGO
Gericht	Bundesverfassungsgericht	Verwaltungsgerichtshof	Verfassungsgerichtshof	Verfassungsgerichtshof	Verwaltungsgericht
Antragsberechtigung	Gemeinden und Gemeindeverbände § 91 (1) BVerfGG	Gemeinden und Gemeindeverbände als 1. betroffene juristische Person 2. Behörden, soweit sie Rechtsnormen anzuwenden haben § 47 II 1 VwGO	„jedermann“, Art. 55 I VfGHG, somit auch Gemeinden und Gemeindeverbände	„jeder Bewohner Bayerns“, Art. 120 BV, somit auch bayerische Gemeinden und Gemeindeverbände	Gemeinden und Gemeindeverbände als juristische Personen, § 61 Nr. 1 VwGO
Prüfungsgegenstand	„ein Gesetz des Bundes oder Landes“, § 91 (1) BVerfGG jedwede formelle und materielle Außenrechtsnorm	1. Rechtsvorschriften nach dem BauGB, § 47 I Nr. 1 BauGB 2. andere Rechtsvorschriften im Rang unter dem Landesgesetz, § 47 I Nr. 2 VwGO i. V. m. Art. 5 AGVwGO	„Rechtsvorschrift(en) des bayerischen Landesrechts“, Art. 55 I VfGHG: Gesetze, Verordnungen, Satzungen	Handlungen und Unterlassungen von Behörden und Gerichten, Art. 51 I VfGHG; alle hoheitlichen Maßnahmen der bayerischen Staatsgewalt (ohne Akte der Rechtsetzung)	je nach geltend gemachtem Begehren Anfechtung oder Erlass eines VA, Feststellung, allgemeine Leistung
Antragsbefugnis	1. Möglichkeit der Verletzung des Selbstverwaltungsrechts gem. Art. 28 II GG durch Rechtsnorm 2. selbst, gegenwärtig, unmittelbar	1. bei Erwartung eines Rechtsnachteiles, § 47 II 1 VwGO: Art. 28 II GG, insbes. Planungshoheit, vgl. auch § 2 II BauGB 2. als Drittrecht anwendende Behörde	1. Möglichkeit der Verletzung eines Grundrechts/grundrechtsgleichen Rechts 2. Gemeinden Art. 11 BV als grundrechtsähnliches Recht und Art. 118 I BV 3. Gemeindeverbände nicht über Art. 10 BV, aber Art. 118 I BV	1. Rüge der Verletzung eines subjektiven, verfassungsmäßigen Rechts (Gemeinde: Selbstverwaltungsrecht gem. Art. 11 II BV, Art. 118 I BV Gemeindeverbände jedenfalls Ersatzrüge des Art. 118 I BV) 2. selbst, gegenwärtig, unmittelbar	Möglichkeit der Verletzung des Selbstverwaltungsrechts, Art. 28 II GG, Art. 11 II BV, sowie Art. 118 I BV und einfachgesetzliche Ausprägungen, § 42 II VwGO
Frist	binnen Jahresfrist seit Inkrafttreten der Rechtsnorm, § 93 III BVerfGG	binnen Jahresfrist nach Bekanntmachung der Rechtsvorschrift, § 47 II 1 VwGO	nein	binnen zwei Monaten nach letztgerichtlicher Entscheidung, Art. 51 II 2 VfGHG	je nach Klage

Rechtsweg-erschöpfung	1. Rechtswegerschöpfung (§ 90 II 1 BVerfGG) (–), wenn Normenkontrolle gem. § 47 VwGO möglich 2. Subsidiarität, wenn landesverfassungsgerichtliches Verfahren möglich, § 91 (2) BVerfGG	nein	nein (vgl. aber § 47 IV VwGO)	ja, Art. 51 II, III VfGHG	nein, aber ggf. Widerspruchsverfahren
Prüfungsmaßstab	1. kommunales Selbstverwaltungsrecht, v.a. Art. 28 II GG 2. Bestimmungen des GG, die Ausstrahlung auf das Bild des kommunalen Selbstverwaltungsrechts haben (z. B. Art. 3 I, 20 I GG)	alles über dem Prüfungsgegenstand stehende Recht mit Ausnahme der Normen der BV; § 47 III VwGO	alle Vorschriften der Bayerischen Verfassung, auch objektives Verfassungsrecht; über Art. 3 BV u. U. Vereinbarkeit mit Bundes- und EU-Recht	gerügte verfassungsmäßige Rechte und objektives Verfassungsrecht, soweit es in den Schutzbereich des gerügten Rechts hineinwirkt über Art. 118 I BV u. U. Vereinbarkeit mit Bundes- und EU-Recht	anspruchsbegründende Norm
Entscheidung	1. Gesetz wird für nichtig erklärt, § 95 III BVerfGG 2. Entscheidung hat Gesetzeskraft, § 31 II 2 BVerfGG	Rechtsvorschrift wird für unwirksam erklärt, § 47 V VwGO	Art. 25 VfGHG	Art. 25 VfGHG	je nach Klage, § 113 VwGO
vorläufiger Rechtsschutz	einstweilige Anordnung, § 32 BVerfGG	einstweilige Anordnung, § 47 VI VwGO	einstweilige Anordnung, Art. 26 VfGHG	einstweilige Anordnung, Art. 26 VfGHG	aufschiebende Wirkung gem. §§ 80, 80 a VwGO einstweilige Anordnung gem. § 123 VwGO

§ 2 Die Aufgaben der kommunalen Gebietskörperschaften

I. Unterscheidung zwischen eigenen und übertragenen Angelegenheiten

1 Jedwedes Handeln der kommunalen Gebietskörperschaften ist entweder Handeln im eigenen oder im übertragenen Wirkungskreis, vgl. Art. 6 II GO, Art. 4 II LKrO, Art. 4 II BezO[1]. Im Bereich der eigenen Aufgaben der Gemeinden wirkt das Prinzip der sog. Allzuständigkeit, das unter § 1, Rn. 67 erläutert wurde. Die **Aufgaben des eigenen Wirkungskreises** von Landkreisen und Bezirken müssen diesen besonders zugewiesen werden, wie dies generalklauselartig durch Art. 5, 51 I LKrO, Art. 5, 48 I BezO geschieht. Hiervon zu unterscheiden sind die **Aufgaben des übertragenen Wirkungskreises,** welche sich inhaltlich-materiell als Staatsaufgaben (oder als solche anderer Körperschaften des öffentlichen Rechts, vgl. Art. 8 I GO) darstellen. Diese Aufgaben nimmt der Staat nicht durch seine eigenen Behörden wahr, sondern überweist die Wahrnehmung aus Zweckmäßigkeitsgründen an die Gebietskörperschaften, vor allem an die Gemeinden.

2 Wichtig ist die Unterscheidung zwischen Aufgaben des eigenen und des übertragenen Wirkungskreises insbesondere deswegen, weil nur die Angelegenheiten des eigenen Wirkungskreises von der Selbstverwaltungsgarantie erfasst werden, so dass die Kommunen bei der Aufgabenerfüllung in eigener Verantwortung und unter Ausübung **eigenen Ermessens** (vgl. Art. 7 II GO[2]) tätig werden[3]. Dementsprechend kann staatliche Aufsicht über die Erfüllung von Aufgaben im eigenen Wirkungskreis immer nur **Rechtsaufsicht** sein, vgl. z. B. Art. 109 I GO, also Aufsicht, die sich darauf zu beschränken hat, die Rechtmäßigkeit kommunalen Handelns zu überprüfen. Die Rechtsaufsichtsbehörde darf somit keine Zweckmäßigkeitserwägungen anstellen, um diese den kommunalen Gebietskörperschaften vorzugeben. Bei den Aufgaben des eigenen Wirkungskreises können die sogenannten **freiwilligen** von den **Pflichtaufgaben** unterschieden werden; bei den Pflichtaufgaben hat der Gesetzgeber das Entschließungsermessen auf null reduziert, vgl. 7 ff.

3 Ganz anders stellt sich die Situation für die Aufgaben des übertragenen Wirkungskreises dar. Weil es sich bei diesen den kommunalen Gebietskörperschaften überwiesenen Aufgaben materiell-inhaltlich i. d. R. um Staatsaufgaben handelt, folgt hieraus, dass dem Staat ein **Weisungsrecht** bezüglich der Aufgabenerfüllung zustehen muss, vgl. z. B. Art. 8 II GO[4]. Freilich kann der Gesetzgeber diese Weisungsbefugnis freiwillig reduzieren, vgl. Art. 109 II 2 GO[5], oder aber für gewisse Bereiche sogar ganz beseitigen, vgl. Art. 8 III GO. Staatliche Aufsicht über die Aufgaben des übertragenen Wirkungskreises ist **Fachaufsicht,** vgl. 109 II 1 GO.

4 Diese prinzipiell dualistische Aufgabenstruktur ist für die Gemeinden durch Art. 11 II, III, 83 I, III, IV BV vorgegeben und dürfte auch der Sichtweise des Grundgesetzes

---

[1] Vgl. auch Art. 83 IV i. V. m. VI BV.

[2] Vgl. auch Art. 5 II LKrO, Art. 5 II BezO.

[3] Allerdings sei bereits hier darauf hingewiesen, dass es ein rechtlich freies oder ungebundenes Ermessen niemals geben kann. Auch den Gebietskörperschaften ist bezüglich der Ermessensbetätigung ein zu beachtender rechtlicher Rahmen gesetzt, vgl. Art. 40 BayVwVfG.

[4] Vgl. auch Art. 6 II LKrO, Art. 6 II BezO.

[5] Vgl. auch Art. 95 II 2 LKrO, Art. 91 II 2 BezO.

entsprechen. Gem. Art. 10 II, III, 83 VI BV ist die dualistische Aufgabenstruktur auch für die bayerischen Gemeindeverbände festgeschrieben.

Übersicht 15: Aufgaben kommunaler Gebietskörperschaften 4a

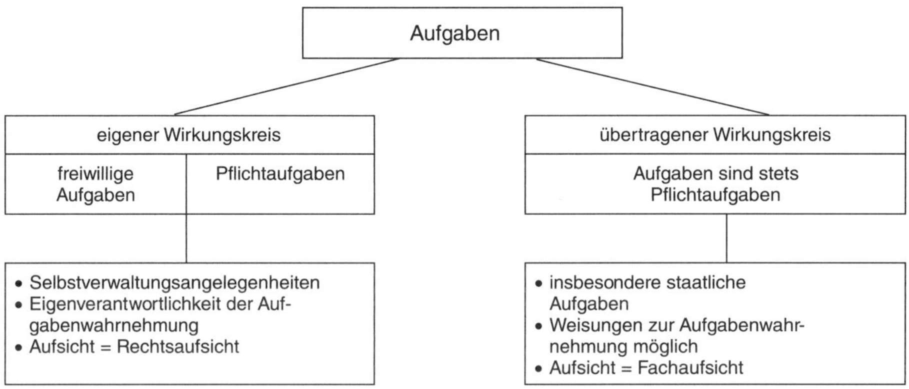

II. Die Aufgaben der kreisangehörigen Gemeinden (ohne die Großen Kreisstädte)

1. Die Aufgaben des eigenen Wirkungskreises der kreisangehörigen Gemeinden

5 Der eigene Wirkungskreis der Gemeinden wird beherrscht durch die verfassungsrechtliche Gewährleistung der gemeindlichen Selbstverwaltung gem. Art. 28 II 1 GG, Art. 11 II BV. Handelt es sich um eine in der örtlichen Gemeinschaft wurzelnde Angelegenheit, so spricht die Vermutung für das Vorliegen einer Aufgabe des eigenen Wirkungskreises, die eigenverantwortlich hinsichtlich des „Ob", des „Wann" und des „Wie" erfüllt werden kann. Im Regelfall muss die Frage, ob die gesetzliche Zuordnung einer Aufgabe zum eigenen oder übertragenen Wirkungskreis verfassungsrechtlich vertretbar ist, nicht untersucht werden und es kann die gesetzlich vorgenommene Festlegung unkommentiert bleiben. Ansonsten liefern Art. 57 GO, Art. 83 I BV oftmals die zentralen Hinweise darauf, ob eine Angelegenheit in den eigenen Wirkungskreis fällt oder nicht. Betrachtet man diese Kataloge, so wird man feststellen, dass der Schwerpunkt gemeindlicher Tätigkeit im Bereich der sog. **Daseinsvorsorge**[6] liegt. Natürlich sind die Kataloge in Art. 57 GO, Art. 83 I BV nicht abschließend. Darauf weist nicht nur das Wörtchen „insbesondere" hin, sondern dies ergibt sich auch aus dem Universalitätsprinzip der Gemeinden.

6 Bereits an dieser Stelle sei darauf hingewiesen, dass im Bereich der Leistungsverwaltung die Kommunen in ihrer Entscheidung darüber, ob sie die Aufgaben organisato-

[6] Vgl. Maurer/Waldhoff, § 1, Rn. 17: Daseinsvorsorge kann umschrieben werden als die Aufgabe zur Bereitstellung der für ein sinnvolles menschliches Dasein notwendigen Güter und Leistungen, insbesondere zur Versorgung der Bevölkerung in wirtschaftlicher, sozialer und kultureller Hinsicht (z. B. Wasserversorgung und -entsorgung, Strom- und Gasversorgung, Gesundheitsvorsorge, Bildungseinrichtungen, Verkehrsbetriebe etc.).

risch in der Form des öffentlichen oder des Privatrechts erfüllen wollen (Organisationsprivatisierung), prinzipiell frei sind.

a) Pflichtaufgaben des eigenen Wirkungskreises

7 Eine Einschränkung des Selbstverwaltungsrechts erfahren die Gemeinden im Bereich der sog. **Pflichtaufgaben.** So schreibt Art. 57 II GO den Gemeinden vor, dass sie (allerdings in den Grenzen ihrer Leistungsfähigkeit) verpflichtet seien, die aus Gründen des öffentlichen Wohls erforderlichen Einrichtungen zur Versorgung mit Trinkwasser herzustellen und zu unterhalten. Gesetzlich kann also festgelegt werden, dass gewisse Angelegenheiten des eigenen Wirkungskreises erfüllt werden müssen, so dass sich die Eigenverantwortlichkeit der Aufgabenerfüllung nur noch auf die Art und Weise, also auf das „Wie" beschränkt, soweit nicht auch diesbezüglich gesetzliche Vorgaben zu beachten sind. Ein sog. **Entschließungsermessen** existiert bei Pflichtaufgaben nicht. Obwohl Art. 57 II GO ausschließlich die Trinkwasserversorgung (die existentiellste Aufgabe) zur Pflichtaufgabe erklärt, ist der Bereich der Pflichtaufgaben der Gemeinden freilich sehr viel größer. So weist Art. 57 I 2 GO ausdrücklich darauf hin, dass durch besondere gesetzliche Bestimmung freiwillige Aufgaben z.B. des Art. 57 I 1 GO zu Pflichtaufgaben erklärt werden können.

8 **Beispiele:** Abwasserbeseitigung gem. Art. 34 I BayWG; Bau und Unterhalt der Gemeindestraßen gem. Art. 9, 47 BayStrWG; Reinigungs-/Beleuchtungs-/Räum-/Streupflicht für öffentliche Straßen gem. Art. 51 BayStrWG; Bauleitplanung gem. § 1 III BauGB; Bereitstellung von Bestattungseinrichtungen, Art. 7 BestG; Bürgerversammlung gem. Art. 18 GO; Einstellen des notwendigen Personals gem. Art. 42 GO; Erlass der Geschäftsordnung gem. Art. 45 GO; Abgabenerhebung nach den besonderen Bestimmungen (insbesondere KAG), vgl. Art. 62 GO; Feuerwehrwesen gem. Art. 1 BayFwG.

8a Gem. Art. 6 LStVG haben auch die Gemeinden als Sicherheitsbehörden die öffentliche Sicherheit und Ordnung durch Abwehr von Gefahren und durch Unterbindung und Beseitigung von Störungen aufrechtzuerhalten. Die Gemeinden handeln bei der Erfüllung dieser Aufgaben teils im eigenen, teils im übertragenen Wirkungskreis[7]. Insbesondere kann nicht davon gesprochen werden, dass **Gefahrenabwehr** durch die Gemeinden stets Aufgabenerfüllung im übertragenen Wirkungskreis sei. Zum einen stellt Art. 57 I 1 GO ausdrücklich klar, dass die Aufrechterhaltung der öffentlichen Sicherheit eine gemeindliche Aufgabe (auch) im eigenen Wirkungskreis ist, zum anderen spricht Art. 83 I BV von der „örtlichen Polizei"[8], wobei die Bayerische Verfassung hier den sogenannten „funktionellen Polizeibegriff" verwendet, also auf die Wahrnehmung der Aufgabe, die öffentliche Sicherheit und Ordnung aufrecht zu erhalten, abstellt[9]. Nach der sog. „Steilwand-Entscheidung" des BayVGH[10] gilt, dass rein örtliche Angelegenheiten der öffentlichen Sicherheit und Ordnung gem. Art. 83 I BV zum eigenen gemeindlichen Wirkungskreis gehören, wenn die Gefährdung oder Störung in ihrer Auswirkung und Tragweite auf das Gemeindegebiet beschränkt ist, sprich wenn die zu bewältigende Gefahr im Gemeindegebiet anfällt, in ihrer Auswirkung auf das Gemeindegebiet begrenzt ist und von der örtlichen Gemeinschaft bewältigt werden kann.

---

[7] Vgl. Gallwas in: Gallwas/Lindner/Wolff, Rn. 104ff.; Heckmann in: Becker/Heckmann/Kempen/Manssen, Rn. 479ff.; Wolff in: Lindner/Möstl/Wolff, Art. 83 BV, Rn. 30ff.

[8] Vgl. zum Begriff der örtlichen Polizei Mößle, BayVBl. 1999, 289ff.

[9] Vgl. Gallwas in: Gallwas/Lindner/Wolff, Rn. 105; zu den Polizeibegriffen allgemein Gallwas/Lindner/Wolff, Rn. 8ff., 131, 248.

[10] BayVBl. 1964, 228ff.; lies auch unbedingt: BayVGH 21, 136ff., wobei zu beachten ist, dass der dort erwähnte Art. 48 I 2 LStVG dem heutigen Art. 42 I 2 LStVG entspricht.

Auch die Verhütung von Zuwiderhandlungen gegen Ortsrecht (Satzungen und Verordnungen) einer Gemeinde ist zum Kreis der pflichtigen Aufgaben des eigenen Wirkungskreises zu zählen.

Übersteigt eine Pflichtaufgabe die Leistungsfähigkeit einer Gemeinde, so ist die Auf- 9
gabe in **kommunaler Zusammenarbeit** zu erfüllen, Art. 57 III GO. Im Extremfall kann die Aufsichtsbehörde gem. Art. 16, 28 KommZG auf die Bildung einer Pflichtvereinbarung oder eines Pflichtverbandes hinwirken, wenn Gemeinden zu freiwilliger kommunaler Zusammenarbeit nicht bereit sind[11].

b) Freiwillige (Soll-)Aufgaben

Anders als bei den Pflichtaufgaben, bei denen den Gemeinden kein Entschließungs- 10
ermessen, also kein Ermessen hinsichtlich des „Ob“ der Aufgabenerfüllung zukommt, sind sie bei den **freiwilligen** oder **Sollaufgaben** nicht nur hinsichtlich des „Wie“ **(Auswahlermessen),** sondern auch hinsichtlich des **Entschließungsermessens** grundsätzlich frei. Soweit es um die Schaffung und Erhaltung von Einrichtungen, die zum wirtschaftlichen, sozialen und kulturellen Wohl der Einwohner erforderlich sind, vgl. Art. 57 I 1 GO, ist es den Gemeinden „dringend nahegelegt“[12] („sollen“), die entsprechende Aufgabe wahrzunehmen. Das Bundesverwaltungsgericht hat im Zusammenhang mit der materiellen Privatisierung des Offenbacher Weihnachtsmarktes entschieden[13], dass aus dem verfassungsrechtlichen Selbstverwaltungsrecht folgere, dass sich eine Gemeinde im Interesse einer wirksamen Wahrnehmung der Angelegenheiten der örtlichen Gemeinschaft nicht ihrer gemeinwohlorientierten Handlungsspielräume begeben dürfe. Eine materielle Privatisierung eines kulturell, sozial und traditionsmäßig bedeutsamen Weihnachtsmarktes, der bisher in alleiniger kommunaler Verantwortung betrieben wurde, widerspräche dem. Eine Gemeinde könne sich nicht ihrer hierfür bestehenden Aufgabenverantwortung entziehen. Ihr obliege vielmehr auch die Sicherung und Wahrung ihres Aufgabenbereichs, um eine wirkungsvolle Selbstverwaltung und Wahrnehmung der Angelegenheiten der örtlichen Gemeinschaft zu gewährleisten. Dies bedeutet, dass die Gemeinden bereits unmittelbar aus dem kommunalen Selbstverwaltungsrecht und nicht erst aus Art. 57 GO auch im Bereich der grundsätzlich freiwilligen Aufgaben bzw. Sollaufgaben verpflichtet sein können. Ein auch nur einigermaßen rundes Bild von den freiwilligen Aufgaben des eigenen Wirkungskreises zu zeichnen, ist ein Ding der Unmöglichkeit.

Beispiele: Die Gemeinden entscheiden, ob sie öffentliche WCs bauen und unterhalten, die 11
Gemeinden können Mütter- und Eheberatungsstellen sowie Drogenberatungsstellen errichten, sie bauen Altenheime, veranstalten Altenweihnachtsfeiern, errichten und unterhalten Jugendzentren, Jugendfreizeiteinrichtungen, Volkshochschulen für die Erwachsenenbildung, Musikschulen für die Kinder- und Erwachsenenunterrichtung, es werden gemeindliche Sportanlagen gebaut und unterhalten. Sie veranstalten Volksfeste, schreiben Wettbewerbe zur Verschönerung des Ortsbildes aus, unterhalten Bibliotheken und Heimatmuseen, sie schließen Partnerschaften mit Gemeinden anderer Nationen ab, unterhalten Naturparks und Trimm-Dich-Pfade, Spielplätze, Schwimmbäder und Solarien. Sie erlassen örtliche Bauvorschriften über die Zahl, Größe und Beschaffenheit sowie die Ablösung von Stellplätzen. Sie errichten Sparkassen als rechtsfähige Anstalten des öffentlichen Rechts, vgl. Art. 1 I, 3 SpkG[14]. Sie veröffentlichen ein Amtsblatt gem. Art. 26 II GO.

---

[11] Vgl. zur kommunalen Zusammenarbeit § 9 in dieser Darstellung.

[12] Hölzl/Hien/Huber, Art. 57 GO, Erl. 3.1.

[13] BVerwG, NVwZ 2009, 1305 ff.

[14] Vgl. BVerfGE 75, 192/200; vgl. auch BayVerfGH, DVBl. 1986, 39 ff.

12 Oftmals erfordert die Bewältigung einer der genannten Aufgaben eine gewisse institutionelle Verselbständigung. Diese wird dadurch erreicht, dass man derartige öffentliche Einrichtungen im Sinn des Art. 21 GO entweder haushaltsrechtlich teilverselbständigt oder aber sogar eine verselbständigte privatrechtliche oder öffentlich-rechtliche **Organisation** der öffentlichen Einrichtung[15] vornimmt. Im Bereich der Einrichtungen, die weitestgehend der Volksgesundheit dienen, trifft man oft auf die satzungsmäßige Anordnung eines Anschluss- und/oder Benutzungszwangs[16], wonach z.B. bei leitungsgebundenen Einrichtungen wie Wasserver- und -entsorgung der Grundstückseigentümer verpflichtet wird, diejenigen Vorrichtungen zu treffen bzw. ihre Anbringung zu dulden, welche notwendig sind, um eine Abnahme der öffentlichen Leistung möglich zu machen und ferner die von der Einrichtung angebotenen Leistungen nach Bedarf abzunehmen.

2. Die Aufgaben des übertragenen Wirkungskreises der kreisangehörigen Gemeinden

13 Die **Aufgaben des übertragenen Wirkungskreises** sind i.d.R. materiell-inhaltlich Staatsaufgaben, die eigentlich durch die Behörden des Staates zu erfüllen wären, die der Staat aber aus Zweckmäßigkeitsgründen den Gemeinden zur Erfüllung überträgt. Allerdings ist der Wortlaut des Art. 8 I GO missverständlich. Hiernach umfasst der übertragene Wirkungskreis der Gemeinden „alle Angelegenheiten, die das Gesetz den Gemeinden zur Besorgung **namens** des Staates oder anderer Körperschaften des öffentlichen Rechts zuweist". Zwar sind die Gemeinden, wenn sie übertragene Aufgaben erfüllen, de facto unterste Vollzugsorgane der staatlichen Verwaltung[17]. Allerdings handeln sie gerade nicht in Vertretung des Staates, sondern die Übertragung der Aufgaben auf die Gemeinden führt dazu, dass es sich um echte Gemeindeaufgaben, wenn auch ohne örtlichen Bezug, handelt. Folge hieraus ist, dass eine Gemeinde, selbst wenn sie Aufgaben des übertragenen Wirkungskreises erfüllt, richtiger Beklagter im Sinne des § 78 I Nr. 1 VwGO ist[18]. Die Gemeinde ist deswegen z.B. auch der Adressat von Amtshaftungsansprüchen gem. § 839 BGB i.V.m. Art. 34 GG, wenn bei der Erfüllung übertragener Angelegenheiten ein Gemeindebediensteter rechtswidrig und schuldhaft einen Schaden herbeiführt.

14 Da es sich bei den übertragenen Aufgaben nicht um originär gemeindliche Angelegenheiten, also nicht um solche der örtlichen Gemeinschaft handelt, können die zuständigen Staatsbehörden den Gemeinden angesichts der Erledigung übertragener Aufgaben Weisungen erteilen, Art. 8 II GO, Art. 83 IV 3 BV. Allerdings ist das **Weisungsrecht der Fachaufsichtsbehörden** gem. Art. 116 I 2, 109 II 2 GO stark eingeschränkt, worin sich die besondere Wertigkeit widerspiegelt, die der bayerische Gesetzgeber den Gemeinden zumisst. Keinerlei praktische Bedeutung hat Art. 8 III GO, wonach den Gemeinden, insbesondere den kreisfreien, Angelegenheiten zur selbständigen Besorgung übertragen werden können. Der Gesetzgeber hat von dieser Bestimmung keinen Gebrauch gemacht. Würden Angelegenheiten gem. Art. 8 III GO übertragen, so bliebe der Charakter als Angelegenheit des übertragenen Wirkungskreises unberührt. Allerdings wären diese wie Angelegenheiten des eigenen Wirkungskreises

---

[15] Vgl. unten, Rn. 58ff.
[16] Vgl. unten, Rn. 82ff.
[17] Vgl. Hölzl/Hien/Huber, Art. 8 GO, Erl. 1.
[18] Vgl. bereits § 1, Rn. 23.

zu behandeln, vgl. Art. 8 III 2 i.V.m. 7 II GO, das bedeutet insbesondere, dass die Fachaufsichtsbehörden auf eine Rechtskontrolle beschränkt wären[19].

Die Aufgaben des übertragenen Wirkungskreises machen den Löwenanteil der von den Gemeinden zu erledigenden Aufgaben aus. Man wird davon ausgehen können, dass zwischen 70 und 90% der gemeindlichen Angelegenheiten solche des übertragenen Wirkungskreises sind[20], weshalb von einer „Überwucherung" der Aufgaben des eigenen Wirkungskreises durch die des übertragenen Wirkungskreises gesprochen wurde[21]. 15

Auch von den Angelegenheiten des übertragenen Wirkungskreises der Gemeinden, die stets **Pflichtaufgaben** darstellen, kann ein auch nur annähernd rundes Bild nicht gezeichnet werden. 16

Beispiele: Die Gemeinden erlassen im übertragenen Wirkungskreis Verordnungen nach dem LStVG oder nach anderen Rechtsvorschriften, Art. 42 I 2 LStVG. Im Personenstandswesen obliegt den Gemeinden als Standesämter die Beurkundung des Personenstands und die Führung der Personenstandsregister, vgl. §§ 1 ff. PStG, Art. 1 ff. AGPStG. Die Gemeinden sind im Pass- und Meldewesen tätig, so z. B. bei der Ausstellung von Personalausweisen und Reisepässen, vgl. Art. 1 I AGPaßPAuswG. Sie haben umfangreiche Zuständigkeiten im Zusammenhang mit der Durchführung der Gewerbeordnung, § 37 II, III, IV ZustV und nehmen die Aufgaben der örtlichen Straßenverkehrsbehörde gem. §§ 45, 46 StVO i.V.m. Art. 2 Nr. 1 ZustGVerk wahr. Die kreisangehörigen Gemeinden sind verpflichtet, bei der Prüfung der Voraussetzungen zur Gewährung von Sozialhilfe mitzuwirken, Art. 83 I AGSG. Sie wirken bei der Europawahl, Bundestagswahl und der Landtagswahl mit sowie bei Volksbegehren und Volksentscheiden. Die Gemeinden leisten Hilfe bei der Durchführung von bei anderen Behörden durchgeführten Verfahren, vgl. Art. 58 III, IV GO. Die Gemeinden haben Bauanträge vor Zuleitung an die Bauaufsichtsbehörde vorzubehandeln, Art. 64 I BayBO. 17

---

19 Vgl. Hölzl/Hien/Huber, Art. 8 GO, Erl. 3.
20 Vgl. Petz, BayVBl. 1989, 353/357, Fn. 54.
21 Vgl. Knemeyer, Rn. 161.

3. Übersicht 16: Beispiele von Aufgaben kreisangehöriger Gemeinden

17a

Aufgaben

- eigener Wirkungskreis
  - Pflichtaufgaben
  - freiwillige Aufgaben
- übertragener Wirkungskreis

Pflichtaufgaben

- Wasserversorgung
- Abwasserbeseitigung
- Bau, Unterhalt der Gemeindestraßen
- Bürgerversammlung
- Einstellung des Personals
- Aufstellung des Haushaltsplans
- Feuerwehrwesen
- Unterhalt für Grund- und Hauptschulen
- Schülerbeförderung
- Friedhofswesen
- Erlass der Geschäftsordnung
- Obdachlosenunterbringung
- Schuldenverwaltung
- Rechnungslegung
- Bauleitplanung
- Sicherung der Bestattung

freiwillige Aufgaben

- Öffentlichkeitsarbeit
- Gemeindegärtnerei
- Ehrung verdienter Persönlichkeiten
- Herausgabe eines Amtsblattes
- Volkshochschule
- Bücherei
- Jugendzentrum
- Heimatmuseum
- Museum
- Patenschaften
- Festspielwoche
- Sportförderung
- Jugendherberge
- Wanderwege
- Bolzplätze
- Campingplatz
- Reitwege
- Naturparks
- Zoologischer Garten
- Schwimmbäder
- Eislaufplätze
- Skiabfahrten
- Ausstellungen und Messen
- Radwege
- Altenheim
- öffentliche Toilettenanlagen
- Beratungseinrichtungen
- Musikschulen
- Sparkassen

übertragener Wirkungskreis

- Hilfe bei Verwaltungsverfahren
- Mitwirkung bei allen Wahlen (Bundestags-, Landtags-, Kommunal-, wahlen)
- Standesamtswesen
- Vollzug des Melderechts
- Ausstellung von Pässen, Personalausweisen
- Mitwirkung bei statistischen Erhebungen
- Erlass von Verordnungen
- Sperrzeitregelungen
- Ausstellung von Leichenpässen
- Vorbehandlung der Bauanträge
- Erteilung von Fischereischeinen
- Entscheidung über Gastschulanträge
- Sühneversuch

III. Die Aufgaben der Großen Kreisstädte und der kreisfreien Gemeinden

18 Obwohl auch die Große Kreisstadt eine kreisangehörige Gemeinde ist, bedarf sie besonderer Behandlung. Dies ist weniger deswegen erforderlich, weil nach Aussage des Bundesverfassungsgerichts die Größe einer Gemeinde mit ein Faktor zur Bestimmung von Anzahl und Umfang der örtlichen Angelegenheiten des eigenen Wirkungskreises ist und selbstverständlich die Anzahl und der Umfang der Selbstverwaltungsangelegenheiten entsprechend zunimmt[22].

[22] Vgl. bereits § 1, Rn. 72.

Beispiel: Die sog. Stadt-Umland-Problematik entsteht vor allem dadurch, dass die Bevölkerung kleinerer Gemeinden das Leistungsangebot größerer Gemeinden mit in Anspruch nimmt und die Kosten für diese Beanspruchung niemals vollständig durch Entgelte ausgeglichen werden können. Hinzu kommen oft weitere teure infrastrukturelle Maßnahmen. 19

Vielmehr muss auf die Große Kreisstadt deswegen gesondert eingegangen werden, weil Art. 9 II GO den Großen Kreisstädten zusätzliche (d.h. im Vergleich zu den „herkömmlichen" kreisangehörigen Gemeinden) Aufgaben im übertragenen Wirkungskreis zuweist. Den kreisfreien Gemeinden werden gem. Art. 9 I GO zusätzliche Aufgaben zugewiesen. 20

1. Zusätzliche Aufgaben der kreisfreien Gemeinden im eigenen und übertragenen Wirkungskreis gem. Art. 9 I GO

Da es für die kreisfreien Gemeinden kein Landratsamt gibt, das die staatlichen Aufgaben gem. Art. 37 I 2 LKrO bzw. die Kreisaufgaben gem. Art. 37 I 1 LKrO erfüllen könnte, müssen diese Aufgaben von den kreisfreien Gemeinden selbst übernommen werden[23]. Deswegen bestimmt Art. 9 I 1 GO, dass die kreisfreien Gemeinden **im übertragenen Wirkungskreis** alle Aufgaben, die sonst vom Landratsamt als der unteren staatlichen Verwaltungsbehörde wahrzunehmen sind, selbst zu erfüllen haben. Wenn Art. 9 I 1 letzter HS. GO davon spricht, dass die kreisfreien Gemeinden insoweit Kreisverwaltungsbehörden seien, so ist dies nicht ganz unmissverständlich. Selbst wenn die kreisfreien Gemeinden die Aufgaben erfüllen, die sonst die Landratsämter als untere staatliche Verwaltungsbehörde erfüllen würden, werden in diesem Umfang die kreisfreien Gemeinden nicht etwa zu Staatsbehörden. Handelt eine kreisfreie Gemeinde im Bereich dieser übertragenen Aufgaben, so ist also nicht der Freistaat Bayern, sondern die kreisfreie Gemeinde richtiger Beklagter. 21

Beispiel: Gem. Art. 53 I, 55 I, 54 I BayBO i.V.m. Art. 9 I 1 GO ist die kreisfreie Gemeinde zuständig für die Erteilung von Baugenehmigungen. Sie erfüllt hierbei die materiell staatlichen Aufgaben der Bauaufsicht. Der Nachbar muss gegen die dem Bauherrn erteilte Baugenehmigung i.S.v. Art. 68 I BayBO gegen die Gemeinde Anfechtungsklage erheben. 22

Da es für das Gebiet der kreisfreien Gemeinden keinen Landkreis gibt, vgl. Art. 9 II 1 BV, werden gem. Art. 9 I 2 GO die Aufgaben des eigenen Wirkungskreises der Landkreise, Art. 5, 51 LKrO, sowie die Aufgaben des übertragenen Wirkungskreises der Landkreise, Art. 6, 53 LKrO, ebenfalls den kreisfreien Gemeinden zugewiesen. Dabei wachsen die Aufgaben des eigenen Wirkungskreises der Landkreise den kreisfreien Gemeinden **im eigenen Wirkungskreis** an, die Aufgaben des übertragenen Wirkungskreises der Landkreise **im übertragenen Wirkungskreis** der kreisfreien Gemeinden. 23

Hinweis: Soweit kreisfreie Gemeinden Aufgaben des eigenen Wirkungskreises der Landkreise erfüllen, unterliegen sie der Rechtsaufsicht der Regierung, vgl. Art. 109 I, 110 (2) GO. Soweit sie Aufgaben des übertragenen Wirkungskreises der Landkreise wahrnehmen, Art. 53 LKrO, unterliegen sie der Fachaufsicht, Art. 109 II GO. Im Regelfall ist zur Führung der Fachaufsicht über die kreisfreien Gemeinden ebenfalls die Regierung zuständig, Art. 115 I 2, 110 (2) GO. 24

---

[23] Vgl. diesbezüglich auch Art. 9 II 1 HS 2 BV, der umformuliert lauten könnte: „Die kreisfreien Gemeinden stehen den Landkreisen gleich".

2. Zusätzliche Aufgaben der Großen Kreisstädte im übertragenen Wirkungskreis gem. Art. 9 II GO

25 Die Große Kreisstadt ist zwar kreisangehörig, jedoch ist sie von einer „herkömmlichen" kreisangehörigen Gemeinde dadurch unterschieden, dass sie über eine gesteigerte Leistungs- und Verwaltungskraft verfügt, vgl. Art. 5a IV GO. Diese gesteigerte Leistungskraft nimmt Art. 9 II 1 GO zum Anlass, gewisse Aufgaben, die sonst vom Landratsamt als der unteren staatlichen Verwaltungsbehörde wahrzunehmen sind, mittels Rechtsverordnung den Großen Kreisstädten zur Wahrnehmung zu übertragen. So überweist § 1 GrKrV vor allem die Aufgaben der unteren Bauaufsichtsbehörde, der unteren Straßenverkehrsbehörde, der Kreisverwaltungsbehörde zum Vollzug des Gaststättengesetzes und der Gewerbeordnung etc. Auch hier wird bestimmt, dass diese Aufgaben von den Großen Kreisstädten **im übertragenen Wirkungskreis** wahrzunehmen sind. Die Große Kreisstadt gilt insoweit wiederum als Kreisverwaltungsbehörde.

3. Übersichten

26 **Übersicht 17: Aufgaben kreisangehöriger Gemeinden**

kreisangehörige Gemeinde	**eigener Wirkungskreis**	**übertragener Wirkungskreis**
Aufgaben	Art. 7, 57 GO Art. 83 I BV	Art. 8, 58 GO
Aufsichts-behörde	Rechtsaufsicht **Landratsamt** Art. 110 (1) GO	Fachaufsicht **Landratsamt** Art. 115 I 2, 110 (1) GO, sofern nicht spezialgesetzliche Fachaufsichtsbehörde, Art. 115 I 1 GO
Widerspruchs-behörde	**Landratsamt** § 73 I 2 Nr. 3 VwGO i.V.m. Art. 119 Nr. 1, 110 (1) GO	**Landratsamt** § 73 I 2 Nr. 1 VwGO i.V.m. Art. 119 Nr. 2, 115 I 2, 110 (1) GO, sofern nicht spezialgesetzliche Fachaufsichtsbehörde, Art. 115 I 1 GO

27 **Übersicht 18: Aufgaben Großer Kreisstädte**

Große Kreisstadt	**eigener Wirkungskreis**	**übertragener Wirkungskreis**
Aufgaben	Art. 7, 57 GO Art. 83 I BV	Art. 8, 58 GO Art. 9 II GO i.V.m. § 1 GrKrV alle Aufgaben, die sonst vom LRA als unterer staatl. Verwaltungsbehörde wahrzunehmen sind, in dem durch die GrKrV bestimmten Umfang
Aufsichts-behörde	Rechtsaufsicht **Landratsamt** Art. 110 (1) GO **Regierung** für nach Art. 9 II GO übertragene Aufgaben Art. 110 (5) i.V.m. 110 (2) GO	Fachaufsicht **Landratsamt** Art. 115 I 2, 110 (1) GO, sofern nicht spezialgesetzliche Fachaufsichtsbehörde, Art. 115 I 1GO **Regierung** für nach Art. 9 II GO übertragene Aufgaben Art. 115 II i.V.m. 115 I 2, 110 (2) GO, sofern nicht spezialgesetzliche Fachaufsichtsbehörde, Art. 115 I 1GO

Widerspruchs-behörde	**Landratsamt** § 73 I 2 Nr. 3 VwGO i. V. m. Art. 119 Nr. 1, 110 (1) GO	**Landratsamt** § 73 I 2 Nr. 1 VwGO i. V. m. Art. 119 Nr. 2, 115 I 2, 110 (2) GO, sofern nicht spezialgesetzliche Fachaufsichtsbehörde, Art. 115 I 1 GO **Regierung** für nach Art. 9 II GO übertragene Aufgaben § 73 I 2 Nr. 1 VwGO i. V. m. Art. 119 Nr. 2, 115 II, 115 I 2, 110 (2) GO, sofern nicht spezialgesetzliche Fachaufsichtsbehörde, Art. 115 I 1GO

Übersicht 19: Aufgaben kreisfreier Gemeinden 28

kreisfreie Gemeinde	**eigener Wirkungskreis**	**übertragener Wirkungskreis**
Aufgaben	Art. 7, 57 GO Art. 83 I BV	Art. 8, 58 GO Art. 9 I 1 GO, Art. 37 I 2 LKrO alle Aufgaben, die sonst vom LRA als unterer staatlicher Verwaltungsbehörde wahrzunehmen sind
	Art. 9 I 2 GO, Art. 5, 51 LKrO die den Landkreisen obliegenden Aufgaben des eigenen Wirkungskreises	Art. 9 I 2 GO, Art. 6, 53 LKrO die den Landkreisen obliegenden Aufgaben des übertragenen Wirkungskreises
Aufsichts-behörde	Rechtsaufsicht **Regierung** Art. 110 (2) GO	Fachaufsicht **Regierung** Art. 115 I 2, 110 (2) GO, sofern nicht spezialgesetzliche Fachaufsichtsbehörde, Art. 115 I 1 GO
Widerspruchs-behörde	**Regierung** § 73 I 2 Nr. 3 VwGO i.V.m. Art. 119 Nr. 1, 110 (2) GO	**Regierung** § 73 I 2 Nr. 1 VwGO i.V.m. Art. 119 Nr. 2, 115 I 2, 110 (2) GO, sofern nicht spezialgesetzliche Fachaufsichtsbehörde, Art. 115 I 1 GO

IV. Die Aufgaben der Landkreise und Bezirke

Auch die Gemeindeverbände erledigen Aufgaben des eigenen und übertragenen 29
Wirkungskreises, vgl. nur Art. 83 VI i. V. m. IV BV[24]. Dabei werden den Gemeindeverbänden nicht nur die Aufgaben des übertragenen, sondern auch die des eigenen Wirkungskreises zugewiesen, vgl. Art. 10 II BV, Art. 28 II 2 GG. Auch hier findet an-

[24] Vgl. bezüglich der Landkreise Art. 4 II, 5, 6, 51 ff. LKrO; bezüglich der Bezirke Art. 4 II, 5, 6, 48 ff. BezO.

gesichts der Wahrnehmung von Aufgaben im eigenen Wirkungskreis **Rechtsaufsicht,** angesichts der Wahrnehmung von Aufgaben des übertragenen Wirkungskreises **Fachaufsicht** statt, vgl. nur Art. 83 VI 2, 3 i.V.m. IV BV[25].

1. Aufgaben des eigenen Wirkungskreises der Gemeindeverbände

30 Die überörtlichen Aufgaben des eigenen Wirkungskreises werden den Gemeindeverbänden weitgehend **generalklauselähnlich zugewiesen,** vgl. Art. 5 I, 51 LKrO, Art. 5 I, 48 I BezO. Eine besondere Bedeutung hat die Zuweisung von Pflichtaufgaben gem. 51 II, III LKrO, Art. 48 II, III BezO, wobei insbesondere die Aufgaben des Gesundheitswesens wichtig sind. Weiter sind zu nennen Aufgaben im Bereich des Straßenbaus[26], im Sozialwesen[27], Jugendhilferecht[28], Krankenhauswesen[29], im Bereich der Abfallentsorgung[30] und im Nahverkehr[31].

31 Anders als viele Landkreisordnungen sonstiger Bundesländer weist die Bayerische Landkreisordnung nicht auch generalklauselartig sonstige ergänzende oder ausgleichende Aufgaben zu[32]. Von **ergänzender Funktion** wird dann gesprochen, wenn der Landkreis gemeindliche Aufgaben einzelner kreisangehöriger Gemeinden, die gewisse Angelegenheiten mangels hinreichender Leistungsfähigkeit nicht wahrnehmen können, an deren Stelle wahrnimmt[33]. Eine solche ergänzende Zuweisungsfunktion kann insbesondere nicht Art. 4 I LKrO entnommen werden, obgleich hier formuliert wird, dass die Landkreise auch solche auf das Kreisgebiet beschränkten öffentlichen Aufgaben wahrnehmen, die über die Zuständigkeit oder das Leistungsvermögen der kreisangehörigen Gemeinden hinausgehen. Denn Art. 4 I LKrO spricht nicht davon, dass das Leistungsvermögen „einzelner" Gemeinden oder „von" Gemeinden überschritten sein muss, sondern formuliert, dass das Leistungsvermögen „der" Gemeinden nicht mehr ausreichen darf. Es ist also Voraussetzung für die Begründung einer Kompetenz der Landkreise, dass die Leistungsfähigkeit „aller" kreisangehörigen Gemeinden allgemein überschritten ist. Hätte der Gesetzgeber gewollt, dass je nach konkreter Situation einer Gemeinde der Landkreis ergänzend einschreiten darf, dann hätte er dies semantisch anders ausdrücken müssen. Für diese Ansicht spricht auch Art. 52 LKrO, wonach (nur) auf Antrag kreisangehöriger Gemeinden die Landkreise deren Aufgaben im eigenen Wirkungskreis übernehmen können, wenn und solange das Leistungsvermögen der beteiligten Gemeinden überstiegen ist. Damit kann allenfalls von **Ergänzungsaufgaben** der Landkreise **auf Antrag** gesprochen werden. Fehlt es an einem dementsprechenden

---

[25] Vgl. bezüglich der Landkreise Art. 95 LKrO, bezüglich der Bezirke Art. 91 BezO.

[26] Vgl. Art. 9, 41 (1) Nr. 2, 58 II Nr. 2 BayStrWG.

[27] Die Landkreise (und kreisfreien Gemeinden) sind örtliche Träger der Sozialhilfe, § 3 II SGB XII; die Bezirke sind überörtliche Träger der Sozialhilfe, § 3 III SGB XII, Art. 80 I 1 AGSG.

[28] Gem. Art. 15 I AGSG sind die Landkreise (und kreisfreien Gemeinden) örtliche Träger der öffentlichen Jugendhilfe.

[29] Die Bezirke müssen gem. Art. 48 III BezO die erforderlichen Spezialkrankenhäuser errichten.

[30] Vgl. Art. 3 I BayAbfG.

[31] Vgl. Art. 8 I BayÖPNVG.

[32] „Der Landesgesetzgeber ist prinzipiell nicht durch die verfassungsrechtliche Garantie der gemeindlichen Selbstverwaltung daran gehindert, den Kreisen mittels einer an die mangelnde Leistungsfähigkeit der kreisangehörigen Gemeinden anknüpfenden Generalklausel Aufgaben zuzuweisen, die herkömmlich mit dem Begriff ‚Ergänzungs- und Ausgleichsaufgaben' umschrieben werden"; BVerwG, DVBl. 1996, 1062ff. Kritisch hierzu Wimmer, NVwZ 1998, 28ff.

[33] Vgl. Schoch, DVBl. 1995, 1049; BVerwG, DVBl. 1996, 1062/1063.

Antrag und kann eine Pflichtaufgabe des eigenen Wirkungskreises nicht erfüllt werden, so muss die Gemeinde die Aufgabe in kommunaler Zusammenarbeit bewältigen. Handelt es sich um eine freiwillige Aufgabe des eigenen Wirkungskreises, so kann die Gemeinde die Aufgabe in kommunaler Zusammenarbeit erfüllen, muss dies aber nicht. Den Fall, dass eine gemeindliche freiwillige Aufgabe nicht durch die Gemeinde erfüllt wird, der Landkreis aber in bevormundender Art und Weise die Aufgabenerfüllung für notwendig hält und übernimmt, kann es nach bayerischem Landesrecht somit nicht geben[34].

Auch eine sog. **ausgleichende Funktion** kommt den Landkreisen nicht zu[35]. Ausgleichende Aufgaben eines Landkreises sind die Tätigkeiten, die auf einen lastenverteilenden Effekt unter den kreisangehörigen Gemeinden und auf eine gleichmäßige Versorgung der Kreisbevölkerung zielen. Hierunter fallen finanzielle Zuwendungen sowie Verwaltungshilfen des Landkreises für die kreisangehörigen Gemeinden[36]. 32

Auch den Bezirken kommen solche Ergänzungs- und Ausgleichsfunktionen nicht zu; allerdings schreibt Art. 49 BezO die Möglichkeit fest, dass Bezirke auf Antrag Aufgaben der Landkreise und kreisfreien Gemeinden übernehmen können, wenn deren Leistungsvermögen überstiegen wird. Insoweit kann man auch hier von einer Ergänzungsfunktion nur auf Antrag sprechen. 33

2. Aufgaben des übertragenen Wirkungskreises der Gemeindeverbände

Im übertragenen Wirkungskreis haben die Gemeindeverbände die Aufgaben zu erfüllen, die ihnen durch **spezielles Einzelgesetz** zugewiesen sind. Eine generalklauselartige Zuweisung würde nicht ausreichen, vgl. Art. 53 LKrO, Art. 50 BezO. 34

Wichtigste Zuweisungen im Rahmen dieser vor allem an den Lernenden gerichteten Darstellung sind die nach dem LStVG, wodurch auch die Landkreise zum Verordnungserlass ermächtigt werden. Die Verbandskompetenz zum Verordnungserlass ergibt sich dabei aus den Art. 16ff. LStVG, die Organkompetenz aus Art. 42 I 1 LStVG. Art. 42 I 2 LStVG stellt klar, dass es sich beim Verordnungserlass um die Wahrnehmung einer Aufgabe des übertragenen Wirkungskreises handelt. Darüber hinaus sind die Landkreise (und die kreisfreien Gemeinden) z. B. im Bereich des Rettungsdienstes[37] verpflichtet. 35

Der Grund für die nur spärliche Zuweisung von Aufgaben des übertragenen Wirkungskreises an die Gemeindeverbände liegt darin, dass der Gesetzgeber diese staatlichen Aufgaben meist durch die allgemeine innere Verwaltung wahrnehmen lässt als sie zu dezentralisieren. Damit ist gleichzeitig darauf hingewiesen, dass man die übertragenen Kreisaufgaben nicht mit den Aufgaben verwechseln darf, die das Landratsamt als untere Verwaltungsbehörde des Freistaates wahrnimmt, Art. 37 I 2 LKrO. Die Verwechslungsgefahr entsteht dadurch, dass das Landratsamt eine **Zwitterstellung** (gelegentlich wird auch von einer **„Janusköpfigkeit“** gesprochen) einnimmt. Einerseits ist es Behörde der juristischen Person Kreis, andererseits ist es Behörde der juristischen Person Freistaat Bayern. In seiner ersten Funktion ist es Kreisbehörde, Art. 37 I 1 LKrO, in seiner zweiten ist es Staatsbehörde (Kreisverwaltungsbehörde), Art. 37 I 2 LKrO: Als Kreisbehörde verwaltet das Landratsamt den Kreis, als Kreisverwaltungsbe- 36

[34] Vgl. hierzu aber auch Knöpfle, BayVBl. 1994, 385ff., insbesondere 391f.

[35] BayVGH, DVBl. 1993, 893ff.

[36] Vgl. Schoch, DVBl. 1995, 1049; Knemeyer, NVwZ 1996, 29ff.; BVerwG, DVBl. 1996, 1062/1063.

[37] Art. 4 BayRDG.

hörde verwaltet es im Kreis. Die gravierenden Unterschiede zeigen sich in Folgendem: Sind **Kreisaufgaben** wahrzunehmen, so entscheiden die Kreisorgane Kreistag, Kreisausschuss oder Landrat; Kreistag und Landrat sind unmittelbar von den Kreisbürgern gewählt. Der Landrat vollzieht die Entscheidungen der Kreisorgane und bedient sich dabei des Landratsamtes als **Kreisbehörde,** dessen Leiter er ist. Geht es um die Funktion des Landratsamtes als **Kreisverwaltungsbehörde,** so sind in den Willensbildungsprozess die Kreisorgane nicht eingebunden, die Tätigkeit des Landratsamtes ist Handeln des Freistaates Bayern durch seine untere Verwaltungsbehörde.

37 **Beispiel:** Der Landrat erlässt eine dringliche Verordnung gem. Art. 26 I 1, 42 II 1 LStVG. Er handelt als Kreisorgan. Eine Normenkontrolle gem. § 47 I Nr. 2 VwGO i. V. m. Art. 5 AGVwGO wäre gem. § 47 II 2 VwGO gegen den Landkreis zu richten; dass der Landkreis dabei im übertragenen Wirkungskreis handelt, ist unbeachtlich, da im Verwaltungsprozess das Rechtsträgerprinzip gilt[38].

38 **Beispiel:** Der Landrat versagt eine Gaststättenerlaubnis gem. §§ 2 I, 4 I Nr. 1 GastG, § 1 I 1 GastV wegen Unzuverlässigkeit des Antragstellers. Dabei vollzieht er eine Staatsaufgabe. Die Verpflichtungsklage des Antragstellers ist gegen den Freistaat Bayern zu richten.

39 Die **Bezirksregierung** hat anders als das Landratsamt keine Zwitterstellung. Sie ist ausschließlich mittlere Verwaltungsbehörde der allgemeinen inneren Verwaltung des Freistaates. Behördenleiter ist der Regierungspräsident, der nicht mit dem Bezirkstagspräsidenten verwechselt werden darf. Letzterer ist Organ der kommunalen Gebietskörperschaft **Bezirk.** Allerdings besteht zwischen der Verwaltung des Bezirks und der Regierung ein Verwaltungsverbund in personeller und sächlicher Hinsicht, Art. 35 ff. BezO[39].

3. Übersichten 20 und 21

39a **Übersicht 20: Aufgaben der Landkreise**

Landkreis	**eigener Wirkungskreis**	**übertragener Wirkungskreis**
Aufgaben	Art. 5, 51 LKrO	Art. 6, 53 LKrO
Aufsichts-behörde	Rechtsaufsicht **Regierung** Art. 96 (1) LKrO	Fachaufsicht **Regierung** Art. 101 (2), 96 (1) LKrO, sofern nicht spezialgesetzliche Fachaufsichtsbehörde, Art. 101 (1) LKrO
Widerspruchs-behörde	**Regierung** § 73 I 2 Nr. 3 VwGO i. V. m. Art. 105 Nr. 1, 96 (1) LKrO	**Regierung** § 73 I 2 Nr. 1 VwGO i. V. m. Art. 105 Nr. 2, 101 (2), 96 (1) LKrO, sofern nicht spezialgesetzliche Fachaufsichtsbehörde, Art. 101 (1) LKrO

[38] Vgl. bereits § 1, Rn. 23.

[39] Vgl. § 4, Rn. 140. Eine gute Übersicht zur Verwaltungsorganisation geben auch Burgi/Brandmeier, BayVBl. 2015, 1 ff.

Übersicht 21: Aufgaben der Bezirke 39b

Bezirk	eigener Wirkungskreis	übertragener Wirkungskreis
Aufgaben	Art. 5, 48 BezO	Art. 6, 53 LKrO
Aufsichts-behörde	Rechtsaufsicht **Innenministerium** Art. 92 BezO	Fachaufsicht **Innenministerium** Art. 97 (2), 92 BezO, sofern nicht spezialgesetzliche Fachaufsichtsbehörde, Art. 97 (1) BezO
Widerspruchs-behörde	**Bezirk (!)** § 73 I 2 Nr. 3 VwGO i.V.m. Art. 100 BezO	**Bezirk (!)** § 73 I 2 Nr. 1 VwGO i.V.m. Art. 100 BezO,

V. Die öffentlichen Einrichtungen[40]

1. Begriff

Der Begriff der öffentlichen Einrichtung wird in Art. 21 GO nicht erläutert, sondern vorausgesetzt. Der BayVGH definiert die öffentliche Einrichtung wie folgt[41]: „Unter einer **öffentlichen Einrichtung** i. S. d. Art. 21 I GO ist ganz allgemein jede Einrichtung zu verstehen, die von der Gemeinde im öffentlichen Interesse unterhalten und durch einen gemeindlichen Widmungsakt der allgemeinen Benutzung durch Gemeindeangehörige und ortsansässige Vereinigungen zugänglich gemacht wird.“ 40

Beispiele: Kühlhallenanlagen, Märkte, Müllabfuhr, Wasserleitungen, Anschlagtafeln[42], Kanalisation, Pfandleihanstalten, Versammlungsräume, Asylbewerber- und Obdachlosenunterkünfte, Museen, Sportplätze, Theater, Wärmestuben, Wertstoffhöfe, Volksfeste[43]. 41

Wie aus den Beispielen ersichtlich, sind die öffentlichen Einrichtungen nicht selten dadurch gekennzeichnet, dass es sich um eine Zusammenfassung von sächlichen und/oder personellen Mitteln handelt, die zur Zweckerreichung eingesetzt werden. Liegt eine solche Mittelzusammenfassung vor, so kann man auch von Anstalt sprechen. Zwingend muss eine Zusammenfassung von Mitteln aber nicht gegeben sein, weil dies der Zweck des Art. 21 GO nicht erfordert. Wie gesehen, kann schon eine einzige Anschlagtafel eine öffentliche Einrichtung sein, aber auch die Durchführung einer Veranstaltung durch die Gemeinde kann unter den Begriff der öffentlichen Einrichtung fallen. 42

Beispiel: Die Durchführung des Oktoberfests durch die Landeshauptstadt München stellt sowohl für die Besucher als auch für die Schausteller eine öffentliche Einrichtung i. S. d. Art. 21 GO dar[44]. 43

Begriffsbestimmende Merkmale für eine öffentliche Einrichtung sind die Unterhaltung, Durchführung oder Errichtung der öffentlichen Einrichtung im öffentlichen In- 44

---

[40] Im Weiteren wird nur noch das Gemeinderecht dargestellt; auf LKrO und BezO wird eingegangen, wenn sich Besonderheiten ergeben.

[41] BayVGH, BayVBl. 1960, 102 f.

[42] Vgl. BayVGH, BayVBl. 1968, 67.

[43] Vgl. BayVGH, BayVBl. 2017, 166 ff. zum Kiliani-Volksfest; BayVGH, BayVBl. 2011, 23 f. zum Gäubodenfest.

[44] Vgl. BayVGH, BayVBl. 1982, 656 ff. und BayVGH, BayVBl. 2001, 666 f.; zu den Passionsfestspielen von Oberammergau vgl. BayVGH, BayVBl. 1990, 17 ff., 562 ff.; vgl. ferner BayVGH, NVwZ 1999, 1122 ff.

teresse sowie der Widmungsakt, mit dem die Einrichtung zu einer der Öffentlichkeit zugänglichen wird.

45 Die Errichtung oder Unterhaltung einer öffentlichen Einrichtung muss **im öffentlichen Interesse** liegen, was anzunehmen ist, wenn die Gemeinde die öffentliche Einrichtung zur Erfüllung gemeindlicher Aufgaben z.B. gem. Art. 57 GO, Art. 83 I BV verwenden will. Unmaßgeblich für das Vorliegen einer öffentlichen Einrichtung ist die Frage, wie diese organisiert ist, ob öffentlich-rechtlich oder privatrechtlich. Ebenfalls unerheblich ist die Frage, ob das Benutzungsverhältnis öffentlich-rechtlich oder privatrechtlich ausgestaltet ist. Auch spielt keine Rolle, ob die öffentliche Einrichtung der Erfüllung von Aufgaben des eigenen oder des übertragenen Wirkungskreises dient. **Öffentlich** heißt die Einrichtung deswegen, weil mit ihr ein im öffentlichen Interesse liegender Zweck verfolgt wird bzw. öffentliche Aufgaben erfüllt werden und die Einrichtung der Öffentlichkeit zur Verfügung gestellt wird.

46 Ein öffentliches Interesse liegt dann nicht vor, wenn eine Gemeinde eine Einrichtung zu gleichen Bedingungen wie ein Privater zum Gebrauch anbietet, wenn also eine sog. Privateinrichtung, für die die Gemeinde weder besondere Rechte genießt, noch den Einwohnern besondere Rechte einräumt, gegeben ist[45].

47 **Beispiele:** Private, nicht im öffentlichen Interesse liegende Einrichtungen sind z.B. kommunale Ratskeller zur Verabreichung von Speisen und Getränken, kommunale landwirtschaftliche Betriebe oder kommunale Weingüter.

48 Die öffentliche Einrichtung muss nicht nur im öffentlichen Interesse liegen, die Gemeinde muss diese auch errichten und unterhalten können. Bedeutung hat dies deswegen, weil die Gemeinde die besondere **Beherrschungsmacht** oder auch **Verfügungsgewalt**[46] über eine öffentliche Einrichtung haben muss, damit die durch die Widmung zum Ausdruck kommende Zweckbestimmung der öffentlichen Einrichtung nachhaltig gesichert ist. Dabei kommt es auf die Eigentumsverhältnisse an der öffentlichen Einrichtung nicht an. Eine Gemeinde kann auch privates Eigentum eines Dritten zur Verwirklichung einer öffentlichen Aufgabe benutzen und sogar zur öffentlichen Einrichtung widmen. Entscheidend ist, dass die Gemeinde sich vertraglich oder auf anderem Wege die nötige Verfügungsgewalt einräumen lässt, also den Widmungszweck jederzeit z.B. durch Weisung[47] durchsetzen kann. Fehlt es an der nötigen Verfügungsgewalt oder Beherrschungsmacht oder verliert der kommunale Hoheitsträger diese, so ist nicht sichergestellt, dass der Widmungszweck noch durchgesetzt werden kann. Eine öffentliche Einrichtung liegt dann nicht (mehr) vor.

49 **Beispiel**[48]**:** Die Congress Center GmbH ist von der X GmbH, deren alleinige Gesellschafterin die Stadt S ist, gegründet worden. Zweck der Congress Center GmbH ist es, Messen, Ausstellungen und Kongresse in S zu veranstalten. Aufgrund eines Beherrschungs- und Gewinnabführungsvertrags untersteht die Congress Center GmbH der X GmbH. Die Stadt S ist über die X GmbH in der Lage, bei der Vergabe von Räumen durch die Congress Center GmbH ihren Willen durchzusetzen. Die nötige Beherrschungsmacht ist gegeben.

50 Schließlich muss die öffentliche Einrichtung gewidmet werden. **Widmung** ist derjenige Akt, mit dem die Einrichtung der Allgemeinheit zur Verfügung gestellt wird. Zugleich wird im Regelfall die Widmung den Zweck der öffentlichen Einrichtung[49],

---

[45] Vgl. Hölzl/Hien/Huber Art. 21 GO, Erl. 1.1.
[46] Zum Teil auch Ingerenzpflicht genannt.
[47] Vgl. z.B. Bauer/Böhle/Ecker, Art. 21 GO, Rn. 16.
[48] Beispiel nach BVerwG, NJW 1990, 134ff.
[49] Vgl. BayVGH, BayVBl. 1982, 657.

den Nutzungsrahmen und die Nutzungsbedingungen für die öffentliche Einrichtung enthalten. Da das Gesetz an die Widmung keine förmlichen Anforderungen stellt, kann sie durch Satzung[50] oder durch Allgemeinverfügung gem. Art. 35 (2) 2. Alt. BayVwVfG den Gemeindeangehörigen zugänglich gemacht werden. Gem. Art. 37 II BayVwVfG kann die Widmung, wenn sie in Gestalt der Allgemeinverfügung ausgesprochen wird, schriftlich, mündlich oder auch in anderer Weise, also konkludent[51], erlassen werden.

Selbstverständlich kann die Gemeinde den Nutzungszweck und -rahmen ihrer öffentlichen Einrichtung nachträglich ändern, sog. **Umwidmung.** Will sie eine öffentliche Einrichtung der Allgemeinheit überhaupt nicht mehr zur Verfügung stellen, **entwidmet** sie die öffentliche Einrichtung und nimmt ihr damit ihre öffentlichen Zweckbestimmung. 51

Im Unterschied zu den öffentlichen Einrichtungen, die zur unmittelbaren Benutzung durch die Gemeindeangehörigen bestimmt (auf externe Nutzung[52] gerichtet) sind, unterfallen die **Verwaltungseinrichtungen** im Sinne einer bloß internen Verwaltungsnutzung nicht dem Begriff einer öffentlichen Einrichtung, vgl. Art. 56 II GO. 52

Beispiele: Rathausgebäude, weitere angemietete Verwaltungsgebäude, Inventar. 53

Allerdings ist zu beachten, dass Verwaltungseinrichtungen durchaus wenigstens in einem gewissen zeitlichen und räumlichen Umfang der Öffentlichkeit gewidmet werden können. 54

Beispiel: Ein Rathaussaal kann nicht nur den Sitzungen der Kollegialorgane, sondern auch Veranstaltungen besonderer kultureller oder repräsentativer Art dienen, was durch Gemeinderatsbeschluss festgestellt werden kann[53]. 55

Art. 21 V 1 GO verweist bezüglich der Benutzung der dem **Gemeingebrauch** dienenden Einrichtungen auf die bestehenden spezialgesetzlichen Vorschriften. Damit geht die Gemeindeordnung ersichtlich davon aus, dass auch solche Einrichtungen, die sich dadurch auszeichnen, dass eine Benutzung durch Gemeindeangehörige wie Gemeindefremde gleichermaßen zulassungsfrei erfolgen kann, öffentliche Einrichtungen sind. Die wohl überwiegende Ansicht will Einrichtungen des Gemeingebrauchs, also insbesondere Straßen und Wasserstraßen, den öffentlichen Einrichtungen nicht zuordnen. Letztlich ist dies eine überflüssige Diskussion, da die Benutzungsverhältnisse bezüglich Straßen und Wasserstraßen spezialgesetzlich geregelt sind. 56

Beispiel: § 7 FStrG erlaubt im Rahmen der Widmung jedermann den Gebrauch der Bundesfernstraßen zum Verkehr, dasselbe bestimmt Art. 14 BayStrWG für die in Art. 3 BayStrWG genannten Straßen. Eine etwaige Benutzungsgebühr würde den Gemeingebrauch nicht beseitigen, vgl. § 7 I 4 FStrG, Art. 14 II BayStrWG, da es sich beim Einfordern einer Gebühr nicht um einen speziellen Zulassungs-/Auswahlakt handeln würde. Nach wie vor stünde jedermann unter der Voraussetzung der Bezahlung die Benutzung offen. Nur die Benutzung der Straße über den Gemeingebrauch, also über das in der Widmung für zulässig erklärte Maß hinaus, ist Sondernutzung und damit zulassungsbedingt, vgl. § 8 FStrG, Art. 14 I 2, 18, 22 BayStrWG. 57

---

[50] Widmung durch Satzung in aller Regel durch Benutzungssatzung gem. Art. 24 I Nr. 1 GO.

[51] Vgl. BayVGH, BayVBl. 1988, 497ff.; BayVGH, BayVBl. 1989, 148ff.; BayVGH, KommP BY 2013, 424. Eine auf einer tatsächlichen Vergabepraxis beruhende konkludente Widmung ist nur wirksam, wenn von einer zumindest stillschweigenden Billigung der Vergabepraxis durch das nach der Kommunalverfassung zuständige Organ ausgegangen werden kann, vgl. BayVGH, BayVBl. 2012, 428f.

[52] Hölzl/Hien/Huber Art. 21 GO, Erl. 1.2.

[53] Vgl. BayVGH vom 19.5.1982 Nr. 4 B 81 A 1329; vgl. auch OVG Bremen, NJW 1990, 931ff.

57a Übersicht 22: Öffentliche Einrichtungen

Öffentliche Einrichtungen
- i. d. R. Zusammenfassung sächlicher und ggf. personeller Mittel
- Verfügungsmacht
- Errichtung im öffentlichen Interesse
- Widmungsakt

im Sondergebrauch (Art. 21 I-IV GO)
- Zulassungsakt regelmäßig erforderlich
- Anspruch auf Benutzung nach Art. 21 GO
- Beispiele: Schwimmbad, Museum

im Gemeingebrauch (Art. 21 V GO)
- kein Zulassungsakt
- Benutzung nach Maßgabe des Gesetzes

2. Organisationsformen der kommunalen öffentlichen Einrichtungen

58 Die Gemeinde kann i.d.R. einerseits zwischen öffentlich-rechtlicher und privatrechtlicher Organisation der öffentlichen Einrichtung wählen. Sie kann andererseits auch zwischen selbständiger (Gründung einer neuen juristischen Person), teilselbständiger (Eigenbetrieb i.S.v. Art. 88 GO) und unselbständiger Organisation (innerhalb der eigenen Verwaltung) wählen. Die Organisationsform hat dabei keinen Einfluss auf den Begriff der „öffentlichen" Einrichtung.

59 Die sog. Organisationshoheit ist Ausfluss des Selbstverwaltungsrechts gem. Art. 28 II GG, 11 II BV. Sie wirkt prinzipiell unabhängig davon, ob eine Aufgabe des eigenen oder des übertragenen Wirkungskreises wahrgenommen wird. Auf der kommunalen Organisationshoheit basiert auch das eben erwähnte Recht, öffentliche Einrichtungen öffentlich-rechtlich oder privatrechtlich, unselbständig, teilselbständig oder selbständig zu organisieren. Allerdings können gesetzliche Bestimmungen die Wahlfreiheit einengen und damit die Organisationshoheit beschränken.

60 **Beispiel:** Gem. Art. 1 I SpkG können Gemeinden, Landkreise, aber auch Zweckverbände Sparkassen errichten, deren Aufgabe es ist, der Bevölkerung Gelegenheit zur sicheren und verzinslichen Anlage von Ersparnissen und anderen Geldern zu geben sowie den „Sparsinn der Bevölkerung" zu pflegen; Art. 2 I SpkG. Das SpkG schreibt in Art. 3 allerdings Formenstrenge vor, so dass die Sparkassen nur als rechtsfähige Anstalten des öffentlichen Rechts organisiert werden können.

61 Eine **Wahl zwischen öffentlich-rechtlicher oder privatrechtlicher Organisation** kommt freilich nur dann in Betracht, wenn eine Organisation außerhalb der allgemeinen Verwaltung der Gemeinde (vgl. Art. 86 GO) überhaupt nötig ist. Erschöpft sich die öffentliche Einrichtung beispielsweise darin, dass ein einzelner Gegenstand wie eine Anschlagtafel zur Verfügung gestellt wird, dann handelt es sich hierbei um einen Vermögensgegenstand der Gemeinde, für den eine spezielle verselbständigte Organisation natürlich nicht nötig ist, so dass etwa nötige Einzelfallentscheidungen von der Gemeindeverwaltung gefällt werden[54].

[54] Vgl. das Beispiel der Anschlagtafel, BayVGH, BayVBl. 1968, 67f., wobei allerdings gefordert wurde, dass eine Regelung bezüglich der Benutzung der Anschlagtafel durch politische Parteien durch den Gemeinderat gefällt wird.

Je mehr sächliche und personelle Mittel in einer öffentlichen Einrichtung zusammengefasst werden, desto konkreter wird das Erfordernis, die öffentliche Einrichtung öffentlich-rechtlich oder privatrechtlich, selbständig oder wenigstens teilselbständig zu organisieren. Entscheidet sich die Gemeinde für die **öffentlich-rechtliche Organisation,** so kann sie eine vollkommen selbständige Einrichtung als juristische Person des öffentlichen Rechts nur dann gründen, wenn eine gesetzliche Grundlage dafür vorhanden ist, vgl. z.B. Art. 1-3 SpkG. Relativ neu in die Kommunalordnungen aufgenommen wurden die sog. **selbständigen Kommunalunternehmen,** vgl. Art. 89ff. GO. Der Gesetzgeber wollte damit den Kommunen die Möglichkeit geben, sich nicht nur vorwiegend der juristischen Personen des Privatrechts bedienen zu müssen, wenn eine verselbständigte Organisation erstrebt wird. Durch die Wahl des Kommunalunternehmens sollen die Kommunen die Möglichkeit erhalten, im Vergleich zu den juristischen Personen des Privatrechts das Unternehmen leichter im Sinn oben erläuterter Verfügungsmacht[55] zu beherrschen. Meist liegen aber nach wie vor rechtlich unselbständige Einrichtungen des öffentlichen Rechts vor, wobei allerdings der **Eigenbetrieb** als Sondervermögen gem. Art. 88 GO eine gewisse Sonderstellung (allerdings nur im Innenverhältnis zur Gemeinde) genießt, wie durch das Erfordernis der Werkleitung und des Werkausschusses sowie eines eigenen Haushaltsansatzes (vgl. §§ 5ff. EBV) verdeutlicht wird. Sog. **Regiebetriebe,** also Einrichtungen innerhalb der allgemeinen Verwaltung, können begrifflich für die Organisation öffentlicher Einrichtungen nicht in Betracht kommen, da diese nur den gemeindeinternen Bedarf decken sollen und damit gerade die externe Nutzung, die Widmung für die Öffentlichkeit, fehlt[56]. 62

Damit lässt sich feststellen, dass öffentlich-rechtliche Organisation einer Einrichtung entweder unselbständig durch die allgemeine Verwaltung der Gemeinde, teilverselbständigt in Form eines Eigenbetriebs oder verselbständigt in Form einer selbständigen Anstalt des öffentlichen Rechts erfolgt. 63

Auf der anderen Seite bedeutet die Entscheidung für die **privatrechtliche Organisation** stets eine Verselbständigung der Organisation[57]. In Erwägung zu ziehen ist insbesondere die Form der GmbH; aber auch die AG, die rechtsfähige Stiftung des Bürgerlichen Rechts und der eingetragene Verein gem. §§ 21ff. BGB sind denkbar. Das Erfordernis der Verfügungs- oder Beherrschungsmacht der öffentlichen Einrichtung spielt hier eine besondere Rolle. Hält eine Gemeinde sämtliche Anteile an der juristischen Person des Zivilrechts, so spricht man von Eigengesellschaft; bei dieser ist die Verfügungs- oder Beherrschungsmacht der Gemeinde unproblematisch. Hält eine Gemeinde aber nur eine bestimmte Menge von Anteilen an der Gesellschaft, so muss vertraglich oder auf sonstige Weise sichergestellt sein, dass die Gemeinde z.B. durch 64

---

55 Hierzu Schulz, BayVBl. 1996, 97, 129ff.; vgl. auch § 7, Rn. 9ff.

56 Hölzl/Hien/Huber, Art. 21 GO, Erl. 2.1.

57 Vgl. zu den Vor- und Nachteilen der **Organisationsprivatisierung:** Erbguth/Stollmann, DÖV 1993, 798; vgl. auch Ronellenfitsch, DÖV 1999, 705ff. Von Organisationsprivatisierung spricht man, wenn ein Hoheitsträger öffentliche Aufgaben in der Form des Privatrechts erfüllt, von **Aufgabenprivatisierung,** wenn der Hoheitsträger die bis dato öffentliche – freiwillige – Aufgabe nicht mehr erfüllen will und ihre Erfüllung dem Markt überlässt. Pflichtaufgaben können nicht übertragen, jedoch mit Hilfe Dritter erfüllt werden, z.B. ihre Durchführung auf Private übertragen werden (Durchführungsprivatisierung). Vgl. zu den Grenzen der Aufgabenprivatisierung BVerwG, BayVBl. 2010, 376ff., Katz, NVwZ 2010, 405ff. sowie Jobst, KommP BY 2012, 296ff. Vgl. zu den verschiedenen Arten der Privatisierung auch Emmerich-Fritsche, BayVBl. 2007, 1ff. Vgl. ferner die gemeinsame Bekanntmachung vom 20. März 2001, Nrn. I B 3-1515.71-14, 11-H1000-9/59 und 52e-1515-2000/3, AllMBl. Nr. 4/2001.

Weisungsbefugnis die Zweckbestimmung der öffentlichen Einrichtung gegenüber den anderen Anteilseignern durchsetzen kann.

65 Im Weiteren muss hier auf die Organisationsform der öffentlichen Einrichtungen der Kommunen nicht eingegangen werden. So praktisch relevant diese Fragen für die Kommunen selbst sind, so wenig können, jedenfalls vom Lernenden, Detailkenntnisse verlangt werden. Insbesondere ist die Frage der rechtlichen Organisation der öffentlichen Einrichtung irrelevant, wenn der Zulassungsanspruch zur öffentlichen Einrichtung unmittelbar gegen die Gemeinde geltend gemacht wird. Bereits an dieser Stelle sei auf die sog. **„Zwei-Stufen-Theorie“**[58] hingewiesen: Geht es um das **„Ob“** der Benutzung einer öffentlichen Einrichtung, wird also z.B. einem Nutzungswilligen die Nutzung verweigert, so ergibt sich ein Zulassungsanspruch gegen die Gemeinde aus Art. 21 GO oder auch direkt aus der Widmung der öffentlichen Einrichtung. Der Zulassungsanspruch ist damit **öffentlich-rechtlich** zu beurteilen; er wird vor den Verwaltungsgerichten eingeklagt (1. Stufe). Geht es hingegen um das **„Wie“** der Benutzung, stehen mithin die Modalitäten der Nutzung in Streit, so hängt der Rechtsweg von der Rechtsnatur des Benutzungsverhältnisses ab (2. Stufe). Ist das Benutzungsverhältnis zivilrechtlich, so entscheiden die Zivilgerichte, ist das Benutzungsverhältnis öffentlich-rechtlich, die Verwaltungsgerichte. Die Frage der Organisation einer öffentlichen Einrichtung hat also unmittelbar keine Auswirkungen auf den Rechtsweg bzgl. des „Ob“, also auf die Frage, vor welchen Gerichten der Zulassungsanspruch geltend zu machen ist; das gilt jedenfalls, wenn der Zulassungsanspruch unmittelbar gegen die Gemeinde, die die öffentliche Einrichtung errichtet hat, geltend gemacht wird.

[58] Vgl. nur BVerwG, NJW 1990, 134ff. Bei der „Zwei-Stufen-Theorie“ handelt es sich um eine Faustformel, die keinesfalls schematisch angewandt werden darf. Die Abweichungen werden im Einzelnen erläutert. Im Übrigen ist diese Theorie nicht unumstritten. Auch im Subventionsrecht findet sie Anwendung, vgl. Maurer/Waldhoff, § 17, Rn. 2ff.

Übersicht 23: Mögliche Organisationsformen öffentlicher Einrichtungen 65a

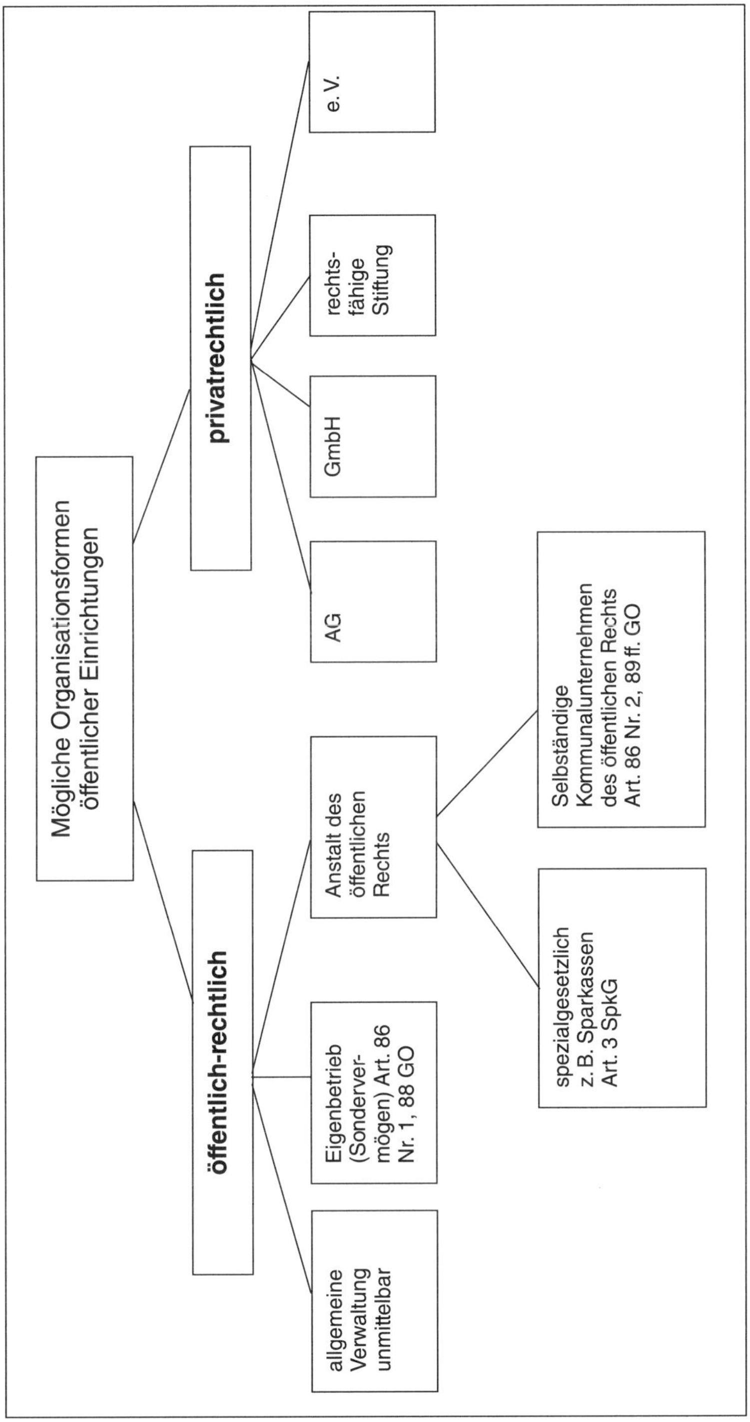

3. Ausgestaltung des Benutzungsverhältnisses

66 Den Kommunen kommt ein **„hinkend doppeltes" Wahlrecht** zu. Ist das **erste Wahlrecht** bei der Organisationsform zu verorten, besteht das erste Wahlrecht also zwischen öffentlich-rechtlicher und privatrechtlicher und damit zusammenhängend zwischen selbständiger und unselbständiger Organisation, so kann es zu einem zweiten Wahlrecht nie kommen, wenn die Gemeinde sich für eine privatrechtliche Organisation der öffentlichen Einrichtung ausgesprochen hat, weil dann das Benutzungsverhältnis zwischen öffentlicher Einrichtung und Benutzer zwingend ein privatrechtliches sein muss.

67 **Beispiel:** Gründet die Gemeinde eine Stadthallen-GmbH, so schließt diese GmbH mit dem Benutzer der Halle einen zivilrechtlichen Vertrag über die Benutzung ab, der in aller Regel den von der GmbH aufgestellten allgemeinen Geschäftsbedingungen folgt. Eine juristische Person des Privatrechts kann sich eben nicht der Handlungsformen des öffentlichen Rechts bedienen, es sei denn, sie wäre durch oder aufgrund Gesetzes beliehen, was im Recht der öffentlichen Einrichtungen regelmäßig nicht in Frage kommt.

68 Ein **zweites Wahlrecht** eröffnet sich aber dann, wenn sich die Gemeinde für die öffentlich-rechtliche Organisation der öffentlichen Einrichtung entschieden hat. In diesem Fall kann das Benutzungsverhältnis sowohl öffentlich-rechtlich als auch privatrechtlich ausgestaltet werden.

69 **Beispiel:** Die Gemeinde kann das Benutzungsverhältnis durch Satzung gem. Art. 23, 24 I Nr. 1 GO regeln. Die für die Benutzung zu erhebende öffentlich-rechtliche Gebühr muss wegen Art. 2 I 1 KAG in einer von der Stammsatzung gesonderten Gebührensatzung geregelt werden. Theoretisch steht auch der Verwaltungsvertrag gem. Art. 54ff. BayVwVfG zur Verfügung, der aber wegen der gem. Art. 57 BayVwVfG nötigen Schriftform keine große Rolle spielt. Ebenso gut kann die Benutzung der öffentlichen Einrichtung durch privatrechtlichen Vertrag geregelt werden; auch hier wird der Individualvertrag zwischen Gemeinde und Benutzer im Regelfall allgemeinen Geschäftsbedingungen folgen. Ist im Problemfall nicht klar zu erkennen, ob die Kommune das Benutzungsverhältnis öffentlich-rechtlich oder privatrechtlich ausgestaltet hat, so sind als Indizien heranzuziehen: die Bezeichnung der Benutzungsregelung als Satzung oder als Geschäftsbedingung; die Bezeichnung des Entgelts als Gebühr oder Nutzungsentgelt; Vorhandensein einer Rechtsbehelfsbelehrung i. S. v. § 58 VwGO. Helfen diese Indizien nicht weiter, so spricht die Vermutung für die öffentlich-rechtliche Ausgestaltung, da sich ein Hoheitsträger zur Erfüllung seiner hoheitlichen Aufgaben eher des öffentlichen Rechts bedienen wird.

70 Teilweise wird vertreten, eine Gemeinde verliere das Wahlrecht zwischen privatrechtlicher und öffentlich-rechtlicher Ausgestaltung des Benutzungsverhältnisses, wenn sie den **Anschluss- und Benutzungszwang** für ihre Einrichtung gem. Art. 24 I Nr. 2 oder 3 GO durch Satzung angeordnet hat. Da in einem solchen Fall kein Gleichordnungsverhältnis mehr bestünde[59], sei das Privatrecht als Gestaltungsmittel ausgenommen. Richtigerweise wird jedoch durch den öffentlich-rechtlichen Anschluss- und Benutzungszwang die Ausgestaltung des Benutzungsverhältnisses nicht vorweggenommen. Die Gemeinde kann einen Anschluss- und Benutzungszwang eben nur in der Form des öffentlichen Rechts anordnen; weshalb der öffentlich-rechtliche Charakter des Anschluss- und Benutzungszwangs das Nutzungsverhältnis infizieren soll, ist nicht ersichtlich[60], insbesondere auch deswegen, weil der Gesetzgeber die Rechtsgrundlagen für den Erlass von Satzungen zur Anordnung des Anschluss- und Benutzungszwangs einerseits (vgl. Art. 24 I Nr. 2 und 3 GO) deutlich von der zur

---

[59] Vgl. z. B. Hölzl/Hien/Huber, Art. 21 GO, Erl. 3.1.
[60] Vgl. BVerwG, BayVBl. 2006, 313 m. w. N.

Regelung der Benutzung der Einrichtung andererseits (Art. 24 I Nr. 1 GO) getrennt hat.

Wesentlich ist die Frage, ob das Benutzungsverhältnis öffentlich-rechtlich oder privatrechtlich ausgestaltet ist, wenn sich bei bestehendem Nutzungsverhältnis Streitigkeiten zwischen öffentlicher Einrichtung und Benutzer ergeben, so z.B. bezüglich der Höhe oder Beitreibung des Entgelts, der Haftung etc. Stehen Fragen bezüglich der **Abwicklung des abgeschlossenen Benutzungsverhältnisses** (das „Wie" der Nutzung) in Streit, so sind diese bei zivilrechtlichem Benutzungsverhältnis vor den Zivilgerichten, ansonsten vor den Verwaltungsgerichten zu klären (2. Stufe der Zwei-Stufen-Theorie). Allerdings ist eine Besonderheit bei der Beendigung des Benutzungsverhältnisses zu beachten. Da sich die **Beendigung des Benutzungsverhältnisses** als actus contrarius zur Zulassung darstellt, steht damit das sog. „Ob" der Benutzung (1. Stufe der Zwei-Stufen-Theorie) inmitten, so dass hier immer auch der Verwaltungsrechtsweg gegen die Gemeinde eröffnet ist. Der Weg zu den Zivilgerichten steht hier aber gleichfalls offen, wenn ein zivilrechtliches Benutzungsverhältnis nach zivilrechtlichen Regeln beendigt wird. 71

Auch wenn **Haftungsfragen** aus dem Benutzungsverhältnis erwachsen, ist das Benutzungsverhältnis nur noch bedingt zur Klärung des Rechtswegs aussagekräftig. Diesbezüglich muss auf die einschlägige Literatur verwiesen werden[61]. Hingewiesen sei nur auf Folgendes: Ist das Benutzungsverhältnis privatrechtlich geregelt, so sind die Haftungsfragen aus dem abgeschlossenen zivilrechtlichen Vertrag vor den Zivilgerichten zu klären, das gleiche gilt für Ansprüche aus unerlaubter Handlung. Ist das Benutzungsverhältnis öffentlich-rechtlicher Natur, so konstruieren Rechtsprechung und Literatur ein sogenanntes „öffentlich-rechtliches Schuldverhältnis", das letztendlich den Regeln des Zivilrechts folgt und wegen § 40 II 1 VwGO ebenfalls von den Zivilgerichten zu beurteilen ist. Auch etwaige Amtshaftungsansprüche gem. § 839 BGB i.V.m. Art. 34 GG werden von den ordentlichen Gerichten entschieden. 72

[61] Insbesondere sei die Darstellung in Maurer/Waldhoff, §§ 25ff. ans Herz gelegt.

72a Übersicht 24: Benutzungsverhältnis (Ausgestaltung)

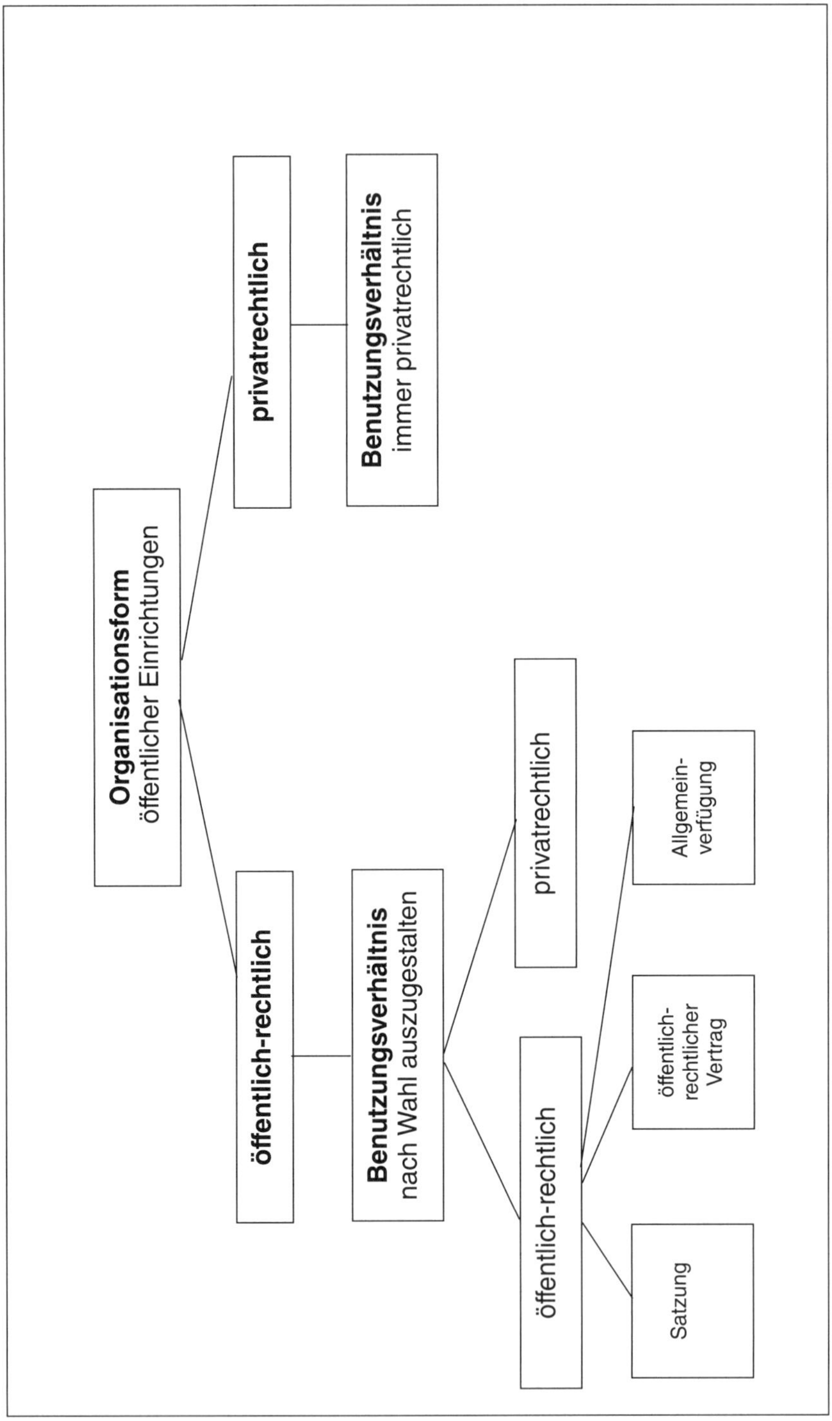

4. Anspruch auf Zulassung zur öffentlichen Einrichtung

Gem. Art. 21 I 1 GO sind alle Gemeindeangehörigen nach den bestehenden allgemeinen Vorschriften berechtigt, die öffentlichen Einrichtungen zu benutzen. Der hier festgelegte **Benutzungsanspruch,** der ein subjektiv-öffentliches Recht darstellt, ist allerdings **zulassungsgebunden,** d.h. er ergibt sich nicht direkt aus dem Gesetz, sondern setzt einen Zulassungsakt voraus[62]. Damit sind öffentliche Einrichtungen i.S.v. Art. 21 I GO im Regelfall öffentliche Einrichtungen im Sondergebrauch, die sich eben dadurch von den öffentlichen Einrichtungen i.S.d. Art. 21 V 1 GO (öffentliche Einrichtungen im Gemeingebrauch) unterscheiden, da z.B. bei der Straßen- bzw. Wasserstraßenbenutzung i.d.R. ein vorhergehender Zulassungsakt nicht nötig ist[63]. 73

Der Anspruch steht zunächst nur allen **Gemeindeangehörigen** i.S.v. Art. 15 I GO zu, wird aber gem. Art. 21 III GO erweitert auf auswärts wohnende Personen für ihren Grundbesitz oder ihre gewerbliche Niederlassung (sog. **Forensen**). Dieser gem. Art. 21 III GO erweiterte Zulassungsanspruch besteht aber nur für den Grundbesitz bzw. die gewerbliche Niederlassung, schafft aber keinen Anspruch, der keinen Bezug zum Grundbesitz bzw. zur gewerblichen Niederlassung hat. Der Anspruch wird zudem gem. Art. 21 IV GO auf juristische Personen erweitert. 74

Selbstverständlich kann der Kreis der Benutzungsberechtigten durch die Widmung, insbesondere also beispielsweise eine Benutzungssatzung („nach den bestehenden allgemeinen Vorschriften") erweitert werden, was sich insbesondere dann aufdrängt, wenn sich die öffentliche Einrichtung nur dann rechnet, wenn ein übergemeindlicher Einzugsbereich ausgenutzt wird oder die Einrichtung auf einen größeren Kreis der Benutzungsberechtigten angelegt ist. Anspruchsgrundlage für solche Auswärtigen ist dann aber nicht Art. 21 GO, sondern die Widmung selbst, in der die Erweiterung des Kreises der Benutzungsberechtigten ausgesprochen worden ist[64]. Das Bundesverfassungsgericht hat geklärt, dass es Gemeinden zwar nicht von vornherein verwehrt ist, ihre Einwohner bevorzugt zu behandeln. Die Ungleichbehandlung müsse sich jedoch am Maßstab des Art. 3 I GG messen lassen und durch Sachgründe gerechtfertigt sein. Der Wohnsitz allein ist kein eine Bevorzugung legitimierender Grund. Hieraus folgt, dass die bloße Nichtzugehörigkeit zu einer Gemeinde grundsätzlich nicht dazu berechtigt, Auswärtige zu benachteiligen. Eine Ungleichbehandlung setzt es deswegen voraus, an Sachgründe anzuknüpfen, die mit dem Wohnort untrennbar zusammenhängen. Ein solcher Sachgrund kann etwa das legitime Ziel der Versorgung mit wohnortnahen Bildungsangeboten, die Verursachung eines höheren Aufwands durch Auswärtige, die Konzentration von Haushaltsmitteln auf die Aufgabenerfüllung gegenüber den Gemeindeeinwohnern oder ein im Übrigen verfassungsgemäßer Lenkungszweck sein[65]. 75

---

[62] Vgl. nur Hölzl/Hien/Huber, Art. 21 GO, Erl. 5.1.

[63] Merke: Öffentliche Sache im Gemeingebrauch: Besonderer (auswählender) Zulassungsakt für die Nutzung nicht nötig bzw. zulässig, Nutzungsrecht ergibt sich unmittelbar aus dem Gesetz; Öffentliche Sache im Sondergebrauch: Besonderer (auswählender) Zulassungsakt nötig, dieser erst ergibt den Benutzungsanspruch.

[64] Vgl. für die Münchner Markthallen, zu denen u.a. die ständigen Lebensmittelmärkte wie der Viktualienmarkt gehören BayVGH, BayVBl. 2018, 820ff.; hier sind Kunden wie Gewerbetreibende Berechtigte.

[65] BVerfG, Beschl. v. 19.7.2016, Az. 2 BvR 470/08, Rn. 38ff. (zur Unzulässigkeit einer zwischen Einheimischen und Auswärtigen unterscheidenden Preisgestaltung eines in Privatrechtsform betriebenen kommunalen Freizeitbades). Zur Vereinbarkeit der Nutzungsbeschränkung öffentlicher Einrichtungen auf Gemeindeangehörige mit den Grundfreiheiten der Europäischen Union vgl. Geuer, BayVBl. 2011, 752ff.; vgl. auch Welsch, KommP BY 2018, 356ff.

Die Gemeinden müssen daher im Rahmen einer verfassungskonformen Anwendung von Art. 21 I GO bei der Festlegung des Benutzerkreises auch die vorstehenden Erwägungen angemessen berücksichtigen.

76 **Beispiel:** G wohnt in der Gemeinde X und unterhält in der Gemeinde Y seinen Gewerbebetrieb. Bezüglich der Wasserversorgung seines Betriebes hat er gem. Art. 21 I, III, IV GO einen Anspruch auf Zulassung gegen die Gemeinde Y (soweit nicht ohnehin, wie in der Regel, ein Anschluss- und Benutzungszwang gem. Art. 24 I Nr. 2 GO angeordnet worden ist, so dass nicht nur ein Anspruch auf Zulassung, sondern auch eine Benutzungspflicht besteht). Will er nach der Arbeit das Schwimmbad der Gemeinde Y benutzen, so kann er, weil er nicht Gemeindeangehöriger ist, seinen Anspruch nicht auf Art. 21 I GO stützen, sondern nur auf die gemeindliche Widmung, wenn diese eine Erweiterung des Benutzerkreises auf Auswärtige enthält. Andernfalls könnte ein grundrechtlicher Anspruch auf Zulassung bestehen, wenn Auswärtige ohne legitimierenden Sachgrund ausgeschlossen sind. Bezüglich des Schwimmbades seiner Heimatgemeinde X kann er sich unmittelbar auf Art. 21 I GO berufen.

77 Der Zulassungsanspruch ist allerdings abhängig von etwa bestehenden allgemeinen Vorschriften, z.B. von etwa gem. Art. 24 I Nr. 1 GO erlassenen Benutzungssatzungen. Insbesondere ergeben sich Einschränkungen des Zulassungsanspruchs aus dem Zweck bzw. Nutzungsrahmen der öffentlichen Einrichtung, wie er durch die Widmung erklärt worden ist.

78 **Beispiel:** Aufgrund schlechter Erfahrungen in der Vergangenheit hat die Gemeinde G den Benutzungsrahmen in der gemeindlichen Benutzungssatzung der Stadthalle gem. Art. 24 I Nr. 1 GO dahingehend eingeschränkt, dass politische Parteien und politische Gruppierungen von einer Benutzung der Stadthalle ausgeschlossen sind.

79 Ebenso können sich Einschränkungen des Zulassungsanspruchs aus der Kapazität der öffentlichen Einrichtung[66] sowie aus anderen tatsächlichen Hindernissen wie urlaubs- oder umbaubedingten Schließungen ergeben[67]. Die Gemeindeangehörigen (bzw. bei Erweiterung des Benutzerkreises auch die Auswärtigen) haben einen Anspruch auf Benutzung der öffentlichen Einrichtung, wenn Zulassungshindernisse fehlen. Da aber nicht selten insbesondere die Kapazität der öffentlichen Einrichtung begrenzt ist, reduziert sich dann der Anspruch auf Benutzung zu einem Anspruch auf ermessensfehlerfreie Entscheidung über die Zulassung unter den konkurrierenden Bewerbern, wobei die Gemeinde die Auswahl orientiert an dem in der Widmung formulierten Zweck der Einrichtung aufgrund vernünftiger, sachlich einleuchtender Gründe und unter Berücksichtigung des Gleichheitssatzes der Art. 3 GG, Art. 118 BV zu treffen hat[68]. Hierbei handelt es sich um ein **subjektiv-öffentliches Recht,** das in Art. 21 GO (bzw. in der Widmung) verwurzelt ist. Damit kann sich der Benutzungsaspirant immer gem. § 40 I 1 VwGO an die Verwaltungsgerichte wenden, um seinen Anspruch auf Benutzung bzw. ermessensfehlerfreie Entscheidung über die Zulassung geltend zu machen (1. Stufe der **Zwei-Stufen-Theorie**[69]). Klagegegner eines geltend gemachten Anspruches kann jedenfalls die Gemeinde als Träger der öffentlichen Einrichtung und

---

[66] Vgl. hierzu BayVGH, NVwZ-RR 1998, 193/194; BayVGH, NVwZ, 1999, 1122/1123; BayVGH, BayVBl. 2011/23f. (Gäubodenfest). Ein Anspruch auf Erweiterung, Schaffung oder Fortbestand einer öffentlichen Einrichtung ergibt sich aus der GO grundsätzlich nicht, vgl. BayVGH, BayVBl. 2013, 636.

[67] Vgl. Hölzl/Hien/Huber, Art. 21 GO, Erl. 5.1.

[68] Vgl. hierzu BayVGH, NVwZ-RR 1998, 193/194 (insoweit auch zum Grundsatz „bekannt und bewährt“); BayVGH, NVwZ 1999, 1122/1123.

[69] Zur Zwei-Stufentheorie vgl. bereits oben, Rn. 65; die Zwei-Stufentheorie entspricht ständiger Rechtsprechung und der h.M., vgl. nur BVerwG, NJW 1990, 134ff.; BayVGH, NVwZ 1999, 1122/1123.

als durch Art. 21 I GO Verpflichtete sein. Dabei ist die Verpflichtungsklage dann die richtige Klageart, wenn die Gemeinde die öffentliche Einrichtung nicht in verselbständigter Organisationsform betreibt und die Gemeinde die Entscheidung über die Zulassung dann selbst durch Verwaltungsakt trifft, sog. **„Zulassungsanspruch".** Problematischer stellt sich die Lage dar, wenn die Gemeinde die öffentliche Einrichtung in verselbständigter Form betreibt. Richtigerweise kann man dann gegen die Gemeinde nicht einen Anspruch auf Zulassung durch Verwaltungsakt geltend machen, sondern klagt eine Einflussnahme auf „ihre" öffentliche Einrichtung ein; richtige Klageart für diesen **„Verschaffungsanspruch"** ist die allgemeine Leistungsklage, da ein reales Handeln der Gemeinde, das keinen Verwaltungsakt darstellt, begehrt wird.

Beispiel: Betreibt die Gemeinde G eine Stadthallen-GmbH und verweigert diese die Benutzung der Stadthalle durch eine politische Partei, indem sie den Abschluss eines privatrechtlichen Vertrags ablehnt, so kann die Partei die Gemeinde per Leistungsklage darauf verklagen, ihren (wegen der Beherrschungsmacht notwendigerweise existenten) Einfluss dahingehend geltend zu machen, dass die GmbH mit der Partei einen Benutzungsvertrag abschließt[70]. **80**

Durch oben genanntes Beispiel wird aber deutlich, dass Klagegegner nicht zwingend ausschließlich die Gemeinde sein muss, wie man vielleicht der oben zitierten Entscheidung des Bundesverwaltungsgerichts entnehmen könnte[71], sondern stets auch die verselbständigte juristische Person als Anspruchsadressat in Frage kommt. Hat die Gemeinde z.B. eine eigenständige juristische Person des Privatrechts gegründet, ist es ebenfalls vorstellbar, vor den Zivilgerichten diese verselbständigte Person des Zivilrechts auf Abschluss eines Benutzungsvertrages zu verklagen. Ein solcher Anspruch auf Abschluss eines zivilrechtlichen Benutzungsvertrages wäre allein nach zivilrechtlichen Regeln gegeben, wenn die öffentliche Einrichtung eine Art Monopolstellung innehätte (Kontrahierungszwang bei Monopolstellung eines Anbieters). Wenn dies nicht der Fall sein sollte, ist Folgendes zu bedenken: Da Hoheitsträger auch bei Begründung selbständiger juristischer Personen des Privatrechts materiell öffentliche Verwaltung wahrnehmen, dürfen sie sich nicht ihrer öffentlich-rechtlichen Bindungen vollständig begeben (keine „Flucht ins Privatrecht"[72]). Insbesondere sind auch im Verwaltungsprivatrecht die Grundrechte unmittelbar anzuwenden; dabei ist vor allem der Gleichheitssatz zu berücksichtigen[73]. Im Ergebnis muss eine zivilrechtliche Klage gegen die die öffentliche Aufgabe wahrnehmende juristische Person des Privatrechts auf Abschluss des Nutzungsvertrages in demselben Umfang begründet sein, wie eine Klage gegen die Gemeinde vor den Verwaltungsgerichten auf Geltendmachung des Einflusses begründet wäre. In der Praxis wird man aber meist die Klage gegen die Gemeinde der Klage gegen die Person der Privatrechts vorziehen, da für erste Klagesituation eine gefestigte Rechtsprechung herausgebildet worden ist. **81**

5. Anschluss- und Benutzungszwang

Gem. Art. 24 I Nr. 2, 3 GO können die Gemeinden für gewisse, insbesondere **gesundheitspolizeiliche Zwecke** verfolgende öffentliche Einrichtungen einen sog. Anschluss- und/oder Benutzungszwang anordnen. Nach Anordnung des Anschluss- und Benutzungszwangs wird in der Regel das Recht, eine öffentliche Einrichtung zu be- **82**

[70] Vgl. BVerwG, BayVBl. 1991, 600f.
[71] BVerwG, NJW 1990, 134ff.
[72] Vgl. Maurer/Waldhoff, § 3, Rn. 26.
[73] BVerfG, Beschl. v. 19.7.2016, Az. 2 BvR 470/08, Rn. 25ff.; BVerwG, BayVBl. 1991, 601.

nutzen, zur Pflicht[74]. Andererseits korrespondiert mit der Pflicht zur Benutzung einer öffentlichen Einrichtung selbstverständlich ein Recht auf Benutzung, ohne dass dann noch auf Art. 21 GO zurückgegriffen werden müsste, Verbot des venire contra factum proprium. Der Anschluss- und Benutzungszwang muss nicht auf das gesamte Gemeindegebiet erstreckt werden, vielmehr ergibt sich die Reichweite der Satzung aus der Gemeinwohlbindung einerseits, aus den Gesetzen der praktischen Machbarkeit andererseits. Berücksichtigt werden kann auch die Rentabilität der öffentlichen Einrichtung.

83 **Anschlusszwang** ist die Pflicht, alle Vorkehrungen zu treffen oder zu dulden, die die jederzeitige Benutzung der öffentlichen Einrichtung ermöglichen[75].

84 **Beispiel:** Wasserversorgung: Der Hausanschluss muss mit der gemeindlichen Wasserleitung durch eine Rohrleitung verbunden werden. Müllabfuhr: Beschaffen und Bereitstellen einer Mülltonne.

85 **Benutzungszwang** ist die Pflicht, die öffentliche Einrichtung auch tatsächlich und ausschließlich zu benutzen.

86 **Beispiel:** Wasserversorgung: Das Wasser ist über die gemeindliche Einrichtung zu beziehen, ein Hausbrunnen darf nicht benutzt werden. Allerdings kann dem Anschluss- und Benutzungszwang nicht die Pflicht entnommen werden, den Hausbrunnen auch stillzulegen oder unbrauchbar zu machen[76].

87 Der Anschluss- und Benutzungszwang kann **nur aus Gründen des öffentlichen Wohls** angeordnet werden. Das öffentliche Wohl ist dabei in Art. 24 I Nr. 2 GO expressis verbis genannt und in Art. 24 I Nr. 3 GO durch verschiedene Tatbestände näher umschrieben. Beim öffentlichen Wohl handelt es sich um einen unbestimmten Rechtsbegriff, dessen Auslegung vor seinem verfassungsrechtlichen Hintergrund zu sehen ist. Die Anordnung des Anschluss- und Benutzungszwangs stellt einen Eingriff in das Eigentum gem. Art. 14 GG, Art. 103 BV dar. Da in keinem Fall durch diese satzungsmäßige Anordnung vollständig oder teilweise konkrete subjektive Eigentumspositionen entzogen werden, handelt es sich nicht um eine Enteignung, sondern um eine Inhalts- und Schrankenbestimmung i. S. v. Art. 14 I 2 GG[77]. Da Eigentum auch verpflichtet und sein Gebrauch dem Wohle der Allgemeinheit dienen soll, Art. 14 II GG, Art. 103 II, 158 BV, fordern Art. 24 I Nr. 2 und 3 GO über die Gemeinwohlklausel nur auf einfachgesetzlicher Basis vom Satzungsgeber, eine verhältnismäßige Abwägung von Privatnützigkeit und Gemeinwohlbindung des Eigentums bei Anordnung eines Anschluss- und Benutzungszwangs vorzunehmen[78]. Die Anordnung eines Anschluss- und Benutzungszwangs, der nicht dem öffentlichen Wohl entspringt, wäre einfachgesetzlich wie verfassungsrechtlich unzulässig.

88 In aller Regel werden gesundheitspolizeiliche Erwägungen sowie solche der Versorgungssicherheit das öffentliche Wohl begründen[79]. Fiskalische oder wirtschaftliche Er-

---

[74] Allerdings sind als Ausnahme vom Anschluss- und Benutzungszwang Befreiungen möglich, wenn dessen Anordnung unverhältnismäßig wäre.

[75] Vgl. Hölzl/Hien/Huber, Art. 24 GO, Erl. 3.

[76] Vgl. Hölzl/Hien/Huber, Art. 24 GO, Erl. 3.

[77] Zu diesem Fragenkreis: Hölzl/Hien/Huber, Art. 24 GO, Erl. 4a.

[78] Vgl. zur Verfassungswidrigkeit einer Satzung zum allgemeinen Benutzungszwang der kommunalen Leichenhalle wegen Verletzung der Berufsausübungsfreiheit gem. Art. 101 BV im Rahmen einer Popularklage BayVerfGH, BayVBl. 2005, 237 ff.

[79] Zur gesonderten Anordnung eines Anschluss- und Benutzungszwangs für Niederschlagswasser neben der Anordnung eines Anschluss- und Benutzungszwangs für Schmutzwasser, BayVGH, BayVBl. 1995, 273 ff.

wägungen allein reichen dagegen nicht aus, wohl aber in Kombination mit den gerade genannten[80]. Ausreichend ist dabei, wenn die Gründe des öffentlichen Wohls für die überwiegende Mehrheit der zu Versorgenden gegeben sind.

Liegen insgesamt Gründe des öffentlichen Wohls vor, kann der Anschluss- und Benutzungszwang angeordnet werden. Nun kann es sich ergeben, dass bei konsequenter Umsetzung der Anschluss- und Benutzungszwangssatzung einzelne zu Versorgende unverhältnismäßig betroffen würden. 89

Beispiel: Der besondere Geschmack des Bieres einer Privatbrauerei rührt von dem mineralhaltigen Wasser des Hausbrunnens her; wenn die Brauerei das Bier mit gemeindlichem Wasser herstellen müsste, ginge der Geschmack verloren. 90

Beispiel: V hat vor Anordnung des Anschluss- und Benutzungszwangs überaus kostenintensiv seine hauseigene Wasserversorgungsanlage renoviert. Mit der Anordnung des Anschluss- und Benutzungszwang musste er nicht rechnen[81]. 91

Auch im Einzelfall muss sich die Anordnung des Anschluss- und Benutzungszwangs an der Verfassung messen lassen. Ein Einzelner darf nicht übermäßig belastet werden, ansonsten wirkt sich die Inhalts- und Schrankenbestimmung des Eigentums in verfassungswidriger Weise aus. Zwar kann sich eine **Inhalts- und Schrankenbestimmung** niemals als Enteignung im Einzelfall darstellen. Das Bundesverfassungsgericht[82] hat der Sonderopfertheorie des Bundesgerichtshofes bzw. der Schweretheorie des Bundesverwaltungsgericht insoweit eine Absage erteilt, als eine Maßnahme aufgrund einer Inhalts- und Schrankenbestimmung niemals bei Überschreiten des Zumutbaren in eine Enteignung umschlagen kann (Absage an die sog. „Schwellentheorien“). Allerdings haben diese Theorien noch einen Wert, weil sie herangezogen werden können, um die noch verhältnismäßige von der nicht mehr verhältnismäßigen Inhalts- und Schrankenbestimmung abzugrenzen. Wegen dieses Befunds kann der gemeindliche Satzungsgeber wohl nie davon ausgehen, dass sich sein generell durch Satzung angeordneter Anschluss- und Benutzungszwang nicht im Einzelnen Fall unverhältnismäßig auswirkt. Deswegen wird er in die Anschluss- und Benutzungszwangssatzungen **Befreiungsklauseln** aufnehmen[83], die zur Befreiung vom Anschluss- und Benutzungszwang im Einzelfall ermächtigen bzw. die Beschränkung der Benutzungspflicht ermöglichen[84]. Daneben kommt in Betracht, denjenigen, die im Vertrauen auf das Unterbleiben eines Anschluss- und Benutzungszwangs Vermögensdispositionen getroffen haben, einen finanziellen Ausgleich zu gewähren; der Anschluss- und Benutzungszwang bleibt dann selbstverständlich unberührt. 92

---

[80] Vgl. BayVGH, BayVBl. 1995, 273/274.

[81] Vgl. BayVGH, DVBl. 2013, 233ff.

[82] Deutlich: BVerfGE 58, 300ff.; siehe aber auch bereits in: BVerfGE 58, 137ff.

[83] Vgl. BayVGH, BayVBl. 1995, 273/274; BayVGH v. 26.9.2007, 4 B 03.1319, Rn. 17 (juris); BVerwG, NVwZ 1998, 1080/1081.

[84] Eine in das Ermessen gestellte Befreiung würde wohl nicht ausreichen; man wird vom Satzungsgeber verlangen müssen, dass er einen Anspruch auf Befreiung formuliert. Vgl. auch §§ 6, 7 des Musters für eine gemeindliche Wasserabgabesatzung: „§ 6 (I) Von der Verpflichtung zum Anschluss oder zur Benutzung wird auf Antrag ganz oder zum Teil befreit, wenn der Anschluss oder die Benutzung aus besonderen Gründen auch unter Berücksichtigung der Erfordernisse des Gemeinwohls nicht zumutbar ist … (II) Die Befreiung kann befristet, unter Bedingungen, Auflagen oder Widerrufsvorbehalt erteilt werden.“; „§ 7 (I) Auf Antrag wird die Verpflichtung zur Benutzung auf einen bestimmten Verbrauchszweck oder Teilbedarf beschränkt, soweit das für die öffentliche Wasserversorgung wirtschaftlich zumutbar ist und nicht andere Rechtsvorschriften oder Gründe der Volksgesundheit entgegenstehen …“ Vgl. aber BayVerfGH 20, 183ff.

6. Sonderfall: Zulassungsanspruch politischer Parteien bezüglich zu überlassender Räumlichkeiten

93 Immer wieder enthalten Gemeinden politischen Parteien oder Gruppierungen ihre öffentlichen Einrichtungen mit dem Bemerken vor, es handle sich bei dem Antragsteller um eine verfassungsfeindliche Gruppierung. Wird dies durch die Gemeinde nicht expressis verbis vorgetragen, so sollen andere (oft vorgeschobene) Gründe einen Zulassungsanspruch ausschließen.

94 Unproblematisch ist die Situation nur dann, wenn die Gemeinde in der Widmung eine Nutzung durch politische Parteien ausdrücklich ausgeschlossen hat, oder wenn die Kapazität[85] erschöpft ist. Ein **originärer Anspruch** gem. Art. 21 GO ergibt sich nur im Rahmen der Widmung. Auch aus der besonderen Bedeutung der Parteien für die freiheitlich demokratische Grundordnung, wie sie in Art. 21 GG verankert ist, kann sich kein originärer Anspruch ergeben. Aus Art. 21, 3 I GG ist allenfalls ein **Gleichbehandlungsanspruch** abzuleiten, der aus dem Chancengleichheitsgrundsatz der politischen Parteien folgt. Auch § 5 I ParteiG stellt nur einen Gleichbehandlungsgrundsatz auf. Der Chancengleichheitsgrundsatz bzw. der Gleichbehandlungsgrundsatz können aber zu einer Zulassung nicht verhelfen, wenn die Nutzung für alle Parteien ausgeschlossen worden ist.

95 Hat eine Gemeinde in der Vergangenheit schlechte Erfahrungen mit der Überlassung von Räumlichkeiten an politische Parteien gemacht, so kann sie durch Widmungsänderung für die Zukunft die Nutzung durch politische Parteien und Gruppierungen gänzlich ausschließen. Freilich darf sie nicht von Fall zu Fall eine Widmungsänderung aussprechen. Ändert eine Gemeinde die Zweckbestimmung, nachdem ein Antrag auf Überlassung bereits vorliegt, so setzt sie sich dem nahe liegenden Verdacht aus, dass sie die Zweckbestimmung nicht aus einem anzuerkennenden allgemeinen Grund geändert hat, sondern nur, um den Antrag ablehnen zu können. Jedenfalls müsste der bereits gestellte Antrag nach den bisher geltenden Grundsätzen beschieden werden[86].

96 Enthält die Widmung zu der Frage der Nutzung von Räumlichkeiten keine ausdrückliche Aussage, so ist aus der bisherigen Zulassungspraxis zu folgern. Insbesondere kann durch die **bisherige Vergabepraxis** zum Ausdruck gebracht worden sein, dass nicht nur die Ortsverbände von politischen Parteien selbst zur Nutzung berechtigt sein sollten, sondern auch ein überörtlicher Einzugsbereich hingenommen wird. Auch wenn Art. 21 I GO nur einen Anspruch für Gemeindeangehörige abgibt, so kann sich ein Anspruch für einen Ortsverband, der die Halle zur Veranstaltung eines Landesparteitags anmieten will, aus der bisherigen Praxis und damit aus der konkludenten Widmung ergeben; hier ist neben der Widmung selbst auch § 5 ParteiG, Art. 21, 3 I GG Anspruchsgrundlage. Eine solche Sichtweise ist nach Ansicht des BayVGH[87] wohl aber gar nicht nötig, da es bei der Prüfung der Gemeindezugehörigkeit nur auf den Veranstalter ankommen soll; wenn dieser gemeindeangehörig ist, spielt es keine Rolle, ob es sich letztlich um einen Kreis-, Bezirks-, Landes- oder Bundesparteitag handelt.

97 Eine Zulassung kann jedenfalls dann abgelehnt werden, wenn es konkrete Anhaltspunkte dafür gibt, dass es zu **Rechtsverstößen** kommen wird, die den Organisatoren

---

[85] Vgl. BayVGH, BayVBl. 1988, 497ff.

[86] Vgl. BVerwG, BayVBl. 1969, 355ff. Vgl auch BayVGH, BayVBl. 2012, 428 f. m.w.N., insbesondere BVerfG vom 7.3.2007, Az. 2 BvR 447/07.

[87] Vgl. BayVGH, BayVBl. 1969, 102f., 249f.

zuzurechnen sind. Es ist einem Hoheitsträger nicht zumutbar, durch das Bereitstellen der öffentlichen Einrichtung Rechtsverstößen Vorschub zu leisten[88].

Gegendemonstrationen reichen grundsätzlich nicht aus, um die Nutzung zu un- 98
tersagen. Es ist Aufgabe der Sicherheitsbehörden, insbesondere der Polizei (Art. 2 PAG), durch entsprechende Maßnahmen die Räumlichkeiten und die in ihnen stattfindende Veranstaltung zu schützen. Auf das sicherheitsbehördliche Weisungsrecht gem. Art. 10 LStVG, Art. 9 II POG, das das Entschließungsermessen der Polizeibehörden entfallen lässt, sei hingewiesen. Etwas anderes würde selbstverständlich dann gelten, wenn zu befürchten wäre, dass mit polizeilichen Mitteln die öffentliche Sicherheit und Ordnung nicht aufrechterhalten werden könnte[89].

Muss die Gemeinde befürchten, dass die Nutzer der Räumlichkeiten **Schäden** an 99
der öffentlichen Einrichtung verursachen werden, so kann dies ein Grund sein, die Zulassung zu versagen. Allerdings wird dies nur dann gelten, wenn eine **Kaution**[90] durch die Nutzer nicht hinreichende Sicherheit gewähren kann, z.B. wenn die Räumlichkeiten an den der Veranstaltung folgenden Tagen ebenfalls vergeben sind und eine Ausbesserung der Schäden deswegen nicht rechtzeitig vorgenommen werden könnte.

Vollkommen unzulässig ist der Einwand der Gemeinde, bei der um die Zulassung 100
nachsuchenden Partei handle es sich um eine verfassungsfeindliche oder radikale Partei. Das in Art. 21 II GG enthaltene sog. **Parteienprivileg,** das zunächst nur ein Parteienverbotsmonopol zugunsten des Bundesverfassungsgerichts ausspricht[91], wird dahingehend ausgelegt, dass kein Träger öffentlicher Gewalt an die noch nicht durch das Bundesverfassungsgericht festgestellte, also nur „vorgebliche" Verfassungswidrigkeit irgendwelche Konsequenzen knüpfen darf. Bis zum Verbot durch das Bundesverfassungsgericht genießt jede Partei die in Art. 21, 3 GG, § 5 ParteiG festgeschriebene Chancengleichheit[92], d.h. selbst wenn sie in den Verfassungsschutzberichten des Bundes oder der Länder erscheint[93], ist eine Benachteiligung aus diesem Grunde unzulässig[94].

---

[88] Vgl. BayVGH, BayVBl. 1988, 497 ff.

[89] Vgl. BayVGH, BayVBl. 1988, 497 ff.

[90] Auch die Verpflichtung zum Abschluss einer Sachversicherung kommt in Betracht, vgl. BayVGH, BayVBl. 1988, 497 ff.

[91] Art. 21 GG ist lex specialis zu Art. 9 GG. Für das Verbot sonstiger Vereinigungen i. S. d. Art. 9 II GG, das konstitutiv wirken soll (vgl. Jarass/Pieroth, Art. 9 GG, Rn. 17), zuständig ist gem. § 3 II VereinsG der Bundesinnenminister oder i. V. m. Art. 1 AGVereinsG der bayerische Innenminister, wenn sich die Organisation der Vereinigung nur auf das Gebiet des bayerischen Landesgebiets beschränkt.

[92] Allerdings enthält § 5 I 2-4 ParteiG das Prinzip der abgestuften Chancengleichheit.

[93] Vgl. BayVGH, BayVBl. 1988, 497 ff.

[94] Vgl. nur März, BayVBl. 1992, 99 m. w. N.

§ 3 Handlungsformen kommunaler Gebietskörperschaften

I. Überblick

1 In der nachfolgenden Übersicht ist versucht worden, die zentralen Handlungsformen der kommunalen Gebietskörperschaften zu systematisieren. Dabei ist zunächst der bereits behandelte grundsätzliche Unterschied zwischen öffentlich-rechtlichem und privatrechtlichem Handeln der Kommunen maßgeblich. Auf Grund der Rechts- und Geschäftsfähigkeit der Kommunen sind sie wie jede natürliche Person befähigt, **privatrechtlich** zu handeln. In diesem Zusammenhang steht ihnen insbesondere die Möglichkeit offen, zweiseitig-vertraglich zu handeln, also insbesondere alle Arten von **zivilrechtlichen Verträgen** abzuschließen. Selbstverständlich können die Kommunen auch einseitig zivilrechtlich handeln, so z. B. bei der Geltendmachung von deliktischen Ansprüchen gem. §§ 823ff. BGB oder der Ausübung von Gestaltungsrechten im Rahmen von vorher eingegangenen vertraglichen Beziehungen.

1a Die die Gebietskörperschaften als Hoheitsträger charakterisierenden Handlungsformen sind im **öffentlichen Recht** angesiedelt. Dem Charakter des öffentlichen Rechts als i. d. R. hoheitlich anordnendem Recht entsprechend hat die **einseitig anordnende Rechtsgestaltung** in der Praxis den Vorrang vor der **zweiseitig-vertraglichen Rechtsgestaltung.** Ferner muss unterschieden werden, ob mit oder ohne **Außenwirkung** gehandelt wird. Bei der zweiseitig-vertraglichen Handlungsform im Bereich des öffentlichen Rechts liegt der Fall des **öffentlich-rechtlichen Vertrags** gem. Art. 54ff. BayVwVfG vor. Will die Kommune hingegen einseitig anordnend und öffentlich-rechtlich mit Außenwirkung handeln, so ist regelmäßig bezüglich des zu regelnden Sachverhalts einerseits und andererseits des Regelungsadressaten mittels der zwei Begriffspaare konkret-abstrakt (bezogen auf den Sachverhalt) und individuell-generell (bezogen auf den Adressatenkreis) zu unterscheiden. Wird ein konkreter Sachverhalt gegenüber einem Adressaten individuell geregelt, so liegt ein **Verwaltungsakt** gem. Art. 35 (1) BayVwVfG vor. Werden eine Vielzahl von Sachverhalten abstrakt gegenüber einem unbestimmten Adressatenkreis, also generell geregelt, so liegt eine **Rechtsnorm** vor, also z. B. ein formelles Parlamentsgesetz auf Bundes- oder Landesebene, zu deren Erlass die Kommunen selbstverständlich nicht befugt sind, die aber ihrerseits das kommunale Selbstverwaltungsrecht ausgestalten. Für die der Exekutive zuzurechnenden kommunalen Gebietskörperschaften verbleiben vor allem die zur Regelung von Selbstverwaltungsangelegenheiten vorgesehenen **Satzungen** sowie die – insbesondere sicherheitsrechtlichen – **Verordnungen.** Wird ein konkreter Sachverhalt gegenüber einer unbestimmten Anzahl von Adressaten geregelt, so kann eine Allgemeinverfügung i. S. v. Art. 35 (2) BayVwVfG vorliegen. Fraglich ist, ob es den Fall, dass mehrere Sachverhalte gegenüber einer Person geregelt werden, überhaupt gibt oder ob es sich um einen Spezialfall des Verwaltungsakts i. S. v. Art. 35 (1) BayVwVfG handelt.

1b Sofern die Kommune nicht mit Außenwirkung handelt, sondern in ihrem Binnenbereich verbleibt, kann ähnlich wie beim Handeln mit Außenwirkung unterschieden werden: Die konkret-individuelle Regelung stellt in der Regel eine Weisung (z. B. des Bürgermeisters gegenüber seinem Referenten) dar. Wird eine Vielzahl von Sachverhalten gegenüber einem unbestimmten Adressatenkreis geregelt, soll beispielsweise grundsätzlich geregelt werden, wie die Verwaltung bei der Erteilung von Befreiungen gem. § 31 II BauGB das gesetzlich eingeräumte Ermessen zu betätigen hat, dann liegen

Verwaltungsvorschriften vor, die unmittelbar nur die Verwaltung selbst binden, faktisch – reflexartig – freilich Auswirkungen auf die betroffenen Bürger durch den Vollzug der der Verwaltungsvorschrift zu Grunde liegenden Rechtsvorschrift haben. Auch z. B. die Richtlinien gem. Art. 37 I 2 GO oder aber die Geschäftsordnung i. S. v. Art. 45 I GO stellen abstrakt-generelle Regelungen ohne Außenwirkung dar, sofern diese nicht – was grundsätzlich möglich ist – in die Rechtsform einer Satzung gegossen werden. Auch hier könnte zwischen konkret-generellen bzw. abstrakt-individuellen Regelungen unterschieden werden. Diese Differenzierungen spielen jedoch für die praktische Fallbearbeitung keine Rolle.

1c Übersicht 25: Handlungsformen kommunaler Gebietskörperschaften

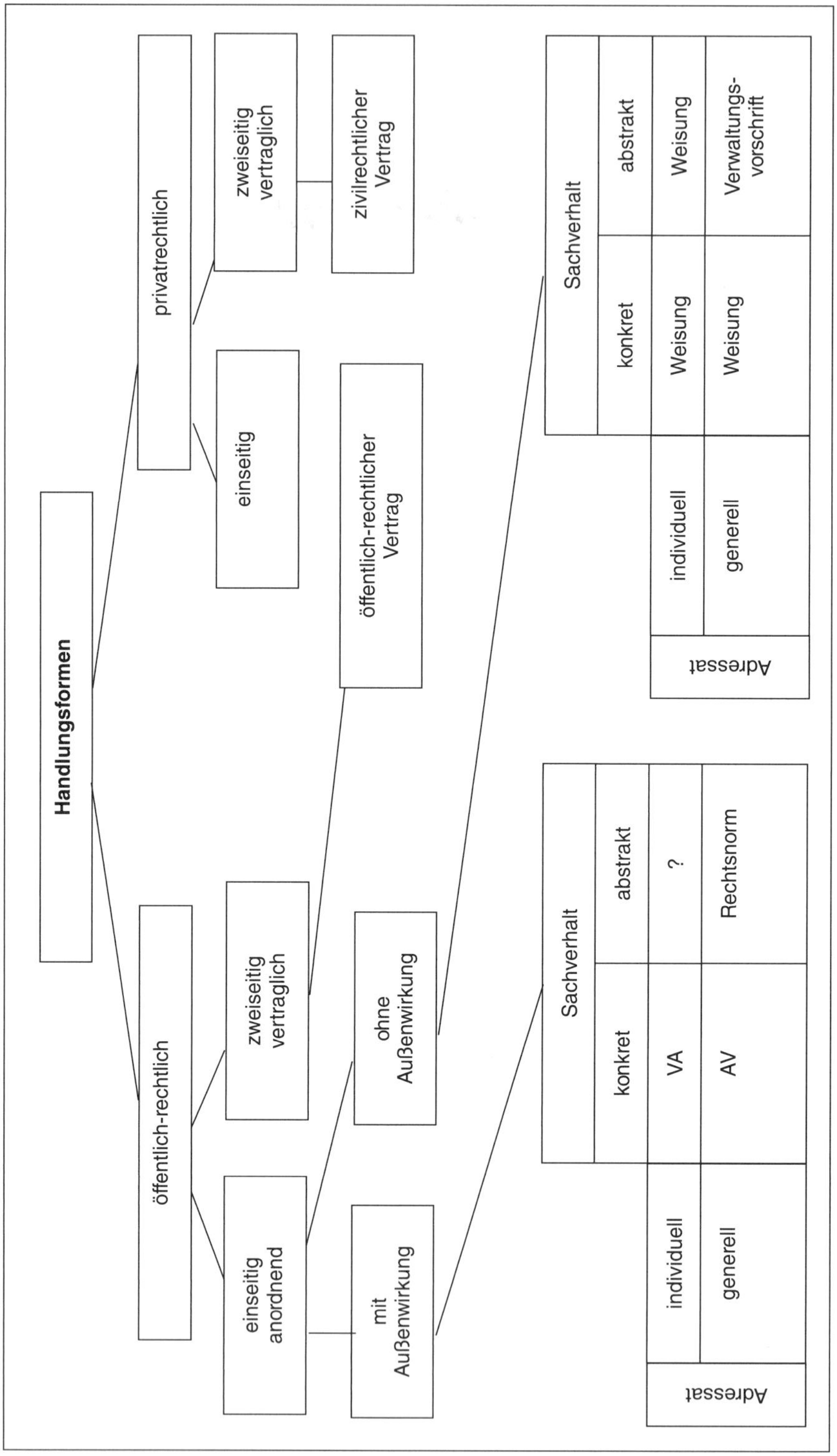

II. Satzung und Verordnung als durch die Exekutive erlassene Normen

1. Unterschied

Die kommunalen Gebietskörperschaften können im Rahmen ihrer Aufgaben Rechtsnormen, also abstrakt-generelle Regelungen mit unmittelbarer Außenwirkung[1] erlassen. Auch insoweit sind sie nicht etwa Legislative im Sinne der Gewaltenteilungslehre Montesquieus, sondern sie bleiben selbst im Rahmen des Normerlasses Exekutive[2] und üben materiell Verwaltungstätigkeit[3] aus. Die von ihnen erlassenen Rechtsnormen sind mithin nicht formelle, sondern nur materielle Gesetze[4]. Bei der Rechtsetzung durch die Kommunen muss die Handlungsform der Satzung von der der Rechtsverordnung unterschieden werden. **Satzungen** sind Rechtsnormen, die juristische Personen des öffentlichen Rechts zur Regelung ihrer Selbstverwaltungsangelegenheiten, also ihrer eigenen Angelegenheiten im Rahmen der ihnen vom Staat verliehenen Autonomie erlassen[5]. Neben den kommunalen Gebietskörperschaften können auch sonstige juristische Personen, denen die staatliche Rechtsordnung das Selbstverwaltungsrecht verliehen hat, Satzungen zur Regelung eigener Angelegenheiten erlassen. 1d

Beispiel: Rundfunkanstalten des öffentlichen Rechts, berufsständische Kammern wie Rechtsanwalts- und Ärztekammern, Universitäten, Industrie- und Handelskammern, Sozialversicherungsträger. 2

Obwohl das Bundesverfassungsgericht[6] die Frage, inwieweit die kommunale Satzungshoheit zum Kernbereich des Selbstverwaltungsrechts gehört, bislang offen gelassen hat, wird man davon auszugehen haben, dass die Satzungshoheit insoweit zum Kernbereich gehört, als es den kommunalen Gebietskörperschaften grundsätzlich möglich sein muss, zur Regelung ihrer Selbstverwaltungsangelegenheiten Satzungen zu erlassen[7]. Die Bedeutung des kommunalen, insbesondere des gemeindlichen Satzungsrechts ist unübersehbar, da nur ein örtlicher Normgeber die lokalen Besonderheiten der jeweiligen Gemeinde würdigen und berücksichtigen kann; hierzu wäre der staatliche Gesetzgeber nicht in der Lage. Die Bandbreite der von den Kommunen durch Satzung zu regelnden Sachverhalte ist denkbar groß. 3

---

[1] Hiervon zu unterscheiden sind die abstrakt-generellen Regelungen ohne unmittelbare Außenwirkung, die Verwaltungsvorschriften. Auch solche werden von den Gebietskörperschaften häufig erlassen.

[2] Daran ändert auch z.B. der missverständliche Begriff vom Gemeinderat als „Gemeindeparlament" nichts.

[3] Vgl. nur Gern/Brüning, Rn. 828 m.w.N.

[4] Formelle und materielle Gesetze werden nach dem Normgeber unterschieden. Die formellen Gesetze werden von der Legislative, den staatlichen Parlamenten, erlassen, Rechtsverordnungen und Satzungen von der Exekutive. Prüfungsgegenstand einer konkreten Normenkontrolle gem. Art. 100 I GG können nur formelle Gesetze sein, Prüfungsgegenstand einer konkreten Normenkontrolle gem. Art. 92 BV hingegen „Rechtsvorschriften des bayerischen Landesrechts", womit auch materielle Gesetze umfasst sind, vgl. Art 50 I VfGHG.

[5] Zu den Schwierigkeiten der Begriffsbildung und den verschiedenen Typen von Satzungen, vgl. Maurer, DÖV 1993, 184ff.

[6] BVerfG, NVwZ 1982, 306ff.

[7] Vgl. Gern/Brüning, Rn. 825.

4 **Beispiele:** Die Gemeinden erlassen Erschließungsbeitragssatzungen für die erstmalige Herstellung von Erschließungsanlagen[8] und die Herstellung sonstiger gemeindlicher Einrichtungen[9], Gebührensatzungen[10] und Benutzungssatzungen[11] für die Benutzung gemeindlicher Einrichtungen, Bebauungspläne[12], Veränderungssperren[13], Satzungen zur Begründung gemeindlicher Vorkaufsrechte[14], Sondernutzungs(gebühren)satzungen[15], Haushaltssatzungen[16], Satzungen zur Regelung des gemeindlichen Verfassungsrechts[17] etc.

5 **Verordnungen** zeichnen sich dadurch aus, dass der Verordnungsgeber aufgrund einer speziellen, staatlichen Verordnungsermächtigung letztlich kompetentiell staatliche Bereiche ordnet[18]. Gem. Art. 42 I 2 LStVG ist jedweder Verordnungserlass durch die kommunalen Gebietskörperschaften – unabhängig von der ermächtigenden Rechtsgrundlage – Handeln im übertragenen Wirkungskreis, soweit nicht durch Gesetz etwas anderes bestimmt ist[19]. Allerdings erscheint es in denjenigen Fällen, in denen Gemein-

---

[8] Vgl. Art. 2 I, 5a KAG.

[9] Vgl. Art. 2 I, 5 KAG.

[10] Vgl. Art. 2 I, 8 KAG.

[11] Vgl. Art. 24 I Nr. 1 GO.

[12] Vgl. § 10 I BauGB; obschon der Bebauungsplan (gem. § 1 II BauGB der verbindliche Bauleitplan) die Rechtsform der Satzung hat, ist doch nicht zu übersehen, dass es sich hierbei um einen planerischen Akt eher konkret-individueller Natur handelt, da der Bebauungsplan in aller Regel ein räumlich eng umgrenztes Gebiet erfasst und nicht auf ständig sich wiederholende Anwendung, sondern auf verwirklichenden Vollzug angelegt ist (vgl. Maurer, DÖV 1993, 184/186). Im Gegensatz zum Bebauungsplan erfasst der Flächennutzungsplan (vorbereitender Bauleitplan) das gesamte Gemeindegebiet; der Gesetzgeber hat ihn keiner bekannten Rechtsform zugeordnet, so dass er als planerischer Akt sui generis angesehen wird.

[13] Vgl. § 16 BauGB.

[14] Vgl. § 25 BauGB.

[15] Vgl. Art. 18 IIa, 22a BayStrWG.

[16] Vgl. Art. 63 GO; der Haushaltssatzung fehlt mit Ausnahme der festzulegenden Steuersätze (vgl. Art. 63 II 1 Nr. 4 GO) die Außenwirkung (vgl. Art. 64 III 3 GO). Die Haushaltssatzung ist eine obligatorische Satzung, Art. 63 I 1 GO, die für ein Haushaltsjahr (= Kalenderjahr, Art. 63 IV GO), u. U. bei getrennten Festsetzungen für zwei Haushaltsjahre erlassen wird. Sie tritt gem. Art. 63 III GO immer am 1. Januar des betreffenden Haushaltsjahres in Kraft, u. U. also mit Rückwirkung.

[17] Eine Satzung zur Regelung von Fragen des örtlichen Gemeindeverfassungsrechts kann zum Beispiel deklaratorische Maßgaben über die Zusammensetzung des Gemeinderats enthalten, Bestimmungen über Art, Aufgabenbereich und Zusammensetzung beschließender wie vorberatender Ausschüsse, weiter Regelungen über Tätigkeit und Entschädigung der ehrenamtlichen Gemeinderatsmitglieder, die Rechtsstellung des ersten Bürgermeisters sowie der weiteren Bürgermeister und Regelungen über berufsmäßige Gemeinderatsmitglieder. Eine Satzung zur Regelung von Fragen des örtlichen Gemeindeverfassungsrechts muss es als solche nach bayerischem Kommunalrecht nicht zwingend geben. Es ist aber zu beachten, dass die Gemeindeordnung z. B. die Satzungsform für die Bestimmung der Entschädigung ehrenamtlich tätiger Personen (Art. 20a I 2 GO) oder einen von der gesetzlichen Regelvermutung abweichenden Rechtsstatus des ersten Bürgermeisters (Art. 34 II 2, IV GO) oder der weiteren Bürgermeister (Art. 35 I 2 GO) vorsieht. Andererseits wird z. B. durch Art. 33 I 1 GO die kommunalverfassungsrechtliche Frage der Regelung der Zusammensetzung der Ausschüsse zwingend in die Geschäftsordnung verwiesen. Selbstverständlich können letztere Regelungen noch einmal in die Satzung zur Regelung des gemeindlichen Verfassungsrechts aufgenommen werden, weshalb es zu Doppelungen kommen kann. Muster des Bayerischen Gemeindetags einer Satzung zur Regelung von Fragen des örtlichen Gemeindeverfassungsrechts bei Widtmann/Grasser, Art. 45 GO, Anlage 3.

[18] Schmidt-Jortzig, Rn. 615.

[19] Art. 42 I 2 LStVG trifft diese Aussage also nicht nur für sicherheitsrechtliche Verordnungen, die ihre Rechtsgrundlage im LStVG haben, sondern für den Verordnungserlass durch die Kommunen allgemein.

den rein örtlichen Gefahren durch Verordnungserlass zu entgegnen versuchen, fraglich, ob diese wirklich kompetentiell staatliche Aufgaben erfüllen[20].

Beispiele: Sicherheitsrechtliche Verordnungen auf der Grundlage des LStVG, Verordnungen 6
zur Verlängerung, Verkürzung, Aufhebung der Sperrzeiten von Gaststätten[21], Baumschutzverordnungen[22], straßenrechtliche Verordnungen zur Reinhaltung öffentlicher Straßen[23].

Faustformel: Satzungserlass ist (autonome) Rechtsnormgebung im eigenen, Ver- 7
ordnungserlass (heteronome) Rechtsnormgebung im übertragenen Wirkungskreis.

Übersicht 26: Gemeindliche Außenrechtsnormen (Beispiele) 7a

Gemeindliche Außenrechtsnormen **Beispiele**	
im eigenen Wirkungskreis: **Satzungen**	**im übertragenen Wirkungskreis:** **Verordnungen**
1. Gemeindeverfassung/Organisation: a) Satzung zur Rglg. des Gemeindeverfassungsrechts, Art. 23 GO b) Informationsfreiheitssatzung, Art. 23 GO c) Bürgerentscheidssatzung Art. 18 a XVII GO d) Hand- und Spanndienste, Art. 24 I Nr. 4 GO **2. Einrichtungen** a) Wasserabgabesatzung, Art. 24 I Nr. 1, 2 GO b) Entwässerungssatzung (EWS), Art. 24 I Nr. 1, 2 GO c) Friedhofssatzung (FS), Art. 24 I Nr. 1, Nr. 2 GO d) Wochenmarktsatzung/Marktsatzung, Art. 24 I Nr. 1 GO e) Kindertageseinrichtungssatzung (KitaS), Art. 24 I Nr. 1 GO f) Bädersatzung, Art. 24 I Nr. 1 GO g) Feuerwehrsatzung (Satzung für Freiwillige Feuerwehr), Art. 24 I Nr. 1 GO h) Straßenreinigungssatzung (SRS), Art. 24 I Nr. 1, 2 GO	**1. Allgemeines Sicherheitsrecht** a) Verordnung zur Bekämpfung verwilderter Tauben, Art. 16 I LStVG b) Hundehaltungsverordnung, Art. 18 I LStVG c) Vergnügungsverordnung, Art. 19 VI 1 LStVG d) Ski- und Rodelverordnung, Art. 24 I LStVG e) Campingverordnung, Art. 25 I LStVG f) Betretungsverbotsverordnung, Art. 26 I 1 LStVG g) Badeverbotsverordnung, Art. 27 I LStVG h) Plakatierungsverordnung, Art. 28 I 1 LStVG i) Verordnung über fliegende Verkaufsanlagen, Art. 29 I 1 LStVG j) Verordnung zum Verbot des Verzehrs alkoholischer Getränke auf öffentlichen Flächen, Art. 30 I LStVG **2. Naturschutzrecht** Baumschutzverordnung, Art. 51 I Nr. 5 a BayNatSchG

[20] Damit ist dieses Beispiel ambivalenter, als es auf den ersten Blick erscheint: Im Regelfall wird durch den Verordnungserlass jedenfalls der Gemeinden örtlichen Gefährdungen entgegengewirkt. Gem. Art. 83 I BV ist die „örtliche Polizei" im Sinn örtlicher Gefahrenabwehr eine Angelegenheit des eigenen Wirkungskreises. Damit müsste auch der Verordnungserlass durch die Gemeinden zur Bekämpfung örtlicher Gefahrenherde eine Angelegenheit des eigenen Wirkungskreises darstellen. Allerdings hat Wolff (in: Gallwas/Lindner/Wolff, Rn. 871 ff.) Recht, wenn er festgestellt, dass es dem Gesetzgeber wegen des Gesetzesvorbehalts in Art. 11 II BV unbenommen sein müsse, die Rechtsnormsetzung auch zur Abwendung örtlicher Gefahren dem übertragenen Wirkungskreis zuzuordnen. Es zeigt sich, dass die Unterscheidung von Satzung und Verordnung gerade im gemeindlichen Bereich Probleme bereitet. Eine Unterscheidung nach dem Rechtsetzenden ist nicht möglich, eine Unterscheidung nach dem zu regelnden Inhalt ist im Bereich der Gefahrenabwehr nicht immer zweifelsfrei, darüber hinaus kennt Art. 23 (2) GO – theoretisch – auch Satzungen zur Regelung übertragener Angelegenheiten. Von daher ist die gesetzliche, einzelfallunabhängige Zuweisung des Verordnungserlasses zum übertragenen Wirkungskreis gem. Art. 42 I 2 LStVG unerlässlich.

[21] Vgl. § 8 I BayGastV.

[22] Vgl. Art. 51 I Nr. 5 lit. a) BayNatSchG.

[23] Vgl. Art. 51 IV BayStrWG.

im eigenen Wirkungskreis: Satzungen	**im übertragenen Wirkungskreis: Verordnungen**
3. Baurecht Bauplanungsrecht a) Bebauungsplan, § 10 I BauGB b) Veränderungssperre, § 16 I BauGB c) Innenbereichssatzung (Klarstellungs-, Entwicklungs-, Abrundungssatzung), § 34 IV BauGB d) Außenbereichssatzung, § 35 VI BauGB e) Fremdenverkehrssatzung, § 22 I BauGB f) Besonderes Vorkaufsrecht, § 25 I BauGB g) Satzung zur Erhebung von Kostenerstattungsbeiträgen, §§ 135a–c BauGB i) Sanierungssatzung, § 142 III BauGB h) Entwicklungssatzung, § 165 VI BauGB j) Erhaltungssatzung, § 172 I BauGB örtliche Bauvorschriften, Art. 81 BayBO a) Ortsgestaltungssatzung (OGS), Art. 81 I Nr. 1 BayBO b) Werbeanlagensatzung (WaS), Art. 81 Nr. 1, 2 BayBO c) Kinderspielplatzsatzung (KSpS), Art. 81 I Nr. 3 BayBO d) Stellplatzsatzung, Art. 81 I Nr. 4 BayBO e) Fahrradabstellplatzsatzung, Art. 81 I Nr. 4 BayBO f) Einfriedungssatzung, Art. 81 I Nr. 5 BayBO g) Abstandsflächensatzung, Art. 81 I Nr. 6 BayBO h) Baumschutzsatzung, Art. 81 I Nr. 7 BayBO **4. Finanzen und Abgaben** a) Haushaltssatzung, Art. 63 GO b) Hebesatzsatzung für die Grund- und Gewerbesteuer, § 25 GrStG, § 16 GwStG i. V. m. Art. 22 II GO, Art. 18 KAG c) Hundesteuersatzung (HStS), Art. 2, 3 KAG d) Zweitwohnungssteuersatzung (ZwStS), Art. 2, 3 KAG e) Beitrags- und Gebührensatzung zur Wasserabgabesatzung (BGS/WAS), Art. 2, 5, 8, 9 KAG f) Beitrags- und Gebührensatzung zur Entwässerungssatzung (BGS/EWS), Art. 2, 5, 8, 9 KAG g) Erschließungsbeitragssatzung (EBS), Art. 2, 5a KAG h) Fremdenverkehrsbeitragssatzung (FBS), Art. 2, 6 KAG i) Kurbeitragssatzung (KBS), Art. 2, 7 KAG j) Kindertageseinrichtungsgebührensatzung, Art. 2, 8 KAG k) Bädergebührensatzung, Art. 2, 8 KAG l) Friedhofsgebührensatzung (FGS), Art. 2, 8 KAG m) Satzung über die Erhebung von Verwaltungskosten, Art. 20 KG **5. Wirtschaftliche Betätigung** a) Eigenbetriebssatzung (EigBS), Art. 88 V GO b) Kommunalunternehmenssatzung (KUS), Art. 89 III GO **6. Straßen-/Wegerecht** a) Sondernutzungssatzung, Art. 22a BayStrWG b) Hausnummerierungssatzung, Art. 52 II BayStrWG c) Satzung für die öffentlichen Feld- und Waldwege, Art. 54 I 3 BayStrWG	**3. Gewerberecht:** a) Sperrzeitänderungen, § 8 I GastV b) Freigabe verkaufsoffener Sonn- und Feiertage aus Anlass von Märkten, § 14 (1) LadSchLG i. V. m. § 11 DelV c) Zulassung des Betriebs von Autowaschanlagen an Sonn- und Feiertagen, Art. 2 III Nr. 5 FTG **4. Immissionsschutz** a) Verbot der Errichtung und des Betriebs störender Anlagen, Art. 10 BayImSchG b) Hauslärmverordnung, Art. 14 BayImSchG **5. Straßen-/Wegerecht:** Straßen-Reinigungs- und Sicherungsverordnung (RSV), Art. 51 IV, V BayStrWG

2. Anforderungen an den Satzungserlass

Vergleichbar der Überprüfung der Rechtmäßigkeit eines Verwaltungsakts, wird auch bei der Untersuchung einer Satzung zunächst die Rechtsgrundlage ermittelt, dann eine formelle und eine materielle Rechtmäßigkeitsprüfung vorgenommen und schließlich die Frage nach etwaigen Fehlerfolgen gestellt. Dabei werden in der Prüfungsstation „formelle Rechtmäßigkeit“ regelmäßig die Anforderungen geprüft, die das Zustandekommen der Satzung kennzeichnen, in der Prüfungsstation „materielle Rechtmäßigkeit“ wird der Inhalt der Satzung selbst unter die Lupe genommen[24]. **8**

a) Rechtsgrundlage

Zunächst verschafft man sich Klarheit über die der Satzung zugrundeliegende Rechtsgrundlage; in der Regel wird man es dabei bewenden lassen können, diese zu benennen. Sofern konkrete Anhaltspunkte vorliegen, kann die gesetzliche Rechtsgrundlage ihrerseits auf ihre Verfassungsmäßigkeit und Übereinstimmung mit EU-Recht untersucht und an höherrangigem Recht gemessen werden. Ob man dies bereits hier oder erst bei der Prüfungsstation „materielle Rechtmäßigkeit“ tut, ist Geschmacksfrage. Zu den Einzelheiten vgl. unten. **8a**

b) Formelle Rechtmäßigkeit der Satzung

In der **Zuständigkeitsprüfung** ist die Verbands- von der Organkompetenz zu trennen. Die **Verbandskompetenz** klärt, welche Körperschaft für den Erlass der Satzung zuständig ist; die **Organkompetenz** fragt, welches Organ oder welche andere Stelle innerhalb der juristischen Person des öffentlichen Rechts hierfür zuständig ist. Die Verbandskompetenz lässt sich meist der Ermächtigungsgrundlage entnehmen. **9**

Beispiele: § 2 I i. V. m. § 1 II BauGB klärt, dass Bebauungspläne von der Gemeinde in eigener Verantwortung zu erlassen sind. § 14 I i. V. m. § 16 BauGB sagt dies für die Veränderungssperre, § 34 IV BauGB für Klarstellungs-, Entwicklungs- und Ergänzungssatzungen. Abgabesatzungen i. S. d. KAG können gem. Art. 2 I i. V. m. Art. 1 KAG grundsätzlich von den Gemeinden, Landkreisen und Bezirken erlassen werden, die konkrete Verbandskompetenz ergibt sich aus der jeweiligen Abgabenermächtigung. So können örtliche Verbrauch- und Aufwandsteuern gem. Art. 3 KAG zuvörderst die Gemeinden erheben, die Landkreise nur subsidiär, vgl. Art. 3 II KAG. Beiträge gem. Art. 5 KAG werden neben den Gemeinden auch von den Landkreisen erhoben, Erschließungsbeiträge nur von den Gemeinden, vgl. Art. 5a I KAG. Benutzungsgebühren können gem. Art. 8 I 1 KAG von Gemeinden, Landkreisen und Bezirken erhoben werden. **10**

Die Organkompetenz beim Erlass von gemeindlichen Satzungen ergibt sich aus den Art. 29 ff. GO[25]. Regelmäßig wird gem. Art. 29 GO der Gemeinderat zuständig sein. Beschließende Ausschüsse dürfen anstelle des Gemeinderats ausschließlich Satzungen nach den Vorschriften des Ersten Kapitels des BauGB sowie örtliche Bauvorschriften i. S. v. Art. 81 BayBO erlassen, Art. 32 II 2 Nr. 2 GO. Der erste Bürgermeister kann nach umstrittener Ansicht keine Satzungen in eigener Zuständigkeit erlassen. Das folgt für den Regelfall aus Art. 37 II 1 GO. Auch eine Eilzuständigkeit des Bürgermeisters über Art. 37 III GO lässt sich nicht befürworten. Der Wortlaut des Art. 37 III GO **11**

---

[24] Vgl. hierzu auch Lindner, Öffentliches Recht, Rn. 856 ff.

[25] Im Folgenden werden regelmäßig nur die einschlägigen Vorschriften der Gemeindeordnung zitiert; die entsprechenden Regelungen der Landkreisordnung und der Bezirksordnung können unschwer aufgefunden werden.

„dringende Anordnung" bzw. „unaufschiebbare Geschäfte" deutet auf Einzelmaßnahmen hin[26].

12 Das **Verfahren** der Beschlussfassung richtet sich nach den Art. 45ff. GO (vgl. für die beschließenden Ausschüsse Art. 45 II 2 GO). In der Praxis wie in der Klausur bereiten die Komplexe Beschlussfähigkeit (Art. 47 II GO, insbesondere i. V. m. Art. 45 II, 46 II GO oder auch 49 GO), Beschlussfassung (Art. 51 GO) oder Öffentlichkeit (Art. 52 GO) oft erhebliche Probleme[27]. Sonstige Anforderungen an das Verfahren des Satzungserlasses können sich aus speziellen Gesetzen ergeben.

13 **Beispiele:** Für das Verfahren beim Bebauungsplanerlass sind insbesondere die §§ 2–4c, 8, 10 BauGB zu beachten[28], § 13 BauGB sieht ein vereinfachtes Verfahren bei Änderung oder Ergänzung eines Bebauungsplanes vor, § 13a BauGB ein beschleunigtes Verfahren für Bebauungspläne der Innenentwicklung. Gemäß der fragwürdigen, bislang bis 31.12.2019 befristeten Regelung des §13b BauGB können auch Außenbereichsflächen in den Geltungsbereich des § 13a BauGB einbezogen werden. Die Satzungen nach § 34 IV BauGB[29] folgen ebenfalls einem vereinfachtem Verfahren, § 34 VI BauGB.

14 Die gemeinderechtliche **Vorlage**obliegenheit, die Art. 25 GO a. F. im Rahmen einer Sollvorschrift nur für die kreisangehörigen Gemeinden konstituierte, wurde durch den Gesetzgeber aufgehoben. Allerdings sehen manche Spezialvorschriften eine **Genehmigung**sbedürftigkeit[30] vor. Ein bestehendes Genehmigungserfordernis erstreckt sich auch auf die Änderung einer genehmigungspflichtigen Satzung, außer wenn die ursprünglich genehmigungspflichtige Satzung gerade durch die Änderung zur genehmigungsfreien wird. Die Aufhebung einer genehmigungspflichtigen Satzung ist genehmigungsfrei. Ist eine Satzung genehmigungsbedürftig, so führt das Fehlen der Genehmigung zur Unwirksamkeit der Satzung. Die Behördenzuständigkeit zur Entscheidung über die Erteilung der nötigen Genehmigung ergibt sich aus den besonderen Vorschriften; die nach der Gemeindeordnung erforderlichen Genehmigungen erteilt grundsätzlich die Rechtsaufsichtsbehörde, Art. 117 GO.

---

[26] Strittig, wie hier Knemeyer, Rn. 244, vgl. auch Becker/Heckmann/Kempen/Manssen, Teil 2, Rn. 152f.; a. A. Bauer/Böhle/Ecker, Art. 37 GO, Rn. 13; BayVGH, BayVBl. 2007, 239ff. für den Erlass einer Veränderungssperre gem. §§ 14, 16 BauGB unter Berufung auf eine nicht existierende allgemeine Ansicht. Insbesondere kommt anstatt einer Veränderungssperre regelmäßig auch eine Zurückstellung gem. § 15 BauGB in Betracht. Bereits hier sei darauf hingewiesen, dass für das Verordnungsrecht Art. 42 II LStVG eine Eilkompetenz des ersten Bürgermeisters (bzw. des Landrats oder Bezirkstagspräsidenten) festschreibt, sog. Notverordnungsrecht.

[27] Dieser Fragenkreis ist ausführlich in § 5 dieser Darstellung behandelt.

[28] §§ 2–4c BauGB gelten auch für den Erlass von Flächennutzungsplänen.

[29] Die sog. Klarstellungssatzung gem. § 34 IV 1 Nr. 1 BauGB grenzt rein deklaratorisch die im Zusammenhang bebauten Ortsteile vom Außenbereich gem. § 35 BauGB ab. Die sog. Entwicklungssatzung gem. § 34 IV 1 Nr. 2 BauGB ermöglicht es, bebaute Bereiche im Außenbereich, also bereits vorhandene Splitter- und Streusiedlungen (vgl. § 35 III 1 Nr. 7 BauGB), als Ortsteil i. S. d. § 34 I BauGB festzusetzen. Die Ergänzungssatzung gem. § 34 IV 1 Nr. 3 BauGB ermöglicht die Einbeziehung einzelner Außenbereichsflächen in die im Zusammenhang bebauten Ortsteile.

[30] Aufsichtliche Genehmigungen stellen i. d. R. Akte der präventiven Aufsicht dar; beschließt die Gemeinde eine Satzung im eigenen Wirkungskreis, so steht der Aufsichtsbehörde bei der Erteilung der Genehmigung kein Ermessen zu. Ist die zu genehmigende Satzung rechtmäßig, so hat die Gemeinde einen nötigenfalls mit der Verpflichtungsklage einzuklagenden Anspruch auf die Erteilung der Genehmigung, die einen Verwaltungsakt darstellt. Seltener sind die Fälle, in denen die die Genehmigungspflicht konstituierende Vorschrift eine echte Mitwirkungsbefugnis des Staats festschreiben will, vgl. § 8, Rn. 48.

Beispiele: Satzungen zur Erhebung örtlicher Verbrauch- und Aufwandsteuern können im Ausnahmefall gem. Art. 2 III i. V. m. Art. 3 KAG der Genehmigung durch die Rechtsaufsichtsbehörde bedürfen, wobei die Genehmigung ihrerseits der Zustimmung des Innenministeriums bedarf. Gem. § 10 II BauGB bedürfen Bebauungspläne i. S. v. § 8 II 2, III 2 und IV BauGB der Genehmigung der höheren Verwaltungsbehörde. 15

Vor der Bekanntmachung der Satzung folgt der Ausfertigungsakt durch den Bürgermeister, Art. 26 II GO. **Ausfertigung** bedeutet die handschriftliche Unterzeichnung der Originalurkunde der Satzung unter Angabe des Datums[31]. Hierdurch wird bezeugt, dass der Inhalt der Satzungsurkunde mit dem gemeindlichen Willensbildungsakt übereinstimmt (Authentizitätsfunktion) und alle für die Rechtswirksamkeit maßgeblichen Verfahrensvorschriften beachtet sind (Legalitätsfunktion)[32]. Hat der erste Bürgermeister ernsthafte Bedenken bezüglich der Rechtmäßigkeit der bekanntzugebenden Satzung, so setzt er den Vollzug dadurch aus, dass er die Ausfertigung verweigert und den gemeindlichen Satzungsbeschluss beanstandet, Art. 59 II GO. 16

Die **Bekanntmachung** sorgt für die bei allen förmlichen Rechtsakten nötige Publizität. Die Bekanntmachung bestimmt sich gem. Art. 26 II GO i. V. m. der Bekanntmachungsverordnung[33], sofern nicht spezialgesetzliche Regelungen (wie z. B. § 10 III BauGB) vorgehen. Gem. Art. 26 II GO gilt: Hat die Gemeinde ein eigenes Amtsblatt, so muss die Bekanntmachung des Satzungstextes zwingend in diesem Amtsblatt erfolgen. Hat sie kein eigenes Amtsblatt, wohl aber die Verwaltungsgemeinschaft, deren Mitglied sie ist, so muss die Bekanntmachung im Amtsblatt der Verwaltungsgemeinschaft erfolgen, weil das Amtsblatt der Verwaltungsgemeinschaft, sofern sie ein solches unterhält (Art. 10 I 1 VGemO), als Amtsblatt der Gemeinde gilt. Nur in den anderen Fällen hat die Gemeinde die in Art. 26 II 2 GO genannten Wahlmöglichkeiten zwischen der Bekanntmachung des Satzungstextes in Druckwerken (Amtsblatt des Landkreises oder Landratsamtes, wenn nicht vorhanden ein anderes regelmäßig erscheinendes Druckwerk) oder der Bekanntmachung durch Niederlegung und Anschlag an der Gemeindetafel oder Niederlegung und Mitteilung in einer Tageszeitung; die Niederlegung ist gewissermaßen eine Form der Ersatzbekanntmachung, bei der nicht der gesamte Satzungstext an der Gemeindetafel oder in der Tageszeitung veröffentlicht wird, sondern nur der Verweis auf die niedergelegte Satzung[34]. Die Art der amtlichen Bekanntmachung sollte in der Geschäftsordnung geregelt werden, vgl. § 1 I 1 BekV; ggf. genügt ein einfacher Beschluss des Gemeinderats. Das Internet stellt keine zulässige Bekanntmachungsart dar. Hierbei handelt es sich freilich um eine gebotene, zusätzliche Informationsmöglichkeit, die der Gemeinderat in der Geschäftsordnung vorsehen sollte. Zum Bebauungsplanungsverfahren vgl. beispielsweise § 10a BauGB. 17

---

[31] Vgl. zur Ausfertigung von Bundesgesetzen durch den Bundespräsidenten Art. 82 GG, zur Ausfertigung von bayerischen Landesgesetzen durch den Ministerpräsidenten Art. 76 BV.

[32] Vgl. Bauer/Böhle/Ecker, Art. 26 GO, Rn. 8.

[33] BekV, abgedruckt auch in: Ziegler/Tremel, Verwaltungsgesetze des Freistaates Bayern, Nr. 282.

[34] Vgl. Bauer/Böhle/Ecker, Art. 26 GO, Rn. 10 ff.

17a Übersicht 27: Bekanntmachung gem. Art. 26 II GO

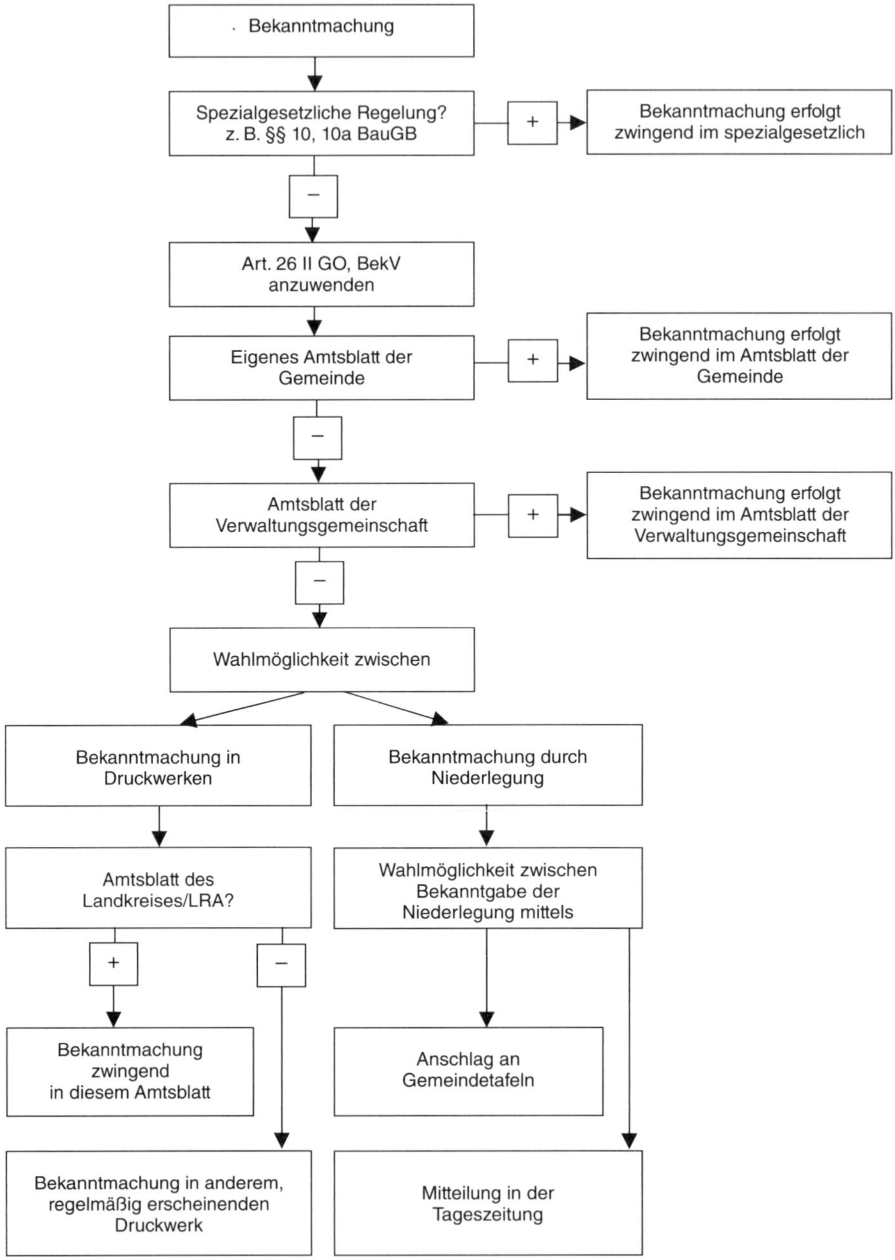

18 Wegen der der Ausfertigung neben der Authentizitätsfunktion (unstrittig) zukommenden Legalitätsfunktion (strittig) muss die Ausfertigung der Bekanntmachung vorausgehen. Ist eine Genehmigung der Satzung nötig, muss diese zunächst erteilt wer-

den, so dass dann folgende Reihenfolge einzuhalten ist: (1.) Genehmigungserteilung, (2.) Ausfertigung, (3.) Bekanntmachung. Ist diese Reihenfolge nicht eingehalten, ist die Satzung rechtswidrig und damit nichtig[35].

Beispiel: Der erste Bürgermeister einer kreisangehörigen Gemeinde fertigt einen sog. isolier- 19
ten Bebauungsplan aus, noch bevor die gem. §§ 10 II, 8 II 2 BauGB nötige Genehmigung des Bebauungsplans vom Landratsamt (vgl. §§ 203 III BauGB, § 2 I ZustVBau) erteilt wurde. Der Bebauungsplan ist rechtswidrig und nichtig[36]. Allerdings kann er nach Erteilung der Genehmigung durch nochmalige Ausfertigung und Bekanntmachung „geheilt" werden, ohne dass es eines erneuten Beschlusses über den Bebauungsplan bedürfte[37]. Nebenbei: Erteilt die Aufsichtsbehörde die Genehmigung nur unter der Maßgabe der inhaltlichen Modifikation der vorgelegten Satzung **(Maßgabegenehmigung),** so muss der Bürgermeister vor Ausfertigung und Bekanntmachung erneut einen Beschluss des zuständigen Organs herbeiführen **(Beitrittsbeschluss),** da die Aufsichtsbehörde die Genehmigung zur konkret beschlossenen Satzung verweigerte, andererseits die Genehmigung (gewissermaßen antizipiert) für eine Satzung erteilte, die (noch) nicht beschlossen wurde. Es fehlt bis zum Beitrittsbeschluss die Identität von gemeindlichem Beschluss und aufsichtsbehördlicher Genehmigung.

c) Materielle Rechtmäßigkeit der Satzung

Gem. Art. 23 (1) GO können die Gemeinden zur Regelung ihrer Angelegenheiten 20
(= Aufgaben des eigenen Wirkungskreises) Satzungen erlassen. Art. 23 (1) GO formuliert insoweit die allgemeine autonome Rechtssetzungsbefugnis, die Art. 11 II BV, Art. 28 II GG bereits verbürgen. Art. 23 (1) GO ist aber nur die **Rechtsgrundlage** für den Erlass von Satzungen im eigenen Wirkungskreis, soweit nicht durch die Satzung selbst oder ihre Anwendung im Einzelfall in subjektive Rechte, insbesondere Grundrechte der von der Satzung Betroffenen eingegriffen wird. Ist dies hingegen der Fall, ist stets eine besondere Rechtsgrundlage nötig (vgl. z.B. Art. 24 I GO). Dies gilt ungeachtet der Aussage in Art. 23 (2) GO, wonach Satzungen zur Regelung übertragener Angelegenheiten, bewehrte Satzungen[38] und Verordnungen nur in den gesetzlich bestimmten Fällen zulässig sind[39], also dem Wortlaut des Art. 23 GO entsprechend nur

---

[35] Vgl. nur BayVGH, BayVBl. 1991, 23f.; BayVGH, BayVBl. 1993, 530ff.; BayVGH, BayVBl. 1993, 213f.; BayVGH, NVwZ-RR 1996, 530f. A.A. aber BayVGH, BayVBl. 1993, 146 und 725; Hölzl/Hien/Huber, Art. 26 GO, Erl. 3.

[36] A.A. allerdings BayVGH, BayVBl. 1993, 146 und 725.

[37] Vgl. Bauer/Böhle/Ecker, Art. 26 GO Rn. 2; a.A. Hölzl/Hien/Huber, Art. 26 GO, Erl. 3, wonach der Ausfertigung keine Legalitätsfunktion zukommt, diese vielmehr nur die Authentizität nachweist. Damit wäre auch egal, ob die Ausfertigung vor der Genehmigung erfolgt.

[38] Bewehrte Satzungen sind Satzungen, die Zuwiderhandlungen als Ordnungswidrigkeiten mit Geldbuße bewehren (Legaldefinition in Art. 24 II 2 GO). Wegen Art. 4 I LStVG muss der gemeindliche Satzungsgeber auf Art. 24 II 2 GO als diesbezügliche Ermächtigungsgrundlage hinweisen. Das bewehrte Handeln muss in der Satzung selbst konkret benannt sein; eine bewehrte Satzung darf nicht rückwirkend erlassen werden, Art. 26 I 2 GO. Das Gebot hinreichender Bestimmtheit des den Ordnungswidrigkeitstatbestand auslösenden Verhaltens sowie das Rückwirkungsverbot ergeben sich bereits aus Art. 104 I BV, Art. 103 II GG. Der Anwendungsbereich der beiden letztgenannten Bestimmungen ist nicht auf das Kriminalstrafrecht beschränkt, er erstreckt sich eben auch auf das Ordnungswidrigkeitenrecht sowie das Disziplinar- und Standesrecht, vgl. nur Jarass/Pieroth, Art. 103 GG, Rn. 68ff., 73f.

[39] Dieses Ergebnis wird regelmäßig mit dem Vorbehalt des Gesetzes begründet. Für gemeindliche Eingriffe in Eigentum und Freiheit sei eine spezielle gesetzliche Grundlage erforderlich. Diese Ansicht ist bezweifelbar, entspricht aber der h.M., die vom Studenten in diesem Fall besser nicht in Frage gestellt wird. Tatsächlich aber wird auch vertreten, dass Art. 23 (1) GO eine generelle Satzungsermächtigung darstelle, die Art. 11 II BV, Art. 28 II 1 GG entspringe. Spezialgesetzliche Ermächtigungen wie z.B. Art. 24 I GO, Art. 2ff. KAG, § 10 BauGB stellten damit letztlich keine echten Ermächtigungen dar, vielmehr aktualisierten sie den Vorrang des Gesetzes.

diese letzten Normen einer speziellen Rechtsgrundlage bedürften. Wichtige Rechtsgrundlagen finden sich bereits in Art. 24 I GO. Die Anordnung eines Anschluss- und/oder Benutzungszwangs wurde bereits angesprochen. Nach Art. 24 I Nr. 1 GO kann die Benutzung gemeindlichen Eigentums und gemeindlicher öffentlicher Einrichtungen satzungsmäßig geregelt werden. Häufig wird die Gemeinde an ihren Einrichtungen auch das Eigentum besitzen, was jedoch nicht zwingend ist. Allerdings wird eine außenwirksame Regelung gemeindlichen Eigentums nur in Frage kommen, wenn dieses der Öffentlichkeit gewidmet ist, da ein Benutzungsanspruch allein für das fiskalische Eigentum nicht gegeben ist, so dass regelmäßig die beiden Alternativen in Art. 24 I Nr. 1 GO zusammenfallen. In Art. 24 I Nr. 4 GO sind die sog. Hand- und Spanndienste[40] geregelt, die im Rahmen einer herkömmlichen allgemeinen, für alle gleichen öffentlichen Dienstleistungspflicht verfassungsmäßig sind, Art. 12 II GG[41]. Sie beschränken sich auf die Anordnung dessen, was im Rahmen altruistischer Nächstenhilfe selbstverständlich sein sollte.

21 Aktuell gültige Satzungsermächtigungen zur Regelung übertragener Angelegenheiten existieren nicht[42]. Das Selbstverwaltungsrecht kann insoweit nicht in Anspruch genommen werden. Als Beispiel für Satzungen des übertragenen Wirkungskreises wurden teilweise die örtlichen Bauvorschriften genannt[43], Art. 81 I BayBO stellt aber klar, dass es sich um Satzungen im eigenen Wirkungskreis handelt.

22 Die die Satzung tragende Ermächtigungsgrundlage muss ihrerseits rechtmäßig sein. Das ist in den Fällen unproblematisch, in denen weder die Satzung selbst noch deren Vollzug einen Eingriff in die subjektiven Rechte der Rechtsbetroffenen mit sich bringt, da dann Ermächtigungsgrundlage Art. 23 (1) GO ist. Stellt sich die Satzung als für den Bürger belastend dar, so ist ggf. die ermächtigende Rechtsgrundlage auf ihre Rechtswirksamkeit zu untersuchen. In Betracht kommen Verstöße gegen höherrangige Rechtsvorschriften, also vor allem auch gegen Grundrechte der BV oder des GG sowie gegen Bestimmungen des EU-Rechts.

Vgl. Maurer, DÖV 1993, 184ff., der zu Recht darauf hinweist, dass dieser Frage keine große praktische Bedeutung zukommt, da gerade die typischen Eingriffe der Kommunalverwaltung durch Gesetz geregelt sind. Vgl. auch Kreßel, BayVBl. 1967, 410ff., der einen interessanten dogmatischen Ansatz verfolgt. Der BayVGH (BayVBl. 1992, 337ff.) hat in einer beachtlichen Entscheidung geurteilt, dass das allgemeine Recht zum Erlass von Satzungen, das sich aus Art. 23 (1) GO ergebe, den Gemeinden jedenfalls nicht gestatte, ohne besondere Rechtsgrundlage in Grundrechte ihrer Bürger einzugreifen, wenn nicht spezifisch örtliche, gerade nur diese Gemeinde betreffende Vorgänge geregelt würden. Diese Ansicht konstruiert neben den örtlichen Angelegenheiten i.S.d. Art. 28 II 1 GG, Art. 11 II 2 BV noch „örtlichere" Angelegenheiten. Vgl. zu dieser Entscheidung auch die Urteilsanmerkung von Knemeyer/Deubert, BayVBl. 1992, 340f.; vgl. auch BVerwG, NJW 1993, 411ff.; Weber, BayVBl. 1998, 327ff.

[40] Die Handdienstpflicht erfasst die Ableistung einfacherer Dienste, u.U. auch die Bereitstellung nötiger Geräte, z.B. das Errichten eines Damms mittels Sandsäcken bei drohender Überschwemmung. Die Spanndienstpflicht erfasst das Bereitstellen von Gespannen oder sonstigen Fahrzeugen.

[41] Vgl. zur Feuerwehrdienstpflicht BVerfG, BayVBl. 1995, 429ff.

[42] Vgl. Bauer/Böhle/Ecker, Art. 23 GO, Rn. 39.

[43] Bereits vor der Klarstellung des Gesetzgebers musste bezweifelt werden, dass es sich beim Erlass örtlicher Bauvorschriften tatsächlich um Satzungserlass im übertragenen Wirkungskreis handelte, da die Gemeinden durch diese Vorschriften eben „ihr Gesicht" formen. Der BayVGH hatte in seiner Entscheidung vom 16.12.1996 (NVwZ 1998, 205ff.) judiziert, dass der Erlass örtlicher Bauvorschriften in den eigenen Wirkungskreis der Gemeinden falle, was sich aus Wortlaut, der Systematik, in der Art. 91 BayBO (a.F.) stehe, dem Sinn und Zweck dieser Vorschrift sowie unter historischer Betrachtung ergebe.

Nicht als Maßstab an die Ermächtigungsgrundlage anzulegen ist die Inhalt-, Zweck- und Ausmaßformel des Art. 80 I 2 GG. Zum einen gilt Art. 80 I 2 GG direkt nur für Ermächtigungsgrundlagen des Bundes. Aber auch eine sinngemäße Anwendung auf Landesermächtigungen kommt nur bei Verordnungsermächtigungen, nicht hingegen bei Satzungsermächtigungen in Betracht, weil dies die eigenverantwortliche Regelung örtlicher Angelegenheiten zu sehr einschränken und damit das gemeindliche Selbstverwaltungsrecht verletzen würde[44]. Freilich müssen Ermächtigungsgrundlage sowie die erlassene Satzung selbst dem allgemeinen, dem Rechtsstaatsprinzip entspringenden Bestimmtheitsgebot entsprechen. 23

Weiterhin ist zu prüfen, ob die Satzung vom Tatbestand der Ermächtigungsgrundlage gedeckt ist, insbesondere sind in der Ermächtigungsgrundlage verwendete unbestimmte Rechtsbegriffe auszulegen. Schwierigkeiten bereiten regelmäßig extrem unbestimmte Rechtsbegriffe wie „öffentliches Wohl" etc. 24

In **räumlicher** Hinsicht ist typischerweise der **Geltungsbereich** einer Satzung mit dem Gemeindegebiet identisch. Allerdings ist es denkbar, dass die Gemeinde den Geltungsbereich in der Satzung einschränkt. 25

Beispiele: In der Benutzungssatzung über die gemeindliche Wasserversorgung, in der auch ein Anschluss- und Benutzungszwang gem. Art. 24 I Nr. 2 GO angeordnet wird, wird ein vom Ortskern fernab liegender Weiler ausgenommen. Die hierin liegende Ungleichbehandlung i. S. v. Art. 3 I GG, Art. 118 I BV findet ihren rechtfertigenden sachlichen Grund darin, dass ansonsten die gemeindliche öffentliche Einrichtung nicht rentabel zu betreiben wäre. Bebauungspläne oder Veränderungssperren hingegen haben naturgemäß einen räumlich eingeschränkten Geltungsbereich. 26

Unter Umständen kann der Geltungsbereich einer Satzung auch über die Gemeindegrenzen hinaus erstreckt werden, was eine Durchbrechung des Prinzips der auf das Gemeindegebiet beschränkten Gebietshoheit des Art. 22 I GO darstellt. 27

Beispiel: Im Rahmen einer kommunalen Zweckvereinbarung gem. Art. 7ff. KommZG wurde der die Wasserversorgung sicherstellenden Gemeinde das Recht übertragen, ihre Benutzungssatzung auf das Gebiet der beteiligten Gemeinden zu erstrecken, Art. 11 I 2 KommZG. 28

Zum **zeitlichen Geltungsbereich** von Satzungen vgl. Art. 26 I GO. Satzungen **treten** darnach eine Woche nach ihrer Bekanntmachung **in Kraft,** wenn nicht in der Satzung ein anderer Zeitpunkt bestimmt ist. Von besonderem Interesse ist die Möglichkeit, Satzungen mit **Rückwirkung** in Kraft treten zu lassen. Dabei ist jedoch das Rechtsstaatsprinzip und das ihm immanente Vertrauensschutzprinzip als Grenze zulässiger Rückwirkung zu beachten. Bei der sog. **unechten Rückwirkung** (auch Rückanknüpfung) macht die Satzung künftige Rechtsfolgen von Gegebenheiten aus der Zeit vor ihrer Verkündung abhängig, es wird auf einen in der Vergangenheit begonnenen, aber noch nicht abgeschlossenen Sachverhalt eingewirkt; hier spricht die Vermutung für die Zulässigkeit der Rückwirkung[45]. Bei der sog. **echten Rückwirkung** werden bereits abgeschlossene, in der Vergangenheit liegende Sachverhalte neu geregelt; im Regelfall ist diese echte Rückwirkung unzulässig. Allerdings kommt es hierbei vor allem auf eine Betrachtung des Einzelfalls an. Eine echte Rückwirkung ist ausnahmsweise zulässig, wenn mit einer neuen Regelung zu rechnen war, weil eine verworrene oder lückenhafte Rechtslage so bedenklich war, dass Zweifel an der Ver- 29

---

[44] Vgl. Jarass/Pieroth, Art. 80 GG, Rn. 2f.

[45] Zum Verstoß gegen das Rückwirkungsverbot im Fall einer unechten Rückwirkung, wenn eine sog. Kampfhundesteuer während des Steuerjahres mit Geltung zum Jahresbeginn eingeführt wird, vgl. OVG Magdeburg, NVwZ 1999, 321ff.

fassungsmäßigkeit der Regelung bestehen, wenn besondere Gründe des öffentlichen Wohls die Neuregelung erfordern oder wenn die Belastung des Einzelnen relativ geringfügig ist[46]. Die Zulässigkeit eines echt rückwirkenden Satzungserlasses spielt insbesondere im Abgabenrecht eine Rolle. Hier kann man den Begriff der echten Rückwirkung dahingehend konkretisieren, dass „die Abgabe im Zeitpunkt der Bekanntmachung der Norm bereits entstanden“[47] sein muss. Wenn Abgabesatzungen den Bürger für bereits vollständig abgeschlossene Tatbestände, die in der Vergangenheit liegen, belasten, wird die Satzung im Regelfall nichtig sein. Anders ist die Sachlage, wenn auf der Grundlage einer Abgabesatzung Abgabebescheide erlassen wurden und erst nachträglich festgestellt wird, dass die Abgabesatzung wegen eines formellen oder/und materiellen Fehlers nichtig ist. Wenn nunmehr eine rechtmäßige Satzung mit Rückwirkung erlassen wird, haben die Abgabebescheide von Anfang an eine rechtmäßige Rechtsgrundlage und werden dadurch „geheilt“. In diesem Fall kann der Betroffene Vertrauensschutz nicht vortragen, da durch Erlass der ersten Abgabensatzung und der hierauf gestützten Abgabebescheide ein Vertrauenstatbestand ausgeschlossen wurde.

30 **Beispiel**[48]**:** Im Anfechtungsprozess, dem ein Gebührenbescheid zugrunde liegt, neigt das VG der Ansicht zu, die den Gebührenbescheid tragende Gebührensatzung sei nichtig. Noch während des Prozesses erlässt die Gemeinde eine neue, rückwirkende Gebührensatzung[49]. Sämtliche auf der Grundlage der alten rechtswidrigen Gebührensatzung ergangene Gebührenbescheide werden damit durch die (echt) rückwirkende Satzung „geheilt“[50]. Da nunmehr der angefochtene Verwaltungsakt nicht mehr rechtswidrig ist, würde der Kläger seinen Anfechtungsprozess verlieren, § 113 I 1 VwGO. Um einer kostenpflichtigen Abweisung der Klage zu entkommen, muss er den Rechtsstreit einseitig für erledigt erklären[51]. In diesem Beispiel liegt eine echte Rückwirkung vor. Diese Rückwirkungsanordnung ist deshalb zulässig, weil trotz Unwirksamkeit der früheren Satzung die Betroffenen damit rechnen mussten, dass eine rechtmäßige Satzung nachgeschoben würde[52]. Dies ist besonders evident bei Gebühren- und Beitragssatzungen, die ihre

---

[46] Vgl. Maurer/Waldhoff, § 16, Rn. 30.

[47] Schieder/Happ, Teil C, Art. 2 KAG, Erl. 7.4.

[48] Beispiel nach BayVGH, BayVBl. 1986, 148f.

[49] Genauer: Die Gemeinde erlässt den fehlerhaften Teil der Gebührensatzung neu.

[50] Richtiger Ansicht nach kann nur eine rückwirkende Satzung eine „Heilung“ eines bereits auf der fehlerhaften Rechtsgrundlage erlassenen Bescheids bewirken, vgl. BayVGH, BayVBl. 1992, 592ff.; vgl. auch Scherzberg, BayVBl. 1992, 426ff. Der BayVGH hat in seinem Beschluss vom 6.4.2000 (BayVBl. 2000, 472f.; vgl. auch z.B. BayVGH vom 1.2.2018, 20 BV 15.1025, Rn. 50ff.) seine Rechtsprechung ausdrücklich aufgegeben. Seitdem soll auch durch den Erlass einer wirksamen neuen Satzung, der keine Rückwirkung zukommt, ein nicht bestandskräftiger Bescheid geheilt werden. (Vgl. auch den amtlichen Leitsatz in BayVGH vom 1.10.2018, Az. 20 B 16.330: „Ein auf eine unwirksame Beitragssatzung gestützter Beitragsbescheid wird rückwirkend auf den Zeitpunkt seiner Bekanntgabe (ex tunc) rechtmäßig, wenn der nachträglich erlassenen, erstmals wirksamen Satzung Rückwirkung zukommt. Andernfalls wird der Beitragsbescheid erst mit dem Inkrafttreten der erstmals wirksamen Satzung (ex nunc) rechtmäßig (Fortführung von BayVGH, U. v. 1.2.2018, Az 20 BV 15.1025). Diese Ansicht ist, selbst wenn für das Erschließungsbeitragsrecht das BVerwG seit langem Ähnliches formulierte, abzulehnen, da nicht ersichtlich ist, wie ein in der Vergangenheit liegender (Verwaltungs-)Akt durch eine nur mit Wirkung für die Zukunft ausgestattete Rechtsnorm, die eine unwirksame ersetzt, geheilt werden soll.

[51] Zur einseitigen Erledigterklärung vgl. BayVGH, BayVBl. 1988, 48: Bei einer einseitigen Erledigterklärung sei nicht zu prüfen, ob die ursprüngliche Klage zulässig und begründet war, sondern ob sich die Hauptsache tatsächlich erledigt hat, was der Fall sein soll, wenn der vom Kläger erhobene Anspruch gegenstandslos geworden ist oder wenn dem Klagebegehren der Boden und die Grundlage entzogen worden sind. Dabei wird über die Kosten nicht gem. § 161 II VwGO, sondern gem. §§ 154ff. VwGO entschieden. Vgl. auch Hufen, § 36, Rn. 34ff. A.A. zu Recht Manssen, NVwZ 1989, 862.

[52] Vgl. BayVGH, BayVBl. 1985, 656ff.

rechtswidrigen Vorgänger ersetzen sollen, da diese Abgaben Entgeltcharakter haben. Dies gilt aber auch für rückwirkende Steuersatzungen, weil durch Erlass des Steuerbescheids zum Ausdruck gebracht wurde, dass eine Belastung des Betroffenen für nötig gehalten wird.

d) Fehlerfolgen

Verstöße gegen höherrangiges Recht führen i. d. R. zur Unwirksamkeit der Satzung. **30a**
Das gilt auch bei Verstößen gegen EU-Recht, sofern wie z.B. bei einem Verstoß gegen das Diskriminierungsverbot des Art. 18 AEUV gleichzeitig ein Verstoß gegen nationales Verfassungsrecht (Art. 3 I GG, Art. 118 I BV) vorliegt; andernfalls ist die Norm nicht anwendbar[53]. Verfahrensfehler können ggf. durch Wiederholung des Verfahrens ab dem gemachten Fehler geheilt werden. Ist beispielsweise die Bekanntmachung fehlerhaft, muss sie wiederholt werden. Vgl. für die Bauleitpläne auch die spezialgesetzliche Bestimmung über das sog. ergänzende Verfahren gem. § 214 IV BauGB. Ein Verstoß gegen von der Kommune selbst gesetztes Recht, wie z. B. díe Geschäftsordnung, kann unbeachtlich sein, vgl. nachstehend § 5, Rn. 14. Eine große Bedeutung – insbesondere auch bei Bebauungsplänen – besitzt die Frage, inwieweit ein materieller Fehler einer Satzung, der sich nur auf einen sachlich abgegrenzten Teil dieser Satzung bezieht, zur Teil- oder Vollnichtigkeit führt. Den Art. 45 f. BayVwVfG ähnliche Heilungs- und Unbeachtlichkeitsbestimmungen sind im Bauplanungsrecht in den Vorschriften über die sog. Planerhaltung gem. §§ 214 ff. BauGB zu finden. Das Kommunalrecht selbst sieht eine auch auf das Satzungsverfahren durchgreifende Unbeachtlichkeitsregel bei persönlicher Beteiligung eines Gemeinderatsmitglieds in Art. 49 IV GO vor.

e) Prüfungsschema:

Satzungserlass **30b**

1. Rechtsgrundlage
   a) Rechtsgrundlage benennen: Art. 23 GO bei nicht in Grundrechte eingreifenden Satzungen; spezialgesetzliche Rechtsgrundlage bei Grundrechtseingriff, z. B. Art. 24 I GO
   b) ggf. Vereinbarkeit der Rechtsgrundlage mit höherrangigem Recht prüfen
2. Formelle Rechtmäßigkeit
   a) Zuständigkeit
      aa) Verbandskompetenz: welche Körperschaft ist zuständig (z. B. Gemeinde/Landkreis/Bezirk [vgl. Rechtsgrundlage])?
      bb) Organkompetenz: welche Handlungseinheit innerhalb der Körperschaft ist zuständig (z. B. Gemeinderat/Ausschuss)?
   b) Verfahren
      aa) kommunalrechtlich (z. B. Beschlussfähigkeit, Beschlussfassung)
      bb) spezialgesetzlich (z. B. Bauleitplanungsverfahren im BauGB)
   c) Genehmigungsvorbehalt?
   d) Ausfertigung und Bekanntmachung
3. Materielle Rechtmäßigkeit
   a) Subsumtion unter Rechtsgrundlage
   b) Vereinbarkeit mit höherrangigem Recht (z. B. Grundrechte, Verhältnismäßigkeitsgrundsatz, allgemeine Verfassungsgrundsätze)
4. Fehlerfolgen
   a) vollständige oder teilweise Unwirksamkeit; ggf. Nichtanwendbarkeit
   b) Heilbarkeit von Verfahrensfehlern
   c) Unbeachtlichkeit von Fehlern (z. B. Art. 49 IV GO, §§ 214, 215 BauGB)

---

[53] Vgl. hierzu inbes. Lindner, Öffentliches Recht, Rn. 432 ff.

3. Anforderungen an den Verordnungserlass[54]

a) Rechtsgrundlage

30c Auch beim Verordnungserlass benennt man zuerst die der Verordnung zugrundeliegende spezielle Rechtsgrundlage. Auch hier gilt: sofern konkrete Anhaltspunkte vorliegen, kann die gesetzliche Rechtsgrundlage ihrerseits auf ihre Verfassungsmäßigkeit untersucht und an sonstigem höherrangigem Recht gemessen werden. Die Verortung dieser Prüfung hier oder im Rahmen der materiellen Rechtmäßigkeit ist keine dogmatische Frage, sondern eine solche der dem Fall angemessenen Choreographie. Zu den Einzelheiten vgl. unten.

b) Formelle Rechtmäßigkeit der Verordnung

31 Im Rahmen der **Zuständigkeit**sprüfung ergibt sich die **Verbandskompetenz** für den Erlass von Rechtsverordnungen ebenso wie bei Satzungen regelmäßig aus der Ermächtigungsgrundlage, bei Verordnungen nach dem LStVG daher aus dessen Art. 16ff. Auch außerhalb des LStVG finden sich zahlreiche Ermächtigungen zum Verordnungserlass; insoweit darf auf die Ausführungen oben Rn. 5f. verwiesen werden. Bei Verordnungen, die auf das LStVG gegründet sind, ist zu beachten, dass zahlreiche dieser Ermächtigungsgrundlagen nicht nur solche für den Verordnungserlass, sondern zugleich auch für den Verwaltungsakterlass darstellen.

32 **Beispiel:** Gem. Art. 26 I LStVG können Gemeinden und Landkreise durch Verordnung Betretungsverbote anordnen. Hierfür reicht eine abstrakte Gefahr aus. Bei Vorliegen einer konkreten Gefahr können diese auch das Betretungsverbot gem. Art. 26 II LStVG durch Verwaltungsakt (insbesondere Allgemeinverfügung) unmittelbar auf der gesetzlichen Grundlage aussprechen.

33 Da das LStVG bei Verordnungsermächtigungen oft Mehrfachkompetenzen vorsieht, hat der Gesetzgeber in Art. 44 LStVG eine Art Subsidiaritätsprinzip[55] festgeschrieben, wobei diese Vorschrift allerdings nur eine Sollvorschrift ist und zudem auf Zweckmäßigkeitsgesichtspunkte abstellt, so dass man an der Justiziabilität des Art. 44 LStVG zweifeln kann[56].

34 Gem. Art. 42 I 1 LStVG wird die **Organkompetenz** für den Verordnungserlass nach dem LStVG oder anderen Rechtsgrundlagen ausdrücklich dem Gemeinderat (bzw. Kreistag und Bezirkstag) zugesprochen. Allerdings hat gem. Art. 42 II 1 LStVG der Bürgermeister die Befugnis, sog. dringliche Verordnungen anstelle des Gemeinderats zu erlassen. Von der Ausübung dieses **Notverordnungsrechts** ist gem. Art. 42 II 2 LStVG der Gemeinderat in der nächsten Sitzung zu benachrichtigen. Die Organkompetenz eines beschließenden Ausschusses ist regelmäßig[57] nicht gegeben.

---

[54] In diesem Rahmen können nur einige Stichworte gegeben werden. Bzgl. der Einzelheiten lies: Wolff in: Gallwas/Lindner/Wolff, Rn. 819ff. Vgl. auch Lindner, Öffentliches Recht, Rn. 821ff.

[55] Vgl. Wolff in: Gallwas/Lindner/Wolff, Rn. 869f.

[56] Gelegentlich wird eine entsprechende Anwendung des Subsidiaritätsprinzips auf die Mehrfachkompetenz des Art. 6 LStVG diskutiert. Da es bereits an einer Justiziabilität des Art. 44 I LStVG fehlt, ist nicht recht ersichtlich, was die Übertragung dieses Prinzips leisten soll. Vor allem ist anzumerken, dass sich Art. 6 LStVG auf die Einzelfallmaßnahmen des Art. 7 LStVG bezieht, die nur bei Vorliegen einer konkreten Gefahr zulässig sind. Dem Opportunitätsprinzip entsprechend muss die konkrete Gefahr schnell und effektiv beseitigt werden. Eine Kompetenzdiskussion durch die Sicherheitsbehörden auf der Grundlage des Subsidiaritätsprinzips darf es dann nicht geben. Vgl. im Detail Gallwas/Lindner in: Gallwas/Lindner/Wolff, Rn. 169ff.

[57] Ausnahme: Der Ferienausschuss gem. Art. 32 IV GO.

Das **Verfahren** der Beschlussfassung ist in den 42ff. LStVG nicht eigens geregelt. 35
Damit gelten wie beim Satzungserlass die Art. 45ff. GO. Das Verfahren im Übrigen ist abschließend den Art. 42ff. LStVG zu entnehmen. Art. 47 LStVG, wonach bewehrte Verordnungen auf der Grundlage des Bayerischen Naturschutzgesetzes genehmigungsbedürftig waren, alle anderen Rechtsverordnungen vorgelegt werden mussten, wurde aufgehoben. Gleichwohl können Verordnungen auch vor ihrem Erlass aufsichtlich beanstandet werden, vgl. Art. 49 I LStVG („auch"). Zuständig hierfür ist die Rechtsaufsichtsbehörde und nicht etwa die Fachaufsichtsbehörde. Dies mag angesichts der Tatsache, dass der Verordnungserlass gem. Art. 42 I 2 LStVG eine Aufgabe des übertragenen Wirkungskreises darstellt, befremden, ist allerdings deswegen konsequent, weil im Rahmen der präventiven wie repressiven Aufsicht gem. Art. 49 LStVG die Aufsichtsbehörde ausschließlich eine Rechtmäßigkeitskontrolle vornimmt.

Gem. Art. 45 II LStVG soll in jeder Verordnung die besondere Rechtsgrundlage an- 36
gegeben werden **(Zitiergebot).** Weil es sich um eine bloße Sollvorschrift handelt, ist deren Verletzung unschädlich[58]. Art. 80 I 3 GG ist nach h.M. nicht entsprechend anzuwenden, weil es sich beim Zitiergebot nicht um einen unerlässlichen Bestandteil des Rechtsstaatsgebots handelt, der über Art. 28 I 1 GG auch von den Ländern zu beachten wäre.

Vor der Bekanntmachung der Verordnung muss diese ausgefertigt werden. Ob- 37
wohl die **Ausfertigung** in Art. 51 LStVG nicht genannt ist, ist diese selbstverständlich als rechtsstaatliches Vorschaltverfahren vor der **Bekanntmachung** zu fordern. Die Bekanntmachung von Rechtsverordnungen erfolgt gem. Art. 51 I LStVG, Art. 26 II GO.

c) Materielle Rechtmäßigkeit der Verordnung

Hinsichtlich der materiellen Rechtmäßigkeit einer Rechtsverordnung kann auf 38
das zur materiellen Rechtmäßigkeit der Satzung Gesagte verwiesen werden. Art. 45 I LStVG, wonach Verordnungen dem geltenden Recht, insbesondere den Gesetzen sowie den Verordnungen einer höheren Behörde oder Stelle nicht widersprechen dürfen, wiederholt eine verfassungsrechtliche Selbstverständlichkeit. Anders als bei der Überprüfung von gemeindlichen Satzungen ist bei den Rechtsverordnungen zu beachten, dass die Rechtsgrundlage, auf die die Rechtsverordnung gestützt wird, bzgl. Inhalt, Zweck und Ausmaß der erteilten Ermächtigung hinreichend bestimmt sein muss. Zwar bezieht sich Art. 80 I 2 GG direkt nur auf bundesrechtliche Verordnungsermächtigungen, jedoch wird das **Bestimmtheitsgebot** auch auf landesrechtliche Verordnungsermächtigungen entsprechend angewandt[59]. Anders als das Zitiergebot des Art. 80 I 3 GG soll das Bestimmtheitsgebot als rechtsstaatliche Anforderung über das Homogenitätsprinzip in Art. 28 I 1 GG auch auf landesrechtliche Verordnungsermächtigungen Anwendung finden[60].

d) Fehlerfolgen

Hierzu darf auf die Ausführungen oben unter Rn. 30a verwiesen werden. 38a

---

[58] Anders bei Rechtsverordnungen auf der Rechtsgrundlage von Bundesrecht gem. Art. 80 I 3 GG; eine Verletzung des Zitiergebots führt zur Nichtigkeit der Rechtsnorm.

[59] Vgl. Wolff in: Gallwas/Lindner/Wolff Rn. 833ff.

[60] Vgl. nur BVerfGE 58, 137/146.

e) Prüfungsschema:

38b **Verordnungserlass**

1. Rechtsgrundlage
   a) Stets spezialgesetzliche Rechtsgrundlage (insbesondere Art. 16 ff. LStVG)
   b) ggf. Vereinbarkeit der Rechtsgrundlage mit höherrangigem Recht prüfen
2. Formelle Rechtmäßigkeit
   a) Zuständigkeit
      aa) Verbandskompetenz: vgl. Rechtsgrundlage (vgl. auch Subsidiarität gem. Art. 44 I LStVG)
      bb) Organkompetenz
          Art. 42 I 1 LStVG: Gemeinderat/als Ausschuss ausschließlich Ferienausschuss/ Bürgermeister (dringliche Verordnungen, Art. 42 II LStVG)
   b) Verfahren
      aa) kommunalrechtlich (z. B. Beschlussfähigkeit, Beschlussfassung)
      bb) Art. 42 ff. LStVG
   c) Genehmigungsbedürftigkeit (–)
   d) Ausfertigung und Bekanntmachung Art. 51 I LStVG, 26 II GO
3. Materielle Rechtmäßigkeit
   a) Subsumtion unter Rechtsgrundlage
   b) Bestimmtheit der Verordnungsermächtigung gem. Art. 80 I 2 GG
   c) sonstige Vereinbarkeit mit höherrangigem Recht gem. Art. 45 I LStVG (z. B. Grundrechte, Verhältnismäßigkeitsgrundsatz, allgemeine Verfassungsgrundsätze)
4. Fehlerfolgen
   a) vollständige oder teilweise Unwirksamkeit; ggf. Nichtanwendbarkeit
   b) Heilbarkeit von Verfahrensfehlern
   c) Unbeachtlichkeit von Fehlern (z. B. Art. 49 IV GO)

4. Rechtsbehelfe der Normadressaten

39 Bereits in § 1 Rn. 111 sind Rechtsbehelfe dargestellt worden, wobei jedoch Ausgangssituation die Rüge der Verletzung des kommunalen Selbstverwaltungsrechts war. In den folgenden Ausführungen geht es darum, dass sich der Bürger durch eine kommunale Satzung oder Verordnung in seinen Rechten verletzt fühlt und sich die Frage stellt, wie er gegen die Norm vorgehen kann. Zu denken ist zunächst an förmliche Rechtsbehelfe, d. h. solche, die in die Rechtsordnungen dergestalt Eingang gefunden haben, dass spezielle Anforderungen an die Einlegung eines Rechtsbehelfs formuliert wurden. Nicht vergessen werden sollten aber auch die **formlosen Rechtsbehelfe**[61], die nicht selten mit der Bemerkung „formlos, fristlos, fruchtlos“ quittiert werden. Jedoch stellen sich für den Praktiker gerade diese Rechtsbehelfe, die letztlich dem Petitionsrecht des Art. 17 GG, Art. 115 BV entspringen, oftmals als einzig Erfolg verheißend dar. Zudem sind sie meist gebührenfrei. In Betracht kommen Gegenvorstellung[62], Aufsichtsbeschwerde[63] und Dienstaufsichtsbeschwerde[64]. Geht es um die Rüge einer Norm, so wird in der Regel nur die Aufsichtsbeschwerde bei der Rechtsaufsichtsbehörde in Frage kommen. Auch wenn der Betroffene keinen Anspruch auf

---

[61] Vgl. zu den formlosen Rechtsbehelfen Hufen, § 1, Rn. 45 ff.

[62] Die Gegenvorstellung wendet sich an die Erlassbehörde und bittet um eine andere Entscheidung; der Behörde wird Anstoß zur Selbstkontrolle gegeben.

[63] Die (Sach-)Aufsichtsbeschwerde richtet sich an eine der Erlassbehörde übergeordnete Behörde und will eine Korrektur der Sachentscheidung durch die in der Behördenhierarchie übergeordnete Behörde erreichen.

[64] Die Dienstaufsichtsbeschwerde ist ein Sonderfall der Aufsichtsbeschwerde. Sie richtet sich gegen das persönliche Verhalten eines Beamten.

rechtsaufsichtsbehördliches Einschreiten hat, so wird die Aufsichtsbehörde jedenfalls bei ernsthaften Einwendungen gegen eine noch nicht in Kraft getretene Norm deren Rechtmäßigkeit untersuchen und ggf. einschreiten. Nachfolgend wird die Darstellung der **förmlichen Rechtsbehelfe** in den Vordergrund gestellt.

a) Prinzipale Normenkontrolle gem. § 47 VwGO

Im Rahmen der **Zulässigkeitsprüfung** der Normenkontrolle zum **Bayerischen** 40 **Verwaltungsgerichtshof** (vgl. Art. 1 I 1 AGVwGO wegen der Bezeichnung „Bayerischer Verwaltungsgerichtshof") können natürliche und juristische Personen **antragsberechtigt** sein, § 47 II 1 VwGO. Zur Berechtigung von Behörden vgl. § 1 Rn. 115 sowie nachfolgend Rn. 41. **Prüfungsgegenstand** der verwaltungsgerichtlichen Normenkontrolle sind die untergesetzlichen Normen selbst und unmittelbar (deswegen prinzipale im Unterschied zur inzidenten Normenkontrolle). Dabei richtet sich die Statthaftigkeit der Normenkontrolle von Satzungen nach dem BauGB und Rechtsverordnungen gem. § 246 II BauGB direkt nach § 47 I Nr. 1 VwGO. Sonstige im Rang unter dem Landesgesetz stehende Rechtsvorschriften unterstehen ihr gem. § 47 I Nr. 2 VwGO i. V. m. Art. 5 AGVwGO[65]. Gem. § 47 II 1 VwGO ist der Antrag innerhalb eines Jahres nach der Bekanntmachung der Rechtsvorschrift zu stellen; diese **Antragsfrist** gilt bei inzidenten Normenkontrollen nicht entsprechend, so dass etwa im Rahmen eines Anfechtungsprozesses gegen einen von der inkriminierten Rechtsgrundlage abgeleiteten Rechtsakt die Norm auch noch nach Verstreichen dieser Frist – inzident – angefochten und verworfen werden kann.

Legt eine Behörde die Normenkontrolle ein, so muss sie mit deren Anwendung be- 41 fasst sein; eine Rechtsverletzung i. S. v. § 47 II 1 VwGO kann sie schlechterdings nicht erleiden[66]. Anders natürliche und juristische Personen: Diese müssen darlegen, dass es möglich ist, dass sie durch die inkriminierte Norm in ihren Rechten verletzt sind oder in absehbarer Zeit sein werden **(„Möglichkeitstheorie")**[67]. § 47 VwGO wurde durch das 6. VwGOÄndG vom 1.11.1996 (BGBl. I S. 1626) neugefasst. Im Bereich der **Antragsbefugnis** hat der Gesetzgeber den Nachteilsbegriff durch das Erfordernis der Rechtsverletzung ersetzt, insbesondere, um die Anfechtung von Bebauungsplänen zu erschweren. Diese Absicht wurde vom Bundesverwaltungsgericht in seinem Urteil vom 24.9.1998 konterkariert, da es dem Abwägungsgebot des § 1 VII BauGB drittschützenden Charakter hinsichtlich solcher privater Belange zusprach, die für die Abwägung erheblich sind. Für die Bejahung der Antragsbefugnis genügt es darnach, wenn der Antragsteller hinreichend substantiiert Tatsachen vorträgt, die es zumindest möglich (Möglichkeitstheorie) erscheinen lassen, dass er durch Festsetzungen im Bebauungsplan in einem subjektiven Recht verletzt wird. An die Geltendmachung einer Rechtsverletzung sind grundsätzlich auch dann keine höheren Anforderungen zu stellen, wenn es sich beim zu rügenden Recht um das auf gerechte Abwägung handelt. Es

---

[65] Beachte: Die Einlegung einer Normenkontrolle hat keine aufschiebende Wirkung, d. h. trotz Einlegung des Antrags ist die angegriffene Norm zunächst weiter anzuwenden.

[66] Vgl. BayVGH, BayVBl. 1982, 654 ff. Hiernach sind Landratsämter befugt, die Gültigkeit von Bebauungsplänen, die sie als untere Bauaufsichtsbehörden zu vollziehen haben, im Wege der Normenkontrolle gem. § 47 VwGO überprüfen zu lassen. Das Antragsrecht soll auch dann nicht entfallen, wenn das Landratsamt den Bebauungsplan selbst genehmigt hat oder durch Maßnahmen der kommunalen Rechtsaufsicht die Aufhebung des Bebauungsplanes erreichen kann. Ein eigenes Verwerfungsrecht steht dem Landratsamt nicht zu.

[67] Etwas anderes gilt für anerkannte Vereinigungen gem. § 3 UmwRG oder die naturschutzrechtliche Verbandsklage gem. § 64 BNatSchG.

reicht aus, wenn der Antragsteller Tatsachen vorträgt, die eine fehlerhafte Behandlung seiner Belange in der Abwägung als möglich erscheinen lassen[68].

42 Im Rahmen der **Begründetheitsprüfung** ist **Prüfungsmaßstab** das gesamte über dem Prüfungsgegenstand stehende Landes- und Bundesrecht mit Ausnahme der Grundrechte der Bayerischen Verfassung, da diese gem. § 47 III VwGO nur vom Bayerischen Verfassungsgerichtshof an die vorgeblich rechtswidrige Norm angelegt werden können. Dabei zeigt § 47 IV VwGO, dass das Normenkontrollverfahren vor dem Bayerischen Verwaltungsgerichtshof und das Popularklageverfahren vor dem Verfassungsgerichtshof grundsätzlich auch gleichzeitig durchgeführt werden können. Der Normenkontrollantrag ist erfolgreich, wenn die inkriminierte Rechtsvorschrift gegen eine höherrangige Rechtsnorm verstößt. Im deutlichen Unterschied zur Anfechtungsklage kommt es – vgl. § 113 I VwGO – nicht darauf an, ob die verletzte Rechtsvorschrift gerade auch dem Interesse bzw. Schutz des Rechtsbehelfsführers dient. Hat der Antragsteller die Hürde der Antragsbefugnis gem. § 47 II VwGO übersprungen, so reicht jedwede Verletzung objektiven, höherrangigen Rechts aus.

43 Hält der Bayerische Verwaltungsgerichtshof die Norm für ungültig, so erklärt er sie mit inter-omnes-Wirkung für unwirksam[69], § 47 V 2 VwGO. Verstößt die Norm ausschließlich gegen EU-Recht, wird sie insoweit für nicht anwendbar erklärt. Eine solche **Entscheidung** ist vom Antragsgegner – gewissermaßen als actus contrarius – ebenso zu veröffentlichen, wie die Rechtsvorschrift bekannt zu machen wäre. Ist er der Überzeugung, die Norm sei deswegen rechtswidrig, weil die formell-gesetzliche Ermächtigungsgrundlage ihrerseits verfassungswidrig ist, legt er die bundesrechtliche Ermächtigungsgrundlage dem Bundesverfassungsgericht gem. Art. 100 I GG, die landesgesetzliche dem Bundesverfassungsgericht oder dem Bayerischen Verfassungsgerichtshof gem. Art. 100 GG bzw. Art. 92, 65 BV vor, wenn die Vorlage entscheidungserheblich ist. Wird die Normenkontrolle zurückgewiesen, so wirkt diese Entscheidung nur inter partes. Bezüglich des vorläufigen Rechtsschutzes gilt: Durch Beantragung einer **einstweiligen Anordnung** gem. § 47 VI VwGO gerichtet auf vorläufige Aussetzung der Vollziehung der Norm kann eine der Suspensivwirkung des § 80 I VwGO ähnliche Wirkung erreicht werden. Da die Regelung in § 47 VI VwGO rudimentär ist, müssen die allgemeinen Grundsätze der §§ 80 und 123 VwGO ergänzend herangezogen werden.

Beispiel[70]**:** Dem vom Bayerischen Verwaltungsgerichtshof mit Normenkontrollurteil vom 31.10.2007 entschiedenen Fall lagen Verordnungen der Landeshauptstadt München über den Schutz von Landschaftsbestandteilen gem. Art. 12 BayNatSchG a.F. zugrunde, zu deren Erlass sie als untere Naturschutzbehörde zuständig war.

---

[68] Vgl. BVerwG, NJW 1999, 592ff.; eine auch deswegen lesenswerte Entscheidung, weil das Bundesverwaltungsgericht den Gesetzgeber der legislatorischen Inkompetenz zieh: „Der Gesetzgeber ist ersichtlich davon ausgegangen, durch die Neufassung der Antragsbefugnis in § 47 II 1 i.d.F. des 6. VwGOÄndG die Zulässigkeit von Normenkontrollen (auch) gegen Bebauungspläne gegenüber dem bisherigen Recht einzuengen. Der Senat ist sich bewusst, dass dieses Ziel wegen der Anerkennung eines ‚Rechts auf gerechte Abwägung' … nicht erreicht worden ist. Da jedoch die Änderung einer prozessrechtlichen Bestimmung keinen Einfluss auf das Bestehen eines materiellrechtlichen Anspruchs haben kann, konnte das gesetzgeberische Ziel auch nicht erreicht werden."

[69] Dabei wird nur der rechtswidrige Teil der Norm verworfen, wenn der restliche Regelungsgehalt auch ohne den verworfenen einen Sinn ergibt. Nur wenn sich der rechtswidrige Teil auf die ganze Satzung oder Verordnung durchschlägt (diese insgesamt infiziert), ist sie insgesamt für unwirksam zu erklären.

[70] Vgl. BayVGH, BayVBl. 2008, 757ff.

b) Popularklage gem. Art. 98 (4) BV, Art. 2 Nr. 7, 55 VfGHG

Im Rahmen der **Zulässigkeitsprüfung** einer Popularklage zum **Bayerischen Verfassungsgerichtshof** ist jedermann[71] **antragsberechtigt** und kann gegen von kommunalen Gebietskörperschaften gesetzte Normen unter Berufung auf eine Verletzung eines Grundrechts oder grundrechtsgleichen Rechts der Bayerischen Verfassung vorgehen. Zulässiger **Beschwerdegegenstand** sind gem. Art. 55 I 1 VfGHG alle Rechtsvorschriften des bayerischen Landesrechts[72], also formelle Landesgesetze, Verordnungen und Satzungen (in der Praxis sehr häufig Bebauungspläne), wobei in diesem Zusammenhang nur Verordnungen und Satzungen interessieren. Um eine hinreichende **Beschwerdebefugnis** darzulegen, muss der Beschwerdeführer substantiiert die Verletzung eines, nicht notwendigerweise den Antragsteller selbst schützenden, Grundrechts oder grundrechtsgleichen Rechts der Bayerischen Verfassung durch die inkriminierte Norm rügen, also z.B. eine Verletzung des Eigentumsgrundrechts gem. Art 103 I BV, des allgemeinen Gleichheitsgrundsatzes mit dem inkorporierten Willkürverbots gem. Art. 118 I 1 BV oder des Grundrechts auf Naturgenuss gem. Art. 141 III 1 BV. Eine „Selbstbetroffenheit" des Antragstellers ist nicht erforderlich (deswegen „Popularklage"). Eine Fristenbindung wie eine Rechtswegerschöpfung sind nicht zu prüfen. Gelegentlich begrenzt der Grundsatz der Verwirkung die Zulässigkeit der Popularklage. Gem. § 47 IV VwGO kann der Verwaltungsgerichtshof eine Normenkontrolle aussetzen, um der Popularklage den Vortritt zu lassen. 44

Wenn eine Popularklage dem Erfordernis der substantiierten Rüge einer Grundrechtsverletzung genügt, so ist **Prüfungsmaßstab** allerdings die Gesamtheit der Normen der Bayerischen Verfassung, also auch objektives Verfassungsrecht[73]. Bundesrecht und damit auch das Grundgesetz sowie EU-Recht können an sich nicht unmittelbarer Prüfungsmaßstab einer Popularklage sein, da Bundesrecht und EU-Recht über der Bayerischen Verfassung stehen. Allerdings wäre es denkbar, jede Verletzung von Bundesrecht oder EU-Recht zugleich als Verletzung des Rechtsstaatsgebots des Art. 3 BV anzusehen (Bundesrecht und EU-Recht als mittelbarer Maßstab), was der Fall sein soll, wenn ein offensichtlicher und in besonders krasser Weise gegen Bundesrecht oder EU-Recht verstoßender Fall vorliegt, also wenn der Widerspruch zum Bundesrecht oder EU-Recht nicht nur offensichtlich zutage tritt, sondern auch inhaltlich nach seinem Gewicht als schwerwiegender Eingriff in die Rechtsordnung zu werten ist[74]. Gleichwohl führt der Verfassungsgerichtshof in seiner Entscheidungspraxis eingehende Untersuchungen auch am einfachgesetzlichen Maßstab durch (bei Bebauungsplänen z.B. verfahrensrechtliche Fragen, Prüfung der Erforderlichkeit gem. § 1 III BauGB, des Abwägungsgebots gem. § 1 VII BauGB)[75]. 45

---

[71] Natürliche wie juristische Personen des Privatrechts oder öffentlichen Rechts, unabhängig von Fragen der Staatsangehörigkeit, des Wohnsitzes/des Sitzes oder des Aufenthalts.

[72] Damit ist auch die Popularklage eine prinzipale Normenkontrolle, weil Prüfungsgegenstand unmittelbar eine Norm ist.

[73] Deswegen und mangels des Erfordernisses einer Selbstbetroffenheit dient die Popularklage faktisch auch als abstrakte Normenkontrolle, vgl. Lindner, BayVBl. 2015, 433/436.

[74] Vgl. z.B. BayVerfGH, BayVBl. 2013, 14/15; BayVerfGH, BayVBl. 2014, 77ff. Vgl. zur Prüfungsintensität im Rahmen von Popularklagen insbesondere auch bei Bebauungsplänen als Prüfungsgegenstand Fröhlich, BayVBl. 2013, 1ff. Vgl. ferner Wolff in: Lindner/Möstl/Wolff, Art. 98 BV, Rn. 55ff.; Lindner, Öffentliches Recht, Rn. 791ff.; Nawiasky/Schweiger/Knöpfle, Art. 98 BV, Rn. 64; jeweils m.w.N.

[75] Vgl nur BayVerfGH, BayVBl. 2013, 1/2ff.

46 Ist die Popularklage zulässig und begründet, erklärt der Verfassungsgerichtshof die Norm gem. Art. 25 VII VfGHG für nichtig; diese Entscheidung ist im Gesetz- und Verordnungsblatt zu veröffentlichen. Auf Art. 26 VfGHG bzgl. der Möglichkeit einer einstweiligen Anordnung sei verwiesen.

46a **Beispiel**[76]: Die Gemeinde Gmund am Tegernsee erließ für das „Gut Kaltenbrunn" einen Bebauungsplan, der Sondergebiete für eine Hotelanlage mit Wellnessangebot und Gemeinschaftseinrichtungen etc. festsetzte. Der Verfassungsgerichtshof erklärte den Bebauungsplan wegen Verstoßes gegen das Willkürverbot des Art. 118 I BV für nichtig, weil die Belange des Denkmalschutzes in einer sachlich schlechthin nicht mehr zu rechtfertigenden Weise missachtet worden seien.

c) Inzidentprüfung im Rahmen eines Verwaltungsstreitverfahrens gem. § 40 I VwGO

47 Anders als bei der prinzipalen Normenkontrolle, die dadurch gekennzeichnet ist, dass Gegenstand gerichtlicher Kontrolle ausschließlich die streitgegenständliche Norm selbst ist, wird von **Inzidentprüfung** dann gesprochen, wenn Streitgegenstand ein abgeleiteter Rechtsakt – z. B. die Rechtmäßigkeit eines Verwaltungsaktes – ist und anlässlich dieses Verfahrens die Rechtmäßigkeit der der Entscheidung zugrundeliegenden Norm zu überprüfen ist. Häufig wird es sich um die Anfechtungsklage eines durch einen belastenden Verwaltungsakt betroffenen Bürgers handeln; in Bayern ist das Widerspruchsverfahren allenfalls noch fakultativ, vgl. Art. 15 AGVwGO; es ist also nicht mehr Sachurteilsvoraussetzung. Wesentlicher Unterschied zwischen prinzipaler und inzidenter Normenkontrolle ist die Wirkung der gerichtlichen Entscheidung.

48 **Beispiel:** Ein Bebauungsplan wird im Rahmen einer Normenkontrolle gem. § 47 I Nr. 1 VwGO vom Bayerischen Verwaltungsgerichtshof für unheilbar rechtswidrig erkannt und deswegen gem. § 47 V 2 VwGO für unwirksam erklärt. Auf diese Entscheidung kann sich nach formeller[77] Rechtskraft jedermann berufen, sie ist allgemeinverbindlich, ihr kommt „inter-omnes-Wirkung" zu[78].

49 **Beispiel:** Eine erteilte Baugenehmigung wird vom Nachbarn des Bauherrn durch Anfechtungsklage angegriffen (wobei allerdings keine aufschiebende Wirkung eintritt, § 80 II 1 Nr. 3 VwGO i. V. m. § 212a I BauGB, so dass erwogen werden sollte, gleichzeitig vorläufigen Rechtsschutz gem. §§ 80a I Nr. 2, III, § 80 IV, V VwGO zu bemühen). Kommt die erkennende Kammer des erstinstanzlich angerufenen Verwaltungsgerichts zum Ergebnis, dass die angefochtene Baugenehmigung auf einem unheilbar unwirksamen Bebauungsplan beruht, muss es nicht etwa den für prinzipale Normenkontrollen zuständigen Bayerischen Verwaltungsgerichtshof anrufen. Vielmehr „verwirft" es im zu entscheidenden Fall den Bebauungsplan und hebt die Baugenehmigung auf[79]. Da Streitgegenstand nur des Klägers Anspruch auf gerichtliche Aufhebung

---

[76] Beispiel nach BayVerfGH vom 22.7.2008, Vf. 11-VII-07.

[77] Formelle Rechtskraft bedeutet, dass eine Entscheidung mit ordentlichen Rechtsmitteln nicht mehr angefochten werden kann, weil ein (weiteres) Rechtsmittel nicht gegeben ist oder weil die Rechtsmittelfrist verstrichen ist, kürzer: Unanfechtbarkeit, vgl. § 173 VwGO i. V. m. § 705 ZPO. Die Wiedereinsetzung in den vorigen Stand gem. § 60 VwGO ist kein ordentlicher, sondern ein außerordentlicher Rechtsbehelf. Er kann die Rechtskraft durchbrechen. Die formelle Rechtskraft ist Voraussetzung für die materielle Rechtskraft.

[78] Dies gilt aber nur für die Nichtigerklärung der angegriffenen Norm. Wird der Normenkontrollantrag abgelehnt, wirkt die Entscheidung nur zwischen den Beteiligten des Verfahrens.

[79] Anders verhält es sich, wenn die Rechtsgrundlage ein formelles Gesetz ist. Dann ist eine Normenvorlage zum Bundesverfassungsgericht oder zum Bayerischen Verfassungsgerichtshof veranlasst, Art. 100 I GG, Art. 92, 65 BV. Dabei besteht zwischen Art. 100 I GG und Art. 92 BV ein bedeutender Unterschied: Eine Vorlage gem. Art. 100 I GG setzt voraus, dass ein formelles Gesetz für verfassungswidrig erachtet wird, eine Vorlage an den Verfassungsgerichtshof wäre an sich be-

der angefochtenen Baugenehmigung ist, wird nur über diesen mit „inter-partes-Wirkung“, also mit Wirkung für die gem. § 63 VwGO Beteiligten entschieden. Das Urteil erwächst in materielle Rechtskraft[80] nur zwischen den in § 121 VwGO Genannten. Würde später über eine andere Baugenehmigung zwischen anderen Prozessbeteiligten auf der Grundlage desselben Bebauungsplans zu entscheiden sein, so könnten sich die Parteien dieses Prozesses nicht auf die vormals festgestellte Nichtigkeit berufen. Es wäre sogar denkbar, dass nunmehr die Rechtswirksamkeit des Bebauungsplans anders beurteilt wird.

Zu beachten ist, dass ein solches Normverwerfungsrecht der Exekutive grundsätzlich 50
nicht zusteht. Die Verwaltung kann nicht auf der Grundlage einer gebildeten Rechtsüberzeugung Satzungen oder Verordnungen außer Betracht lassen und deren Anwendung unterlassen. Natürlich kann sie die von ihr anzuwendenden Normen auf etwaige Rechtsfehler untersuchen, ja sie ist gehalten, dies zu tun, sog. Vorrang des Gesetzes[81], Art. 20 III GG. Auch hat die die Norm anwendende Behörde, sofern sie von der Körperschaft, die die Norm erlassen hat, verschieden ist, die Möglichkeit, eine Normenkontrolle gem. § 47 VwGO zu beantragen.

Beispiel: Der bei der kreisfreien Stadt S über Baugenehmigungen entscheidende Beamte B 51
ist der Ansicht, eine Baugenehmigung könne nicht erteilt werden, weil der Bebauungsplan der Stadt S offensichtlich abwägungsfehlerhaft sei und das Abwägungsergebnis hierauf beruhe, vgl. § 214 III BauGB. B kann versuchen, über den Referenten bzw. Oberbürgermeister den Stadtrat von seiner Ansicht zu überzeugen; der Stadtrat könnte dann z. B. den Bebauungsplan mittels eines eigenen Verfahrens (§ 1 VIII BauGB) aufheben oder abändern (wobei die Gefahr von Entschädigungsansprüchen gem. § 42 BauGB besteht). Auch kann er die Rechtsaufsichtsbehörde informieren; diese müsste ggf. den Satzungsbeschluss beanstanden und die Änderung oder Aufhebung des Bebauungsplans verlangen[82]. Er darf aber nicht aus eigener Initiative die Norm außer Anwendung lassen.

d) Verfassungsbeschwerde gem. Art. 93 I Nr. 4a GG, §§ 13 Nr. 8a, 90 ff. BVerfGG[83]

Im Rahmen der **Zulässigkeitsprüfung** einer Verfassungsbeschwerde zum **Bundesverfassungsgericht** ist jedermann mit der Behauptung, durch einen Akt der öffentlichen Gewalt in seinen Grundrechten verletzt zu sein, **antragsberechtigt.** Auch kommunale Satzungen und Verordnungen können als Akte der deutschen öffentlichen Gewalt grundsätzlich **Prüfungsgegenstand** einer Verfassungsbeschwerde sein, § 90 I BVerfGG. Allerdings muss im Rahmen der Prüfung der **Beschwerdebefugnis** neben der substantiierten Behauptung einer Grundrechtsverletzung nicht nur eine eigene und gegenwärtige, sondern auch eine unmittelbare Betroffenheit dargelegt werden. Nur wenn die inkriminierte Norm keines weiteren Vollzugsakts fähig bzw. bedürftig ist, 52

reits veranlasst, wenn eine Norm des bayerischen Landesrechts (also auch Satzungen und Verordnungen) für unvereinbar mit Normen der Bayerischen Verfassung gehalten wird, vgl. Art. 50 I VfGHG. Allerdings hat die Vorlage von Satzungen und Verordnungen an den Verfassungsgerichtshof geringe Bedeutung: Verstößt nämlich eine solche Norm nicht nur gegen die Bayerische Verfassung, sondern zugleich auch gegen das Grundgesetz, so kann das Verwaltungsgericht die Norm selbst inzident verwerfen; eine Vorlage an den Verfassungsgerichtshof ist dann nicht veranlasst, weil die Vereinbarkeit mit der Bayerischen Verfassung nicht entscheidungserheblich ist.

[80] Materielle Rechtskraft bedeutet, dass für die Beteiligten und die öffentliche Gewalt allein das maßgeblich ist, was das Gericht entschieden hat. Auf die Frage, ob das Gericht richtig entschieden hat, kommt es dann nicht mehr an.

[81] Der Vorrang des Gesetzes bringt u. a. die Bindung der Exekutive an Verfassung, förmliches, aber auch materielles Gesetz zum Ausdruck.

[82] Vgl. Gern/Brüning, Rn. 332 ff., 906 ff.

[83] Vgl. hierzu Jarass/Pieroth, Art. 93 GG, Rn. 75 ff.

liegt eine sich „selbst vollziehende Norm" vor, so dass sich in solchen Fällen die Verfassungsbeschwerde als prinzipale Normenkontrolle auswirkt[84]. Ist die beschwerende Norm jedoch eines Vollzugsakts fähig bzw. bedürftig, so muss dieser in aller Regel abgewartet und der Rechtsweg hiergegen beschritten werden. Die Verfassungsbeschwerde ist zudem nur zulässig, wenn der **Rechtsweg erschöpft** ist, § 90 II 1 BVerfGG. Deswegen ist zunächst eine Normenkontrolle zum Bayerischen Verwaltungsgerichtshof einzulegen. Zum zu erschöpfenden Rechtsweg gehört nicht die Popularklage zum Verfassungsgerichtshof, da anders als der Verwaltungsgerichtshof, der auch die Grundrechte des Grundgesetzes an die angefochtene Norm anzulegen hat, der Verfassungsgerichtshof hierüber nicht zu entscheiden hat. Gem. § 93 I 1 BVerfGG ist die Verfassungsbeschwerde binnen **Monatsfrist** zu erheben und zu begründen.

52a **Prüfungsmaßstab** im Rahmen der **Begründetheitsprüfung** sind die Grundrechte der Art. 1 bis 19 GG und die grundrechtsgleichen Rechte, wie in § 90 I BVerfGG aufgezählt. Dabei kommt es nicht darauf an, dass der Beschwerdeführer das schlussendlich zum Erfolg führende Recht auch gerügt hat.

52b Bezüglich der Entscheidung, der Möglichkeit einer einstweiligen Anordnung und dem Erfordernis eines erfolgreichen Annahmeverfahrens darf auf die Ausführungen unter § 1, Rn. 114 verwiesen werden.

e) Verfassungsbeschwerde gem. Art. 120, 66 BV, Art. 2. Nr. 6, 51ff. VfGHG

53 **Beschwerdegegenstand** einer Verfassungsbeschwerde vor dem Bayerischen Verfassungsgerichtshof können nur hoheitliche Akte sein, die nicht Rechtsnormsetzung sind, weil insoweit die Popularklage statthaft ist. Die Verfassungsbeschwerde gem. Art. 120 BV kann deswegen nur gegen sonstiges Verwaltungshandeln, das nicht Satzungs- oder Verordnungserlass ist, und gegen Handlungen und Unterlassungen eines Gerichts erhoben werden, vgl. Art. 51 I VfGHG[85]. Eine Verfassungsbeschwerde unmittelbar gegen eine kommunale Norm scheidet deswegen aus. Aber auch eine Verfassungsbeschwerde gegen ein Normenkontrollurteil wird typischerweise ausscheiden, weil der Verwaltungsgerichtshof gem. § 47 III VwGO selbst nicht die Grundrechte der Bayerischen Verfassung an die inkriminierte Rechtsnorm anlegen darf[86].

---

[84] Sog. „Rechtssatzverfassungsbeschwerde".

[85] Art. 120 BV ist also insoweit missverständlich, als er von „Behörde" spricht.

[86] Vgl. BayVerfGH, BayVBl. 1984, 460f. Vgl. aber in einem anderen Zusammenhang BayVerfGH, BayVBl. 2012, 234ff.

f) Zusammenfassende Übersicht 53a

Übersicht 28: Rechtsbehelfe der Normadressaten

	Prinzipale Normenkontrolle § 47 VwGO	Popularklage Art. 98 (4) BV, Art. 2 Nr. 7, 55 VfGHG	Inzidentprüfung im Rahmen eines Verwaltungsstreitverfahrens § 40 I VwGO	Verfassungsbeschwerde Art. 93 I Nr. 4 a GG, §§ 13 Nr. 8 a, 90 ff. BVerfGG	Verfassungsbeschwerde Art. 66, 120 BV Art. 2 Nr. 6, 51 ff. VfGHG
Gericht	Verwaltungsgerichtshof	Verfassungsgerichtshof	Verwaltungsgericht	Bundesverfassungsgericht	Verfassungsgerichtshof
Antrags-berechtigung	1. natürliche und juristische Personen 2. Behörden, soweit sie Rechtsnormen anzuwenden haben § 47 II 1 VwGO	„jedermann", Art. 55 I VfGHG 1. natürliche Personen 2. juristische Personen des Zivilrechts und des öffentlichen Rechts	§ 61 Nr. 1 VwGO	„jedermann", § 90 I BVerfGG	„jeder Bewohner Bayerns", Art. 120 BV
Prüfungs-gegenstand	1. Rechtsvorschriften nach dem BauGB, § 47 I Nr. 1 BauGB 2. andere Rechtsvorschriften im Range unter dem Landesgesetz, § 47 I Nr. 2 VwGO i. V. m. Art. 5 AGVwGO	„Rechtsvorschriften des bayerischen Landesrechts", Art. 55 I VfGHG: Gesetze, Verordnungen, Satzungen	je nach geltend gemachtem Begehren Anfechtung oder Erlass eines VA, Feststellung, allgemeine Leistung	jeder Akt der deutschen Hoheitsgewalt, § 90 I BVerfGG, somit auch kommunale Satzungen und Verordnungen und Verwaltungsakte	Handlungen und Unterlassungen von Behörden und Gerichten, Art. 51 I VfGHG; alle hoheitlichen Maßnahmen der bayerischen Staatsgewalt: aber keine Akte der Rechtsetzung
Antragsbefugnis	1. bei Erwartung einer Rechtsverletzung, § 47 II 1 VwGO 2. als Drittrecht anwendende Behörde	1. Möglichkeit der Verletzung eines Grundrechts/grundrechtsgleichen Rechts 2. keine Selbstbetroffenheit erforderlich	Möglichkeit der Verletzung eigener Rechte, § 42 II VwGO	1. Möglichkeit der Verletzung eines Grundrechts oder grundrechtsgleichen Rechts und 2. selbst, gegenwärtig, unmittelbar, § 90 I BVerfGG	1. Rüge der Verletzung eines verfassungsmäßigen, subjektiven Rechts 2. selbst, unmittelbar, gegenwärtig
Frist	binnen Jahresfrist nach Bekanntmachung der Rechtsvorschrift, § 47 II 1 VwGO	nein	je nach Klageart	binnen Monatsfrist seit Erlass des letzten Urteils, § 93 I 1 BVerfGG	binnen zwei Monaten nach letztgerichtlicher Entscheidung, Art. 51 II 2 VfGHG
Rechtsweg-erschöpfung	nein	nein (vgl. aber § 47 IV VwGO)	nein, aber ggf. Widerspruchsverfahren möglich, § 68 VwGO i. V. m. Art. 15 AGVwGO	Rechtswegerschöpfung § 90 II 1 BVerfGG, Vorrang der Normenkontrolle gem. § 47 VwGO	ja, Art. 51 II, III VfGHG
Prüfungsmaßstab	alles über dem Prüfungsgegenstand stehende Recht mit Ausnahme der Grundrechte der BV; § 47 III VwGO	alle Vorschriften der Bayerischen Verfassung, auch objektives Verfassungsrecht; über Art. 3 BV u. U. Vereinbarkeit mit Bundesrecht und EU-Recht	anspruchsbegründende Norm und höherrangiges Recht	Grundrechte und grundrechtsgleiche Rechte des GG	gerügte verfassungsmäßige Rechte und objektives Verfassungsrecht, soweit es in den Schutzbereich des gerügten Rechts hineinwirkt; über Art. 118 I BV u. U. Vereinbarkeit mit Bundes- und EU-Recht
Entscheidung	Erklärung der Unwirksamkeit, § 47 V VwGO	Art. 25 VfGHG	je nach Klageart, § 113 VwGO	1. Gesetz wird für nichtig erklärt, § 95 III BVerfGG 2. Entscheidung hat Gesetzeskraft, § 31 II 2 BVerfGG	Art. 25 VfGHG
vorläufiger Rechts-schutz	einstweilige Anordnung, § 47 VI VwGO	einstweilige Anordnung, Art. 26 VfGHG	aufschiebende Wirkung gem. §§ 80, 80 a VwGO einstweilige Anordnung gem. § 123 VwGO	einstweilige Anordnung, § 32 BVerfGG	einstweilige Anordnung, Art. 26 VfGHG

III. Erlass von Verwaltungsakten

1. Anforderungen an den Verwaltungsakterlass

54 Die Gemeinden können auch Verwaltungsakte (Verwaltungsverfügungen gem. Art. 27 GO) erlassen. Dabei ist Rechtsgrundlage für den Verwaltungsakterlass, soweit wegen des Grundsatzes des Vorbehalts des Gesetzes eine solche erforderlich ist, nicht etwa Art. 27 I GO, sondern die spezielle Ermächtigung in einem formellen Gesetz, einer staatlichen Verordnung oder in einer von der Gemeinde selbst erlassenen Satzung oder Verordnung[87].

55 **Beispiele:** Die Gemeinden erlassen Hundesteuerbescheide, Gebühren- und Beitragsbescheide für die gemeindliche Wasserver- und -entsorgung[88], kreisfreie Gemeinden und Große Kreisstädte erteilen Baugenehmigungen und Gaststättenerlaubnisse[89] oder nehmen diese wieder zurück.

56 Wiederum erfolgt die Prüfung der Rechtmäßigkeit eines Verwaltungsakts in den vier bekannten Stufen (a) Benennung der Rechtgrundlage, (b) Prüfung der formellen und sodann der (c) materiellen Rechtmäßigkeit sowie (d) Frage nach etwaigen Fehlerfolgen. Dem Studenten bereitet hierbei gelegentlich der Prüfungsaufbau Schwierigkeiten, insbesondere dann, wenn der Verwaltungsakt seine Rechtsgrundlage z.B. in einer gemeindlichen Satzung findet, diese wiederum ihre Rechtsgrundlage in einem formellen Gesetz des bayerischen Gesetzgebers und dieses wiederum an Landesverfassungsrecht bzw. höherrangigem Bundes- und Bundesverfassungsrecht oder EU-Recht zu messen ist. Eine solche Prüfung erinnert an russische Puppen. Es ist jedoch eine Frage der konkret sachverhaltsbezogenen Choreographie, inwieweit man die Rechtsgrundlage(n) im ersten Prüfungsschritt nur benennt, ggf. auch die Ableitung der jeweiligen Rechtsgrundlagen von höherrangigen Ermächtigungsgrundlagen darstellt oder aber ggf. sogleich deren Recht- bzw. Verfassungsmäßigkeit untersucht. Einen „richtigen" Aufbau gibt es nicht; dieser muss nur den Gesetzen der Logik gehorchen und sollte mit möglichst wenigen Verweisen auskommen. Im Folgenden wird nur die Überprüfung eines belastenden Verwaltungsakts dargestellt.

a) Rechtsgrundlage

56a Zunächst wird die dem Verwaltungsakt unmittelbar zugrundeliegende Rechtsgrundlage benannt. Ist diese Rechtsgrundlage ihrerseits rechtlich zweifelhaft, ist es sinnvoll, wiederum die Ermächtigungsgrundlage für diese Rechtsgrundlage zu benennen u.s.w. Ob eine Überprüfung der Rechtsgrundlagen an höherrangigem Recht bereits hier oder weiter unten erfolgt, ist – siehe soeben – am konkreten Sachverhalt zu entscheiden.

b) Formelle Rechtmäßigkeit des Verwaltungsakts

56b In der **Zuständigkeitsprüfung** ist wiederum zunächst nach der **Verbandskompetenz** zu fragen. Ist eine gemeindliche Satzung oder Verordnung die Rechtsgrundlage, ist die Verbandskompetenz bereits zu Gunsten der Gemeinde vorgegeben. Bei Verord-

---

[87] Art. 27 I GO ist Ausprägung des Verhältnismäßigkeitsprinzips, da nur „notwendige" Verwaltungsakte erlassen werden dürfen.

[88] Solche Abgabebescheide sind Verwaltungsakte gem. § 118 AO, vgl. Art. 13 I Nr. 3b KAG.

[89] Kreisangehörige Gemeinden können dies nur im Falle besonderer, durch Verordnung bestätigter Leistungsfähigkeit, vgl. Art. 53 II 1 BayBO i.V.m. § 5 ZustVBau, § 1 I 2 BayGastV.

nungen kann auf Art. 43 LStVG verwiesen werden. Ansonsten ist die Verbandskompetenz regelmäßig der Ermächtigungsgrundlage zu entnehmen. Die **Organkompetenz** beim Verwaltungsakterlass ergibt sich wiederum aus Art. 29ff. GO. Beim Vollzug gemeindlichen Satzungs- bzw. Verordnungsrechts wird es sich häufig um laufende Angelegenheiten i.S.v. Art. 37 I 1 Nr. 1 GO handeln. Siehe hierzu insbesondere die nachfolgenden Ausführungen in § 4. Sofern nicht der erste Bürgermeister organkompetent ist, richtet sich das **Verfahren** der Beschlussfassung nach den Art. 45ff. GO. Sonstige verfahrensrechtliche Anforderungen an den Verwaltungsakterlass ergeben sich aus speziellen Rechtsgrundlagen, ergänzend insbesondere auch aus den Bestimmungen des BayVwVfG (z.B. Anhörung gem. Art. 28 BayVwVfG, Mitwirkung spezialgesetzlich vorgeschriebener Stellen, Formerfordernisse oder Begründung, Art. 39 BayVwVfG). Bezüglich der **Bekanntgabe** des Verwaltungsakts gilt Folgendes: Erlässt z.B. der Gemeinderat einen Beschluss zur Regelung eines Einzelfalls, so liegt bis dato nur ein bloßes Verwaltungsinternum vor. Zum wirksamen Verwaltungsakt wird dieser Beschluss erst dann, wenn er durch den Bürgermeister vollzogen (vgl. Art. 36 (1) GO), sprich bekannt gegeben wird, Art. 43, 41 BayVwVfG. Im Rahmen seiner Befugnis gem. Art. 59 II GO hat der erste Bürgermeister allerdings Entscheidungen, die er für rechtswidrig hält, zu beanstanden sowie ihren Vollzug auszusetzen und, soweit er es für erforderlich hält, die Rechtsaufsichtsbehörde um Entscheidung zu bitten. Dabei bedeutet Vollzugsaussetzung, wenn ein Verwaltungsakt inmitten steht, dass er den Verwaltungsakt dem Betroffenen einstweilen nicht bekannt gibt.

c) Materielle Rechtmäßigkeit des Verwaltungsakts

Im Rahmen der Prüfung der materiellen Rechtmäßigkeit wird nunmehr der Sach- **56c**
verhalt unter die den Verwaltungsakt tragende Rechtsgrundlage subsumiert. Es werden die Tatbestandsmerkmale ausgelegt, die Bestimmtheit der Maßnahme gem. Art. 37 BayVwVfG untersucht und nach der Verhältnismäßigkeit der Maßnahme gefragt, etwa eingeräumtes Ermessen auf seine fehlerfreie Betätigung überprüft. Ggf. ist die Maßnahme selbst an höherrangigem Recht zu messen und eine grundrechtliche Prüfung vorzunehmen. Bestehen Zweifel an der Rechtsgrundlage für den Verwaltungsakt, so wird wiederum an diese höherrangiges Recht angelegt. Dies ist dann im Rahmen der materiellen Rechtmäßigkeit sinnvollerweise in einem eigenen Prüfungspunkt zu untersuchen, ggf. wird diese Prüfung bereits in die Rechtsgrundlagenbenennung ausgelagert.

d) Fehlerfolgen

Diesem Prüfungspunkt ist in der Praxis wie in der Theorie besondere Aufmerksam- **56d**
keit zu widmen. Bei Rechtsnormen ist regelmäßig eine rechtsfehlerhafte Norm unwirksam bzw. nichtig. Diese Feststellung gilt für Verwaltungsakte gerade nicht. Vielmehr ist zwar bei festgestellter Rechtswidrigkeit des Verwaltungsakts zunächst nach der **Nichtigkeit** des Verwaltungsakts gem. Art. 44 BayVwVfG zu fragen. Hierbei führt Art. 44 II BayVwVfG einige absolute Nichtigkeitsgründe auf, die stets und ohne jegliche Wertung zur Nichtigkeit führen, wohingegen in Art. 44 III BayVwVfG Fallgestaltungen geregelt sind, die in der Regel nicht zur Nichtigkeit des Verwaltungsakts führen, im Rahmen einer ergänzenden Wertung aber unter Berücksichtigung der in Art. 44 I BayVwVfG festgelegten Gründe sehr wohl doch zur Nichtigkeit führen können. Eine Generalklausel enthält Art. 44 I BayVwVfG. Ist ein Verwaltungsakt nicht nichtig, sondern gewissermaßen „nur einfach rechtswidrig", so ist zu untersuchen, ob ggf. eine **Heilbarkeit** von Verfahrens- und Formfehlern gem. Art. 45 BayVwVfG in

Betracht kommt; hierbei erfolgt die Heilung regelmäßig durch Nachholung des fehlenden oder fehlerhaften und die Rechtswidrigkeit begründenden Verfahrensbestandteils. Ferner ist gem. Art. 46 BayVwVfG zu prüfen, ob der festgestellte Verfahrens- oder Formfehler möglicherweise unbeachtlich ist. Der Unterschied zwischen zu heilender Fehlerhaftigkeit gem. Art. 45 BayVwVfG und der **Unbeachtlichkeit** gem. Art. 46 BayVwVfG liegt darin, dass auf die Aufhebung eines rechtswidrigen Verwaltungsakts so lange ein Anspruch besteht, als der heilbare Fehler nicht geheilt worden ist, nach Heilung ist der Verwaltungsakt rechtmäßig geworden. Krankt der Verwaltungsakt an einem Unbeachtlichkeitsmangel gem. Art. 46 BayVwVfG, so besteht kein Aufhebungsanspruch des wegen dieses Fehlers gleichwohl rechtswidrigen Verwaltungsakts. Die Bestimmungen der Art. 45 und 46 BayVwVfG modifizieren damit die Aufhebungsansprüche rechtswidriger Verwaltungsakte. Im Übrigen darf auf die Art. 47 ff. BayVwVfG verwiesen werden.

e) Prüfungsschema:

56e **Verwaltungsakterlass**

1. Rechtsgrundlage
   a) Rechtsgrundlage benennen
   b) ggf. Vereinbarkeit der Rechtsgrundlage mit höherrangigem Recht prüfen
2. Formelle Rechtmäßigkeit
   a) Zuständigkeit
      aa) Verbandskompetenz
      bb) Organkompetenz
   b) Verfahren
      aa) kommunalrechtliches Verfahren (Beschlussfassung/Beschlussfähigkeit)
      bb) spezialgesetzliches Verfahren (z. B. Mitwirkung besonderer Stellen, Formerfordernisse)
      cc) BayVwVfG (z. B. Anhörung gem. Art. 28 BayVwVfG, Begründung gem. Art. 39 BayVwVfG)
   c) Bekanntgabe durch ersten Bürgermeister, Art. 43 I, 41 BayVwVfG, Art. 36 (1) GO
3. Materielle Rechtmäßigkeit
   a) ggf. Wirksamkeit der Rechtsgrundlage: Vereinbarkeit mit höherrangigem Recht prüfen
   b) Subsumtion unter Rechtsgrundlage, Tatbestandsmerkmale auslegen
   c) Verhältnismäßigkeit
   d) Ermessensausübung
   e) Vereinbarkeit der Maßnahme mit höherrangigem Recht und Rechtsgrundsätzen (Verfassungsrecht, Grundrechte, Bestimmtheit)
4. Fehlerfolgen
   a) Nichtigkeit, Art. 44 BayVwVfG
   b) Heilbarkeit, Art. 45 BayVwVfG: VA wird nach Heilung rechtmäßig
   c) Unbeachtlichkeit, Art. 46 BayVwVfG: VA bleibt rechtswidrig, es besteht aber kein Aufhebungsanspruch

2. Rechtsbehelfe der Verwaltungsaktadressaten

a) Verwaltungsgerichtliche Rechtsbehelfe

57 Ausführliche Erörterungen zu verwaltungsgerichtlichen Rechtsbehelfen, die gegen belastende Verwaltungsakte gerichtet sind oder auf Erlass von rechtswidrig versagten Verwaltungsakten, erübrigen sich, da Widerspruch und Anfechtungs- und Verpflichtungsklage zum Standard des Verwaltungsprozessrechts gehören. Angemerkt sei nur wenig: Rechtsfolge der Einlegung von **Widerspruch** oder **Anfechtungsklage** ist im Regelfall die **aufschiebende Wirkung,** § 80 I VwGO, die sich ungeachtet des Mei-

nungsstreits über das Wesen der aufschiebenden Wirkung[90], dahingehend auswirkt, dass der angefochtene Verwaltungsakt in seinem Regelungsgehalt suspendiert wird. Der durch einen Verwaltungsakt belastete Adressat muss dem Gebot oder Verbot zunächst nicht nachkommen. Ficht ein Dritter die Begünstigung an, darf der durch einen Verwaltungsakt begünstigte Adressat von der Begünstigung zunächst keinen Gebrauch machen. Insofern sind Widerspruch und Anfechtungsklage selbst Rechtsbehelfe des vorläufigen Rechtsschutzes. Anders stellt sich die Situation nur dann dar, wenn gem. § 80 II 1 VwGO die Suspensivwirkung entfällt, entweder kraft gesetzlicher Anordnung, § 80 II 1 Nr. 1-3 VwGO, oder kraft behördlicher Anordnung im Einzelfall, § 80 II 1 Nr. 4, III VwGO. In diesen Fällen muss sich der belastete Adressat oder Dritte gem. §§ 80 IV, V, 80a VwGO um Aussetzung der Vollziehung bzw. Anordnung oder Wiederherstellung der aufschiebenden Wirkung bemühen.

Bzgl. der Zulässigkeitsanforderungen und der Begründetheitsprüfung darf auf die **58** nachfolgende Übersicht verwiesen werden. Ergänzend nur diese Hinweise: Bei belastenden Verwaltungsakten ist ein Grundrechtseingriff, und sei es in die allgemeine Handlungsfreiheit, Art. 101 BV, Art. 2 I GG niemals ausgeschlossen, so dass der Adressat des belastenden Verwaltungsaktes die Klage- bzw. Widerspruchsbefugnis gem. § 42 II VwGO hiermit begründen kann (Adressatentheorie). Bei der Geltendmachung eines Anspruchs auf Erlass eines begünstigenden Verwaltungsakts muss die mögliche Anspruchsnorm genannt werden. Das Widerspruchsverfahren ist mit den in Art. 15 I AGVwGO genannten Ausnahmen (insbes. das Kommunalabgabenrecht) in Bayern abgeschafft (vgl. Art. 15 II AGVwGO, vgl. auch § 68 I 2 VwGO), so dass regelmäßig ohne Vorverfahren Klage einzureichen ist. Bei der Bestimmung des richtigen Beklagten ist § 78 I Nr. 1 VwGO mit seinem **Rechtsträgerprinzip** zu beachten. Die Klage ist also vollkommen unabhängig davon, in welchem Aufgabenkreis gehandelt wurde, stets gegen die handelnde Körperschaft zu richten.

b) Verfassungsbeschwerde gem. Art. 120, 66 BV, Art. 2 Nr. 6, 51 ff. VfGHG

Wie bereits oben unter Rn. 53 dargelegt, können **Beschwerdegegenstand** einer von **58a** jedem Bewohner Bayerns einzulegenden **(Antragsberechtigung)** Verfassungsbeschwerde vor dem **Bayerischen Verfassungsgerichtshof** nur hoheitliche Akte sein, die nicht Rechtsnormsetzung sind, somit also nur sonstiges Verwaltungshandeln und damit auch belastende oder Begünstigungen vorenthaltende Verwaltungsakte, vgl. Art. 51 I VfGHG. Im Rahmen der **Antragsbefugnis** ist die Verletzung eines subjektiven, verfassungsmäßigen Rechts geltend zu machen; diese muss selbst, gegenwärtig und unmittelbar vorliegen. Es gilt grundsätzlich die **Zweimonatsfrist** des Art. 51 II VfGHG. Aufgrund des Grundsatzes der **Rechtswegerschöpfung** des Art. 51 II VfGHG ist eine Verfassungsbeschwerde zum Bayerischen Verfassungsgerichtshof erst nach Erschöpfung des Verwaltungsrechtswegs gegen den Verwaltungsakt zulässig und auch nur dann, wenn nicht das Bundesverwaltungsgericht in der Sache entschieden hat, da der Verfassungsgerichtshof nicht über Sachurteile von Bundesgerichten entscheiden darf.

Zur Begründetheit und Entscheidung sowie einstweiliger Anordnung vgl. § 1, **58b** Rn. 122 f.

c) Verfassungsbeschwerde gem. Art. 93 I Nr. 4a GG, §§ 13 Nr. 8a, 90 ff. BVerfGG

Hierzu darf auf die Ausführungen oben unter Rn. 52 verwiesen werden. **58c**

---

[90] Ausführlich zum Wesen der aufschiebenden Wirkung Hufen, § 32, Rn. 1 ff.

58d d) Zusammenfassende Übersicht

Übersicht 29: Rechtsbehelfe der VA-Adressaten

	Verwaltungsstreitverfahren § 40 I VwGO	Verfassungsbeschwerde Art. 66, 120 BV Art. 2 Nr. 6, 51 ff. VfGHG	Verfassungsbeschwerde Art. 93 I Nr. 4 a GG, §§ 13 Nr. 8 a, 90 ff. BVerfGG
Gericht	Verwaltungsgericht	Verfassungsgerichtshof	Bundesverfassungsgericht
Antrags-berechtigung	§ 61 Nr. 1 VwGO	„jeder Bewohner Bayerns“, Art. 120 BV	„jedermann“, § 90 I BVerfGG
Prüfungs-gegenstand	je nach geltend gemachtem Begehren Anfechtung oder Erlass eines VA, Feststellung, allgemeine Leistung	Handlungen und Unterlassungen von Behörden und Gerichten, Art. 51 I VfGHG; alle hoheitlichen Maßnahmen der bayerischen Staatsgewalt: aber keine Akte der Rechtsetzung	jeder Akt der deutschen Hoheitsgewalt, § 90 I BVerfGG, somit auch kommunale Verwaltungsakte
Antragsbefugnis	Möglichkeit der Verletzung eigener Rechte, § 42 II VwGO	1. Rüge der Verletzung eines verfassungsmäßigen, subjektiven Rechts 2. selbst, unmittelbar, gegenwärtig	1. Möglichkeit der Verletzung eines Grundrechts oder grundrechtsgleichen Rechts und 2. selbst, gegenwärtig, unmittelbar, § 90 I BVerfGG
Frist	je nach Klageart	binnen zwei Monaten nach letztgerichtlicher Entscheidung, Art. 51 II 2 VfGHG	binnen Monatsfrist seit Erlass des letzten Urteils, § 93 I 1 BVerfGG
Rechtsweg-erschöpfung	nein, aber ggf. Widerspruchsverfahren möglich, § 68 VwGO i. V. m. Art. 15 AGVwGO	ja, Art. 51 II VfGHG	Rechtswegerschöpfung, § 90 II 1 BVerfGG,
Prüfungsmaßstab	anspruchsbegründende Norm und höherrangiges Recht	gerügte verfassungsmäßige Rechte und objektives Verfassungsrecht, soweit es in den Schutzbereich des gerügten Rechts hineinwirkt	Grundrechte und grundrechtsgleiche Rechte
Entscheidung	je nach Klageart, § 113 VwGO	Art. 25 VfGHG	vorherige Entscheidung wird aufgehoben, § 95 II BVerfGG
vorläufiger Rechts-schutz	aufschiebende Wirkung gem. §§ 80, 80 a VwGO einstweilige Anordnung gem. § 123 VwGO	einstweilige Anordnung, Art. 26 VfGHG	einstweilige Anordnung, § 32 BVerfGG

3. Verwaltungszustellung

Die Zustellung ist eine besondere Form der Bekanntgabe. Die Bekanntgabe wird definiert als amtlich veranlasste Eröffnung eines Verwaltungsakts und bestimmt sich nach Art. 41 BayVwVfG, wobei gem. Art. 37 II BayVwVfG die Bekanntgabe schriftlich, elektronisch, mündlich oder in anderer Form (konkludent) erfolgen kann. Die Zustellung hingegen ist die Bekanntgabe eines schriftlichen oder elektronischen Dokuments in der im VwZVG bestimmten Form. **59**

Die Zustellung eines gemeindlichen Verwaltungsakts richtet sich gem. Art. 41 V BayVwVfG i. V. m. Art. 1 I 1 VwZVG nach den Vorschriften des VwZVG, da Gemeinden Körperschaften i. S. v. Art. 1 I 1 VwZVG sind. Eine Ausnahme von diesem Grundsatz ergibt sich nicht aus Art. 1 I 2 VwZVG. Nach dieser Vorschrift i. V. m. §§ 73 III, 56 II VwGO wird der **Widerspruchsbescheid** gem. den Vorschriften des VwZG zugestellt. Anders als dies § 73 I 2 Nr. 3 VwGO auf den ersten Blick vermuten ließe, können die Gemeinden niemals Widerspruchsbehörde sein, vgl. Art. 119 Nr. 1 und Nr. 2 GO, also auch niemals einen Widerspruchsbescheid (der einen Verwaltungsakt darstellt) erlassen bzw. zustellen. **60**

Eine Ausnahme ergibt sich auch nicht aus Art. 1 III VwZVG, wonach die Landesfinanzbehörden nach den Vorschriften des VwZG zustellen. Zwar können Gemeinden **Abgabenbescheide** nach den Vorschriften des KAG erlassen, wobei aufgrund der dynamischen Verweisung[91] des Art. 13 KAG weitgehend Bestimmungen der AO anzuwenden sind. Doch stellt eine Gemeinde, soweit sie ihre Abgabenbescheide zustellt, selbstverständlich keine **Landesfinanzbehörde** dar. Vielmehr stellt Art. 13 I Nr. 3b KAG klar, dass Abgabenbescheide der Gemeinden gem. dem VwZVG zuzustellen sind. **61**

Gem. Art. 1 V VwZVG wird zugestellt, wenn es durch Rechtsvorschrift oder durch behördliche Anordnung bestimmt ist. Die Zustellung wird behördlicherseits dann angeordnet werden, wenn dies zweckmäßig ist, also z. B. bei Ladungen, Frist- oder Terminsbestimmungen oder wenn – ganz allgemein – ein Nachweis darüber erforderlich erscheint, dass und wann ein Verwaltungsakt bekannt gegeben wurde. Ferner gibt es eine ganze Reihe von gesetzlichen Vorschriften, die eine Zustellung vorschreiben. Wichtiges Beispiel ist Art. 23 I VwZVG: Damit ein sog. Leistungsbescheid, also ein Verwaltungsakt, mit dem eine öffentlich-rechtliche Geldleistung gefordert wird, vollstreckbar ist, muss dieser auch zugestellt worden sein, Art. 23 I Nr. 1 VwZVG. Ist bei der Anforderung von öffentlich-rechtlichen Geldleistungen die Zustellung des Leistungsbescheids unterblieben, so stellt dies ein Vollstreckungshindernis dar, die Geldleistung darf nicht vollstreckt werden (vgl. aber die Ausnahme des Art. 23 II VwZVG). **62**

Weitere Beispiele: Planfeststellungsbeschluss, Art. 74 IV 1 BayVwVfG; Nachbarzustellung der Baugenehmigung, Art. 66 I 6 und Zustellung gegenüber dem Bauherrn und der Gemeinde 68 II 3 BayBO; beamtenrechtliche Verfügungen Art. 10 BayBG; Androhung von Zwangsmitteln der Verwaltungsvollstreckung, Art. 36 VII 1 VwZVG. **63**

Die Behörde hat gem. Art. 2 III VwZVG die Wahl zwischen den einzelnen Zustellungsarten, auch soweit in den bestehenden landesrechtlichen Vorschriften eine bestimmte Zustellungsart vorgesehen ist. Die Behörde hat also grundsätzlich die freie **Wahl,** ob sie gem. Art. 3 VwZVG durch die Post (Erbringer von Postdienstleistungen) mit Zustellungsurkunde, gem. Art. 4 VwZVG durch die Post mittels Einschreiben **64**

---

[91] Dynamisch nennt man die Verweisungstechnik des Art. 13 I KAG deshalb, weil auf die jeweils geltende Fassung der AO verwiesen wird.

oder gem. Art. 5 VwZVG durch die Behörde – auch elektronisch – gegen Empfangsbestätigung zustellt. Weiter in Betracht zu ziehen sind die Sonderarten der Zustellung gem. Art. 14ff. VwZVG.

65 Von besonderem Interesse ist die **Zustellung mittels Einschreiben** durch die Post, Art. 4 VwZVG. Hierbei ist zu beachten, dass der Verwaltungsakt immer am dritten Tag nach der Aufgabe zur Post als bekannt gegeben gilt. Dies gilt ausnahmslos, also auch dann, wenn der dritte Tag auf einen Samstag, Sonn- oder gesetzlichen Feiertag fällt (Art. 31 III 1 BayVwVfG findet keine Anwendung) oder wenn der Brief nachweislich vorher zugeht. Dies gilt nur dann nicht, wenn das zuzustellende Schriftstück nicht oder zu einem späteren Zeitpunkt zugegangen ist (vgl. Art. 4 II 2 HS 2 VwZVG). Allerdings hat gem. Art. 4 II 3 VwZVG im Zweifel die Behörde den Zugang des Schriftstücks und den Zeitpunkt des Zugangs nachzuweisen.

66 Gemeinsame Vorschriften für alle Zustellungsarten enthalten die Art. 7-9 VwZVG. Gem. Art. 7 I VwZVG sind Zustellungen für eine natürliche Person, die nicht handlungsfähig i. S. d. Art. 12 BayVwVfG ist, an den gesetzlichen Vertreter zu richten. Andernfalls ist die Zustellung unwirksam. Gem. Art. 8 I VwZVG können Zustellungen an den allgemein oder für bestimmte Angelegenheiten bestimmten Vertreter gerichtet werden. Diese Zustellungen sind an ihn zu richten, wenn er schriftliche Vollmacht vorgelegt hat. Eine etwaige Zustellung an den Vertretenen ist in diesem Fall unwirksam[92]. Art. 8a VwZVG behandelt den zusammengefassten schriftlichen Bescheid an Ehegatten, ggf. mit ihren Kindern bzw. an Alleinstehende mit ihren Kindern. Besondere Bedeutung hat Art. 9 VwZVG, wonach die **Heilung von zustellungstypischen Mängeln,** die nicht in der Bekanntgabe als solcher liegen, möglich ist. Gem. Art. 9 I VwZVG gilt ein Schriftstück als in dem Zeitpunkt zugestellt, in dem es dem Empfangsberechtigten nachweislich zugegangen ist, obwohl sich die formgerechte Zustellung nicht nachweisen lässt bzw. obwohl zwingende Zustellungsvorschriften verletzt worden sind.

67 **Beispiel:** Die Zustellung wird durch die Post mittels Einschreiben vorgenommen. Allerdings lässt der Zusteller anstatt des Adressaten die Nachbarin unterschreiben und händigt dieser das Schriftstück aus. Wenn der Adressat erst nach einiger Zeit das Schriftstück zu Händen erhält, dann gilt es als in diesem Zeitpunkt zugestellt.

68 **Beispiel:** Die Putzfrau sieht einen verschlossenen und adressierten Brief auf dem Schreibtisch des ersten Bürgermeisters liegen. Sie veranlasst eine Zustellung durch die Post mit Zustellungsurkunde, wobei der Zusteller nicht die „Zustellung“ beurkundet. Eine Heilung ist nicht möglich; das Schriftstück ist weder bekannt gegeben noch zugestellt worden, da es an einer willentlichen Entäußerung durch die Behörde fehlt.

69 Eine Heilung tritt nach gesetzlicher Aufhebung des ehemaligen Art. 9 II VwZVG auch dann ein, wenn mit der Zustellung eine Frist für die Erhebung der Klage oder die Einlegung oder Begründung eines Rechtsbehelfs beginnt[93].

70 Auf die Art. 14ff. VwZVG, insbesondere auf den im Rahmen der Zustellung von Abgabebescheiden wichtigen Art. 17 VwZVG sei nur hingewiesen.

4. Verwaltungsvollstreckung

71 Die Art. 18ff. VwZVG sind anwendbar, wenn Verwaltungsakte, die zur Leistung von Geld (sog. Leistungsbescheid, vgl. Art. 23 I VwZVG) oder zu einem sonstigen

---

[92] Vgl. Kopp/Ramsauer, § 14 VwVfG, Rn. 31; § 41 VwVfG, Rn. 61.

[93] Harrer/Kugele, Kennzahl 20.09, Erl. 8.

Handeln, einem Dulden oder einem Unterlassen verpflichten oder zu einer unmittelbar kraft einer Rechtsnorm bestehenden Pflicht anhalten, vollstreckt werden sollen. Dabei kann Verwaltungsakt i. S. v. Art. 18 I VwZVG auch ein bloß feststellender Verwaltungsakt sein, der eine bereits kraft Gesetzes existierende Pflicht aktualisiert. Die Anwendung der Vollstreckungsvorschriften setzt also stets die Zwischenschaltung eines vollstreckbaren Verwaltungsakts voraus.

Auf **öffentlich-rechtliche Verträge** sind gem. Art. 61 II BayVwVfG die Art. 18ff. 72
VwZVG entsprechend anzuwenden, wenn sich gem. Art. 61 I BayVwVfG einer oder alle Vertragsschließenden der sofortigen Vollstreckung unterworfen haben. Dabei ist zu beachten, dass gem. Art. 61 I 1 BayVwVfG eine Unterwerfung unter die sofortige Vollstreckung nur bei subordinationsrechtlichen Verträgen i. S. v. Art. 54 (2) BayVwVfG möglich ist. Koordinationsrechtliche Verträge sind dagegen nicht unmittelbar vollstreckbar, Ansprüche hieraus müssen regelmäßig auf dem Klagewege durchgesetzt werden.

Gem. Art. 18 II VwZVG bleiben die Vorschriften des PAG unberührt. Dies bedeu- 73
tet zum einen, dass polizeiliche Grundverwaltungsakte (Grundverwaltungsakt wird im Folgenden der zu vollstreckende Verwaltungsakt genannt) nur nach den Vorschriften der Art. 70ff. PAG vollstreckt werden. Zum anderen verweist Art. 18 II VwZVG auf die **Vollzugshilfe** gem. Art. 2 III i. V. m. Art. 67-69 PAG. Vollzugshilfe ist die Anwendung von **unmittelbarem Zwang** (nicht aber sonstiger Zwangsmittel) gegenüber Personen oder Sachen zur Durchsetzung von Grundverwaltungsakten anderer nichtpolizeilicher Behörden. Dabei setzt der Anspruch auf Vollzugshilfe voraus, dass die zur Durchsetzung der Grundverwaltungsakte an sich zuständigen Behörden nicht über die nötigen Dienstkräfte verfügen oder ihre Maßnahmen auch nicht auf andere Weise, etwa durch Zwangsgeld oder Ersatzvornahme rechtzeitig selbst durchsetzen können[94].

Das Vollstreckungsrecht der Art. 18ff. VwZVG unterscheidet zwischen der Vollstre- 74
ckung von Verwaltungsakten, mit denen eine Geldleistung gefordert wird (Leistungsbescheide), Art. 23ff. VwZVG, und der Vollstreckung sonstiger Verwaltungsakte, Art. 29ff. VwZVG. Bei der Vollstreckung von Geldleistungen muss weiterhin unterschieden werden zwischen Verwaltungsakten, mit denen eine Geldforderung geltend gemacht wird, die dem Staat (Art. 25 VwZVG), den Gemeinden oder Gemeindeverbänden (Art. 26 VwZVG) oder sonstigen juristischen Personen des öffentlichen Rechts zusteht (Art. 27 VwZVG). Im Rahmen dieser Darstellung interessiert nur die Vollstreckung von Grundverwaltungsakten der Gemeinden und Gemeindeverbände.

Sowohl für die Vollstreckung von Leistungsbescheiden als auch für die Vollstreckung 75
sonstiger Grundverwaltungsakte müssen zunächst die sogenannten **allgemeinen Vollstreckungsvoraussetzungen** gem. Art. 19 VwZVG erfüllt sein. Gem. Art. 19 I Nr. 1 VwZVG kann ein Grundverwaltungsakt dann vollstreckt werden, wenn er nicht mehr mit einem förmlichen Rechtsbehelf angegriffen werden kann, d. h. wenn er formell bestandskräftig oder unanfechtbar ist, also wenn die Fristen gem. §§ 70 bzw. 74 VwGO, ggf. i. V. m. § 58 II VwGO, abgelaufen sind. Der Grundverwaltungsakt ist auch dann unanfechtbar, wenn an sich ein Wiedereinsetzungsverfahren gem. § 60 VwGO möglich wäre. Ob der zu vollstreckende Verwaltungsakt rechtmäßig ist oder nicht, spielt grundsätzlich keine Rolle mehr.

Ein noch nicht unanfechtbarer Verwaltungsakt kann gleichwohl vollstreckt werden, 76
wenn ein gegen diesen Grundverwaltungsakt gerichteter Rechtsbehelf kraft gesetzli-

---

[94] Vgl. zur Vollzugshilfe nach bayerischem Polizeirecht sowie zur Justiz- und Amtshilfe: Köhler, BayVBl. 1998, 453ff.

cher Anordnung gem. Art. 19 I Nr. 2 VwZVG keine aufschiebende Wirkung hat. Wann dies der Fall ist, ergibt sich aus § 80 II 1 Nr. 1-3 VwGO. Wichtiger Fall ist in diesem Zusammenhang die Anforderung öffentlicher Abgaben (Steuern, Gebühren, Beiträge) und Kosten[95] (Verwaltungsgebühren und Auslagen, vgl. Art. 1 I 1 KG). Der Gesetzgeber musste eine Ausnahme von der aufschiebenden Wirkung für solche Leistungsbescheide in das Gesetz aufnehmen. Andernfalls könnte allein zum Zwecke der Stundung der Forderung Rechtsbehelf eingelegt werden, selbst wenn der Rechtsbehelf keinerlei Erfolgsaussichten haben sollte. Weiter entfällt die aufschiebende Wirkung gem. § 80 II 1 Nr. 2 VwGO bei unaufschiebbaren Maßnahmen von Polizeivollzugsbeamten. Wegen der eindeutigen Fassung verbietet sich eine analoge Anwendung auf Maßnahmen der Sicherheitsbehörden, da diese i.d.R. problemlos Sofortvollzug anordnen können. Allerdings wird § 80 II 1 Nr. 2 VwGO entsprechend auf Verkehrszeichen angewendet[96]. Ebenfalls entfällt die aufschiebende Wirkung in den durch Bundesgesetz vorgeschriebenen Fällen, § 80 II 1 Nr. 3 VwGO. Diese Vorschrift hat z.B. im Zusammenhang mit § 212a I BauGB Bedeutung. Darnach haben Widerspruch und Anfechtungsklage eines belasteten Dritten gegen die bauaufsichtliche Zulassung eines Vorhabens keine aufschiebende Wirkung. Ein Grundverwaltungsakt, der weder unter Art. 19 I Nr. 1 oder Nr. 2 VwZVG fällt, kann allerdings gem. Art. 19 I Nr. 3 VwZVG i.V.m. § 80 II Nr. 4, III VwGO für sofort vollziehbar erklärt werden mit der Folge, dass die prinzipiell bestehende aufschiebende Wirkung gem. § 80 I VwGO entfällt. Ohne auf den wenig fruchtbaren Streit bezüglich des Wesens der aufschiebenden Wirkung eingehen zu wollen, folgt hieraus, dass der Verwaltungsakt „ausgenutzt" werden kann, dass also die Konsequenzen, die die Behörde an den Erlass des Verwaltungsakts geknüpft hat, sowohl von den Begünstigten als auch der erlassenden Behörde gezogen werden können, solange nicht die aufschiebende Wirkung gem. § 80 V VwGO vom Verwaltungsgericht wiederhergestellt wird oder aber der Vollzug gem. § 80 IV VwGO durch Ausgangs- oder Widerspruchsbehörde ausgesetzt wird.

77 Neben dem Vorliegen einer der in Art. 19 I Nr. 1-3 VwZVG genannten Voraussetzungen ist erforderlich, dass der Vollstreckungsschuldner seine Verpflichtung nicht rechtzeitig erfüllt, Art. 19 II VwZVG. Die Anordnungsbehörde muss also dafür gesorgt haben, dass sich aus dem jeweiligen Grundverwaltungsakt zweifelsfrei ergibt, wann die darin ausgesprochene Verpflichtung zu erfüllen ist.

78 Neben diesen sogenannten allgemeinen Vollstreckungsvoraussetzungen müssen die **besonderen Vollstreckungsvoraussetzungen** gegeben sein. Diese sind unterschiedlich geregelt für Leistungsbescheide (Art. 23-28 VwZVG) und für sonstige Verwaltungsakte, also für Grundverwaltungsakte, mit denen eine Handlung, Duldung oder Unterlassung gefordert wird (Art. 29-39 VwZVG).

79 Ein **Leistungsbescheid** kann nach Art. 23 I Nr. 1 VwZVG nur dann vollstreckt werden, wenn er dem Leistungspflichtigen **zugestellt** ist, vgl. Art. 1 V, 2ff. VwZVG. Wurde der Leistungsbescheid also dem Leistungspflichtigen bloß bekannt gegeben, so fehlt es an einer besonderen Vollstreckungsvoraussetzung; der Leistungsbescheid darf nicht vollstreckt werden[97].

---

[95] Keine Kosten i.S.d. § 80 II Nr. 1 VwGO sind solche, die erst durch ein Vollstreckungsverfahren entstehen, also verfallene Zwangsgelder gem. Art. 31 VwZVG oder Kosten der Ersatzvornahme gem. Art. 32 VwZVG, vgl. Kopp/Schenke, § 80 VwGO, Rn. 63.

[96] Kopp/Schenke, § 80 VwGO, Rn. 64.

[97] Wohl aber liegt ein wirksamer Zahlungsbefehl vor, wenn das Fachrecht nicht selbst Zustellung fordert. Zur Frage, ob eine gleichwohl erfolgende Vollstreckung nichtig oder bloß anfechtbar ist, vgl. Allesch, BayVBl. 1991, 653f.; Linhart, BayVBl. 1992, 235.

Zudem muss die Anordnungsbehörde dem Leistungspflichtigen nach Eintritt der **Fälligkeit** (Art. 23 I Nr. 2 VwZVG) eine **Mahnung** zukommen lassen, Art. 23 I Nr. 3 VwZVG. Die Mahnung ist die formgebundene Aufforderung, innerhalb einer bestimmten Frist von wenigstens einer Woche zu leisten. Die Mahnung ist kein Verwaltungsakt. Sie kann unter der Voraussetzung des Art. 23 III VwZVG unterbleiben. **80**

Unterbleibt die Zahlung des Leistungspflichtigen trotz Mahnung, so können die Gemeinden, Landkreise, Bezirke und Zweckverbände die Geldforderung beitreiben, indem sie eine Vollstreckungsanordnung erteilen, Art. 26 I i.V.m. Art. 24 I Nr. 2 VwZVG. Für die Durchführung der Vollstreckung sind dann die ordentlichen Gerichte zuständig (vgl. Art. 26 II VwZVG). **81**

Sonstige Grundverwaltungsakte, also Verwaltungsakte, mit denen eine Handlung, Duldung oder Unterlassung gefordert wird, vollstreckt die Anordnungsbehörde (Art. 20 Nr. 1 VwZVG) grundsätzlich selbst, vgl. Art. 30 I VwZVG. Voraussetzung ist, dass ein Zwangsmittel gem. Art. 36 VwZVG schriftlich angedroht worden ist. Unter Androhung ist zu verstehen die Auswahl eines bestimmten Zwangsmittels (vgl. Art. 36 III i.V.m. Art. 29 II VwZVG) unter Setzung einer Frist gem. Art. 36 I 2, 37 I 1 VwZVG. Sie ist gem. Art. 36 VII 1 VwZVG zuzustellen. Auf die vorausgehende Androhung kann in den unaufschiebbaren Fällen des Art. 35 VwZVG verzichtet werden. **82**

Das Zwangsmittel muss in angemessenem Verhältnis zu seinem Zweck stehen, es ist so zu bestimmen, dass der Betroffene und die Allgemeinheit am wenigsten beeinträchtigt werden, vgl. Art. 29 III VwZVG. Selbstverständlich kann die Ersatzzwangshaft gem. Art. 33 VwZVG stets nur ultima ratio sein. Weniger offensichtlich ist, wie das Verhältnis von Zwangsgeld zu Ersatzvornahme zu bestimmen ist. Zwar soll nach Art. 32 (2) VwZVG die Ersatzvornahme nur zulässig sein, wenn ein Zwangsgeld keinen Erfolg erwarten lässt. Das Gesetz scheint also die Ersatzvornahme als das härtere Zwangsmittel anzusehen. Allerdings kann der Betroffene insofern durch die Ersatzvornahme besser gestellt sein, als dann immerhin der geschuldete Erfolg durch die Behörde erbracht ist und der Betroffene nur noch die Kosten dafür zu zahlen hat. Aus diesem Grunde verbietet sich hier schematisches Vorgehen; ein Eingehen auf den Einzelfall ist – wie immer – geboten. **83**

Gem. Art. 38 I VwZVG ist gegen die Androhung des Zwangsmittels der förmliche **Rechtsbehelf** gegeben, der gegen den Grundverwaltungsakt zulässig ist, dessen Durchsetzung erzwungen werden soll, also ggf. Widerspruch und regelmäßig Anfechtungsklage. Wie Art. 38 I 2 VwZVG zeigt, ist der Regelfall, dass sowohl gegen Grundverwaltungsakt und Androhung gemeinsam vorgegangen wird. Allerdings kann es Fälle geben, in denen der Rechtsbehelfsführer ein Interesse daran hat, nur die Androhung, nicht aber den Grundverwaltungsakt anzugehen, insbesondere wenn er davon überzeugt ist, dass der Grundverwaltungsakt zu Recht ergangen ist, aber die Androhung unverhältnismäßig ist. **84**

Beispiel: G wird von der Gemeinde gem. Art. 7 II Nr. 3 LStVG aufgegeben, einen Baum innerhalb einer gewissen Frist zu fällen, da dieser morsch ist und auf die Straße zu fallen droht. Für den Fall der Nichterfüllung wird die Ersatzvornahme angedroht. G kennt den Zustand ihres Baumes und meint, dass die Behörde, was das Fällen des Baumes betrifft, Recht hat. Allerdings ist sie der Ansicht, dass mangels besonderer Dringlichkeit vor dem Hintergrund der Regelung des Art. 32 (2) VwZVG zunächst ein Zwangsgeld hätte angedroht werden müssen. **85**

In einem solchen Fall könnte die Androhung der Ersatzvornahme isoliert angegriffen werden. Ist der Grundverwaltungsakt für sofort vollziehbar erklärt worden, so hat der Rechtsbehelf insoweit keine aufschiebende Wirkung, § 80 II 1 Nr. 4 VwGO. Das Gleiche gilt für den Rechtsbehelf gegen die Androhung gem. § 80 II 2 VwGO i.V.m. **86**

Art. 21a VwZVG, weil bereits in der Androhung eines Zwangsmittels eine Maßnahme in der Verwaltungsvollstreckung gesehen wird. Deswegen ist ggf. der vorläufige Rechtsschutz zu bemühen.

87 Zu beachten ist noch, dass förmliche Rechtsbehelfe gegen Maßnahmen der Vollstreckungsbehörde bei Anwendung eines Zwangsmittels insoweit zulässig sind, als geltend gemacht werden kann, dass die Maßnahme eine selbständige Rechtsverletzung darstellt, Art. 38 III VwZVG.

IV. Der öffentlich-rechtliche Vertrag

1. Überblick

88 Die Gemeinde kann sich auch der Handlungsform des öffentlich-rechtlichen Vertrages gem. Art. 54ff. BayVwVfG, besser als verwaltungsrechtlicher Vertrag zu bezeichnen, bedienen[98]. Diese Handlungsform hat in der Praxis insbesondere des Städtebaurechts eine kaum zu überschätzende Bedeutung erlangt. Die Gemeinden schließen mit Grundstückseigentümern oder Investoren z.B. städtebauliche Verträge i.S.v. § 11 BauGB, insbesondere Erschließungsverträge gem. § 11 I Nr. 1 BauGB, Folgelastenverträge i.S.v. § 11 I Nr. 3 BauGB oder Durchführungsverträge zu einem vorhabenbezogenen Bebauungsplan i.S.v. § 12 I 1 BauGB und Ablösungsvereinbarungen gem. § 133 III 5 BauGB. Erwähnt seien auch die Stellplatzablösungsverträge gem. Art. 47 III Nr. 3 BayBO. Problematisch kann im Einzelfall sein, ob tatsächlich ein **verwaltungsrechtlicher Vertrag** i.S.v. Art. 54ff. BayVwVfG vorliegt oder nicht eventuell doch ein **privatrechtlicher Vertrag.** Maßgeblicher Gesichtspunkt für die Abgrenzung ist der Sachzusammenhang, d.h. ein verwaltungsrechtlicher Vertrag liegt dann vor, wenn er sich auf einen öffentlich-rechtlich geregelten Sachverhalt bezieht, auf eine Ausgestaltung oder Abänderung öffentlich-rechtlicher Verpflichtungen oder Berechtigungen abzielt[99]. Ob bzw. inwieweit ein verwaltungsrechtlicher oder privatrechtlicher Vertrag vorliegt, ist demnach eine Frage der Wertung und kann im Einzelfall schwierig zu beantworten sein. Der Gesetzgeber hat beispielsweise ganz allgemein die städtebaulichen Verträge weder als prinzipiell privat- noch öffentlich-rechtliche Verträge eingestuft, so dass insoweit ihre konkrete Ausgestaltung für die rechtliche Qualifizierung maßgeblich ist.

89 **Beispiel:** Der Bayerische Verwaltungsgerichtshof[100] qualifizierte Verträge der Gemeinden mit Grundstückseigentümern nach dem sog. „Weilheimer Modell", die typischerweise im Vorfeld der Bauleitplanung sicherstellen sollten, dass bei der Bebauung neuer Wohnbauflächen Ortsansässige bevorzugt zum Zuge kommen (sog. **Einheimischenmodelle**), zu Recht als öffentlich-rechtlich. Dies folge aus der Einbindung der sog. Einheimischenmodelle in die Bauleitplanung. Das Bundesverwaltungsgericht[101] hielt diese Verträge für privatrechtliche. Nur die Motivation für

---

[98] Mit der Bezeichnung als „öffentlich-rechtlicher Vertrag" hat der Gesetzgeber zu weit gegriffen. Unter den öffentlich-rechtlichen Vertrag fallen nämlich auch Staatsverträge und Verwaltungsabkommen nach Art. 59 II GG, völkerrechtliche und kirchenrechtliche Verträge, die keine verwaltungsrechtlichen Verträge sind. Dass die Art. 54ff. BayVwVfG nur verwaltungsrechtliche Verträge meinen, ergibt sich aus Art. 1 I BayVwVfG. Vgl. zu den Verwaltungsverträgen allgemein Maurer/Waldhoff, § 14.

[99] Kopp/Ramsauer, § 54 VwVfG, Rn. 27ff.

[100] BayVGH, BayVBl. 1991, 47ff.

[101] BVerwG, BayVBl. 1993, 405ff.

die Verträge zwischen Gemeinde und Eigentümer läge im öffentlichen Recht. Das besage aber nichts über die rechtliche Einordnung des benutzten Mittels[102].

Wird ein Vertrag als verwaltungsrechtlich erkannt, so ist für die weitere Behandlung 90 wesentlich, ob ein sog. **subordinationsrechtlicher** oder ein **koordinationsrechtlicher Vertrag** vorliegt. Eine Reihe von Vorschriften[103] sind nämlich nur auf die subordinationsrechtlichen Verträge anwendbar. Ein subordinationsrechtlicher Vertrag liegt gem. Art. 54 (2) BayVwVfG dann vor, wenn die Behörde, anstatt einen Verwaltungsakt zu erlassen, einen öffentlich-rechtlichen Vertrag mit demjenigen schließt, an den sie sonst einen Verwaltungsakt richten würde. Dieser Wortlaut trägt wenig zur Klärung der Frage, wann ein subordinationsrechtlicher Vertrag vorliegt, bei. Ein subordinationsrechtlicher Vertrag soll insbesondere nicht nur dann gegeben sein, wenn im konkreten Anwendungsfall ein Verwaltungsakt anstatt des Vertrages ergehen könnte, sondern wenn aufgrund der maßgeblichen Rechtsnormen ein Über- oder Unterordnungsverhältnis vorliegt[104]. Subordinationsrechtliche Verträge sind damit im Regelfall gegeben, wenn der Vertragsschluss zwischen Trägern öffentlicher Verwaltung als solcher und Zivilpersonen zustande kommt; koordinationsrechtliche Verträge werden im Regelfall vorliegen, wenn Träger öffentlicher Verwaltung, die alle untereinander rechtlich gleichgeordnet sind, gerade in ihrer Funktion als Hoheitsträger miteinander Verträge abschließen.

---

[102] Das Einheimischenmodell alter Prägung war bereits in § 11 I Nr. 2 BauGB („Gegenstände eines städtebaulichen Vertrags können insbesondere sein: ... *die Deckung ... des Wohnbedarfs der ortsansässigen Bevölkerung*") anerkannt. Nach dem Urteil des EuGH zum sogenannten flämischen Dekret (Urteil vom 8.5.2013 – C-197/11, C-203/11) sowie einem Vertragsverletzungsverfahren der Europäischen Kommission gegen die Bundesrepublik Deutschland ist § 11 I Nr. 2 BauGB geändert worden; zuvor haben sich im Februar 2017 das Bundesministerium für Umwelt, Naturschutz, Bau und Reaktorsicherheit und die Bayerische Staatsregierung mit der Europäischen Kommission auf Maßgaben geeinigt, die zur Anerkennung bzw. Akzeptanz von Einheimischenmodellen durch die Europäische Kommission führen. § 11 I Nr. 2 BauGB formuliert nun: „Gegenstände eines städtebaulichen Vertrags können insbesondere sein: ... *der Erwerb angemessenen Wohnraums durch einkommensschwächere und weniger begüterte Personen der örtlichen Bevölkerung*". Die Novelle des § 11 BauGB sowie die „Leitlinien für Gemeinden bei der vergünstigten Überlassung von Baugrundstücken im Rahmen des sogenannten Einheimischenmodells" (vgl. BayGT 2017, 191 ff.) führen unter der Berücksichtigung des o. g. Urteils des EuGH dazu, dass das Einheimischenmodell nur noch dem Namen nach existiert, weil die bevorzugte Berücksichtigung des Kriteriums der Ortsansässigkeit nicht mehr zulässig sein soll, sondern vielmehr soziale Kriterien bzw. sozioökonomische Faktoren den Ausschlag geben. Der Begriff des „Einheimischenmodells" sollte deswegen aufgegeben werden. Die offiziellen Stellungnahmen zu dem mit der Europäischen Kommission gefundenen Kompromiss scheinen dies anders zu sehen. Das Bundesverfassungsgericht hatte in seinem Beschluss vom 19.7.2016 (Az. 2 BvR 470/08, Rn. 40) im Zusammenhang mit der Beurteilung einer Einheimische und Auswärtige ungleich behandelnden Preisgestaltung durch ein kommunales Freizeitbad allerdings ausgeführt, dass eine ungleiche Behandlung mit Art. 3 I GG vereinbar sein kann, wenn die Gemeinde durch die Privilegierung Einheimischer das Ziel verfolge, knappe Ressourcen auf den eigenen Aufgabenbereich (Art. 28 II 1 GG) zu beschränken, Gemeindeangehörigen einen Ausgleich für besondere Belastungen zu gewähren oder Auswärtige für einen erhöhten Aufwand in Anspruch zu nehmen oder wenn die kulturellen und sozialen Belange der örtlichen Gemeinschaft dadurch gefördert oder der kommunale Zusammenhalt dadurch gestärkt werden sollen, dass Einheimischen besondere Vorteile gewährt werden. Sollte vielleicht nicht doch noch einmal ein Vorstoß bei der Europäischen Kommission versucht werden?

Vgl. insbesondere BayVGH, NVwZ 1999, 1008 ff. Vgl. zum neuem Modell Klein, KommP 2017, 170 ff.; Simon/Gleich, BayGT 2017, 258 ff.

[103] Art. 55, 56, 59 II, 61 BayVwVfG.

[104] Vgl. Kopp/Ramsauer, § 54 VwVfG, Rn. 48.

91 **Beispiel:** Eine Gemeinde kauft von einer anderen gebrauchte Ausstattung für ihren Bauhof. Diese hätte sie auch von einer Privatperson erwerben können. Die Gemeinden handelten gerade nicht in ihrer Funktion als Hoheitsträger. Es wurde ein privatrechtlicher Kaufvertrag, nicht etwa ein koordinationsrechtlicher Verwaltungsvertrag geschlossen.

92 Wichtigste Beispiele für koordinationsrechtliche Verträge sind im Kommunalrecht die Formen der kommunalen Zusammenarbeit nach dem KommZG. Wichtige Fälle der subordinationsrechtlichen Verträge finden sich vor allem im Baurecht, vgl. bereits oben, Rn. 88. Sowohl bei subordinationsrechtlichen wie koordinationsrechtlichen Verwaltungsverträgen sind **Verpflichtungs-** als auch **Verfügungsverträge** denkbar. Ebenfalls bei beiden Vertragsarten sind **Austausch-** und **Vergleichsverträge** möglich.

2. Anforderungen an den Verwaltungsvertrag

93 Die Anforderungen an den Verwaltungsvertrag dürfen in dem Zusammenhang dieser Darstellung knapp angerissen werden.

a) Vorprüfung

93a Im Rahmen einer kurzen Vorprüfung wird untersucht, ob ein **Vertrag** durch übereinstimmende Willenserklärungen, Art. 62 (2) BayVwVfG i. V. m. §§ 145 ff. BGB zustande gekommen ist, und ob dieser **verwaltungsrechtlicher** und nicht etwa zivilrechtlicher oder verfassungsrechtlicher Natur ist.

b) Grundlagenbenennung

93b Sodann wird untersucht, ob eine spezialgesetzliche Grundlage (mit ggf. besonderen Anforderungen) existiert. Hierbei darf auf die obigen Beispiele verwiesen werden. Sofern eine solche nicht gefunden wird, muss geprüft werden, ob ausdrücklich oder den die Materie regelnden gesetzlichen Zusammenhängen konkludent zu entnehmend die Handlungsform des Verwaltungsvertrags ausgeschlossen ist, vgl. bei der Steuererhebung § 155 I AO oder der Beamtenernennung § 8 II BeamStG.

c) Formelle Rechtmäßigkeit

93c Sofern eine spezialgesetzliche Grundlage gegeben ist, kann die **Verbandskompetenz** dieser entnommen werden; die **Organkompetenz** folgt wieder aus den allgemeinen kommunalrechtlichen Regelungen, vgl. nachfolgend § 4 dieser Darstellung. Nach dieser **Zuständigkeit**sprüfung werden die **Verfahren**sanforderungen untersucht; diese können sich wiederum aus spezialgesetzlichen Anforderungen ergeben. So muss z. B. ein Durchführungsvertrag gem. § 12 I 1 BauGB vor dem Satzungsbeschluss wirksam abgeschlossen worden sein. Allgemeine Anforderungen benennt Art. 58 BayVwVfG. Schließlich ist nach spezialgesetzlichen **Form**erfordernissen zu suchen: § 11 III BauGB fordert für städtebauliche Verträge grundsätzlich die Schriftform, es sei denn, es ist eine spezielle Form, wie z. B. die notarielle Beurkundung gem. § 311b BGB erforderlich, weil Grundstücke übereignet werden sollen. Gleiches ordnet die allgemeine Bestimmung des Art. 57 BayVwVfG an.

d) Materielle Rechtmäßigkeit

93d Auch hier ist wiederum nach spezialgesetzlichen Anforderungen zu suchen. § 11 BauGB stellt verschiedenste Forderungen an städtebauliche Verträge, nicht zuletzt das Koppelungsverbot des § 11 II BauGB. § 1 III 2 BauGB verbietet der Gemeinde, den

Erlass eines Bebauungsplanes zu versprechen. Allgemeine Anforderungen stellen Art. 55f. BayVwVfG für subordinationsrechtliche Vergleichs- und Austauschverträge. Schließlich muss der Vertrag mit höherrangigem Recht vereinbar sein; ein Verwaltungsvertrag kann in der konkreten Form dem Gleichbehandlungsgrundsatz widersprechen, wenn die Gemeinde in vergleichbaren Fällen Dritten günstigere Konditionen eingeräumt hat. Auch findet das Verhältnismäßigkeitsprinzip und der Grundsatz des Anspruchs auf fehlerfreie Ermessensausübung grundsätzlich Anwendung.

e) Fehlerfolgen

Sofern ein Verwaltungsvertrag ohne die erforderliche Zustimmung Dritter oder von Behörden gem. Art. 58 BayVwVfG abgeschlossen wurde, ist er schwebend unwirksam. Ansonsten ist ein Verwaltungsvertrag entweder, ganz oder teilweise, nichtig, vgl. Art. 59 BayVwVfG oder aber, selbst bei einfacher Rechtswidrigkeit, wirksam. **93e**

f) Prüfungsschema

Verwaltungsvertrag **93f**

0. Vorprüfung: Zustandekommen eines verwaltungsrechtlichen Vertrags
   a) Vertrag: übereinstimmende Willenserklärungen, Art. 62 (2) BayVwVfG i. V. m. 145 ff. BGB
   b) verwaltungsrechtlicher Vertrag
      aa) kein zivilrechtlicher Vertrag
      bb) kein verfassungsrechtlicher Vertrag

1. Benennen einer ggf. spezialgesetzlichen Grundlage (z. B. §§ 11, 12 BauGB), ansonsten: Prüfung, ob Verwaltungsvertrag als Handlungsform ausgeschlossen (Art. 54 (1) BayVwVfG)

2. Formelle Rechtmäßigkeit
   a) Zuständigkeit
      aa) Verbandskompetenz
      bb) Organkompetenz
   b) Verfahren (Art. 58 BayVwVfG; ggf. spezialgesetzlich, z. B. § 12 I BauGB)
   c) Form (Art. 57 BayVwVfG, § 311b BGB; spezialgesetzlich, z. B. § 11 III BauGB)

3. Materielle Rechtmäßigkeit
   a) Spezialgesetzliche Anforderungen (z. B. §§ 11 BauGB, 1 III 2 BauGB)
   b) Bei subordinationsrechtlichen Vergleichs- und Austauschverträgen Art. 55, 56 BayVwVfG
   c) Vereinbarkeit mit höherrangigem Recht (Grundrechte, insbesondere Gleichbehandlungsgrundsatz, Verhältnismäßigkeitsprinzip, fehlerfreie Ermessensausübung)

4. Fehlerfolgen
   a) Schwebende Unwirksamkeit (Art. 58 BayVwVfG)
   b) Nichtigkeit (Art. 59 BayVwVfG)
      u.U. nur teilweise (Art. 59 III BayVwVfG)
   c) u.U. Anpassung gem. Art. 60 BayVwVfG

V. Der privatrechtliche Vertrag

Der privatrechtliche Vertrag spielt selbstverständlich eine Rolle im Rahmen der Be- **94**
schaffung derjenigen Hilfsmittel, die die Verwaltung zur Aufgabenbewältigung benötigt, sog. **fiskalische Hilfsgeschäfte der Verwaltung**[105].

Beispiele: Die Stadtverwaltung schafft Büromaterial an, §§ 433, 929 BGB, es werden Räum- **95**
lichkeiten angemietet, §§ 535ff. BGB, Werkaufträge bzgl. der stadteigenen Kraftfahrzeuge ver-

---

[105] Vgl. nur Maurer/Waldhoff, § 3, Rn. 20.

geben, §§ 631 ff. BGB. Die Gemeinde vergibt an einen Architekten einen Architektenvertrag, §§ 650p ff. und später einen Bauvertrag zur Herstellung des Bauwerks, §§ 650a ff. BGB. In diesen Zusammenhängen sind stets vergaberechtliche Anforderungen zu beachten.

96 Teilweise treten Hoheitsträger im wirtschaftlichen Verkehr wie Private auf, ohne dass ihr Handeln der Erfüllung öffentlicher Zwecke dienen würde, sog. **erwerbswirtschaftliche Betätigung der Verwaltung**[106]. Oftmals handelt es sich dabei um traditionelle Unternehmen.

97 **Beispiel:** Ratskeller, Molkereien, kommunale Betriebe der Urproduktion.

98 Vor allem aber wird der privatrechtliche Vertrag auch zur Erfüllung unmittelbarer öffentlicher Aufgaben im Bereich der Daseinsvorsorge benutzt, sog. **Verwaltungsprivatrecht,** in dem freilich auch eine unmittelbare Grundrechtsbindung gegeben ist[107]. Ein genaueres Eingehen auf diese Handlungsform erübrigt sich, da diese bereits unter § 2, Rn. 58 ff., 65 ff. genauer vorgestellt wurde. Bezüglich der speziellen Anforderungen, insbesondere des im Rahmen von Beschaffungsvorgängen so bedeutenden Vergaberechts, muss auf die einschlägige Literatur verwiesen werden.

---

[106] Vgl. nur Maurer/Waldhoff, § 3, Rn. 24.
[107] BVerfG, Beschl. v. 19.7.2016, Az. 2 BvR 470/08, Rn. 25 ff.

§ 4 Die für die kommunalen Gebietskörperschaften Handelnden und ihre Kompetenzen

I. Vorbemerkung

1 Juristische Personen des öffentlichen wie auch des privaten Rechts sind als Ergebnis juristischer Erfindungsgabe[1] als solche nicht handlungsfähig. Vielmehr bedürfen sie hierfür der Organe[2], deren Funktionen wieder von natürlichen Personen, den sog. Organwaltern, wahrgenommen werden. Zwar ist eine juristische Person rechtsfähig[3], es gebricht ihr aber an der unmittelbaren Handlungsfähigkeit. Auch juristische Personen des öffentlichen Rechts, in diesem Zusammenhang vor allem die kommunalen Gebietskörperschaften, brauchen daher Menschen, die für sie handeln, einen Willen bilden und sie handlungsfähig machen[4]. Als **Organ** wird bezeichnet ein durch Rechtssätze begründetes eigenständiges, institutionelles Subjekt von Zuständigkeiten zur Wahrnehmung der Rechte und Pflichten der juristischen Person[5]. Davon ist zu unterscheiden der **Organwalter,** also der Mensch, der konkret die den Organen zugewiesenen Tätigkeiten ausübt. Das Organ ist eine durchaus organisatorisch selbständige Einrichtung, die unabhängig vom Wechsel der Organwalter besteht.

2 Art. 29 GO bestimmt, dass die Gemeinde durch den Gemeinderat verwaltet wird, soweit nicht der erste Bürgermeister gem. Art. 37 GO entscheidet. Vom Gesetz werden diese beiden für die Gemeinde handelnden Organe als sog. **Hauptorgane** bezeichnet. Sonstige Stellen in der Gemeindeverwaltung können darnach nur noch Neben-, Hilfsorgane oder Hilfskräfte (vgl. Überschrift des 1. Abschnitts des 2. Teils der Gemeindeordnung) darstellen. Die Gemeindeordnung ordnet weder den Gemeinderat dem ersten Bürgermeister über noch umgekehrt. Vielmehr haben beide Hauptorgane originäre und abgegrenzte Zuständigkeiten, die prinzipiell von dem anderen Organ zu achten sind. Im Falle der Missachtung der Organzuständigkeit ist das nach außen gerichtete Verwaltungshandeln i. d. R. rechtswidrig, im Verhältnis der Organe zueinander kann es zu sogenannten **Kommunalverfassungsstreitigkeiten**[6] kommen. Organzuständigkeiten des einen Organs sind an sich nicht auf das andere Organ übertragbar, es sei denn, das Gesetz bestimmt etwas anderes, vgl. Art. 37 II, 32 II GO[7]. Solcherlei

---

[1] Zur Fiktionstheorie und der Theorie von der realen Verbandskörperschaft vgl. Handwörterbuch zur Deutschen Rechtsgeschichte, Spalten 1147ff. m. w. N.

[2] Vgl. § 1, Rn. 37ff.

[3] Rechtsfähigkeit bedeutet die Fähigkeit, Träger von Rechten und Pflichten zu sein. Natürliche Personen sind kraft ihrer Existenz rechtsfähig; juristischen Personen wird diese Fähigkeit von der Rechtsordnung verliehen.

[4] Vgl. Maurer/Waldhoff, § 21, Rn. 19.

[5] Vgl. Hölzl/Hien/Huber, Art. 29 GO, Erl. 3.

[6] Vgl. unten, Rn. 142ff.

[7] Einen instruktiven Fall bietet BayVGH, BayVBl. 2004, 494ff.: Hier hatte eine kreisfreie Stadt einem eigens errichteten städtischen Volksfestbeirat, der kein beschließender Ausschuss war, die Entscheidung nach § 70 GewO über die Zulassung zu Standplätzen des Volksfests übertragen. Hierin lag die Übertragung von Entscheidungsbefugnissen des an sich gem. Art. 37 I 1 Nr. 1 GO zuständigen Oberbürgermeisters an ein von der GO nicht vorgesehenes Organ. Solche Verstöße können, wenn wie hier der Verwaltungsakterlass inmitten steht, nicht gem. Art. 45 BayVwVfG geheilt oder gem. Art. 46 BayVwVfG unbeachtlich werden.

übertragene oder abgeleitete nennt man auch derivative (in Abgrenzung zu den originären) Kompetenzen.

3 Da der Großteil gemeindlicher Willensbildung und sonstigen gemeindlichen Handelns durch die Hauptorgane Gemeinderat und erster Bürgermeister wahrgenommen wird, kann von einer **dualistischen Ratsverfassung** gesprochen werden, wie Art. 29 GO aufzeigt[8].

4 Obschon die beiden Hauptorgane klar zu trennende Zuständigkeitsbereiche haben, hat die Gemeindeordnung ein gewisses Zusammenwirken zwischen ihnen[9] vorgesehen. So ist der erste Bürgermeister, der als Vorsitzender die Gemeinderatssitzungen leitet, Mitglied des Gemeinderats, dessen Beschlüsse er vollzieht oder bei angenommener Rechtswidrigkeit beanstandet und deren Vollzug er aussetzt. Bei der Wahrnehmung der monokratischen Zuständigkeiten aus Art. 37 I 1 Nr. 1 GO kann der Gemeinderat vom ersten Bürgermeister zu befolgende Richtlinien bezüglich der Wahrnehmung der Zuständigkeiten aufstellen, Art. 37 I 2 GO.

5 Da Art. 29 GO von Hauptorganen spricht, stellt sich die Frage, welche weiteren (Neben-, Hilfs-)Organe die Gemeindeordnung noch vorsieht. Die diesbezügliche Diskussion ist im Detail kontrovers[10]. Auch bezüglich weiterer Stellen in der Gemeindeverwaltung herrscht Unklarheit. Praktische Bedeutung kommt dieser Frage jedoch regelmäßig nicht zu. Von daher darf von einer Darstellung des Diskussionsstandes im Hinblick auf die Organstellung im Einzelnen abgesehen werden. Vielmehr darf ganz allgemein darauf verwiesen werden, dass für die Gemeinden unterschiedliche Handelnde tätig werden.

5a Übersicht 30: Die auf Gemeindeebene Handelnden

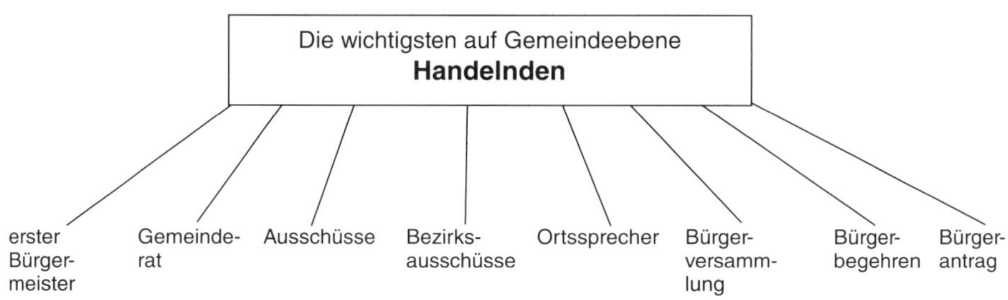

II. Der erste Bürgermeister

1. Die Rechtsstellung des ersten Bürgermeisters

6 Der **erste Bürgermeister,** in kreisfreien Gemeinden und in Großen Kreisstädten **Oberbürgermeister** genannt (vgl. Art. 34 I 2 GO), wird von den Gemeindebürgern (Art. 15 II GO) direkt mit der absoluten Mehrheit der abgegebenen gültigen Stimmen

[8] Vgl. z.B. Knemeyer, BayVBl. 1990, 590.

[9] Vgl. Hölzl/Hien/Huber, Art. 29 GO, Erl. 2.

[10] Vgl. im Hinblick auf den beschließenden Ausschuss die Rechtsprechung des BayVGH: Gegen die Organqualität BayVGH, BayVBl. 1982, 536. Dafür: BayVGH, BayVBl. 1988, 433; Vgl. auch Prandl/Zimmermann/Büchner/Pahlke, Art. 29 GO, Erl. 1; Hölzl/Hien/Huber, Art. 29 GO, Erl. 3; Widtmann/Grasser/Glaser, Art. 29 GO, Rn. 2c.

(Art. 17 GO, Art. 46 GLKrWG[11]) für sechs Jahre (Art. 41 I, 42 I GLKrWG) gewählt. EU-Ausländer sind nicht zum ersten Bürgermeister wählbar, Art. 39 I GLKrWG[12].

Der erste Bürgermeister ist unabhängig davon, ob er berufsmäßiger oder ehren- 7 amtlicher Bürgermeister ist, **Beamter der Gemeinde,** Art. 34 I 1 GO, so dass gem. Art. 1 II Nr. 1 KWBG das Gesetz über Kommunale Wahlbeamte Anwendung findet[13].

Zwangsläufig ist der erste Bürgermeister **berufsmäßiger Bürgermeister** (also Be- 8 amter auf Zeit) in kreisfreien Gemeinden, Großen Kreisstädten und kreisangehörigen Gemeinden, die mehr als 10000 Einwohner haben (vgl. Art. 34 I 3, II 1 GO)[14]. Aber auch in jeder kleineren Gemeinde kann der erste Bürgermeister berufsmäßiger Bürgermeister sein. Für kreisangehörige Gemeinden mit mehr als 5000 Einwohnern geht das Gesetz davon aus, dass im Regelfall die Stellung als erster Bürgermeister als Beamtenstellung auf Zeit ausgestaltet sein soll, vgl. Art. 34 I 3 i.V.m. II 1 GO. Für kreisangehörige Gemeinden mit weniger als 5000 Einwohnern sieht das Gesetz eine solche Notwendigkeit nicht, gleichwohl kann der Gemeinderat durch Satzung bestimmen, dass der erste Bürgermeister Beamter auf Zeit sein soll, Art. 34 II 2 GO.

Soweit der Gemeinderat in kreisangehörigen Gemeinden mit weniger als 10000 9 Einwohnern die Möglichkeit hat, das Amt des ersten Bürgermeisters als ehrenamtliches oder berufsmäßiges auszugestalten, darf er sich selbstverständlich ausschließlich von rechtlich relevanten Aspekten leiten lassen. Das Amt des ersten Bürgermeisters sollte nur dann zum berufsmäßigen ausgestaltet werden, wenn es die Arbeitskraft des Organwalters voll in Anspruch nehmen wird und daneben ein bürgerlicher Beruf nicht mehr ausgeübt werden kann.

Die Unterscheidung zwischen berufsmäßigem und ehrenamtlichem ersten Bürger- 10 meister ist auch deswegen erheblich, weil wenige rechtliche Folgen hiervon abhängen, vgl. 42 II Nr. 2 GO.

Schließlich sei noch darauf hingewiesen, dass das Gesetz keinerlei fachliche Voraus- 11 setzungen für die Wählbarkeit zum ersten Bürgermeister fordert.

2. Die Rechtsstellung der weiteren Bürgermeister

Gem. Art. 35 I 1, II GO wählt der Gemeinderat aus der Mitte seiner ehrenamtli- 12 chen (nicht aber berufsmäßigen) Gemeinderatsmitglieder für die Dauer der Wahlzeit

---

[11] Stichwahl, wenn keiner der Bürgermeisterkandidaten im ersten Wahlgang die absolute Mehrheit erhält.

[12] Hierzu: Wollenschläger/Schraml, BayVBl. 1995, 385ff.; Engelken, BayVBl. 1996, 389ff.; Ulrich, BayVBl. 1998, 746ff.; VG Ansbach, BayVBl. 1998, 346ff.; BayVerfGH, BayVBl. 1997, 495ff.

[13] Beamte im staatsrechtlichen Sinn (vgl. Art. 94 I BV) sind entweder ernannte Beamte oder Wahlbeamte. Für ernannte Beamte des Freistaates Bayern, der Gemeinden, der Landkreise und Bezirke sowie der sonstigen unter der Aufsicht des Staates stehenden Körperschaften, Anstalten und Stiftungen des öffentlichen Rechts regelt das Bayerische Beamtengesetz die Rechtsbeziehungen zwischen Dienstherren und Beamten (vgl. Art. 1-3 BayBG), während das Bundesbeamtengesetz nur für die Bundesbeamten gilt (vgl. §§ 1, 2 BBG). Für die kommunalen Wahlbeamten (vgl. Art. 1 KWBG) regelt das Gesetz über die kommunalen Wahlbeamten das Beamtenverhältnis zwischen Dienstherren und Beamten. Die kommunalen Wahlbeamten sind entweder Beamte auf Zeit (berufsmäßige Beamte) oder Ehrenbeamte. Ehrenbeamte üben ihr Amt neben ihrem bürgerlichen Beruf aus; deswegen erhalten sie auch keine Dienstbezüge, sondern gem. Art. 53 ff. KWBG eine Entschädigung.

[14] Bzgl. der maßgeblichen Einwohnerzahl vgl. Art. 34 III GO.

des Gemeinderats[15] **einen oder zwei weitere Bürgermeister.** Ob der Gemeinderat einen oder zwei weitere Bürgermeister wählt, wird nicht durch Satzung, sondern durch einfachen Beschluss bestimmt. Hingegen muss der Gemeinderat durch Satzung bestimmen, ob die weiteren Bürgermeister in Abweichung vom Regelfall der ehrenamtlichen Ausübung Beamte auf Zeit und damit berufsmäßige weitere Bürgermeister sein sollen. Gem. Art. 51 IV, III GO muss die Wahl der weiteren Bürgermeister in geheimer Abstimmung durchgeführt werden. Der Ausschluss wegen persönlicher Beteiligung gilt gem. Art. 49 II Nr. 1 GO bei Wahlen i. S. v. Art. 51 III GO nicht, so dass das kandidierende Gemeinderatsmitglied sich selbst wählen kann und bei Anwesenheit sogar zur Stimmabgabe verpflichtet ist.

13 Nicht verwechselt werden dürfen die weiteren Bürgermeister i. S. v. Art. 35 GO mit den sogenannten **weiteren Stellvertretern** i. S. v. Art. 39 I 2 GO. Zur rechtlichen Bedeutung von weiteren Bürgermeistern und weiteren Stellvertretern s. unten Rn. 44 ff.

3. Kompetenzen des ersten Bürgermeisters

14 Die Kompetenzen des ersten Bürgermeisters sind mannigfaltig. Zunächst ist der erste Bürgermeister **Mitglied des Gemeinderats** (Art. 31 I GO), nicht aber Gemeinderatsmitglied i. S. v. Art. 31 II GO. Darüber hinaus kommen dem ersten Bürgermeister **echte Willensbildungskompetenzen** als monokratischem Organ zu. Besonders ist hier Art. 37 GO zu nennen. Eine weitere Willensbildungsbefugnis nach rechtsaufsichtlicher Ermächtigung enthält Art. 114 GO, wonach der erste Bürgermeister bei Beschlussunfähigkeit des Gemeinderats bzw. bei Weigerung, gesetzmäßige Anordnungen auszuführen, als Ersatzorgan handeln kann. Von diesen Willensbildungsbefugnissen sind **sonstige Handlungskompetenzen** zu unterscheiden. In diesem Zusammenhang ist besonders auf die Vollziehungskompetenz bezüglich der vom Gemeinderat und seinen beschließenden Ausschüssen gefassten Beschlüsse gem. Art. 36 (1) GO zu verweisen. Weiterhin muss der erste Bürgermeister gem. Art. 59 II GO Entscheidungen des Gemeinderats oder seiner beschließenden Ausschüsse beanstanden und ihren Vollzug aussetzen, soweit er sie für rechtswidrig hält. Der erste Bürgermeister beruft gem. Art. 18 I 1 GO eine Bürgerversammlung ein, in der er den Vorsitz führt, vgl. Art. 18 III 3 GO. Gem. Art. 31 IV 5 GO nimmt er den Gemeinderatsmitgliedern den Eid ab. Ihm steht das Reklamationsrecht gem. Art. 32 III 1 GO zu. Gem. Art. 33 II 1 GO führt er im Regelfall in den Ausschüssen den Vorsitz. Gem. Art. 38 I 1 GO vertritt er die Gemeinde nach außen. Gem. Art. 39 II GO kann der erste Bürgermeister im Rahmen der Geschäftsverteilung einzelne seiner Befugnisse den weiteren Bürgermeistern und Gemeinderatsmitgliedern oder Gemeindebediensteten übertragen. Gem. Art. 46 I 1 GO leitet und verteilt im Rahmen der Geschäftsordnung der erste Bürgermeister die Geschäfte. Gem. Art. 46 II 1 GO bereitet er die Beratungsgegenstände vor, die in der Gemeinderatssitzung oder in beschließenden Ausschüssen zu erledigen sind. Gem. Art. 53 GO handhabt er die Sitzungsordnung. Gem. Art. 54 II GO ist die Niederschrift über die Verhandlungen des Gemeinderats vom Vorsitzenden und vom Schriftführer zu unterzeichnen. Gem. Art. 56a III 2 GO verpflichtet der erste Bürgermeister seine Stellvertreter, in Geheimhaltungsangelegenheiten auch tatsächlich Geheimhaltung zu wahren. Er führt

---

[15] Damit ist die Wahlzeit der weiteren Bürgermeister angepasst an die Dauer der Wahlzeit des Gemeinderats, was selbstverständlich ist, da die weiteren Bürgermeister ja aus der Mitte der ehrenamtlichen Gemeinderatsmitglieder gewählt werden. Eine Abwahl der weiteren Bürgermeister vor Ablauf der Amtszeit ist unzulässig (Hölzl/Hien/Huber, Art. 35 GO, Erl. 2).

die Dienstaufsicht, Art. 37 IV GO, und ist Dienstvorgesetzter über die Gemeindebeamten, Art. 43 III GO.

a) Der erste Bürgermeister als Mitglied des Gemeinderats

Wie bereits erwähnt, ist der erste Bürgermeister zwar nicht Gemeinderatsmitglied, 15 vgl. Art. 31 II, I GO, wohl aber **Mitglied des Gemeinderats.** Insoweit ist er **primus inter pares,** d.h. er nimmt an den Gemeinderatssitzungen durch Beratung und Abstimmung als vollberechtigtes Mitglied des Gemeinderats teil, dessen Sitzungen er als Vorsitzender leitet, Art. 36 (1) GO.

Beispiel: Soweit die Teilnahme an Beratung und Abstimmung in der Sitzung inmitten steht, 16 unterfällt der erste Bürgermeister genauso wie alle anderen Gemeinderatsmitglieder der Befangenheitsvorschrift des Art. 49 GO. Art. 38 I KWBG oder Art. 36 (2) GO sind insoweit nicht einschlägig.

Allerdings gibt seine Stimme nicht, wie man vermuten könnte, den Ausschlag; 17 vielmehr ist bei Stimmengleichheit der Antrag nach Art. 51 I 2 GO abgelehnt. Gleiches gilt für die Abstimmung in den beschließenden Ausschüssen, vgl. Art. 45 II 2 GO.

b) Der erste Bürgermeister als Willensbildungsorgan

Wie Art. 37 I GO zeigt („der erste Bürgermeister erledigt in **eigener** Zuständig- 18 keit"), ist der erste Bürgermeister in Wahrnehmung mancher Kompetenzen monokratisches **Willensbildungsorgan** der Gemeinde.

Besonders bedeutsam ist die eigenständige Wahrnehmung der **laufenden Angele-** 19 **genheiten,** die für die Gemeinde keine grundsätzliche Bedeutung haben und keine erheblichen Verpflichtungen erwarten lassen, Art. 37 I 1 Nr. 1 GO. Diese Voraussetzungen müssen kumulativ vorliegen. Dem ersten Bürgermeister kommen daher keine Entscheidungsbefugnisse zu, wenn es sich nicht um Routineangelegenheiten des alltäglichen Verwaltungslebens handelt. Auch Angelegenheiten nebensächlicher Bedeutung sind damit vom Gemeinderat zu erledigen, wenn sie nur selten genug zur Entscheidung anstehen[16]. Was eine Routineangelegenheit darstellt, wird sich demnach vor allem nach der Größe, Verwaltungskraft und Struktur der Gemeinde bestimmen. Was beispielsweise in der Landeshauptstadt München eine laufende Angelegenheit ist, kann in einer kreisangehörigen Gemeinde eine Entscheidung von bedeutender Tragweite sein. Damit sich die Wahrnehmung laufender Angelegenheiten gem. Art. 37 I 1 Nr. 1 GO nicht als Hort dauernder Abgrenzungsschwierigkeiten und ggf. sogar Kommunalverfassungsstreitigkeiten erweist, können die Gemeinden **Richtlinien** gem. Art. 37 I 2 GO erlassen. Diese können sich neben der Art und Weise der Aufgabenerfüllung auch mit der Abgrenzung der laufenden Angelegenheiten i.S.d. Art. 37 I 1 Nr. 1 GO befassen. Zwar können diese Richtlinien nicht die gesetzliche Zuständigkeitsverteilung abändern. Art. 37 I 2 GO weist aber dem Gemeinderat einen gerichtlich nur eingeschränkt überprüfbaren Spielraum zu, den unbestimmten Rechtsbegriff mit Blick auf die Verhältnisse der Gemeinde konstitutiv zu konkretisieren. Die Richtlinien des Art. 37 I 2 GO unterliegen der Normenkontrolle des § 47 I Nr. 2 VwGO i.V.m. Art. 5 AGVwGO[17].

Die Angelegenheiten gem. Art. 37 I 1 Nr. 2, Nr. 3 GO (Angelegenheiten im Ver- 20 teidigungs- und Geheimhaltungsbereich) bedürfen keiner weiteren Darstellung.

---

[16] Vgl. Hölzl/Hien/Huber, Art. 37 GO, Erl. II 1.
[17] Vgl. BayVGH, BayVBl. 2006, 373ff.

21 Gem. Art. 37 II GO kann der Gemeinderat dem ersten Bürgermeister durch die Geschäftsordnung (nicht durch Satzung!) **weitere Angelegenheiten zur selbständigen Erledigung übertragen,** so dass insoweit eine derivative Zuständigkeit des ersten Bürgermeisters entsteht. Ein Übertragungsverbot gilt für den Erlass von Satzungen und für Angelegenheiten, die nach Art. 32 II 2 GO nicht auf beschließende Ausschüsse übertragen werden können sowie gem. Art. 42 I 1 LStVG für den Erlass von Verordnungen.

22 Ein Rückholrecht für den Einzelfall hat der Gemeinderat nicht; selbstverständlich bleibt hiervon die Befugnis, die Übertragung allgemein zu widerrufen, unberührt, vgl. Art. 37 II 2 GO.

23 Eine Übertragung gem. Art. 37 II GO bietet sich auch insoweit an, als bei der Abgrenzung von laufenden Angelegenheiten i. S. v. Art. 37 I 1 Nr. 1 GO Unsicherheiten erwartet werden.

24 **Beispiel:** Die Muster der Geschäftsordnungen des Bayerischen Gemeindetags sehen bei der Beschreibung der Aufgaben des ersten Bürgermeisters vor, dass ihm Aufgaben nach Maßgabe von Art. 37 II GO zur selbständigen Erledigung übertragen sind, sofern die aufgeführten Aufgaben nicht als laufende Angelegenheiten anzusehen wären.

25 Gem. Art. 37 III GO ist der erste Bürgermeister befugt, anstelle des Gemeinderats oder eines Ausschusses **dringliche Anordnungen** zu treffen und **unaufschiebbare Geschäfte** zu besorgen, wenn eine Entscheidung des zuständigen Kollegialorgans nicht rechtzeitig herbeigeführt werden kann, wenn also Angelegenheiten vorliegen, die nicht ohne Nachteil für die Gemeinde, für die Allgemeinheit oder für die Beteiligten aufgeschoben werden können, bis der Gemeinderat oder der zuständige Ausschuss zur Beschlussfassung zusammentritt. Da die Beschlussfähigkeit gem. Art. 47 II GO eine der Geschäftsordnung gemäße Ladung erfordert, ist jedenfalls Unaufschiebbarkeit zu bejahen, wenn die Ladungsfrist nach der Geschäftsordnung des Gemeinderats nicht eingehalten werden kann und die Geschäftsordnung eine hinreichende Verkürzung der Ladungsfrist nicht zulässt[18]. Der erste Bürgermeister hat von der Ausübung seiner Eilentscheidungsbefugnis dem Gemeinderat oder dem Ausschuss in der nächsten Sitzung Kenntnis zu geben, damit das zuständige Kollegialorgan gegebenenfalls die Entscheidung des ersten Bürgermeisters durch Beschlussfassung korrigieren oder revidieren kann, Art. 37 III 2 GO. Die Eilentscheidungsbefugnis betrifft nach der hier vertretenen Meinung wegen des klaren Wortlauts nur Einzelfallentscheidungen; eine Normsetzungskompetenz kann der erste Bürgermeister auf Art. 37 III GO nicht stützen[19]. Allerdings ist Art. 42 II LStVG zu beachten, der als Spezialvorschrift Art. 37 III GO vor-

---

[18] In der Praxis ist in der Geschäftsordnung jedoch in dringenden Fällen meist eine Verkürzung der Ladungsfrist auf drei Tage vorgesehen. Der BayVGH (Beschluss vom 13.8.2014, Az. 22 CS 14.1224, Rn. 24) hat aus Anlass der Stellung eines Antrags auf Zurückstellung gem. § 15 III BauGB ausgeführt: „Die Dringlichkeit einer Anordnung in zeitlicher Hinsicht kann vorliegen, wenn die spätere Befassung des Gemeinderats zu spät käme. Entsprechend dem Verhältnismäßigkeitsgrundsatz kommt eine Einberufung einer Sondersitzung nur bei schwerwiegenden Entscheidungen in Betracht und wenn kein fester Sitzungsplan besteht, der Terminkollisionen vermeiden, die Beschlussfähigkeit sichern und den Gemeinderatsmitgliedern eine ordnungsgemäße Sitzungsvorbereitung ermöglichen soll. Daher liegt im Regelfall eine Dringlichkeit in zeitlicher Hinsicht bereits vor, wenn die nächste planmäßig stattfindende Gemeinderatssitzung nicht mehr abgewartet werden kann“.

[19] Strittig; a. A. und differenzierend: Hölzl/Hien/Huber, Art. 37 GO, Erl. IV.4; Widtmann/Grasser/Glaser, Art. 37 GO, Rn. 16; Bauer/Böhle/Ecker, Art. 37 GO, Rn. 13; Prandl/Zimmermann/Büchner/Pahlke, Art. 37 GO, Erl. 9; wie hier Knemeyer, Rn. 244. Vgl. auch zur bejahten Zulässigkeit eines Veränderungssperrenerlasses nach Art. 37 III GO BayVGH, BayVBl. 2007, 239ff.

geht. Hiernach kann der erste Bürgermeister **dringliche Verordnungen** anstelle des Gemeinderats erlassen.

Eine weitere Willensbildungsbefugnis besitzt der erste Bürgermeister auch gem. 26
Art. 114 I GO. Darnach kann die Rechtsaufsichtsbehörde den ersten Bürgermeister ermächtigen, anstatt des Gemeinderats zu handeln, wenn der geordnete Gang der Verwaltung durch Beschlussunfähigkeit des Gemeinderats oder durch seine Weigerung, gesetzmäßige Anordnungen der Rechtsaufsichtsbehörde auszuführen, ernstlich behindert ist. Bei der Anwendung des Art. 114 I GO ist jedoch zu beachten, dass es sich hierbei um eine ultima-ratio-Vorschrift handelt. Eine **Beauftragung des ersten Bürgermeisters** ist nur dann zulässig, wenn Alternativen zur Wiederherstellung der Handlungsfähigkeit nicht in Betracht kommen.

Beispiel:[20] Kann ein Bebauungsplan deshalb nicht erlassen werden, weil die Mehrheit der 27
Mitglieder des Gemeinderats Grundstückseigentümer im Geltungsbereich des zu erlassenden Bebauungsplanes sind und deshalb eine persönliche Beteiligung i. S. v. Art. 49 I GO vorliegt, so kann eine (u. U. mehrfache) Aufteilung des Plangebiets zur Wiederherstellung der Beschlussfähigkeit des Gemeinderats führen. Die Beauftragung des ersten Bürgermeisters gem. Art. 114 I GO wäre unzulässig. Eine solche Aufspaltung in mehrere Bebauungspläne ist allerdings nur zulässig, wenn die Verwirklichung des Planungsziels nicht vereitelt oder unverhältnismäßig erschwert wird.

Beispiel: Ist der Gemeinderat ausschließlich deswegen beschlussunfähig, weil trotz ordnungs- 28
gemäßer Ladung weniger als die Mehrheit der Mitglieder erscheinen (vgl. Art. 47 II GO), so kann Beschlussfähigkeit dadurch hergestellt werden, dass gem. Art. 47 III GO der Gemeinderat zum zweiten Mal zur Verhandlung über denselben Gegenstand zusammengerufen wird. Einer Einsetzung des ersten Bürgermeisters bedarf es in diesem Fall daher ebenfalls nicht[21].

Eine praxisrelevante Besonderheit regelt Art. 23 III GLKrWG, wonach der erste 29
Bürgermeister bis zum Zusammentritt des neugewählten Gemeinderats allein handlungsbefugtes Hauptorgan ist.

c) Sonstiges Handeln des ersten Bürgermeisters

Dem ersten Bürgermeister kommen über die Willensbildungsakte hinaus zahlreiche 30
sonstige Handlungskompetenzen zu. Diese werden im jeweiligen Zusammenhang dargestellt; vor allem die Handlungsbefugnisse im Zusammenhang mit Vorbereitung und Durchführung von Gemeinderats- und Ausschusssitzungen sind in § 5 detailliert erläutert.

aa) Vollzug von Gemeinderatsbeschlüssen, Aussetzen des Vollzugs

Gem. Art. 36 (1) GO **vollzieht** der erste Bürgermeister die **Beschlüsse** des Ge- 31
meinderats. Für auf Außenwirkung gerichtete Beschlüsse ist zu beachten, dass der erste Bürgermeister diesen erst zu ihrer Außenwirkung verhilft. Wollen der Gemeinderat oder die beschließenden Ausschüsse Verwaltungsakte erlassen, so sind diese, solange sie noch nicht bekanntgegeben worden sind, reine Verwaltungsinterna. Im Rahmen des Vollzugs durch den ersten Bürgermeister führt dieser die Bekanntgabe des Beschlusses i. S. v. Art. 41 BayVwVfG durch. Erst mit der Bekanntgabe tritt der Beschluss tatsächlich nach außen hervor. Ähnlich verhält es sich mit Rechtsnormen. Solange diese nicht ausgefertigt und bekanntgegeben worden sind (vgl. Art. 26 II GO, Art. 51 I LStVG), sind sie nicht Außenrecht geworden und damit noch nicht existent.

---

[20] Vgl. OVG Koblenz, NVwZ 1982, 695.
[21] Vgl. Hölzl/Hien/Huber, Art. 114 GO, Erl. 2.

32 Gem. Art. 59 II GO muss der erste Bürgermeister Entscheidungen des Gemeinderats oder seiner Ausschüsse, die er für rechtswidrig (nicht bloß für unzweckmäßig) hält, beanstanden, ihren Vollzug aussetzen und, wenn erforderlich, die Entscheidung der Rechtsaufsichtsbehörde herbeiführen. Art. 59 II GO formuliert nicht nur ein Recht, sondern auch eine Pflicht des Bürgermeisters. Allerdings greift diese Pflicht nur dann, wenn er seiner persönlichen Rechtsüberzeugung nach eine Entscheidung für rechtswidrig hält. Dabei gehen **Beanstandung des Beschlusses** und **Außervollzugsetzung** Hand in Hand, da insbesondere bei auf Außenwirkung gerichteten Beschlüssen der erste Bürgermeister darauf bedacht sein wird, dem Beschluss keine tatsächliche Außenwirkung zukommen zu lassen. Er wird also eine Einzelfallentscheidung nicht i. S. d. Art. 41 BayVwVfG bekannt geben bzw. Rechtsnormen nicht ausfertigen und bekannt machen. Infolge der Aussetzung des Vollzugs und der Beanstandung durch den ersten Bürgermeister hat sich das Kollegialorgan erneut mit der Sache zu befassen. Beharrt das Kollegialorgan auf seiner Ansicht und korrigiert es seinen ursprünglichen Beschluss nicht, wird der erste Bürgermeister die **Entscheidung der Rechtsaufsichtsbehörde** (Art. 110 GO) herbeiführen. Diese Entscheidung der Rechtsaufsichtsbehörde ist aber weder rechtsaufsichtliche Beanstandung noch Ersatzvornahme; es handelt sich hierbei um ein bloßes Rechtsgutachten mit dem Zweck, die gemeindeinterne Rechtsunsicherheit zu beseitigen[22]. Schließt sich die Rechtsaufsichtsbehörde in ihrem Rechtsgutachten der Ansicht des ersten Bürgermeisters an, so bedarf es nach wie vor eines korrigierenden Beschlusses des Kollegialorgans. Nur wenn ein solcher korrigierender Beschluss unterbleibt, ist die Tür zu aufsichtlichen Maßnahmen gem. Art. 112ff. GO geöffnet. Schließt sich die Rechtsaufsichtsbehörde der Ansicht des Gemeinderats an, so ist nun der Bürgermeister zum Vollzug der Entscheidung verpflichtet.

bb) Vertretungsrecht

33 Die **Außenvertretungsbefugnis** der Gemeinde gem. Art. 38 I 1 GO kommt dem ersten Bürgermeister zu[23], wobei Vertretung gem. Art. 39 I GO oder Art. 39 II GO zulässig ist. Sie gilt sowohl für die Abgabe als auch die Entgegennahme von Willenserklärungen. Sie ist einschlägig beim Abschluss von zivilrechtlichen wie öffentlichrechtlichen Verträgen, beim Vollzug von Gemeinderats- und Ausschussbeschlüssen sowie bei der Vornahme von Prozesshandlungen.

34 Aus der vorstehend beschriebenen und nachfolgend weiter zu beschreibenden Abgrenzung der Kompetenzen der unterschiedlichen Organe der Gemeinde ist zu folgern, dass der erste Bürgermeister im **Innenverhältnis** zur Gemeinde diese nur dann nach außen vertreten darf, insoweit seine Handlungen durch entsprechende Willensbildungsakte des jeweils zuständigen Organs gedeckt sind. In den Fällen, in denen dem ersten Bürgermeister nicht ohnehin eine eigene Organkompetenz zur Willensbildung zukommt, kann es also geschehen, dass der Bürgermeister Handlungen für die Gemeinde im **Außenverhältnis** vornimmt, die nicht oder jedenfalls nicht in der konkreten Form von einem entsprechenden Beschluss des zuständigen (Kollegial-)Organs abgedeckt sind.

35 Mit der Kommunalrechtsnovelle vom 22.3.2018 wurde die lange umstrittene Frage nach der Wirkung der Regelung in Art. 38 I GO a. F. durch die Einführung eines

---

22 Die Rechtsaufsichtsbehörde ist auch einzuschalten, wenn inhaltlich Angelegenheiten des übertragenen Wirkungskreises in Frage stehen. In diesem Fall wird die Rechtsaufsichtsbehörde aber aus Zweckmäßigkeitserwägungen intern die Fachaufsichtsbehörde einschalten; vgl. hierzu Hölzl/Hien/Huber, Art. 59 GO, Erl. 5.

23 Ausnahme für Eigenbetriebe in Art. 88 III 2 GO.

neuen Art. 38 I 2 GO dahingehend entschieden, dass Art. 38 I GO dem ersten Bürgermeister nur ein Vertretungsrecht im Außenverhältnis, nicht aber eine Vertretungsmacht verleiht. Der Gesetzgeber hat damit auf die Rechtsprechung des BGH, des BAG sowie die Kritik in Teilen der Literatur reagiert, indem er die entgegengesetzte Rechtsprechung der bayerischen Gerichte gesetzgeberisch umsetzt[24].

Eine Divergenz zwischen Vertretungsrecht und Vertretungsmacht führt im Bereich 36 des **bürgerlichen Rechts** nun eindeutig dazu, dass der erste Bürgermeister gleichsam als falsus procurator handelt, so dass ein vom ersten Bürgermeister gleichwohl abgeschlossener zivilrechtlicher **Vertrag** schwebend unwirksam ist, jedoch durch nachträglichen Beschluss des zuständigen Kollegialorgans rückwirkend genehmigt werden kann. Auch **Prozesshandlungen,** die vom ersten Bürgermeister vorzunehmen sind, sind zunächst unwirksam, können aber durch Beschluss geheilt werden. Einseitige empfangsbedürftige Willenserklärungen sind grundsätzlich gem. § 180 (1) BGB nichtig, sofern nicht ein Ausnahmefall gem. § 180 (2, 3) BGB vorliegt[25].

Auf dem Gebiet des **öffentlichen Rechts** gilt die allgemeine Fehlerlehre: Wird ein 37 **Verwaltungsakt** durch den ersten Bürgermeister verfügt, dessen Inhalt nach der Kompetenzverteilung z.B. der Gemeinderat hätte beschließen müssen, so ist dieser Verwaltungsakt grundsätzlich nur rechtswidrig und damit anfechtbar, nicht aber nichtig im Sinn von Art. 44 I BayVwVfG, da der Mangel eines sanktionierenden (Kollegial-) Organbeschlusses nicht offensichtlich im Sinn von Art. 44 I BayVwVfG ist und auch nicht ein sog. absoluter Nichtigkeitsgrund im Sinn von Art. 44 II BayVwVfG gegeben ist. Durch nachträgliche Beschlussfassung kann eine Heilung gem. Art. 45 I Nr. 4 BayVwVfG erfolgen. Werden **Rechtsnormen** ohne den erforderlichen (Kollegial-) Organbeschluss durch den ersten Bürgermeister ausgefertigt und verkündet, so sind diese Rechtsnormen nach der allgemeinen Rechtsnormlehre nichtig. **Verwaltungsverträge** sind schwebend unwirksam, Art. 62 (2) BayVwVfG i.V.m. § 177 BGB; es gelten insoweit und auch für Prozesshandlungen die oben gemachten Ausführungen.

Für **Verpflichtungserklärungen** der Gemeinde (bezieht sich nur auf die Erklärung 38 der Gemeinde, nicht das Rechtsgeschäft insgesamt!) mit Ausnahmen von Bagatellgeschäften fordert Art. 38 II 1 und 2 GO die Schriftform, d.h. die eigenhändige Unterschrift des Bürgermeisters bzw. seines Stellvertreters unter Angabe der Amtsbezeichnung; für Erklärungen in elektronischer Form gilt Art. 3a II BayVwVfG. Soweit sonstige gesetzliche Vorschriften weiterreichende Formerfordernisse formulieren, insbesondere also § 311b BGB, bleiben diese unberührt. Strittig ist, welche Konsequenz eine Zuwiderhandlung gegen die Formbestimmung des Art. 38 II GO hat. In Anbetracht des klaren Wortlauts wird man bei unbefangener Betrachtung nur annehmen

---

[24] Vgl. zur Rechtsprechung einerseits BayVGH; BayVBl. 2012, 177ff. m.w.N. (amtlicher Leitsatz: „*Es wird daran festgehalten, dass der erste Bürgermeister eine Gemeinde nur dann wirksam nach außen vertreten kann, wenn er auch über die im konkreten Fall notwendige Vertretungsmacht verfügt.*") sowie BayVGH, BayVBl 2012, 341f.; andererseits BGH, BayVBl. 2016, 716ff. (mit umfassender Auswertung der Rechtsprechung und Literatur) und BayVBl. 2017, 389; BAG, NZA 2016, 1296; OLG München, Beschluss vom 12.10.2017, Az. 34 Wx 325/17 (Leitsatz: „*Die organschaftliche Vertretungsmacht des ersten Bürgermeisters einer bayerischen Gemeinde ist im Außenverhältnis allumfassend und unbeschränkt; infolgedessen wird die Gemeinde auch durch solche Rechtshandlungen des ersten Bürgermeisters berechtigt und verpflichtet, die dieser ohne die erforderliche Beschlussfassung des Gemeinderats vorgenommen hat ... (Anschluss an BGH, NJW 2017, 2412)*). Vgl. zur Literatur die Vorauflage; vgl. ferner Hölzl/Hien/Huber, Art. 38 GO, Erl. 2 m.w.N. sowie Prandl/Zimmermann/Büchner/Pahlke, Art. 38 GO, Erl. 1 m.w.N.

[25] Vgl. BayObLG, BayVBl. 1998, 122/123.

können, dass es sich um eine gesetzliche Formvorschrift handelt. Diese Formvorschrift ist im Bereich des **öffentlichen Rechts** uneingeschränkt zu beachten. Öffentlichrechtliche Verträge sind allerdings bereits wegen Verstoßes gegen Art. 57 BayVwVfG nichtig, vgl. Art. 59 I BayVwVfG i. V. m. § 125 BGB, so dass es auf Art. 38 II GO gar nicht ankommt. Im Bereich der Verwaltungsakte gelten die Art. 43 ff. BayVwVfG. Von der Literatur wird ohne weitere Begründung die Nichtigkeit etwaiger Verwaltungsakte postuliert[26]. Angesichts der Regelung in Art. 44 II Nr. 2 BayVwVfG einerseits, dem Fehlen eines offensichtlichen und schwerwiegenden Fehlers (besonders schwerwiegend ist ein Mangel, der den Verwaltungsakt als schlechterdings unerträglich erscheinen lässt, was jedenfalls gegeben ist, wenn er mit tragenden Verfassungsprinzipien oder der Rechtsordnung immanenten wesentlichen Wertvorstellungen unvereinbar ist; bei einem Verstoß gegen eine Formvorschrift kaum vorstellbar![27]) andererseits wird nur „einfache" Rechtswidrigkeit anzunehmen sein. Insbesondere ist dem allgemeinen Verwaltungsrecht der nur mündlich erlassene Verwaltungsakt grundsätzlich nicht fremd, vgl. Art. 37 II 1 BayVwVfG, so dass eine Offensichtlichkeit in obigem Sinne nicht begründet werden kann. Eine große praktische Bedeutung wird hier freilich nicht anzunehmen sein.

39 Problematisch und praktisch bedeutsam ist die Frage, welche Rechtsfolge ein Verstoß gegen Art. 38 II GO hat, wenn es um nach **Zivilrecht** zu beurteilende Rechtsgeschäfte geht. Vor dem Hintergrund des Art. 55 EGBGB hat der BGH[28] angenommen, dass es sich bei Art. 38 II GO um eine Einschränkung der Vertretungsmacht des Bürgermeisters handle – und damit nicht um eine bloße Formvorschrift –, da dem Landesgesetzgeber der Erlass von zivilrechtlichen Vorschriften in Bezug auf die Form von Rechtsgeschäften untersagt ist, sodass §§ 177 ff. BGB anzuwenden seien. Diese Konstruktion ist überflüssig. Bei der Regelung in Art. 38 II GO handelt es sich dem Schwerpunkt nach eben nicht um eine zivilrechtliche Formvorschrift, sondern um eine kommunalrechtliche Formvorschrift, deren Erlass dem Landesgesetzgeber unter dem Aspekt des Kommunalrechts bzw. des Verwaltungsverfahrensrechts zugestanden werden muss; ein Verstoß gegen Art. 38 II GO führt deswegen zur Unwirksamkeit der Verpflichtungserklärung[29].

40 **Beispiel:** Die Geschäftsordnung des Gemeinderats der Gemeinde X bestimmt, dass für die Beschaffung des laufenden Geschäftsbedarfs für die Verwaltung, also beispielsweise des Büromaterials, wie Radiergummis und Bleistifte, der erste Bürgermeister zuständig ist, wobei er sich selbstverständlich hierbei der Auftragsstellvertretung gem. Art. 39 II GO bedienen kann. Obwohl sich die Gemeinde durch solcherlei zivilrechtliche Kaufverträge verpflichtet, ist gem. Art. 38 II 1 2. Halbsatz GO die Schriftform für den Kaufvertrag nicht erforderlich, da es sich um Bagatellgeschäfte handelt.

41 **Beispiel:** Der erste Bürgermeister schließt mündlich einen Kaufvertrag über ein Schneeräumfahrzeug ab. Ein entsprechender, erforderlicher Gemeinderatsbeschluss ist gefasst worden. Somit handelt der erste Bürgermeister im Innenverhältnis zur Gemeinde mit dem erforderlichen Gemeinderatsbeschluss, vgl. Art. 38 I 2 GO. Der Vertrag ist aber unwirksam gem. Art. 38 II GO i. V. m. § 125 BGB, da die Schriftform nicht gewahrt ist.

---

[26] Vgl. nur Hölzl/Hien/Huber, Art. 38 GO, Erl. 3.4.2; Bauer/Böhle/Ecker, Art. 38 GO, Rn. 13.

[27] Vgl. hierzu mit unklarer Folgerung Becker in: Becker/Heckmann/Kempen/Mannsen, 2. Teil, Fn. 119.

[28] Vgl. BGH, NJW 1980, 117 ff. zu der entsprechenden Norm der rheinland-pfälzischen Gemeindeordnung; vgl. auch OLG München, NVwZ 1985, 293.

[29] Vgl. Hölzl/Hien/Huber, Art. 38 GO, Erl. 3.4.1; Bauer/Böhle/Ecker, Art. 38 GO, Rn. 13.

cc) Behördenleitung

Der erste Bürgermeister ist überdies Behördenleiter, vgl. Art. 37 IV, 43 III GO. Das Recht zur **Dienstaufsicht** i. S. d. Art. 37 IV GO bedeutet die verantwortliche Überwachung der gesamten dienstlichen Tätigkeiten der Bediensteten, zu deren Durchsetzung dem ersten Bürgermeister ein Weisungsrecht zukommt. Im Rahmen der Dienstaufsicht sorgt der erste Bürgermeister für die gehörige Pflichterfüllung, also für den geordneten Ablauf der Dienstgeschäfte, Erfüllung der zugeteilten Aufgaben, Beachtung der Recht- und Zweckmäßigkeit gemeindlichen Handelns etc. In diesem Zusammenhang sei auf die Art. 42ff. GO hingewiesen. Gem. Art. 42 I GO müssen die Gemeinden das fachlich geeignete Verwaltungspersonal anstellen, das erforderlich ist, um den ordnungsgemäßen Gang der Geschäfte (vgl. Art. 56 II GO) zu gewährleisten. Als Mindestanforderung setzt Art. 42 II GO das Vorhandensein von Beamten voraus, deren Qualifikation von der Größe der Gemeinde abhängig ist. **42**

Originär personalzuständig für die Beamten bzw. Arbeitnehmer ist grundsätzlich der Gemeinderat, der diese Befugnisse gem. Art. 43 I 2 GO einem beschließenden Ausschuss, gem. Art. 43 I 3 GO durch qualifizierten Beschluss auch dem Oberbürgermeister (in kreisfreien Gemeinden) übertragen kann. Der erste Bürgermeister ist im Übrigen nach Maßgabe von Art. 43 II 1 GO originär personalzuständig für die dort bestimmten Beamten und Arbeitnehmer. Besteht eine Zuständigkeit des ersten Bürgermeisters, findet Art. 39 II GO Anwendung, so dass im Rahmen der Geschäftsverteilung eine Delegierung der Ernennungszuständigkeit möglich ist. **43**

4. Die allgemeine und besondere Stellvertretung des ersten Bürgermeisters[30]

a) Unterschied zwischen allgemeiner und besonderer Stellvertretung

Art. 39 I GO regelt die **allgemeine Stellvertretung** des ersten Bürgermeisters, auch **Verhinderungsvertretung** genannt, die von der **besonderen Stellvertretung,** auch **Auftrags- oder Entlastungsvertretung** gem. Art. 39 II GO zu unterscheiden ist. Während die Verhinderungsvertretung bei Vorliegen eines Verhinderungsfalles bewirkt, dass sämtliche Funktionen des Hauptorgans „erster Bürgermeister" für die Dauer bzw. im Umfang der Verhinderung kraft Gesetzes vom Stellvertreter gem. Art. 39 I GO wahrzunehmen sind, setzt die Auftragsstellvertretung gem. Art. 39 II GO eine Befugnisübertragung voraus, die das Ziel hat, den ersten Bürgermeister hierdurch dauerhaft (wenn auch widerruflich) zu entlasten. **44**

b) Die Verhinderungsvertretung gem. Art. 39 I GO

Ein **Verhinderungsfall** kann sich aus tatsächlichen oder rechtlichen Gründen ergeben, er kann zu einer längerfristigen Verhinderung oder zu einer Verhinderung für den Einzelfall führen. Typische Beispiele für Verhinderung sind Krankheit, dienstliche oder sonstige Abwesenheit, Urlaub, Wahrnehmung anderer Dienstgeschäfte, Tod, Ausscheiden aus dem Dienst, vorläufige Dienstenthebung, persönliche Beteiligung nach Art. 36 (2) GO, Art. 38 I KWBG. **45**

Liegt ein Verhinderungsfall vor, so führt Art. 39 I GO kraft Gesetzes dazu, dass der Stellvertreter in sämtliche selbständigen Funktionen des Hauptorgans „erster Bürger- **46**

---

[30] Vgl. zu diesem Problembereich Brunner, BayVBl. 1993, 37ff., 68ff.; Grasser, BayVBl. 1989, 455ff.; Böhle, BayVBl. 1990, 169ff.; Knemeyer, BayVBl. 1990, 589ff.

meister“ eintritt. Hierzu gehört nicht die mitgliedschaftliche Stellung im Gemeinderat (also das Recht, an den Beratungen und Abstimmungen im Gemeinderat teilzunehmen), so dass insoweit keine Verhinderungsvertretung stattfindet.

47 **Beispiel:** Der erste Bürgermeister ist hinsichtlich eines Tagesordnungspunkts persönlich beteiligt. Soweit es um die Frage des Vorsitzes in der Sitzung geht, führt Art. 36 (2) GO dazu, dass ein Vertretungsfall i. S. v. Art. 39 I GO gegeben ist. Der zweite Bürgermeister vertritt hierbei den ersten Bürgermeister. Soweit es um die Beratung und Abstimmung in der Gemeinderatssitzung geht, Art. 49 I GO, steht die Kompetenz als Mitglied des Gemeinderats inmitten. In diesem Fall findet, wie bei jedem anderen Gemeinderatsmitglied auch, keine Verhinderungsstellvertretung statt.

48 Art. 39 I GO unterscheidet dabei zwischen den weiteren Bürgermeistern i. S. v. Art. 39 I 1 GO und den weiteren Stellvertretern i. S. v. Art. 39 I 2 GO. Der Gemeinderat muss wenigstens einen weiteren und darf höchstens zwei **weitere Bürgermeister wählen,** vgl. Art. 35, 51 IV, III GO. Die **weiteren Stellvertreter** i. S. v. Art. 39 I 2 GO werden durch offene Abstimmung gem. Art. 51 I GO **bestimmt.** Eine Pflicht hierzu besteht nicht. Eine Bestellung im Voraus ist aber zweckmäßig, damit im Falle der Verhinderung des ersten sowie der weiteren Bürgermeister die Handlungsfähigkeit des Hauptorgans „erster Bürgermeister“ gewährleistet ist, also z. B. eine ordnungsgemäße Einberufung des Gemeinderats bewirkt werden kann.

c) Die Auftragsvertretung gem. Art. 39 II GO

49 Gem. Art. 39 II GO kann der erste Bürgermeister im Rahmen der Geschäftsverteilung (Art. 46 I GO) einzelne seiner **Befugnisse** den weiteren Bürgermeistern, nach deren Anhörung auch einem Gemeinderatsmitglied (auch einem berufsmäßigen Gemeinderatsmitglied) und in Angelegenheiten der laufenden Verwaltung einem Gemeindebediensteten **übertragen;** eine darüber hinausgehende Übertragung auf einen Bediensteten bedarf zusätzlich der Zustimmung des Gemeinderats. Gem. Art. 46 I 2 GO beschließt über die Verteilung der Geschäfte unter die Gemeinderatsmitglieder (ehrenamtliche wie berufsmäßige) der Gemeinderat. Die Zusammenschau von Art. 39 II GO und Art. 46 I 2 GO ergibt Folgendes:

50 Gemeinderat wie erster Bürgermeister besitzen abgegrenzte Zuständigkeiten, der erste Bürgermeister neben den originären auch derivative, wie z. B. gem. Art. 37 II GO. Niemals kann jedoch der Gemeinderat außenwirksames Verhalten veranlassen, da der Vollzug der Gemeinderats- und Ausschussbeschlüsse sowie die Vertretung nach außen ausschließlich dem ersten Bürgermeister zukommen. Soweit der Gemeinderat also seine Geschäfte gem. Art. 46 I 2 GO auf die Gemeinderatsmitglieder (auch berufsmäßige sowie die weiteren Bürgermeister, die aus dem Kreis der ehrenamtlichen Gemeinderatsmitglieder gewählt werden müssen, Art. 35 I 1 GO) verteilt, kann dies allein niemals die Zuständigkeit einzelner Gemeinderatsmitglieder für außenwirksames Verhalten herbeiführen. Auf der anderen Seite kann der erste Bürgermeister zur Verbreiterung seines Wirkungsspektrums niemals alleine einzelne seiner Befugnisse den weiteren Bürgermeistern, die immer auch Gemeinderatsmitglieder sind, oder sonstigen Gemeinderatsmitgliedern übertragen. Vielmehr kann sich der erste Bürgermeister der weiteren Bürgermeister und sonstigen Gemeinderatsmitglieder zur außenwirksamen Wahrnehmung von Bürgermeisterkompetenzen nur dann bedienen, wenn diese nach der gemeinderätlichen Geschäftsverteilung unter die Gemeinderatsmitglieder gem. Art. 46 I 2 GO für die mit der zu übertragenden Befugnis zusammenhängende Aufgabe auch zuständig sind. Außenwirksames Handeln der Gemeinderatsmitglieder setzt also nicht nur die Übertragung der einzelnen Befugnis durch den ersten Bürgermeister gem. Art. 39 II GO voraus, sondern auch die innerorganisatorische Zuständigkeit des

Gemeinderatsmitglieds für die Wahrnehmung der Aufgaben, die eben durch die Geschäftsverteilung bewirkt wird[31]. Will sich der erste Bürgermeister zur Verbreiterung seines Wahrnehmungsspektrums durch außenwirksame Handlungsmöglichkeiten nicht der durch die Geschäftsverteilung vorgesehenen Persönlichkeiten bedienen, so kann er ohne Zustimmung des Gemeinderats nur die Angelegenheiten der laufenden Verwaltung auf Gemeindebedienstete übertragen, die der unbeschränkten Weisungsbefugnis des ersten Bürgermeisters unterliegen[32]. Will der erste Bürgermeister allerdings weitergehende Angelegenheiten als die der laufenden Verwaltung auf Gemeindebedienstete übertragen, so bedarf er hierfür (wieder) der Mitwirkung des Gemeinderats, Art. 39 II letzter HS GO.

Damit stellt sich die Frage, **welche Befugnisse** auf die **weiteren Bürgermeister** 51 **und Gemeinderatsmitglieder** übertragen werden können und welche Angelegenheiten als Angelegenheiten der laufenden Verwaltung gem. Art. 39 II GO angesehen werden können. Keine Befugnisse i. S. d. Art. 39 II GO sind die Funktionen, die dem ersten Bürgermeister wie jedem anderen Gemeinderatsmitglied aus der Mitgliedschaft im Gemeinderat erwachsen, also insbesondere das Stimm- und Mitberatungsrecht. Auch der Vorsitz im Gemeinderat nebst Ladung zu den Sitzungen und Aufstellung der Tagesordnung kann nicht Art. 39 II GO unterfallen. Strittig ist, ob die allgemeine sachliche Vorbereitung der Sitzungen des Gemeinderats gem. Art. 46 II 1 GO auf einen besonderen Vertreter i. S. d. Art. 39 II GO übertragen werden kann[33]. Ansonsten ist die Übertragungsbefugnis des ersten Bürgermeisters bzgl. weiterer Bürgermeister und Gemeinderatsmitglieder sachlich nicht eingeschränkt.

Auf die **Gemeindebediensteten** können jedenfalls mit Zustimmung des Gemein- 52 derats ebenfalls alle o. g. Befugnisse übertragen werden. Fehlt es an einer Zustimmung des Gemeinderats zur Übertragung, so kann der erste Bürgermeister nur **Angelegenheiten der laufenden Verwaltung** übertragen. Die Angelegenheiten der laufenden Verwaltung i. S. d. Art. 39 II GO umfassen einen größeren Kreis von Angelegenheiten als die **laufenden Angelegenheiten** i. S. d. Art. 37 I 1 Nr. 1 GO. Zu den Angelegenheiten der laufenden Verwaltung gehören nicht nur die Angelegenheiten gem. Art. 37 I 1 Nr. 1 GO, dies können auch andere Tätigkeiten im Bereich des Vollzugs von Gemeinderats- und Ausschussbeschlüssen sein, Angelegenheiten bei der Führung der Dienstaufsicht sowie bei der Vertretung nach außen (beachte aber Art. 38 II GO). Niemals können Angelegenheiten der laufenden Verwaltung aber die gem. Art. 37 II GO vom Gemeinderat übertragenen Angelegenheiten sowie die Eilgeschäfte des Art. 37 III GO sein, weil sich deren Ausnahmecharakter bereits aus Sinn und Zweck des Art. 37 II, III ergibt[34].

Hingewiesen sei zu guter Letzt noch auf das Problem, ob der erste Bürgermeister 53 diejenigen Mitglieder des Gemeinderats, die durch die Geschäftsverteilung eine Aufgabe erhalten haben, auch mit der entsprechenden Befugnis ausrüsten muss. Die Ansicht ist selbstverständlich abzulehnen, weil es ansonsten der Gemeinderat in der Hand hätte, Befugnisse des ersten Bürgermeisters diesem durch eine geschickte Geschäftsverteilung zu entziehen[35].

---

[31] Vgl. Bauer/Böhle/Ecker, Art. 46 GO, Rn. 4; Knemeyer, BayVBl. 1990, 590f.; Brunner, BayVBl. 1993, 43ff.

[32] Vgl. Hölzl/Hien/Huber, Art. 46 GO, Erl. 2.

[33] Vgl. Schulz/Wachsmuth/Zwick, Art. 39 GO, Anm. 3.3; Brunner, BayVBl. 1993, 45.

[34] Vgl. Widtmann/Grasser/Glaser, Art. 39 GO, Anm. 15a; Bauer/Böhle/Ecker, Art. 39 GO, Rn. 10; vgl. hingegen auch BayVGH, BayVBl. 1958, 316.

[35] Vgl. Brunner, BayVBl. 1993, 45 m. w. N.

5. Zusammenfassende Übersicht 31: Der erste Bürgermeister

53a **Der erste Bürgermeister**

1. Beamter der Gemeinde, Art. 34 GO
   a) berufsmäßig (Beamter auf Zeit) oder
   b) ehrenamtlich (Ehrenbeamter)
2. Weitere Bürgermeister (einer oder zwei), Art. 35 GO
   a) ehrenamtlich
   b) berufsmäßig
3. Stellvertretung des ersten Bürgermeisters, Art. 39 GO
   a) Verhinderungsvertretung, Art. 39 I GO
   b) Auftragsvertretung, Art. 39 II GO
4. Kompetenzen des ersten Bürgermeisters
   a) Mitglied des Gemeinderats ≠ Gemeinderatsmitglied: primus inter pares mit Stimmrecht und Teilnahme- und Abstimmungspflicht
   b) Willensbildungsorgan
      aa) originäre Willensbildung im Rahmen von Art. 37 I GO, insbesondere „laufende Angelegenheiten"
      bb) derivative Willensbildung nach Übertragung durch den Gemeinderat gem. Art. 37 II GO
      cc) dringliche Anordnungen des Art. 37 III GO (keine Normen [str.], aber dringliche Verordnungen über Art. 42 II LStVG)
      dd) Beauftragung des Bürgermeisters, anstelle des Gemeinderats zu handeln, Art. 114 I GO
   c) Sonstiges Handeln
      aa) Vollzug von Beschlüssen, Art. 36 (1) GO
      bb) Beanstandungsrecht, Art. 59 II GO
      cc) Außenvertretungsbefugnis und Unterzeichnung von Verpflichtungserklärungen, Art. 38 GO
      dd) Behördenleitung, Art. 37 IV, 43 III GO
      ee) Vorsitz im Gemeinderat und in den Ausschüssen, Art. 36 (1) und 33 II GO
      ff) Einberufung und Leitung von Bürgerversammlungen, Art. 18 GO
      gg) Vereidigung der Gemeinderatsmitglieder, Art. 31 IV GO
      hh) Reklamationsrecht für Ausschussentscheidungen, Art. 32 III GO
      ii) Recht zur Befugnisübertragung, Art. 39 II GO
      jj) Geschäftsleitung, Art. 46 I GO
      kk) Vorbereitung der Beratungsgegenstände, Art. 46 II 1 GO
      ll) Einberufung der Sitzungen, Art. 46 II 2, 3 GO
      mm) Sitzungsordnung, sofern er den Vorsitz führt, Art. 53 GO
      nn) Verpflichtung Dritter auf Geheimhaltung, Art. 56a III GO
      oo) örtliche Kassenprüfung, Art. 103 V GO
      pp) Genehmigung des Sitzungsprotokolls, Art. 54 II GO
      qq) Benennung des Vorsitzes in den Ausschüssen, Art. 33 II 1 GO
   d) Weitere Kompetenzen außerhalb der Gemeindeordnung, z.B.
      aa) Funktion eines Standesbeamten, § 2 III AVPStG
      bb) Mitwirkung bei Nottestamenten, § 2248 BGB
      cc) Temporäre Ersatzzuständigkeit für den neugewählten Gemeinderat, Art. 23 III GLKrWG

III. Der Gemeinderat

1. Das „Gemeindeparlament"

54 Der Gemeinderat, in Städten Stadtrat, in Märkten Marktgemeinderat genannt (vgl. Art. 30 I 2 GO)[36], ist die Vertretung der Gemeindebürger und wird von diesen (vgl.

[36] Ob eine Gemeinde Stadt oder Markt heißt, ist in erster Linie historisch bedingt, vgl. Art. 2 I, 3 I GO.

Art. 15 II GO) für sechs Jahre (Art. 31 II 1 GO, Art. 23 I GLKrWG) gewählt. Der Gemeinderat ist Hauptorgan. Seine Tätigkeit ist dem Bereich der **Exekutive** zuzuordnen; das gilt auch, soweit der Gemeinderat normsetzend durch Erlass von Satzungen und Verordnungen tätig wird. Von daher ist es verfehlt, wenn teilweise vom Gemeinderat als Gemeinde-„Parlament“[37] gesprochen wird. Die Kommunalvertretung ist, auch wenn sie aus Wahlen im Sinne des Art. 28 I 2 GG hervorgeht und unabhängig davon, welche konkrete Funktion sie ausübt, Organ einer Selbstverwaltungskörperschaft und kein Parlament[38]. Die Legislative zeichnet sich hingegen dadurch aus, dass sie formelle Gesetze erlässt, die sie nicht selbst vollzieht. Zwar ist der Gemeinderat dazu berufen, im Wege des Satzungs- und Verordnungserlasses Recht zu setzen, dieses Recht wird aber vom ersten Bürgermeister oder vom Gemeinderat selbst vollzogen. Ein weiterer Unterschied besteht darin, dass der Gemeinderat, anders als der bayerische Landtag (vgl. Art. 18 I BV), **kein Selbstauflösungsrecht** hat[39]. Der Grundsatz der **sachlichen Diskontinuität** gilt als Gewohnheitsverfassungsrecht nur für den Deutschen Bundestag und die Landtage[40]. Der beschließende Ausschuss ist – mit Ausnahmen[41] – dem Verfassungsrecht fremd[42].

Auch ist der Status der Gemeinderatsmitglieder mit den Parlamentsabgeordneten 55
nicht vergleichbar. So genießen die Gemeinderatsmitglieder weder **Indemnität** noch **Immunität** im Sinn von Art. 46 GG bzw. Art. 27, 28 BV. Zwar ist in Art. 51 II GO eine auf das Abstimmungsverhalten des Mitglieds des Gemeinderats beschränkte Indemnität verankert; Art. 51 II 3 GO stellt aber wegen der Regelung in Art. 31 GG klar, dass die Indemnitätsregelung des Art. 51 II GO nicht vor Strafverfolgung nach bundesrechtlichen Strafbestimmungen oder vor zivilrechtlichen Schadensersatzansprüchen schützen kann[43].

Allerdings kommt den Mitgliedern der Gemeindevertretung auch das freie Mandat zu. 56
Zwar sieht das Grundgesetz in Art. 38 I 2 GG ein **freies Mandat** nur für die Abgeordneten des Deutschen Bundestages vor, genauso wie Art. 13 II BV dies nur den Abgeordneten des Bayerischen Landtages garantiert, so dass diese Bestimmungen auf die Gemeinderatsmitglieder unmittelbar nicht anwendbar sind[44]. Doch ist die Rechtsstellung der gewählten Gemeindevertreter in ihren Grundzügen durch Art. 28 I GG vorgezeichnet. Diese Bestimmung überträgt die in Art. 20 I und II GG getroffene Grundentscheidung der Prinzipien der Volkssouveränität und der Demokratie auf die Ebene der Gemeinde[45]. Daraus folgt, dass die Gemeindevertretung, auch wenn sie kein Parlament, sondern ein Organ der Selbstverwaltungskörperschaft ist, die Gemeindebürger repräsentiert (vgl. Art. 30 I 1 GO). Die Gemeindevertreter haben daher nach Maßgabe der Eigenverantwortlichkeit, wie sie dem verfassungsrechtlich geformten Bild der in den staatlichen Aufbau integrierten kommunalen Selbstverwaltung entspricht, ein „freies Mandat“[46].

Bedeutet die Anerkennung des freien Mandats für das Gemeinderatsmitglied, dass 57
dieses an Aufträge und Weisungen von Wähler oder Partei nicht gebunden ist (**Verbot**

---

[37] Vgl. BayVerfGH, BayVBl. 1984, 621 ff. (besonders lesenswert).

[38] Vgl. BVerfGE 78, 344/348; BVerfG, NVwZ 2008, 407/411.

[39] Das Grundgesetz sieht für den Deutschen Bundestag im Gegensatz zu den meisten Landesverfassungen kein Selbstauflösungsrecht vor.

[40] Sachliche Diskontinuität bedeutet, dass mit Ende der Legislaturperiode alle Beschlussvorlagen als erledigt gelten; vgl. Jarass/Pieroth, Art. 39 GG, Rn. 4; Lindner/Möstl/Wolff, Art. 16 BV, Rn. 6.

[41] Vgl. Art. 115a II i. V. m. Art. 53a GG; vgl. Jarass/Pieroth, Art. 40 GG, Rn. 4.

[42] Bzgl. weiterer Unterschiede vgl. Hölzl/Hien/Huber, Art. 30 GO, Erl. 2.

[43] Vgl. Hölzl/Hien/Huber, Art. 51 GO, Erl. 2.

[44] Vgl. BVerfGE 78, 344/348.

[45] Vgl. BVerfGE 47, 253/272; BVerfGE 83, 37/53.

[46] Vgl. BVerwGE 90, 104/105.

des imperativen Mandats[47]), so hat sein Status aber auch amtsrechtliche Züge. So bestimmt Art. 48 I 1 GO, dass die Gemeinderatsmitglieder verpflichtet sind, an den Sitzungen und Abstimmungen teilzunehmen, gem. Art. 48 I 2 GO ist die Stimmenthaltung verboten, Zuwiderhandlung ist gem. Art. 48 II, III GO sanktioniert.

2. Wahl des Gemeinderats

58 Hier können nur die elementaren Grundsätze des Gemeindewahlrechts dargestellt werden[48]. Das Gemeinde- und Landkreiswahlrecht, das die Wahlen zu den kommunalen Gebietskörperschaften Gemeinde und Landkreis regelt, unterscheidet sich wesentlich vom Recht der Wahl des Bezirkstags, das eng an das Landeswahlgesetz angeknüpft ist. Insbesondere sieht das Bezirkswahlgesetz vor, dass die Bezirksräte gleichzeitig mit den Landtagsabgeordneten für die Dauer von fünf Jahren gewählt werden, Art. 1 I 1, II 1 BezWG.

59 Gem. Art. 31 I GO besteht der Gemeinderat aus dem ersten Bürgermeister und den Gemeinderatsmitgliedern. Der erste Bürgermeister ist also Mitglied des Gemeinderats, nicht aber Gemeinderatsmitglied im Sinn der Gemeindeordnung[49]. Wie viele ehrenamtliche Gemeinderatsmitglieder eine Gemeinde hat, regelt Art. 31 II 2 GO. Darnach ist die Zahl der Gemeinderatsmitglieder von der Einwohnerzahl abhängig. Ein Absinken der Einwohnerzahl in einer Gemeinde wirkt sich erst in der übernächsten Wahlzeit aus, Art. 31 II 4 GO. Nur für die Stadt Nürnberg (70) und die Landeshauptstadt München (80) wurde in Art. 31 II 3 GO die Zahl der Stadtratsmitglieder unveränderlich fixiert.

60 Die ehrenamtlichen Gemeinderatsmitglieder werden nach den Grundsätzen eines verbesserten[50] Verhältniswahlrechts[51] in **allgemeiner, gleicher, unmittelbarer, geheimer** und **freier Wahl** (vgl. Art. 14 I, 12 I BV, Art. 22 I GLKrWG)[52] gewählt.

61 Das **aktive Wahlrecht** ist in Art. 1 GLKrWG, das **passive Wahlrecht,** also das Recht, in das Amt eines Gemeinderatsmitglieds gewählt zu werden, ist in Art. 21 GLKrWG geregelt. Keine Einschränkung dieses passiven Wahlrechts ist die sogenannte Inkompatibilitätsbestimmung in Art. 31 III GO. Diese Unvereinbarkeit von Amt und Mandat will nicht verhindern, dass die in diesen Vorschriften Erwähnten sich für die Gemeinderatswahl aufstellen und auch wählen lassen können. Das Verbot der Unvereinbarkeit von Amt und Mandat[53] stellt die in Art. 31 III GO Genannten vor die Wahl, sich für Amt respektive Beruf oder aber für die Mandatsausübung zu entscheiden.

---

[47] Vgl. BayVerfGH, BayVBl. 1984, 622.

[48] Gem. § 18 II Nr. 5c JAPO ist das Kommunalwahlrecht nicht Gegenstand der Ersten Juristischen Staatsprüfung. Gewisse Grundsätze müssen aber als bekannt vorausgesetzt werden können.

[49] Zur Direktwahl des ersten Bürgermeisters vgl. Art. 17 GO, Art. 39ff. GLKrWG.

[50] Vgl. BayVerfGH, BayVBl. 1996, 175.

[51] Zur Ausnahme der Mehrheitswahl der Gemeinderatsmitglieder bzw. der Kreisräte vgl. Art. 22 II, 38 GLKrWG.

[52] Art. 14 I 1 BV vergisst das Prinzip der freien Wahl. Der Grundsatz der freien Wahl genießt aber auch nach dem geltenden bayerischen Verfassungsrecht verfassungsrechtlichen Schutz (vgl. BayVerfGH 27, 139/149), was allein wegen Art. 28 I 2 GG (Homogenitätsprinzip) selbstverständlich ist. Der Grundsatz der freien Wahl gilt über Art. 12 I BV auch für die Kommunalwahlen.

[53] Vgl. auch Art. 137 GG. Vgl. zur Unvereinbarkeit der Ausübung des Kreisratsmandats mit der Stellung als Leitender Ärztlicher Direktor einer landkreiseigenen Krankenhausgesellschaft NVwZ-RR 2004, 442ff.

Zur Notwendigkeit der Aufstellung von Wahlvorschlägen vgl. Art. 24ff. GLKrWG. 62
In diesem Zusammenhang sei nur darauf hingewiesen, dass gem. Art. 24 I 1 GLKrWG nicht nur **politische Parteien**[54], sondern auch **Wählergruppen** (synonym Wählervereinigungen, Wählergemeinschaften, Rathausparteien)[55] Wahlvorschläge einreichen können. Eine Beschränkung des Wahlvorschlagsrechts auf die politischen Parteien würde nach Ansicht des Bundesverfassungsgerichts[56] gegen den Grundsatz der Allgemeinheit und Gleichheit der Wahl verstoßen und auch mit der Garantie der kommunalen Selbstverwaltung gem. Art. 28 II GG nicht vereinbar sein. Anders als Gruppierungen, die bereits im Gemeinderat vertreten sind, benötigen Wahlvorschläge neuer Wahlvorschlagsträger gem. Art. 27 GLKrWG über Art. 25 I 1 GLKrWG hinaus zusätzliche Unterstützer, die sich in die sog. Unterstützungsliste eintragen müssen.

Bezüglich des **Wahlsystems** ist Art. 34 GLKrWG genau zu lesen. Gem. Art. 34 63
Nr. 1 GLKrWG hat jede stimmberechtigte Person im Regelfall so viele Stimmen wie ehrenamtliche Gemeinderatsmitglieder zu wählen sind. Selbstverständlich kann die stimmberechtigte Person ihre Stimme nur sich bewerbenden Personen geben, deren Namen in einem zugelassenen Wahlvorschlag enthalten sind, Art. 34 Nr. 2 GLKrWG. Der Wahlberechtigte kann nun durch Kennzeichnung eines **Wahlvorschlags** diesen **unverändert annehmen** mit der Konsequenz, dass jede im Wahlvorschlag genannte Person eine Stimme erhält, Art. 34 Nr. 3 GLKrWG. Die besondere Bedeutung der Gemeinderats-, aber auch der Landkreiswahlen als **Persönlichkeitswahlen** zeigt sich in der in Art. 34 Nr. 4 und Nr. 5 GLKrWG festgeschriebenen Möglichkeit des Kumulierens und Panaschierens. Gem. Art. 34 Nr. 4 GLKrWG kann der Wähler innerhalb der ihm zustehenden Stimmenzahl einer sich bewerbenden Person bis zu drei Stimmen geben **(Kumulieren)** und dadurch einer vorhandenen Wertschätzung politischen Ausdruck verleihen. Zudem hat gem. Art. 34 Nr. 5 GLKrWG der Wähler die Möglichkeit, innerhalb der ihm zustehenden Stimmenzahl Stimmen sich bewerbenden Personen aus verschiedenen Wahlvorschlägen zu geben **(Panaschieren),** so dass der Wähler sich nicht für eine Partei oder Wählergruppe entscheiden muss, sondern die von ihm bevorzugten Kandidaten unabhängig von Partei- oder Wählergruppenzugehörigkeit nach Kriterien wie Sachkunde, Fleiß oder Sympathie beurteilen kann. Auch können die Möglichkeiten des Kumulierens und Panaschierens miteinander verbunden werden.

Die Verteilung der Sitze auf die Wahlvorschläge erfolgt nunmehr (d.h. erstmals 64
bei der Kommunalwahl 2020) mit dem Gesetz zur Änderung des Gemeinde- und Landkreiswahlgesetzes und anderer Gesetze vom 22.3.2018 gem. Art. 35 II GLKrWG **zwingend** nach dem neu eingeführten **Sitzzuteilungsverfahren** nach **Sainte-Laguë/Schepers.** Darnach werden die Gesamtstimmenzahlen, die für die einzelnen Wahlvorschläge festgestellt worden sind, nacheinander solange durch 1, 3, 5, 7, 9 usw. geteilt, bis so viele Teilungszahlen ermittelt sind, wie Sitze zu vergeben sind. Jedem Wahlvorschlag wird dabei der Reihe nach so oft ein Sitz zugeteilt, wie er jeweils die

---

[54] Definition der Partei in § 2 I 1 ParteiG: „Parteien sind Vereinigungen von Bürgern, die dauernd oder für längere Zeit für den Bereich des Bundes oder eines Landes auf die politische Willensbildung Einfluss nehmen und an der Vertretung des Volkes im Deutschen Bundestag oder einem Landtag mitwirken wollen, wenn sie nach dem Gesamtbild der tatsächlichen Verhältnisse, insbesondere nach Umfang und Festigkeit ihrer Organisation, nach der Zahl ihrer Mitglieder oder nach ihrem Hervortreten in der Öffentlichkeit eine ausreichende Gewähr für die Ernsthaftigkeit dieser Zielsetzung bieten."

[55] Wählergruppen sind alle sonstigen Vereinigungen oder Gruppen, die nicht bereits unter den Parteienbegriff fallen, und deren Ziel es ist, sich an Gemeinde- oder an Landkreiswahlen zu beteiligen.

[56] Vgl. BVerfGE 11, 266ff.

höchste Teilungszahl aufweist[57]. Bei gleichem Anspruch mehrerer Wahlvorschläge auf einen Sitz fällt dieser dem Wahlvorschlag zu, dessen in Betracht kommende sich bewerbende Person die größere Stimmenzahl aufweist; sonst entscheidet das Los.

65 **Beispiel für die Sitzverteilung:** Die kreisangehörige Gemeinde G hat 4000 Einwohner, so dass gem. Art. 31 II 2 GO 16 ehrenamtliche Gemeinderatsmitglieder zu wählen sind. Von den 48000 abgegebenen gültigen Stimmen entfallen 23000 auf die A-Partei, 11000 auf die B-Wählergruppe, 9000 auf die C-Partei und 5000 auf die D-Partei. Nach dem Sitzzuteilungsverfahren nach Sainte-Laguë/Schepers ergibt sich folgendes Ergebnis:

66

	A	**B**	**C**	**D**
:1	23000 (1)	11000 (2)	9000 (3)	5000 (5)
:3	7666,66 (4)	3666,66 (7)	3000 (9)	1666,66
:5	4600 (6)	2200 (11)	1800 (13)	1000
:7	3285,7 (8)	1571,4 (15)	1285,7	714,3
:9	2555,55 (10)			
:11	2090,9 (12)			
:13	1769,2 (14)			
:15	1533,33 (16)			
	8 Sitze	**4 Sitze**	**3 Sitze**	**1 Sitz**

67 Bis zur Kommunalwahl 2014 kam das sog. d'Hondt'sche Höchstteilungszahlen-Verfahren zur Anwendung, das tendenziell kleinere Parteien und Wählergruppen zugunsten größerer benachteiligt. Obwohl dieses Verfahren nicht zu mathematisch proporzgenauen Ergebnissen führt, hielt es der Bayerische Verfassungsgerichtshof grundsätzlich mit dem Gebot der verbesserten Verhältniswahl für vereinbar. Literatur und die Rechtsprechung des Bundesverfassungsgerichts sahen dies ebenso. Gewisse Abweichungen vom mathematisch genauen Proporz treten bei jedem Verteilungsverfahren auf[58]. Auch aus diesem Grunde ließ der inzwischen aufgehobene Art. 26 GLKrWG die Verbindung von Wahlvorschlägen zu sog. **Listenverbindungen** zu. Diese Regelung führte dazu, dass untereinander verbundene Listen bei der erstmaligen Anwendung des d'Hondt'schen Höchstteilungszahlen-Verfahrens als einheitliche Liste galten. Da das d'Hondt'sche Verfahren größere Gruppierungen bevorzugte, hatten Gruppierungen durch die Listenverbindung die Möglichkeit, in der Sitzverteilungsphase zunächst als größere Gruppe berücksichtigt zu werden, es wurde also gewissermaßen in der Sitzverteilungsphase fingiert, dass es sich bei den verbundenen Gruppierungen um eine Wählergruppierung handelte.

---

[57] Bei dem Verfahren nach **d'Hondt** wird die Zahl der auf die Wahlvorschläge jeweils entfallenen Stimmen durch 1, 2, 3, 4 usw. geteilt. Die Mandate werden dann in der Reihenfolge der höchsten Teilungsergebnisse zugeteilt. Bei **Sainte-Laguë/Schepers** wird ähnlich wie vorstehend verfahren, aber mit der Abweichung, dass nur ungerade Teiler (1, 3, 5, 7 usw.) herangezogen werden. Bei **Hare-Niemeyer** schließlich wird die Zahl der Stimmen des jeweiligen Wahlvorschlags mit der Gesamtzahl der Gemeinderatsmitglieder multipliziert und durch die Gesamtzahl aller Stimmen dividiert. Den Wahlvorschlägen stehen so viele Mandate zu, wie sich ganze Zahlen für den jeweiligen Wahlvorschlag ergeben. Noch nicht vergebene Mandate werden an die Wahlvorschläge mit den höchsten Zahlenbruchteilen vergeben.

[58] Vgl. z.B. BayVerfGH, BayVBl. 2010, 140ff. m.w.N. Das gilt auch für Verfahren nach Hare-Niemeyer (vgl. BayVGH, BayVBl. 1993, 180ff. m.w.N.; BayVerfGH, BayVBl. 1992, 397ff. m.w.N.).

Für die Kommunalwahlen 2014 wurde mit Gesetz vom 21.12.2010 (GVBl. 2010 S. 68
846) in Art. 35 II GLKrWG das Sitzzuteilungsverfahren nach Hare/Niemeyer eingeführt, das kleinere Gruppierungen deutlich begünstigt.

Aus diesem Grunde haben zunächst der Bund für die Bundestagswahlen 2009 69
und ferner einige Bundesländer für die Kommunalwahlen das Sitzzuteilungsverfahren nach Sainte-Laguë/Schepers eingeführt, das oben beschriebene Auswirkungen mildern soll.

Bezüglich der Annahme der Wahl vgl. Art. 47ff. GLKrWG; zu beachten ist auch 70-72
Art. 31 IV GO, wonach der erste Bürgermeister den ehrenamtlichen[59] Gemeinderatsmitgliedern den Eid respektive das Gelöbnis abnimmt. Bei Verweigerung der Eidesleistung oder des Ablegens des Gelöbnisses besteht ein Amtshindernis i. S. v. Art. 48 I Nr. 2 GLKrWG[60]. Der erste Bürgermeister wird seinerseits durch das älteste anwesende Gemeinderatsmitglied vereidigt bzw. angelobt, Art. 27 III KWBG.

3. Kompetenzen des Gemeinderats

a) Negative Zuständigkeitsabgrenzung

Wie bereits oben dargestellt, haben die Hauptorgane erster Bürgermeister und Ge- 73
meinderat originäre und voneinander abgegrenzte Zuständigkeiten. Obschon eine gewisse Vermutung für die Zuständigkeit des Gemeinderats spricht (vgl. Wortlaut des Art. 29 GO), muss die Zuständigkeit des Gemeinderats doch im Einzelfall genau geprüft werden. Sie kann nur dann bejaht werden, wenn die Zuständigkeit sonstiger Organe oder Handlungsbefugter ausgeschlossen worden ist. Da der Gemeinderat im Wesentlichen für Willensbildungsakte zuständig ist, muss also vorweg geprüft werden, ob der erste Bürgermeister gem. Art. 37 GO willensbildungsbefugt ist oder aber, ob nicht eine sonstige Stelle der Gemeindeverwaltung zuständig ist (insbesondere beschließende Ausschüsse, vgl. Art. 30 II, 32 II GO; vgl. auch Art. 88 IV, 103 II GO). Damit kann die **Zuständigkeit** des Gemeinderats eigentlich nur **negativ bestimmt** werden.

b) Kontrolle der Gemeindeverwaltung

Die Willensbildung des Gemeinderats erfolgt durch Beschluss. Die Beschlüsse be- 74
dürfen stets der Umsetzung durch den ersten Bürgermeister gem. Art. 36 (1) GO, es sei denn, es handelt sich um quasi selbstvollziehende Willensbildungsakte ohne jegliche Außenwirkung. Dem Gemeinderat stehen aber keine reinen Verwaltungskompetenzen zu. Zu beachten ist allerdings Art. 30 III GO, wonach der Gemeinderat die gesamte **Gemeindeverwaltung überwacht,** insbesondere auch die Ausführung seiner Beschlüsse sowie die der beschließenden Gemeinderatsausschüsse. Zu diesem Behufe kann sich der Gemeinderat die Gemeindeakten vorlegen lassen und vom ersten Bürgermeister Auskunft verlangen[61]. Vor allem ist es denkbar, dass der Gemeinderat durch Beschluss Anregungen bezüglich der Art und Weise des Vollzugs seiner Beschlüsse vorbringt. Weisungen an den ersten Bürgermeister kann der Gemeinderat allerdings nicht erteilen.

---

[59] Berufsmäßige Gemeinderatsmitglieder leisten den Diensteid oder das Gelöbnis nach Art. 27 KWBG ab und nicht etwa nach Art. 31 IV GO.

[60] Vgl. BVerfG, BayVBl. 1989, 207f.

[61] Das Auskunftsverlangen ist stets an den ersten Bürgermeister als Behördenleiter zu richten, nicht etwa an den zuständigen Sachbearbeiter, vgl. Hölzl/Hien/Huber, Art. 30 GO, Erl. 3.

75 Die Überwachungsbefugnis steht nur dem Gemeinderat insgesamt zu. Deswegen kann sich der Gemeinderat je nach Bedürfnis oder auch laufend Bericht erstatten lassen. Der Gemeinderat kann mit der Wahrnehmung der Überwachungsbefugnis aber auch einen sogenannten Überwachungsausschuss betrauen[62]. Vor allem aber kann der Gemeinderat auch einzelne Mitglieder zur Überwachung der Gemeindeverwaltung berufen[63], vgl. Art. 46 I 2 GO.

c) Willensbildung

76 Sonstige **Willensbildungsakte** sind vom Gemeinderat vorzunehmen, wenn weder der erste Bürgermeister (Art. 29 GO), ein beschließender Ausschuss (Art. 30 II GO) oder der Werkausschuss (Art. 88 IV GO) zuständig sind. Allerdings ist zu beachten, dass gem. Art. 32 III GO dem Gemeinderat ein Rückholrecht zusteht, wenn die Nachprüfung eines Beschlusses eines beschließenden Ausschusses indiziert ist. Im Übrigen ist in der Regel in den Geschäftsordnungen detailliert geregelt, welche Angelegenheiten der Vollversammlung „vorbehalten" sind. Diese Regelungen haben aber keine konstituierende Wirkung des Inhalts, dass neue Zuständigkeiten für den Gemeinderat geschaffen werden können. Vielmehr kann die Geschäftsordnung nur die vorgefundene Zuständigkeitsabgrenzung nachzeichnen, soweit sich diese aus der Auslegung der einschlägigen Vorschriften (vgl. vor allem Art. 37 GO) ergibt.

4. Rechtsstellung der ehrenamtlichen Gemeinderatsmitglieder

77 Anders als die berufsmäßigen Gemeinderatsmitglieder, die Beamte auf Zeit sind (Art. 41 (1) GO, Art. 1 Nr. 4 KWBG), sind die ehrenamtlichen Gemeinderatsmitglieder keine Beamten der Gemeinde, auch keine Ehrenbeamten. Vielmehr üben die ehrenamtlichen Gemeinderatsmitglieder ein gemeindliches **Ehrenamt** i. S. v. Art. 19 GO aus. Hieraus folgt aber nicht, dass im Falle der Wahl zum Gemeinderatsmitglied die Übernahme dieses Ehrenamtes nur aus **wichtigen Gründen** i. S. v. Art. 19 I 2, 3 GO abgelehnt werden kann, da Art. 47 III 1 GLKrWG die Anwendung des Art. 19 GO ausschließt. Gem. Art. 47 I 1 GLKrWG gilt die Wahl als angenommen, wenn der Gewählte sie nicht innerhalb Wochenfrist ablehnt.

78 Ergibt sich der Wunsch, das Amt niederzulegen, erst im Lauf der Wahlzeit des Gemeinderats, so kann das Gemeinderatsmitglied gem. Art. 48 I 2 GLKrWG ohne weiteres das Amt niederlegen. Auch insoweit findet Art. 19 GO keine Anwendung.

79 Der Grundsatz des freien Mandats ist – wie oben dargestellt – auch auf das Gemeinderatsmitglied übertragbar, wenn man dabei bedenkt, dass die kommunalrechtlichen Vorschriften im Einzelnen das Bild vom freien und selbständigen Abgeordneten in gewisser Hinsicht modifizieren.

80 Die übrige rechtliche Charakterisierung des Gemeinderatsmitglieds eben als Mitglied des Gemeinderats erfolgt im Wesentlichen im Zusammenhang mit der Darstellung des Geschäftsganges in § 5. Hier sei nur darauf hingewiesen, dass gem. Art. 48 I 1 GO die **Gemeinderatsmitglieder verpflichtet** sind, **an** den **Sitzungen und Abstimmungen teilzunehmen** sowie die ihnen zugewiesenen Geschäfte zu übernehmen. Gem.

---

[62] Vgl. Widtmann/Grasser/Glaser, Art. 30 GO, Rn. 10c; Bauer/Böhle/Ecker, Art. 30 GO, Rn. 4.

[63] Vgl. Brunner, BayVBl. 1993, 45; Hölzl/Hien/Huber, Art. 30 GO, Erl. 3. Zur Kritik an der im bundesdeutschen Vergleich das Informationsrecht des Gemeinderatsmitglieds sehr zurückhaltend bedienenden Rechtslage vgl. Pahlke, BayVBl. 2011, 686 ff.

Art. 48 I 2 GO darf sich das Gemeinderatsmitglied nicht der Stimme enthalten. Dieser Verpflichtung zur Teilnahme an den Sitzungen entspricht ein Recht des Gemeinderatsmitglieds, das z. B. dadurch gewährleistet sein muss, dass das Gemeinderatsmitglied rechtzeitig und ordnungsgemäß geladen wird, vgl. Art. 45 II, 46 II 2, 47 II GO.

Ein weiteres wichtiges Mitgliedschaftsrecht ist das **Antragsrecht** des Gemeinde- 81
ratsmitglieds, das dadurch verfahrensrechtlich abgesichert ist, dass ein subjektives Recht des Gemeinderatsmitglieds auf Aufnahme des Antragsgegenstands regelmäßig in die Tagesordnung der nächsten Gemeinderatssitzung[64] besteht.

Gem. Art. 20a I GO hat jeder ehrenamtlich tätige Gemeindebürger, in diesem Zu- 82
sammenhang jedes ehrenamtliche Gemeinderatsmitglied, nach Maßgabe einer Satzung[65] einen **Anspruch auf angemessene Entschädigung**, mit der der Mehraufwand der Lebensführung, aber auch in gewissem Maße die Mühewaltung, abgegolten werden soll[66]. Dieser Anspruch ist nicht verzichtbar oder übertragbar. Daneben stehen die **Ersatzleistungen** nach Art. 20a II GO, die insbesondere unter dem Aspekt einer „Verdienstausfallentschädigung" stehen[67].

5. Rechtsstellung der berufsmäßigen Gemeinderatsmitglieder

Gem. Art. 40 (1) GO kann in Gemeinden mit mehr als 10000 Einwohnern der 83
Gemeinderat **berufsmäßige Gemeinderatsmitglieder** wählen. Die berufsmäßigen Gemeinderatsmitglieder werden für höchstens sechs Jahre (Unterschreitung sowie Wiederwahl möglich) gewählt (vgl. Art. 41 I 2, 51 III GO) und aufgrund dieser Wahl zum **Beamten auf Zeit** ernannt, so dass das KWBG Anwendung findet, vgl. Art. 1 Nr. 4 KWBG. Anders als für den ersten Bürgermeister schreibt Art. 12 KWBG eine fachliche Qualifikation vor, die dem **Leistungsprinzip** des Art. 33 II GG, Art. 94 II BV entsprechen muss. Das berufsmäßige Gemeinderatsmitglied wird durch Aushändigung der Ernennungsurkunde gem. Art. 13 II KWBG zum Beamten ernannt. Das Ableisten des Diensteides oder Gelöbnisses erfolgt gem. Art. 27 KWBG und nicht etwa gem. Art. 31 IV GO.

Gem. Art. 40 (2) GO haben berufsmäßige Gemeinderatsmitglieder in den Sitzungen 84
des Gemeinderats und in den Ausschüssen in Angelegenheiten des eigenen Aufgabengebiets nur **beratende,** nicht aber beschließende **Stimme.** Das Beratungsrecht umfasst auch das Sachantragsrecht sowie das Recht, Anträge zur Geschäftsordnung zu stellen[68]. Als Beamte müssen die berufsmäßigen Gemeinderatsmitglieder die beruflichen Anord-

---

[64] Da Art. 46 II 1 GO die Sitzungsvorbereitung dem ersten Bürgermeister in organisatorischer und zeitlicher Hinsicht vorbehält, muss der erste Bürgermeister den Antrag z. B. dann nicht in die Tagesordnung der nächsten Sitzung übernehmen, wenn die einzelne Sitzung sonst mit Antragsgegenständen überfrachtet wäre.

[65] Diese Entschädigungsfragen können z. B. in der „Satzung zur Regelung von Fragen des örtlichen Gemeindeverfassungsrechts" geregelt werden.

[66] Vgl. Widtmann/Grasser/Glaser, Art. 20a GO, Rn. 1.

[67] Zur Möglichkeit, dass sich das in Art. 20a II Nr. 2 GO eingeräumte Ermessen zum Erlass einer Satzung ausnahmsweise zu einer Pflicht zum Satzungserlass verdichten kann vgl. BVerwG, BayVBl. 1990, 117ff. Dieses Urteil ist auch deshalb besonders lesenswert, weil hier die umstrittene Normerlassklage durch das Bundesverwaltungsgericht abgehandelt wird. Dabei kann das normsetzerische Unterlassen des Satzungsgebers nach Ansicht des Bundesverwaltungsgerichts nicht im Rahmen einer entsprechenden Anwendung des § 47 VwGO durchgesetzt werden. Auch eine allgemeine Leistungsklage soll ausscheiden, so dass nur die Feststellungsklage gem. § 43 VwGO verbleibt. Lesenswert auch die Anmerkung von Allesch (BayVBl. 1990, 120ff.), der die Unterscheidung zwischen sogenannter echter und unechter Normerlassklage behandelt.

[68] Vgl. Hölzl/Hien/Huber, Art. 40 GO, Erl. 2.

nungen des ersten Bürgermeisters als Dienstvorgesetztem (Art. 3 II 1 KWBG) befolgen, § 35 BeamtStG.

85 Die besondere Bedeutung der berufsmäßigen Gemeinderatsmitglieder liegt darin, dass ihnen im Rahmen der Verteilung der Geschäfte unter die Gemeinderatsmitglieder **(Referatsbildung)** gem. Art. 46 I 2 GO einzelne Kompetenzen des Bürgermeisters gem. Art. 39 II GO übertragen werden können. Zwar unterscheidet Art. 39 II GO an sich nicht zwischen ehrenamtlichen und berufsmäßigen Gemeinderatsmitgliedern, eine Übertragung auf die berufsmäßigen bietet sich aber deswegen an, weil diese im Gegensatz zu den ehrenamtlichen ihre gesamte Arbeitskraft dem Wohle der Gemeinde zu widmen haben und keinen bürgerlichen Beruf neben ihrer Gemeinderatsstellung ausüben. Handelt ein berufsmäßiges Gemeinderatsmitglied im Rahmen dieser sogenannten besonderen Stellvertretung nach Art. 39 II GO, so handelt es im Auftrag des ersten Bürgermeisters, so dass die Verantwortung für Amtshandlungen beim ersten Bürgermeister verbleibt[69].

6. Die Fraktionen

86 Die Fraktionen[70] haben in der Gemeindeordnung keine ausdrückliche Regelung erfahren, sie enthält auch keine Mindeststärkeregelung für Gemeinderatsfraktionen. Allerdings kann die Geschäftsordnung des Gemeinderats regeln, wann Zusammenschlüsse von Gemeinderatsmitgliedern einen Status als „Fraktion" erhalten; dies ergibt sich aus der Geschäftsordnungsautonomie des Gemeinderats, Art. 45 GO. Bei der Festlegung der Mindeststärkeregelung darf allerdings nicht gegen die elementaren Rechte der Gemeinderatsmitglieder, die diesen aufgrund des freien Mandats zustehen, den Gleichheitssatz und das Willkürverbot, sowie das im Rechtsstaatsprinzip verwurzelte Übermaßverbot verstoßen werden; es muss dabei auch der Minderheitenschutz beachtet werden. Welche Rechtsfolge mit der Fraktionseigenschaft verbunden ist, hängt vom Ortsrecht der jeweiligen Gemeinde ab[71]. Anerkannt ist auch, dass in Art. 33 I 2 GO durch den Passus „Stärkeverhältnis der in ihm vertretenen Parteien und Wählergruppen" regelmäßig, d. h. soweit vorhanden, die Fraktion zum Anknüpfungspunkt zur Berechnung der Sitzverteilung in den Ausschüssen gemacht worden ist[72], wobei andererseits die Mitgliedschaft in den Ausschüssen nicht von einem etwaigen Fraktionsstatus abhängt, sondern vom Stärkeverhältnis i. S. d. Art. 33 I GO[73].

87 Die Bedeutung der Fraktionen ist maßgeblich von der Größe einer Gemeinde abhängig. In der Praxis zeigt sich, dass in kleineren Gemeinden die entscheidenden Sachfragen meist im Vollkollegialorgan Gemeinderat strittig und kontrovers diskutiert werden, dies unabhängig von der Partei- bzw. Fraktionsmitgliedschaft. Dazu in deutlichem Gegensatz steht die Bedeutung der Fraktionen in den großen Städten. Eine **Vorwegdiskussion** der zu behandelnden Fragen in den Fraktionen ist unentbehrlich, weil in den Gemeinderatssitzungen mit 50 oder mehr Tagesordnungspunkten[74] nicht jedes Gemeinderatsmitglied seine Meinung zu jedem der Tagesordnungspunkte abgeben

[69] Vgl. Hölzl/Hien/Huber, Art. 39 GO, Erl. II 4.

[70] Auch im Grundgesetz sind sie nur in Art. 53a GG genannt; in den §§ 10-12 GeschOBT sowie an anderen Stellen der Geschäftsordnung des Bundestages haben sie eine Regelung erfahren. Vgl. ferner Art. 16a BV, §§ 5, 6 BayLTGeschO.

[71] BayVGH, BayVBl. 2000, 467 ff.

[72] Ständige Rspr.: vgl. nur BayVGH, BayVBl. 1989, 434; BayVGH, BayVBl. 1993, 81; BayVGH, BayVBl. 2000, 309/310.

[73] BayVGH, BayVBl. 2000, 467 ff.

[74] Vgl. Rothe, BayVBl. 1989, 361.

kann. De facto ist dann die in den Fraktionssitzungen gefasste Meinung die entscheidende.

Soweit **fraktionsinterne Fragen** inmitten stehen, also Fragen der Gründung, der 88
Aufnahme, des Austrittes, des Ausschlusses aus der Fraktion, der inneren Ordnung sowie das Verhältnis der Fraktion zu ihren Mitgliedern, ist ungeklärt, ob diese nach öffentlichem Recht oder nach Privatrecht zu beurteilen sind. Der Bayerische Verwaltungsgerichtshof[75] hat solcherlei Innenrechtsbeziehungen ursprünglich dem privaten Recht[76] unterstellt, da die Fraktion keine Körperschaft des öffentlichen Rechts sei, weder mittelbare Staatsverwaltung ausübe noch durch staatlichen Hoheitsakt gegründet werde. Auch sei die Fraktion weder Organ noch mittelbares Organ der kommunalen Gebietskörperschaften bzw. der kommunalen Kollegialhauptorgane. Schließlich seien die Fraktionen in den kommunalen Vertretungen auch nicht Teile, Gliederungen oder Einrichtungen der kommunalen Vertretungen. Deswegen habe die Fraktion in der kommunalen Vertretung in der Regel die Rechtsnatur eines **nichtrechtsfähigen bürgerlich-rechtlichen Vereins,** da sie eine Vereinigung sei, zu der sich eine Mehrheit natürlicher Personen für eine längere Zeit zu einem gemeinsamen Zweck freiwillig zusammengeschlossen und einer organisatorischen Willensbildung unterworfen habe. Soweit dieser sorgfältig begründeten, gleichwohl aber umstrittenen und bestreitbaren[77] Ansicht des Bayerischen Verwaltungsgerichtshofs gefolgt wird, ist zu berücksichtigen, dass diese aber nur – wie oben dargelegt – für die Innenrechtsbeziehungen der Fraktionen gelten soll. Zwischenzeitlich hat der Verwaltungsgerichtshof aber Zweifel an seiner dargestellten Auffassung insofern geäußert, als er nunmehr die Frage, ob innerfraktionelle Rechtsbeziehungen dem Zivilrecht oder dem öffentlichen Recht zuzuordnen seien, als in der Rechtsprechung des Senats unentschieden bezeichnete[78].

Einigkeit besteht darüber, dass die **Außenrechtsbeziehungen** zwischen Fraktion 89
und Gemeinde bzw. Gemeinderat dem öffentlichen Recht angehören. Wird in der Geschäftsordnung eine Mindeststärke für die Fraktionsbildung vorgesehen, was nur eine Bedeutung für die Entschädigung für die Teilnahme an Fraktionssitzungen hat[79],

---

[75] BayVGH, BayVBl. 1988, 432ff. Ein anderer Sachverhalt lag der Entscheidung des BayVGH, BayVBl. 1989, 433ff. zugrunde: Darnach kann in einem Rechtsstreit um die Mitgliedschaft in einem Ausschuss eines Gemeinderats, der nach öffentlichem Recht von den Verwaltungsgerichten zu beurteilen ist, als zivilrechtliche Vorfrage die Wirksamkeit eines Fraktionsausschlusses mit entschieden werden.

[76] Da der BayVGH anders als das erstinstanzliche Verwaltungsgericht den Rechtsweg zu den Verwaltungsgerichten gem. § 40 VwGO verneinte, verwies er gem. § 41 III 1 VwGO a.F. an das örtlich zuständige Gericht des 1. Rechtszugs der ordentlichen Gerichtsbarkeit. Eine solche Vorgehensweise ist nach Wegfall des § 41 VwGO nicht mehr denkbar. Die nunmehr geltenden Regelungen der §§ 17-17b GVG sehen eine solche Rechtsfolge nicht mehr vor; vielmehr bestimmt § 17a V GVG, dass das Gericht, das über ein Rechtsmittel gegen eine Entscheidung in der Hauptsache entscheidet, nicht mehr prüfen darf, ob der beschrittene Rechtsweg zulässig ist. Eine solche Fallgestaltung lag der Entscheidung des OVG Saarlouis, NVwZ-RR 1996, 462f. zugrunde: Das in erster Instanz entscheidende VG hatte bei einer Innenrechtsstreitigkeit den Verwaltungsrechtsweg bejaht, woran das Berufungsgericht gem. § 17a V GVG gebunden war. Vgl. auch Kopp/Schenke, § 41 VwGO, Rn. 7ff.

[77] Vgl. Michl, BayVBl. 2013, 289 m.w.N.; vgl. ferner Hölzl/Hien/Huber, Art. 33 GO, Erl. 8 unter Berufung auf die „ganz h.M." m.w.N., wonach die Fraktionen als kommunalverfassungsrechtlich verankerte Untergliederungen des Gemeinderats dem öffentlichen Recht unterfielen; Rothe, BayVBl. 1989, 359. Vgl. auch VG Regensburg 2004, 390ff.

[78] Vgl. zum Fraktionsausschluss und zum „Richten in eigener Sache" BayVGH, BayVBl. 2018, 776ff.; vgl. ferner OVG Saarlouis, NVwZ-RR 2012, 613ff. Vgl. ferner Papsthart, BayVBl. 2016, 361ff.

[79] BayVGH, BayVBl. 1990, 372.

so stellt nach Ansicht des Bundesverwaltungsgerichts[80] eine solche Regelung eine über § 47 I Nr. 2 VwGO anfechtbare Rechtsvorschrift dar.

7. Übersicht

89a Übersicht 32: Der Gemeinderat

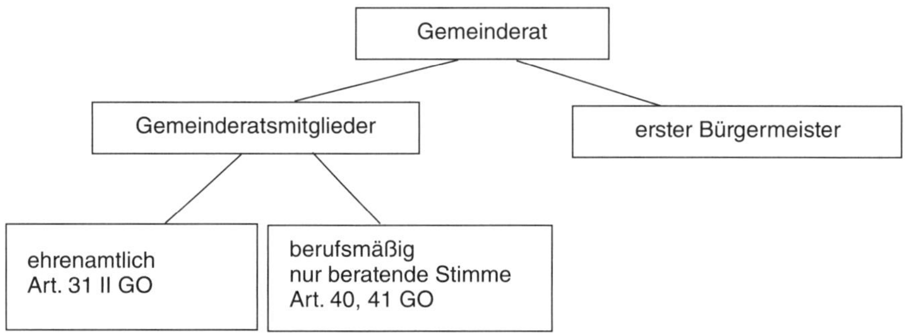

II. Gemeinderatsmitlieder
1. freies Mandat, Verbot des imperativen Mandats
2. Teilnahmepflicht mit Stimmpflicht, Art. 48 GO
3. freie Amtsniederlegung, Art. 48 I 2 GLKrWG
4. Antragsrecht
5. Recht auf Einsicht in die Sitzungsniederschrift, Art. 54 III 1 GO
6. Indemnität, Art. 51 II GO
7. Vertretungsverbot, Art. 50 GO

III. Kompetenzen des Gemeinderats
1. Kontrolle der Gemeindeverwaltung, Art. 30 III, 46 I 2 GO: strikte Gesetzesbindung des Verwaltungshandelns der Gemeinderatsmitglieder, Art. 56 I GO
2. Negative Zuständigkeitsbegrenzung bei der Willensbildung: Zuständig für alles, was nicht gesondert Bürgermeister oder dritten Stellen (Ausschüssen) zugewiesen ist

IV. Ausschüsse

1. Sinn und Zweck

90 Ausschüsse als **verkleinerte Widerspiegelung des** Hauptkollegialorgans **Gemeinderat** (vgl. Art. 33 I 2 GO) sollen Sachverstand bündeln und die gemeindliche Arbeit durch Entlastung des Gemeinderats effektivieren.

91 Problematisieren könnte man die wohl rein theoretische Frage, ob den Ausschüssen **Organqualität** zukommt[81]. Da Art. 29 GO den Gemeinderat und den ersten Bürgermeister als Hauptorgane bezeichnet, müssen andere mit Entscheidungskompetenzen ausgestattete Stellen der Gemeindeverwaltung im Einzelnen einfache Organqualität

[80] Vgl. BVerwG, BayVBl. 1988, 249.

[81] Dagegen BayVGH, BayVBl. 1982, 536; dafür anscheinend BayVGH, BayVBl. 1988, 433. Vgl. auch Schreiber, BayVBl. 2000, 129ff.

haben können. Jedenfalls bzgl. der beschließenden Ausschüsse wird man dies bejahen müssen[82], da diese gem. Art. 32 III 1 GO anstelle des Gemeinderats die ihnen übertragenen Angelegenheiten erledigen.

Die Ausschüsse besitzen nur eine abgeleitete Kompetenz, d.h. sie sind Hilfsorgane des Gemeinderats und leiten ausschließlich von diesem ihre Zuständigkeit ab. Deswegen können einem beschließenden Ausschuss nur Angelegenheiten übertragen werden, für die der Gemeinderat selbst zuständig ist. Angelegenheiten, für deren Erledigung der erste Bürgermeister zuständig ist (vgl. insbesondere Art. 37 I 1 Nr. 1 GO), können einem Ausschuss nicht übertragen werden. 92

2. Vorberatende und beschließende, obligatorische und fakultative Ausschüsse

In Art. 32 I und II GO werden **vorberatende** und **beschließende Ausschüsse (Gemeindesenate)** unterschieden. Dieser Unterschied wird in Art. 32 III 1 GO dadurch gekennzeichnet, dass die Gemeindesenate an Stelle des Gemeinderats handeln[83]. Selbstverständlich können auch die vorberatenden Ausschüsse Beschlüsse fassen; sie handeln dann aber nicht verbindlich anstelle des Gemeinderats, sondern geben diesem Beschlussempfehlungen[84]. Umgekehrt muss selbstverständlich auch ein beschließender Ausschuss zunächst beraten, bis er zu einer Beschlussfassung kommt. Insbesondere ist darauf hinzuweisen, dass derselbe Ausschuss je nach Sachfrage vorberatend und beschließend tätig sein kann[85]. 93

Beispiel: Gemäß ihrer Geschäftsordnung bildet die Gemeinde X einen Bauausschuss, bestehend aus dem ersten Bürgermeister als Vorsitzendem und neun Gemeinderatsmitgliedern. Dem Bauausschuss obliegt als vorberatendem Ausschuss die Vorberatung der Gemeinderatsbeschlüsse in den Angelegenheiten der Landes-, Regional- und Ortsplanung sowie des Bauordnungsrechts. Ihm obliegt ferner als beschließendem Ausschuss die Abgabe der Stellungnahme zu Anträgen auf Genehmigungen nach dem BauGB, der BauNVO, der BayBO und sonstigen planungs- und baurechtlichen Vorschriften mit dem Recht der Erteilung bzw. Befürwortung von Ausnahmen und Befreiungen. 94

Ferner zu unterscheiden ist zwischen den **obligatorischen** und den **fakultativen Ausschüssen**. Erstere müssen kraft Gesetzes gebildet werden. Obligatorische Ausschüsse sind insbesondere der **Werkausschuss** (Art. 88 II, IV GO), der **Rechnungsprüfungsausschuss** (Art. 103 II GO) sowie der **Ferienausschuss** (Art. 32 IV GO), sofern eine Ferienzeit bestimmt wird[86]. Auf Kreisebene ist obligatorischer (ständiger) Ausschuss der **Kreisausschuss,** vgl. Art. 26ff. LKrO, der die Verhandlungen des Kreistags vorbereitet und anstelle des Kreistags die ihm vom Kreistag übertragenen Angelegenheiten erledigt. Auch auf Bezirksebene gibt es gem. Art. 25ff. BezO einen obliga- 95

---

[82] Vgl. Widtmann/Grasser/Glaser, Art. 29 GO, Rn. 6; vgl. auch Hölzl/Hien/Huber, Art. 29 GO, Erl. 3.

[83] Vorbehaltlich des in Art. 32 III 1 GO geregelten „Reklamationsrechts".

[84] Streinz, BayVBl. 1983, 705, kennzeichnet die Tätigkeit der vorberatenden Ausschüsse als „gewissermaßen gutachtlich". In diesem Zusammenhang sei die Darstellung von Streinz in: BayVBl. 1983, 705f., 744f. besonders empfohlen.

[85] Vgl. Widtmann/Grasser/Glaser, Art. 32 GO, Rn. 4; Hölzl/Hien/Huber, Art. 32 GO, Erl. I 1.

[86] Der Ferienausschuss hat in der Ferienzeit die volle Zuständigkeit des Gemeinderats, ist also nicht an die Wahrnehmungsverbote des Art. 32 II 2 GO gebunden; ferner ist das Reklamationsverbot des Art. 32 III 1 GO nicht anzuwenden; der Ferienausschuss ist in der Wahrnehmung von Aufgaben allerdings gem. Art. 32 IV 3 GO beschränkt. Während der Ferienzeit ist der Gemeinderat für die Erledigung der auf den Ferienausschuss übergegangenen Angelegenheiten nicht zuständig. Der Ferienausschuss ist in der LKrO und der BezO nicht vorgesehen.

torischen (ständigen) **Bezirksausschuss.** Dieser darf nicht mit den Bezirksausschüssen gem. Art. 60 GO verwechselt werden.

96 Die obligatorischen Ausschüsse zeichnen sich dadurch aus, dass ihr Aufgabenkreis bereits vom Gesetz vorgezeichnet ist und dass sie nicht – anders als die fakultativen Ausschüsse – gem. Art. 32 V GO jederzeit aufgelöst werden können; sie können deswegen auch „ständige Ausschüsse" genannt werden[87]. Selbstverständlich ist eine Auflösung eines obligatorischen Ausschusses mit dem Ziel der Neubildung bzw. Neuzusammensetzung des Ausschusses möglich. Die Bildung fakultativer Ausschüsse liegt grundsätzlich im freien Organisationsermessen der Gemeinde.

97 Keine kommunalen Ausschüsse i. S. v. Art. 32, 33 GO sind die sog. **Bezirksausschüsse** gem. Art. 60 GO, die von den Gemeinden entsprechend der Einteilung des Gemeindegebiets in Stadtbezirke (Art. 60 I GO) gebildet werden können. Nur in Städten mit mehr als einer Million Einwohner (lex München) besteht hierzu eine Pflicht, Art. 60 II 3 GO. Die Bezirksausschüsse sind vom Stadtrat unabhängige Ausschüsse sui generis, nicht etwa ein verkleinertes Abbild des Stadtrats. Die Zusammensetzung der Bezirksausschüsse hängt davon ab, ob ihnen nur vorberatende oder auch beschließende Funktion (Art. 60 II 2, V GO) zugewiesen wird. Werden ausschließlich beratende Bezirksausschüsse gebildet, so hat deren Zusammensetzung entsprechend dem Wahlergebnis der Stadtratswahlen im jeweiligen Stadtbezirk zu erfolgen, Art. 60 III 1 GO. Werden den Bezirksausschüssen vom Stadtrat eigene Entscheidungsrechte übertragen, werden deren Mitglieder von den im Stadtbezirk wohnenden Gemeindebürgern gleichzeitig mit den Stadtratswahlen gewählt, Art. 60 III 2 GO. Eine weitere Erläuterung erfahren die Bezirksausschüsse hier nicht. Es sei nur darauf hingewiesen, dass wegen der Neufassung des Art. 60 GO die Bezirksausschüsse eine nicht unwesentliche Aufwertung erfahren haben, vgl. Art. 60 II 2 GO, die auf den Volksentscheid vom 1.10.1995 zurückgeht[88].

98 Ebenfalls keine kommunalen Ausschüsse i. S. v. Art. 32, 33 GO sind etwa gebildete **Ältestenausschüsse** oder Ältestenräte, die i. d. R. aus den Vorsitzenden aller vertretenen Fraktionen und dem ersten Bürgermeister als Vorsitzendem bestehen. Der in der Gemeindeordnung nicht vorgesehene Ältestenrat unterstützt den ersten Bürgermeister bei der Führung der Geschäfte. Insbesondere obliegt es ihm, eine Abstimmung zwischen den Fraktionen und Ausschussgemeinschaften über Art und Zeit der Behandlung wichtiger Angelegenheiten herbeizuführen. Ferner werden in ihm Personalangelegenheiten der Bürgermeister sowie der ehrenamtlichen und berufsmäßigen Gemeinderatsmitglieder erörtert[89].

3. Bildung und Zusammensetzung der Ausschüsse

99 Gem. Art. 33 I GO regelt der Gemeinderat in der Geschäftsordnung die **Zusammensetzung der Ausschüsse.** Diese Vorschrift lässt aber nur unzureichend erkennen, was genau der Gemeinderat eigentlich in der Geschäftsordnung zu regeln hat. Die **Geschäftsordnung** muss eine Auflistung aller Ausschüsse enthalten, wobei deren jeweiliger **Aufgabenbereich** festzulegen ist. Das folgt bzgl. beschließender Ausschüsse bereits aus Art. 32 III GO, wonach die zu erledigenden Angelegenheiten unter Beachtung der Übertragungsverbote des Art. 32 II 2 GO vom Gemeinderat übertragen werden müssen. Ferner muss in der Geschäftsordnung die **Kopfstärke** der Ausschüsse festgelegt

---

[87] Vgl. Streinz, BayVBl. 1983, 710.
[88] Lies BayVerfGH, BayVBl. 1994, 685.
[89] Vgl. zum kommunalen Ältestenrat Grasser, BayVBl. 1990, 334.

werden, die selbstverständlich nicht bei allen Ausschüssen gleich sein muss. Schließlich ist festzulegen, nach welchem Verfahren die Ausschusssitze zu **verteilen** sind und ob der Losentscheid gilt oder der Rückgriff auf die Stimmenzahl entscheidend sein soll, vgl. Art. 33 I 3 GO[90].

Die **Aufgabenzuweisung** an vorberatende wie beschließende Ausschüsse erfolgt **100** (zwingend) durch Regelung in der Geschäftsordnung[91]. Bzgl. beschließender Ausschüsse wird diskutiert, ob die Übertragung der wahrzunehmenden Angelegenheiten (zusätzlich) durch Satzung (regelmäßig innerhalb der Satzung zur Regelung von Fragen des örtlichen Gemeindeverfassungsrechts) geboten ist[92]. Die überwiegende Ansicht lässt jedoch auch für beschließende Ausschüsse die Aufgabenübertragung durch Regelung in der Geschäftsordnung ausreichen[93].

Gem. Art. 33 I 2 GO hat der Gemeinderat bei der **Zusammensetzung** der Aus- **101** schüsse dem Stärkeverhältnis[94] der in ihm vertretenen Parteien und Wählergruppen Rechnung zu tragen. Art. 33 I 2 GO stellt klar, dass maßgeblich für die Sitzverteilung in den Ausschüssen das Stärkeverhältnis der Parteien und Wählergruppen im Gemeinderat, nicht deren Stärkeverhältnis bei der letzten Gemeinderatswahl ist, wobei die Zusammensetzung in den Ausschüssen sowohl nach d'Hondt als auch nach Hare-Niemeyer, aber auch nach dem Verfahren nach Sainte-Laguë/Schepers, das nunmehr gem. Art. 35 II GLKrWG für die Kommunalwahlen zur Anwendung kommt, geschehen kann; es entspricht ständiger Rechtsprechung, dass alle diese Verfahren grundsätzlich gleichwertig sind und zwischen ihnen ausgewählt werden darf[95]. Mit dem Passus „Parteien[96] und Wählergruppen[97]" sind – soweit vorhanden – die Fraktionen gemeint[98], wobei andererseits die Mitgliedschaft in den Ausschüssen nicht von einem etwaigen Fraktionsstatus abhängt, sondern vom Stärkeverhältnis i. S. d. Art. 33 I GO[99]. Das ist insbesondere für den Fall wichtig, dass ein Gemeinderatsmitglied zwar nicht aus der Mutterpartei, wohl aber aus der Gemeinderatsfraktion ausscheidet oder für den umgekehrten Fall, indem sich z. B. ein Parteiloser der Fraktion einer ihm programmatisch nahestehenden Partei anschließt, ohne der Partei beizutreten. Deswegen ist das **Verteilungsverfahren** durch den Gemeinderat jeweils dann **neu durchzuführen,** wenn sich Änderungen in der Zusammensetzung des Gemeinderats ergeben, die sich auf das Stärkeverhältnis unter den Fraktionen und Gruppen auswirken[100].

In der **Festsetzung der Kopfstärke** eines Ausschusses ist der Gemeinderat weitest- **102** gehend frei, sofern nicht eine spezialgesetzliche Regelung wie z. B. für den Rechnungsprüfungsausschuss (Art. 103 II GO) oder auf Kreisebene bzw. Bezirksebene für

---

[90] Vgl. Hölzl/Hien/Huber, Art. 33 GO, Erl. 1.1; zur Frage der Stellvertretung in den Ausschüssen vgl. Hölzl/Hien/Huber, Art. 33 GO, Erl. 4.

[91] Vgl. Hölzl/Hien/Huber, Art. 32 GO, Erl. I.3.1.

[92] Vgl. Widtmann/Grasser/Glaser, Art. 32 GO, Rn. 19.

[93] Vgl. Hölzl/Hien/Huber, Art. 32 GO, Erl. I.3.1.

[94] Hierzu Schreiber, BayVBl. 1996, 134 ff., 170 ff.

[95] BayVGH, BayVBl. 2004, 429/430.

[96] Vgl. § 2 I 1 ParteiG, oben Fn. 65.

[97] Die Wählergruppen mussten deswegen eigens erwähnt werden, weil die sog. „Rathausparteien", d. h. Wählergruppen, die sich weder an Bundestags- noch Landtagswahlen beteiligen, nicht unter den Parteienbegriff des § 2 ParteiG fallen.

[98] Ständige Rspr.: vgl. nur BayVGH, BayVBl. 1989, 434; BayVGH, BayVBl. 1993, 81; BayVGH, BayVBl. 2000, 309/310.

[99] BayVGH, BayVBl. 2000, 467.

[100] Vgl. Widtmann/Grasser/Glaser, Art. 33 GO, Rn. 7 m. w. N.; vgl. Streinz, BayVBl. 1983, 709. Vgl. zum in Umgehungsabsicht durchgeführten Fraktionsübertritt BayVGH, BayVBl. 2000, 661.

den Kreisausschuss oder den Bezirksausschuss (Art. 27 I LKrO und Art. 26 I BezO) existiert. Der Gemeinderat muss nicht darauf Bedacht nehmen, dass jede auch noch so kleine Wählergruppe im Ausschuss vertreten ist[101], da ansonsten wegen des Gebots der Spiegelbildlichkeit eine Effektivierung der Arbeit kaum möglich wäre. Allerdings sollten ansehnliche Gruppen nicht von der Ausschussarbeit ausgeschlossen werden. Der Gemeinderatsbeschluss über die Zusammensetzung der Ausschüsse kann im Kommunalverfassungsstreit, insbesondere hinsichtlich der Willkürlichkeit der Festsetzung der Kopfstärke, überprüft werden.

103 Gem. Art. 33 II GO führt der erste Bürgermeister, einer seiner Stellvertreter oder ein vom ersten Bürgermeister bestimmtes ehrenamtliches Gemeinderatsmitglied den **Vorsitz in den Ausschüssen;** insoweit könnte man von einem gesetzlichen Mitglied in den Ausschüssen sprechen[102]. Der Vorsitzende gem. Art. 33 II GO ist bei der Berechnung der Zusammensetzung der Ausschüsse außen vor zu lassen[103].

104 **Beispiel nach Hölzl/Hien/Huber**[104]**:** In einer Gemeinde mit 4500 Einwohnern besteht der Gemeinderat gem. Art. 31 II GO aus 16 Gemeinderatsmitgliedern und dem ersten Bürgermeister gem. Art. 31 I GO. Der Gemeinderat beschließt, die Ausschussstärke (Kopfstärke) auf insgesamt 9 Mitglieder einschließlich Vorsitzendem festzusetzen. Da der Vorsitzende bei der proportionalen Verteilung außer Betracht bleibt, sind die 8 weiteren Sitze auf die im Gemeinderat vertretenen Fraktionen und Gruppen zu verteilen. Setzt sich der Gemeinderat aus 7 Mitgliedern der A-Fraktion, 5 Mitgliedern der B-Fraktion, 3 Mitgliedern der C-Fraktion und dem Einzelgänger D zusammen, dann ist nach **d'Hondt** folgendes Ergebnis zu berechnen:

105

Teilung	**A**	**B**	**C**	**D**
:1	7(1)	5(2)	3(4)	1
:2	3,5(3)	2,5(5)	1,5	0,5
:3	2,3(6)	1,6(8)	1	0,3
:4	1,7(7)	1,2	0,7	0,2

106 Entsprechend den 8 höchsten Teilungszahlen entfallen auf die A-Fraktion 4 Sitze, auf die B-Fraktion 3 Sitze und auf die C-Fraktion 1 Sitz. Der Einzelgänger D ist nicht vertreten.

107 Nach dem **Hare-Niemeyer-Verfahren** gilt folgende Berechnung:

108

A-Fraktion $\frac{7 \times 8}{16} = 3{,}5$

B-Fraktion $\frac{5 \times 8}{16} = 2{,}5$

C-Fraktion $\frac{3 \times 8}{16} = 1{,}5$

D-Fraktion $\frac{1 \times 8}{16} = 0{,}5$

---

101 Vgl. hierzu BayVGH, BayVBl. 1968, 324 ff.; BayVGH, BayVBl. 2004, 429/430.

102 Im Rechnungsprüfungsausschuss kann der erste Bürgermeister Mitglied sein; wenn Art. 103 II GO darauf verweist, dass Art. 33 II GO keine Anwendung findet, wird damit nur die „Vorsitz-Automatik" beseitigt; Hölzl/Hien/Huber, Art. 103 GO, Erl. 4.

103 Und zwar unabhängig davon, ob der erste Bürgermeister oder einer seiner Stellvertreter oder ein vom ersten Bürgermeister bestimmtes Mitglied den Vorsitz führt, vgl. Art. 33 II 2 GO (vgl. zur früheren Rechtslage auch BayVGH, BayVBl. 1989, 177).

104 Vgl. Hölzl/Hien/Huber, Art. 33 GO, Erl. 1.2.2; weitere Berechnungsbeispiele bei Widtmann/Grasser/Glaser, Art. 33 GO, Rn. 410b.

109 Durch die Zahlen vor dem Komma erhält die A-Fraktion zunächst 3, die B-Fraktion 2 Sitze und die C-Fraktion 1 Sitz. Da für die noch zu verteilenden 2 Ausschusssitze die Zahlen hinter dem Komma ausschlaggebend sind, haben alle 4 Gruppierungen – also auch der Einzelgänger D – gleichen Anspruch auf einen der beiden Sitze. Das Verfahren nach Hare-Niemeyer ist für die kleineren Gruppen vorteilhafter; die C-Fraktion hat Aussicht auf 2 Sitze und auch D auf 1 Sitz. Hat der Gemeinderat allerdings in der Geschäftsordnung den Rückgriff auf die Wählerstimmen gem. Art. 33 I 3 GO beschlossen, dann entfällt diese Chance; der 7. und 8. Sitz gehen dann an die A- und die B-Fraktion, so dass das Ergebnis wieder mit d'Hondt übereinstimmen würde. Nur bei einem Losverfahren könnte sich der Kleingruppenbonus des Verfahrens nach Hare-Niemeyer für die C-Fraktion bzw. D auswirken.

109a Nach dem Sitzzuteilungsverfahren von **Sainte-Laguë/Schepers** gilt:

Teilung	**A**	**B**	**C**	**D**
:1	7(1)	5(2)	3(3)	1
:3	2,3(4)	1,6(5)	1	0,33
:5	1,4(6)	1	0,6	0,2
:7	1	0,7	0,4	0,1

In diesem Beispiel ergibt sich das gleiche Zwischenergebnis wie bei Hare-Niemeyer: auch hier müssen die zwei letzten Sitze unter die rechnerisch gleichberechtigten Gruppierungen gem. Art. 33 I 3 GO verteilt werden.

109b Die Wahlfreiheit des Gemeinderats im Hinblick auf die Festlegung des Verteilungsverfahrens hat der Bayerische Verwaltungsgerichtshof allerdings mit zwei Aufsehen erregenden Entscheidungen vom 17.3.2004[105] eingeschränkt: Die Pflicht des Gemeinderats, bei der Zusammensetzung der Ausschüsse dem Stärkeverhältnis der in ihm vertretenen Parteien und Wählergruppen Rechnung zu tragen, schließt eine Sitzverteilung nach dem kleinere Gruppierungen tendenziell benachteiligenden d'Hondt'schen Höchstteilungszahlen-Verfahren dann aus, wenn eine dabei im – wohl eher seltenen – Einzelfall durch eine sogenannte Über-Aufrundung auftretende Überrepräsentation einer Gruppe zu Lasten einer anderen durch alternative Verfahren wie Hare-Niemeyer oder Sainte Laguë/Schepers vermieden wird, ohne dass die bei jenen Verfahren auftretenden Rundungsfehler zu einer Unterrepräsentation anderer Gruppen führen[106].

110 Eine Handlungsmöglichkeit für Einzelgänger oder in den größeren Gemeinderäten auch für Kleinstgruppierungen zeigt Art. 33 I 5 GO auf, wenn diese wegen des Grundsatzes der verkleinerten Abbildung der Zusammensetzung im Gemeinderat in den Ausschüssen nicht vertreten wären. Nach dieser Regelung können sich Gemein-

[105] BayVGH, BayVBl. 2004, 429ff. und 432ff. Vgl. hierzu insbesondere die Anmerkung von Deubert in BayVBl. 2004, 435ff., auf die auch deswegen verwiesen sei, weil dort illustrative Rechenbeispiele auch zu den Verfahren nach Sainte Laguë/Schepers gemacht werden. Vgl. auch Lohner/Zieglmeier, BayVBl. 2007, 481ff. und 722; Wagner/Raithel, BayVBl. 2007, 712ff.; Büchner, BayVBl. 2007, 721. Vgl. ferner BayVGH, BayVBl. 2015, 712ff.

[106] In dem auf Gemeindeebene spielenden Fall des BayVGH = BayVBl. 2004, 429 verfügte der Gemeinderat über 24 Sitze. Die maßgebliche Kommunalwahl erbrachte für die Mehrheitsfraktion 14 Sitze bei 58,33%. Nach dem d'Hondt'schen Verfahren erhielt sie in den mit acht Stadtratsmitgliedern zu besetzenden Ausschüssen sechs und damit 75% der Sitze. Von einer Über-Aufrundung war deswegen zu sprechen, weil aus dem 58,33% entsprechenden Dezimalbruch von ca, 4,7 nicht nur aufgerundet 5 Sitze, sondern 6 Sitze wurden, und zwar zu Lasten einer im Gemeinderat mit zwei Sitzen vertretenen Gruppierung.

deratsmitglieder zur Entsendung gemeinsamer Vertreter in die Ausschüsse zusammenschließen **(Ausschussgemeinschaft),** wenn (ungeschriebenes Tatbestandsmerkmal) keiner von den Einzelgängern oder Kleinstgruppierungen, die sich zusammenschließen wollen, in dem Ausschuss vertreten wäre[107].

111 **Beispiel:** Im vorherigen Beispiel könnte sich der Einzelgänger D also nicht etwa mit den Mitgliedern der C-Fraktion zur Bildung einer Ausschussgemeinschaft zusammenschließen.

112 Deswegen können sich also nur Nichtvertretene mit Nichtvertretenen, nicht aber auch Nichtvertretene mit Vertretenen zusammenschließen. Selbstverständlich bleibt es dem Nichtvertretenen möglich, sich bei genügender Nähe der politischen Zielsetzungen einer Fraktion anzuschließen. Dies setzt allerdings voraus, dass ein Fraktionsbeitritt auch tatsächlich gewollt ist, und nicht nur zum Schein (d.h. nur wegen der Erlangung eines Ausschusssitzes) erfolgt[108].

113 Wie Art. 33 I 4 GO zeigt, werden die Mitglieder der Ausschüsse **bestellt,** und nicht etwa gewählt i.S.v. Art. 51 III, IV GO, d.h. der Gemeinderat kann andere als die von den Parteien und Wählergruppen vorgeschlagenen[109] Gemeinderatsmitglieder nicht in den Ausschuss berufen[110]. Gemäß der Neufassung des Art. 33 I 2 GO können die Parteien und Wählergruppen nur Personen „aus der Mitte" des Gemeinderats in die Ausschüsse berufen. Im Übrigen können zu Ausschusssitzungen von Fall zu Fall Sachverständige hinzugezogen werden[111]. Eine jedoch institutionalisierte, in der Geschäftsordnung dauerhaft festgeschriebene Herbeiziehung von Gemeinderatsfremden würde sich nicht mit dem Prinzip der Volkswahl der ehrenamtlichen Gemeinderatsmitglieder vertragen. Dies gilt gleichermaßen für vorberatende wie beschließende Ausschüsse.

114 Gem. Art. 40 (2) GO haben die berufsmäßigen Gemeinderatsmitglieder in den für ihre Aufgabengebiete zuständigen Ausschüssen beratende Stimme kraft Gesetzes (ohne Anrechnung auf die Mitgliederzahl).

4. Geschäftsgang in den Ausschüssen

115 Gem. Art. 45 II 2 GO sind auf den Geschäftsgang der beschließenden Ausschüsse die Vorschriften der Art. 46 bis 54 GO entsprechend anzuwenden. Art. 45 II 2 GO gilt nicht für die vorberatenden Ausschüsse, deren Geschäftsgang einer Regelung in der Geschäftsordnung vorbehalten ist. Den Grundgedanken der Art. 46 bis 54 GO widersprechende Regelungen dürfen allerdings in die Geschäftsordnung nicht aufgenommen werden[112].

---

[107] BayVGH, BayVBl. 2004, 432/433; vgl. auch BayVGH, BayVBl 2010, 248f.

[108] Vgl. BayVGH, BayVBl. 1986, 466; BayVGH, BayVBl. 1993, 81f.

[109] Zur strittigen Frage, ob das Vorschlagsrecht der Fraktionen auch die Möglichkeit umfasst, fraktionsfremde Gemeinderatsmitglieder vorzuschlagen, vgl. Streinz, BayVBl. 1983, 708; BayVGH, BayVBl. 1971, 114 (bejahend).

[110] Vgl. Bauer/Böhle/Ecker, Art. 33 GO, Rn. 23; dem Vorschlagsrecht der Fraktionen entspricht nicht etwa auch das Recht der Fraktionen, die von ihnen vorgeschlagenen Ausschussmitglieder wieder abzuberufen (strittig; vgl. auch Streinz, BayVBl. 1983, 710f.; vgl. ferner BayVGH, BayVBl. 1988, 83ff.). Die Proporzregelung des Art. 33 I 2, 4 GO gilt von Gesetzes wegen nur für die Besetzung der Ausschüsse des Gemeinderats selbst; den Fraktionen (Parteien und Wählergruppen) steht daher bei anderen Verwaltungsstellen ein bindendes Vorschlagsrecht grundsätzlich nicht zu, vgl. BayVGH, BayVBl. 2000, 309ff.

[111] Vgl. Bauer/Böhle/Ecker, Art. 33 GO, Rn. 6.; Widtmann/Grasser/Glaser, Art. 33 GO, Rn. 3.

[112] Vgl. Hölzl/Hien/Huber, Art. 45 GO, Erl. 2.2.1.

5. Übersicht

Übersicht 33: Ausschüsse 115a

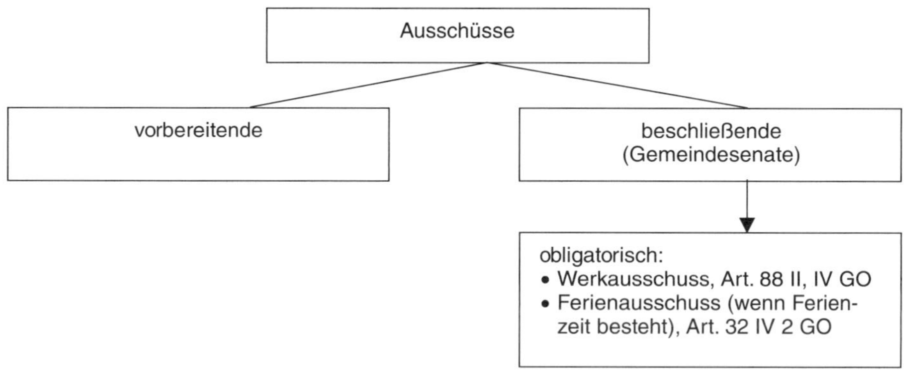

In der Geschäftsordnung regeln:

1. Arten und Aufgabenbereiche der Ausschüsse
2. Kopfstärke
3. Verteilungsverfahren

V. Bürgerversammlung, Bürgerbegehren und -entscheid, Bürgerantrag

1. Vorbemerkung

Nach Änderung der Gemeindeordnung sowie der Landkreisordnung[113] durch Volks- 116
entscheid vom 1.10.1995 gem. Art. 72 I, 74 BV wurden Bürgerbegehren und Bürgerentscheid eingeführt. Ferner hat der Gesetzgeber den Bürgerantrag in die Gemeinde- und Landkreisordnung aufgenommen. Somit finden sich in der Gemeindeordnung und der Landkreisordnung verstärkt **plebiszitäre Elemente.** Diese dem bayerischen Kommunalrecht nunmehr integrierten Institute sind dem deutschen Kommunalrecht insgesamt nicht neu. Die in Art. 28 I 4 GG enthaltene Ermächtigung an den Landesgesetzgeber, anstelle des Gemeinderats die **Gemeindeversammlung** treten zu lassen, wurde vom bayerischen Gesetzgeber nicht genutzt.

---

[113] Gleichzeitig wurde Art. 7 II BV geändert sowie Art. 12 BV um einen neuen Absatz 3 ergänzt.

117 Übersicht 34: Plebiszitäre Elemente

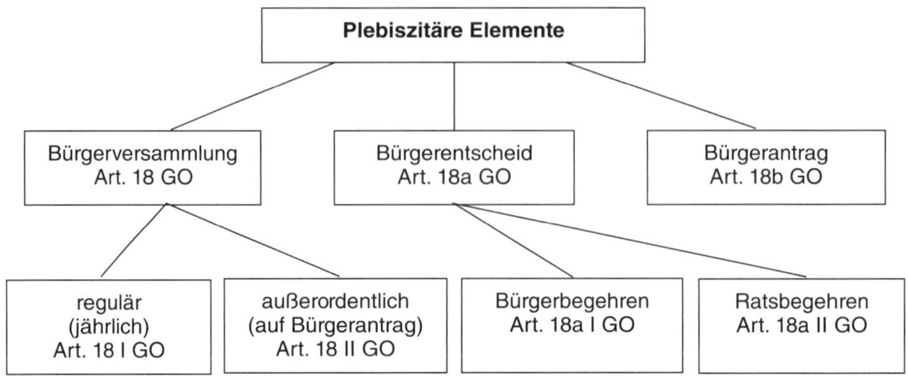

2. Bürgerversammlung

118 Nicht nachgegangen werden soll der Frage, ob der Bürgerversammlung (beschränkte) Organqualität[114] zukommt. Die Bürgerversammlung dient der gegenseitigen **Information** von Gemeinde und Gemeindebürgern[115] und der Erörterung gemeindlicher Angelegenheiten. Darunter fallen wegen der Regelung in Art. 6 I, II GO nicht nur die Selbstverwaltungsangelegenheiten des örtlichen (eigenen) Wirkungskreises, sondern auch die des übertragenen Wirkungskreises.

119 Von der **regulären Bürgerversammlung** gem. Art. 18 I GO, die wenigstens einmal jährlich durchzuführen ist, ist zu unterscheiden die **außerordentliche Bürgerversammlung auf Bürgerantrag** gem. Art. 18 II GO. Es dürfte allerdings nichts dagegen sprechen, eine besondere Bürgerversammlung mit einer ohnehin fälligen regulären Bürgerversammlung zu verbinden; vernünftigerweise sollte dann die besondere Bürgerversammlung vor der regulären durchgeführt werden. Gemäß Art. 18 IV GO müssen **Empfehlungen** von Bürgerversammlungen innerhalb einer Frist von drei Monaten vom Gemeinderat behandelt werden; für die Gemeindeorgane verbindliche Beschlüsse kann die Bürgerversammlung jedoch nicht fassen. Wegen des klaren Wortlauts des Art. 18 I 1, IV GO wird man auch annehmen müssen, dass selbst Angelegenheiten, deren Willensbildung und Erledigung in die Zuständigkeit des ersten Bürgermeisters fallen, nach Beschluss der Bürgerversammlung vom Gemeinderat „behandelt" werden müssen. Der Beschluss der Bürgerversammlung hat allerdings nicht zur Konsequenz, dass aus einer Bürgermeisterangelegenheit eine Gemeinderatsangelegenheit wird, vielmehr „schenkt" der Gemeinderat dem Beschluss der Bürgerversammlung nur die gebührende Aufmerksamkeit, um die Angelegenheit sodann zur verbindlichen Erledigung an den Bürgermeister abzugeben[116].

120 Problematisch ist, inwieweit ein **einklagbares Recht auf Durchführung einer Bürgerversammlung** besteht. Der Bayerische Verwaltungsgerichtshof[117] hat ent-

[114] Vgl. zum Meinungsstand Bauer/Böhle/Ecker, Art. 18 GO, Rn. 1.

[115] Gem. Art. 15 II GO sind Gemeindebürger die Gemeindeangehörigen, die in ihrer Gemeinde das Recht besitzen, an den Gemeindewahlen teilzunehmen. Zum Anspruch von Ortsfremden auf Teilnahme an einer Bürgerversammlung vgl. BayVGH, NVwZ-RR 1990, 210f.

[116] Vgl. Hölzl/Hien/Huber, Art. 18 GO, Erl. 7.

[117] Vgl. BayVGH, BayVBl. 1990, 718f.; BayVGH, BayVBl. 1996, 28.

schieden, dass dem einzelnen Mitunterzeichner oder Mitinitiator eines Antrags auf Einberufung einer außerordentlichen Bürgerversammlung gem. Art. 18 II GO kein subjektiv-öffentliches Recht auf Abhaltung einer solchen außerordentlichen Versammlung zustehe. In Konsequenz dieser Rechtsprechung müsste man deswegen auch ein einklagbares Recht auf Durchführung einer regulären Bürgerversammlung gem. Art. 18 I GO ablehnen. Da die Durchführung einer außerordentlichen Bürgerversammlung von der Einhaltung der in Art. 18 II GO genannten Quoren abhängt, erscheint es deshalb nur möglich, sämtlichen Mitunterzeichnern des Antrags auf Durchführung einer außerordentlichen Bürgerversammlung insgesamt ein diesbezügliches Klagerecht zuzugestehen. Diese könnten allerdings auch vorweg einem Initiator Prozessvollmacht erteilen.

Da die Durchführung einer Bürgerversammlung gem. Art. 18 I oder II GO unab- **121** hängig von der Frage der zu behandelnden Tagesordnungspunkte immer eine Frage des eigenen Wirkungskreises darstellt, unterfällt die pflichtwidrige Unterlassung der Durchführung einer Bürgerversammlung Art. 111ff. GO, so dass die Rechtsaufsichtsbehörde einschreiten kann.

3. Bürgerbegehren und Bürgerentscheid[118]

Durch Volksentscheid am 1.10.1995 wurde der Gesetzesentwurf des Volksbegehrens **122** „Mehr Demokratie in Bayern: Bürgerentscheide in Gemeinden und Kreisen" durch das Bayerische Volk mit 57,8% der abgegebenen gültigen Stimmen angenommen und damit grundsätzlich das Institut des Bürgerbegehrens bzw. Bürgerentscheids in das bayerische Kommunalrecht eingeführt und der konkurrierende Gesetzesentwurf des Bayerischen Landtags abgelehnt (dafür: 38,7%; gegen beide Gesetzesentwürfe: 3,4%; Wahlbeteiligung: ca. 37%). Da der Bayerische Verfassungsgerichtshof mit Entscheidung vom 29.8.1997[119] Teile der gesetzlichen Regelung für verfassungswidrig erklärte und den Gesetzgeber verpflichtete, bis zum 1.1.2000 eine verfassungsgemäße Regelung zu treffen, wurden die Bestimmungen über Bürgerbegehren und Bürgerentscheid einer Neuregelung zugeführt. Gleichzeitig wurde auch der Bürgerantrag gem. Art. 18b GO und Art. 12b LKrO eingeführt.

Initiativberechtigt i.S.v. Art. 18a I GO für ein **Bürgerbegehren** sind die Ge- **123** meindebürger gem. Art. 15 II GO i.V.m. Art. 1, 2 GLKrWG. Voraussetzung hierfür ist, dass der Antrag, der eine mit Ja oder Nein zu entscheidende Fragestellung und eine Begründung enthalten muss, von einer gewissen Anzahl von Gemeindebürgern unterstützt wird (Zulassungsquorum), Art. 18a I, VI GO, wobei bis zu drei Vertreter (nicht aber mehr[120]) durch die Unterschriften bevollmächtigt worden sein müssen, Art. 18a IV 1 GO. Werden auf den Unterschriftslisten eines Bürgerbegehrens auch mehrere Ersatzvertreter i.S.v. Art. 18a IV 2 GO benannt, so ist auch anzugeben, welcher Ersatzvertreter welchen Vertreter vertritt[121]. Der Bürgerentscheid entfällt, wenn der Gemeinderat die Durchführung der mit dem Bürgerbegehren verlangten Maßnahme

---

[118] Die Literatur und die Entscheidungen zu Bürgerbegehren und Bürgerentscheid sind kaum noch zu übersehen. An dieser Stelle sei daher zunächst auf den hervorragenden Kommentar von Thum, Bürgerbegehren und Bürgerentscheid in Bayern, hingewiesen. Vgl. auch Thum, 20 Jahre Bürgerbegehren und Bürgerentscheid in Bayern, BayVBl. 2015, 653ff. Vgl. ferner Schoch, NVwZ 2014, 1473ff.

[119] BayVerfGH, BayVBl. 1997, 622ff.

[120] Vgl. BayVGH, VwRR BY 1997, 112.

[121] BayVGH, BayVBl. 1999, 182; BayVGH vom 10.3.1999, Az. 4 B 98. 1349.

beschließt, vgl. Art. 18a XIV GO. Gem. Art. 18a II GO ist aber auch der Gemeinderat initiativberechtigt (sog. **Ratsbegehren**). In der Praxis werden nur selten isolierte Ratsbegehren durchgeführt; vielmehr wird es von dem Gemeinderat vor allem dann als Instrument zur Anwendung gebracht, wenn er es für opportun hält, den Gemeindebürgern mit der im Bürgerbegehren formulierten Frage gleichzeitig eine konkurrierende bzw. gegenläufige Frage als Konkurrenzvorlage zu stellen[122]. In diesem Fall muss zudem eine Stichfrage gem. Art. 18a XII 3 GO gestellt werden. Ein Ratsbegehren ist auch dann zu erwägen, wenn ein durch Bürgerbegehren zustande gekommener Bürgerentscheid innerhalb der Frist des Art. 18a XIII 2 GO geändert werden soll.

124 Art. 18a III GO enthält einen **Negativkatalog** mit Angelegenheiten, über die ein Bürgerentscheid nicht durchgeführt werden darf. In den Negativkatalog fallen zunächst die Bürgermeisterangelegenheiten kraft Gesetzes gem. Art. 37 I, III, IV GO, nicht jedoch diejenigen Angelegenheiten, die nach Art. 37 II GO auf den ersten Bürgermeister vom Gemeinderat übertragen worden sind, weil sie dem Bürgermeister nicht unmittelbar kraft Gesetzes obliegen, sondern kraft Delegation. Zu den Bürgermeisterangelegenheiten gehören auch die personalrechtlichen Befugnisse des Art. 43 II GO. Des Weiteren dürfen Bürgerentscheide nicht stattfinden über Fragen der inneren Organisation der Gemeindeverwaltung[123], wozu auch Fragen der Geschäftsordnung oder der Ausschussbildung gehören. Schließlich sind gem. Art. 18a III GO ausgenommen die Rechtsverhältnisse der Gemeinderatsmitglieder, der Bürgermeister[124] und der Gemeindebediensteten sowie die Haushaltssatzung, vgl. Art. 63 GO[125].

125 Die wichtigste sachliche Eingrenzung der Zulässigkeit von Bürgerbegehren und Bürgerentscheiden findet sich allerdings bereits in Art. 18a I, II GO, wonach Bürgerentscheide nur über **Angelegenheiten des eigenen Wirkungskreises** der Gemeinden, also über die Selbstverwaltungsangelegenheiten i. S. d. Art. 11 II BV, Art. 28 II GG stattfinden können. Damit sind Bürgerentscheide über Angelegenheiten des übertragenen Wirkungskreises gem. Art. 8, 58 GO unzulässig. Etwas anderes hätte sich mit dem Charakter der Staatsaufgaben als Weisungsaufgaben (vgl. Art. 8 II, 116 GO) selbstverständlich nicht vertragen. Darüber hinaus sind auch überörtliche Angelegenheiten, also Angelegenheiten, deren Entscheidung in die Zuständigkeit von Landkreis, Bezirk, Land oder Bund fallen, keine zulässigen Gegenstände von Bürgerbegehren auf Gemeindeebene. Bürgerbegehren auf Zweckverbands- (Art. 17 ff. KommZG), Verwal-

---

122 Vgl. BayVGH, NVwZ-RR 2005, 347 zu einem Bürgerbegehren auf Kreisebene.

123 Vgl hierzu auch Seckler, BayVBl. 1998, 650 ff.

124 Vgl. hierzu BayVGH, BayVBl. 1996, 246.

125 Gem. Art. 73 BV findet über den Staatshaushalt kein Volksentscheid i. S. d. Art. 74 BV statt. Der Bayerische Verfassungsgerichtshof subsumiert unter das Verbot des Art. 73 BV aber nicht nur eine Abstimmung über das Haushaltsgesetz gem. Art. 70 II BV, sondern auch solche Gesetze, die „– absolut gesehen – einen relativ geringen Finanzbedarf erfordern", weil sie „Auswirkungen auf das Budgetrecht des Parlaments haben", da sie auf jeden Fall eine Revision der Gesamtbeurteilung, der Prioritätensetzung sowie der Überprüfung der einzelnen Haushaltsansätze erfordern. Daher können ausgabenwirksame Gesetze nur dann mit Art. 73 BV in Einklang stehen, „wenn sie in ihren finanziellen Auswirkungen die vom Parlament aufgrund seines Budgetrechts getroffene Gesamtbeurteilung, Haushaltsplanung und Prioritätensetzung nicht wesentlich beeinflussen und beeinträchtigen". Der Verfassungsgerichtshof hat dies in einem Fall angenommen, in dem das von einem Volksbegehren angestrebte Gesetz ein Ausgabenvolumen von 0,06% des Gesamtvolumens des Haushalts darstellte. (BayVerfGH, BayVBl. 1995, 173 ff., 205 ff./206 m. w. N.; vgl. auch BayVerfGH, NVwZ-RR 2008, 719 ff. – Transrapid –.). Eine entsprechende Anwendung dieser Grundsätze auf das Recht des Bürgerbegehrens hat der Verfassungsgerichtshof aber ausdrücklich abgelehnt, BayVerfGH, BayVBl. 1997, 622/628.

tungsgemeinschafts- (Art. 1 ff. VGemO) oder Planungsverbandsebene (§ 205 BauGB) gibt es deswegen nicht, weil diese Verbände keine Gebietskörperschaften sind und insoweit kein Bürgerschaftsstatus existiert[126].

126 Einen darüber hinausgehenden Ausschluss von Angelegenheiten, über die ein Bürgerentscheid nicht stattfinden soll, formuliert das Gesetz nicht ausdrücklich. Selbstverständlich sind darüber hinaus Bürgerbegehren, die ein **rechtswidriges Ziel** verfolgen, unzulässig[127]. Hierzu zählt auch ein Bürgerbegehren, das die Grundsätze der kommunalen Haushaltswirtschaft, insbesondere den **Grundsatz der sparsamen und wirtschaftlichen Haushaltswirtschaft** i. S. v. Art. 61 II 1 GO, missachtet. Die Schwelle zur Rechtswidrigkeit ist allerdings erst dann überschritten, wenn das verfolgte Ziel mit den Grundsätzen vernünftigen Wirtschaftens schlechterdings (sog. **Schlechterdings-Rechtsprechung**) unvereinbar ist[128]. Auch die Koppelung sachlich nicht zusammenhängender Materien in einem Bürgerbegehren ist – unter dem rechtlichen Gesichtspunkt einer mit Ja oder Nein zu beantwortenden Frage gem. Art. 18a IV 1 GO – unzulässig. Das **Koppelungsverbot** verbietet es, sachlich nicht zusammenhängende Materien in einer Fragestellung zusammenzufassen, weil andernfalls der Bürger gezwungen wäre, hierüber einheitlich abzustimmen und somit eine differenzierende Abstimmung nicht möglich ist. Dies schließt es aber nicht aus, in eine Fragestellung mehrere Teilfragen oder Teilmaßnahmen aufzunehmen, wenn diese bei objektiver Betrachtung innerlich zusammenhängen und eine einheitlich abgrenzbare Materie bilden, selbst wenn in einem solchen Fall derjenige, der die Teilaspekte an sich unterschiedlich beantworten möchte, vor die Entscheidung gestellt wird, einheitlich mit Ja oder Nein zu stimmen[129].

127 In diesem Zusammenhang ist auch die Frage zu behandeln, inwieweit Fragen der **Bauleitplanung** durch Bürgerentscheid behandelt werden dürfen. Zu den Angelegenheiten des eigenen Wirkungskreises zählt selbstverständlich auch die Bauleitplanung, vgl. § 2 I BauGB, so dass sie grundsätzlich Gegenstand eines Bürgerbegehrens sein kann. Allerdings ist in jedem einzelnen Fall genau zu prüfen, ob die Fragestellung mit den gesetzlichen Bestimmungen des Bauplanungsrechts, insbesondere dem **Abwägungsgebot** des § 1 VII BauGB vereinbar ist. Zulässiges Ziel eines Bürgerbegehrens kann zunächst grundsätzlich die Einleitung bzw. Einstellung eines Bauleitplanungsverfahrens sein; dies gilt ebenfalls im Hinblick auf Mittel der Sicherung der Bauleitplanung, wie z. B. die Veränderungssperre gem. §§ 14 ff. BauGB. Zulässig ist es jedenfalls, wenn durch Bürgerbegehren grundsätzliche Zielsetzungen bzw. Inhalte eines Bauleitplanes, die weitere konkretisierende und abwägende Entscheidungen des Gemeinderats erfordern, vorgegeben werden, wenn diese Ziele bzw. Inhalte auch grundsätzlich – gewissermaßen abstrakt – zulässiger Inhalt eines Bauleitplanes sein können, also insbesondere festsetzungstechnisch zu bewältigen sind und zudem diese Ziele und Inhalte auch in der konkreten Situation Gegenstand eines alle vorgefundenen städtebauliche Probleme vollständig bewältigenden Bauleitplanes sein können. Ein Bürgerbegehren, das auf eine Vorentscheidung zum Inhalt eines Bebauungsplans zielt, verstößt nicht von

---

126 Zulässig sind allerdings Bürgerbegehren in Gemeinden, mit denen Weisungen an Verbandsräte i. S. v. Art. 33 II 4 KommZG bzw. Art. 10 II VGemO i. V. m. Art. 33 II 4 KommZG erteilt werden; BayVGH, BayVBl. 1998, 242 ff.

127 Vgl. BayVGH, BayVBl. 1998, 209 ff.; BayVGH, BayVBl. 1998, 242 ff.; BayVGH, BayVBl. 1998, 402 ff.; Bauer/Böhle/Ecker, Art. 18a GO, Rn. 8.

128 BayVGH, BayVBl. 1998, 209/211; BayVGH, BayVBl. 1998, 402/403 m. w. N.

129 BayVerfGH, BayVBl. 2000, 306/307; BayVGH, BayVBl. 2008, 82 ff.; BayVGH, BayVBl. 2009, 245.

vornherein gegen das Abwägungsgebot, wenn nur Rahmenfestlegungen betroffen sind, die einen verbleibenden Planungsspielraum von substantiellem Gewicht belassen und genügend Alternativen zur Abwägung der konkreten Belange offen lassen. Für Flächennutzungspläne gilt entsprechendes[130].

128 Schließlich kann es auch Situationen geben, in denen ein Bürgerbegehren, gerichtet auf Erlass eines Aufstellungsbeschlusses bzw. auf Einleitung eines Aufhebungsverfahrens im Sinn von § 1 VIII BauGB unzulässig, weil auf rechtswidrige Ziele gerichtet, ist. Dies ist insbesondere dann vorstellbar, wenn mit dem Bürgerbegehren das Ziel verfolgt werden soll, einen von der Gemeinde soeben erlassenen Bebauungsplan aufzuheben, in dessen Konsequenz bereits erste Baugenehmigungen oder auch nur Vorbescheide erteilt worden sind, und deswegen mit der Aufhebung des Bebauungsplanes allein wegen der vorhandenen Baugenehmigungen bzw. Vorbescheiden eine vom Bürgerbegehren angestrebte Nutzungsänderung auf lange Sicht nicht erreicht werden kann und sich die Gemeinde zudem ggf. Ansprüchen gem. § 42 BauGB ausgesetzt sehen müsste[131].

129 Auch wird es regelmäßig für zulässig gehalten, wenn über die Frage der Erteilung des **gemeindlichen Einvernehmens** gem. § 36 BauGB ein Bürgerentscheid abgehalten wird. Zwar nimmt die Gemeinde bei der Entscheidung über das gemeindliche Einvernehmen eine Angelegenheit des eigenen Wirkungskreises wahr, da hierin eine Ausprägung der vom Selbstverwaltungsrecht des Art. 11 II BV, Art. 28 II GG geschützten Planungshoheit zu erblicken ist. Allerdings kann im konkreten Einzelfall die Versagung des gemeindlichen Einvernehmens rechtswidrig sein, was immer dann der Fall ist, wenn der Bauherr einen Anspruch auf Erteilung der Baugenehmigung hat und der Gemeinde gem. § 36 II 1 kein Ermessen zusteht[132]. Nur soweit die §§ 31 ff. BauGB der Gemeinde in der konkreten Situation ein Ermessen eröffnen, kann die Frage der Erteilung des gemeindlichen Einvernehmens auch im Rahmen eines Bürgerentscheids entschieden werden.

130 Gem. Art. 18a VIII 1 GO **entscheidet über die Zulässigkeit** eines Bürgerbegehrens der Gemeinderat unverzüglich, spätestens innerhalb eines Monats nach Einreichung des Bürgerbegehrens bei der Gemeinde. Dabei überprüft der Gemeinderat nicht nur, ob die Zulassungsvoraussetzungen gem. Art. 18a I-VI GO vorliegen (sog. **formelle Prüfung**). Vielmehr erstreckt sich der gemeindliche Prüfungsumfang auch auf die Frage, ob das mit dem Bürgerbegehren verfolgte Ziel mit der Rechtsordnung in Einklang steht (s. o.; sog. **materielle Prüfung**)[133]. Dies ergibt sich insbesondere daraus, dass der Gemeinderat bei der Zulassungsentscheidung als Organ der Gemeinde handelt und nach dem rechtsstaatlichen Grundsatz der Gesetzmäßigkeit der Verwaltung jedwede Handlung der Gemeinde mit der Verfassung und den Gesetzen übereinstimmen muss, Art. 56 I GO, Art. 3 I BV, Art. 20 III GG. Freilich darf der Gemeinderat ein Bürgerbegehren nicht wegen des mutmaßlich unzweckmäßigen Ziels bzw. der mutmaßlich unzweckmäßigen Maßnahme ablehnen[134].

131 Gem. Art. 18a IX GO tritt nach Feststellung der Zulässigkeit des Bürgerbegehrens die sog. **Sperrwirkung** ein. Bis zur Durchführung des Bürgerentscheids darf eine dem Begehren entgegenstehende Entscheidung durch die Gemeindeorgane nicht mehr ge-

---

130 BayVGH, BayVBl. 2006, 733, nichtamtlicher Leitsatz 3; BayVGH, BayVBl. 2009, 245/246. Vgl. auch BayVGH, NVwZ 1998, 423/424.

131 Vgl. VG Augsburg, VwRR BY 1997, 321 ff.

132 So wohl auch BayVGH, BayVBl. 1998, 402/403.

133 Vgl. BayVGH, BayVBl. 1998, 209/210 f.; BayVGH, BayVBl. 1998, 242/243; BayVGH, BayVBl. 1999, 408; VG Würzburg, BayVBl. 1999, 282 ff.

134 VG Würzburg, BayVBl. 1999, 282 ff.

troffen oder mit dem Vollzug einer derartigen Entscheidung nicht mehr begonnen werden, es sei denn, zu diesem Zeitpunkt hätten rechtliche Verpflichtungen der Gemeinde hierzu bestanden. Allerdings ist anerkannt, dass bereits eingereichte Bürgerbegehren, über deren Zulässigkeit noch nicht entschieden worden ist, ebenfalls grundsätzlich einen Anspruch auf Sicherung der Durchführung des Bürgerentscheids haben, d. h., dass die Gemeinden den Bürgerentscheid grundsätzlich nicht durch die Schaffung vollendeter Tatsachen leerlaufen lassen dürfen. Von daher können die Vertreter des Bürgerbegehrens auch vorläufigen Rechtsschutz zur Sicherung des Anspruchs auf Zulassung eines Bürgerbegehrens mit Hilfe der einstweiligen Anordnung nach § 123 VwGO erreichen[135]. Diesem Anspruch auf Sicherung eines Bürgerentscheids steht das Recht der Gemeinden und Landkreise auf Selbstverwaltung gegenüber. Ob dem Recht auf Absicherung des Bürgerentscheids das Selbstverwaltungsrecht der Gemeinden vorgeht, ist eine Frage der Abwägung des Einzelfalls. Den Belangen zur Absicherung des Bürgerentscheids sind die Belange zum Schutz des kommunalen Selbstverwaltungsrechts gegenüber zu stellen[136].

Der Entschluss des Gemeinderats über die Zulassung des Bürgerbegehrens unterliegt **131a** der gemeindeinternen Kontrolle durch den ersten Bürgermeister gem. Art. 59 II GO sowie der **Rechtsaufsicht** gem. Art. 111 ff. GO. Erster Bürgermeister und Rechtsaufsichtsbehörde werden jeden positiven wie negativen Zulassungsbeschluss des Gemeinderats überprüfen. Zwar unterliegt auch der Bürgerentscheid als solcher der rechtsaufsichtlichen Kontrolle (ein Bürgerentscheid kann aber nicht mehr gem. Art. 59 II GO beanstandet werden, vgl. Wortlaut des Art. 59 II GO), da dieser gem. Art. 18a XIII 1 GO die Wirkung eines Gemeinderatsbeschlusses hat. Rechtspolitisch entstünde allerdings eine nur schwer erträgliche Situation, wenn erst nach Durchführung des Plebiszits – u. U. also nach Beteiligung von mehreren Zehntausenden von Gemeindebürgern – die Rechtsaufsichtsbehörde zum Ergebnis käme, das mit dem Bürgerentscheid verfolgte Ziel sei rechtswidrig und dieser deswegen aufzuheben. Von daher kommt der Entscheidung des Gemeinderats gem. Art. 18a VIII 1 GO sowie der präventiven Überprüfung der gemeindlichen Entscheidung eine wichtige Bedeutung zu.

Die Entscheidung über die Zulässigkeit des Bürgerbegehrens stellt einen Verwal- **131b** tungsakt i. S. v. Art. 35 BayVwVfG dar, so dass gegen die die Zulässigkeit verneinende Entscheidung der Gemeinde ohne Vorverfahren gem. §§ 68 ff. VwGO **Verpflichtungsklage**[137] erhoben werden kann, Art. 18a VIII 2 GO. Zur Klageerhebung sind nur alle Vertreter des Bürgerbegehrens gemeinsam befugt. Die Klagefrist beträgt gem. §§ 74 II, I 2 VwGO einen Monat nach Bekanntgabe der Entscheidung.

Gem. Art. 18a X GO ist der Bürgerentscheid an einem Sonntag innerhalb von drei **131c** Monaten nach Feststellung der Zulässigkeit des Bürgerbegehrens **durchzuführen.** Der Gemeinderat kann die Frist im Einvernehmen mit den Vertretern des Begehrens um höchstens drei Monate verlängern. Die Kosten des Bürgerentscheids trägt die Gemeinde. Stimmberechtigt ist jeder Gemeindebürger. Die Möglichkeit der brieflichen Abstimmung ist zu gewährleisten. Über die zur Abstimmung gestellte Frage entscheidet die Mehrheit i. S. v. Art. 18a XII. Das erforderliche Zustimmungsquorum hängt von der Größe der betreffenden Gemeinde ab. Gem. Art. 18a XIII hat der Bürgerentscheid die **Wirkung eines Beschlusses** des Gemeinderats. Für den Normalfall wird man da-

---

[135] BayVGH, BayVBl. 1998, 567; BayVGH, NVwZ-RR 1998, 252/253; BayVerfGH, BayVBl. 1997, 622 ff.; BayVerfGH, BayVBl. 1999, 624 ff.; BayVGH, BayVBl. 2007, 497 ff.; BayVGH, NVwZ-RR 2011, 331 ff.

[136] BayVGH, NVwZ-RR 1998, 252/253.

[137] Vgl. BayVGH, BayVBl. 1998, 402/403.

von ausgehen können, dass ein Bürgerentscheid, der die gestellte Frage ablehnt, keine Bindungswirkung i. S. v. Art. 18a XIII 2 GO entfaltet[138].

131d Übersicht 35: Bürgerbegehren und Bürgerentscheid

Vom Bürgerbegehren zum Bürgerentscheid

1. **Formulierungsphase:** Formulierung des Bürgerbegehrens, Art. 18a IV GO
   a) Fragestellung: Ja/Nein
   b) Begründung
   c) Vertreterbenennung (ggf. mit Ersatzvertretern)

2. **Sammlungsphase:** Sammeln der Unterschriften durch Initiatoren, Art. 18a V, VI GO
   a) Unterschriften von im Bürgerverzeichnis eingetragenen Gemeindebürgern
   b) Erreichen des Zulassungsquorums

3. **Einreichungsphase:** Einreichung des Bürgerbegehrens (= Antrag auf Durchführung eines Bürgerentscheids) bei der Gemeinde, Art. 18a IV GO mit Unterschriften, Art. 18a VI GO

4. **Prüfungsphase:** Zulässigkeitsentscheidung innerhalb eines Monats, Art. 18a VIII GO
   a) Anlegen des Bürgerverzeichnisses, Stand: Einreichungstag, Art. 18a V 2 GO
   b) Formelle und materielle Vorprüfung durch Gemeindeverwaltung
   c) Zulässigkeitsentscheidung durch Gemeinderat innerhalb eines Monats, Art. 18a VIII 1 GO
      aa) Bei Zurückverweisung: Klagemöglichkeit, Art. 18a VIII 2 GO
      bb) Bei Zulassung: – Eintritt der Sperrwirkung, Art. 18a IX
      – Terminbestimmung für die Durchführung durch Gemeinderat, Art. 18a X 1 GO

5. **Durchführungsphase:** Durchführung des Bürgerentscheids
   a) Ortsübliche Bekanntmachung des Abstimmungstermins und -ortes
   b) Gewährleistung der brieflichen Abstimmung, Art. 18a X 4 GO

6. **Feststellungsphase:**
   a) Ermittlung des Ergebnisses (Erreichen des Abstimmungsquorums? Art. 18a XII GO)
   b) Ortsübliche Bekanntmachung, Art. 18a XVI GO
   c) Wirkung eines Gemeinderatsbeschlusses für erfolgreiche Begehren für ein Jahr, Art. 18a XIII GO

4. Bürgerantrag

131e Bei dem mit Gesetz vom 26.3.1999 neu in die Gemeindeordnung und Landkreisordnung aufgenommenen Institut des Bürgerantrags handelt es sich im Gegensatz zur Ansicht des Gesetzgebers keineswegs um „ein wichtiges zusätzliches Mitwirkungsrecht für die Gemeindebürger sowie um eine sinnvolle Ergänzung zur Bürgerversammlung“, sondern vielmehr um eine nunmehr gesetzlich geregelte Form einer **Kollektivpetition,** die zudem in Konkurrenz zur Bürgerversammlung auf Antrag nach Art. 18 II GO tritt[139].

131f Der Bürgerantrag kann im Gegensatz zum Bürgerbegehren nicht nur Angelegenheiten des eigenen Wirkungskreises, sondern allgemein **gemeindliche Angelegenheiten,** also auch solche des übertragenen Wirkungskreises, zum Gegenstand haben. Allerdings darf ein Bürgerantrag nicht Angelegenheiten behandeln, für die innerhalb eines Jahres vor Antragseinreichung bereits ein Bürgerantrag gestellt worden ist,

[138] BayVGH, BayVBl. 1998, 308ff.
[139] Zur Kritik an diesem Institut vgl. Hölzl/Hien/Huber, Art. 18b GO, Erl. 1.

Art. 18b I GO. In Entsprechung zur Regelung beim Bürgerbegehren muss der Bürgerantrag bei der Gemeinde eingereicht werden, eine Begründung enthalten und bis zu drei Personen benennen, die berechtigt sind, die Unterzeichnenden zu vertreten. Auch hier können für den Fall ihrer Verhinderung oder ihres Ausscheidens auf den Unterschriftenlisten zusätzliche stellvertretende Personen benannt werden, Art. 18b II GO. Art. 18b III GO schreibt ein **Antragsquorum** von einem Prozent der Gemeindeeinwohner i. S. v. Art. 15 I GO (nicht Gemeindebürger i. S. v. Art. 15 II GO) fest. Unterschriftsberechtigt sind nur die Gemeindebürger i. S. v. Art. 15 II GO.

Auch der Bürgerantrag bedarf – wie das Bürgerbegehren – der **Zulassung,** wobei 132
über die Zulässigkeit des Bürgerantrags das für die Behandlung der Angelegenheit zuständige Gemeindeorgan innerhalb eines Monats seit der Einreichung des Bürgerantrags entscheidet, Art. 18b IV GO. Die Zuständigkeit des Gemeindeorgans ergibt sich aus Art. 29ff. GO. In Entsprechung zur Rechtslage beim Bürgerbegehren erstreckt sich die Prüfung sowohl auf Fragen der formellen wie materiellen Zulässigkeit. Die Entscheidung über die Zulässigkeit des Bürgerantrags stellt einen **Verwaltungsakt** i. S. v. Art. 35 BayVwVfG dar. Bei Zurückweisung eines Bürgerantrags ist ohne Widerspruchsverfahren (Art. 15 AGVwGO) die Verpflichtungsklage einzulegen. Unter Umständen kann auch einstweiliger Rechtsschutz über die einstweilige Anordnung nach § 123 VwGO erreicht werden. Klage- bzw. antragsbefugt i. S. v. § 42 II VwGO sind die Unterzeichner gem. Art. 18b III 2 GO, die durch die vertretungsberechtigten Personen i. S. v. Art. 18b II GO vertreten werden.

VI. Die Kreisorgane

Obwohl die Landkreisordnung der Gemeindeordnung formal betrachtet sehr ähn- 133
lich ist, ergeben sich insbesondere hinsichtlich der Organe einige wesentliche Unterschiede, vgl. die nachfolgenden Anmerkungen. Gem. Art. 22 LKrO wird der Landkreis durch den Kreistag verwaltet, soweit nicht vom Kreistag bestellte Ausschüsse über Kreisangelegenheiten beschließen oder der Landrat selbständig entscheidet. Die Kreisbürger wählen den Kreistag und den Landrat, Art. 12 LKrO.

1. Der Landrat

Der Landrat ist von den Kreisbürgern direkt für sechs Jahre gewählter Beamter des 134
Landkreises, Art. 31 LKrO, Art. 42 I 1 GLKrWG. Er ist Leiter des Landratsamts, das bekanntlich eine „Zwitternatur" hat und deswegen auch als „januskopfig" bezeichnet wird, vgl. Art. 37 I LKrO. Diese **Janusköpfigkeit** des Landratsamts, einerseits **Kreisbehörde,** andererseits **untere Verwaltungsbehörde des Freistaates**[140], spiegelt sich in der Funktion des Landrats wider, vgl. z.B. Art. 35 III LKrO, da der Landrat dem Landratsamt in beiden Funktionen vorsteht.

Beispiel: Der Kreistag beschließt eine Verordnung gem. Art. 26 I i. V. m. 42 I 1 LStVG. Der 135
Landrat fertigt diese aus und verkündet sie, Art. 51 LStVG, Art. 20 LKrO. Damit vollzieht er den Beschluss i. S. v. Art. 33 (2) LKrO. Ein Beschwerter legt Normenkontrolle gem. § 47 I Nr. 2

---

[140] Das Landratsamt verwaltet als Kreisbehörde **den** Landkreis, als Staatsbehörde **im** Landkreis. Eine gute Übersicht zur Verwaltungsorganisation geben auch Burgi/Brandmeier, BayVBl. 2015, 1 ff. Vgl. darüber hinaus die Ausführungen in § 4 IV des gerade zur Examensvorbereitung sehr zu empfehlenden Lehrbuchs von Lindner, „Öffentliches Recht".

VwGO i. V. m. Art. 5 AGVwGO gegen die Verordnung ein. Antragsgegner i. S. v. § 47 II 2 VwGO ist der Landkreis.

136 **Beispiel:** Der Landrat verfügt ein Verbot i. S. v. Art. 26 II, I LStVG durch Verwaltungsakt. Während Art. 26 I LStVG für den Verordnungserlass die kommunalen Gebietskörperschaften Gemeinden und Landkreise für zuständig erklärt, sind gem. Art. 26 II LStVG für den Verwaltungsakterlass neben den Gemeinden auch die Landratsämter zuständig. Somit handelt der Landrat beim Verwaltungsakterlass für den Freistaat Bayern, eine Anfechtungsklage wäre gegen diesen zu richten.

137 **Beispiel:** Das Landratsamt beanstandet einen Beschluss einer kreisangehörigen Gemeinde und verlangt dessen Änderung, Art. 112 GO. Es nimmt damit eine Staatsaufgabe wahr, Art. 110 (1) GO. Die Anfechtungsklage der Gemeinde gegen die aufsichtliche Verfügung ist gegen den Freistaat Bayern zu richten.

138 Damit kommt es für das Handeln des Landrats bzw. des Landratsamts als Behörde immer auf die wahrzunehmende Aufgabe an. Liegt eine **Aufgabe des eigenen oder übertragenen Wirkungskreises des Landkreises** vor, so wird die Willensbildung durch die Kreisorgane vorgenommen; der Landrat vollzieht die Willensbildung unter Zuhilfenahme des Landratsamts. Landrat und Landratsamt handeln dann als Organ bzw. Behörde des Kreises. Rechtsbehelfe und etwaige Amtshaftungsansprüche sind gegen den Kreis zu richten. Liegt eine **Staatsaufgabe** vor, so handelt der Landrat für den Freistaat Bayern, der sich des Landrats bedient, obwohl dieser Kreisbeamter ist[141]; das Landratsamt handelt als untere Staatsbehörde. Rechtsbehelfe und Amtshaftungsansprüche sind gegen den Freistaat zu richten, vgl. auch Art. 37 VI, 35 III LKrO. Zu beachten ist noch Folgendes: Beim Landratsamt sind sowohl Kreis- als auch Staatsbeamte angestellt. Für deren Zuständigkeit spielt es grundsätzlich keine Rolle, ob eine Kreis- oder Staatsaufgabe erfüllt wird. Deswegen sind auch Kreisbeamte mit der Wahrnehmung von Staatsaufgaben und Staatsbeamte mit der Wahrnehmung von Kreisaufgaben befasst, vgl. auch Art. 37 IV LKrO.

2. Der Kreistag und der Kreisausschuss

139 Die Vorschriften über den Kreistag ähneln denen über den Gemeinderat sehr. Hingegen hat der Kreistag eine doch eingeschränkte Bedeutung. Tatsächlich treten viele Kreistage nicht mehr als sechsmal bis achtmal im Jahr zusammen[142]. Das liegt daran, dass die Hauptarbeit dem Kreistag vom zwingend zu etablierenden Kreisausschuss abgenommen wird, Art. 26-28 LKrO, neben dem noch weitere sonstige Ausschüsse gebildet werden können, Art. 29 LKrO. Für den Kreistag verbleiben meist nicht sehr viel mehr als die in Art. 30 LKrO vorbehaltenen Angelegenheiten. Der Kreisausschuss wird in aller Regel ca. zweimal im Monat zusammentreten.

VII. Die Bezirksorgane

1. Der Bezirkstagspräsident

140 Während erster Bürgermeister und Landrat direkt gewählt werden, wird der **Bezirkstagspräsident** aus der Mitte des Bezirktags gewählt, Art. 30 I BezO. Er ist nicht

---

[141] Zur Frage der „Organleihe" vgl. Knemeyer, DÖV 1988, 397/401.

[142] Deswegen sieht das Landkreisrecht – genauso wie das Bezirksrecht – auch keine berufsmäßigen Kreistagsmitglieder vor.

Beamter auf Zeit (berufsmäßiger Beamter), sondern Ehrenbeamter, Art. 30 II BezO. Da die Wahlzeit des Bezirkstags fünf[143] Jahre beträgt, Art. 1 I 1 BezWG, ist auch der Bezirkstagspräsident regelmäßig für fünf Jahre gewählt[144]. Eine etwa erforderliche Neuwahl kann nur für den Rest der Wahlzeit stattfinden, Art. 30 III BezO. Der Bezirkstagspräsident darf nicht mit dem **Regierungspräsidenten** verwechselt werden, vgl. Art. 36 I BezO. Ganz anders als der Landrat hat der Bezirkstagspräsident keine Doppelfunktion, er ist ausschließlich Organ des Bezirks, nicht aber auch Organ des Freistaats. Auch die **Bezirksregierungen** sind nicht wie das Landratsamt doppelfunktional, sie sind ausschließlich mittlere Staatsbehörden, deren Leiter der eben erwähnte **Regierungspräsident** ist. Dies gilt selbst dann, wenn die Regierung gem. Art. 35b BezO übertragene Aufgaben wahrnimmt. Der in den Art. 35-35b BezO festgeschriebene (organisatorische, personelle und sächliche) Verwaltungsverbund hat dabei den Sinn, dass der Bezirk keine eigene kostenintensive Verwaltung aufbauen muss. Der **organisatorische Verwaltungsverbund** bewirkt, dass der Bezirk ungeachtet der Bezirkseinrichtungen wie Bezirkskrankenhäuser etc. keinen eigenen technischen Verwaltungsapparat bereithalten muss. Der **personelle Verwaltungsverbund** entlastet den Bezirk von der Verpflichtung, eigenes Verwaltungspersonal anzustellen, vgl. Art. 35a I BezO. Schließlich kann sich der Bezirk der **sächlichen Mittel** der Regierung bedienen, vgl. Art. 35a II BezO. Da es bei einem solchen Verwaltungsverbund von Bezirk und Regierung wichtig ist, eine vertrauensvolle Zusammenarbeit zu ermöglichen, sieht Art. 36 BezO vor, dass der Regierungspräsident im Benehmen (= Anhörung ≠ Einvernehmen) mit dem Bezirkstag von der Staatsregierung ernannt wird.

2. Der Bezirkstag und der Bezirksausschuss

Der Bezirkstag wird von den Bezirksbürgern zeitgleich mit dem Landtag für fünf **141**
Jahre gewählt, Art. 12 BezO, Art. 1 I, II BezWG. Dass die Bezirkstagswahlen den Landtagswahlen überhaupt sehr angenähert sind, wurde bereits dargelegt. Auch für das Bezirksrecht ist kennzeichnend, dass ein ständiger Ausschuss, der Bezirksausschuss, zu bestellen ist, Art. 25ff. BezO. Dieser darf nicht mit dem gemeindlichen Bezirksausschuss gem. Art. 60 GO II 1 verwechselt werden.

VIII. Der Kommunalverfassungsstreit

1. Vorbemerkung

Dem geltenden Recht ist die Justitiabilität von Streitigkeiten innerhalb juristischer **142**
Personen des öffentlichen Rechts nicht fremd. So kennt das Grundgesetz das **Bundesorganstreitverfahren** gem. Art. 93 I Nr. 1 GG, die Bayerische Verfassung regelt in Art. 64 BV die Verfassungsstreitigkeiten zwischen obersten Staatsorganen oder in der Verfassung mit eigenen Rechten ausgestatteten Teilen eines obersten Staatsorgans. Die Anerkennung des sog. **Kommunalverfassungsstreits,** dem Streitigkeiten zwischen verschiedenen Organen oder Organteilen einer Gebietskörperschaft bzw. Streitigkeiten innerhalb eines kommunalen Organs zugrunde liegen, ist trotzdem keineswegs selbst-

[143] Die Wahlzeit von Gemeinderat und Kreistag beträgt sechs Jahre.

[144] Da der Bezirkstagspräsident vor dem ersten Zusammentritt des Bezirkstags noch nicht gewählt ist, wird der Bezirkstag zu seiner konstituierenden Sitzung vom Regierungspräsidenten einberufen, Art. 24 I 3 BezO.

verständlich. Denn anders als die verfassungsrechtlichen Innenrechtsstreitigkeiten ist der Kommunalverfassungsstreit nicht positiviert. Vielmehr scheint prima facie die Verwaltungsgerichtsordnung nicht auf Innenrechtsbeziehungen anwendbar, hat sie doch zunächst die klassische Bürger-Staat-Beziehung zum Inhalt. Zudem erscheint die Begründung von subjektiv-öffentlichen Rechten i. S. v. § 42 II VwGO schwierig. Vor allem aber kann die Rechtsweggarantie des Art. 19 IV GG nicht herangezogen werden, um die zwingende Notwendigkeit verwaltungsgerichtlicher Entscheidungen über Kommunalverfassungsstreitverfahren abzuleiten, weil sich diese Vorschrift als Grundrechtsnorm[145] nur auf subjektiv-rechtlich geschützte Interessen des Außenrechtskreises und nicht auf innerorganisatorische Rechtspositionen bezieht[146]. Trotzdem besteht über die grundsätzliche Zulässigkeit von kommunalverfassungsrechtlichen Streitigkeiten seit langer Zeit Einigkeit[147].

143 Der Kommunalverfassungsstreit ist dadurch gekennzeichnet, dass Organe bzw. Organteile derselben kommunalen Gebietskörperschaft über die Ausübung von Aufgaben bzw. Kompetenzen streiten. Man unterscheidet Streitigkeiten zwischen Organen derselben kommunalen Gebietskörperschaft **(Interorganstreit)** von den Streitigkeiten innerhalb desselben kommunalen Organs **(Intraorganstreit)**[148]. Kompliziert formuliert geht es „die verwaltungsorganisationsrechtliche Rechtmäßigkeit von innerorganisatorischen Rechtshandlungen innerorganisatorischer Funktionssubjekte oder um Rechtsverhältnisse zwischen innerorganisatorischen Funktionssubjekten“[149]. Beispiele dürften erhellender sein.

144 **Beispiele:** Streitigkeit zwischen einer Minderheit und Mehrheit im Gemeinderat wegen Nichtzuerkennung des Fraktionsstatus; Streitigkeit über die Eigenschaft als persönlich beteiligtes Mitglied des Gemeinderats zwischen betroffenem Gemeinderatsmitglied und Gemeinderat (Art. 49 I, II GO); Streitigkeit bzgl. Erzwingung eines Vermerks nach Art. 54 I 3 GO; Streitigkeit bzgl. Einsicht in Niederschrift und Erteilung von Beschlussabschrift nach Art. 54 III 1 GO; Streitigkeit anlässlich der Sitzverteilung in den Ausschüssen (Art. 33 I 1 GO)[150]; Streitigkeit zwischen erstem Bürgermeister und Stellvertreter, ob Vertretungsfall vorlag (vgl. Art. 39 I GO)[151]; berufsmäßiges Gemeinderatsmitglied rügt vermeintliche Beeinträchtigung des Rechts auf Teilnahme und Beratung an Sitzungen (Art. 40 (2) GO); Streitigkeit über Rechtmäßigkeit des Ausschlusses eines Gemeinderatsmitgliedes von der Gemeinderatssitzung (Art. 53 I 3 GO)[152]; Streitigkeit über die sachliche Berechtigung von Ordnungsmaßnahmen wie Rüge, Ordnungsruf, Wortentzug (Art. 53 I 1 GO); Streitigkeit zwischen erstem Bürgermeister und Gemeinderatsmitgliedern wegen Nichtvollzugs eines Beschlusses gem. Art. 59 II GO.

145 Fraglich ist, ob man zur Begrenzung der Reichweite des Begriffes der kommunalen Verfassungsstreitigkeit fordern muss, sämtliche Außenrechtsverhältnisse, die sich gleichwohl als Ergebnis der Ausübung von Organbefugnissen oder -kompetenzen darstellen, dem Definitionsbereich des Kommunalverfassungsstreits zu entziehen[153]. Auf den ersten Blick wird man geneigt sein, nur solche Streitigkeiten für Kommunalverfassungsstreitigkeiten zu halten, die dem Innenbereich gemeindlichen Organ- bzw. Or-

---

145 So deutlich in anderem Zusammenhang Schoch, JuS 1987, 789.
146 Vgl. Ehlers, NVwZ 1990, 106; Schmidt-Aßmann in: Maunz/Dürig, Grundgesetz, Art. 19 GG, Rn. 44; a. A. offensichtlich Graf, BayVBl. 1982, 332 f., BayVGH, BayVBl. 1976, 754.
147 Vgl. Ehlers, NVwZ 1990, 105; BayVGH, BayVBl. 1976, 754 m. w. N.
148 Vgl. Hufen, § 21, Rn. 1; Hoppe, NJW 1980, 1018.
149 Vgl. Hoppe, NJW 1980, 1018 m. w. N.
150 Vgl. Bauer/Böhle/Ecker, Art. 33 GO, Rn. 35.
151 Vgl. Widtmann/Grasser/Glaser, Art. 39 GO, Rn. 8.
152 Vgl. Widtmann/Grasser/Glaser, Art. 53 GO, Rn. 10.
153 So z. B. Schoch, JuS 1987, 787 f.

ganteilhandelns zuzuordnen sind, so dass Maßnahmen mit Verwaltungsaktcharakter niemals als dem Kommunalverfassungsstreit unterfallend anzusehen wären, selbst wenn die Streitigkeit im Kommunalverfassungsrecht wurzeln[154] sollte.

Beispiel: Der Bayerische Verwaltungsgerichtshof[155] qualifiziert den Ausschluss von der Sitzung gem. Art. 53 I 3 GO als Innenrechtsstreitigkeit, so dass ein Kommunalverfassungsstreit anzunehmen wäre. Wer den Bedenken von in der Vergangenheit geäußerten Rechtsansichten Rechnung tragen wollte, konnte diese Maßnahme des Gemeinderats als Verwaltungsakt ansehen. Will man den Kommunalverfassungsstreit von Außenrechtsbeziehungen freihalten, so wäre nach letzter Ansicht ein Streit über die Rechtmäßigkeit des Ausschlusses von der Sitzung nicht als Kommunalverfassungsstreit anzusehen. **146**

Um den Begriff der Kommunalverfassungsstreitigkeit für sämtliche Streitigkeiten im Innenbereich kommunalen Handelns anlässlich Organwalterhandelns verwenden zu können, sollte man daher echte (reiner Innenrechtsstreit) und unechte (Außenrechtsstreit) Kommunalverfassungsstreitigkeiten unterscheiden. Diese Terminologie hat den Vorteil, dass derjenige, der von Kommunalverfassungsstreit spricht, zunächst nicht differenzieren muss, ob der im Innenbereich kommunalen Handelns verwurzelte Streit im Einzelfall Außenwirkung zeitigt oder nicht. Nach hier vertretener Ansicht ist also für den Begriff des Kommunalverfassungsstreits nur kennzeichnend, dass ausschließlich Organe oder Organteile einer kommunalen Gebietskörperschaft Beteiligte einer verwaltungsgerichtlichen Streitigkeit sind, die im Kommunalverfassungsrecht wurzelt[156]. **147**

Damit zeigt sich aber, dass der Begriff des Kommunalverfassungsstreits eingeschränkt hilfreich ist. Denn anerkannt ist einerseits, dass auch Innenrechtsbeziehungen vor den Verwaltungsgerichten justitiabel sind[157]. Da es sich um Streitigkeiten handelt, die nach Maßgabe der Kommunalordnungen bzw. der Geschäftsordnungen zu beurteilen sind, handelt es sich um öffentlich-rechtliche Streitigkeiten nichtverfassungsrechtlicher Art. Andererseits müssen die sich anlässlich einer Kommunalverfassungsstreitigkeit stellenden Probleme (sie ergeben sich insbesondere im Hinblick auf Beteiligtenfähigkeit, statthafte Klageart, Passivlegitimation, Rechtsschutzbedürfnis, vorläufigen Rechtsschutz, Kosten[158] und Vollstreckbarkeit) jeweils im konkreten Einzelfall gelöst werden. **148**

2. Die einzelnen Sachurteilsvoraussetzungen und die Passivlegitimation

a) Verwaltungsrechtsweg

Wie oben bereits angesprochen, ist der **Verwaltungsrechtsweg** gem. § 40 I 1 VwGO für Inter- und Intraorganstreitigkeiten gegeben, da die Regelungen der Kom- **149**

---

[154] Vgl. BayVGH, BayVBl. 1968, 324ff.; BayVGH, BayVBl. 1976, 754.

[155] Vgl. BayVGH, BayVBl. 1988, 16.

[156] Auch das VG Würzburg formuliert in BayVBl. 1996, 377/378: „Bei einer kommunalen Verfassungsstreitigkeit handelt es sich um eine Streitigkeit, die von Mitgliedern einer kommunalen Vertretungskörperschaft gegen Beschlüsse, Abstimmungen oder Wahlhandlungen dieser Körperschaft geführt wird und die zu den öffentlich-rechtlichen Streitigkeiten i. S. v. § 40 I VwGO gehört ... Das in der VwGO im Übrigen nicht ausdrücklich geregelte kommunale Verfassungsstreitverfahren stellt lediglich eine Rechtsschutzform zur Verfügung, in der die angeführten Klageverfahren – unabhängig von der Qualifizierung der ihnen zugrundeliegenden kommunalverfassungsrechtlichen Entscheidungen als (Nicht-)Verwaltungsakte – durchgeführt werden können ..."

[157] Ehlers, NVwZ 1990, 105; BayVGH, BayVBl. 1976, 754 m. w. N.

[158] Vgl. VGH Mannheim, NVwZ 1985, 284f.

munalordnungen streitentscheidende Normen sind. Eine verfassungsrechtliche Streitigkeit liegt natürlich nicht vor, da an den Streitigkeiten keine Verfassungsorgane beteiligt sind. Vielmehr geht es um das Verfasstsein einer kommunalen Gebietskörperschaft[159].

b) Statthafte Klageart

150 Hier kommt es auf die jeweils **konkrete Qualifizierung** der getroffenen bzw. unterlassenen Maßnahme an. Wer mit der wohl h. M. Außenrechtsstreitigkeiten nicht dem Kommunalverfassungsstreitverfahren zurechnet, muss gleichwohl die Frage nach der Außenwirkung der Maßnahme stellen, da – wie oben gesehen – auch im organschaftlichen Verhältnis wurzelnde Rechtsbeziehungen im Einzelfall Außenwirkung haben können.

151 **Beispiel:** Nach überwiegender Ansicht[160] sollen die Verhängung eines Ordnungsgeldes durch den Gemeinderat gegen das säumige Mitglied des Gemeinderats gem. Art. 48 II GO sowie die Aberkennung des Amts gem. Art. 48 III GO wegen des Sanktionscharakters der Maßnahmen Verwaltungsakte darstellen. Hingegen wird meist bei der Qualifizierung des Ausschlusses von der Sitzung gem. Art. 53 I 3 GO die Außenwirkung der Maßnahme verneint[161], da durch den Ausschluss nur das organschaftliche Mitwirkungsrecht des Mitglieds, nicht aber dessen allgemeine subjektive Rechtsstellung als Bürger betroffen sei.

152 Problematisch ist, dass oftmals als Kriterium zur Ermittlung der Außenwirkung die Unterscheidung zwischen Organ- und Organwalterbetroffenheit herangezogen wird[162]. Darnach soll eine Maßnahme Außenwirkung haben, wenn sie nicht nur das Organ oder Organteil als solches treffen soll, sondern den gleichsam dahinterstehenden Organwalter als Persönlichkeit.

153 **Beispiel:** Die Verhängung eines Ordnungsgeldes bzw. die Aberkennung des Amts (s. o.) soll nicht nur die organschaftliche Stellung des Gemeinderatsmitglieds betreffen, sondern vielmehr den Organwalter selbst, weil Ordnungsmaßnahmen mit Sanktionscharakter den hinter dem Organ oder Organteil stehenden Organwalter dazu aufrütteln sollen, die organschaftliche Funktion wieder ordnungsgemäß auszufüllen. Der Ausschluss von der Sitzung nach Art. 53 I 3 GO hingegen soll zunächst nur der Aufrechterhaltung der Ordnung der Sitzung dienen und deswegen keine Außenwirkung haben.

154 Eine derartige Betrachtungsweise hat den Nachteil, dass zur Qualifizierung der Maßnahme letztendlich auf den Regelungsgehalt der getroffenen Maßnahme abgestellt werden muss. Eine rein **formale Betrachtung** der Maßnahme führt nicht zum Ziel. Abhilfe könnten zwei extreme Lösungsansätze schaffen: Einerseits könnte man sämtliche Maßnahmen, die im Innenbereich der kommunalen Verwaltung durch die Organe getroffen werden, ungeachtet der Frage nach der Außenwirkung, als Verwaltungsakte qualifizieren[163]. Dies hätte den Vorzug, dass insbesondere auf die Regelungen des § 80 II I Nr. 4 VwGO sowie auf die Regelungen des VwZVG zur Vollstreckung der Maßnahmen zurückgegriffen werden könnte. Andererseits könnte man auch all diese Maßnahmen als reine Innenbereichsmaßnahmen betrachten, ungeachtet der Tatsache, dass

---

[159] Vgl. BVerfG, NVwZ-RR 2005, 494 f.

[160] Vgl. nur Hölzl/Hien/Huber, Art. 48 GO, Erl. 3.4.2, 4.3.2 jeweils m. w. N.; vgl. auch Bauer/Böhle/Ecker, Art. 48 GO, Rn. 13, 16.

[161] Vgl. BayVGH, BayVBl. 1988, 16; Hölzl/Hien/Huber, Art. 53 GO, Erl. 3; vgl. auch Bauer/Böhle/Ecker, Art. 53 GO, Rn. 5.

[162] Vgl. Martensen, JuS 1995, 990.

[163] Diese Möglichkeit scheint Hufen, § 21, Rn. 10, zu sehen.

u. U. einige eine organwalterliche Betroffenheit hervorrufen können. Solche Lösungsvorschläge stellen sich aber den zu bewältigenden Problemen nicht, sondern kaschieren diese. Es hat daher bei einer Einzelfallbetrachtung zu bleiben. Dies gilt auch für die immer wieder vorgeschlagene **Klage sui generis,** die überwiegend und zu Recht abgelehnt wird, weil die Klageformen der VwGO ausreichen; man bediene sich also der herkömmlichen Klagearten der VwGO[164].

Hat man im Einzelfall eine getroffene Maßnahme als Verwaltungsakt qualifiziert, so **155**
ist die **Anfechtungsklage** einschlägig, wenn sich der Verwaltungsakt nicht erledigt hat. Ein Begehren auf Regelung im organschaftlichen Verhältnis wird hingegen selten das Begehren nach einem Verwaltungsakt darstellen, so dass die Verpflichtungsklage im Regelfall nicht einschlägig ist. Damit hängt die Frage zusammen, ob es im Kommunalverfassungsstreit eine sog. **Leistungsklage mit Kassationswirkung** (auch Leistungsklage mit rechtsgestaltender Aufhebungswirkung genannt) gibt. Viele Autoren[165] sowie der Bayerische Verwaltungsgerichtshof[166] bejahen die Existenz einer Leistungsklage mit Gestaltungswirkung. Vorzug eines solchen Konstrukts ist, dass bei Begründetheit der Klage nicht nur der Beklagte verpflichtet ist, durch (u. U. erneuten) Beschluss die durch das Gericht als rechtmäßig festgestellte Rechtslage herbeizuführen, sondern dass das Gericht selbst durch das Urteil den beanstandeten Beschluss kassiert und damit unmittelbar die ursprüngliche Rechtslage herbeiführt[167]. Trotz der wohl unbestreitbaren Vorzüge der kassatorischen Leistungsklage ist diese im Ergebnis abzulehnen, da verwaltungsprozessuale Gestaltungsklagen in den verfassungsrechtlich geschützten Funktionsbereich der Exekutive eingreifen und daher nicht kraft richterlicher Rechtsfortbildung geschaffen werden können. Vielmehr ist zu fordern, dass Gestaltungsklagen abschließend durch den Gesetzgeber geregelt werden[168].

Im Kommunalverfassungsstreit wird daher regelmäßig vor allem das Problem der **156**
Entscheidung zwischen **allgemeiner Leistungsklage** und **Feststellungsklage** inmitten stehen. Die Rechtsprechung wählt zwischen diesen beiden Klagearten mehr oder weniger instinktiv, was aus ihrer Warte deshalb zulässig ist, weil sie einerseits das allgemeine Erfordernis der Subsidiarität der Feststellungsklage gem. § 43 II 1 VwGO letztlich hinwegjudiziert hat[169], andererseits auch bei Feststellungsklagen die Klagebefugnis entsprechend § 42 II VwGO prüfen will. Teilweise wird in der Literatur auch von

---

[164] Vgl. Hufen, § 21, Rn. 11; Schoch, JuS 1987, 787 m. w. N.; Schröder, NVwZ 1985, 246; OVG Koblenz, NVwZ 1985, 283.

[165] Vgl. Graf, BayVBl. 1982, 332 f.; Streinz, BayVBl. 1983, 705 f.; vgl. auch Stumpf, BayVBl. 2000, 103 ff., der sich für die allgemeine Gestaltungsklage ausspricht; dagegen Renck-Laufke, BayVBl. 1982, 75 f.

[166] Vgl. BayVBl. 1976, 753 f.; vage BayVGH, BayVBl. 1995, 662.Vgl. auch VG Regensburg vom 13.5.2016, Az. RN 3 K 14.2156 mit allerdings nicht weiter begründeter Annahme der allgemeinen Leistungsklage mit kassatorischer Wirkung.

[167] Hufen bemerkt zu Recht, dass die Anerkennung der „kassatorischen Leistungsklage" dem Vorwurf begegnen muss, dass Kassation und Leistungsklage ein Widerspruch in sich sei, da das Leistungsurteil nicht „kassiere", sondern nur zu einer Leistung verurteile (vgl. Hufen, § 21, Rn. 11); lies auch Renck-Laufke, BayVBl. 1982, 75 f.

[168] Vgl. Ehlers, NVwZ 1990, 106; dort wird insbesondere zu Recht darauf hingewiesen, dass auch die Verpflichtungsklage nicht als Gestaltungsklage ausgestaltet worden ist, obwohl dies im Einzelfall durchaus effektiver sein könnte.

[169] Sog. Ehrenmanntheorie: Ist Beklagter ein Hoheitsträger, so sei mit der Gefahr eines auf den Feststellungsprozess folgenden Zweitprozesses nicht zu rechnen, da der Hoheitsträger gem. Art. 20 III GG auf Gesetz und Recht verpflichtet sei, BVerwGE 40, 323. Vgl. auch Hufen, § 18, Rn. 6 f.

einer (überaus) analogen Anwendung der Fortsetzungsfeststellungsklage nach § 113 I 4 VwGO ausgegangen[170].

157 **Beispiel:** Wer wie der BayVGH[171] der Ansicht ist, der Ausschluss des Gemeinderatsmitglieds von der Sitzung gem. Art. 53 I 3 GO sei kein Verwaltungsakt, muss sich die Frage stellen, welchen Rechtsbehelf das Gemeinderatsmitglied ergreifen kann, wenn es der Ansicht ist, der Ausschluss von der Sitzung sei zu Unrecht erfolgt[172].

158 Mit Beendigung der Sitzung hat sich die Regelung erledigt, so dass eine Leistungsklage mit Kassationswirkung (selbst für Befürworter dieser Klage) nicht in Betracht kommt. Eine Feststellungsklage gem. § 43 VwGO könnte statthaft sein[173], wenn man die Frage nach der Rechtmäßigkeit des (erledigten[174]) Ausschlusses als ein feststellungsfähiges Rechtsverhältnis ansieht[175]. Teilweise wird auf die **Fortsetzungsfeststellungsklage** zurückgegriffen, die man analog auf die Fälle anwenden will, dass sich eine Regelung ohne Außenwirkung bereits vor Klageerhebung erledigt hat. Das besondere Feststellungsinteresse würde dann bei Vorliegen einer konkreten Wiederholungsgefahr bejaht. Soweit ersichtlich, wurde bezüglich erledigter kommunalverfassungsrechtlicher Akte noch zu wenig die **vorbeugende Unterlassungsklage** problematisiert, die jedenfalls dann der Feststellungsklage sowie der analogen Anwendung der Fortsetzungsfeststellungsklage vorzuziehen sein dürfte, wenn mit einer konkreten Wiederholungsgefahr zu rechnen ist.

159 **Beispiel:** In obigem Beispiel ist bei Wiederholung derartiger Fälle bzw. bei berechtigter Befürchtung, dass solche sich wiederholen können, die vorbeugende Unterlassungsklage zu diskutieren. Die in der Literatur vorherrschende Ansicht würde sich hier wohl der Feststellungsklage gem. § 43 VwGO bedienen.

160 Nicht zu vergessen ist auch die **Normenkontrolle** gem. § 47 I Nr. 2 VwGO i. V. m. Art. 5 AGVwGO. Der Bayerische Verwaltungsgerichtshof hat die Richtlinien gem. Art. 37 I 2 GO sowie die Vorschriften der Geschäftsordnung[176] generell der Normenkontrolle unterworfen. Dabei handele es sich um „andere im Rang unter dem Landesgesetz stehende Rechtsvorschriften" i. S. v. § 47 I Nr. 2 VwGO[177].

161 **Beispiel:** Die G-Wählergemeinschaft ist im 13-köpfigen Gemeinderat erstmalig mit zwei Mitgliedern vertreten. Nach der Regelung der bisherigen Geschäftsordnung[178] stünden ihr in

---

[170] Die entsprechende Anwendung des § 113 I 4 VwGO auf sich vor Klageerhebung erledigende innerorganisatorische Beschlüsse von kommunalen Kollegialorganen stellt eine zweifache Analogie dar: § 113 I 4 ist direkt nur dann anwendbar, wenn sich das Anfechtungssubstrat (Verwaltungsakt) nach Klageerhebung, aber vor Urteilsverkündung erledigt. Hier erledigt sich jedoch eine Maßnahme ohne Außenwirkung noch vor Klageerhebung. Vgl. auch Ehlers, NVwZ 1990, 107 ff.

[171] Vgl. BayVGH, BayVBl. 1988, 16.

[172] Weiteres Beispiel nach BayVGH, BayVBl. 1976, 753 ff. bei Ehlers, NVwZ 1990, 107: Überprüfung des Ausschlusses eines Gemeinderatsmitglieds wegen persönlicher Beteiligung nach Art. 49 GO.

[173] Vgl. Kopp/Schenke, § 43 VwGO, Rn. 10 und Renck-Laufke, BayVBl. 1971, 17 f.

[174] Nach Kopp/Schenke ist auch ein in der Vergangenheit liegendes Rechtsverhältnis für die Feststellungsklage grundsätzlich ausreichend, Kopp/Schenke, § 43 VwGO, Rn. 18.

[175] A. A. Ehlers, NVwZ 1990, 105/107.

[176] BayVGH, BayVBl. 2006, 373 ff.; BayVGH, BayVBl. 1990, 53 f.; BayVGH, BayVBl. 2000, 467; vgl. auch BVerwG, NVwZ 1988, 1119.

[177] Rechtsvorschrift i. S. v. § 47 I Nr. 2 VwGO muss also nicht zwingend eine außenwirksame Rechtsnorm sein.

[178] Die Kopfstärke der Ausschüsse muss in der Geschäftsordnung festgelegt werden, vgl. Art. 33 I 1 GO.

verschiedenen Ausschüssen Sitze zu. Der Gemeinderat beschließt eine neue Geschäftsordnung, wonach für die Entsendung von Mitgliedern in die Ausschüsse eine Fraktionsstärke von drei Köpfen erforderlich ist. Die G-Fraktion will gegen den Beschluss des Gemeinderats vorgehen, weil die Änderung der Geschäftsordnung erkennbar den Zweck verfolge, die G-Fraktion von der Ausschussarbeit auszuschließen. Die Regelung in der Geschäftsordnung kann im Rahmen einer prinzipalen Normenkontrolle gem. § 47 I Nr. 2 VwGO vor den Bayerischen Verwaltungsgerichtshof gebracht werden.

c) Klagebefugnis

Auch im Kommunalverfassungsstreit ist die **Klagebefugnis** gem. § 42 II VwGO zu prüfen[179]. Bereitet die Frage nach dem Vorliegen der Möglichkeit der Rechtsnormverletzung hier genauso geringe Schwierigkeiten wie im sonstigen Verwaltungsprozessrecht, ist die Frage nach dem **subjektiv-öffentlichen Recht** oder nach der Schutznorm ungleich schwieriger zu beantworten als sonst. Nach der Rechtsprechung des Bundesverwaltungsgerichts und der h.M. im Schrifttum[180] muss die Klagebefugnis nicht nur bei der allgemeinen Leistungsklage, sondern auch bei der Feststellungsklage gem. § 43 VwGO zusätzlich zum **Feststellungsinteresse** geprüft werden[181]. Da Kennzeichen des Kommunalverfassungsstreits eine „Entindividualisierung“[182] ist, weil nicht die den Organwaltern als Privatpersonen individuell zugeordneten subjektiv-öffentlichen Rechte inmitten stehen, bedeutet jedenfalls die Zuständigkeit eines Organs die Einräumung einer eigenen Rechtsposition, die im Kommunalverfassungsstreitverfahren überprüft werden kann[183]. Die möglicherweise gegebene **Anmaßung einer fremden Kompetenz** führt daher zur Bejahung der Klagebefugnis. 162

Beispiele: Der Gemeinderat will gegen den ersten Bürgermeister vorgehen, weil sich dieser nach Ansicht des Gemeinderats eine Kompetenz unter Berufung auf Art. 37 I 1 Nr. 1 GO angemaßt hat, die in Wirklichkeit nicht als Angelegenheit der laufenden Verwaltung zu qualifizieren ist. Der erste Bürgermeister erwägt ein Verfahren gegen den zweiten Bürgermeister, weil dieser eine Maßnahme ergriffen hat, ohne dass ein Vertretungsfall i.S.v. Art. 39 I 1 GO vorgelegen hat. 163

Außerhalb von Kompetenzüberschreitungen muss man die einschlägigen Regelungen in den Kommunalordnungen bzw. Geschäftsordnungen dahingehend untersuchen, ob sie den Organen oder Organteilen eine wehrfähige Position[184] zukommen lassen wollen, d.h. ob eine sog. „organschaftliche“ oder „mitgliedschaftliche“ Rechtsposition in Frage steht[185], jedenfalls soweit es um den **Wesenskern kommunaler Mandatsausübung**[186] geht. Gemeint ist z.B. die Teilnahme an Sitzungen, Beratungen und Abstimmungen, das Recht, Anträge zu stellen und sich mit anderen Mitgliedern zu Fraktionen zusammenzuschließen. Das einzelne Gemeinderatsmitglied hat jedoch keinen Anspruch auf den Erlass rechtmäßiger Beschlüsse durch den Gemeinderat[187]. Hingegen kann das einzelne 164

---

[179] Vgl. nur BayVGH, BayVBl. 2000, 309/310; BayVGH, BayVBl. 1989, 177; BVerwG, BayVBl. 1989, 378.

[180] Vgl. die Nachweise bei Schoch, JuS 1987, 789ff., Fn. 86, 88.

[181] Vgl. BVerwG, NVwZ 1989, 470f.; so auch Ehlers NVwZ 1990, 110ff. Zur Kritik hierzu: Schoch, JuS 1987, 789ff.

[182] Vgl. Schoch, JuS 1987, 790.

[183] Vgl. zur Problematik der Klagebefugnis Hoppe, NJW 1980, 1017f.

[184] Vgl. Ehlers, NVwZ 1990, 110.

[185] Der BayVGH spricht in BayVBl. 1995, 662 lapidar davon, dass ein eigenes Recht des klagenden Organs oder Organteils gegeben sein müsse.

[186] Vgl. OVG Koblenz, NVwZ 1985, 283.

[187] BayVGH, BayVBl. 2001, 665; zur Frage des Erfolgswerts der Stimme als klagefähiges Mitgliedschaftsrecht vgl. Schröder, NVwZ 1985, 246f.

Gemeinderatsmitglied u. U. Maßnahmen verwaltungsgerichtlich überprüfen lassen, die nicht nur das Gemeinderatsmitglied, sondern den gesamten Gemeinderat betreffen. Das ist dann der Fall, wenn die Maßnahme jedenfalls auch gerade das Gemeinderatsmitglied in eigenen organschaftlichen oder mitgliedschaftlichen Rechten betrifft.

165 **Beispiel:** Der erste Bürgermeister missachtet regelmäßig die in der Geschäftsordnung festgelegte Ladungsfrist. Ihre Einhaltung kann durch jedes Gemeinderatsmitglied isoliert eingefordert werden, da sie insbesondere der Vorbereitung der Gemeinderatsmitglieder dient.

166 Immer wieder diskutiert wird die Frage, inwieweit sich ein Gemeinderatsmitglied auf die **Verletzung von Grundrechten** berufen kann. Eine Berufung auf die Meinungsfreiheit wird im Regelfall nicht in Betracht kommen, da das Gemeinderatsmitglied eben nicht als Bürger seine Meinung darlegt, sondern als Teil des Organs Gemeinderat.

d) Widerspruchsverfahren und Klagefrist

167 Nur wer auch die sog. „unechten“ Kommunalverfassungsstreitigkeiten als Kommunalverfassungsstreitigkeiten zulässt, wird u. U. bei Vorliegen einer Maßnahme, die als Verwaltungsakt zu qualifizieren ist, die Erforderlichkeit eines **Widerspruchsverfahrens,** §§ 68 ff. VwGO, und die **Klagefrist,** § 74 VwGO, zu diskutieren haben. Gem. Art. 15 AGVwGO ist allerdings das Widerspruchsverfahren ausgeschlossen.

e) Beteiligten- und Prozessfähigkeit

168 Im Einzelnen ist hier strittig, in welcher Konstellation auf welche Bestimmung genau die Beteiligtenfähigkeit[188] (§ 61 Nr. 1 1. Alt. oder § 61 Nr. 1 2. Alt. oder § 61 Nr. 2 VwGO) bzw. Prozessfähigkeit[189] (§ 62 I Nr. 1 oder § 62 III VwGO) von Organen bzw. Organteilen zu stützen ist[190]. Da im Ergebnis aber immer eine Beteiligten- bzw. Prozessfähigkeit konstruiert werden kann, muss auf diese wenig interessierende Problematik nicht besonders eingegangen werden.

f) Allgemeines Rechtsschutzbedürfnis

169 Hier ist nur darauf hinzuweisen, dass nach h. M. das **Rechtsschutzbedürfnis** nicht deswegen entfällt, weil die betroffenen Organe oder Organteile ggf. die Möglichkeit haben, die Rechtsaufsichtsbehörde gem. Art. 110 GO vor Einlegung einer Klage einzuschalten. Es besteht nämlich kein Anspruch auf ein Einschreiten der Rechtsaufsichtsbehörde, wie sich aus den Art. 112 ff. GO ergibt (sog. Opportunitätsprinzip).

g) Passivlegitimation

170 Im Rahmen der Begründetheit der Klage ist die Passivlegitimation zu prüfen. Dabei ist im Einzelnen problematisch, ob eine Klage gegen die Gemeinde als Rechtsträger des handelnden oder unterlassenden Organs in konsequenter Anwendung des Rechtsträgerprinzips des § 78 I Nr. 1 VwGO angestrengt wird, oder ob richtiger Beklagter

---

[188] Beteiligtenfähigkeit (= Parteifähigkeit) ist die Fähigkeit, Subjekt eines Prozessrechtsverhältnisses (als Kläger, Beklagter, Beigeladener oder als sonstiger Beteiligter) zu sein (vgl. Kopp/Schenke, § 61 VwGO, Rn. 4).

[189] Prozessfähigkeit ist die Fähigkeit, wirksam Prozesshandlungen vornehmen zu können (vgl. Kopp/Schenke, § 62 VwGO, Rn. 1).

[190] Im Einzelnen kann dies nachgelesen werden bei: Martensen, JuS 1995, 991 f.

das Organ selbst ist. Die erste – vorzugswürdige – Ansicht wird vom Bayerischen Verwaltungsgerichtshof[191] vertreten.

Beispiel: Der erste Bürgermeister lädt regelmäßig unter Missachtung der in der Geschäfts- **171**
ordnung vorgesehenen Ladungsfrist. Die von einem Gemeinderatsmitglied eingelegte Leistungsklage auf künftige Einhaltung der Ladungsfrist ist nach Ansicht des Verwaltungsgerichtshofs gegen die Gemeinde als Rechtsträger des rechtswidrig handelnden ersten Bürgermeisters zu richten. Der erste Bürgermeister muss gem. § 65 II VwGO notwendig beigeladen werden.

---

[191] BayVGH, BayVBl. 1990, 111; BayVGH, BayVBl. 1995, 662.

§ 5 Der Geschäftsgang

I. Begriff

1 Mit dem **Geschäftsgang** befassen sich all diejenigen Regeln, die im weitesten Sinne den Ablauf einer Sitzung eines kommunalen Kollegialorgans (Gemeinderat, Kreistag, Bezirkstag, Ausschüsse) bestimmen. Dies sind nicht nur solche, die unmittelbar den Ablauf einer Sitzung eines kommunalen Kollegialorgans betreffen, sondern auch jene, die im weiteren Zusammenhang mit einer solchen Sitzung zu sehen sind, also insbesondere Regelungen, die sich auf die Vorbereitung einer Sitzung des Vertretungsorgans beziehen. Solche Regelungen ergeben sich in erster Linie aus den Kommunalordnungen, wobei diese Darstellung regelmäßig nur die Bestimmungen der Gemeindeordnung behandelt. Für die Praxis von größter Bedeutung sind daneben die Geschäftsordnungen der kommunalen Kollegialorgane, die den Verfahrensgang ergänzend zu den Kommunalordnungen regeln, → nachstehend Rn. 2 ff.

1a Die gesetzlichen Bestimmungen über den Geschäftsgang der kommunalen Kollegialorgane sind in der Examensklausur von größter Bedeutung, lassen sie sich doch schablonenhaft in fast jede Klausur mit kommunalrechtlichem Bezug integrieren. In der Literatur und Rechtsprechung sind allerdings die Rechtsfolgen von Verstößen gegen zwingende gesetzliche Bestimmungen im Einzelfall unklar bzw. umstritten. So sollen manche Verstöße zur „Ungültigkeit" des Beschlusses führen, andere hingegen wieder nicht, weil die maßgebliche Rechtsnorm angeblich nur „eine Ordnungsvorschrift" darstellen solle. Dies führt dazu, dass insbesondere in der Literatur sehr unterschiedliche Ansichten geäußert werden und eine umfangreiche Kasuistik berücksichtigt werden muss. Im Rahmen dieser Darstellung soll ein relativ simpler dogmatischer Ansatz zugrunde gelegt werden: Verstöße gegen zwingende gesetzliche Bestimmungen den Geschäftsgang betreffend führen zur Rechtswidrigkeit gefasster Beschlüsse. Das Gesetz geht davon aus, dass die Rechtswidrigkeit eines Beschlusses grundsätzlich zu seiner Ungültigkeit führt, wie aus Art. 49 IV GO geschlossen werden kann. In dieser Vorschrift wird der Unterschied zwischen beachtlicher und unbeachtlicher Rechtswidrigkeit aufgezeigt. Die beachtliche Rechtswidrigkeit ist die Regel und führt zur Ungültigkeit des Beschlusses. Eine unbeachtliche Rechtswidrigkeit ist die Ausnahme und bedarf der ausdrücklichen gesetzlichen Regelung bzw. muss im Gesetz erkennbar angelegt sein.

1b Bei Rechtsakten mit Außenwirkung führt die beachtliche Rechtswidrigkeit, also die Ungültigkeit des Beschlusses, zu den gemäß der allgemeinen Fehlerfolgenlehre bekannten Konsequenzen (vgl. insbesondere die Ausführungen vorstehend in § 3), sofern der Beschluss weder vom Bürgermeister gemäß Art. 59 II GO noch von der Rechtsaufsichtsbehörde gemäß Art. 112 GO beanstandet, sondern vielmehr vollzogen wird: Rechtsnormen sind unwirksam, Verwaltungsakte grundsätzlich nur einfach rechtswidrig (und damit wirksam, vgl. Art. 43 II BayVwVfG), sofern nicht ausnahmsweise die Nichtigkeit gemäß Art. 44 BayVwVfG (vgl. Art. 43 III BayVwVfG) anzunehmen ist[1], Art. 46 BayVwVfG ist stets zu prüfen. Dem ungültigen Beschluss zuwider

---

[1] Zur Erinnerung: Zunächst sind die absoluten Nichtigkeitsgründe gem. Art. 44 II BayVwVfG zu prüfen, sodann die nicht zur Nichtigkeit führenden Verstöße gem. Art. 44 III BayVwVfG. Erst dann ist die Generalklausel des Art. 44 I BayVwVfG heranzuziehen, die für die Nichtigkeit einen Fehler verlangt, der besonders schwerwiegend und gleichzeitig offensichtlich

abgeschlossene Verträge sind schwebend unwirksam und gemäß §§ 177 ff. BGB (ggf. i.V.m. Art. 62 BayVwVfG) zu behandeln. Auch bei nicht unmittelbar auf Vollzug durch die Gemeinde selbst gerichteten Innenrechtsakten muss sorgfältig geprüft werden, wie nachfolgende Beispiele verdeutlichen sollen:

Beispiel: Der Gemeinderat der kreisangehörigen Gemeinde G beschließt in einem rechtswidrigen Verfahren kurz vor Ablauf der Zweimonatsfrist die Versagung des gemeindlichen Einvernehmens zu einem Bauvorhaben, § 36 II BauGB. Das Landratsamt als untere Bauaufsichtsbehörde erkennt erst nach Ablauf der Zweimonatsfrist die Rechtswidrigkeit des Beschlusses. Somit gilt das Einvernehmen der Gemeinde als erteilt, § 36 II 2 BauGB. Eine Nachholung bzw. Wiederholung und damit Heilung des Beschlusses ist nicht mehr möglich[2]. **1c**

Beispiel: Der Gemeinderat der kreisangehörigen Gemeinde G beschließt in einem rechtswidrigen Verfahren, die Zurückstellung eines Baugesuchs zu beantragen. Die untere Bauaufsichtsbehörde erkennt den Rechtsfehler nicht und verfügt gegenüber dem Bauherrn einen Bescheid gemäß § 15 BauGB. Die Zurückstellungsverfügung ist nicht nichtig, vgl. Art. 44 III Nr. 3 BayVwVfG, sondern einfach rechtswidrig. Sie kann gemäß Art. 45 I Nr. 1 BayVwVfG geheilt werden. Angesichts etwa drohender Amtshaftungsansprüche ist aber Eile geboten![3] **1d**

In den nachfolgenden Ausführungen werden regelmäßig die jeweiligen Rechtsfehlerfolgen für gefasste Beschlüsse angerissen. **1e**

II. Die Geschäftsordnung

Die **Geschäftsordnung** ist eine der Gemeindeordnung nachrangige (Vorrang des Gesetzes) Erkenntnisquelle für Fragen den Geschäftsgang betreffend. In der Praxis wird jedoch nicht selten zunächst die Geschäftsordnung herangezogen, weil diese (rechtlich unnötigerweise, aber dem Gebot der Praktikabilität folgend) oftmals die Regelungen der Gemeindeordnung wiederholt. **2**

1. Recht und Pflicht zum Erlass einer Geschäftsordnung

Die Gemeinden sind zunächst berechtigt, dem Gemeinderat eine Geschäftsordnung zu geben. Diese prinzipielle Geschäftsordnungsautonomie ist Ausprägung der **Organisationshoheit** der Gemeinden, die einen Aspekt des gemeindlichen Selbstverwaltungsrechts gem. Art. 28 II GG, Art. 11 II BV darstellt. Allerdings ist die Geschäftsordnungsautonomie in mehrfacher Hinsicht begrenzt. Zunächst darf die Geschäftsordnung nicht zwingenden Regelungen der Gemeindeordnung widersprechen. Die Gemeindeordnung enthält insbesondere in den Art. 45 ff. GO mehr oder weniger ausführliche Regelungen, die nicht zur Disposition des Gemeinderats stehen. Vielmehr belassen die gesetzlichen Regelungen nur einen Spielraum, der ausfüllungsfähig und – dies ist die zweite Einschränkung – ausfüllungspflichtig ist. Denn gem. Art. 45 I GO muss sich der **3**

---

ist. Besonders schwerwiegend ist nach der Rechtsprechung ein Mangel, der den Verwaltungsakt als schlechterdings unerträglich erscheinen lässt, was jedenfalls gegeben ist, wenn er mit tragenden Verfassungsprinzipien oder der Rechtsordnung immanenten wesentlichen Wertvorstellungen unvereinbar ist. Pahlke führt zutreffend aus, dass selbst ein Verstoß gegen den Öffentlichkeitsgrundsatz des Art. 52 GO, also nach Rechtsprechung des BayVGH ein gravierender Verstoß gegen tragende Verfahrensprinzipien der Kommunalverfassung, nicht zur Nichtigkeit führt, vgl. BayVBl. 2010, 357/362; vgl. auch Gern/Brüning, Rn. 629.

[2] Vgl. zu einem ähnlichen Fall BayVGH vom 27.5.2014, Az. 15 ZB 13.105; dort hatte der erste Bürgermeister unzuständigerweise das gemeindliche Einvernehmen verweigert.

[3] Vgl. Kopp/Ramsauer, § 45 VwVfG, Rn. 4.

Gemeinderat eine Geschäftsordnung geben. Diese **Pflicht zum Erlass** einer Geschäftsordnung ist prima facie keinesfalls selbstverständlich; denkbar wäre doch, dass der Gemeinderat das Verfahren von Fall zu Fall bestimmt. Allerdings kann nur eine Geschäftsordnung ein gewisses Mindestmaß an gleichmäßigem Verfahrensgang sichern, der nötig ist, um Routine und Berechenbarkeit zu gewährleisten. Zudem zeigt bereits Art. 45 II 1 GO, soweit es um die Frist und Form der Einladungen zu den Sitzungen geht, dass in der Geschäftsordnung auch Regelungen enthalten sind, die nur mittelbar die Sitzungen des Gemeinderats betreffen und somit einer fallmäßigen Handhabung durch den Gemeinderat selbst entzogen wären.

4 Eher theoretischer Natur ist der Hinweis, dass eine Gemeinde, die keine Geschäftsordnung erlässt, mit Mitteln der Rechtsaufsicht zu rechnen hat (Rechtsaufsicht deswegen, weil es sich bei der Selbstorganisation einer Gemeinde um eine Frage der Ausübung des Selbstverwaltungsrechts und damit um eine Angelegenheit des eigenen Wirkungskreises handelt, vgl. Art. 109 I GO).

5 Den unter Beachtung der Regelungen der Gemeindeordnung verbleibenden Gestaltungsspielraum für den Erlass einer Geschäftsordnung schöpfen die Gemeinden in der Praxis in unterschiedlicher Weise aus. Vor allem die kleineren Gemeinden orientieren sich an der inzwischen wieder aufgehobenen Mustergeschäftsordnung des Bayerischen Staatsministeriums des Innern oder an den Mustern des Bayerischen Gemeindetags, der für die Wahlperiode 2014/2020 ein Muster für größere und eines für kleinere Gemeinden herausgegeben hat[4].

6 Wie bereits erwähnt, ist der **Gestaltungsspielraum**, was den möglichen Inhalt einer Geschäftsordnung angeht, dadurch **eingeengt,** dass in der Gemeindeordnung gewisse Anforderungen an den Mindestinhalt der Geschäftsordnungen gestellt sind, insbesondere an den Sitzungsverlauf. So bestimmt Art. 45 II 1 GO, dass die Geschäftsordnung Bestimmungen über die Frist und Form der Einladung zu den Sitzungen sowie über den Geschäftsgang des Gemeinderats und seiner Ausschüsse enthalten muss. Eine besondere Bedeutung erhalten die Festlegungen über die Frist und Form der Einladung zu den Sitzungen im Zusammenhang mit Art. 47 II GO, der die Beschlussfähigkeit des Gemeinderats von der ordnungsgemäßen Ladung abhängig macht. Ein trotz Beschlussunfähigkeit ergangener Beschluss ist rechtswidrig[5].

7 Die Geschäftsordnung muss auch **Regelungen zum Geschäftsgang der Ausschüsse** beinhalten. Bezüglich der vorberatenden Ausschüsse ergibt sich aus Art. 45 II 2 GO im Umkehrschluss, dass für sie die Regelungen der Art. 46–54 GO nicht zwingend sind, so dass in der Geschäftsordnung der Geschäftsgang der vorberatenden Ausschüsse weitgehend frei gestaltet werden könnte. Allerdings darf bei der Regelung des Geschäftsgangs von vorberatenden Ausschüssen in der Geschäftsordnung den elementaren Grundgedanken der Gemeindeordnung nicht widersprochen werden. In der Praxis bestimmen die Geschäftsordnungen, dass die Regelungen über die beschließenden Ausschüsse auch für die beratenden gelten sollen.

8 Die Geschäftsordnung ist freilich nicht darauf beschränkt, die Vorbereitung und den Ablauf der Sitzungen des Gemeinderats und seiner Ausschüsse zu regeln. Vielmehr bestimmt z. B. Art. 33 I 1 GO, dass die **Zusammensetzung der Ausschüsse** durch den

[4] Vgl. Widtmann/Grasser/Glaser, Art. 45 GO, Anlagen 1 und 2.

[5] Ist der Beschluss auf Erlass eines Verwaltungsakts gerichtet, wird man regelmäßig nicht die Nichtigkeit i. S. v. Art. 44 I BayVwVfG annehmen können, so dass der später durch den Bürgermeister bekannt gegebene Verwaltungsakt bloß rechtswidrig und damit aufhebbar ist. Eine durch den Gemeinderat erlassene Rechtsnorm, also Satzung oder Verordnung, ist hingegen nichtig.

Gemeinderat in der Geschäftsordnung zu regeln ist. Gem. Art. 37 II 1 GO kann der Gemeinderat dem ersten Bürgermeister durch die Geschäftsordnung **weitere Angelegenheiten** zur selbständigen Erledigung **übertragen.** Gemäß Art. 32 IV 1 GO kann der Gemeinderat in der Geschäftsordnung eine Ferienzeit bis zu sechs Wochen bestimmen. Auch z.B. die Richtlinien gem. Art. 37 I 2 GO und die Geschäftsverteilung unter den Gemeinderatsmitgliedern gem. Art. 46 I 2 GO können in der Geschäftsordnung geregelt werden.

Die Gültigkeit der Geschäftsordnung ist auf die Amtsperiode desjenigen Gemeinderats beschränkt, der sie sich als Richtschnur für die Geschäftsbehandlung gegeben hat. Nach h.M. kann der neugewählte Gemeinderat die bisherige Geschäftsordnung jedoch auch konkludent übernehmen[6]. 9

2. Rechtsnatur und Rechtsbehelf

Die **Rechtsnatur** der Geschäftsordnung ist umstritten. Die Geschäftsordnung entfaltet zumindest keine unmittelbare Außenwirkung für den Bürger[7]. Ist die Rechtswirkung der Geschäftsordnung aber rein interner Natur, weil sie nicht das Verhältnis zwischen Gemeinde und Bürger betrifft, so bietet sich die Qualifizierung der Geschäftsordnung als Verwaltungsrichtlinie an. Allerdings kennzeichnet die Verwaltungsrichtlinie, dass sie von einem übergeordneten Hoheitsträger für die ihm nachgeordneten erlassen wird, also gewissermaßen ein verwaltungsinternes Subordinationsverhältnis besteht. Hieran fehlt es aber, da der Gemeinderat sich selbst die Geschäftsordnung gibt. Es bliebe die Möglichkeit, den wenig erhellenden Begriff der **Innenrechtsnorm sui generis** zu wählen. Die Innenrechtsnorm zeichnet sich dadurch aus, dass sie Rechtsverhältnisse abstrakt-generell im Innenbereich der Verwaltung regelt. In einem ähnlichen Sinne hat das Bundesverwaltungsgericht entschieden, dass die Geschäftsordnung einen **Rechtssatz im materiellen Sinne,** an eine allgemeine innerdienstliche Weisung (Verwaltungsvorschrift) erinnernd, darstelle. Zu beachten ist in diesem Zusammenhang allerdings, dass die kommunalen Geschäftsordnungen in der Praxis meist nicht nur den verbliebenen Spielraum bezüglich des Geschäftsgangs ausfüllen, sondern teilweise auch den Wortlaut der Kommunalordnungen wiederholen. Insoweit fehlt es an einem Regelungscharakter; die Geschäftsordnungen haben insoweit bloß wiederholenden Charakter. 10

Für die Praxis ist das Problem der Rechtsnatur dadurch relativiert worden, dass das Bundesverwaltungsgericht eine Bestimmung über die Fraktionsmindeststärke in der Geschäftsordnung eines kommunalen Vertretungsorgans als mit der Normenkontrolle gem. § 47 I Nr. 2 VwGO angreifbar angesehen hat[8]. Diese Aussage hat der Bayerische Verwaltungsgerichtshof dahingehend verallgemeinert, dass grundsätzlich Bestimmungen der Geschäftsordnung eines kommunalen Kollegialorgans als andere im Rang unter dem Landesgesetz stehende Vorschriften i.S.v. § 47 I Nr. 2 VwGO i.V.m. Art. 5 AGVwGO der verwaltungsgerichtlichen **Normenkontrolle** unterlägen[9], unabhängig von der Frage, welche Rechtsnatur der Geschäftsordnung zukommt. Insbesondere ist es insoweit unerheblich, ob die Geschäftsordnung – was möglich ist – als Satzung erlassen worden ist oder nicht. 11

---

[6] Vgl. BayVGH, BayVBl. 1968, 324; Hölzl/Hien/Huber, Art. 45 GO, Erl. 1; Widtmann/Grasser/Glaser, Art. 45 GO, Rn. 6.

[7] Differenzierend Gern/Brüning, Rn. 585, mit dem Beispiel der Bürgerfragestunde.

[8] Vgl. BVerwG, BayVBl. 1998, 249f.

[9] Vgl. BayVGH, BayVBl. 1990, 53f.; BayVGH, BayVBl. 2006, 370ff.

12 Die Verabschiedung der Geschäftsordnung in der Form der Satzung ist selten, weil unpraktisch[10]. Wird die Geschäftsordnung als Satzung erlassen, so ist die Ausfertigung und Bekanntmachung gem. Art. 26 GO zu beachten. Auch Änderungen der Geschäftsordnung bedürfen dann grundsätzlich der Satzungsform; Abweichungen im Einzelfall durch einfachen Beschluss sind unzulässig (Vorrang des Gesetzes)[11].

13 Ist die Geschäftsordnung nicht in der Form der Satzung erlassen worden, sondern nur durch einfachen Beschluss, so steht der Möglichkeit, von der Geschäftsordnung im Einzelfall abzuweichen, zunächst kein formeller Grund entgegen. Allenfalls Vertrauensschutzerwägungen könnten einem Abweichen im Einzelfall entgegenstehen[12]. Jedenfalls wenn alle Vertretungsmitglieder mit dem Abweichen im Einzelfall einverstanden sind, gibt es keinen Grund, die Abweichung als unzulässig zu bewerten. Letztlich empfiehlt es sich, das „Ob" und das „Wie" des Abweichens von der Geschäftsordnung in dieser selbst zu regeln.

3. Verstöße gegen die Geschäftsordnung

14 Wird gegen eine Bestimmung der Geschäftsordnung verstoßen, die rein deklaratorischer Natur ist, weil sie nur eine Bestimmung aus der Gemeindeordnung wiederholt, so macht dieser Verstoß den Beschluss rechtswidrig mit der Folge, dass Rechtsnormen nichtig, Verwaltungsakte, wenn sie bekannt gegeben werden, rechtswidrig oder nichtig sind; etwas anderes kann im Falle persönlicher Beteiligung zu erkennen sein, sofern Unbeachtlichkeit gemäß Art. 49 IV GO vorliegt. Sonstige Verstöße gegen die Geschäftsordnung führen grundsätzlich nicht zur Ungültigkeit des Gemeinderatsbeschlusses[13]. Der Bürger kann die Missachtung der Geschäftsordnung im Einzelfall nicht rügen, da es regelmäßig an der Außenwirkung der Geschäftsordnung fehlt. Allerdings können sich aus Verstößen gegen die Geschäftsordnung Kommunalverfassungsstreitigkeiten ergeben.

III. Vorbereitung der Sitzung durch den ersten Bürgermeister

1. Vorbereitung der Beratungsgegenstände

15 Der erste Bürgermeister bereitet unter Beachtung der sich aus Art. 56 II GO ergebenden Pflicht, für den ordnungsgemäßen Gang der Geschäfte, also insbesondere für die ordnungsgemäße Erledigung aller gemeindlichen Aufgaben zu sorgen, die Beratungsgegenstände vor, Art. 46 II 1 GO. Eine Übertragung der **Vorbereitungspflicht** auf die weiteren Bürgermeister, Gemeinderatsmitglieder bzw. Gemeindebediensteten im Rahmen von Art. 39 II GO ist zulässig. Das Ziel der Vorbereitungspflicht ist es vor allem, den Gemeinderatsmitgliedern den sachlichen Kenntnisstand über die Beratungsgegenstände zu vermitteln, damit eine zügige Beschlussfassung ermöglicht wird. Im

---

[10] Vgl. Hölzl/Hien/Huber, Art. 45 GO, Erl. 3.

[11] Das Prinzip des Gesetzesvorrangs ist nicht auf formelle Gesetze beschränkt; konkretes Verwaltungshandeln muss auch Rechtssätzen, die von der Verwaltung selbst gesetzt worden sind, entsprechen.

[12] Vgl. Hölzl/Hien/Huber, Art. 45 GO, Erl. 4.

[13] Vgl. BayVGH, BayVBl. 2009, 90/91 und 91/92; BayVGH, BayVBl. 2009, 400; BayVGH, Urt. v. 20.6.2018, Az. 4 N 17.1548; Hölzl/Hien/Huber, Art. 45 GO, Erl. 5.

Rahmen dieser Vorbereitung wird sich der erste Bürgermeister vor allem des Sachverstands der Verwaltungsbediensteten und etwaiger berufsmäßiger Gemeinderatsmitglieder bedienen.

Zur Vorbereitung der Beratungsgegenstände gehört auch die Aufstellung einer **Tagesordnung.** 16 Bedeutung hat die Tagesordnung nicht zuletzt auch im Hinblick auf Art. 47 II GO; ein Gegenstand, der nicht in der Tagesordnung enthalten war, mit der die Gemeinderatsmitglieder geladen worden sind, kann grundsätzlich mangels Beschlussfähigkeit nicht abschließend beschlussmäßig behandelt werden. Die Pflicht, der Ladung eine Tagesordnung beizufügen, ergibt sich ausdrücklich aus Art. 46 II 2 GO. Der erste Bürgermeister ist keineswegs in jedem Fall verpflichtet, gestellte Anträge in der jeweils nächsten Sitzung zu behandeln. Er hat einen gewissen Spielraum in organisatorischer und zeitlicher Hinsicht. Zwar wird man bei kreisangehörigen Gemeinden regelmäßig verlangen können, dass er den gestellten Antrag in die Tagesordnung der nächsten Sitzung aufnimmt. Allerdings kann ein Abweichen von dieser Regel unter Berücksichtigung der Thematik, der Gesamtzahl der Tagesordnungspunkte, der Dringlichkeit der Beratungsgegenstände, der Notwendigkeit der hinreichenden fachlichen Vorbereitung und Prüfung des Gegenstands sowie der Funktionsfähigkeit des Gemeinderats erforderlich sein[14]. Hinzuweisen sei aber auch darauf, dass der erste Bürgermeister allein durch die Platzierung der Tagesordnungspunkte den Verlauf einer Sitzung in gewisser Hinsicht faktisch beeinflussen kann. Allerdings kann der Gemeinderat durch Beschluss jederzeit die vom ersten Bürgermeister vorgesehene Reihenfolge der Tagesordnung ändern[15].

In diesem Zusammenhang wird auch immer wieder das sog. **Vorprüfungsrecht** 17 des ersten Bürgermeisters diskutiert. Der Begriff ist falsch gewählt. Aus der Pflicht, die Beratungsgegenstände vorzubereiten, folgt eine **Vorprüfungspflicht** des ersten Bürgermeisters. Er hat daher das Recht und die Pflicht, die gestellten Anträge sowie die denkbaren Beschlüsse auf ihre Rechtmäßigkeit zu prüfen, um (vor allem im Rahmen des Sachvortrags des ersten Bürgermeisters) den Gemeinderatsmitgliedern nicht nur die sachlichen, sondern auch die rechtlichen Gesichtspunkte zu liefern. Hiervon ist aber die Frage zu trennen, ob der erste Bürgermeister auch das Recht hat, bei angeblicher Rechtswidrigkeit eines zu fassenden Beschlusses einen beantragten Gegenstand nicht in die Tagesordnung aufzunehmen. So wird teilweise vertreten, z.B. bei fehlender Kompetenz des Gemeinderats bzw. bei fehlender Zuständigkeit der Gemeinde überhaupt könne (bzw. müsse) der erste Bürgermeister die Aufnahme in die Tagesordnung verweigern[16]. Diese Ansicht trifft für das bayerische Kommunalrecht nicht zu. Der erste Bürgermeister muss einen beantragten Verhandlungsgegenstand auf die Tagesordnung setzen. Er hat dabei die Möglichkeit, auf die Beschlussfassung Einfluss zu nehmen. Ist er der Ansicht, dass ein gefasster Beschluss rechtswidrig ist, so hat er ihn zu beanstanden und den Vollzug gem. Art. 59 II GO auszusetzen. Die Richtigkeit dieser Ansicht ergibt sich aber nicht nur aus Art. 59 II GO, für sie sprechen auch Praktikabilitätserwägungen. Wollte man aus dem Vorprüfungsrecht die Kompetenz ableiten, Beratungsgegenstände nicht auf die Tagesordnung zu setzen, dann könnte bereits darüber Streit entstehen, ob die Ablehnung der Aufnahme in die Tagesordnung rechtmäßig ist oder nicht. Der Streit kann aber zumindest in den Fällen vermieden werden, in denen der Gemeinderat der Ansicht des Bürgermeisters folgt und keinen antragsgemäßen Beschluss fasst. In solchen Fällen wird es weder zur Diskussion einer

---

[14] Vgl. BayVGH, BayVBl. 1987, 239/242.
[15] Vgl. Hölzl/Hien/Huber, Art. 46 GO, Erl. 3.
[16] Vgl. zum „Vorprüfungsrecht" BayVGH, BayVBl. 2012, 340 f.

Vorprüfungskompetenz des ersten Bürgermeisters noch zu etwaigen Kommunalverfassungsstreitigkeiten kommen.

18 Allgemein anerkannt ist allerdings ein **formelles Vorprüfungsrecht,** also ein Recht, aus formellen Gründen die Aufnahme eines Sachantrags in die Tagesordnung zu unterlassen. Der erste Bürgermeister kann und muss also die Aufnahme eines Beratungsgegenstandes in die Tagesordnung verweigern, wenn die nach der Geschäftsordnung vorgesehenen Formalien für eine ordnungsgemäße Antragstellung nicht beachtet sind.

19 **Beispiel:** Antrag nicht fristgemäß eingereicht; Fehlen einer Begründung; Fehlen eines nach der Geschäftsordnung nötigen Deckungsvorschlages, weil der Antrag mit Ausgaben verbunden ist, die im Haushaltsplan nicht enthalten sind.

20 Ein **materielles Vorprüfungsrecht** (genauer: das Recht, aus Gründen, die im Inhalt des Antrags liegen, die Aufnahme in die Tagesordnung zu verweigern) wird nur dann akzeptiert, wenn sich das Aufnahmeverlangen als rechtsmissbräuchlich, also schikanös (z. B. wegen ständiger Wiederholung einer bereits entschiedenen Angelegenheit) erweist oder der Antragsgegenstand auf einen strafbaren Inhalt abzielt[17].

2. Einberufung der Gemeinderatssitzung

21 Der Gemeinderat besitzt **kein Selbstversammlungsrecht.** Eine nicht vom ersten Bürgermeister einberufene Zusammenkunft ist keine Sitzung und kann keinerlei Rechtswirkungen zeitigen[18], etwa gefasste „Beschlüsse" sind rechtswidrig und ungültig. Von einer Sitzung i. S. v. Art. 47 I GO kann man nur sprechen, wenn der erste Bürgermeister den Gemeinderat gem. Art. 46 II 2-4 GO und unter Beachtung der Geschäftsordnung einberufen hat. Die **Einberufung** des Gemeinderats wird bewirkt durch die **Ladung** der Gemeinderäte. Wie bereits mehrfach erwähnt, hat die ordnungsgemäße Ladung eine besondere Bedeutung insbesondere im Zusammenhang mit Art. 47 II GO als Voraussetzung für die Beschlussfähigkeit. Ein ohne Beschlussfähigkeit gefasster Beschluss ist rechtswidrig und ungültig. Zuständig für die Einberufung ist ausschließlich der erste Bürgermeister, es sei denn, es liegt ein Vertretungsfall i. S. v. Art. 39 I GO vor. Eine Delegation des Einberufungsrechts nach Art. 39 II GO kommt nicht in Frage. Die Form und Frist für die Einladung muss sich aus der Geschäftsordnung des Gemeinderats ergeben, vgl. Art. 45 II GO. Die Ladung hat Ort und Zeit der Gemeinderatssitzung zu bestimmen, wenn nicht die Geschäftsordnung dies bereits im Voraus regelt. In jedem Fall hat die Ladung – worauf schon wiederholt hingewiesen worden ist – die Tagesordnung mit der Aufzählung der Beratungsgegenstände zu enthalten, Art. 46 II 2 GO. Einen besonderen Fall regelt Art. 46 II 3, 4 GO, wonach ein Viertel der Gemeinderatsmitglieder (also ohne Berücksichtigung des ersten Bürgermeisters, Art. 31 I, II GO) die Einberufung des Gemeinderats und das „Stattfinden" der Sitzung innerhalb von 14 Tagen erreichen kann. Es dürfte allerdings nichts dagegen sprechen, diese außerordentliche Sitzung zu weiteren Beratungen in anderen Angelegenheiten zu nutzen bzw. mit einer ohnehin stattfindenden ordentlichen Sitzung zu verbinden[19].

---

[17] Vgl. BayVGH, BayVBl. 1987, 239/242f. Vgl. auch BayVGH 20.10.2011, Az. 4 CS 11.1927.

[18] Vgl. Hölzl/Hien/Huber, Art. 46 GO, Erl. 4.

[19] Vgl. Bauer/Böhle/Ecker, Art. 46 GO, Rn. 11.

3. Bekanntmachung der Sitzung

Gem. Art. 52 I 1 GO hat der erste Bürgermeister zu veranlassen, dass Zeitpunkt und Ort der jeweiligen **öffentlichen** Sitzung des Gemeinderats unter Angabe der Tagesordnung spätestens am dritten Tage vor der Sitzung **bekannt gemacht** werden. Eine öffentliche Bekanntgabe nichtöffentlicher Sitzungen unter der Veröffentlichung der Tagesordnung erfolgt nicht, da dies den Zweck der Nichtöffentlichkeit der Sitzung vereiteln könnte, weil bereits durch bloße Angabe der Tagesordnung auf den Inhalt der Beratungsgegenstände geschlossen werden könnte. 22

Die Bekanntmachung i. S. d. Art. 52 I 1 GO muss **ortsüblich,** nicht aber amtlich i. S. v. Art. 26 II GO erfolgen. Somit kommt es also auf die örtlichen Gepflogenheiten an. Der Tag der Sitzung ist bei der Berechnung der Drei-Tages-Frist nicht mitzuzählen, wie der klare Wortlaut der Norm zeigt[20]. Eine fehlerhafte Bekanntmachung der Sitzung führt zur Rechtswidrigkeit und Ungültigkeit etwa gefasster Beschlüsse[21]. 23

IV. Der Ablauf der Sitzung

Der Gemeinderat beschließt ausschließlich in Sitzungen, Art. 47 I GO. Der Wille des Gemeinderats kann nur durch Abstimmungen innerhalb der Gemeinderatssitzungen festgelegt werden; **Umlaufverfahren** sind unzulässig, d. h. von einem Beschluss könnte in diesem Zusammenhang nicht gesprochen werden[22]. 24

Gem. Art. 36 (1) GO führt der erste Bürgermeister den Vorsitz im Gemeinderat, es sei denn, es liegt ein Vertretungsfall i. S. v. Art. 39 I GO vor. Eine Delegation des Vorsitzes gem. Art. 39 II GO ist nicht möglich. In Konsequenz von Art. 36 GO sprechen die Bestimmungen der Art. 45 ff. GO, die sich unmittelbar mit dem Ablauf der Gemeinderatssitzung befassen, auch nicht von den Befugnissen des ersten Bürgermeisters, sondern von denen des Vorsitzenden (vgl. Art. 53 I GO, Art. 54 II GO). 25

1. Beschlussfähigkeit

Nach Eröffnung der Sitzung durch den Vorsitzenden stellt dieser die Beschlussfähigkeit des Gemeinderats fest. Gem. Art. 47 II GO ist der Gemeinderat beschlussfähig, wenn sämtliche Mitglieder ordnungsgemäß geladen sind und die Mehrheit der Mitglieder anwesend und stimmberechtigt ist. Art. 47 II GO enthält darnach vier Voraussetzungen, die kumulativ gegeben sein müssen: 26

- Ladung sämtlicher Mitglieder,
- Ordnungsmäßigkeit der Ladung,
- Mehrheit der Mitglieder des Gemeinderats anwesend und
- Mehrheit der Mitglieder des Gemeinderats stimmberechtigt.

Die vorgenannten Prüfungspunkte sind regelmäßig auch in der vorgegebenen Reihenfolge zu prüfen. Bei Sitzungsbeginn kann einheitlich nur die **Ladung aller Mit-** 27

---

[20] Vgl. nur Hölzl/Hien/Huber, Art. 46 GO, Erl. 1.

[21] A. A. die wohl noch herrschende Meinung unter Verweis auf den vorgeblichen Ordnungsvorschriftscharakter, vgl. Bauer/Böhle/Ecker, Art. 52 GO, 1; modifizierend Hölzl/Hien/Huber, Art. 52, Erl. 1. Wie hier Schulz/Wachsmuth/Zwick, Art. 52 GO, Anm. 5.2; ähnlich Prandl/Zimmermann/Büchner/Pahlke, Art. 52 GO, Anm. 1.

[22] Ganz h. M.; vgl. Hölzl/Hien/Huber, Art. 47 GO, Erl. 1; Bauer/Böhle/Ecker, Art. 47 GO, Rn. 1; Widtmann/Grasser/Glaser, Art. 47 GO, Rn. 2.

glieder und die **Ordnungsmäßigkeit** der Ladung festgestellt werden. **Anwesenheit der Mehrheit** der Mitglieder sowie **Stimmberechtigung** müssen vor jedem Beschluss erneut (bzw. bereits vor der Beratung über den Gegenstand, vgl. Art. 49 I GO) gesondert festgestellt werden. Einerseits kann es passieren, dass – u. U. unerlaubt – Gemeinderatsmitglieder die Sitzung verlassen oder ausgeschlossen werden. Andererseits ist die persönliche Beteiligung der Gemeinderatsmitglieder je nach Beschlussgegenstand ggf. unterschiedlich zu beurteilen. Zu beachten ist jedoch, dass die Beschlussfähigkeit i. S. v. Art. 47 II GO keine Voraussetzung für die Beratung über einen Gegenstand darstellt. Art. 47 II GO behandelt eben – anders als Art. 49 I GO – nur die Beschlussfähigkeit. Ein trotz Beschlussunfähigkeit ergangener Beschluss ist rechtswidrig und ungültig.

a) Ladung sämtlicher Mitglieder

28 Die Ladung ist der technische Vorgang, mit Hilfe dessen die Einberufung i. S. v. Art. 46 II 2 GO bewirkt wird[23]. Vollkommen unproblematisch ist die Auslegung des Begriffs **„sämtliche“** jedoch nicht. Zunächst ist klar, dass der erste Bürgermeister sich selbst nicht laden muss. Zu laden sind auch solche Gemeinderatsmitglieder, die sich krank gemeldet haben, die im Urlaub sind oder die auf eine Ladung ausdrücklich verzichtet haben[24]. Auch ein Mitglied, das voraussichtlich gem. Art. 49 GO beteiligt sein wird, ist zu laden. Dies ergibt sich zum einen daraus, dass nicht der erste Bürgermeister bzw. der Vorsitzende über die Beteiligteneigenschaft zu beschließen hat, sondern gem. Art. 49 III GO der Gemeinderat. Zum anderen ist eine Beteiligung grundsätzlich nicht für sämtliche Tagesordnungspunkte gegeben. Einzig Mitglieder, denen die Sitzungsteilnahme gem. Art. 53 II GO untersagt worden ist, sind nicht zu laden[25]. Wurden nicht sämtliche Mitglieder im vorstehenden Sinne geladen, so ist der Gemeinderat beschlussunfähig; ein trotzdem gefasster Beschluss ist rechtswidrig und ungültig. Allerdings kann dieser Mangel geheilt werden, vgl. § 5, Rn. 33 ff.

b) Ordnungsmäßigkeit der Ladung

29 Unter Ladung ist der verwaltungsmäßige Vorgang der fristgemäßen Übermittlung der Einladungen zu verstehen. Gem. Art. 46 II 2 GO muss der erste Bürgermeister den

---

[23] Vgl. Bauer/Böhle/Ecker, Art. 46 GO, Rn. 6.

[24] Vgl. Hölzl/Hien/Huber, Art. 47 GO, Erl. 2a; diese Auslegung erscheint plausibel, da u. U. das kränkste Gemeinderatsmitglied eine wundersame Heilung erfährt, wenn der Beratungsgegenstand nur wichtig genug ist. Dies gilt selbstverständlich auch dann, wenn der erste Bürgermeister erkrankt ist; dieser ist von seinem Vertreter i. S. v. Art. 39 I GO zu laden. Nicht gefolgt werden kann der Ansicht des BayVGH, die Formwidrigkeit einer Ladung könne auch dann als „unbeachtlich“ angesehen werden, wenn der Betroffene zwar der Sitzung fernbleibe, dafür aber bereits im Voraus gegenüber dem Sitzungsleiter persönliche Entschuldigungsgründe angeführt habe. Auch dieses Verhalten lasse den Schluss zu, dass der Ladungsmangel sich nicht auf die Beratung und Beschlussfassung in der Sitzung ausgewirkt haben könne; das abwesende Ratsmitglied wäre bei ordnungsgemäßer Ladung ebenfalls verhindert gewesen. Maßgeblich sei insoweit eine reine Kausalitätsprüfung, so dass es, wie bei der grundlosen Teilnahme an einer fehlerhaft einberufenen Ratssitzung, nicht darauf ankomme, ob ein entschuldigt Abwesender den Ladungsverstoß erkannt und bewusst auf dessen Geltendmachung verzichtet habe. Vgl. BayVGH, Urt. v. 20.6.2018, Az. 4 N 17.1548, Rn. 41; vgl. auch BayVGH, Urt. v. 3.3.2006, Az. 26 N 01.593. Nach diesseits vertretener Ansicht ist eine positive Handlung des betroffenen Gemeinderatsmitglieds im Sinne einer Mitwirkung unerlässlich. Die obige Ansicht des BayVGH verkennt, dass es sich ein Gemeinderatsmitglied aus welchen Gründen auch immer „anders überlegen kann“, wenn es nur ordnungsgemäß geladen wird.

[25] Vgl. Bauer/Böhle/Ecker, Art. 47 GO, Rn. 3; Hölzl/Hien/Huber, Art. 47 GO, Erl. 2.1.

Gemeinderat „unter Angabe der Tagesordnung“ und „mit angemessener Frist“ einberufen. Die Ordnungsmäßigkeit der Ladung bestimmt sich in der Praxis nach den Bestimmungen der Geschäftsordnung, in der zwingend (Art. 45 II GO) Frist und Form der Ladung geregelt sind. Die Geschäftsordnung kann - gewissermaßen traditionell - vorsehen, dass die Ladung ausschließlich schriftlich zu erfolgen hat. Es könnte aber auch vorgesehen werden, dass die Gemeinderatsmitglieder mit ihrem Einverständnis elektronisch zu den Sitzungen geladen werden[26]. In der Praxis bestimmen die Geschäftsordnungen meist, dass die Ladungsfrist in dringenden Fällen auf drei Tage verkürzt werden kann, wobei Sitzungstag und Tag des Zugangs der Ladung bei der Berechnung der Frist nicht mitgerechnet werden, und dass die Ladung weitere Unterlagen enthalten soll, wenn dies sachdienlich ist.

In der Klausur wird eine Geschäftsordnung regelmäßig nicht zur Bearbeitung vorliegen. 30 Deshalb muss der Bearbeiter bestimmen, welche Minimalanforderungen sich an die Ordnungsmäßigkeit einer Ladung aus der Gemeindeordnung selbst ergeben. Zum Mindestinhalt einer ordnungsgemäßen Ladung gehört, wie Art. 46 II 2 GO ausdrücklich (vgl. auch Art. 52 I GO) feststellt, die **Angabe der Tagesordnung.** Es kann nur über solche Beratungsgegenstände Beschluss gefasst werden, die in der Tagesordnung konkret benannt waren. Der Beschluss über einen Verhandlungsgegenstand, der nicht in der Tagesordnung enthalten war, ist prinzipiell rechtswidrig. Eine Heilung von Ladungsmängeln ist jedoch möglich, vgl. § 5, Rn. 33ff.

Aus dem Erfordernis der Angabe einer Tagesordnung ergibt sich weiterhin, dass die 31 Ladung wohl **nicht nur mündlich oder telefonisch** erfolgen kann; die Geschäftsordnungen werden bereits aus Nachweisgründen eine mündliche oder telefonische Ladung nicht ausreichen lassen. Die Ladung muss – ungeachtet der Tatsache, dass die Geschäftsordnung gem. Art. 45 II GO Bestimmungen über die **Frist** der Ladung enthalten muss – so rechtzeitig erfolgen, dass die Geladenen pünktlich erscheinen können. Eine Mindestfrist von drei Tagen sollte aber in der Regel nicht unterschritten werden; dies dürfte sich auch im Hinblick auf Art. 52 I 1 GO als anerkannte Regel durchgesetzt haben[27].

Eine ordnungsgemäße Ladung von Gemeinderatsmitgliedern setzt nur die Einberu- 32 fung in angemessener Frist unter Angabe der Tagesordnung voraus. Schreibt die Geschäftsordnung des Gemeinderats die Verteilung von Sitzungsunterlagen binnen bestimmter Fristen vor und wird im Einzelfall hiergegen verstoßen, führt dies nicht zu einem Ladungsmangel[28].

c) Heilung von Ladungsmängeln

Ladungsmängel können individueller oder allgemeiner Natur sein. Ein allgemei- 33 ner Ladungsmangel liegt z.B. vor, wenn der Gemeinderat ohne (vollständige) Tagesordnung einberufen worden ist oder die Ladungsfrist zu kurz bemessen war. Solcherlei Ladungsmängel können nur dann mit der Folge, dass Beschlussfähigkeit trotz des Mangels gegeben ist, **geheilt** werden, wenn sämtliche Gemeinderatsmitglieder gleichwohl erscheinen und sich auf die Beratung und Abstimmung rügelos einlassen. Denn gem. Art. 48 I GO sind die Gemeinderatsmitglieder verpflichtet, an den Sitzungen und Abstimmungen teilzunehmen. Zwar kann diese Verpflichtung an sich nur im Rahmen einer fehlerfreien Ladung bestehen. Trotzdem müsste das nicht erschienene Gemeinde-

---

[26] Vgl. hierzu BayVGH, Urt. v. 20.6.2018, Az. 4 N 17.1548, Rn. 34. Vgl. auch Gaß, KommP By 2014, 82ff.

[27] Vgl. Gern/Brüning, Rn. 601; Hölzl/Hien/Huber, Art. 47 GO, Erl. 2.2.

[28] BayVGH, BayVBl. 90/91 und 91/92.

ratsmitglied befürchten, dass ohne es beraten und verhandelt wird. Erscheint hingegen das fehlerhaft geladene Gemeinderatsmitglied, muss es befürchten, dass die Kritik bezüglich der fehlerhaften Ladung nicht gehört wird. Daher kann es für die **Heilung** einer fehlerhaften Ladung nicht ausreichen, dass **sämtliche Mitglieder** bei allgemeinem Ladungsmangel **erscheinen;** vielmehr müssen sich diese auch **rügelos** auf die Beratung und Abstimmung **einlassen**[29]. Bereits die Rüge eines einzelnen Gemeinderatsmitglieds (z. B. es habe sich wegen fehlender Tagesordnung nicht ausreichend vorbereiten können) bestätigt die Beschlussunfähigkeit und schließt die Heilungsmöglichkeit des Ladungsmangels aus.

34 Das Gleiche gilt im Wesentlichen bei individuellen Ladungsmängeln, deren Heilung ebenfalls dadurch bewirkt wird, dass sich das betroffene Gemeinderatsmitglied rügelos auf die Beratung und Abstimmung einlässt. Allerdings kann ein ordnungsgemäß geladenes Mitglied nicht mit Erfolg die fehlerhafte Ladung eines anderen Mitglieds rügen.

35 **Beispiel:** Gemeinderatsmitglied G übersendet dem ersten Bürgermeister eine „Krankmeldung", weswegen der erste Bürgermeister die Ladung der G zur nächsten Sitzung unterlässt; G erhielt auch keine Tagesordnung. Fraktionsmitglied F berichtet G von den anstehenden Beratungsgegenständen, die G brennend interessieren. G erfährt eine mirakulöse Genesung, entspringt gazellengleich dem Krankenlager und begibt sich flugs zur Gemeinderatssitzung. G nimmt an Beratung und Abstimmung teil, ohne den Ladungsmangel zu rügen. Beschlussfähigkeit gem. Art. 47 II GO ist gegeben, selbst wenn der nicht betroffene F die fehlende Ladung der G rügen sollte.

d) Anwesenheitsmehrheit

36 Weitere Voraussetzung für die Beschlussfähigkeit gem. Art. 47 II GO ist, dass die **Mehrheit der Mitglieder** des Gemeinderats **anwesend** ist, sog. **Anwesenheitsmehrheit.** Diese Voraussetzung ist vor jeder einzelnen Beschlussfassung innerhalb einer Gemeinderatssitzung erneut zu klären.

37 In einem ersten Schritt muss die sog. **Sollstärke** des Gemeinderats festgestellt werden. Darnach ist zu der Zahl der Gemeinderatsmitglieder, die sich aus Art. 31 II GO ergibt (berufsmäßige Gemeinderatsmitglieder haben außer Betracht zu bleiben, da sie gem. Art. 40 GO nur beratende, nicht auch beschließende Stimme haben), der erste Bürgermeister zu rechnen, da gem. Art. 31 I GO der Gemeinderat aus dem ersten Bürgermeister und den Gemeinderatsmitgliedern besteht. Allerdings ist nicht die Sollstärke, sondern die sog. **Iststärke** des Gemeinderats Berechnungsgrundlage. Abgerechnet werden müssen deshalb in einem zweiten Schritt:

38
- wegen Todes, Amtsniederlegung, Amtsverlust gem. 48 III GO, Wegzug, Verlust der Wählbarkeit ausgeschiedene Gemeinderatsmitglieder, solange Listennachfolger (Nachrücker) noch nicht vereidigt sind, vgl. Art. 37, 48 GLKrWG;
- wem nach Art. 53 II GO die Sitzungsteilnahme untersagt worden ist, da andernfalls die Möglichkeit der Obstruktion durch gezieltes Herbeiführen der Beschlussunfähigkeit bestünde;
- der nach Art. 53 I 3 GO Ausgeschlossene.

39 Von der so ermittelten Iststärke muss mehr als die Hälfte der Gemeinderatsmitglieder anwesend sein **(Anwesenheitsmehrheit).** Hierbei kommt es nur auf die Anwesenheit zum Zeitpunkt der Beschlussfassung an; Abwesenheit während der Beratung über den Beschlussgegenstand ist unbeachtlich[30].

---

[29] So ausdrücklich BayVGH, BayVBl. 1987, 239/241; BayVGH, Urt. v. 20.6.2018, Az. 4 N 17.1548, Rn. 41.

[30] Vgl. Widtmann/Grasser/Glaser, Art. 47 GO, Rn. 11.

Beispiel: Die Gemeinde G hat 4000 Einwohner. Zur Gemeinderatssitzung erscheinen 40
8 Gemeinderatsmitglieder sowie der erste Bürgermeister. 3 Gemeinderatsmitglieder haben sich als erkrankt entschuldigt. Ein Gemeinderatsmitglied ist gestorben, ein anderes weggezogen, ohne dass Nachfolger vereidigt worden wären. Ein drittes Gemeinderatsmitglied befindet sich im Urlaub, 2 weitere Gemeinderatsmitglieder wurden gem. Art. 53 II GO von der Sitzung ausgeschlossen. Die **Sollstärke** ergibt sich aus Art. 31 II, I GO. Darnach setzt sich der Gemeinderat an sich aus 16 Gemeinderatsmitgliedern sowie dem ersten Bürgermeister zusammen, er besteht also aus insgesamt 17 Mitgliedern. Ausschlaggebend für die Anwesenheitsmehrheit ist aber die **Iststärke,** d. h. von den gesetzlich festgeschriebenen Mitgliedern des Gemeinderats ist das gestorbene und das weggezogene Gemeinderatsmitglied abzuziehen, weiterhin die beiden ausgeschlossenen Störer. Darnach beläuft sich die Iststärke auf 13 Gemeinderatsmitglieder; die **Anwesenheitsmehrheit,** die Art. 47 II GO fordert, beträgt somit 7 Mitglieder des Gemeinderats. Da 9 erschienen sind, ist die Beschlussfähigkeit aus diesem Grund nicht zu verneinen.

Hinzuweisen ist auch auf Art. 47 III GO. Ist der Gemeinderat deswegen beschluss- 41
unfähig, weil trotz ordnungsgemäßer Ladung weniger als die Mehrheit der Mitglieder (weniger als die Hälfte der Iststärke) erscheinen, so kann Beschlussfähigkeit dadurch wiederhergestellt werden, dass der erste Bürgermeister gem. Art. 47 III GO den Gemeinderat unter Hinweis auf diese Vorschrift zum zweiten Mal zur Verhandlung über denselben Gegenstand zusammenruft.

Beispiel: Der Gemeinderat besteht aus 12 Gemeinderatsmitgliedern und dem ersten Bür- 42
germeister. Da es keine Todesfälle o. ä. in oben genanntem Sinne gibt, entsprechen sich Soll- und Iststärke. Zu einer Gemeinderatssitzung, die ausschließlich der Behandlung eines Gegenstands dient, erscheinen neben dem ersten Bürgermeister nur noch 3 Gemeinderatsmitglieder. Die restlichen Gemeinderatsmitglieder verweigern die Teilnahme. Der Gemeinderat ist beschlussunfähig. Der erste Bürgermeister wird gem. Art. 47 III GO vorgehen.

e) Stimmberechtigtenmehrheit

Schließlich muss die Mehrheit der Mitglieder des Gemeinderats auch stimmberech- 43
tigt sein. Auch die Stimmberechtigung muss vor jedem neuen Sachbeschluss erneut geprüft werden.

Beispiel: In obigem Beispiel müssen wenigstens 7 Mitglieder anwesend, aber eben auch zu- 44
gleich stimmberechtigt sein.

Die **Kumulation** der Erfordernisse, dass die **Mehrheit anwesend** und auch 45
stimmberechtigt sein muss, will unterbinden, dass Minderheiten einen Beschluss fassen können, ohne dass die Mehrheit im Gemeinderat dies verhindern könnte. In diesem Zusammenhang ist aber erneut auf Art. 47 III GO hinzuweisen. Art. 47 III GO will verhindern, dass eine Mehrheit, die die sachliche Arbeit des Gemeinderats blockieren will, durch Nichterscheinen Beschlussunfähigkeit herbeiführen kann. Deswegen ist Art. 47 III GO dann nicht anwendbar, wenn die Beschlussfähigkeit allein an der mangelnden Stimmberechtigung scheitert.

Beispiel: In obigem Beispiel (Rn. 42) erscheinen alle 13 Mitglieder des Gemeinderats. 7 sind 46
persönlich beteiligt i. S. v. Art. 49 I GO. Ein Vorgehen nach Art. 47 III GO kommt nicht in Betracht, da diese Bestimmung nur den Mangel bzgl. der Beschlussunfähigkeit aus Gründen der Anwesenheit beseitigen kann (vgl. Art. 47 III GO: „... Erschienenen ..."). Unter Umständen ist deswegen das Verfahren gem. Art. 114 I GO indiziert.

Resultiert die Beschlussunfähigkeit jedoch daraus, dass einerseits ein Teil der Er- 47
schienenen nicht stimmberechtigt ist, andererseits auch ein Teil der Gemeinderatsmitglieder nicht erschienen ist, so kann der erste Bürgermeister dann gem. Art. 47 III GO vorgehen, wenn bei vollzähligem Erscheinen nach Abzug der persönlich Beteiligten die Beschlussfähigkeit zu bejahen wäre. Auch in diesem Fall beruht letztlich die Beschlussunfähigkeit alleine auf der Abwesenheit der stimmberechtigten Mitglieder.

48 **Beispiel:** Von 13 Mitgliedern erscheinen 7. Zwei dieser Erschienenen, X und Y, geben an, persönlich beteiligt zu sein. Eine Abstimmung über die persönliche Beteiligung gem. 49 II GO ist ebenso unmöglich wie eine Behandlung des Sachgegenstands, da die Stimmberechtigtenmehrheit nicht gegeben ist. In diesem Fall kann der erste Bürgermeister gem. Art. 47 III GO vorgehen, da die Beschlussunfähigkeit letztlich eine Folge der Abwesenheit der anderen 6 Gemeinderatsmitglieder ist. Selbst wenn bei der nächsten Sitzung wiederum nur dieselben Personen wie bei der vorigen Sitzung erscheinen, ist der Gemeinderat beschlussfähig. Dann werden die Erschienenen zunächst unter Ausschluss von X über seine persönliche Beteiligung beschließen, dann unter Ausschluss von Y über dessen Beteiligung. Selbst wenn die persönliche Beteiligung von X und Y bejaht wird, können die Erschienenen schließlich unter Ausschluss von X und Y über den Sachantrag abstimmen.

2. Persönliche Beteiligung („Befangenheit")

a) Sinn und Zweck

49 Befangenheitsvorschriften welcher Art auch immer[31] haben vornehmlich zwei verschiedene Funktionen. Zum einen sollen **pro-domo-Entscheidungen** vermieden werden, d. h. der mit dem Gegenstand Befasste soll nicht in eigener Sache entscheiden können, er soll sich nicht unberechtigte Vorteile verschaffen bzw. berechtigte Nachteile abwenden können. Vielleicht noch wichtiger ist die zweite Funktion: Das Vertrauen der Bürger in die Grundlagen der Demokratie nimmt Schaden, sobald an der **„Sauberkeit"**[32] der Hoheitsträger Zweifel aufkommen.

50 Schwierig ist das Verhältnis der verschiedenen Befangenheitsregelungen zueinander. Da die kommunalrechtlichen Bestimmungen der Art. 36 (2) GO, 49 GO, 38 I KWGB die Frage der Befangenheit abschließend oder speziell regeln, ist jedenfalls ein Rückgriff auf Art. 20 BayVwVfG – mit Ausnahme des direkten Verweises auf die Angehörigendefinition des Art. 20 V BayVwVfG – nicht nötig und auch nicht möglich[33]. Art. 49 GO ist zunächst jedenfalls auf die **ehrenamtlichen Gemeinderatsmitglieder** anzuwenden, da diese keine Beamten i. S. d. Art. 1 KWBG sind.

51 Problematischer ist die Rechtslage hinsichtlich des **ersten Bürgermeisters** und der **berufsmäßigen Gemeinderatsmitglieder** als kommunale Wahlbeamte, Art. 1 II Nr. 1 und 4 KWBG. Art. 36 (2) GO bestimmt, dass der erste Bürgermeister, soweit er **persönlich beteiligt** ist, durch seinen Vertreter im Vorsitz und beim Vollzug der Beschlüsse vertreten wird. Art. 36 (2) GO bestimmt allerdings nicht ausdrücklich, wann persönliche Beteiligung vorliegt. Art. 36 (2) GO sagt auch nicht, wer das Vorliegen persönlicher Beteiligung feststellt. Somit ist Art. 36 (2) GO unvollständig und ausfüllungsbedürftig. Art. 49 I GO spricht unter der amtlichen Überschrift „Ausschluss wegen persönlicher Beteiligung" von den Mitgliedern des Gemeinderats, bezieht sich also nicht nur auf die ehrenamtlichen Gemeinderatsmitglieder i. S. v. Art. 31 II GO und ist damit prinzipiell auch auf den ersten Bürgermeister und die berufsmäßigen Gemeinde-

---

[31] Vgl. auch §§ 22ff. StPO, §§ 41ff. ZPO, § 54 I VwGO i. V. m. §§ 41ff. ZPO. Vgl. ferner § 6 VgV. Der „Sauberkeit im öffentlichen Leben" dient auch Art. 50 GO. Durch Art. 50 GO soll verhindert werden, dass Dritte „den Einfluss von Ratsmitgliedern für ihre persönlichen Interessen ausnutzen und dass rechtsgeschäftlich bestellte Vertreter, die zugleich Gemeinderatsmitglieder sind, durch diese Doppelfunktion in einen Interessenwiderstreit geraten". Ein nicht dem Gemeinderat angehörender Rechtsanwalt ist über Art. 50 GO nicht von der Vertretung ausgeschlossen, wenn er Sozius eines Gemeinderatsmitglieds ist, BVerfG, BayVBl. 1982, 605.

[32] Vgl. BVerfG, BayVBl. 1982, 605; Hölzl/Hien/Huber, Art. 49 GO, Erl. 1.

[33] Diese Vorschrift kommt unmittelbar nur dann in Betracht, wenn weder ein Gemeinderatsmitglied noch der erste Bürgermeister als kommunaler Wahlbeamter tätig ist, sondern wenn z. B. sonstige Gemeindebedienstete i. S. v. Art. 42ff. GO Entscheidungen treffen.

ratsmitglieder anwendbar, für die aber auch Art. 38 I KWBG gilt. Zur Abgrenzung der Anwendungsbereiche von Art. 36 (2), Art. 49 I GO bzw. Art. 38 I KWBG werden in der Literatur die verschiedensten Ansichten vertreten[34]. Vom Lernenden kann in der Klausur nicht erwartet werden, dass er die verschiedenen Lösungsansätze kennt. Vielmehr muss es ausreichen, dass er sieht, dass Art. 38 I KWBG bzw. Art. 49 I GO unterschiedliche Personenkreise erfassen und deswegen zu unterschiedlichen Ergebnissen kommen können.

Beispiel: Art. 49 I 1 GO bewirkt Befangenheit, wenn das Mitglied des Gemeinderats eine juristische Person – egal ob des Privat- oder des öffentlichen Rechts – oder eine „sonstige Vereinigung" vertritt. Art. 38 I 1 KWBG bewirkt Befangenheit, wenn eine juristische Person des Privatrechts vertreten wird. **52**

Weiterhin muss erkannt werden, dass Art. 38 I KWBG eine Befangenheit kraft Gesetzes herstellt, die keiner Bestätigung durch Beschluss bedarf. Auch Art. 49 I GO führt zu einer Befangenheit kraft Gesetzes, allerdings fordert Art. 49 III GO ein Verfahren, wonach der Gemeinderat die persönliche Beteiligung (deklaratorisch[35]) feststellen muss. **53**

Vorzugswürdig zur Abgrenzung der Befangenheitsvorschriften erscheint folgende Ansicht: Art. 49 GO ist in Bezug auf Abstimmung und Mitberatung in den Kollegialorganen lex specialis, d. h. soweit Abstimmung und Mitberatung inmitten stehen, ist die persönliche Beteiligung auch für berufsmäßige Gemeinderatsmitglieder und den ersten Bürgermeister nach Art. 49 GO zu beurteilen. Art. 36 (2) GO, der nur den ersten Bürgermeister anspricht, ist, was den Maßstab der Befangenheit angeht, durch Art. 49 I GO aufzufüllen. Das erscheint sofort plausibel, was die Frage des Vorsitzes im Gemeinderat anbetrifft, da es letztlich auch hierbei um eine kollegiale Funktion des ersten Bürgermeisters geht. Das Gleiche gilt aber auch für den Vollzug der Gemeinderatsbeschlüsse[36]. Zwar geht es beim Vollzug von Gemeinderatsbeschlüssen nicht mehr um die kollegiale Funktion des ersten Bürgermeisters, da es an einem unmittelbaren Zusammenhang zwischen Sitzung an sich und Vollzug des Beschlusses fehlt. Auch ist es richtig, dass der Vollzug der Beschlüsse gem. Art. 39 II GO übertragen werden kann, also prinzipiell auch auf ein Nicht-Gemeinderatsmitglied, dessen Befangenheit nicht gem. Art. 49 GO zu beurteilen sein kann. Allerdings muss davon ausgegangen werden, dass die Gemeindeordnung einen einheitlichen Begriff der persönlichen Beteiligung errichten wollte. Wenn Art. 36 (2) GO darauf verzichtet, die persönliche Beteiligung zu definieren, so spricht viel dafür, dass der Begriff der persönlichen Beteiligung der Gemeindeordnung (vgl. die amtliche Überschrift des Art. 49 GO) selbst zu entnehmen ist und nicht Art. 38 I KWBG. Noch viel mehr spricht dagegen, den Begriff der persönlichen Beteiligung je nach Zusammenhang trennen zu wollen, so dass für den Vorsitz in der Sitzung etwas anderes gelten soll als für den Vollzug der Beschlüsse. Schließlich ist zu bedenken, dass z. B. bei Krankheit des ersten Bürgermeisters dieser durch den zweiten Bürgermeister i. S. v. Art. 39 I 1 GO auch im Vorsitz und im Vollzug der Beschlüsse vertreten wird. Die weiteren Bürgermeister sind aber gem. Art. 35 II 1 GO ehrenamtliche Gemeinderatsmitglieder, für die das KWBG auch im Vertretungsfall nicht anwendbar ist. Dann wäre die persönliche Beteiligung im Rah- **54**

---

[34] Vgl. Hölzl/Hien/Huber, Art. 36 GO, Erl. 2 und Art. 49 GO, Anm. 2.1; Bauer/Böhle/Ecker, Art. 36 GO, Rn. 5 f.; Widtmann/Grasser/Glaser, Art. 36 GO, Rn. 13 ff. und Art. 49 GO, Rn. 3 f.; Prandl/Zimmermann/Büchner/Pahlke, Art. 49 GO, Anm. 1.

[35] Hölzl/Hien/Huber, Art. 49 GO, Erl. 6.

[36] A. A. Hölzl/Hien/Huber, Art. 49 GO, Erl. 2. Im Ergebnis wie hier Prandl/Zimmermann/Büchner/Pahlke, Art. 36 GO, Anm. 3.

men des Vollzugs von Beschlüssen aber unterschiedlich zu beurteilen, je nachdem ob der erste Bürgermeister selbst oder sein Vertreter handelt.

55 Von daher lässt sich also wie folgt zusammenfassen: Art. 36 (2) GO und Art. 49 I GO sind leges speciales gegenüber Art. 38 I KWBG. Soweit es um die Beteiligung an Beratung und Abstimmung geht, ist für den ersten Bürgermeister und die berufsmäßigen Gemeinderatsmitglieder genauso wie für die ehrenamtlichen Gemeinderatsmitglieder ausschließlich Art. 49 GO heranzuziehen. Geht es um die Fragen des Vollzugs gefasster Gemeinderatsbeschlüsse bzw. um den Vorsitz in der Gemeinderatssitzung, so ist Art. 36 (2) GO heranzuziehen, der – was den Begriff der persönlichen Beteiligung angeht – durch Art. 49 GO auszufüllen ist. Art. 49 III GO ist nur dann entsprechend anzuwenden, soweit es um den Vorsitz im Kollegialorgan geht. Art. 38 I KWBG ist nur noch bei sonstigen Amtshandlungen einschlägig, also insbesondere bei solchen, die der erste Bürgermeister als selbständiges Organ vornimmt, wie z. B. im Rahmen von Art. 37 oder 114 I GO.

b) Der die persönliche Beteiligung auslösende Personenkreis

56 Bereits unter Rn. 49ff. wurde darauf hingewiesen, dass Art. 49 GO (und damit ebenfalls Art. 36 (2) GO) einerseits und andererseits Art. 38 I KWBG unterschiedliche **Personenkreise** erfassen: Art. 49 I GO umfasst als Personenkreis das Mitglied selbst, den Angehörigen i. S. v. Art. 20 V BayVwVfG und die von ihm kraft Gesetzes oder Vollmacht vertretene natürliche oder juristische Person sowie die „sonstige Vereinigung"[37]. Art. 38 I KWBG erfasst den Beamten, Angehörige des Beamten i. S. v. Art. 20 V BayVwVfG sowie vom Beamten vertretene natürliche oder juristische Personen des Privatrechts, nicht aber juristische Personen des öffentlichen Rechts. Die sonstigen Vereinigungen fehlen.

57 Die sonstigen Vereinigungen sind neu in Art. 49 I 1 GO aufgenommen worden, um als Auffangtatbestand beispielsweise Gesellschaften bürgerlichen Rechts, offene Handelsgesellschaften, nichtrechtsfähige Vereine und Bürgerbegehren zu erfassen[38]. Im Übrigen erfasst Art. 49 I 2 GO dasjenige Mitglied des Gemeinderats, das in anderer als öffentlicher Eigenschaft ein Gutachten abgegeben hat, wobei es auf einen möglichen Vor- oder Nachteil nicht ankommt[39].

c) Begriff der persönlichen Beteiligung als sachliches Tatbestandsmerkmal der Befangenheit

58 Gleichermaßen stellen Art. 49 I GO wie Art. 38 I 1 KWBG auf die **Möglichkeit**[40] eines **unmittelbaren Vor- oder Nachteils** durch den Beschluss ab, wobei Wahlen und Beschlüsse i. S. v. Art. 49 II GO ausgeschlossen sind. Der Versuch, präzise Maßgaben für das Vorliegen eines solchen unmittelbaren Vor- oder Nachteils zu finden, muss scheitern. Deshalb wird die Annahme des Vorliegens eines solchen Vor- oder Nachteils in erster Linie ergebnisorientiert begründet; die die Beantwortung der gestellten Frage leitenden Gesichtspunkte werden daraufhin überprüft werden müssen, ob sie Sinn und Zweck der Befangenheitsvorschriften beachten.

---

[37] Art. 49 GO und Art. 38 KWBG wurden durch Gesetz vom 22.3.2018 (GVBl. S. 145) geändert und teilweise angeglichen.

[38] Vergleiche die Gesetzesbegründung zum Gesetz vom 22.3.2018, GVBl. S.145, LT-DRs. 17/14651, S. 17.

[39] Vgl. z.B. Prandl/Zimmermann/Büchner/Pahlke, Art. 49 GO, Anm. 8.

[40] Vgl. Hölzl/Hien/Huber, Art. 49 GO, Erl. 4; Bauer/Böhle/Ecker, Art. 49 GO, Rn. 6ff.

Einigkeit besteht noch darüber, dass ein Vor- oder Nachteil nicht nur dann zu bejahen ist, wenn er wirtschaftlicher, sondern darüber hinaus auch, wenn er immaterieller, ideeller oder persönlicher Art ist[41]. Die Problematik liegt in der Bestimmung des Gehalts des Wortes „unmittelbar". Unmittelbarkeit kann nicht im Sinn einer direkten Kausalität[42] verstanden werden. Direkte Kausalität läge nur dann vor, wenn der Gemeinderatsbeschluss selbst ohne zwischengeschalteten Vollzugsakt den Vor- oder Nachteil bewirken würde[43]. Eine solche Auslegung des Begriffes „unmittelbar" würde den Anwendungsbereich des Art. 49 GO in unzuträglicher Weise verkürzen, da die meisten Gemeinderatsbeschlüsse eines Vollzugsaktes bedürfen. Wird somit nicht auf eine direkte Kausalität abzustellen sein, so muss es jedenfalls ausreichen, dass der Gemeinderatsbeschluss Voraussetzung für ein Verfahren ist, welches sich an den Beteiligten richtet, weil die Einleitung dieses Verfahrens bereits einen unmittelbaren Vor- oder Nachteil bringt[44]. Da aber auch ideelle oder persönliche Vor- oder Nachteile ausreichen, dürfte es am vernünftigsten sein, von einer sog. adäquaten Kausalität[45] zu sprechen und damit letztlich anzuerkennen, dass die Frage des unmittelbaren Vor- oder Nachteils eine Frage der Wertung ist. 59

Nach wohl h. M. ist die Unmittelbarkeit auch der Begriff, der die Unterscheidung von individuellem **Sondervorteil** und bloßem **Gruppeninteresse** beherbergt. Wird ein Mitglied des Gemeinderats durch einen Gemeinderatsbeschluss nur als Mitglied einer Berufs- oder Bevölkerungsgruppe betroffen, also in aller Regel beim Erlass von Rechtsnormen, so fehlt es an der Betroffenheit in einem individuellen Sonderinteresse, so dass persönliche Beteiligung abzulehnen ist. 60

Beispiel: Mitwirkung des Hundebesitzers beim Erlass der Hundesteuersatzung zulässig. Mitwirkung eines Grundstückseigentümers beim Erlass von Erschließungsbeitragssatzungen zulässig. Mitwirkung eines Grundstückseigentümers an der Festsetzung des Grundsteuerhebesatzes zulässig. 61

Allerdings ist auch die Abgrenzung von individuellem Sondervorteil und Gruppeninteresse in vielen Fällen eine wertende Entscheidung. 62

Beispiel: Am Beschluss über einen Bebauungsplan dürfen Eigentümer oder andere zur Nutzung dinglich Berechtigte von planbetroffenen Grundstücken nicht mitwirken[46], am Beschluss über die erstmalige Aufstellung des Flächennutzungsplans hingegen in der Regel (es sei denn, Flächen würden durch den Flächennutzungsplan erstmalig zu Bauerwartungsland aufgestuft) schon. Die Unterscheidung ist Produkt einer ergebnisorientierten Betrachtung. Der Flächennutzungsplan als vorbereitender Bauleitplan (vgl. § 1 II BauGB) soll i. d. R. das gesamte Gemeindegebiet umfassen (vgl. § 5 I BauGB). Wären sämtliche Grundstückseigentümer ausgeschlossen, so wäre Beschlussunfähigkeit keinesfalls die Ausnahme[47]. Ein Bebauungsplan umfasst nur in den allerseltensten Fällen das gesamte Gemeindegebiet. Der Geltungsbereich eines Bebauungsplans ist 63

---

41 Vgl. Hölzl/Hien/Huber, Art. 49 GO, Erl. 4.1; Widtmann/Grasser/Glaser, Art. 49 GO, Rn. 12; Bauer/Böhle/Ecker, Art. 49 GO, Rn. 7.

42 Vgl. Hölzl/Hien/Huber, Art. 49 GO, Erl. 4.2.1. Vgl. auch VGH Mannheim, NVwZ-RR 1998, 63.

43 So aber VGH Kassel, NVwZ 1982, 44.

44 Vgl. Widtmann/Grasser/Glaser, Art. 49 GO, Rn. 11 m. w. N.

45 Vgl. Hölzl/Hien/Huber, Art. 49 GO, Anm. 4.2.1; Bauer/Böhle/Ecker, Art. 49 GO, Rn. 7.

46 Nach VGH Mannheim, NVwZ-RR 1998, 63 f., ist Befangenheit auch zu bejahen, wenn die in der Befangenheitsvorschrift bezeichnete Person im Plangebiet als Mieter ihren Lebensmittelpunkt hat.

47 Anders ist zu entscheiden, wenn der Flächennutzungsplan zulässigerweise (vgl. § 5 I 2 BauGB) nur einen Teil des Gemeindegebiets umfasst, vgl. Widtmann/Grasser/Glaser, Art. 49 GO, Rn. 14b.

meist auf Bruchteile des Gemeindegebiets beschränkt, so dass Beschlussunfähigkeit nicht die Regel ist. Zudem ist ein Bebauungsplan ein verbindlicher Bauleitplan (§ 1 II BauGB), der Baurecht unmittelbar gestaltet, so dass hier ein Ausschluss besonders gerechtfertigt erscheint. Ausnahmsweise kann eine Befangenheit auch für Eigentümer von außerhalb des Bebauungsplanes liegender Grundstücke gegeben sein, beispielsweise wenn der Bebauungsplan der Nachbarschaft erhebliche Immissionen oder zusätzlichen Verkehr zumutet.

64 Umstritten ist nach wie vor, ob Art. 49 GO auch die Mitwirkung eines Grundstückseigentümers an einem Beschluss über die Aufstellung eines Bebauungsplans, § 2 I 2 BauGB[48], verbietet. Da auch ein Aufstellungsbeschluss i. d. R. nur einen Teil des Gemeindegebiets erfassen wird, ist nicht recht einzusehen, weshalb nach Sinn und Zweck der Befangenheitsvorschriften ein Mitglied des Gemeinderats nicht von der Mitwirkung ausgeschlossen sein sollte. Zwar muss ein Aufstellungsbeschluss noch nicht allzu viel über das Ergebnis der Bauleitplanung aussagen und ist auch nicht Rechtmäßigkeitsvoraussetzung für den nachfolgenden Bebauungsplan. Allerdings stellt er die wesentliche Initialzündung für das Bauleitplanungsverfahren dar und erzeugt zudem mittelbare Außenwirkung, weil er Tatbestandsvoraussetzung für Veränderungssperren, § 14 BauGB, für das Zurückstellen von Baugesuchen, § 15 BauGB, und für Entscheidungen gem. § 33 BauGB ist.

65 Derzeit wird bei der Prüfung, ob ein unmittelbarer Vor- oder Nachteil gegeben ist, vor allem von dem Zweck der Befangenheitsvorschriften, pro-domo-Entscheidungen zu vermeiden, ausgegangen. Sinnvoll erscheint es hingegen, bei der Beantwortung der Frage, wann persönliche Beteiligung anzunehmen ist, vor allem auf den Zweck der Befangenheitsvorschriften, den bösen Schein zu meiden, abzustellen. Man sollte eine persönliche Beteiligung bereits bejahen, wenn einem verständigen Außenstehenden ernsthafte Zweifel wegen der Beteiligung des Betroffenen kämen. Der Nachteil einer solchen Betrachtung ist, dass auch hier Wertungen unumgänglich sind, der Vorteil läge aber darin, dass diese Wertungen offen vorgenommen und nicht hinter dem Deckmantel der Begriffsjurisprudenz versteckt werden müssten. Für die Praxis erweist sich die Unmöglichkeit einer dogmatischen Lösung der Frage, wann persönliche Beteiligung anzunehmen ist, als besonders schwerwiegend, weil solche Probleme insbesondere in kleineren Gemeinden an der Tagesordnung sind. Deswegen bleibt ihr nichts anderes übrig, als sich an der fast schon unübersehbaren und widerspruchsvollen Judikatur zu orientieren.

d) Rechtsfolgen persönlicher Beteiligung

66 Art. 49 I GO bestimmt, dass ein befangenes Mitglied an der Beratung sowie der Abstimmung nicht teilnehmen kann. Es ist bereits durch diese gesetzliche Festschreibung konstitutiv ausgeschlossen. Das in Art. 49 III GO vorgesehene **Ausschlussverfahren** hat rein deklaratorischen Charakter[49], es handelt sich nur um einen **Feststellungsbeschluss.** Daraus ergibt sich, dass das Unterbleiben eines an sich erforderlichen Ausschließungsbeschlusses keine Rechtswirkungen auf die Rechtswirksamkeit des zu fassenden Sachbeschlusses zeitigt. Wäre ein beteiligtes Mitglied des Gemeinderats nach Art. 49 III GO auszuschließen gewesen, ist dies aber unterblieben, so beurteilt sich die Rechtmäßigkeit des Sachbeschlusses trotzdem allein nach Art. 49 IV GO. Das Unterbleiben des Ausschließungsbeschlusses gem. Art. 49 III GO stellt zwar einen Verfahrensfehler dar, der allerdings nach Gemeinderecht unbeachtlich ist, wie sich auch aus

---

[48] Keine Befangenheit: VGH Mannheim, BauR 1973, 268; für Befangenheit: BVerwG, NVwZ 1988, 916; OVG Münster, NVwZ-RR 1996, 220.

[49] Vgl. Hölzl/Hien/Huber, Art. 49 GO, Erl. 6.

Art. 49 IV GO ergibt. Aus der deklaratorischen Natur des Beschlusses gem. Art. 49 III GO folgt ebenfalls die Entbehrlichkeit eines förmlichen oder ausdrücklichen Beschlusses, wenn sich ein Mitglied unter Hinweis auf ein zweifellos gegebenes Beteiligtenverhältnis von sich aus enthält[50]. Bei der Beschlussfassung nach Art. 49 III GO darf das auszuschließende Mitglied nicht mitwirken.

Ein ausgeschlossenes Mitglied des Gemeinderats darf weder an Beratung noch Abstimmung teilnehmen. Es **verlässt** während der Beratung und Abstimmung bei öffentlichen Sitzungen die **Sitzungsbank**[51], bei nichtöffentlichen Sitzungen den Sitzungssaal. Ist ein persönlich beteiligtes Mitglied des Gemeinderats nicht gem. Art. 49 III GO ausgeschlossen worden bzw. hat es sich nicht von selbst der Beratung und Abstimmung enthalten, so ist gem. Art. 49 IV GO die **Mitwirkung** des befangenen Mitglieds nur dann **beachtlich,** wenn sie für das Abstimmungsergebnis entscheidend war[52]. Wenn in Art. 49 IV GO von Mitwirkung gesprochen wird, so müsste man annehmen, dass damit Beratung und Abstimmung i. S. v. Art. 49 I GO gemeint ist. 67

Beispiel: Das persönlich beteiligte Gemeinderatsmitglied G wird zu Unrecht nicht von der Teilnahme ausgeschlossen. G beteiligt sich rege an der Diskussion und vertritt vital die Interessen seines Bruders B. Seine Argumente werden von seinen Kollegen gehört, beachtet und geben letztlich den Ausschlag für die dem B günstige Entscheidung. An der Abstimmung beteiligt sich G allerdings nicht. Kann von Mitwirkung i. S. v. Art. 49 IV GO mit der Folge der Ungültigkeit des Beschlusses gesprochen werden? 68

Nach der Rechtsprechung[53] hat die Teilnahme eines wegen persönlicher Beteiligung ausgeschlossenen Mitglieds des Gemeinderats an der Beratung auf die Gültigkeit des vom Gemeinderat gefassten Beschlusses keinen Einfluss; nur die Stimmabgabe (das Stimmverhalten) des ausgeschlossenen Mitglieds kann nach Maßgabe des Art. 49 IV GO die Ungültigkeit des Beschlusses zur Folge haben. Diese Auffassung hat den Vorzug, dass Redebeiträge des befangenen Mitglieds nicht auf ihren Einfluss oder ihre Wirkung untersucht werden müssen. Allerdings ist die Ansicht des Bayerischen Verwaltungsgerichtshofs, wonach Mitberatung einer beteiligten Person stets unbeachtlich sein soll, vom Wortlaut des Art. 49 IV GO nicht gedeckt. Auch verkennt das Gericht die Macht des Wortes und deswegen die Tatsache, dass ein Redebeitrag für das Abstimmungsergebnis entscheidender sein kann, als eine von mehreren Stimmen. Deshalb ist entgegen dem Verwaltungsgerichtshof festzuhalten, dass auch die unberechtigte Mitberatung die Ungültigkeit des Beschlusses zur Folge hat, wenn sie für das Abstimmungsergebnis entscheidend war. Bei der Entscheidungserheblichkeit handelt es sich um eine voll justiziable Frage, die im Streitfall von den Gerichten unter Heranziehung der Sitzungsniederschrift und Zeugenbeweisen zu beantworten ist. Im Zweifelsfall ist der Beschluss jedoch ungültig, da jede andere Konsequenz den Grundgedanken des Art. 49 I GO verkennen würde. Es kann gerade nicht angehen, dass es durch den Vorsitzenden (bzw. die Rechtsordnung) geduldet wird, dass ein Gemeinderatsmitglied ohne Risiken 69

---

50 Vgl. Hölzl/Hien/Huber, Art. 49 GO, Erl. 6.

51 A. A. Bauer/Böhle/Ecker, Art. 49 GO, Rn. 10; Hölzl/Hien/Huber, Art. 49 GO, Erl. 7; die hier vertretene Mindermeinung, wonach das Mitglied die Sitzungsbank zu verlassen habe, ergibt sich zwar nicht aus dem Buchstaben des Gesetzes, wohl aber aus dem erläuterten Zweck, jedweden bösen Schein zu vermeiden. Wie hier Schulz/Wachsmuth/Zwick, Art. 49 GO, Anm. 7. Vgl. auch Widtmann/Grasser/Glaser, Art. 49 GO, Rn. 6.

52 v. Mutius (Rn. 756) hält diese Rechtsvorschrift für rechtspolitisch bedenklich; allerdings sind dem deutschen Recht Vorschriften, die die Unbeachtlichkeit von Rechtsfehlern anordnen, nicht unbekannt: vgl. §§ 214, 215 BauGB, Art. 46 BayVwVfG.

53 Vgl. VGH n. F. 8, 42 ff.; bestätigt durch BGH, BayVBl. 1967, 278, mit kritischer Anmerkung von Masson; BayVGH, BayVBl. 2009, 400.

versucht, Einfluss auf das Beratungsergebnis zu nehmen. Dem kann auch nicht entgegengehalten werden, dass es bereits im Vorfeld der Sitzung genügend Möglichkeiten zur Einflussnahme gibt, da Art. 49 GO eben nur auf das Verhalten während einer Sitzung regelt[54].

70 **Beispiel:** In obigem Beispiel bliebe nach Ansicht des Verwaltungsgerichtshofs die Mitberatung des G sanktionslos. Da er an der Abstimmung nicht teilgenommen hat, wäre der Beschluss rechtmäßig. Nach der hier vertretenen Ansicht ist die Ungültigkeit des Beschlusses anzunehmen.

71 Unabhängig hiervon kann die Stimmabgabe eines beteiligten Mitglieds des Gemeinderats die Ungültigkeit des Beschlusses nach Maßgabe des Art. 49 IV GO zur Folge haben[55].

72 **Beispiel:** Ein Antrag wird mit 7 zu 6 Stimmen angenommen. Das beteiligte Mitglied des Gemeinderats hat gegen den Antrag gestimmt. Gem. Art. 49 IV GO ist die Stimmabgabe des betreffenden Mitglieds des Gemeinderats unerheblich, da der Antrag auch mit 7 zu 5 Stimmen angenommen wäre.

73 **Beispiel:** Ein Antrag wird mit 7 zu 6 Stimmen angenommen. Das beteiligte Mitglied des Gemeinderats hat für den Antrag gestimmt. Seine Stimmabgabe ist erheblich, da gem. Art. 51 I 2 GO bei Stimmengleichheit der Antrag abgelehnt wäre. Der Gemeinderatsbeschluss ist deswegen ungültig.

74 **Beispiel:** Mit 6 zu 7 Stimmen wird ein Antrag eines Gemeinderatsmitglieds abgelehnt. Das beteiligte Mitglied des Gemeinderats hatte gegen den Antrag gestimmt. Gem. Art. 49 IV GO ist die Stimmabgabe des beteiligten Mitglieds des Gemeinderats unerheblich, da gem. Art. 51 I 2 GO auch bei Stimmengleichheit der Antrag abgelehnt wäre.

75 Wird ein Mitglied des Gemeinderats **zu Unrecht** von der Mitwirkung **ausgeschlossen,** so ist ein gefasster Gemeinderatsbeschluss in jedem Fall rechtswidrig und ungültig. Eine entsprechende Anwendung von Art. 49 IV GO verbietet sich, da durch den unberechtigten Ausschluss von der Mitwirkung das Mitglied insoweit seiner wichtigsten organschaftlichen Befugnisse verlustig geht. Insbesondere kann nicht ausgeschlossen werden, dass bei Beteiligung des zu Unrecht Ausgeschlossenen ein vollständig anderes Ergebnis gefunden worden wäre. Die Lage stellt sich für den Betroffenen so dar, als sei er nicht geladen worden; Rechtsfolge wäre dann gem. Art. 47 II GO aber die Beschlussunfähigkeit[56]. Da der unberechtigte Ausschluss eines Mitglieds des Gemeinderats dessen organschaftliche Rechtsstellung betrifft, ist hier ein Anwendungsfall der sog. kommunalverfassungsrechtlichen Streitigkeit gegeben.

76 Steht das Handeln des ersten Bürgermeisters im Rahmen der Vorsitzführung im Gemeinderat bzw. des Vollzugs der gefassten Beschlüsse inmitten, so müssen statt des ersten Bürgermeisters die weiteren Bürgermeister in ihrer Reihenfolge handeln, Art. 36 (2) i.V.m. Art. 39 I GO. Nicht geregelt ist, auf welchem Wege festgestellt wird, wann der erste Bürgermeister persönlich beteiligt ist und damit ein Vertretungsfall i.S.d. Art. 39 I GO vorliegt. Da es insoweit um die kollegiale Funktion des Bürgermeisters geht, wäre eine entsprechende Anwendung von Art. 49 III GO zu diskutieren. Dies gilt jedoch in keinem Fall, soweit es um den Vollzug der gefassten Beschlüsse geht; vielmehr kann ein Streitfall zwischen erstem Bürgermeister und Stellvertreter nur im rechtsaufsichtlichen Wege bzw. im Rahmen eines Kommunalverfassungsstreits geklärt werden. Führt der erste Bürgermeister trotz Vorliegens persönlicher

[54] Ähnlich Hölzl/Hien/Huber, Art. 49 GO, Anm. 8; wie hier Bauer/Böhle/Ecker, Art. 49 GO, Rn. 12.

[55] Vgl. VGH n.F. 8, 42.

[56] So auch Hölzl/Hien/Huber, Art. 49 GO, Erl. 9; Bauer/Böhle/Ecker, Art. 49 GO, Rn. 13; BayVGH, BayVBl. 1976, 753. Vgl. auch Müller-Franken, BayVBl. 2001, 136ff.

Beteiligung den Vorsitz, so sollte die oben (→ Rn. 69) gefundene Auslegung des Art. 49 IV GO entsprechend herangezogen werden. Für den Vollzug gefasster Beschlüsse sollte wie folgt differenziert werden: Vollzieht der Bürgermeister eine Einzelfallentscheidung des Gemeinderats durch Bekanntgabe als Verwaltungsakt, dann ist dieser rechtswidrig, also anfechtbar. Der Anfechtung wird jedoch regelmäßig der Erfolg versagt bleiben, wenn der erste Bürgermeister dennoch im Übrigen rechtmäßig handelt. Dies ergibt sich aus Art. 46 BayVwVfG. Soweit es um die Ausfertigung und Verkündung von gemeindlichen Rechtsnormen geht, muss jeder Verfahrensfehler, also auch die Ausfertigung und Verkündung durch das unzuständige Organ zur Rechtswidrigkeit und damit Nichtigkeit der Norm führen, da das allgemeine Verwaltungsrecht für Rechtsnormen die Gleichung „rechtsfehlerhaft = nichtig" bestimmt und Ausnahmen nur durch Gesetz gemacht werden können.

3. Beschlussfassung

Der Willensbildungsprozess innerhalb des Gemeinderats oder eines Ausschusses findet seinen Abschluss in der Beschlussfassung, die das verbindliche **Ergebnis des Willensbildungsprozesses** bestimmt. Zu unterscheiden sind die Beschlüsse i. S. d. Art. 51 I GO, die prinzipiell alle Willensbildungen des Gemeinderats umfassen, von den sog. Beschlusswahlen i. S. v. Art. 51 III GO. 77

a) Der Beschluss i. S. v. Art. 51 I GO

Nach der Beratung über den Tagesordnungspunkt oder nach Annahme eines Antrags auf „Schluss der Beratung"[57] beendet der Vorsitzende die Beratung und führt die Abstimmung über den Tagesordnungspunkt durch. Zuvor hat er die Beschlussfähigkeit geprüft. Der **Antrag** an das Kollegialorgan muss - durch den Vorsitzenden - so formuliert werden, dass er mit „Ja" oder „Nein" angenommen werden kann. Eine der Beschlussfassung vorhergehende Beratung über den Antrag ist prinzipiell nicht nötig[58], ergibt sich aber meist aus der Notwendigkeit, den Antrag zu erläutern, zu modifizieren oder im Wortlaut bzw. Inhalt klarzustellen oder zu ändern. 78

Die Abstimmung über Anträge hat gem. Art. 51 I 1 GO in **offener Abstimmung** zu erfolgen. Die besondere Bedeutung der offenen Abstimmung ergibt sich am deutlichsten aus der Begründung des Gesetzgebers: „Die offene Abstimmung im Gemeinderat gehört zu den wesentlichsten Grundsätzen einer gesunden Demokratie. Sie zwingt die einzelnen Gemeinderatsmitglieder, ‚Farbe zu bekennen' und für ihre Überzeugung einzutreten. Auch die Wähler haben ein Interesse daran, die Ansicht der einzelnen Mitglieder kennen zu lernen; unter dem Gesichtspunkt der Persönlichkeitswahl ist dies sogar von ausschlaggebender Bedeutung"[59]. Hieraus folgt, dass nicht per Gemeinderatsbeschluss geheime Abstimmung festgelegt werden kann. Der Verstoß gegen das Gebot der offenen Stimmabgabe hat die Rechtswidrigkeit und Ungül- 79

---

[57] Hierbei handelt es sich um einen sog. Antrag zur Geschäftsordnung. Anträge zur Geschäftsordnung betreffen den Geschäftsgang einer Sitzung, über die das Kollegialorgan entscheiden muss. Hierbei kann es sich insbesondere handeln um Anträge auf Erweiterung der Tagesordnung, Änderung der Reihenfolge der Tagesordnungspunkte, Herstellung oder Ausschluss der Öffentlichkeit, Vertagung oder Absetzung eines Tagesordnungspunktes, Begrenzung der Redezeit, Schluss der Rednerliste oder Schluss der Debatte, sofortige Abstimmung, Wiedereintritt in die Beratung oder Hinzuziehung sachkundiger Personen.

[58] Vgl. Hölzl/Hien/Huber, Art. 51 GO, Erl. 1.1.

[59] Vgl. Amtliche Begründung zu Art. 52 des Entwurfs, LTDrs. 2/1140 S. 38.

tigkeit des Beschlusses zur Folge[60]. Die Frage der offenen Abstimmung bzw. geheimen Wahl darf dabei nicht mit der Öffentlichkeit oder Nichtöffentlichkeit einer Sitzung i. S. v. Art. 52 GO vermengt werden. Offene Abstimmung ist dann gegeben, wenn das Abstimmungsverhalten des einzelnen Mitglieds des Gemeinderats durch andere, also auch durch andere Gemeinderatsmitglieder, erkannt werden kann. Die Art und Weise (z. B. Reihenfolge oder Teilung eines Antrags) sowie Form der offenen Abstimmung (z. B. durch Handaufheben oder auf besonderen Beschluss durch namentliche Abstimmung) wird regelmäßig in der Geschäftsordnung des Kollegialorgans geregelt.

80 Beschlüsse werden grundsätzlich mit **einfacher Mehrheit der Abstimmenden**[61] gefasst, soweit nicht im Gesetz eine besondere Mehrheit vorgesehen ist. Für die Frage der Beschlussfassung ist es unerheblich, wie viele der Mitglieder des Gemeinderats sich an der Abstimmung tatsächlich beteiligt haben. Für die Gültigkeit der Beschlussfassung ist es nicht entscheidend, dass sich auch die Mehrheit der Mitglieder des Gemeinderats an der Abstimmung beteiligt hat. Wer sich entgegen dem Gebot des Art. 48 I 2 GO der Stimme enthält, hat nicht abgestimmt und bleibt deshalb bei der Bestimmung der Mehrheit unberücksichtigt[62]. Die Unbeachtlichkeit eines Verstoßes eines Gemeinderatsmitglieds gegen die Bestimmung des Art. 48 I 2 GO für die Rechtmäßigkeit eines Beschlusses folgt bereits daraus, dass die Rechtsfolge/Sanktion in Art. 48 II, III GO speziell festgelegt ist.

81 **Beispiel:** Der Gemeinderat besteht aus 20 Gemeinderatsmitgliedern sowie dem ersten Bürgermeister. Alle Mitglieder des Gemeinderats sind erschienen, persönlich beteiligt ist keines, so dass Beschlussfähigkeit gegeben ist. Der erste Bürgermeister sowie 19 Gemeinderatsmitglieder enthalten sich (entgegen Art. 48 I 2 GO) der Stimme. Damit entscheidet der einzig Abstimmende über den Ausgang der Abstimmung.

82 Gem. Art. 51 I 2 GO ist bei Stimmengleichheit der Antrag abgelehnt. Dem ersten Bürgermeister kommt keine Stichentscheidungsbefugnis zu.

b) Beschlusswahlen i. S. v. Art. 51 III GO

83 Nicht jede Entscheidung über eine Person ist eine Wahl i. S. v. Art. 51 III GO. Vielmehr sind gem. Art. 51 IV GO Wahlen i. S. v. Art. 51 III GO nur solche Entscheidungen des Gemeinderats, die in der Gemeindeordnung oder in anderen Rechtsvorschriften als Wahlen bezeichnet werden[63]. Ist hingegen von „Bestellung“[64], „bestimmen“[65], „Verteilung“[66], „bestellen“[67], „anstellen“[68] die Rede, so liegen keine Beschlusswahlen, sondern Beschlüsse i. S. v. Art. 51 I GO vor.

84 Die Einzelheiten im Wahlverfahren können dem Gesetzeswortlaut entnommen werden. Das zwingende Erfordernis der **geheimen Wahl** ist dadurch gerechtfertigt, dass

---

[60] Vgl. Bauer/Böhle/Ecker, Art. 51 GO, Rn. 1.2; Hölzl/Hien/Huber, Art. 51 GO, Erl. 1.2; Prandl/Zimmermann/Büchner/Pahlke, Art. 51 GO, Anm. 2; vgl. auch Widtmann/Grasser/Glaser, Art. 51, Rn. 3.

[61] Beschlussfassung mit qualifizierter Mehrheit nur im Ausnahmefall: vgl. Art. 11 III Nr. 3, 16 II, 104 III 2 GO.

[62] Vgl. Hölzl/Hien/Huber, Art. 51 GO, Erl. 1.3.

[63] Vgl. Art. 35, 40 GO, Art. 8 III SpkG.

[64] Vgl. Art. 33 I 1 HS 2, 4 GO: Bestellung der Ausschussmitglieder; keine Wahl, da die Bindung an den Vorschlag der Parteien und Wählergruppen zwingend ist.

[65] Vgl. Art. 39 I 2 GO: Bestimmung der weiteren Stellvertreter des ersten Bürgermeisters.

[66] Vgl. Art. 46 I 2 GO: Verteilung der Geschäfte unter die Gemeinderatsmitglieder.

[67] Vgl. Art. 100 II 1 GO: Bestellung des Kassenverwalters und seines Stellvertreters.

[68] Vgl. Art. 42 I GO: Anstellung der Gemeindebediensteten.

auf die regelmäßig aus der Mitte des Gemeinderats auszuwählenden Personen nicht aus persönlichen oder fraktionsbedingten Gründen (faktisch) Rücksicht genommen werden muss. Wann dem Erfordernis der geheimen Wahl Genüge getan ist, bestimmt das Gesetz nicht. Lediglich das Erfordernis von Stimmzetteln, Art. 51 III 4 GO, wird genannt. Weitere Anforderungen können in der Geschäftsordnung geregelt werden. Erwähnenswert erscheint noch Art. 51 III 2 GO, wonach eine Wahl nur gültig ist, wenn sämtliche Mitglieder unter Angabe des Gegenstands geladen sind und die Mehrheit von ihnen anwesend und stimmberechtigt ist. Hierbei handelt es sich keineswegs um eine überflüssige Wiederholung von Art. 47 II GO, vielmehr wird hierdurch klargestellt, dass Art. 47 III GO für Beschlusswahlen keine Anwendung finden kann. Gem. Art. 49 II Nr. 1 GO gilt Art. 49 I GO nicht bei Wahlen. Nicht Voraussetzung für eine rechtmäßige Wahl ist es, dass der zu Wählende durch einen Wahlvorschlag bestimmt worden ist oder im Voraus seiner Wahl zugestimmt hätte. Die weiteren Bürgermeister gem. Art. 35 GO sowie die berufsmäßigen Gemeinderatsmitglieder gemäß Art. 40 GO sind allerdings kommunale Wahlbeamte gemäß Art. 1 II KWBG und können, müssen aber nicht ihre Wahl annehmen, vgl. Art. 9, 13 I KWBG.

4. Ordnungsmaßnahmen anlässlich der Gemeinderatssitzung

a) Teilnahmepflicht, Ordnungsgeld wegen Säumnis, Aberkennung des Amts als Gemeinderatsmitglied

Gem. Art. 48 I 1 GO sind die Gemeinderatsmitglieder[69] verpflichtet, an den Sitzungen und Abstimmungen teilzunehmen und die ihnen im Rahmen der Geschäftsverteilung, Art. 46 I 2 GO, zugewiesenen Geschäfte zu übernehmen. Dieser **Teilnahmepflicht** korrespondiert ein Recht der Gemeinderatsmitglieder auf Teilnahme an den Sitzungen und Abstimmungen. **85**

Stimmenthaltungen sind verboten, Art. 48 I 2 GO[70]. Da Gemeinderatsmitglieder, die sich der Stimme enthalten, dennoch als anwesend i. S. v. Art. 47 II GO gelten, kann durch Stimmenthaltung die Beschlussfähigkeit nach Art. 47 II GO nicht beeinträchtigt werden; bei der Berechnung der Mehrheit der Abstimmenden gem. Art. 51 I 1 GO werden die Stimmenthaltungen nicht mitgezählt. Verbotene Stimmenthaltungen sind – s. o. – ohne rechtliche Konsequenz für die Gültigkeit der gefassten Beschlüsse[71]. **86**

Gem. Art. 48 II GO[72] kann der Gemeinderat gegen Mitglieder, die sich den Verpflichtungen des Art. 48 I GO ohne genügende Entschuldigung entziehen, **Ordnungsgeld** bis zu 250 Euro im Einzelfall verhängen. Ob und in welcher Höhe ein Ordnungsgeld verhängt wird, steht im pflichtgemäßen Ermessen des Gemeinderats, der bei Beurteilung des Sachverhalts frühere Entscheidungen zu berücksichtigen hat (Selbstbindung der Verwaltung). Allerdings handelt es sich bei der Frage, ob eine genügende Entschuldigung vorliegt oder nicht, um eine voll justiziable Rechtsfrage. Eine Stimmenthaltung wird nur im Ausnahmefall als entschuldigt angesehen werden kön- **87**

---

[69] Die Teilnahmepflicht des ersten Bürgermeisters ergibt sich aus § 34 BeamtStG (früher Art. 35 I KWBG a. F.), die der berufsmäßigen Gemeinderatsmitglieder für Angelegenheiten ihres Geschäftsbereichs aus Art. 40 (2) GO. Zudem kann gem. Art. 35 II 2 KWBG der Bürgermeister deren Erscheinen zu den Sitzungen anordnen.

[70] Zur bejahten Verfassungsmäßigkeit des Stimmenthaltungsverbots vgl. BayVerfGH, BayVBl. 1984, 621.

[71] Vgl. Bauer/Böhle/Ecker, Art. 48 GO, Rn. 8; Widtmann/Grasser/Glaser, Art. 48 GO, Rn. 11.

[72] Art. 48 II GO ist lex specialis gegenüber Art. 19 I 4 und 20 IV GO.

nen, so z.B. wenn der Gemeinderat eine Befangenheit des betreffenden Gemeinderatsmitglieds nach Art. 49 III GO verneint hat, das Gemeinderatsmitglied selbst diese Befangenheit aber weiterhin bejaht. Man wird aber vor Verhängung eines Ordnungsgeldes eine Abmahnung, jedenfalls aber eine Anhörung für erforderlich halten müssen; das gilt jedenfalls dann, wenn der Betroffene „Ersttäter" ist.

88 Problematisch ist die Beantwortung der Frage, welche **Rechtsnatur** die Verhängung des Ordnungsgeldes hat. Im Hinblick auf den Sanktionscharakter, der das Mitglied nicht als Organ(-teil), sondern als Organwalter betrifft, ist die Maßnahme als **Verwaltungsakt** anzusehen, so dass die Anfechtungsklage statthaft ist. Wer die Verhängung des Ordnungsgeldes hingegen als Maßnahme des gemeindeverfassungsrechtlichen Innenbereichs qualifizieren wollte, die sich aus der Organ(-teil)stellung des Mitglieds ergibt, muss einen kommunalverfassungsrechtlichen Intraorganstreit bejahen, so dass die Leistungsklage oder auch die Feststellungsklage diskutiert werden kann.

89 Gem. Art. 48 III GO kann der Gemeinderat den **Verlust des Amts** aussprechen, wenn sich ein ehrenamtliches Gemeinderatsmitglied nach zwei wegen Versäumnis erkannten Ordnungsgeldern innerhalb von sechs Monaten weiterhin seiner Pflicht entzieht, an Gemeinderatssitzungen teilzunehmen. Diese harte Sanktion darf nur dann ausgesprochen werden, wenn zwei wegen **„Versäumnis"** erkannte Strafen ausgesprochen worden sind. Die Verhängung von Ordnungsgeld wegen anderer Verstöße i.S.d. Art. 48 I GO, wie der Nichtteilnahme an der Abstimmung oder der Weigerung, zugewiesene Geschäfte zu übernehmen, reicht nicht aus. Die Aberkennung des Amts kann nur ultima ratio sein und ist auf „hartnäckige Dauerschwänzer"[73] zu beziehen.

90 Die Problematik hinsichtlich der Qualifizierung dieser Maßnahme ist der oben geschilderten ähnlich. Die Aberkennung des Amts ist zwingend als **Verwaltungsakt** anzusehen, weil sie dem Organwalter die organschaftliche Stellung nimmt und das Mitglied aus dem Gemeinderat ausscheidet. Die Folge der bestandskräftigen Aberkennung des Amts ist, dass ein Listennachfolger gem. Art. 37 GLKrWG zu berufen ist. Solange der Listennachfolger noch nicht vereidigt ist, weicht die Ist- von der Sollstärke des Gemeinderats ab; das ist bei Berechnung der Anwesenheitsmehrheit gem. Art. 47 II GO im oben beschriebenen Sinn zu berücksichtigen.

b) Handhabung der Ordnung, Ausübung des Hausrechts, Entfernung von Zuhörern, Ausschluss von Gemeinderatsmitgliedern

91 Gem. Art. 53 I 1 GO handhabt der Vorsitzende[74] die **Ordnung.** Ordnungswidriges Verhalten der Zuhörer oder der Gemeinderatsmitglieder, das einem der Geschäftsordnung entsprechenden Verfahrensablauf bzw. einer störungsfreien Beratung und Beschlussfassung abträglich ist, wird i.d.R. allein durch den Vorsitzenden festgestellt und sanktioniert (Mitwirkung des Gemeinderats im Rahmen von Art. 53 I 3, 53 II GO). Die möglichen Sanktionen ergeben sich aus der Gemeindeordnung oder sind in der Geschäftsordnung geregelt (Ordnungsruf, Wortentzug, Sitzungsunterbrechung oder -beendigung), denkbar sind aber auch mildere, nicht festgelegte Reaktionen (Missbilligung, Ermahnung). Härteste Sanktionen sind Ausschluss von Zuhörern oder Gemeinderatsmitgliedern, Art. 53 GO.

92 Die Ordnung kann gestört werden sowohl durch die Öffentlichkeit als auch die Mitglieder des Gemeinderats. **Zuhörer** haben lediglich das Recht, bei öffentlichen Sitzungen anwesend zu sein. Daher können sie den Gang der Verhandlung durch Zwi-

---

[73] Vgl. Bauer/Böhle/Ecker, Art. 48 GO, Rn. 18.

[74] Vorsitzender ist der erste Bürgermeister, im Falle seiner tatsächlichen oder rechtlichen Verhinderung sein Vertreter gem. Art. 36, 39 I GO.

schenrufe, Unmutsbekundungen, Beifallskundgebungen wie Klatschen und Ähnliches stören. Strittig ist, ob **ungenehmigte Foto-, Film- oder Tonbandaufnahmen** einen Ordnungsverstoß darstellen. Zum Teil wird bzw. wurde vertreten, dass insoweit dem allgemeinen Persönlichkeitsrecht des betroffenen Gemeinderatsmitglieds der Vorrang gegenüber der Pressefreiheit einzuräumen sei. Andererseits wird zu Recht vorgetragen, das Mitglied spreche nicht als Privatperson, sondern als Organteil eines kommunalen Vertretungsorgans[75]. Im Hinblick auf die durch das Selbstverwaltungsrecht garantierte Organisationshoheit der Gemeinden wird hier die Ansicht vertreten, dass es dem Gemeinderat unbenommen sein muss, im Rahmen der Geschäftsordnung o.g. Aufnahmen zu regeln, also auch prinzipiell auszuschließen oder von der Genehmigung des Gemeinderats abhängig zu machen sowie in der Geschäftsordnung vorzusehen, dass Aufnahmen auf Verlangen des betroffenen Mitglieds des Gemeinderats hinsichtlich seiner Person zu unterlassen sind. § 169 GVG sieht seit jeher vor, dass die Verhandlungen vor den erkennenden Gerichten öffentlich sind; Ton- und Fernseh-Rundfunkaufnahmen sowie Ton- und Filmaufnahmen zum Zwecke der öffentlichen Vorführung oder Veröffentlichung ihres Inhalts sind unzulässig. Hintergrund dieser Regelung ist, dass die freie Rede der am Gerichtsverfahren Beteiligten nicht faktisch eingeschränkt werden soll. Gleiches muss für die Gemeinderatssitzungen gelten: Gerade in Zeiten von Smartphones etc. ist es heute ein Leichtes, durch Verbreitung gemachter Aufnahmen Mitglieder des Gemeinderats einer unbeschränkten Öffentlichkeit der Lächerlichkeit preiszugeben oder die gemachten Aussagen technisch zu verfremden. Gerade rhetorisch weniger Begabte oder körperlich Eingeschränkte könnten künftig von einer Kandidatur für den Gemeinderat abgehalten werden, wenn sie befürchten müssten, ihre Redebeiträge könnten über die Öffentlichkeit des Gemeinderatssaals hinaus nicht nur hinsichtlich des Inhalts, sondern auch der Form, des Gesichtsausdrucks und der Gesichtsrötung festgehalten und verbreitet werden. Es ist auch nicht – wie noch in der Vorauflage vertreten – damit getan, Aufnahmen mit der Unterwerfung des ein öffentliches Amt ausübenden Gemeinderatsmitglieds unter die Selbstorganschaft zu begründen. Dann würde es dem Gemeinderat freistehen, jederzeit durch Änderung der Geschäftsordnung eine bisherige Praxis, die dahin geht, Aufnahmen von der Zustimmung des betroffenen Gemeinderatsmitglieds abhängig zu machen, wieder zu ändern und nur die Zustimmung des Gemeinderats zu fordern. Vor diesem Hintergrund hat nach der hier vertretenen Auffassung das einzelne Mitglied des Gemeinderats einen Anspruch dahingehend, dass in der Geschäftsordnung vorgesehen wird, dass sein Beitrag nicht aufgenommen wird. Diese Auffassung soll dem Schutz der verfassungsrechtlichen Garantie des kommunalen Selbstverwaltungsrechts und der unbeeinflussten Willensbildung seiner Organe dienen. **Mitglieder des Gemeinderats** können auch durch Rauchen während der Sitzungen einen Ordnungsverstoß begehen[76]. Natürlich können Ratsmitglieder Ordnungsverstöße auch durch Schmähungen, Beleidigungen, durch fortwährendes Reden, ohne das Wort erhalten zu haben, begehen. Die rein optische Kundgabe einer Meinung durch Transparente, Plakate oder selbst Plaketten soll die Ordnung einer Sitzung stören können, da es für den Sitzungsverlauf wichtig sei, in einer Atmosphäre von Ruhe und Sachlichkeit zu arbeiten[77]. In diesem Zusammenhang wurde immer wieder problematisiert, ob das Ratsmitglied, dem das Tragen einer Pla-

---

[75] Vgl. zum Streitstand Hölzl/Hien/Huber, Art. 52 GO, Erl. 3.3.2 m.w.N. Vgl. zu diesem Themenkreis auch Petri/Haag, BayVBl. 2014, 161ff.

[76] Vgl. nunmehr das Gesetz zum Schutz der Gesundheit (Z/T 312).

[77] Vgl. Widtmann/Grasser/Glaser, Art. 53 GO, Rn. 5; Bauer/Böhle/Ecker, Art. 53 GO, Rn. 1.

kette unter Berufung auf Art. 53 I GO verboten wird, sich auf den Schutz des Grundrechts der Meinungsfreiheit berufen kann[78, 79].

93 Der Vorsitzende[80] ist berechtigt, **Zuhörer,** welche die Ordnung stören, **entfernen zu lassen,** Art. 53 I 2 GO. Anders als in Art. 53 I 3 GO ist eine fortgesetzte erhebliche Störung nicht Tatbestandsmerkmal, vielmehr scheint auch eine bloß einmalige Störung der Ordnung für die Anordnung des Hausverbots auszureichen. Unter Beachtung des Grundsatzes der Verhältnismäßigkeit wird jedoch auf eine erstmalige Störung durch einen Zuhörer im Regelfall nur die Abmahnung bzw. die Androhung der Entfernung das angemessene Mittel darstellen[81].

94 Die Verfügung durch den Vorsitzenden, der störende Zuhörer möge den Sitzungssaal verlassen, stellt einen **Verwaltungsakt** dar. Problematisieren könnte man, ob Art. 53 I 2 GO Rechtsgrundlage für die Anordnung des Hausverbots und zugleich auch für dessen zwangsweise Durchsetzung darstellt (Wortlaut: „entfernen zu lassen"). Nach richtiger Ansicht muss man zur Beurteilung der **zwangsweisen Durchsetzung des Hausverbots** die Regeln des VwZVG bzw. des PAG anwenden, weil hier detaillierte Anforderungen gestellt sind, Art. 53 I 2 GO aber keine derartigen Rechtmäßigkeitskriterien festlegt. Weigert sich ein störender Zuhörer, nach Anordnung des Hausverbots den Saal zu verlassen, so kann der erste Bürgermeister die Polizei verständigen. Da die Gemeinde auch Sicherheitsbehörde i. S. v. Art. 6 LStVG ist, kann sie der Polizei gem. Art. 10 (2) LStVG, 9 II POG die Weisung[82] erteilen, den Störenfried mittels eigener polizeilicher Befugnisse zu entfernen. Da dieser einen Hausfriedensbruch gem. § 123 StGB verwirklicht, ist auch eine konkrete Gefahr gegeben. Allerdings ist nicht notwendigerweise die Polizei einzubeziehen, wie sich aus Art. 37 II VwZVG ergibt. Das Hausverbot könnte auch nach allgemeinen Vollstreckungsregeln durch die Gemeinde selbst durchgesetzt werden. Das Hausverbot müsste dann für sofort vollziehbar erklärt werden, Art. 19 I Nr. 3 VwZVG i. V. m. § 80 II 1 Nr. 4 VwGO, und im Wege der Anwendung des unmittelbaren Zwangs durch geeignete Personen gem. Art. 34, 35 VwZVG vollstreckt werden[83]. Auf die Zustellung der Androhung gem. Art. 36 VII VwZVG wird regelmäßig verzichtet werden können, arg. aus Art. 35 VwZVG, nicht aber auf die verbale Androhung, da diese durch das Verhältnismäßigkeitsgebot gefordert wird. Der Ausspruch des Hausverbots wie dessen zwangsweise Durchsetzung stellen Verwaltungsakte dar[84], die sich spätestens mit Ende der Gemeinderatssitzung erledigen, so dass die Fortsetzungsfeststellungsklage in ihrer analogen Anwendung einzulegen

---

[78] Unklar BVerwG, BayVBl. 1988, 407.

[79] Wer den Schutzbereich des Art. 5 I 1 GG auch für Äußerungen innerhalb der Gemeinderatssitzung einschlägig sein lassen will, muss die Vorschriften des Art. 53 GO als allgemeine Gesetze i. S. d. Art. 5 II GG ansehen. Vgl. auch Hufen, § 21, Rn. 20.

[80] Für die Anordnung dieses Hausverbots ist allein der Vorsitzende zuständig; der betroffene Zuhörer kann hiergegen nicht etwa den Gemeinderat anrufen, vgl. Widtmann/Grasser/Glaser, Art. 53 GO, Rn. 5c.

[81] Vgl. Hölzl/Hien/Huber, Art. 53 GO, Erl. 3.2.

[82] Ist die Polizei durch die Gemeinde benachrichtigt worden, so kann auch mit der Vollzugshilfe gem. Art. 67 PAG gearbeitet werden, da i. d. R. ein vollstreckungsfähiger Verwaltungsakt der Gemeinde vorliegt, der durch die Polizei im Wege der Anwendung unmittelbaren Zwangs vollzogen werden kann. Die Anwendung des unmittelbaren Zwangs ist in diesem Fall aber nicht gem. Art. 70ff. PAG zu beurteilen, da Art. 70ff. PAG einen Verwaltungsakt der Polizei voraussetzen, Art. 77 I PAG. Vielmehr wird dieser gemeindliche Verwaltungsakt gem. Art. 34, 35 VwZVG vollzogen. Wie Art. 18 II VwZVG zeigt, finden die Regeln des VwZVG neben denen des PAG weiterhin Anwendung, wenn kein polizeilicher Verwaltungsakt vollstreckt wird.

[83] Vgl. auch Hölzl/Hien/Huber, Art. 53 GO, Erl. 2; Bauer/Böhle/Ecker, Art. 53 GO, Rn. 3.

[84] Vgl. Kopp/Ramsauer, § 35 VwVfG, Rn. 37.

ist. Da einem Hausverbot sowie dessen Vollzug regelmäßig diskriminierende Wirkung zukommt, kann auch das besondere Feststellungsinteresse dargelegt werden. In Wiederholungsfällen kann der Betroffene auch die Unterlassungsklage bemühen.

Geht die Störung von einem Gemeinderatsmitglied[85] aus, so kann der Vorsitzende 95
mit Zustimmung des Gemeinderats wegen der Härte der Sanktion das **Mitglied** nur bei fortgesetztem, besonders schwerem Störungsverhalten von der Sitzung **ausschließen.** Eine fortgesetzte erhebliche Störung liegt vor, wenn das Gemeinderatsmitglied in derselben Sitzung mindestens zweimal die Ursache dafür gesetzt hat, dass der Sitzungsfortgang unmöglich gemacht oder wenigstens wesentlich erschwert wird[86]. Allerdings ist bei der Wertung von Äußerungen von Gemeinderatsmitgliedern zu bedenken, dass es sich regelmäßig um politische Diskussionen handeln wird, so dass die Grundsätze des Bundesverfassungsgerichts zur Meinungsfreiheit entsprechend herangezogen werden können. Es muss also auch Kritik „in überspitzter und polemischer Form" hingenommen werden, wenn es sich um „einen Beitrag zum geistigen Meinungskampf in einer die Öffentlichkeit wesentlich berührenden Frage" handelt[87]. Ist die Sitzung bereits durch Störungen anderer Gemeinderatsmitglieder beeinträchtigt, kann das beanstandenswerte Verhalten eines Gemeinderatsmitglieds nur dann als „erhebliche Störung" gesehen werden, wenn es sich in Bezug auf den bisherigen Sitzungsablauf als besonders gravierend darstellt[88]. Über den Ausschluss entscheidet grundsätzlich der **Vorsitzende** nach eigenem Ermessen. Allerdings bedarf der Vorsitzende der **Zustimmung des Gemeinderats**[89]. Der Auszuschließende darf hierbei nicht mit abstimmen, Art. 49 GO. Der Vorsitzende ist auf der anderen Seite an einen entsprechenden Vorschlag des Gemeinderats nicht gebunden. Die Rechtsfolge des Ausschlusses von der Sitzung ist der Verlust der organschaftlichen Stellung als Gemeinderatsmitglied für die Dauer dieser Sitzung. Deswegen ist das Gemeinderatsmitglied nicht etwa verpflichtet, den Sitzungssaal zu verlassen, sondern ist wegen des Verlusts der organschaftlichen Stellung als Bürger zu behandeln, dem gem. Art. 52 II GO ein Recht auf Zugang zu den öffentlichen Sitzungen zusteht (vgl. den Unterschied zu Art. 53 I 2 GO: „... entfernen zu lassen ..."). Nach Ansicht des Bayerischen Verwaltungsgerichtshofs handelt es sich bei dem Ausschluss eines Gemeinderatsmitglieds von der Sitzung gem. Art. 53 I 3 GO um **keinen Verwaltungsakt,** da es der Maßnahme an der Außenwirkung fehle. Der Sitzungsausschluss betreffe nur das organschaftliche Mitgliedsrecht des Gemeinderatsmitglieds und entfalte deshalb nur rechtliche Wirkungen im Innenbereich des Gemeinderats[90]. Diese Ansicht ist natürlich bezweifelbar, da auch ein Ausschluss von der Sitzung nicht zuletzt wegen des diskriminierenden Charakters der Maßnahme auch der Disziplinierung des Organwalters und nicht nur der Wiederherstellung der Sitzungsordnung dient. Auf die weitergehende Erörterung dieses Problems darf allerdings verzichtet werden, da in jedem Fall Rechtsschutz vor den Verwaltungsgerichten zu erlangen ist. Wer der Ansicht des Verwaltungsgerichtshofs folgt, legt eine Feststellungsklage ein, wer den Sitzungsausschluss als erledigten Verwaltungsakt ansehen will,

[85] Art. 53 I 3 GO gilt auch für berufsmäßige Gemeinderatsmitglieder.
[86] Vgl. BayVGH, BayVBl. 1988, 16f.
[87] Vgl. BVerfGE 82, 272/282.
[88] Vgl. BayVGH, BayVBl. 1988, 16f.
[89] Die Zustimmung des Gemeinderats kann auch konkludent erteilt werden, wenn sich aus der Mitte des Gemeinderats kein Widerspruch erhebt, vgl. Bauer/Böhle/Ecker, Art. 53 GO, Rn. 6; Hölzl/Hien/Huber, Art. 53 GO, Erl. 4.
[90] BayVGH, BayVBl. 1988, 16f.; Hölzl/Hien/Huber, Art. 53 GO, Erl. 4. Wie hier Prandl/Zimmermann/Büchner/Pahlke, Art. 53 Erl. 8.

kann die Fortsetzungsfeststellungsklage in ihrer analogen Anwendung heranziehen. Drohen Wiederholungsfälle, kann zudem die Unterlassungsklage diskutiert werden.

96 Stört das Gemeinderatsmitglied nun von der Zuschauertribüne aus, so kann ihm gegenüber in seiner Rolle als Zuhörer über Art. 53 I 2 GO ein Hausverbot ausgesprochen werden, das nach oben gefundenen Regeln durchgesetzt werden kann. Verlässt das Gemeinderatsmitglied nach Sitzungsausschluss nicht freiwillig die Sitzungsbank, so stellt sich die Frage der zwangsweisen Durchsetzung des Ausschlusses von der Gemeinderatssitzung, schließlich stellt der Ausschluss von der Sitzung nach Ansicht des Verwaltungsgerichtshofs keinen Verwaltungsakt dar, so dass die Regeln des VwZVG nicht anzuwenden wären, vgl. Art. 18 VwZVG. Sinnvollerweise ist die Weigerung des Betroffenen, die Sitzungsbank freiwillig zu verlassen, als Störung des Zuhörers, zu dem das Gemeinderatsmitglied nun geworden ist, anzusehen, die mit der Anordnung eines Hausverbots quittiert wird. Dieses Hausverbot stellt nun aber wieder einen Verwaltungsakt dar, der wie oben zu vollziehen ist.

97 Der Ausschluss des Mitglieds von der Sitzung ist bei der für die Berechnung der Anwesenheitsmehrheit ausschlaggebenden Iststärke (zu unterscheiden von der sich aus Art. 31 I, II GO ergebenden Sollstärke) zu berücksichtigen; die Iststärke ist für die in der Sitzung noch zu fassenden Beschlüsse um das ausgeschlossene Mitglied zu bereinigen.

98 Wurde ein **Gemeinderatsmitglied zu Unrecht ausgeschlossen** und konnte es deswegen an der Beschlussfassung nicht teilnehmen, so sind die dem Ausschluss folgenden Sachbeschlüsse rechtswidrig und ungültig, weil das Gemeinderatsmitglied daran gehindert wurde, das wichtigste organschaftliche Recht, nämlich die Teilnahme an der Abstimmung, auszuüben. Die Situation ist insoweit vergleichbar mit der, wenn das Gemeinderatsmitglied gar nicht geladen bzw. zu Unrecht gem. Art. 49 I GO für persönlich beteiligt erklärt worden wäre[91]. Die Ansicht, die trotz unrechtmäßigem Ausschluss gefassten Beschlüsse seien entsprechend Art. 50 VI GLKrWG als gültig anzusehen, überschreitet die Grenzen einer zulässigen Auslegung; hier geht es nicht darum, dass aufgrund einer dauerhaft sich auswirkenden Fehlentscheidung ein Gremium fehlbesetzt ist, sondern um einen punktuellen Ausschluss[92]. Zum Rechtsschutz des Betroffenen → § 4 Rn. 142 ff., 150 ff.

99 Wird durch ein bereits von einer früheren Sitzung ausgeschlossenes Mitglied die Ordnung innerhalb von zwei Monaten neuerdings erheblich gestört, so kann der Gemeinderat **für zwei weitere Sitzungen** die **Teilnahme untersagen,** Art. 53 II GO. Wird diese harte und in Anbetracht der Öffentlichkeit der Sitzung auch öffentlichkeitswirksame und spektakuläre Maßnahme getroffen, so ist auch dies bei der Festlegung der für die Anwesenheitsmehrheit gem. Art. 47 II GO maßgeblichen Iststärke zu berücksichtigen[93]. Eine Ladung zu den zwei folgenden Sitzungen ist nicht erforderlich[94]. Ob die Untersagungsverfügung gem. Art. 53 II GO einen Verwaltungsakt darstellt, unterliegt derselben Beurteilung wie der Sitzungsausschluss gem. Art. 53 I 3 GO.

100 Schließlich muss noch kurz auf das in Art. 53 I GO ebenfalls erwähnte **Hausrecht** eingegangen werden. Dieses bezieht sich nur auf die Sitzungen des Gemeinderats und

---

[91] Vgl. Schulz/Wachsmuth/Zwick, Art. 53 Anm. 4.

[92] So allerdings Widtmann/Grasser/Glaser, Art. 53 GO, Rn. 10. Wie hier Prandl/Zimmermann/Büchner/Pahlke, Art. 53 Erl. 8.

[93] Vgl. Bauer/Böhle/Ecker, Art. 53 GO, Rn. 7.

[94] Vgl. Hölzl/Hien/Huber, Art. 53 GO, Erl. 5; nach überwiegender Ansicht soll ein Ausschluss nicht zugleich zur Folge haben, dass der Betreffende auch von Sitzungen von Ausschüssen, deren Mitglied er ist, ausgeschlossen ist (vgl. Bauer/Böhle/Ecker, Art. 53 GO, Rn. 7; Widtmann/Grasser/Glaser, Art. 53 GO, Rn. 9).

ist stets nach öffentlichem Recht zu beurteilen. Es ist zu unterscheiden von dem **allgemeinen Hausrecht,** das dem ersten Bürgermeister als Behördenleiter hinsichtlich der Verwaltungsgebäude zukommt. Findet die Gemeinderatssitzung in einem anderen als gemeindeeigenen Gebäude statt (z. B. Gaststätte), so erstreckt sich das Hausrecht des Vorsitzenden i. S. d. Art. 53 I 1 GO nur auf den Raum, in welchem die Sitzung stattfindet, das Hausrecht des Inhabers ist insoweit verdrängt[95].

5. Öffentlichkeit

Wie bereits oben gesehen, sind gem. Art. 52 I 1 GO Zeitpunkt und Ort der öffentlichen Sitzungen grundsätzlich unter Angabe der Tagesordnung spätestens am dritten Tag vor der Sitzung ortsüblich bekanntzumachen. Gem. Art. 52 II 1 GO sind die **Sitzungen** des Gemeinderats und über Art. 45 II 2 GO auch der beschließenden Ausschüsse **öffentlich.** Wenn der bayerische Gesetzgeber die besondere rechtsstaatliche Bedeutung der offenen Abstimmung des Art. 51 I GO hervorhebt, so muss dies im besonderen Maße für den Grundsatz der Öffentlichkeit der Sitzungen gelten, da die Öffentlichkeit der Sitzungen erst das Forum für die Beobachtung der Stimmabgabe liefern kann. Die Öffentlichkeit der Sitzung ist gegeben, wenn unter Beachtung des Prioritätsprinzips prinzipiell jedermann freien Zugang zu den Sitzungen hat, die nach Art. 52 IV GO in einem Raum stattzufinden haben, der der Allgemeinheit zugänglich ist. Pressevertretern[96] sind allerdings wegen des Rechts der ungehinderten Nachrichtenbeschaffung besondere Plätze einzuräumen, vgl. Art. 3 II, 4 BayPrG[97]. Über den Ausschluss der Öffentlichkeit gem. Art. 52 II 2 GO wird in nichtöffentlicher Sitzung beraten und beschlossen. Gem. Art. 52 III GO sind die in nichtöffentlicher Sitzung gefassten Beschlüsse der Öffentlichkeit bekannt zu geben, sobald die Gründe für die Geheimhaltung weggefallen sind. **101**

Naturgemäß problematisch ist, wann Rücksichten auf das Wohl der Allgemeinheit oder auf berechtigte Ansprüche einzelner einen Ausschluss der Öffentlichkeit gebieten. Der BayVGH hat entschieden, dass im Rahmen der gem. Art. 52 II 1 GO zu treffenden Prognoseentscheidung ein „gewisser Einschätzungs- und Beurteilungsspielraum“ existiere[98]. „Wohl der Allgemeinheit“ sind dabei die Interessen von Hoheitsträgern, die nachhaltig betroffen werden können. Bei den „Ansprüchen einzelner“ muss es sich nicht um ein subjektiv-öffentliches Recht handeln, vielmehr reichen persönliche und wirtschaftliche Interessen aus. **102**

Beispiele: Personalangelegenheiten, Beratung über Verträge in Grundstücksangelegenheiten, strittig allerdings im Zusammenhang mit der Ausübung eines gemeindlichen Vorkaufsrechts gem. §§ 24, 25 BauGB. **103**

Strittig sind die Folgen der Verletzung der Öffentlichkeitsvorschriften. Teilweise wurde vertreten, dass es sich nur um Ordnungsvorschriften handele, deren Zuwiderhandlung die Rechtmäßigkeit des Sachbeschlusses nicht berühre[99]. Das Meinungsbild in Rechtsprechung und Literatur scheint sich nunmehr zu diversifizieren[100]. Hier wird **104**

---

[95] Vgl. Hölzl/Hien/Huber, Art. 53 GO, Erl. 2.

[96] Vgl. auch Gern/Brüning, Rn. 618.

[97] Zur Zulässigkeit von Aufnahmen während der Sitzung vgl. bereits oben, Rn. 92.

[98] BayVGH vom 20.4.2015, Az. 4 CS 15.381; vgl. nun auch BayVGH vom 29.1.2018, Az. 20 CS 17.1824.

[99] BayVGH, BayVBl. 2000, 695 m. w. N.

[100] Wegen des aktuellen Standes in der Rechtsprechung und Literatur darf anstelle aller anderen auf das vollständige Bild in Prandl/Zimmermann/Büchner/Pahlke, Art. 52 GO, Anm. 10

entsprechend den oben gemachten allgemeinen Erwägungen wie folgt vertreten: Wird die Öffentlichkeit zu Unrecht ausgeschlossen, so ist der gefasste Beschluss wegen der überragenden Bedeutung der Öffentlichkeit für demokratische Willensbildungsprozesse rechtswidrig[101] und unwirksam. Welche Auswirkungen dies auf die unterschiedlichen Handlungsformen der Gemeinde, in die die Beschlüsse umzusetzen sind, hat, ist eine Frage der allgemeinen Fehlerlehre. Hätte hingegen der Gemeinderat die Öffentlichkeit ausschließen müssen, hat er dies aber versäumt, so sollte der Beschluss nach noch in der Vorauflage vertretenen Ansicht in jedem Fall rechtmäßig sein, da auch die Wiederholung des Verfahrens den Regelverstoß nicht rückgängig machen könne. Diese Meinung wird nicht aufrechterhalten. Auch in diesem Fall ist eine Beschlussfassung schlichtweg rechtswidrig und ungültig mit der Notwendigkeit der Beurteilung der einzelnen zu vollziehenden Akte nach der allgemeinen Fehlerfolgenlehre. Insbesondere kann nicht ausgeschlossen werden, dass bei geheimer Beratung und Abstimmung ein anderes Ergebnis erbracht wird als wenn die Mitglieder des Gemeinderats von der Öffentlichkeit in ihren Handlungen, Beiträgen bzw. Nichtbeiträgen beobachtet werden[102].

---

verwiesen werden. Vgl. auch Pahlke, KommP BY 2015, 312ff.; Pahlke, BayVBl. 2010, 357ff. Vgl. auch oben § 5, Fn. 1.

[101] BayVGH, BayVBl. 2009, 344/345. Vgl. auch BayVGH, BayVBl. 2018, 818 ff.

[102] Vgl. insbes. Schulz/Wachsmuth/Zwick, Art. 52 GO, Anm. 5.4; vgl. auch Hölzl/Hien/Huber, Art. 52 GO, Erl. 5.

§ 6 Das Abgabenwesen

I. Begriff der Kommunalabgaben[1]

Öffentliche Abgaben sind Geldleistungen, die vom Staat oder von anderen öffentlichen Bedarfsträgern aufgrund gesetzlicher Vorschriften in Ausübung hoheitlicher Gewalt dem Einzelnen zur Erzielung von Einnahmen auferlegt werden[2]. **Kommunalabgaben** sind Abgaben, die durch Kommunen erhoben werden und ihnen zufließen[3]. Wesentlich ist somit, dass Gläubiger der Abgabe eine Kommune ist[4]. Nicht zu den Abgaben gehören Naturalleistungen, da sie nicht auf Geld lauten (z. B. Hand- und Spanndienste gem. Art. 24 I Nr. 4 GO), zivilrechtliche Geldforderungen der öffentlichen Hand (insbesondere privatrechtliche Vertragsentgelte[5]) und Vertragsentgelte, die auf öffentlich-rechtlichem Vertrag beruhen (z. B. Zahlungsverpflichtungen im Rahmen eines städtebaulichen Vertrags gem. § 11 BauGB; das kann im Einzelfall strittig sein, vgl. unten die Stellplatzablöse), weil die Auferlegung der Geldleistungspflicht nicht einseitig erfolgt, sondern in der Ebene der Gleichordnung entstanden ist[6]. Ebenso wenig Abgaben in diesem Sinn sind die sog. Umlagen, also öffentlich-rechtliche Geldforderungen, die im Rahmen eines Umverteilungsprozesses eine öffentlich-rechtliche Körperschaft von einer anderen erhebt, also insbesondere die Kreisumlage gem. Art. 18 ff. FAG sowie die Bezirksumlage gem. Art. 21 f. FAG[7]. 1

Zu den Abgaben zählen damit die Steuern, die Gebühren, die Beiträge sowie die Abgaben sui generis. **Steuern** sind in § 3 I AO (vgl. auch Art. 13 I Nr. 1b KAG) definiert als „Geldleistungen, die nicht eine Gegenleistung für eine besondere Leistung darstellen und die von einem öffentlich-rechtlichen Gemeinwesen zur Erzielung von Einnahmen allen auferlegt werden, bei denen der Tatbestand zutrifft, an den das Gesetz die Leistungspflicht knüpft; die Erzielung von Einnahmen kann Nebenzweck sein". Im Gegensatz zu den Steuern zeichnen sich Gebühren und Beiträge dadurch aus, dass sie eine finanzielle Gegenleistung für eine Leistung der öffentlichen Hand darstellen; ihnen liegt der Grundsatz des Vorteilsausgleichs zugrunde; sie sind besondere Entgelte i. S. v. Art. 62 II Nr. 1 GO. **Gebühren** sind öffentliche Abgaben, die als Gegenleistung für die tatsächliche Inanspruchnahme öffentlicher Einrichtungen **(Benutzungsgebühren)** oder für die Vornahme von Amtshandlungen **(Verwaltungsgebühren)** erhoben werden. Der **Beitrag** knüpft an den aus der Möglichkeit der Inanspruchnahme einer öffentlichen Leistung sich ergebenden Vorteil an, auf die tatsächliche Inanspruchnahme kommt es nicht an. Die hier nicht näher zu erläuternden Abgaben eigener Art **(Abga-** 2

---

[1] Das Kommunalabgabenrecht ist gem. § 18 II Nr. 5c, 58 Nr. 2 JAPO grundsätzlich nicht mehr Prüfungsstoff in den Staatsprüfungen. Das Verständnis der Grundzüge des Kommunalabgabenrechts ist jedoch für ein Gesamtbild des Kommunalrechts unerlässlich.

[2] BVerfGE 13, 181/198; vgl. auch Gern/Brüning, Rn. 1282.

[3] Vgl. Gern/Brüning, Rn. 981.

[4] Zweckverbände sind über Art. 26 I KommZG als Kommunen anzusehen; für die Verwaltungsgemeinschaften findet nur im Ausnahmefall über Art. 4 III VGemO das Recht der Kommunalabgaben Anwendung.

[5] Hierzu zählen auch die sog. **Konzessionsabgaben,** die Entgelt dafür sind, dass Kommunen Versorgungsunternehmen das Recht einräumen, das Gemeindeeigentum und öffentliche Verkehrsräume für Leitungen zu benutzen, vgl. § 48 EnWG.

[6] Vgl. Schieder/Happ, Teil C, Art. 1, Erl. 1.1.

[7] Allerdings findet für sie über Art. 10 Nr. 2 KAG das KAG Anwendung.

ben sui generis) können weder Steuern, noch Beiträgen oder Gebühren eindeutig zugeordnet werden. Hierzu wurde die vom Bundesverfassungsgericht kassierte, also aufgehobene Feuerschutzabgabe gem. Art. 4 KAG a.F. gezählt[8]. Auch die Erstattung von Kosten für Grundstücksanschlüsse gem. Art. 9 KAG, die Kleineinleiterabgabe gem. Art. 8 III BayAbwAG und die Stellplatzablöse gem. Art. 47 III Nr. 3 BayBO werden als Abgaben sui generis betrachtet[9].

---

[8] BVerfG, BayVBl. 1995, 429 ff.

[9] Vgl. zur Qualifikation der Zahlungen der Klärschlamm Abgebenden als mit Art. 28 II GG vereinbare Sonderabgabe BVerfG, NVwZ 2004, 1477 ff.

Übersicht 36: Kommunalabgaben 3

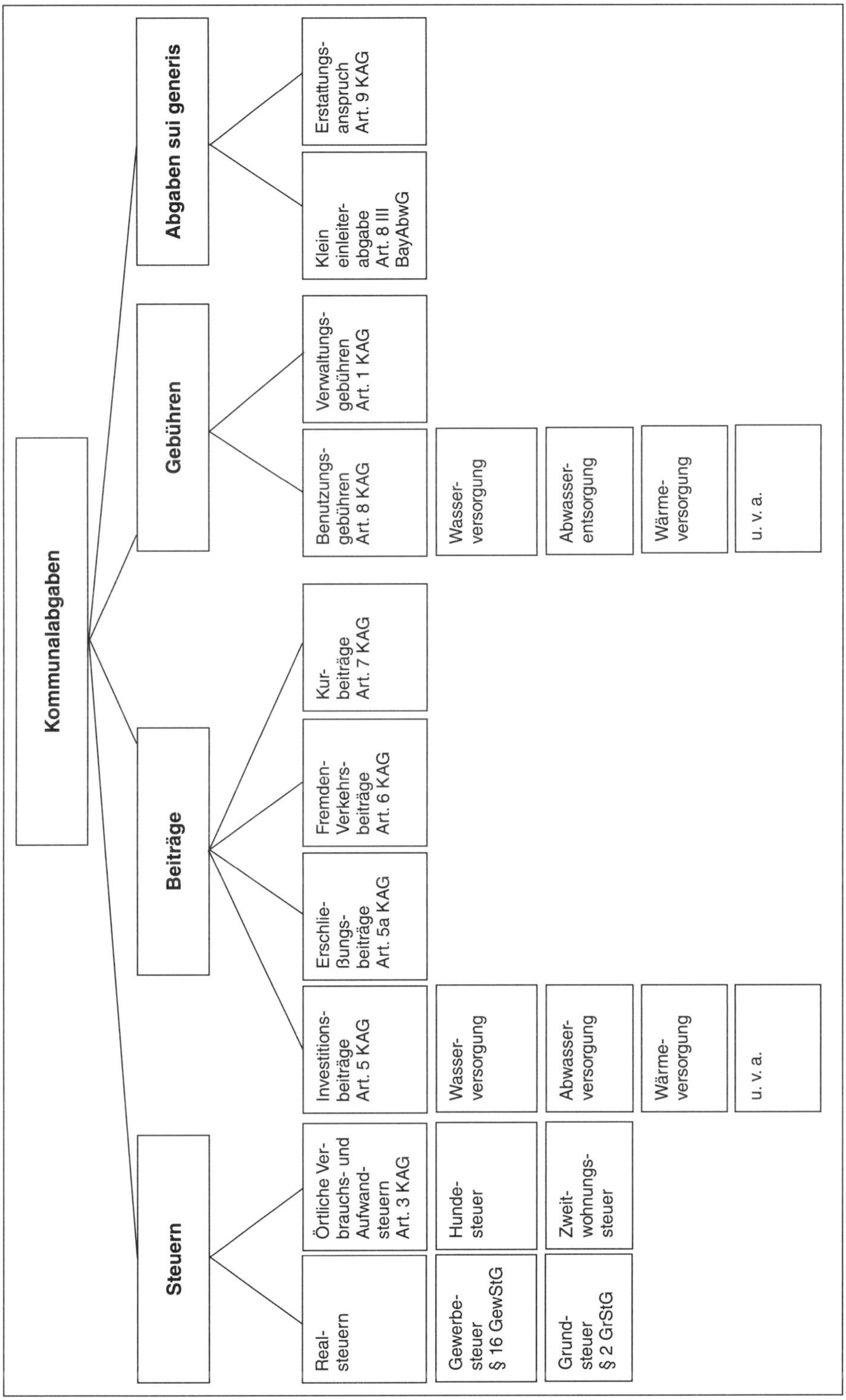

II. Kommunale Steuern

4 Steuern sind in § 3 I AO gesetzlich definiert, s. o. Rn. 2. Zu den Kommunalsteuern zählen die **Realsteuern,** nämlich Grund- und Gewerbesteuer, § 3 II AO, sowie die **örtlichen Verbrauch- und Aufwandsteuern** i. S. v. Art. 105 IIa 1 GG.

5 Die Kommunalsteuern zeichnen sich dadurch aus, dass sie grundsätzlich **fakultative Steuern** sind, d. h. ihre Erhebung steht im Ermessen der Kommunen; auch ein vollständiger Verzicht auf die Erhebung der Grundsteuer ist theoretisch denkbar, vgl. § 1 I GrStG. Auch die Gewerbesteuer war bis einschließlich 2003 eine fakultative Steuer, wegen der Entstehung von keine Gewerbesteuer erhebenden Steueroasen-Gemeinden wurde sie durch Art. 2 Nr. 1 des GewStÄndG vom 23.12.2003 zur obligatorischen Steuer, vgl. §§ 1, 16 IV 2 GewStG. Hundesteuer und Vergnügungssteuer waren früher obligatorische Steuern; die Erhebung einer Hundesteuer ist nunmehr fakultativ, eine Vergnügungssteuer darf nicht mehr erhoben werden, wohingegen die Zweitwohnungssteuer mit Gesetz vom 26.7.2004 wieder zugelassen wurde, vgl. Art. 3 III KAG.

1. Realsteuern

6 Die **Realsteuern** Grund- und Gewerbesteuer, § 3 II AO, können hier nur umrissen werden. Anders als die Personalsteuern (z. B. Einkommensteuer), die auf die persönlichen Verhältnisse des Steuersubjektes abstellen (maßgeblich z. B. Familienstand, Kinderanzahl), erfassen die Realsteuern das Objekt, nämlich entweder den Grundbesitz (vgl. § 2 GrStG) oder den Gewerbebetrieb (vgl. § 2 GewStG), unabhängig von den persönlichen Verhältnissen des Steuerschuldners.

a) Gewerbesteuer

7 Bezüglich der **Gewerbesteuer** hat der Bund von der konkurrierenden **Gesetzgebungskompetenz** gem. Art. 105 II GG i. V. m. Art. 72 II Nr. 3 GG a. F. mit Erlass des Gewerbesteuergesetzes Gebrauch gemacht. Gem. Art. 106 VI 1 GG fließt den Gemeinden der Ertrag aus der Gewerbesteuer zu (**Ertragshoheit** der Gemeinden[10]). Insbesondere haben die Gemeinden das Recht, in der Haushaltssatzung[11] (vgl. Art. 63 II 1 Nr. 4 GO) oder in einer gesonderten Hebesatzsatzung[12] den sog. **Hebesatz** von mindestens 200% (vgl. Art. 106 VI 2 GG, § 16 GewStG) und damit letztendlich die Höhe der Gewerbesteuer zu bestimmen. Von dieser Bestimmungsfreiheit war bis 2003 – s. o. – auch die Möglichkeit umfasst, die Gewerbesteuer überhaupt nicht zu erheben[13]. Gem. Art. 108 II i. V. m. IV 2 GG obliegt die **Verwaltung der Gewerbesteuer** grundsätzlich den Landesfinanzbehörden. Art. 18 KAG hat in Ausfüllung von Art. 108 IV 2 GG die Verwaltung der Realsteuern und somit auch die Verwaltung der Gewerbesteuer mit Ausnahme des Messbetrags- und Zerlegungsverfahrens den Gemeinden (und Landkreisen[14]) übertragen. Damit haben o. g. Kommunen die Befugnis zur Festsetzung und Erhebung der Gewerbesteuer. Gem. § 1 II AO gelten,

---

[10] Beachte aber die Gewerbesteuerumlage gem. Art. 106 VI 4, 5 GG.

[11] Die Haushaltssatzung ist zu unterscheiden vom Haushaltsplan, vgl. Art. 63 II 1 Nr. 1, 64 GO.

[12] Vgl. zur gesonderten Hebesatzsatzung BayVGH, 2006, 85; OVG Münster, NVwZ, 1991, 1208; OVG Lüneburg, NVwZ 1991, 907.

[13] Vgl. BVerfGE 21, 54/68. Vgl. BVerfG, BayVBl. 2010, 400 (Mindesthebesatz).

[14] In gemeindefreien Gebieten der Landkreis, vgl. § 4 II GewStG i. V. m. § 5 ZustV.

soweit die Gemeinden die Gewerbesteuer verwalten, die Vorschriften der AO. Bevor die Gemeinde einen Gewerbesteuerbescheid erlassen kann, muss das Finanzamt einen Steuermessbescheid erlassen. Dies setzt die Ermittlung des Gewerbeertrags (§§ 7ff. GewStG) voraus, der mit der Steuermesszahl zu multiplizieren ist (§ 11 GewStG), wodurch der Steuermessbetrag errechnet wird. Auf den Steuermessbetrag wendet die Gemeinde den Hebesatz an, berechnet die Gewerbesteuer und erlässt den Gewerbesteuerbescheid.

Da § 1 II AO § 347 AO nicht für anwendbar erklärt, ist statthafter **Rechtsbehelf** 8
als außergerichtlicher Rechtsbehelf gegen den Festsetzungsbescheid der Gemeinde der Widerspruch i.S.v. § 68 VwGO, der (fakultativ) in Abgabensachen noch statthaft ist oder die Anfechtungsklage, vgl. Art. 15 I 1 Nr. 1 AGVwGO; der Verwaltungsrechtsweg ist gem. § 40 I VwGO eröffnet. Der Rechtsweg zu den Finanzgerichten gem. § 33 I FGO bzw. der Einspruch gem. § 347 AO sind nur insoweit gegeben, als die Gewerbesteuer durch die Finanzbehörden verwaltet wird, also insbesondere soweit es um den Erlass des Gewerbesteuermessbescheids geht.

b) Grundsteuer

Bezüglich der **Grundsteuer**[15] hat der Bund von der konkurrierenden **Gesetzge-** 9
bungskompetenz gem. Art. 105 II GG i.V.m. Art. 72 II Nr. 3 a.F. GG durch Erlass des Grundsteuergesetzes Gebrauch gemacht. Die **Ertragshoheit** liegt gem. Art. 106 VI GG bei den Gemeinden. Sie haben das sog. **Heberecht** (vgl. §§ 1, 25ff. GrStG), d.h. sie entscheiden, ob und in welchem Umfang die Grundsteuer erhoben wird durch Festlegung innerhalb der Haushaltssatzung (Art. 63 II 1 Nr. 4 GO) oder in einer gesonderten Hebesatzsatzung. Gem. Art. 108 II, IV 2 GG obliegt die **Verwaltung der Grundsteuer** den Ländern. Allerdings kann gem. Art. 108 IV 2 GG die Verwaltungshoheit den Gemeinden übertragen werden. Ebenso wie bei der Gewerbesteuer überträgt Art. 18 KAG die Verwaltung der Realsteuern mit Ausnahme des Messbetrags- und des Zerlegungsverfahrens den steuerberechtigten Gemeinden (und Landkreisen[16]).

Damit müssen die Finanzämter feststellen, welche Einheitswerte[17] für die Grundstücke 10
anzusetzen sind. Weiterhin sind die Finanzämter für die Festsetzung (§§ 13ff. GrStG) und Zerlegung (vgl. §§ 22ff. GrStG) der Steuermessbeträge zuständig sowie für die Durchführung der außergerichtlichen Rechtsbehelfsverfahren gegen diese Grundlagenbescheide (Einheitswert- bzw. Steuermessbescheid). Die Gemeinden sind damit zuständig für die Festsetzung der Grundsteuer durch Bescheid, für dessen Zustellung und die Einziehung und Vollstreckung der Grundsteuer. Soweit die Gemeinde die Grundsteuer verwaltet, gilt gem. § 1 II AO die Abgabenordnung.

Soweit die Finanzämter die Grundsteuer verwalten, sind richtige **Rechtsbehelfe** der 11
Einspruch gem. § 347 AO bzw. die Klage vor dem Finanzgericht, § 33 FGO; soweit die Gemeinden die Grundsteuer verwalten, sind richtiger Rechtsbehelf der Wider-

---

[15] Das BVerfG hat mit Urteil vom 10.4.2018 (1 BvL 11/14, 1 BvR 889/12, 1 BvR 639/11, 1 BvL 1/15, 1 BvL 12/14) die Regelungen des Bewertungsgesetzes zur Einheitsbewertung von Grundvermögen in den alten Bundesländern für verfassungswidrig erklärt und den Gesetzgeber dazu verpflichtet, bis spätestens 31.12.2019 eine Neuregelung zu treffen. Bis dahin und nach der Neuregelung dürfen die verfassungswidrigen Regelungen noch für fünf weitere Jahre, längstens aber bis 31.12.2024 angewandt werden. Vgl. Kirchhof, DStR 2018, 2661 ff.; Broer/Jarass, BB 2018, 919ff.

[16] § 1 III GrStG i.V.m. § 4 ZustV.

[17] Vgl. auch BVerfG, NJW 1995, 2615ff. sowie 2624ff.

spruch gem. § 68 VwGO bzw. die Anfechtungsklage vor dem Verwaltungsgericht, vgl. oben Rn. 8.

2. Örtliche Verbrauch- und Aufwandsteuern

a) Steuerfindungsrecht

12 Gem. Art. 105 IIa 1 GG haben die Länder die ausschließliche Gesetzgebungskompetenz für die **örtlichen Verbrauch- und Aufwandsteuern**[18]. Diese Gesetzgebungskompetenz hat der Landesgesetzgeber durch Art. 3 KAG an die Gemeinden und Landkreise weitergegeben, so dass diese für den Erlass örtlicher Verbrauch- und Aufwandsteuersatzungen zuständig sind. Man spricht in diesem Zusammenhang von dem sog. **Steuerfindungsrecht**[19], das verfassungsrechtlich schwierig zu positionieren ist.

13 Das Steuerfindungsrecht wird **bundesverfassungsrechtlich** nicht von der Selbstverwaltungsgarantie i.S.v. Art. 28 II GG geschützt. Die Selbstverwaltungsgarantie ist nur dann verletzt, wenn den Gemeinden die zur eigenverantwortlichen Erledigung ihrer Aufgaben nötigen Mittel nicht zur Verfügung stehen; zwar hat das Bundesverfassungsgericht es nach wie vor offen gelassen, ob zur kommunalen **Finanzhoheit** auch eine angemessene Finanzausstattung oder jedenfalls eine finanzielle Mindestausstattung gehört[20]. Gleichwohl wird man vor dem Hintergrund des Art. 28 II 3 GG davon auszugehen haben, dass die Finanzhoheit eine angemessene Finanzausstattung gewährleistet[21]. Dieses Recht gewährleistet jedoch keine selbständige Steuerfindungskompetenz. Dies ergibt sich zwanglos aus Art. 105 IIa 1 GG, der das Steuerfindungsrecht bzgl. der örtlichen Verbrauch- und Aufwandsteuern nur den Ländern gewährleistet, eine Weitergabe an die Gemeinden aber nur für möglich hält, sowie aus Art. 106 VI 1 GG, der den Gemeinden nur die Ertragshoheit gewährleistet.

14 Der Bayerische Verfassungsgerichtshof hat ausgeführt, dass das in Art. 11 II 2 BV **landesverfassungsrechtlich** gewährleistete Selbstverwaltungsrecht auch die **Finanzhoheit,** die den Gemeinden die Befugnis zur eigenverantwortlichen Einnahmen- und Abgabenwirtschaft und zur eigenverantwortlichen Regelung ihrer Finanzen im Rahmen eines gesetzlich geordneten Haushaltswesens gewähre, umfasse. Ferner beinhalte das Selbstverwaltungsrecht auch einen Anspruch gegen das Land auf eine „angemessene Finanzausstattung (finanzielle Mindestausstattung)“[22], so dass die Neuregelung in Art. 83 II 3 BV an sich nur eine, wenn auch besonders wichtige, deklaratorische Wirkung entfaltet[23]. Das durch Art. 83 II 2 BV besonders gewährleistete Recht, den gemeindlichen Bedarf durch öffentliche Abgaben per Satzungserlass zu decken, gehöre grundsätzlich zum Kernbereich der Selbstverwaltung. Auch Steuern stellten Abgaben im Sinn dieser Vorschrift dar. Allerdings gewährleiste Art. 83 II 2 BV den Gemeinden keine originäre Normsetzungskompetenz für bestimmte Steuern. Art. 83 II 2 BV verpflichte aber den Landesgesetzgeber im Rahmen seiner Gesetzgebungskompetenz, den Gemeinden einen

---

[18] Zur Kritik an den örtlichen Verbrauch- und Aufwandsteuern, vgl. Tipke, DÖV 1995, 1027ff.

[19] Teilweise wird auch der Begriff „Steuererfindungsrecht“ verwendet.

[20] Vgl. BVerfGE 83, 363/386; BVerfG, 2 BvR 929/97 vom 7.1.1999, Absatz Nr. 46, http://www.bverfg.de.

[21] Vgl. bereits § 1, Rn. 79.

[22] BayVerfGH 49, 37/51; 50, 15/41; vgl. zu den Begrifflichkeiten der angemessenen Finanzausstattung, der finanziellen Mindestausstattung sowie der ausreichenden Finanzausstattung Lissack, Selbstverwaltungsrecht, S. 31ff.

[23] Vgl. Lindner/Möstl/Wolff, Art. 83 BV, Rn. 50ff.

Bereich zur eigenverantwortlichen Abgabenerhebung einzuräumen, worunter auch das Besteuerungsrecht der Gemeinden falle[24]. Der bayerische Gesetzgeber sei bei Erlass des KAG davon ausgegangen, dass der Staat verfassungsrechtlich verpflichtet sei, den Gemeinden ein Steuerfindungsrecht bzgl. örtlicher Verbrauch- und Aufwandsteuern einzuräumen; dies sei Ausfluss des Selbstverwaltungsrechts und wesentlicher Teil der landesverfassungsrechtlich gewährleisteten kommunalen Finanzhoheit.

Da der Verfassungsgerichtshof der Ansicht ist, dass das Abgabenerhebungsrecht und damit auch das Besteuerungsrecht zum Kern des Selbstverwaltungsrechts i. S. v. Art. 11 II, 83 II 2 BV gehört, muss den Gemeinden jedenfalls im Grundsatz das Recht eingeräumt sein, überhaupt örtliche Aufwand- und Verbrauchsteuern „finden" zu können. Damit ist der Gewährleistung des Art. 83 II 2 i. V. m. 11 II 2 BV die Verpflichtung des bayerischen Gesetzgebers zu entnehmen, die in Art. 105 IIa 1 GG enthaltene Gesetzgebungskompetenz so zu nutzen, dass den Gemeinden ein prinzipielles Steuerfindungsrecht bzgl. örtlicher Verbrauch- und Aufwandsteuern zukommt. Insoweit geht die landesverfassungsrechtliche Garantie über die bundesverfassungsrechtliche hinaus, als letztere nur gewährleistet, dass den Gemeinden gem. Art. 106 VI GG die Ertragshoheit bzgl. der örtlichen Verbrauch- und Aufwandsteuern zukommt, falls die Gesetzgebungskompetenz in Art. 105 IIa 1 GG ausgenutzt wird[25]. Da aber die Gemeinden nicht das Recht haben, bestimmte Steuern zu erheben, sind Besteuerungsverbote wie in Art. 3 III KAG dem Grundsatz nach durch den Vorbehalt in Art. 11 II 2 BV gerechtfertigt. 15

b) Anforderungen an die Steuersatzung

Der bayerische Landesgesetzgeber ist oben beschriebener Verpflichtung nachgekommen und hat den Gemeinden ein Steuerfindungsrecht bzgl. örtlicher Verbrauch- und Aufwandsteuern eingeräumt, Art. 3 I KAG. Soweit Gemeinden Steuern nicht erheben, haben auch die Landkreise das Steuerfindungsrecht, Art. 3 II KAG. Auf Fragen der formellen Rechtmäßigkeit von Verbrauch- und Aufwandsteuern muss nicht eingegangen werden[26]. Besonderheiten ergeben sich nur bezüglich der Genehmigungs- und Zustimmungserfordernisse gem. Art. 2 III KAG, die im weiteren Verlauf dargestellt werden. 16

Die Abgrenzung von Verbrauch- und Aufwandsteuern i. S. v. Art. 105 IIa 1 GG, Art. 3 KAG ist im Einzelfall schwierig, aber von nur marginaler Bedeutung, da letztlich für beide Steuerarten die in der Einkommensverwendung zum Ausdruck kommende wirtschaftliche Leistungsfähigkeit getroffen werden soll[27]. **Verbrauchsteuern** sind Steuern, deren Erhebung an den Übergang einer Sache aus der steuerlichen Gebundenheit in den freien Verkehr anknüpft, also Warensteuern, die den Verbrauch vertretbarer, regelmäßig zum baldigen Verzehr oder zur kurzfristigen Verwendung bestimmter Güter des ständigen Bedarfs belasten. Als Besteuerung des Verbrauchs werden sie in der Regel bei demjenigen Unternehmer erhoben, der das Verbrauchsgut für die allgemeine Nachfrage anbietet, sind aber auf Überwälzung auf den Verbraucher angelegt[28]. 17

---

[24] Vgl. BayVerfGH, BayVBl. 1992, 365 ff.

[25] In diesem Sinn wohl auch BayVerfGH, BayVBl. 1992, 365/366 f.; vgl. auch Knemeyer, BayVBl. 1989, 232 ff. Vgl. auch Lindner/Möstl/Wolff, Art. 83 BV, Rn. 76 ff.

[26] Wie immer können Fragen der Beschlussfähigkeit und der Beschlussfassung inmitten stehen; die Satzung muss nach etwaiger Erteilung einer Genehmigung ausgefertigt und bekannt gemacht werden, es darf auf die Ausführungen unter § 3, Rn. 8 ff. verwiesen werden.

[27] St. Rspr. des BVerfG, vgl. BVerfGE 49, 343/354; 65, 325/326 ff.; BVerwGE 99, 303/304 f.

[28] Vgl. BVerwG, BayVBl. 1995, 23/25; BVerfG, BayVBl. 1998, 493/495.

18 **Beispiel:** Bundesverwaltungs- und Bundesverfassungsgericht qualifizierten die kommunale Verpackungssteuer auf die Verwendung von Einwegverpackungen, in denen Speisen und Getränke zum Verzehr an Ort und Stelle verkauft werden, als Verbrauchsteuer i. S. v. Art. 105 IIa GG[29]. Auch die gem. Art. 3 III KAG verbotene Getränkesteuer bzw. die Speiseeissteuer wären Verbrauchsteuern[30].

19 **Aufwandsteuern** sind solche Steuern, die auf die wirtschaftliche Leistungsfähigkeit abstellen, welche in der Einkommensverwendung für den persönlichen Lebensbedarf zum Ausdruck kommt. Allerdings ist erforderlich, dass tatbestandlich, insbesondere durch den Gebrauch von in der Regel nicht verbrauchsfähigen Gütern und Dienstleistungen, ein **besonderer** Aufwand, also eine über die Befriedigung des allgemeinen Lebensbedarfs hinausgehende Verwendung von Einkommen oder Vermögen erfasst wird[31].

20 **Beispiel:** Nach der Steuersatzung der Stadt R ist Steuergegenstand die Inanspruchnahme von Wohnraum innerhalb der Stadt. Steuerpflichtig sind Personen, die über 18 Jahre alt sind, selbständig auf eigene Rechnung leben und länger als drei Monate in der Stadt R Wohnraum in Anspruch nehmen. Das bloße Innehaben einer Erstwohnung ist allein kein besonderer Aufwand. Wohnen gehört zu den Grundbedürfnissen des Menschen. Die schlichte Erfüllung dieses unausweichlichen Lebensbedarfes ist kein Konsum, der besondere wirtschaftliche Leistungsfähigkeit indiziert. Hingegen wäre eine Zweitwohnungssteuer, die das Innehaben einer Wohnung besteuert, die dem persönlichen Lebensbedarf dient und nicht Hauptwohnung ist, Aufwandsteuer[32]. Das Verbot der Erhebung einer Zweitwohnungssteuer im ehemaligen Art. 3 III KAG wurde mit Erlass des Gesetzes zur Änderung des Kommunalrechts vom 26.7.2004 (GVBl. S. 272) wieder aufgehoben, anders als die gleichfalls als Aufwandsteuer zu qualifizierende Vergnügungssteuer, unter die auch die Spielautomatensteuer fällt[33]. Traditionell wird in den Gemeinden die Hundesteuer erhoben.

21 Problematisch kann im Einzelfall das Kriterium der **Örtlichkeit** der Verbrauch- und Aufwandsteuern sein. Es ist nicht schon dann erfüllt, weil sich die Satzung auf das Gemeindegebiet beschränkt, denn das ist im Hinblick auf die Gebietshoheit i. S. v. Art. 22 I GO regelmäßig der Fall. Örtliche Steuern sind Abgaben, die an örtliche Gegebenheiten, insbesondere an die Belegenheit einer Sache oder an einen Vorgang im Gebiet der steuererhebenden Gemeinde anknüpfen und wegen der Begrenztheit ihrer unmittelbaren Wirkungen auf das Gemeindegebiet nicht zu einem die Wirtschaftseinheit berührenden Steuergefälle führen können[34].

22 **Beispiel:** Die Steuersatzung der Stadt K hatte als Steuertatbestand den Verkauf von nicht wiederverwendbaren Verpackungen und nicht wiederverwendbarem Geschirr, sofern Speisen und Getränke darin zum Verzehr an Ort und Stelle verkauft wurden. Das Bundesverwaltungsgericht nimmt eine „örtliche Radizierung" an, wenn der Steuertatbestand an den Verzehr an Ort und Stelle anknüpft, da sich nur dann die Belastung der Gemeinde mit Verpackungsmüll im Be-

---

29 Vgl. BVerwG, BayVBl. 1995, 23/25; BVerfG, BayVBl. 1998, 493/495; a. A. Gern, NVwZ 1995, 771 ff.: Verpackungssteuer nicht nur keine Steuer, sondern nicht einmal öffentliche Abgabe. So auch Tiedemann, DÖV 1990, 1/3: Eine Abgabe darf nicht Erdrosselungsfunktion haben, plastischer: Mit der Verpackungssteuer soll Abfall vermieden werden, daher soll mit ihr „die Kuh geschlachtet und nicht gemolken werden".

30 A. A. OVG Lüneburg, OVGE 28, 337: Getränkesteuer ist Aufwandsteuer.

31 Vgl. BVerwG, DÖV 1992, 489 ff.; BVerwG, BayVBl. 1995, 23/25.

32 Vgl. BayVerfGH, BayVBl. 1989, 237/239; BVerfG, BayVBl. 2006, 498/499; BayVGH, BayVBl. 2006, 500/501; BayVGH, 4 BV 07.1778 vom 10.12.2008, Rn. 19 ff. – juris –; BVerwG, NVwZ 2005, 828/829; BVerwG, 10 BN 4/06 vom 21.3.2007, Rn. 4 m. w. N. Vgl. ferner unter dem Aspekt der grundrechtlichen wie unionsrechtlichen Freizügigkeit BayVGH, BayVBl. 2013, 499 ff.

33 Vgl. zur Erhebung von kommunalen Vergnügungssteuern auf das Betreiben von „Gewalt-Spielautomaten" BVerfG, 1 BvR 624/00 vom 3.5.2001, http://www.bverfg.de.

34 Vgl. BVerwG, NVwZ 1990, 356; BVerwG, BayVBl. 1995, 23/26.

reich der Gemeinde hält. Deshalb dürften durch eine gemeindliche Verpackungssteuersatzung nicht solche Verpackungen erfasst werden, in denen Waren dergestalt zum Mitnehmen verkauft werden, dass ihr Verbrauch ebenso wie der Verbrauch der Verpackung nicht mit hoher Sicherheit im örtlichen Bereich der steuererhebenden Gemeinde erfolgt[35].

Weiterhin darf die örtliche Verbrauch- oder Aufwandsteuer **nicht einer bundesgesetzlich geregelten Steuer gleichartig** sein (Verbot der Doppelbelastung derselben Steuerquelle). Dabei sind die steuerbegründenden Tatbestände, nämlich Steuergegenstand, Steuermaßstab, Art der Erhebungstechnik, sowie die jeweils ausgeschöpften Quellen wirtschaftlicher Leistungsfähigkeit miteinander zu vergleichen. Problematisch kann insbesondere die Ähnlichkeit von Verbrauchsteuern mit der Umsatzsteuer sein[36]. Allerdings lässt Art. 105 IIa GG die zur Zeit des 21. Gesetzes zur Änderung des Grundgesetzes vom 12.5.1969 (Finanzreformgesetz[37]) üblichen örtlichen Verbrauch- und Aufwandsteuern unberührt[38], so dass sich das Gleichartigkeitserfordernis nur auf danach neu eingeführte Steuern auswirken kann[39]. 23

Beispiel: Die Verpackungssteuer in obigem Beispiel könnte der Umsatzsteuer ähnlich sein. Beide Steuern treffen letztlich den Endverbraucher in der Phase der Einkommensverwendung, der Dienstleistungen oder Güter zur Befriedigung des Lebensbedarfs in Anspruch nimmt. Allerdings stellt die Umsatzsteuer auf die Höhe des vom Käufer zu entrichtenden Entgelts ab, während die Verpackungssteuer die Anzahl der Verpackungen unabhängig von deren Wert oder vom Wert der verpackten Ware zum Steuermaßstab macht. Die Umsatzsteuer zielt auf die Kaufkraft des Verbrauchers, die Verpackungssteuer auf die Umweltbelastung[40]. 24

Wie bereits in § 3 I AO einfachgesetzlich bestimmt, dürfen Steuern auch erlassen werden, um Lenkungswirkungen zu erzielen. Der moderne Staat verwaltet nicht nur durch rechtsverbindliche Anweisungen, sondern auch durch mittelbare Verhaltenssteuerung. Auch **Lenkungssteuern** bleiben als Handlungsmittel grundsätzlich in den Rechtsfolgen und in der Ertragswirkung Steuern. Nur wenn die steuerliche Lenkung nach Gewicht und Auswirkung einer verbindlichen Verhaltensregel nahe kommt, die Finanzierungsfunktion der Steuer also durch eine Verwaltungsfunktion mit Verbotscharakter verdrängt wird, bietet die **Besteuerungskompetenz** der Art. 105 IIa GG, Art. 3 KAG keine ausreichende Rechtsgrundlage. Eine steuerrechtliche Regelung, die Lenkungswirkungen in einem nicht steuerrechtlichen Kompetenzbereich entfaltet, setzt also keine zur Steuergesetzgebungskompetenz hinzutretende **Sachkompetenz** voraus. Der Landesgesetzgeber bzw. der kommunale Satzungsgeber ist deshalb zur Regelung von Lenkungssteuern zuständig, mag die Lenkung Haupt- oder Nebenzweck sein, sofern die Finanzfunktion nicht durch die Lenkungsfunktion verdrängt wird[41]. 25

---

[35] BVerwG, BayVBl. 1995, 23/26. Vgl. zum Örtlichkeitsbezug bei der Zweitwohnungssteuer BVerwG, 9 B 102/03 vom 27.10.2003, Rn. 4f. – juris –. Vgl. ferner zum Örtlichkeitsbezug bei der Hundesteuer BVerwG, NVwZ 2013, 1426.

[36] Vgl. bereits BVerwG, NJW 1974, 2298ff. (zwei lesenswerte Entscheidungen); BVerfG, BayVBl. 1998, 493/495.

[37] BGBl. S. 359.

[38] BVerfG, BayVBl. 1998, 493/495; BVerfG, 1 BvR 624/00 vom 3.5.2001, Absatz-Nr. 9, http://www.bverfg.de.

[39] Als nicht gleichartige Steuern wurden akzeptiert: Getränke-, Hunde-, Jagd-, Vergnügungs-, Speiseeis-, Zweitwohnungs- und Verpackungssteuer. Zur fehlenden Vergleichbarkeit von Zweitwohnungssteuer und Vermögenssteuer vgl. BVerwG, 10 BN 4/06 vom 21.3.2007, Rn. 3ff. m.w.N. – juris –.

[40] BVerwG, BayVBl. 1995, 23/27; BVerfG, BayVBl. 1998, 493/495; Kluth, DVBl. 1992, 1261/1264f.

[41] BVerfG, BayVBl. 1998, 493ff.; BVerfG, 1 BvR 624/00 vom 3.5.2001, Absatz-Nr. 12, http://www.bverfg.de.

Die Ausübung der Steuergesetzgebungskompetenz zur Lenkung in einem anderweitig geregelten Sachbereich ist allerdings nur zulässig, wenn dadurch die **Rechtsordnung nicht widersprüchlich** wird. Greift die steuerliche Lenkung auf eine Sachmaterie über, dürfen die steuerrechtlichen Vorschriften den vom zuständigen Sachgesetzgeber getroffenen Regelungen, und zwar sowohl der Gesamtkonzeption als auch den konkreten Einzelregelungen, nicht widersprechen.

25a **Beispiel:** So erkannte das Bundesverfassungsgericht, dass die Verpackungssteuer in ihrer Ausgestaltung als Lenkungssteuer den bundesrechtlichen Vorgaben des Abfallrechts zuwiderlief[42].

26 Für die Rechtmäßigkeit von Steuersatzungen ist weiterhin zu beachten, dass sich in Art. 3 III KAG verschiedene kommunale Steuern finden, deren Erhebung verboten ist. Aufgrund dieses sehr weitgehenden **Verbotskatalogs** verbleibt den bayerischen Gemeinden praktisch nur die Hundesteuer und die Zweitwohnungssteuer, obwohl theoretisch auch sonstige „Haustiersteuern“ auf das Halten von Pferden, Katzen oder Vögeln oder sonstige „Luxussteuern“ auf das Halten von z.B. Booten, Swimmingpools und anderes mehr in Betracht kämen. Gem. Art. 2 I 1 KAG werden die Abgaben aufgrund einer besonderen (also von der Stammsatzung gesonderten) Abgabensatzung erhoben. Diese Rechtmäßigkeitsvoraussetzung hat allerdings nur Bedeutung für Gebühren- und Beitragssatzungen; bei Steuersatzungen gibt es keine Stammsatzung, die von der Steuersatzung getrennt werden könnten. In Art. 2 I 2 KAG ist der **Mindestinhalt** einer Steuersatzung genannt.

27 **Beispiel:** Hundesteuer: Steuerschuldner ist der Hundehalter, der die Steuerschuld begründende Tatbestand das Halten eines Hundes im Gebiet des Geltungsbereichs der Satzung; Steuermaßstab ist die Bemessungsgrundlage, hier die Anzahl der gehaltenen Hunde; Steuersatz ist der Geldbetrag, der pro Hund aufzubringen ist. Weiterhin muss die Steuersatzung Ausführungen zum Entstehen und zur Fälligkeit der Steuerschuld beinhalten.

28 Nach Art. 2 III KAG bedürfen Steuersatzungen der **Genehmigung** der Rechtsaufsichtsbehörde, wenn durch die Satzung erstmalig eine bisher im Freistaat Bayern nicht erhobene kommunale Steuer eingeführt werden soll. Die Rechtsaufsichtsbehörde hat in diesem Fall gem. Art. 2 III 2 KAG die **Zustimmung des Innenministeriums** einzuholen. Auf die Erteilung der Genehmigung durch die Rechtsaufsichtsbehörde besteht ein Anspruch, wenn die zu genehmigende Steuersatzung rechtmäßig ist. Neben den allgemeinen Gründen, an denen eine Satzung scheitern kann, sowie neben den in Art. 2 III 3 KAG genannten Versagungsgründen gibt es keinen Ermessensspielraum für die Genehmigungsbehörde, die Steuer zu versagen. Die Ansicht, die ein echtes Mitwirkungsrecht der Aufsichtsbehörden i.S.e. **Kondominialaktes** befürwortete, ist vom Bayerischen Verfassungsgerichtshof verworfen worden, da andernfalls die Rechtsaufsichtsbehörden letztlich aus Zweckmäßigkeitsgründen die Genehmigung versagen könnten, was aber weder der Selbstverwaltungsgarantie noch dem Wesen der Rechtsaufsicht entspräche, sondern zu einer staatlichen „Einmischungsaufsicht“ führte[43]. Allerdings ist nicht zu verkennen, dass Art. 2 III 3 KAG den staatlichen Behörden ein weitreichendes Instrumentarium darreicht, um Steuersatzungen entgegenzutreten. Jedoch würde es mit dem Stellenwert der Selbstverwaltungsgarantie nicht zu vereinen sein, wenn man den staatlichen Behörden bei der Auslegung der Begriffe in Art. 2 III

---

[42] BVerfG, BayVBl. 1998, 493/495 ff. Keinen Widerspruch nahm das BVerfG im Fall der Vergnügungssteuer auf das Betreiben von „Gewaltspielautomaten“ an, BVerfG vom 3.5.2001, Az. 1 BvR 624/00, Absatz-Nr. 12 ff., http://www.bverfg.de.

[43] BayVerfGH, BayVBl. 1989, 237/240 unter Berufung auf BVerfG, BayVBl. 1989, 111/112. Vgl. auch Knemeyer, BayVBl. 1989, 233 f. Vgl. zu der Änderung des Art. 2 KAG durch das Gesetz vom 25.7.2002 (GVBl. S. 322) Hasl-Kleiber, KommP BY 2002, 221 f.

3 KAG einen Beurteilungsspielraum beließe. Im Gegenteil: Bei der Anwendung des Art. 2 III 3 KAG haben die staatlichen Behörden zu berücksichtigen, dass sie „auf Grund der verfassungsrechtlichen Garantie des Selbstverwaltungsrechts verpflichtet sind, die Selbstverwaltung zu fördern und zu stärken, die finanzielle Leistungsfähigkeit der Gemeinden zu erhalten und sich gemeindefreundlich zu verhalten“[44].

Die Erteilung bzw. Versagung der nötigen Genehmigung gem. Art. 2 III KAG stellt als Akt der präventiven Staatsaufsicht einen Verwaltungsakt dar. Deswegen kann die Gemeinde bzw. der Landkreis bei Versagung der Genehmigung Verpflichtungsklage auf Erteilung der Genehmigung einlegen[45]. 29

Bedeutung im Rahmen der Genehmigungspflicht hatte nach der bis zum Gesetz vom 25.7.2002 (GVBl. S. 322) geltenden Rechtslage, wonach rückwirkende Steuersatzungen gem. Art. 2 III Nr. 3 KAG a. F. der Genehmigung der Rechtsaufsichtsbehörde bedurften. Hiermit war nur die echte **Rückwirkung** gemeint, also die Regelung eines in der Vergangenheit liegenden, abgeschlossenen Sachverhalts. Der rückwirkende Erlass von Steuersatzungen kommt insbesondere dann in Betracht, wenn die ursprüngliche Steuersatzung rechtswidrig und somit nichtig ist, Steuerbescheide aber bereits erlassen worden sind. Denn mit dem Erlass einer rückwirkenden Steuersatzung erhalten die Steuerbescheide rückwirkend eine Rechtsgrundlage und sind damit nicht rechtswidrig, sondern als geheilt anzusehen[46]. Der rückwirkende Erlass von Steuersatzungen ist in solchen Fällen auch stets möglich, da das Rückwirkungsverbot dann nicht eingreift, wenn Vertrauensschutz nicht besteht, weil eine Norm, die sich als ungültig erwiesen hat, durch eine rechtlich einwandfreie Norm ersetzt wird[47]. Der Satzungsgeber hat gerade durch Erlass der ersten, rechtswidrigen Satzung zum Ausdruck gebracht, dass eine Belastung des Bürgers ab Erlass der ersten Satzung gewollt war[48]. Eine Genehmigung der Rechtsaufsichtsbehörde ist bei rückwirkendem Satzungserlass nicht mehr erforderlich. 30

Im Bereich der materiellen Rechtmäßigkeitsprüfung ist insbesondere darauf zu achten, dass Steuern selbstverständlich auch mit den Grundrechten vereinbar sein müssen. Steuern dürfen keine **erdrosselnde Wirkung** haben mit der Folge, dass der Steuerschuldner gezwungen wäre, das Steuerobjekt aufzugeben. Das Verbot der erdrosselnden Steuer ergibt sich aus Art. 14 I GG[49] (bzw. Art. 103 BV), aber auch aus Art. 12 I GG[50]. Fraglich ist seit dem Beschluss des Bundesverfassungsgerichts vom 22.6.1995[51] – und bislang ungeklärt – ob alle Arten von Steuern generell, also nicht erst bei erdrosselnder Wirkung, an Art. 14 I GG, und nicht nur an Art. 2 I GG zu messen sind[52]. Das 31

---

[44] BayVerfGH, BayVBl. 1989, 237/239. Vgl. auch zur abgelehnten Münchner Übernachtungssteuer BayVGH, BayVBl. 2912, 696 ff. sowie KommP BY 2012, 311 ff.

[45] Vgl. § 8, Rn. 48 ff.

[46] Vgl. Schieder/Happ, Teil C, Art. 2, Erl. 7.4.4. Rn. 75.

[47] Vgl. hierzu bereits § 3, Rn. 29 f.; zur Rückwirkung für diese Fälle und zur Rückwirkung ganz allgemein BVerfGE 13, 261/271.

[48] Zur Frage der Heilung eines Bescheids durch Erlass einer wirksamen neuen Satzung ohne Rückwirkungsanordnung vgl. bereits § 3, Rn. 30, Fn. 49; vgl. auch BayVGH, BayVBl. 1998, 593 ff.; BayVBl. 2000, 472 f.; BayVGH vom 01.10.2018, Az. 20 B 16.330.

[49] Vgl. zur erdrosselnden (konfiskatorischen) Wirkung von Steuern im Rahmen von Art. 14 GG Jarass/Pieroth, Art. 14 GG, Rn. 29. Vgl. zur Überschreitung der „Erdrosselungsgrenze“ wegen eines besonderen Steuersatzes für Kampfhunde BVerwG, BayVBl. 2015, 241 ff.

[50] Vgl. BVerfG, BayVBl. 1972, 182 ff. Im Übrigen: Die Bayerische Verfassung kennt kein explizites Grundrecht der Berufsfreiheit; insoweit springt also Art. 101 BV ein.

[51] BVerfG, NJW 1995, 2615 ff.

[52] Der Beschluss scheint nur solche Steuerbelastungen an Art. 14 GG messen zu wollen, die ihren Gegenstand in konsolidiertem Vermögen haben. Vgl. aber auch BVerfGE 105, 17/32.

erscheint deswegen konsequent, weil nicht einzusehen ist, weshalb eine steuerliche Belastung, auch wenn es „nur" eine kommunalsteuerliche Belastung ist, an Art. 2 I GG zu messen sein soll, bei unverhältnismäßiger Belastung aber an Art. 14 GG; es kann doch nicht die Unverhältnismäßigkeit des Eingriffs zu einem Wechsel des Prüfungsmaßstabs führen[53]. Jenseits der Problematik der erdrosselnden Steuer kann insbesondere ein Eingriff in die Berufsfreiheit vorliegen, wenn die Steuer im engen Zusammenhang mit der Berufsausübung steht und eine berufsregelnde Tendenz zu erkennen ist[54]. Darüber hinaus muss die Steuer Art. 3 I GG (bzw. Art. 118 I BV) genügen. Außerdem ist Art. 62 II GO zu beachten. Darnach dürfen Steuern nur subsidiär zur Mittelbeschaffung herangezogen werden, wenn die sog. „sonstigen Einnahmen" (insbesondere Leistungen an die Gemeinde nach dem Finanzausgleichsgesetz, Anteil an der Einkommensteuer sowie auch sonstige Zuweisungen, Zuschüsse und Finanzhilfen) und Einnahmen aus besonderen Entgelten (Gebühren und Beiträge, sonstige öffentlich-rechtliche oder privatrechtliche Vertragsentgelte[55]) nicht ausreichen (Grundsatz der **Subsidiarität der Mittelbeschaffung durch Steuererhebung**).

III. Kommunale Gebühren

32 Gebühren stellen Geldleistungen als Gegenleistung für die tatsächliche und willentliche Benutzung der öffentlichen Einrichtungen und des Eigentums der öffentlichen Hand (Benutzungsgebühren) oder für die Vornahme von Amtshandlungen (Verwaltungsgebühren) dar.

1. Benutzungsgebühren

33 Soweit nicht spezialgesetzliche Vorschriften einschlägig sind[56], können (Art. 8 I 1 KAG) bzw. sollen (Art. 8 I 2 KAG) die Gemeinden, Landkreise und Bezirke für die Benutzung ihrer öffentlichen Einrichtungen und ihres Eigentums durch Satzung **Benutzungsgebühren** erheben. Voraussetzung dafür, dass eine Gebietskörperschaft durch Satzung Gebühren festschreiben kann, ist die Existenz einer öffentlichen Einrichtung, deren Benutzung durch ein öffentlich-rechtliches Benutzungsverhältnis geregelt ist.

a) Gebührenbegriff

34 Zunächst muss eine **öffentliche Einrichtung** i. S. v. Art. 21 GO vorliegen, also eine Einrichtung, die durch Widmung der Öffentlichkeit zur Verfügung gestellt wurde und die die Kommune im öffentlichen Interesse auch tatsächlich unterhält[57].

35 **Beispiele:** Volle/weitgehende Kostendeckung: Wasserversorgung, Abwasserbeseitigung, Verkehrsbetriebe, Straßenreinigung, Krankenhäuser, Friedhöfe, Schlachthäuser. Keine/geringe Kos-

---

[53] Friauf, Juristische Analysen, 1970, 302f., zitiert bei Kimminich in: Bonner Kommentar, Art. 14, Rn. 55.

[54] Vgl. BVerfG, BayVBl. 1998, 493; BVerfG, 1 BvR 624/00 vom 3.5.2001, Absatz-Nr. 5ff., http://www.bverfg.de.

[55] Vgl. (insbesondere zum Merkmal der Vertretbarkeit und des Gebotenseins gem. Art. 62 II Nr. 1 GO) OVG Münster, NVwZ 1990, 393ff.

[56] Vgl. z.B. Art. 7 II BayAbfG im Bereich der kommunalen Abfallentsorgung, Art. 18 IIa BayStrWG im Bereich der Sondernutzung von Straßen nach öffentlichem Recht.

[57] Vgl. bereits § 2, Rn. 40ff.

tendeckung: Badeanstalten, Theater, Museen, Einrichtungen im Gemeingebrauch wie öffentliche Straßen, Parks.

Zum anderen muss das **Benutzungsverhältnis** zwischen Kommune und Benutzer **öffentlich-rechtlich** ausgestaltet sein. Ist es hingegen privatrechtlich ausgestaltet, so ist für eine Regelung des Benutzungsentgelts durch Gebührensatzung kein Raum mehr. Der Charakter des Entgelts folgt der öffentlich-rechtlichen oder privatrechtlichen Natur des Benutzungsverhältnisses[58]. Wer die oben[59] abgelehnte Ansicht vertritt, bei Anordnung eines Anschluss- und Benutzungszwangs gem. Art. 24 I Nr. 2 bzw. Nr. 3 GO könne das Benutzungsverhältnis nur noch öffentlich-rechtlich ausgestaltet werden, hat dies zu berücksichtigen, so dass das Entgelt nur durch Gebühr festgelegt werden kann[60]. 36

Schließlich muss als gebührenauslösendes Tatbestandsmerkmal im Rahmen der Abgabesatzung die **tatsächliche Benutzung** der betroffenen Einrichtung festgeschrieben sein. Die bloße Möglichkeit der Benutzung – das ist der Unterschied zu den öffentlichen Beiträgen, vgl. z.B. Art. 5 I 1, 7 II 1 KAG – reicht nicht aus. Weiterhin setzt die Benutzung die willentliche, nicht zwangsnotwendig auch freiwillige (Anschluss- und Benutzungszwang!) Inanspruchnahme der öffentlichen Einrichtung voraus. 37

b) Anforderungen an die Gebührensatzung

Gem. Art. 2 I 1 KAG muss die Abgabesatzung von der die Benutzung der Einrichtung regelnden bzw. einen Anschluss- und Benutzungszwang anordnenden **Stammsatzung** gesondert sein, d.h. die Abgaberegelung muss bereits äußerlich verselbständigt sein und darf nicht mit Satzungsregelungen nicht abgaberechtlicher Art verbunden sein. Ein Grund für diesen **Trennungsgrundsatz** in Art. 2 I 1 KAG ist, dass Abgaberegelungen häufiger geändert werden als Benutzungsregelungen, historisch standen aber auch aufsichtsrechtliche Fragen inmitten[61]. 38

Beispiel: Eine Gemeinde beschließt, die Benutzung ihres neu errichteten Schwimmbads durch Satzung gem. Art. 24 I Nr. 1 GO zu regeln. In derselben Satzung regelt sie auch abschließend die Erhebung der Benutzungsgebühren. Der Verstoß gegen den Trennungsgrundsatz in Art. 2 I 1 KAG hat nicht die Rechtswidrigkeit und damit Unwirksamkeit der Satzung insgesamt zur Folge. Zwar dürfen abgaberechtliche Fragen nicht mit der Stammsatzung verbunden werden, andererseits enthält Art. 24 I Nr. 1 GO kein Verbot der Koppelung mit Abgaberegelungen. Damit ist die erlassene Satzung nur insoweit unwirksam, als sie abgaberechtliche Fragen behandelt. Im Übrigen, also soweit das Benutzungsverhältnis geregelt wird, ist sie rechtmäßig und kann bestehen. 39

Beispiel: Eine Gemeinde regelt in ihrer Satzung für die öffentliche Entwässerungsanlage (Entwässerungssatzung – EWS) u.a. den Anschluss- und Benutzungszwang sowie deren Benutzung. In einer selbständigen Beitrags- und Gebührensatzung zur Entwässerungssatzung (BGS-EWS) wird die Beitrags- und Gebührenerhebung geregelt. Die Gemeinde hat korrekt gehandelt, da sie die Abgabesatzung von den übrigen Regelungsgehalten entsprechend Art. 2 I 1 KAG getrennt hat. Eine Trennung der Anordnung des Benutzungszwangs von der Benutzungsordnung der Einrichtung ist nicht nötig (wohl aber möglich), da weder Art. 24 GO noch Art. 34 BayWG eine Verbindung dieser Regelungsgehalte verbietet. 40

Beispiel: Die Gemeinden X, Y und Z bilden einen Zweckverband und übertragen ihm die Aufgabe der Wasserversorgung, vgl. Art. 2 III, 17ff., 22 KommZG. Der Zweckverband erlässt 41

---

[58] Letztlich ist die Entgeltfrage nichts anderes als Teil des Benutzungsverhältnisses, allerdings gebietet Art. 2 I 1 KAG eine räumliche Trennung von Abgaben- und sonstigen Benutzungsfragen.

[59] Vgl. § 2, Rn. 70.

[60] Vgl. auch die Nachweise bei Schieder/Happ, Teil C, Art. 8, Anm. 2.2; Rn. 5.

[61] Vgl. zum Trennungsgebot Wolff, BayVBl. 2005, 709ff.

gem. Art. 22 II KommZG i. V. m. Art. 24 I Nr. 1, Nr. 2, II, III GO eine Satzung für die Wasserversorgungseinrichtung (Wasserabgabesatzung – WAS) des Zweckverbands, in der u. a. die Wasserversorgungseinrichtung als öffentliche Einrichtung bezeichnet wird, ordnet einen Anschluss- und Benutzungszwang an, regelt die Haftung und zahlreiche weitere Fragen. In einer weiteren Satzung erlässt er gem. Art. 22 II KommZG i. V. m. Art. 5, 8 und 9 KAG eine Beitrags- und Gebührensatzung zur Wasserabgabesatzung (BGS-WAS). Diese regelt u. a. die Beitragserhebung zur Deckung des Aufwands des Zweckverbands zur Herstellung der Wasserversorgungseinrichtung, die Gebührenerhebung für die laufende Benutzung der Wasserversorgungseinrichtung sowie die Erstattung der Kosten für Grundstücksanschlüsse. Auch hier wurde rechtmäßig gehandelt. Insbesondere verbietet der Trennungsgrundsatz des Art. 2 I 1 KAG nicht, verschiedene abgaberechtliche Regelungen miteinander zu verbinden.

42 Außerdem muss die Gebührensatzung gem. Art. 2 I 2 KAG den Schuldner, den die Abgabe begründenden Tatbestand, den Maßstab, den Satz der Abgabe sowie die Entstehung und die Fälligkeit der Abgabeschuld als Mindestinhalt bestimmen.

43 **Beispiel:** In der gemeindlichen BGS-WAS wird u. a. festgelegt, dass für die Benutzung der Wasserversorgungseinrichtung Verbrauchsgebühren erhoben werden, die nach der Menge des aus der Wasserversorgungseinrichtung entnommenen Wassers berechnet werden. Der Wasserverbrauch wird durch Wasserzähler festgehalten; er ist durch eine Schätzung zu ermitteln, wenn ein Wasserzähler nicht vorhanden ist, der Zutritt zum Wasserzähler oder dessen Ablesung nicht ermöglicht wird oder sich Anhaltspunkte dafür ergeben, dass der Wasserzähler den tatsächlichen Wasserverbrauch nicht angibt. Ferner wird festgelegt, wie hoch die Gebühr pro Kubikmeter entnommenen Wassers ist. Gebührenschuldner ist, wer im Zeitpunkt des Entstehens der Gebührenschuld Eigentümer des Grundstücks oder ähnlich zur Nutzung dinglich Berechtigter ist. Gebührenschuldner ist auch der Inhaber eines auf dem Grundstück befindlichen Betriebs. Mehrere Gebührenschuldner sind Gesamtschuldner. Es wird bestimmt, dass die Verbrauchsgebühr mit dem Verbrauch entsteht; der Verbrauch wird jährlich abgerechnet und wird einen Monat nach Zustellung des Bescheids fällig[62].

44 Art. 8 II KAG benennt dem Grundsatz nach mit dem sog. **Kostendeckungsprinzip** sowohl Unter- als auch Obergrenze für das Gebührenaufkommen. Vereinfacht gesagt soll den Kommunen durch die Bereitstellung von öffentlichen Einrichtungen weder Verlust noch Gewinn entstehen. Das Kostendeckungsprinzip ist als **Vorkalkulationsgrundsatz** anzusehen, wonach das voraussichtliche Gesamtgebührenaufkommen die voraussichtlichen Kosten jeweils in einem bestimmten Zeitabschnitt grundsätzlich nicht übersteigen soll. Die Gebühren sollen also so kalkuliert werden, dass weder Über- noch Unterdeckungen auftreten; entstehen solche tatsächlich, ohne dass die Gebührenkalkulation grundsätzlich in Frage gestellt werden müsste, so können diese gem. Art. 8 VI 2 KAG ausgeglichen werden.

45 Freilich kann das Kostendeckungsprinzip Geltung nur im Bereich der bereits oben erwähnten kostendeckenden Einrichtungen des Art. 8 I 2 KAG entfalten, also wenn und soweit eine Einrichtung überwiegend dem Vorteil einzelner Personen oder Personengruppen dient, wie insbesondere bei Einrichtungen der Wasserversorgung, Abwasserbeseitigung, Straßenreinigung, bei den Verkehrsbetrieben, Krankenhäusern, Friedhöfen und Schlachthäusern. Soweit Gebühren i. S. v. Art. 8 I 1 KAG nur erhoben werden „können", kann eine Kostendeckung regelmäßig ohnehin nicht erreicht werden.

46 Art. 8 II 1 KAG geht von einem **betriebswirtschaftlichen Kostenbegriff** aus. Zu den ansatzfähigen Kosten i. S. v. Art. 8 II 1 KAG gehören neben z. B. den laufenden Betriebs- und Unterhaltungskosten (Personal- und Sachkosten, Kosten für Reparaturen

---

[62] Vgl. das Muster einer Beitrags- und Gebührensatzung zur Wasserabgabesatzung des Bayerischen Staatsministeriums des Innern vom 1.12.2008, AllMBl. Nr. 16/2008, S. 824 ff. Vgl. ferner das Muster einer Beitrags- und Gebührensatzung zur Entwässerungssatzung vom 20.5.2008, AllMBl. Nr. 8/2008, S. 350 ff.

und Unterhaltsarbeiten sowie die Kosten der Verwaltung etc.) gem. Art. 8 III 1 KAG insbesondere angemessene Abschreibungen und eine angemessene Verzinsung des Anlagekapitals.

Weiterhin ist das **Äquivalenzprinzip** als Ausprägung des Gleichheitssatzes und des 47 Verhältnismäßigkeitsgrundsatzes, das in Art. 8 IV KAG seinen Ausdruck gefunden hat, zu beachten. Gem. Art. 8 IV KAG sind die Gebühren nach dem Ausmaß zu bemessen, in dem die Gebührenschuldner die öffentliche Einrichtung oder das kommunale Eigentum benutzen. Hierdurch ist ein ausschließliches Abstellen auf die Kostenverursachung ausgeschlossen; der Satzungsgeber unterliegt bei der Bestimmung des Abgabemaßstabes gewissen Bindungen. Zwischen Leistung der Kommune und Gegenleistung des Benutzers muss ein angemessenes Verhältnis bestehen, was vor allem dann von Bedeutung ist, wenn ein Benutzungszwang angeordnet ist, weil dann der Benutzer die Inanspruchnahme nicht verweigern kann. Der Satzungsgeber wird, wo immer möglich, sich des **Wirklichkeitsmaßstabes** bedienen, da er der leistungsgerechteste Maßstab ist, weil er auf die jeweilige tatsächliche Benutzung abstellt[63].

Beispiele: Bemessung der Wasserbenutzungsgebühren nach dem mit dem Zähler festgestell- 48 ten Bezug von Wasser aus einer kommunalen Wasserversorgungsanlage; Schwimmbadbenutzungsgebühr nach Stunden.

Nicht selten wird aber der Wirklichkeitsmaßstab aus praktischen Gründen nicht 49 verwendbar sein, weil sich das exakte Ausmaß der Benutzung nicht feststellen lässt oder zumindest damit ein unverhältnismäßiger Aufwand verbunden wäre. Wird der **Wahrscheinlichkeitsmaßstab** gewählt, so wird nicht auf die Benutzung der öffentlichen Einrichtungen im konkreten, sondern im typischen Fall abgestellt und hieraus ein Schluss auf die wahrscheinliche Nutzung gezogen.

Beispiel: Bemessung der Abwassergebühr nach dem Frischwassermaßstab; Müllabfuhrgebühr 50 nach Zahl und Größe der Tonnen[64].

Ferner zeigt Art. 8 IV KAG, dass im Rahmen des Äquivalenzprinzips auch **sonstige** 51 **Merkmale** berücksichtigt werden können, wenn öffentliche Belange dies rechtfertigen. Sonstige Merkmale werden sich im Regelfall nicht bei der Bestimmung des Gebührenmaßstabes, sondern in erster Linie bei der Festlegung des Gebührensatzes auswirken. Sonstige Merkmale können insbesondere der unterschiedliche Wert einer Leistung für den Empfänger, die Abnahmemenge (d.h. mengenbezogene Zu- bzw. Abschläge) und u.U. auch soziale Gesichtspunkte sein (soziale Gesichtspunkte im Gebührenrecht zu berücksichtigen, ist nicht unproblematisch, weil solche Gesichtspunkte leistungs- und kostenbezogene Erwägungen hinfällig machen und in Konflikt mit dem Grundsatz der Abgabengerechtigkeit treten können; daher werden soziale Gesichtspunkte in der Regel nur bei solchen Einrichtungen in Frage kommen, die dem Sozialstaatsprinzip in besonderer Weise dienen, z.B. Staffelung von Kindergartengebühren nach Elterneinkommen und Zahl der Kinder[65]).

---

[63] Zu beachten ist aber auch Art. 8 II 3 KAG, wonach zur Deckung der verbrauchsunabhängigen Vorhaltekosten eine Grundgebühr erhoben werden kann, sowie Art. 8 V KAG, wonach ein Abweichen von der prinzipiell linearen Bemessung bei Wasserversorgung und Abwasserbeseitigung möglich ist.

[64] Vgl. BayVGH, BayVBl. 1995, 278f.; BVerwG, BayVBl. 1995, 279f. Eine Besonderheit regelt Art. 7 V Nr. 5 BayAbfG, wonach entsprechend den Abfallmengen progressiv gestaffelte Müllgebühren erhoben werden können, um Anreize zur Vermeidung von Abfällen zu schaffen; vgl. hierzu BayVGH, BayVBl. 1996, 532/534.

[65] Vgl. VGH Mannheim, NVwZ 1994, 194ff.; OVG Lüneburg, NVwZ-RR 1995, 468ff.; vgl. auch Gern, NVwZ 1995, 1145ff.

52 Weiterhin ist Art. 62 II Nr. 1 GO zu beachten, wonach eine Gebühr als besonderes Entgelt im Sinne dieser Vorschrift nur dann erhoben werden kann, soweit die sonstigen Einnahmen (insbesondere Beteiligung an der Einkommen- und Umsatzsteuer gem. Art. 106 GG, Leistungen an die Gemeinde nach dem FAG, Miet-/Pacht-/Vermögenserträge sowie sonstige Zuweisungen)[66] nicht ausreichen. Nur in den seltensten Fällen wird eine Kommune auf die Erhebung von Gebühren verzichten können. Von daher schränkt Art. 62 II GO das in Art. 8 I 1 KAG den Kommunen hinsichtlich der Erhebung von Gebühren eingeräumte Ermessen bei nicht kostendeckenden Einrichtungen ein. Vor allem kann im Hinblick auf Art. 62 III i.V.m. Art. 71 I GO nicht auf die Erhebung von Gebühren verzichtet werden, wenn andernfalls eine Kreditaufnahme nötig wäre.

2. Verwaltungsgebühren

53 Von den Benutzungsgebühren werden die **Verwaltungsgebühren** geschieden, die Segment des Kostenbegriffs gem. Art. 1 KG sind. **Kosten**[67] (Verwaltungsgebühren sowie Auslagen) werden für Tätigkeiten erhoben, die Behörden des Staates bzw. sonstige Körperschaften des öffentlichen Rechts in Ausübung hoheitlicher Gewalt wahrnehmen **(Amtshandlungen).** Eine Verpflichtung zur Kostenerhebung durch die Gebietskörperschaften besteht, soweit diese Aufgaben im übertragenen Wirkungskreis wahrnehmen, vgl. Art. 1 I KG. Die Höhe der Kosten richtet sich nach dem Kostenverzeichnis. Die Kosten fließen den die Kosten erhebenden Körperschaften zu, Art. 1 II 2 KG.

54 **Beispiel:** Die Große Kreisstadt G erteilt auf Antrag dem Bauherrn einen Vorbescheid gem. Art. 71 BayBO über die bauplanungsrechtliche Zulässigkeit eines Vorhabens, sog. Bebauungsgenehmigung. Hierfür ist sie gem. Art. 9 II 1 GO i.V.m. § 1 I Nr. 1 GrKrV i.V.m. Art. 54 I, 53 I BayBO zuständig. Für diese Amtshandlung muss sie – da es sich um eine Angelegenheit des übertragenen Wirkungskreises handelt, Art. 54 I BayBO – gem. Art. 1 I 1 KG eine Gebühr i.H.v. 40 bis 2500 Euro erheben, vgl. Anlage zum KVz, sog. Kostenverzeichnis, Tarif-Nr. 2.I.1./1.34.

55 Für Amtshandlungen im eigenen Wirkungskreis erlassen die Körperschaften Kostensatzungen, so dass auf deren Grundlage Kostenbescheide ergehen können, vgl. Art. 20 I KG.

IV. Kommunale Beiträge

56 Anders als die Gebühr, die eine tatsächliche Inanspruchnahme einer öffentlichen Einrichtung voraussetzt, knüpft der Begriff des Beitrages an den aus der Möglichkeit der Inanspruchnahme einer öffentlichen Einrichtung sich ergebenden Vorteil an. Besondere Bedeutung hat das **Erschließungsbeitragsrecht,** das sich mit der Deckung der Kosten für die erstmalige Herstellung von Erschließungsanlagen befasst. Das Erschließungsbeitragsrecht gehörte zum Bodenrecht i.S.v. Art. 74 Nr. 18 GG a.F., wofür der Bund die konkurrierende Gesetzgebungsbefugnis hatte[68]. Nach Neufassung des Art. 74 I Nr. 18 GG ist das Erschließungsbeitragsrecht nicht mehr Gegenstand der konkurrierenden Gesetzgebungsbefugnis, Art. 125a I GG. Mit der Neuregelung des Art. 5a KAG durch Gesetz vom 8.3.2016[69] hat der bayerische Gesetzgeber eine abschließende landesrechtliche

---

[66] Vgl. Bauer/Böhle/Ecker, Art. 62 GO, Rn. 5; Gern/Brüning, Rn. 675.
[67] Vgl. § 80 II 1 Nr. 1 VwGO.
[68] Vgl. Battis/Krautzberger/Löhr, Vorbem. §§ 123-135 BauGB, Rn. 8.
[69] GVBl. S. 36.

Regelung gefunden. Wegen der besonderen Komplexität des Erschließungsbeitragsrechts wird auf eine Darstellung dieser Materie verzichtet. Das gilt auch für das **Straßenausbaubeitragsrecht,** das bis zum Inkrafttreten des Gesetzes zur Änderung des Kommunalabgabengesetzes vom 26.6.2018[70] als Grundlage für die Erhebung von Beiträgen für Ausbau und Verbesserung von Straßen Art. 5 KAG hatte und gleichwohl zahlreiche Eigengesetzlichkeiten aufweist. Der Gesetzgeber hat nun aber mit Wirkung zum 1.1.2018 die Straßenausbaubeiträge für die Zukunft abgeschafft, so dass sich eine Behandlung allein aus diesem Grund erübrigt. Schließlich werden auch der **Fremdenverkehrsbeitrag**[71] gem. Art. 6 KAG, durch den diejenigen an dem gemeindlichen Aufwand für die Fremdenverkehrsförderung beteiligt werden, die als Unternehmen hieraus wenigstens einen mittelbaren Vorteil ziehen, und der **Kurbeitrag** gem. Art. 7 KAG, zu dem Gäste, die sich in einer Gemeinde i. S. v. Art. 7 I KAG zu Erholungszwecken aufhalten, herangezogen werden, nicht behandelt.

1. Beitragsbegriff

Gem. Art. 5 I KAG können die Gemeinden und Landkreise zur Deckung des Aufwands für die Herstellung, Anschaffung, Verbesserung oder Erneuerung ihrer öffentlichen Einrichtungen (Investitionsaufwand) Beiträge von den Grundstückseigentümern und Erbbauberechtigten erheben, denen die Möglichkeit der Inanspruchnahme dieser Einrichtungen besondere Vorteile bietet. Von daher kann man die Beiträge nach Art. 5 I 1 KAG auch als **Investitionsbeiträge** bezeichnen. Auch die Beiträge sind, weil durch die bloße Existenz der beitragsfähigen öffentlichen Einrichtung für bestimmte Personen oder Personengruppen Vorteile entstehen, spezielle Entgelte i. S. v. Art. 62 II Nr. 1 GO. 57

Voraussetzung für den Erlass einer Beitragssatzung ist zunächst wiederum, dass eine der **Öffentlichkeit gewidmete Einrichtung** i. S. d. Art. 21 GO vorliegt, genauer hergestellt, angeschafft, erweitert oder verbessert wird, da nur diese Maßnahmen beitragsfähige Investitionen sind. Dabei bedeutet **Herstellung** den erstmaligen Bau einer öffentlichen Einrichtung; handelt es sich dabei um eine Erschließungsanlage, so ist allerdings Art. 5a KAG einschlägig. Unter **Anschaffung** ist der Erwerb einer von Dritten hergestellten Anlage, unter **Erneuerung** die grundlegende Wiederherstellung oder Umgestaltung zu verstehen. Problematisch ist nur der Begriff der **Verbesserung.** Hierunter fallen Maßnahmen zur Hebung der Qualität und Steigerung der Leistungskraft. Reparaturen, Ausbesserungen oder Unterhaltungsmaßnahmen hingegen können nicht als beitragsfähige Verbesserungsmaßnahmen angesehen werden. Diese können demnach, genauso wie der laufende Unterhalt der Einrichtung, nur über die Benutzungsgebühren auf den Benutzer abgewälzt werden, weil es sich bei diesen Kosten nicht um Investitionen handelt. 58

Beitragsfähige öffentliche Einrichtungen sind insbesondere Wasserversorgungs-, Strom- und Gasversorgungs-, Wärmeversorgungseinrichtungen, Kanalisation, Müllabfuhr, Straßenreinigung, öffentliche Straßen. Von den soeben genannten öffentlichen Einrichtungen nennt man **leitungsgebunden** solche, bei denen ein Anschluss vom Benutzergrundstück an die öffentliche Einrichtung mittels einer Leitung erfolgt, was insofern von Bedeutung ist, als das Gesetz teilweise zwischen leitungsgebundenen und nicht leitungsgebundenen Einrichtungen unterscheidet (vgl. Art. 5 I 4–6, II 4–6 KAG). 59

---

[70] GVBl. S. 449.

[71] Vgl. hierzu insbesondere Wölfl, Der Fremdenverkehrsbeitrag.

60 Weiteres Merkmal der Beitragssatzung muss sein, dass ein Grundstückseigentümer oder Erbbauberechtigter **durch die Benutzungsmöglichkeit** der öffentlichen Einrichtung einen **besonderen,** dauerhaften **grundstücksbezogenen Vorteil** erlangt. Dieser Vorteil kann sich äußern in der Erschließung eines Grundstücks, in der Erhöhung des Gebrauchswerts des Grundstücks, seiner Nutzbarkeit, in der Steigerung des Grundstückswerts sowie in der Ersparnis von Eigenaufwendungen.

61 **Beispiel:** Der Investitionsaufwand für ein kommunales Schwimmbad kann nicht über Beiträge gem. Art. 5 I 1 KAG gedeckt werden, da aus der Existenz des Schwimmbades kein grundstücksbezogener Vorteil folgt. Die Nutzungsmöglichkeit erstreckt sich auf alle in der Benutzungsordnung Zugelassenen. Von daher kann die Kommune nur versuchen, den Investitionsaufwand durch Benutzungsgebühren gem. Art. 8 I KAG oder durch privatrechtliche Entgelte auszugleichen. Das Gleiche gilt für Krankenhäuser, Schulen, Kindergärten, Leihbüchereien.

62 Ein grundstücksbezogener Vorteil ist insbesondere dann gegeben, wenn es sich um ein tatsächlich bebautes Grundstück oder ein tatsächlich gewerblich genutztes Grundstück handelt. Auch liegt ein besonderer Vorteil vor (da eben an die Möglichkeit der Inanspruchnahme der öffentlichen Einrichtung angeknüpft wird), wenn das Grundstück nur bebaubar oder gewerblich nutzbar ist. Ein Grundstück ohne Baulandqualität ist hingegen nicht beitragsfähig; auch die bloße Ausweisung eines Grundstücks als Bauland in einem Flächennutzungsplan ermöglicht noch keine beitragsmäßige Erfassung.

2. Anforderungen an die Beitragssatzung

63 Wiederum ist Art. 2 I 1 KAG zu beachten, wonach die Beitragssatzung nur abgaberechtliche Regelungen enthalten darf; sie muss räumlich von der den Anschluss- und Benutzungszwang festschreibenden und/oder die Benutzungsregelung enthaltenden Stammsatzung getrennt sein. Es wurde bereits darauf hingewiesen, dass ein Grund für diesen **Trennungsgrundsatz** darin zu sehen ist, dass Abgaberegelungen häufiger geändert werden als sonstige Stammsatzungsregelungen.

64 Gem. Art. 2 I 2 KAG muss die Beitragssatzung den Schuldner, den die Abgabe begründenden Tatbestand, den Maßstab, den Abgabesatz (Ausnahme: Art. 5 IV KAG) sowie die Entstehung und die Fälligkeit der Beitragsschuld bestimmen.

65 **Beispiel:** Die Gemeinde G hat eine Beitrags- und Gebührensatzung zur Wasserabgabesatzung (BGS-WAS) erlassen. Gem. § 2 der BGS-WAS wird der Beitrag für bebaute, bebaubare oder gewerblich genutzte oder gewerblich nutzbare Grundstücke erhoben, wenn ein Recht zum Anschluss an die Wasserversorgungseinrichtung besteht. Ein Beitrag wird auch für Grundstücke erhoben, die an die Wasserversorgungseinrichtung tatsächlich angeschlossen sind. Gem. § 4 BGS-WAS ist Beitragsschuldner, wer im Zeitpunkt des Entstehens der Beitragsschuld Eigentümer des Grundstücks oder Erbbauberechtigter ist. Gem. § 5 BGS-WAS werden zur Bestimmung des Beitragsmaßstabs Grundstücksfläche und Geschossfläche herangezogen, die gem. § 6 BGS-WAS beim Beitragssatz getrennt erfasst werden. Weiter enthält die Satzung Bestimmungen zum Entstehen der Beitragsschuld und zu deren Fälligkeit.

66 Auch im Rahmen der Beiträge i.S.v. Art. 5 I 1 KAG gilt das **Kostendeckungsprinzip** („zur Deckung des Aufwands"), soweit es um die Obergrenze des Beitragsgesamtvolumens geht. Angesichts der schwierigen Beitragsberechnungen wird aber eine gewisse Überdeckung zugelassen. In Art. 5 I, II, IIa, III KAG klingt erneut das **Äquivalenzprinzip** an, das sowohl für Beitragsmaßstab als auch Beitragssatz eine Rolle spielt. Der Beitragsmaßstab muss so gewählt sein, dass trotz Typisierung in der Satzung im konkreten Einzelfall ein dem Gedanken des Vorteilsausgleichs einigermaßen entsprechendes Ergebnis erzielt wird. Bei der Festlegung des Beitragsmaßstabs ist zu berücksichtigen, dass ggf. ein **Wirklichkeitsmaßstab** nicht auffindbar sein wird, so dass nur eine Festlegung nach dem **Wahrscheinlichkeitsmaßstab** als Möglichkeit ver-

bleibt. Insbesondere bei der Bestimmung von leitungsgebundenen Einrichtungen werden oft kombinierte Beitragsmaßstäbe am ehesten dem Äquivalenzprinzip entsprechen, vgl. auch Art. 5 II 2 KAG.

Beispiel: Zulässig: Kombination von Grundstücksfläche und tatsächlicher Geschossfläche; Grundstücksfläche und tatsächliche oder zulässige Geschosszahl kombiniert. Wenig aussagekräftig und daher in aller Regel unzulässig: Grundstücksfläche allein, überbaute Fläche allein, Einheitswert des Grundstücks allein, Anzahl der Wohnungen allein, Frontmeterlänge. 67

Im Einzelnen ist die Ermittlung des Investitionsaufwands sowie die Festlegung von Beitragsmaßstab und Beitragssatz unter Berücksichtigung des Kostendeckungs- und Äquivalenzprinzips überaus komplex. Es soll deswegen nur noch auf Folgendes hingewiesen werden: Die **Wahl des Finanzierungssystems** liegt bei der Kommune. Nicht zwangsläufig ist der gesamte Investitionsaufwand im Rahmen der Beitragsermittlung anzusetzen. Vielmehr kann z.B. auch ein Teil des Investitionsaufwands über die Gebühren als abschreibungsfähige Kosten von den Anschaffungs- oder Herstellungskosten berücksichtigt werden, Art. 8 III KAG. Theoretisch ist es auch möglich, auf eine Beitragserhebung vollkommen zu verzichten und den gesamten Investitionsaufwand über die Gebühren im Rahmen der Abschreibung von Herstellungs- und Anschaffungskosten zu amortisieren. Freilich setzt dies voraus, dass hinsichtlich der in Frage stehenden Einrichtung sowohl Beiträge als auch Gebühren erhoben werden könnten, was z.B. in obigem Beispiel Rn. 61 nicht der Fall ist. In der Praxis ergibt sich eine Wahlmöglichkeit vor allem bei den leitungsgebundenen Einrichtungen. 68

V. Verfahren der Abgabeerhebung

Erlassen Gebietskörperschaften Abgabebescheide, so ist Art. 13 KAG[72] zu beachten, der die AO in weiten Teilen für anwendbar erklärt und insoweit das BayVwVfG verdrängt. Besonders sei auf Art. 13 I Nr. 3b KAG verwiesen, der die abgabenordnungsrechtlichen Regelungen über Verwaltungsakte für anwendbar erklärt und damit insbesondere Art. 35ff. BayVwVfG verdrängt. Ein kommunaler Abgabebescheid ist über Art. 13 I Nr. 4b KAG ein Bescheid nach den §§ 155ff. AO. Insbesondere ist § 157 AO zu beachten, der Form und Inhalt des Abgabebescheids regelt. Die Begründungspflicht des Bescheids ergibt sich aus Art. 13 I Nr. 3b KAG i.V.m. § 121 AO, seine Nichtigkeit aus Art. 13 I Nr. 3b KAG i.V.m. § 125 AO. Die Zustellung des Bescheids kann erforderlich sein, wenn die Abgabesatzung die Zustellung ausdrücklich anordnet. Jedenfalls ist die Zustellung des Bescheids praktikabel, da Vollstreckungsvoraussetzung nach Art. 23 I Nr. 1 VwZVG ist, dass der Bescheid, der einen Leistungsbescheid darstellt, zugestellt wurde. Gem. Art. 13 I Nr. 3b KAG i.V.m. § 122 V AO richtet sich die Zustellung des Abgabebescheides nach den Vorschriften des VwZVG. Von Interesse ist in diesem Zusammenhang insbesondere Art. 17 VwZVG, wonach die Zustellung von schriftlichen Bescheiden, die im Abgabeerhebungsverfahren ergehen, dadurch ersetzt werden kann, dass der Bescheid dem Empfänger durch einfachen Brief verschlossen zugesandt wird. Da Art. 13 I KAG die §§ 172ff. AO nicht für entsprechend anwendbar erklärt, bestimmt sich die Änderung oder Aufhebung von kommunalen Abgabebe- 69

[72] Art. 13 KAG stellt eine sog. „dynamische" Verweisung dar, da die Abgabenordnung in ihrer jeweils geltenden Fassung anzuwenden ist. Eine solche dynamische Verweisung von einem Landesgesetz auf ein Bundesgesetz kann als versteckte Verlagerung von Gesetzgebungsbefugnissen unter dem Blickwinkel des Demokratieprinzips verfassungsrechtlich bedenklich sein; zur Verfassungsmäßigkeit einer solchen Verweisung auf das Bundesrecht vgl. BayVerfGH, BayVBl. 1989, 267ff.

scheiden weder nach den §§ 172ff. AO noch nach den Art. 48ff. BayVwVfG, sondern nach den §§ 130ff. AO.

VI. Rechtsbehelfe

1. Rechtsbehelfe gegen Abgabebescheide

70 Die Rechtsbehelfe gegen Grundsteuer- und Gewerbesteuerbescheide wurden bereits unter den Rn. 8, 11 erläutert. Im Folgenden werden nur noch die Abgaben, deren Rechtsgrundlage das KAG ist, dargestellt. Obwohl solche Abgabebescheide keine Verwaltungsakte i.S.v. Art. 35 BayVwVfG, sondern gem. Art. 13 I Nr. 4b KAG solche i.S.v. § 155 I 2 AO sind, ist außergerichtlicher Rechtsbehelf nicht der **Einspruch** gem. § 347 AO, da Art. 13 KAG nicht auf diese Vorschrift verweist, sondern der **Widerspruch,** der im Kommunalabgabenrecht auch weiterhin fakultativ statthaft ist, Art. 15 I Nr. 1 AGVwGO. Auch ist nicht etwa die Anfechtungsklage gem. § 40 I FGO vor den Finanzgerichten einzulegen, § 33 FGO, sondern die **Anfechtungsklage** gem. § 42 I VwGO vor den Verwaltungsgerichten, § 40 I VwGO. Zu beachten ist, dass gem. § 80 II 1 Nr. 1 VwGO diese Rechtsbehelfe keine aufschiebende Wirkung i.S.v. § 80 I VwGO zeitigen, so dass der Schuldner zunächst zahlen muss. Bleibt er im Widerspruchsverfahren ohne Erfolg, so kann er mit der Anfechtungsklage den **Vollzugsfolgenbeseitigungsantrag** gem. § 113 I 2 VwGO verknüpfen, der hier auf Erstattung gerichtet ist. Dabei ist zu beachten, dass § 113 I 2 VwGO nur die prozessuale Möglichkeit der Verbindung von Anfechtungsklage und Folgenbeseitigungs- bzw. Erstattungsantrag gibt; ob materiell-rechtlich ein Erstattungsanspruch auch tatsächlich besteht, ist eine andere Frage[73]. Eine direkt auf Auskehrung des zu erstattenden Betrags gerichtete Leistungsklage bliebe ohne Erfolg, da der Abgabebescheid Rechtsgrund für das Behaltendürfen des Betrages ist. Ein Erstattungsanspruch kann damit materiellrechtlich erst entstehen, wenn der Abgabebescheid durch Widerspruch oder Anfechtungsklage vernichtet worden ist, es sei denn, der Abgabebescheid wäre bereits nichtig.

71 Im Bereich des **vorläufigen Rechtsschutzes** ist die Besonderheit des § 80 VI VwGO zu beachten. Ein Antrag nach § 80 V VwGO ist, wenn es um die Anforderung von öffentlichen Abgaben und Kosten geht, nur nach Durchführung eines behördlichen Verfahrens gem. § 80 IV VwGO möglich, § 80 VI VwGO. Allerdings ist es in den Fällen des § 80 VI 2 VwGO nicht nötig, die Ablehnung eines gestellten Antrags abzuwarten.

72 Im Rahmen einer Anfechtungsklage wird es nicht selten zu einer **Inzidentprüfung** der dem Abgabebescheid zugrundeliegenden Satzung kommen[74]. Wie bereits dargelegt, müssen auch der den Ausgangsbescheid erlassende Beamte bzw. die mit dem Widerspruch des Schuldners Befassten eine Inzidentprüfung vornehmen; diese haben jedoch nicht wie das Verwaltungsgericht das Recht, ohne weiteres die Rechtsnorm nicht anzuwenden.

2. Rechtsbehelfe gegen die Abgabesatzung

73 Auch hier erübrigen sich Erörterungen, da auf § 3 verwiesen werden darf. Denkbar ist regelmäßig die Normenkontrolle gem. § 47 I Nr. 2 VwGO i.V.m. Art. 5 AGVwGO, vgl. § 3, Rn. 40ff. und die Popularklage gem. Art. 98 (4) BV, vgl. § 3, Rn. 44ff.

---

[73] Vgl. Kopp/Schenke, § 113 VwGO, Rn. 80ff.

[74] Vgl. bereits § 3, Rn. 47ff.

§ 7 Kommunale Unternehmen

1 Mit den Gesetzen vom 26.7.1995[1] und 24.7.1998[2] erfuhr das ehemalige Recht der wirtschaftlichen Betätigung der Gemeinden eine vollständige und gelungene Erneuerung. Diese wurde augenscheinlich bereits dadurch, dass die Bestimmungen der Art. 86 bis 96 GO zusammengefasst wurden unter der Überschrift **„Gemeindliche Unternehmen“**[3]. Wesentlich für die gesetzliche Neuerung war die Aufgabe der ehemaligen Unterscheidung zwischen wirtschaftlichen und nichtwirtschaftlichen Unternehmen, die vor allem deswegen überfällig war, weil eine Definition des sog. wirtschaftlichen Unternehmens („als wirtschaftliches Unternehmen ist jede Einrichtung anzusehen, die auch von einem Privaten mit der Absicht der Gewinnerzielung betrieben werden könnte“[4]) auf fast unüberwindbare Abgrenzungsschwierigkeiten in der Praxis stieß. Insbesondere hätte man fast jedes gemeindliche Unternehmen als wirtschaftliches Unternehmen einstufen können, da es wohl kaum Einrichtungen gibt, die nicht von einem privaten Anbieter mit Gewinnerzielungsabsicht betrieben werden könnten. Aus diesem Grunde waren einige Durchbrechungen des ehemaligen kommunalen Wirtschaftsrechts erforderlich gewesen; so waren z.B. die kommunalen Versorgungs- und örtlichen Verkehrsbetriebe nach der Rechtsprechung des Bayerischen Verfassungsgerichtshofs von den Einschränkungen des kommunalen Wirtschaftsrechts ausgenommen[5]. Neben der Aufgabe der Unterscheidung zwischen wirtschaftlichen und nichtwirtschaftlichen Unternehmen haben die gesetzlichen Neuregelungen die Zulässigkeitsvoraussetzungen kommunaler Wirtschaftstätigkeit in Art. 87 GO weiter präzisiert. Auch wurde die Wahl der Rechtsform für das jeweilige Unternehmen von den ehemaligen gesetzlichen Einschränkungen entbunden. Insbesondere der Vorrang des Eigenbetriebs und das Erfordernis eines Nachweises der besseren Aufgabenerfüllung bei Eigengesellschaften sind weggefallen. Rechtsgrundsätzlich bedeutet das Entfallen dieser Bindungen einerseits eine Stärkung der gemeindlichen Organisationshoheit, die nicht zuletzt wegen der Liberalisierung auf vielen Feldern der Daseinsvorsorge (z.B. im Bereich der Elektrizitäts- und Gasversorgung) erforderlich wurde, andererseits das Erfordernis einer jeweils genauen Abwägung im Einzelfall, ob in öffentlich-rechtlicher oder privatrechtlicher Organisationsform, und darüber hinaus, in welcher der zur Verfügung stehenden Rechtsformen (Eigenbetrieb bzw. selbständiges Kommunalunternehmen des öffentlichen Rechts oder Eigengesellschaft bzw. Beteiligung hieran) gehandelt werden soll.

I. Unternehmensformen

2 Das Gesetz definiert den Begriff des gemeindlichen Unternehmens nicht. Vielmehr bestimmt Art. 86 GO, dass die Gemeinde **Unternehmen außerhalb ihrer allge-**

---

[1] GVBl. S. 376ff.

[2] GVBl. S. 424ff.

[3] Vgl. zum kommunalen Unternehmensrecht Bekanntmachung des Bayerischen Staatsministeriums des Innern vom 3.3.2003, Az.: I B 3 – 1515-66, AllMBl. S. 57f.; Köhler, BayVBl. 2000, 1ff.; Thode/Peres, BayVBl. 1999, 6ff.; Knemeyer, BayVBl. 1999, 1ff.; vgl. grundlegend hierzu Wurzel/Schraml/Becker, Rechtspraxis Komm. Untern., 3. Aufl. 2015.

[4] Vgl. BayVerfGH 10, 113/124.

[5] Vgl. BayVerfGH 10, 113ff.

meinen Verwaltung in den Rechtsformen des Eigenbetriebs, des selbständigen Kommunalunternehmens des öffentlichen Rechts und in den Rechtsformen des Privatrechts betreiben kann. Es ist der Gemeindeverwaltung zunächst freigestellt, ob Aufgaben bzw. Einrichtungen organisatorisch „außerhalb" oder im Rahmen der allgemeinen Gemeindeverwaltung wahrgenommen bzw. betrieben werden[6]. Werden Aufgaben bzw. Einrichtungen rechtlich, organisatorisch, personell, leitungsmäßig, haushalts- und rechnungstechnisch im Rahmen der Gemeindeverwaltung erfüllt bzw. betrieben, so spricht man von **Regiebetrieben,** die vor allem den eigenen Bedarf der Gemeinde decken sollen.

3 **Beispiel:** Bauhof, Gemeindegärtnerei, Reparaturbetriebe.

4 Die Regiebetriebe sind, wie aus Art. 86 Nr. 1 sowie Art. 88 VI GO zu entnehmen, **keine gemeindlichen Unternehmen.** Allerdings ermöglicht es Art. 88 VI GO den Gemeinden, die Regiebetriebe ganz oder teilweise nach den Vorschriften über die Wirtschaftsführung der Eigenbetriebe zu führen, wenn die Abweichung von den allgemeinen kommunalwirtschaftlichen Vorschriften nach Art und Umfang der Einrichtung zweckmäßig ist. Dies setzt voraus, dass der Regiebetrieb als Sondervermögen ohne eigene Rechtspersönlichkeit (Art. 88 I GO) geführt wird.

5 Wird hingegen eine Organisationseinheit außerhalb der allgemeinen Verwaltung in der Form des Eigenbetriebs, des selbständigen Kommunalunternehmens des öffentlichen Rechts oder in der Rechtsform des Privatrechts geschaffen, so ist von einem gemeindlichen Unternehmen zu sprechen, bei dessen Errichtung, Übernahme und Erweiterung die Gemeinde allgemeine Zulässigkeitsvoraussetzungen sowie im Rahmen des Betriebs Betätigungsschranken (vgl. nachfolgend II.) zu beachten hat.

1. Öffentlich-rechtliche Unternehmensformen

a) Eigenbetrieb

6 Gem. Art. 86 Nr. 1 i. V. m. 88 I GO sind **Eigenbetriebe** gemeindliche Unternehmen, die außerhalb der allgemeinen Verwaltung als Sondervermögen ohne eigene Rechtspersönlichkeit geführt werden. Handlungen des Eigenbetriebs sind mithin solche der Trägergemeinde. Trotzdem ist der Eigenbetrieb, verglichen mit dem Regiebetrieb, organisatorisch und finanzwirtschaftlich weitgehend gegenüber der Gemeindeverwaltung verselbständigt. Die **organisatorische Verselbständigung** zeigt sich darin, dass für Eigenbetriebe der Gemeinderat eine Werkleitung und einen Werkausschuss bestellt, Art. 88 II GO, deren Befugnisse Art. 88 III, IV GO zu entnehmen sind. Dabei tritt dem Grundsatz nach die Werkleitung an die Stelle des ersten Bürgermeisters, der Werkausschuss an die des Gemeinderats. Der Werkausschuss ist ein beschließender Ausschuss i. S. d. Art. 32 und 45 II 2 GO, vgl. Art. 88 IV 2 GO, wobei sich der Gemeinderat die Entscheidung über gewisse Angelegenheiten vorbehalten bzw. die Entscheidung im Einzelfall an sich ziehen kann, Art. 88 IV 1 GO. Die **finanzwirtschaftliche Verselbständigung** ergibt sich daraus, dass das Eigenbetriebsvermögen finanzwirtschaftlich als Sondervermögen zu verwalten ist, Art. 88 I, V GO, §§ 5 ff. EBV, d. h. es ist eine eigene Kassenwirtschaft zu führen, § 10 EBV. Auch eine eigene Buchführung, § 18 EBV und ein selbständiger Wirtschafts-, Vermögens- und Stellenplan sind nötig, §§ 13 ff. EBV.

---

[6] Vgl. auch zu den möglichen Rechtsformen kommunaler Krankenhäuser Art. 25 BayKrG, der auf „die Vorschriften des Kommunalrechts" verweist, ferner zu denen der Einrichtungen des ÖPNV Art. 11 BayÖPNVG.

7 Gem. Art. 88 V 2 GO werden die Angelegenheiten des Eigenbetriebs im Rahmen der zwingend zu erlassenden **Eigenbetriebssatzung** geregelt. Diese bestimmt Namen und Stammkapital (vgl. § 5 II EBV) des Eigenbetriebs sowie insbesondere dessen Aufgaben (z.B. Versorgung des Gemeindegebiets mit Strom, Wasser und Fernwärme sowie Einrichtung und Betrieb des öffentlichen Personennahverkehrs). Ferner werden die Zuständigkeiten zwischen Werkleitung, Werkausschuss, Gemeinderat und erstem Bürgermeister verteilt.

8 Gem. § 4 EBV sollen mehrere Versorgungs- oder Verkehrsbetriebe grundsätzlich die gleiche Rechtsform haben und, wenn sie als Eigenbetrieb geführt werden, zu einem Eigenbetrieb zusammengefasst werden. Dabei erhalten die Versorgungsbetriebe der Gemeinde die Bezeichnung „Gemeindewerke" bzw. „Stadtwerke". Es ist auch denkbar, die Versorgungs- und die Verkehrsbetriebe zusammenzufassen. Der Vorteil eines Verbunds liegt auf der Hand: Eine gemeinsame Verwaltung bedeutet eine koordinierte Aufgabenwahrnehmung, Kostenersparnis zugunsten der Gemeinde, die Möglichkeit, Gewinne und Verluste innerhalb des Querverbunds auszugleichen.

b) Selbständiges Kommunalunternehmen des öffentlichen Rechts[7]

9 Bis zum Inkrafttreten des Gesetzes zur Änderung des kommunalen Wirtschaftsrechts vom 26.7.1995[8] gab es nur aufgrund vereinzelter Spezialvorschriften die Möglichkeit, kommunale Unternehmen als juristische Personen des öffentlichen Rechts zu errichten. Prominentestes Beispiel ist die **Sparkasse,** eine rechtsfähige Anstalt des öffentlichen Rechts, vgl. Art. 1, 3 SpkG, vgl. auch Art. 87 IV 2 GO. Gem. Art. 86 Nr. 2 i.V.m. 89 I GO kann die Gemeinde seither selbständige Unternehmen in der Rechtsform einer **Anstalt des öffentlichen Rechts (Kommunalunternehmen)** errichten oder bestehende Regie- und Eigenbetriebe im Weg der Gesamtrechtsnachfolge in Kommunalunternehmen umwandeln. Ein Unternehmen in der Rechtsform einer Kapitalgesellschaft, an dem ausschließlich die Gemeinde beteiligt ist, kann durch Formwechsel in ein Kommunalunternehmen umgewandelt werden, Art. 89 IIa GO.

10 Der Gesetzgeber wollte mit der Schaffung des selbständigen Kommunalunternehmens die Vorzüge öffentlich-rechtlicher und privatrechtlicher Organisation miteinander kombinieren, genauer: die Rechtsform des öffentlichen Rechts, die eine bessere Einflussnahme der Gemeinden ermöglichen soll, mit einer gegenüber Regiebetrieb und Eigenbetrieb erhöhten Selbständigkeit, vergleichbar mit der der GmbH, kreuzen. Die Gemeinde ist also nicht auf die privatrechtliche Unternehmensform angewiesen, wenn sie eine neue juristische Person als Zurechnungssubjekt von Rechten und Pflichten schaffen will, um eine größtmögliche Flexibilität zu erreichen.

11 Gem. Art. 89 III GO, § 5 KUV müssen in der **Unternehmenssatzung** zumindest bestimmt sein: Name und Aufgaben des Unternehmens, Anzahl der Mitglieder des Vorstands und des Verwaltungsrats, Höhe des Stammkapitals, die Geschäftsordnung des Verwaltungsrats und des Vorstands sowie die Beschlussfähigkeit des Verwaltungsrats. Die Gemeinde hat die Unternehmenssatzung und ihre Änderungen gem. Art. 26 II GO bekannt zu machen. Gem. Art. 89 II GO können nicht nur einzelne Aufgaben, sondern auch die Befugnis zum Satzungs- und Verordnungserlass übertragen werden.

12 Das Kommunalunternehmen wird von einem **Vorstand** in eigener Verantwortung geleitet; der Vorstand vertritt das Kommunalunternehmen nach außen, Art. 90 I GO.

[7] Vgl. Schulz, BayVBl. 1996, 97ff., 129ff.; Thode/Peres, BayVBl. 1999, 6ff.; Knemeyer in: Kirchgässner/Knemeyer/Schulz, S. 9ff.; Baier/Müller, BayVBl. 2011, 493 ff.; Scheidler, BayVBl. 2016, 145ff.

[8] GVBl. 1995, 376ff.

Die Geschäftsführung des Vorstands wird von einem **Verwaltungsrat** überwacht, Art. 90 II 1 GO. Der Verwaltungsrat bestellt den Vorstand auf höchstens 5 Jahre, Art. 90 II 2 GO. Der Verwaltungsrat unterliegt in gewissen Fragen den Weisungen des Gemeinderats, Art. 90 II 4-6 GO. Weitere Vorzüge des Kommunalunternehmens sind: Die Möglichkeit zum hoheitlichen Handeln, insbesondere kann dem Kommunalunternehmen die Befugnis zur Erhebung von Kommunalabgaben übertragen werden, zugunsten des Unternehmens kann ein Anschluss- und Benutzungszwang festgelegt werden. Das Kommunalunternehmen besitzt Dienstherrenfähigkeit, Art. 90 IV 1 GO und unterliegt der Staatsaufsicht, Art. 91 III GO. Gem. Art. 89 IV GO haftet die Gemeinde subsidiär für die Verbindlichkeiten des Kommunalunternehmens, sog. **Gewährträgerschaft.** Gem. § 6 KUV können bzw. sollen Versorgungs- und Verkehrsbetriebe einer Gemeinde die gleiche Rechtsform haben und, wenn sie Kommunalunternehmen sind, zu einem Kommunalunternehmen zusammengefasst werden. Versorgungsbetriebe, Verkehrsbetriebe und sonstige Unternehmen einer Gemeinde können zu einem einheitlichen oder verbundenen Kommunalunternehmen zusammengefasst werden.

2. Privatrechtliche Unternehmensformen[9]

13 Die **privatrechtlichen Unternehmensformen** können nach dem Wegfall des Vorrangs wirtschaftlicher Betätigung in der Form des öffentlichen Rechts, insbesondere in der Form des Eigenbetriebs, verstärkt genutzt werden. Diejenigen Argumente, die noch bis zur Reform des kommunalen Unternehmensrechts regelmäßig angeführt wurden, um eine privatrechtliche Organisation als zweckmäßig erscheinen zu lassen, tragen seit Einführung des Kommunalunternehmens allerdings nicht mehr in vollem Umfang. Denn das Kommunalunternehmen gewährt eine große Selbständigkeit und ist durchaus mit der GmbH zu vergleichen[10], erlaubt allerdings eine hervorragende Steuerbarkeit durch die Gemeinde.

14 Grundsätzlich können alle privatrechtlichen Organisationsformen verwandt werden: BGB-Gesellschaft gem. §§ 705 ff. BGB, OHG gem. §§ 105 ff. HGB, KG gem. §§ 161 ff. HGB, GmbH, Aktiengesellschaft, KG auf Aktien, rechtsfähiger und nicht rechtsfähiger Verein. In der Praxis werden von den bekannten Gesellschaftsformen die GmbH und die AG in Betracht kommen, der rechtsfähige Verein in der Ausprägung des Idealvereins (§ 21 BGB) ist ausnahmsweise im kulturellen und sozialen Bereich in Erwägung zu ziehen.

---

[9] Vgl. Zugmaier, BayVBl. 2001, 233 ff.; Papsthart, BayVBl. 2018, 541 ff.

[10] Vgl. Thode/Peres, BayVBl. 1999, 6 ff.; Zugmaier, BayVBl. 2001, 233/234; Knemeyer, BayVBl. 1999, 1/3.

3. Übersicht 37: Gemeindliche Unternehmen

14a

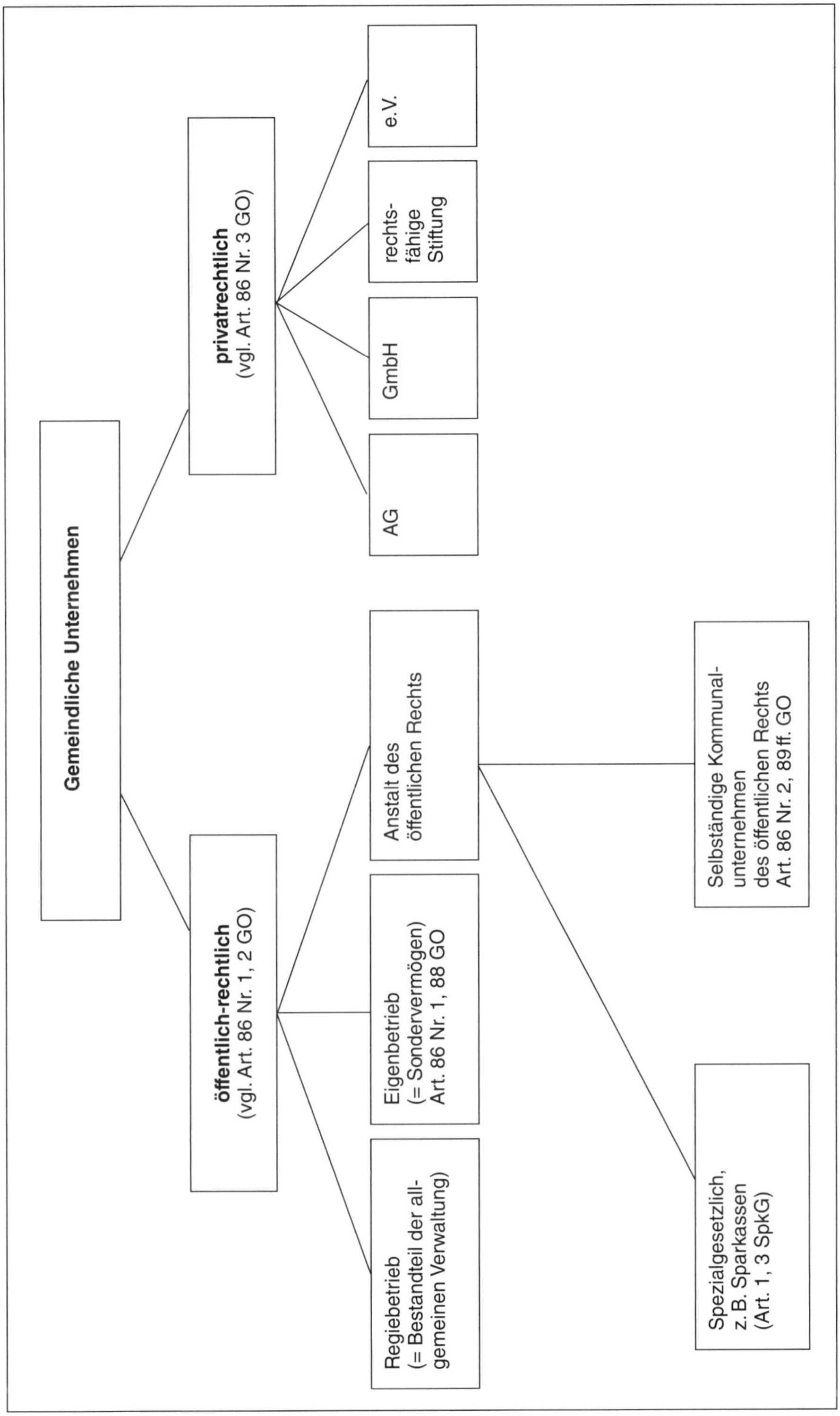

II. Voraussetzungen und Schranken unternehmerischer Tätigkeit[11]

15 Neben die besonderen Voraussetzungen kommunaler unternehmerischer Tätigkeit, wie sie für den Eigenbetrieb in Art. 88 GO sowie in der EBV, für das Kommunalunternehmen in Art. 89-91 GO sowie der KUV und für die Unternehmen in Privatrechtsform in Art. 92-94 GO benannt sind, treten allgemeine Voraussetzungen und Schranken unternehmerischer Tätigkeit, die sich auf alle Organisationsformen beziehen. Der Gesetzgeber möchte durch die gesetzlichen Anforderungen erreichen, dass die Gemeinden ihre Ressourcen der Bewältigung der öffentlichen Aufgaben widmen, sich keinen finanziellen Risiken aus Anlass unternehmerischer Tätigkeit aussetzen und der Privatwirtschaft nicht, insbesondere vor dem Hintergrund unterschiedlicher Rahmendaten, Konkurrenz machen.

1. Voraussetzungsquadriga des Art. 87 I GO

16 Gem. Art. 87 I Nr. 1 GO darf die Gemeinde ein kommunales Unternehmen nur errichten, übernehmen oder wesentlich erweitern[12], wenn ein **öffentlicher Zweck** das Unternehmen erfordert. Wie Art. 87 I 2 GO entnommen werden kann, entsprechen alle Tätigkeiten oder Tätigkeitsbereiche, mit denen die Gemeinde oder ihre Unternehmen an dem vom Wettbewerb beherrschten Wirtschaftsleben teilnehmen, um ausschließlich oder ganz überwiegend die Absicht der Gewinnerzielung zu verfolgen, keinem öffentlichen Zweck[13]. Ein öffentlicher Zweck ist jedoch nicht bereits dann zu verneinen, weil die Gemeinde mit der Tätigkeit **auch** Gewinne erzielen möchte[14]. Wie sich aus Art. 87 I Nr. 4 GO entnehmen lässt, kann ein öffentlicher Zweck auch dann vorliegen, wenn die Gemeinde bzw. ihr Unternehmen außerhalb der kommunalen Daseinsvorsorge tätig wird. Zwar werden öffentliche Zwecke vor allem dann vorliegen, wenn Aufgaben der Daseinsvorsorge, vgl. insbesondere die in Art. 87 I Nr. 1 GO vorausgesetzten Aufgaben des Art. 83 I BV, Art. 57 GO, wahrgenommen werden. Darüber hinaus erfasst der „öffentliche Zweck" als Gegenbegriff zum Privatinteresse aber alle nach der Rechtsordnung schutzwürdigen Gemeinwohlinteressen. Es ist davon auszugehen, dass vor allem die Grundversorgung mit Basisgütern wie Strom, Gas, Wasser, Wärme sowie Basisdienstleistungen wie öffentlicher Nahverkehr, Erziehung und Bildung, Abfallentsorgung und Abwasserbeseitigung dazu zu rechnen ist[15]. Darüber hinaus kann es aber auch dem öffentlichen Zweck entsprechen, wenn eine Gemeinde Unternehmen (auch) deswegen gründet, übernimmt oder wesentlich erweitert, um in

---

[11] Vgl. insbesondere Köhler, BayVBl. 2000, 1 ff.

[12] Vgl. zur Errichtung, Übernahme und wesentlichen Erweiterung kommunaler Unternehmen Scharpf, BayVBl. 2005, 549 ff.

[13] Vgl. bereits BVerfGE 61, 82/107.

[14] Auch Gewinnmitnahmen bzw. Ressourcennutzung, etwa in Form von Vermietung von Flächen in U-Bahnen, sind zulässig, vgl. Köhler, BayVBl. 2000, 1/6; Ehlers, DVBl. 1998, 497/500. A. A. OLG Düsseldorf, NWVBl. 1997, 353; OLG Hamm, DVBl. 1998, 792.

[15] Nicht gefolgt werden kann der Ansicht von Hösch (DÖV 2000, 393/400 ff.), wonach es am öffentlichen Zweck fehlen soll, wenn unzureichende Marktergebnisse nicht festzustellen sind; kommunale Unternehmen dienten hiernach nur einem öffentlichen Zweck, wenn ein privater Markt nicht aufgebaut werden kann oder unzureichende Marktergebnisse vorlägen. Wie Hösch selbst zugibt, führt diese Ansicht zu einer Identität von öffentlichem Zweck und Subsidiaritätsklausel i. S. v. Art. 87 I Nr. 4 GO. Dies ist aber vom Gesetzgeber nicht gewollt, da Art. 87 I Nr. 4 GO die Subsidiaritätsklausel von der kommunalen Daseinsvorsorge ausnimmt.

einem bestimmten Markt Wettbewerbsstrukturen zu schaffen oder zu erhalten, wenn und soweit die übernommene Aufgabe einen Bezug zu den Gemeindeeinwohnern aufweist, mithin die Gemeindeeinwohner zu den Begünstigten der Unternehmenstätigkeit gehören[16]. Die Entscheidung über die Annahme eines öffentlichen Zwecks unterliegt einer Beurteilungsprärogative der Gemeinden[17].

Gem. Art. 87 I Nr. 2 GO muss das Unternehmen nach Art und Umfang in einem **angemessenen Verhältnis** zur Leistungsfähigkeit der Gemeinde und zum voraussichtlichen Bedarf stehen. Es muss also sichergestellt sein, dass die Gemeinde keine Aufgaben übernimmt bzw. dem Unternehmen überträgt, die die gemeindliche Verwaltungs- und Finanzkraft übersteigen. **17**

Gem. Art. 87 I Nr. 3 GO dürfen nur solche Aufgaben dem Unternehmen übertragen werden, die für die Wahrnehmung außerhalb der allgemeinen Verwaltung **geeignet** sind. Für die Ausgliederung kommen alle von den Gemeinden kraft Gesetzes zwingend selbst zu erfüllenden Aufgaben, wie Aufgaben der inneren Organisation, des Haushaltswesens, regelmäßig auch die Aufgaben des übertragenen Wirkungskreises[18], nicht in Frage. **18**

Gem. Art. 87 I Nr. 4 GO darf eine Gemeinde ein Unternehmen nur errichten, übernehmen oder wesentlich erweitern, wenn bei einem Tätigwerden außerhalb der kommunalen Daseinsvorsorge der Zweck nicht ebenso gut und wirtschaftlich durch einen anderen erfüllt wird oder erfüllt werden kann. Es ist zunächst festzuhalten, dass diese sog. **Subsidiaritätsklausel** nicht einschlägig ist, wenn es sich um Aufgaben der kommunalen Daseinsvorsorge (vgl. insbesondere Art. 83 BV sowie Art. 57 GO) handelt, also z.B. regelmäßig die kommunale Fremdenverkehrsförderung, die kommunale Wirtschaftsförderung und Tätigkeiten zur Erhöhung der Kapazitätsauslastung kommunaler Anlagen, die als solche der Daseinsvorsorge dienen[19]. Die Subsidiaritätsklausel ist erheblichen Auslegungsschwierigkeiten ausgesetzt, da abstrakt wohl nicht festgelegt werden kann, welche Aufgaben außerhalb der kommunalen Daseinsvorsorge besser bzw. wirtschaftlicher durch einen anderen Privaten erfüllt werden können. Deshalb dürfte Köhler Recht zu geben sein, der danach fragt, ob der Marktzutritt des kommunalen Unternehmens zu Lasten eines an sich effektiven und funktionsfähigen Wettbewerbs geht[20]. Da im Regelfall Konkurrenz das Geschäft belebt, wird die Subsidiaritätsklausel nur dann eingreifen, wenn durch das Auftreten des kommunalen Unternehmens zu Lasten der privaten Mitbewerber und damit zu Lasten eines effizienten und funktionsfähigen Wettbewerbs Marktstrukturen und Marktergebnisse sich verschlechtern können, was insbesondere dann der Fall sein kann, wenn zugunsten des Kommunalunternehmens eine Monopolisierung eintreten kann. **19**

2. Tätigkeit gemeindlicher Unternehmen außerhalb des Gemeindegebiets[21]

Gem. Art. 87 II 1 GO darf eine Gemeinde mit ihren Unternehmen außerhalb des Gemeindegebiets nur tätig werden, wenn dafür die Voraussetzungen des Art. 87 I GO vorliegen und die berechtigten Interessen der betroffenen kommunalen Gebietskörper- **20**

---

[16] Vgl. Köhler, BayVBl. 2000, 1/5ff.
[17] BVerwGE 39, 334.
[18] Landtags-Drucksache 13/10828, S. 19.
[19] Vgl. Bekanntmachung des Bayerischen Staatsministeriums des Innern vom 3.3.2003, Az.: I B 3-1515-66, AllMBl. S. 57f., Nr. 3.
[20] Vgl. Köhler, BayVBl. 2000, 1/7f.
[21] Vgl. Schulz, BayVBl. 1998, 449ff.

schaften gewahrt sind. Die Auslegung dieser Vorschrift ist überaus problembehaftet. Angesprochen sei nur die Schwierigkeit, im Einzelfall festzustellen, inwieweit die Verfolgung des Zwecks noch eine örtliche Radizierung der Aufgabe darstellt. Die Bedeutung dieser Problematik ergibt sich insbesondere handgreiflich in Ballungsräumen, in denen es unabweisbares Bedürfnis sein kann, grenzüberschreitend tätig zu sein und durch die oben erwähnte Liberalisierung auf den Versorgungsmärkten. Keine Gebietsüberschreitung stellt es freilich dar, wenn im Rahmen der kommunalen Zusammenarbeit nach dem KommZG gehandelt wird.

3. Grundsätze für die Führung gemeindlicher Unternehmen

21 Gem. Art. 95 I 1 GO sind Eigenbetriebe und Kommunalunternehmen unter Beachtung betriebswirtschaftlicher Grundsätze und des Grundsatzes der **Sparsamkeit und Wirtschaftlichkeit** so zu führen, dass der öffentliche Zweck erfüllt wird. Entsprechendes gilt für die Steuerung und Überwachung von Unternehmen in Privatrechtsform, an denen die Gemeinde zu mehr als 50% beteiligt ist; bei einer geringeren Beteiligung soll die Gemeinde hierauf hinwirken. Gem. Art. 95 II GO dürfen gemeindliche Unternehmen **keine** wesentliche **Schädigung** und keine **Aufsaugung** selbständiger Betriebe in Landwirtschaft, Handwerk, Handel, Gewerbe und Industrie bewirken, vgl. auch Art. 153 BV. Diese Vorschrift bezieht sich nicht auf die Frage, ob unternehmerische Tätigkeit überhaupt zulässig ist (hierzu Art. 87 GO), sondern auf das „Wie“ der unternehmerischen Tätigkeit.

4. Wettbewerbsrechtliche Schranken[22]

22 Im Rahmen dieser Darstellung kann nur grundsätzlich darauf hingewiesen werden, dass die Tätigkeit kommunaler Unternehmen gem. Art. 86 GO, darüber hinaus aber jedwede Teilnahme einer Gemeinde am allgemeinen Wirtschaftsverkehr (auch durch Regiebetriebe), den allgemeinen **wettbewerbsrechtlichen** Bindungen des UWG und des GWB unterliegt. Vorschriften, die alle Unternehmen im Wettbewerb binden, müssen grundsätzlich auch von der öffentlichen Hand, wenn sie sich am wirtschaftlichen Wettbewerb auf dem Boden der Gleichordnung mit privaten Mitbewerbern beteiligt, beachtet werden[23]. Verstöße gegen wettbewerbsrechtliche Vorschriften können Unterlassungs- und Schadensersatzansprüche zur Folge haben. Unzutreffend ist die Ansicht, dass Zuwiderhandlung gegen Vorschriften des kommunalen Unternehmensrechts, also z. B. gegen Art. 87 GO, zugleich Unlauterkeit i. S. d. § 3 UWG bedeute[24]. Ein Verstoß gegen die Regelung des Art. 87 GO ist wettbewerbsrechtlich irrelevant; ob und in welchen Grenzen sich die öffentliche Hand erwerbswirtschaftlich betätigen darf, unterliegt nicht wettbewerbsrechtlicher Beurteilung, da es hierbei regelmäßig nur um die Fragestellung geht, auf welche Art und Weise sich die öffentliche Hand am wirtschaftlichen Wettbewerb beteiligt[25].

---

[22] Vgl. Köhler/Bornkamm/Feddersen, UWG, § 3a UWG, Rn. 2.1 ff.; Kluth, Grenzen kommunaler Wettbewerbsteilnahme, 1988; Otting, DÖV 1999, 549 ff.; Ehlers, DVBl. 1998, 497/502.

[23] Gern/Brüning, Rn. 1019 ff.

[24] Köhler/Bornkamm/Feddersen, UWG, § 3a UWG, Rn. 2.72.

[25] BGH, KommP By 2002, 349 ff.; vgl. weiter Köhler/Bornkamm/Feddersen, UWG, § 3a UWG, Rn. 2.72 m. w. N.

Verstöße gegen Art. 87 GO können jedoch durch „betroffene“ Dritte vor den Verwaltungsgerichten geltend gemacht werden. **Art. 87 GO** stellt jedoch grundsätzlich **keine drittschützende Norm** dar[26], es sei denn, durch die Tätigkeit der Gemeinde bzw. deren Unternehmen würden grundrechtlich geschützte Rechte eines Mitbewerbers deswegen verletzt, weil die Wettbewerbsfreiheit in unerträglichem Maße eingeschränkt ist, eine Auszehrung der Konkurrenz oder eine Monopolstellung vorliegt[27]. 23

---

[26] Vgl. VG Würzburg, Urt. v. 5.9.2012, Az. W 2 K 10.2012 m. w. N.

[27] BayVGH, BayVBl. 1976, 628/629; Hölzl/Hien/Huber, Art. 87 GO, Erl. 4; Bauer/Böhle/Ecker, Art. 87 GO, Rn. 7 ff.; Köhler, BayVBl. 2000, 1/11. A. A. Hösch im Hinblick auf das Merkmal „öffentlicher Zweck“ i. S. v. Art. 87 I Nr. 1 GO, DÖV 2000, 393/402.

§ 8 Staatsaufsicht

I. Sinn der staatlichen Aufsicht

1 Kommunalaufsicht ist **Staatsaufsicht,** also Aufsicht durch staatliche und nicht etwa kommunale Behörden, vgl. Art. 83 IV, VI BV. Art. 108 GO umschreibt den „Sinn der staatlichen Aufsicht" unter eben dieser amtlichen Überschrift mit den Worten: „Die Aufsichtsbehörden sollen die Gemeinden bei der Erfüllung ihrer Aufgaben verständnisvoll beraten, fördern und schützen sowie die Entschlusskraft und die Selbstverantwortung der Gemeindeorgane stärken"[1]. Art. 108 GO spricht seinem Inhalt nach nur einen, wenn auch den wichtigsten Teilbereich des gesamten aufsichtlichen Handlungsspektrums an.

2 Findet die staatliche Aufsicht vor dem Wirksamwerden des kommunalen Handelns statt, so wird sie **präventive Aufsicht** genannt; überprüft sie im Nachhinein das kommunale Handeln, so nennt man die Aufsicht **repressiv.** Zur präventiven Aufsicht gehören die in Art. 108 GO umschriebenen Beratungs-, Förderungs- und Schutzfunktionen, aber auch andere Genehmigungs- bzw. Zustimmungsvorbehalte[2] sowie Anzeigepflichten[3], die teilweise in der Gemeindeordnung, teilweise in anderen Gesetzen vorgesehen sind. Ebenso wenig wie sich Art. 108 GO auf letztgenannte Genehmigungsvorbehalte bezieht, erfasst Art. 108 GO die Fälle der repressiven Aufsicht, die durch die Art. 109, 111–114, 116 GO eine genauere Regelung erfahren hat[4]. Hieraus ergibt sich, dass Sinn und Zweck der staatlichen Aufsicht in Art. 108 GO nur ungenügend beschrieben wird. Zwar stellen in der Praxis auch heute noch Schutz, Beratung und Förderung der Gemeinden den Schwerpunkt der aufsichtsbehördlichen Tätigkeit dar, wie dies auch in den verfassungsrechtlichen Vorgaben der Art. 11 IV, 55 Nr. 5, 77 II und 83 IV BV angelegt ist. In der Beschreibung von Sinn und Zweck der staatlichen Aufsicht muss jedoch auch die repressive Aufsicht hinreichende Berücksichtigung finden. Daher ist die Überschrift von Art. 108 GO zu umfassend und deswegen missverständlich[5].

3 Die in Art. 83 IV BV (vgl. auch Art. 55 Nr. 5 BV) festgelegte **Notwendigkeit der Staatsaufsicht** über die Gemeinden folgt einerseits der Überlegung, dass insbesondere kleinere Gemeinden gelegentlich nicht über den Sachverstand verfügen (können), der nötig ist, um komplexe Sachverhalte einwandfrei zu regeln bzw. schwierige oder umstrittene Rechtsfragen juristisch zu würdigen; insoweit tritt die Beratungs- und Schutzfunktion des Art. 83 IV 4 BV, Art. 108 GO in den Vordergrund. Andererseits ist die Staatsaufsicht unerlässliches Korrelat der Selbstverwaltung[6]. Denn auch die von den Gemeinden als Gebietskörperschaften mit dem Recht der Selbstverwaltung ausgeübte Verwaltung ist Teil der staatlichen Gewalt. Zwar erfordert die dezentrale Ausübung von

---

[1] Vgl. auch Art. 77 II BV.

[2] Vgl. Art. 2 II, 4 I, 67 IV, 69 IV, 71 II 1, IV, V, VI, 72, 85 (2) jeweils i.V.m. Art. 117 GO; außerhalb der GO z.B. Art. 2 III KAG.

[3] Vgl. Art. 96 GO.

[4] Allerdings sollte das o.g. Kriterium zur Unterscheidung von präventiver und repressiver Aufsicht, nämlich der Zeitpunkt des Wirksamwerdens des kommunalen Akts, herangezogen werden; nicht entscheidend ist, welches Aufsichtsmittel gewählt wurde. Denn eine Weisung kann gem. Art. 116 GO auch im Voraus, also präventiv, ergehen, vgl. Hölzl/Hien/Huber, Art. 108 GO, Erl. 2.

[5] Vgl. Hölzl/Hien/Huber, Art. 108 GO, Erl. 1.

[6] Vgl. BVerfGE 6, 104/118; 78, 331/341.

Staatsgewalt nicht notwendig eine Aufsicht, sondern die Aufsicht ist vielmehr eine Folge verfassungsrechtlicher (vgl. Art. 83 IV BV) und gesetzlicher Entscheidungen im Rahmen der Verteilung der Ausübung der Staatsgewalt[7]. Das ändert aber nichts an der Tatsache, dass die Staatsaufsicht dazu dient, die Gesetzmäßigkeit der Verwaltung auf kommunaler Ebene zu garantieren.

Ein für den Bürger vorteilhafter Nebeneffekt soll noch erwähnt sein: Der im Einzelfall 4 durch das gemeindliche Handeln Beschwerte hat die Möglichkeit, außerhalb eines förmlichen Rechtsbehelfsverfahrens die Aufsichtsbehörde anzurufen. Zwar hat der Einzelne **keinen Anspruch auf aufsichtsbehördliches Tätigwerden** gegenüber den Gemeinden. Auch sind die Aufsichtsbehörden nach Einführung des **Opportunitätsprinzips** nicht verpflichtet, aufsichtlich einzuschreiten; vielmehr steht es in ihrem pflichtgemäß auszuübenden Ermessen, zu entscheiden, ob und wie gehandelt wird. Allerdings werden die Aufsichtsbehörden, so sie das Handeln der Gemeinden als rechtswidrig erkennen, jedenfalls dann die nötigen Maßnahmen veranlassen, wenn der Gesetzesverstoß offensichtlich und schwerwiegend ist[8]. Dieser Aspekt ist insbesondere dann von Interesse, wenn dem Einzelnen kein subjektiv-öffentliches Recht zur Seite steht, das er im Rahmen eines Rechtsbehelfsverfahrens durchsetzen könnte.

II. Unterscheidung zwischen Rechts- und Fachaufsicht

Die Unterscheidung zwischen Rechtsaufsicht und Fachaufsicht ist verfassungsrecht- 5 lich durch Art. 83 IV 2, 3 BV vorgegeben und einfachgesetzlich in den Art. 109ff. GO vollzogen[9]. Nimmt die Gemeinde Angelegenheiten des eigenen Wirkungskreises wahr (= Tatbestand), ist die staatliche Aufsicht auf die Rechtskontrolle beschränkt (= Rechtsfolge), sog. **Rechtsaufsicht.** Nimmt die Gemeinde Angelegenheiten des übertragenen Wirkungskreises wahr (= Tatbestand), übt die staatliche Aufsicht Rechtskontrolle plus Zweckmäßigkeitskontrolle aus (= Rechtsfolge), sog. **Fachaufsicht.** Ob Rechtsaufsicht oder Fachaufsicht vorliegt, ist damit einzig und allein davon abhängig, ob die Gemeinde eine Angelegenheit des eigenen oder übertragenen Wirkungskreises wahrnimmt. Nicht entscheidend ist, ob die Aufsichtsbehörden sich auf eine Rechtskontrolle beschränkt oder ob sie auch Zweckmäßigkeitsvorgaben gemacht haben. Denn zum einen ist es denkbar, dass die Aufsichtsbehörde, obwohl eine Aufgabe im eigenen Wirkungskreis wahrgenommen wird, ihre Kompetenzen überschreitet und Zweckmäßigkeitsweisungen[10] erlässt. Zum anderen findet auch in Fällen der Fachaufsicht wegen der Beschränkung in Art. 109 II 2 GO regelmäßig nur eine Rechtmäßigkeitskontrolle statt. Deswegen wäre es falsch, wenn man die Kontrolle durch die Aufsichtsbehörde im übertragenen Wirkungskreis, soweit sie sich nicht auch auf das „Ermessen" erstreckt, sondern nur auf eine Rechtskontrolle beschränkt, als Rechtsaufsicht bezeichnete[11].

Von diesem Grundsatz, wonach gemeindliche Aufgabenwahrnehmung im eigenen 6 Wirkungskreis zur Rechtsaufsicht und Aufgabenwahrnehmung im übertragenen Wir-

---

[7] Erichsen, DVBl. 1985, 944.

[8] Vgl. zum „Ermessen der Rechtsaufsicht über Kommunen" Wehr, BayVBl. 2001, 705ff.

[9] Art. 83 IV BV spricht nur von den Gemeinden, die Unterscheidung von Rechts- und Fachaufsicht ist aber auch für die Landkreise und Bezirke bindend, vgl. Art 83 VI BV. Im weiteren Verlauf wird das Aufsichtsrecht nur für die Gemeinden dargestellt.

[10] Zum Begriff der Zweckmäßigkeitsweisungen vgl. unten, Rn. 40f.

[11] Tatsächlich wurde vereinzelt die Ansicht vertreten, Fachaufsicht i.S.d. Art. 109 II GO sei nur die Aufsicht in Ermessensfragen (vgl. Grube, BayVBl. 1957, 53). Diese Ansicht ist abwegig.

kungskreis zur Fachaufsicht führt, kann der Gesetzgeber jedoch abweichen. Dies ist z.B. bei der Regelung des Verfahrens beim Erlass von Verordnungen gem. Art. 42ff. LStVG geschehen. Zwar bestimmt Art. 42 I 2 LStVG, dass grundsätzlich der Erlass von (vor allem sicherheitsrechtlichen) Verordnungen eine Angelegenheit des übertragenen Wirkungskreises ist. Gleichwohl hat der Gesetzgeber in den Art. 42ff. LStVG nur eine Rechtmäßigkeitskontrolle bei Zuständigkeit der Rechtsaufsichtsbehörde vorgeschrieben, vgl. Art. 46, 49 LStVG.

III. Kontrollumfang

1. Kontrolle durch die Rechtsaufsichtsbehörden

7 Verfassungsrechtliche Vorgabe hinsichtlich des aufsichtlichen Kontrollumfangs ist Art. 83 IV 2, 3 BV, der die Selbstverständlichkeit zum Ausdruck bringt, dass staatliche Kontrolle über die Wahrnehmung von Selbstverwaltungsangelegenheiten nur Rechtmäßigkeitskontrolle sein kann, hingegen Aufsicht im Bereich der Wahrnehmung übertragener (Staats-)Aufgaben sich auch auf die Zweckmäßigkeit der Aufgabenerfüllung erstrecken kann. Gem. Art. 109 I GO zeichnet sich die **Rechtskontrolle** der Rechtsaufsichtsbehörden dadurch aus, dass sie die Erfüllung der gesetzlich festgelegten und übernommenen öffentlich-rechtlichen Aufgaben und Verpflichtungen der Gemeinden und die Gesetzmäßigkeit ihrer Verwaltungstätigkeit überwacht. Die gesetzlich festgelegten öffentlich-rechtlichen Aufgaben und Verpflichtungen können sich aus jedwedem höherrangigen Recht ergeben. Auch Satzungen und Verordnungen der Gemeinde selbst können Quelle von Verpflichtungen der Gemeinde sein. Die Übernahme öffentlich-rechtlicher Aufgaben und Verpflichtungen erfolgt vor allem durch Abschluss öffentlich-rechtlicher Verträge, besonders im Bereich der kommunalen Zusammenarbeit nach dem KommZG. Die Erfüllung von Verpflichtungen der Gemeinde auf dem Gebiet des bürgerlichen Rechts hat die Rechtsaufsichtsbehörde nicht durchzusetzen. Hierfür sind die ordentlichen Gerichte zuständig, an die sich die durch den privatrechtlichen Vertrag Berechtigten zu wenden haben. Etwas anderes gilt, wenn sich eine Gemeinde zur Erfüllung öffentlich-rechtlicher Pflichtaufgaben des Privatrechts bedient. Dann ist die Erfüllung der öffentlich-rechtlichen Verpflichtung rechtsaufsichtlich erzwingbar, nicht aber sind es die Verpflichtungen aus dem abgeschlossenen bürgerlich-rechtlichen Vertrag[12]. Zur Gesetzmäßigkeit der gemeindlichen Verwaltungstätigkeit gehört insbesondere die Beachtung jedweder höherrangiger Rechtsvorschriften des Landes-, Bundes- oder EU-Rechts, darüber auch durch die Gemeinde selbst gesetztes Recht.

8 Die Rechtsaufsichtsbehörde kann also gemeindliches Handeln hinsichtlich der Einhaltung der Verbands- und Organkompetenz sowie der Verfahrensanforderungen kontrollieren; sie kann überprüfen, ob das - ggf. beabsichtigte - Handeln der Gemeinde von der Ermächtigungsgrundlage gedeckt ist. Zu diesem Zwecke wird sie unbestimmte Rechtsbegriffe auslegen und das Handeln der Gemeinde hierunter subsumieren. Dabei hat die Rechtsaufsicht im Rahmen ihres Kontrollumfangs und bei Anwendung der Aufsichtsmittel das Verhältnismäßigkeitsprinzip zu beachten; eine „Einmischungsaufsicht“[13] darf es nicht geben.

9 Vergleicht man den Wortlaut von Art. 109 I GO mit dem von Art. 109 II GO, so scheint der Rechtskontrolle gem. Art. 109 I nicht die Überprüfung des gemeindlichen

---

[12] Vgl. Widtmann/Grasser/Glaser, Art. 109 GO, Rn. 4.
[13] BayVerfGH, BayVBl. 1989, 237ff.; BVerfGE 78, 331/341.

Verwaltungsermessens zu unterfallen. Ein solcher Schluss wäre aber falsch. Da es eine rechtlich ungebundene Ermessensbetätigung nicht gibt, ist anerkannt, dass Ermessensfehler i. S. v. Art. 40 BayVwVfG, die die Verwaltungsgerichte gem. § 114 VwGO beanstanden müssten, der Rechtskontrolle gem. Art. 109 I GO unterfallen. Ein Ermessensfehler, den die Rechtsaufsichtsbehörde gem. Art. 109 I GO monieren darf, liegt also insbesondere dann vor, wenn die gesetzlichen Grenzen des Ermessens durch die Gemeinde überschritten worden sind oder von dem Ermessen in einer dem Zweck der Ermächtigung nicht entsprechenden Weise Gebrauch gemacht worden ist. Die Rechtsaufsichtsbehörde darf darnach auch überprüfen, ob die Gemeinde von einem durch eine Norm eingeräumten Ermessen überhaupt nicht Gebrauch gemacht hat, weil sie dieses verkannt hat **(Ermessensausfall?).** Die Rechtsaufsichtsbehörde kann ferner kontrollieren, ob alle erheblichen ermessensleitenden Gesichtspunkte berücksichtigt wurden **(Ermessensdefizit?),** ob die maßgeblichen Ermessensgesichtspunkte in ihrer jeweiligen Bedeutung erkannt worden sind **(Ermessensfehleinschätzung?)** und ob die ermessensleitenden Gesichtspunkte in ihrem Verhältnis zueinander richtig abgewogen worden sind **(Ermessensdisproportionalität?).** Der Rechtsaufsichtsbehörde ist somit die Nachprüfung einer gemeindlichen Ermessensentscheidung nur hinsichtlich ihrer Zweckmäßigkeit untersagt, sie darf nicht die Zweckmäßigkeitsvorstellungen der Gemeinde durch ihre eigenen ersetzen. Letzteres ist prinzipiell der Fachaufsichtsbehörde im Rahmen der Fachaufsicht vorbehalten. Damit die Reichweite des Kontrollumfangs bei gemeindlichem Handeln im eigenen Wirkungskreis nicht missverstanden wird, muss Art. 109 I GO also wie folgt gelesen werden: „In den Angelegenheiten des eigenen Wirkungskreises beschränkt sich die staatliche Aufsicht darauf, die Erfüllung der gesetzlich festgelegten und übernommenen öffentlich-rechtlichen Aufgaben und Verpflichtungen der Gemeinden und die Gesetzmäßigkeit ihrer Verwaltungstätigkeit zu überwachen; hierzu gehört auch die Kontrolle, ob die Gemeinde ihr Ermessen entsprechend dem Zweck der Ermächtigung ausgeübt und die gesetzlichen Grenzen des Ermessens eingehalten hat.“ Art. 109 II GO wäre wie folgt zu lesen: „In den Angelegenheiten des übertragenen Wirkungskreises kann die staatliche Aufsicht über den Kontrollumfang der Rechtsaufsicht hinaus auch die Zweckmäßigkeit gemeindlichen Verwaltungshandelns überprüfen. Zweckmäßigkeitsvorgaben sind auf die Fälle zu beschränken, in denen … .“

Weiter ist zu berücksichtigen, dass nur ein dem Grundsatz der Verhältnismäßigkeit **10**
entsprechendes Handeln rechtmäßig ist. Die Verpflichtung zu verhältnismäßigem Handeln gilt für jedwedes hoheitliche Handeln, unabhängig von der Frage des Wirkungskreises. Deswegen ist anerkannt, dass auch die Prüfung der **Verhältnismäßigkeit** eine Frage der Rechtskontrolle ist. In der Konsequenz darf die Rechtsaufsichtsbehörde also auch fragen, ob das Handeln der Gemeinde **geeignet** (ist das von der Gemeinde gewählte Mittel für die Zweckverfolgung tauglich?), **erforderlich** (gibt es bei gleich effektiver Zweckerreichung ein milderes Mittel?) und **angemessen** (bleibt bei einer Gesamtabwägung zwischen der Schwere des Eingriffs und dem Gewicht und der Dringlichkeit der ihn rechtfertigenden Gründe die Grenze der Zumutbarkeit gewahrt?) ist. Da bei der Prüfung der Verhältnismäßigkeit aber eine Zweck-Mittel-Relation hergestellt wird, dringen mittelbar Zweckmäßigkeitsaspekte in die rechtsaufsichtsbehördliche Kontrolle. Es ist jedoch zweierlei zu beachten: Zum einen entfaltet das Verhältnismäßigkeitsprinzip seine Wirkung vor allem in der klassischen Staat-Bürger-Beziehung[14], so dass die Rechtsaufsichtsbehörden eine Verhältnismäßigkeitsprüfung im Regelfall nur

---

[14] Vgl. hierzu und zum Verhältnismäßigkeitsprinzip allgemein Jarass/Pieroth, Art. 20 GG, Rn. 112 ff.; BVerfGE 81, 310/338.

dann vornehmen können, wenn die Gemeinde dem Bürger unmittelbar durch Einzelfallentscheidung oder durch Normsetzung gegenüber tritt. Zum anderen darf die Rechtsaufsichtsbehörde nur eine Zweck-Mittel-Relation herstellen und gegebenenfalls diese der Unverhältnismäßigkeit zeihen. Damit stellt sie aber nur fest, dass ein gewähltes Ziel auf die konkrete Art und Weise nicht verfolgt werden darf. Sie darf der Gemeinde jedoch keinesfalls die Anwendung des aus ihrer Sicht zweckmäßigsten Mittels vorschreiben. Die Gemeinde kann im Falle der von der Rechtsaufsichtsbehörde festgestellten Unverhältnismäßigkeit ggf. das gleiche Ziel mit anderen Mitteln verfolgen.

2. Kontrolle durch die Fachaufsichtsbehörden

11 Wie sich aus dem Wort „auch" in Art. 109 II 1 GO ergibt, ist der Kontrollumfang der Fachaufsichtsbehörden umfassender als derjenige der Rechtsaufsichtsbehörden. Er ist insoweit größer, als die Fachaufsichtsbehörden zusätzlich zur Rechtskontrolle Vorgaben hinsichtlich der Zweckmäßigkeit der zu erledigenden Aufgaben des übertragenen Wirkungskreises machen können.

12 Der über die Rechtskontrolle hinausgehende Kontrollumfang ist allerdings gem. Art. 109 II 2 GO auf die Fälle beschränkt, in denen 1. das Wohl der Allgemeinheit oder öffentlich-rechtliche Ansprüche Einzelner eine Weisung oder Entscheidung erfordern oder 2. die Bundesregierung nach Art. 84 V oder Art. 85 III GG eine Weisung erteilt. Die Einschränkung der Befugnisse der Fachaufsichtsbehörden in dem Bereich, der über die Rechtskontrolle hinausgeht, erscheint zumindest im Rahmen der gem. Art. 9 I 1 GO den kreisfreien Gemeinden übertragenen Aufgaben verwunderlich. Denn wenn das Landratsamt Staatsaufgaben gem. Art. 37 I 2 LKrO wahrnimmt, so handelt es als unterste Staatsbehörde und ist unbegrenzt weisungsgebunden. Sind diese Aufgaben aber gem. Art. 9 I 1 GO den kreisfreien Gemeinden übertragen, nehmen diese hierbei übertragene Aufgaben wahr, so dass die fachaufsichtliche Kontrolle den Einschränkungen des Art. 109 II 2 GO unterliegt. Die Einschränkung des Art. 109 II 2 GO gilt im Übrigen gem. Art. 119 Nr. 2 GO nicht, wenn ein Dritter (also z.B. ein betroffener Gemeindeangehöriger) Widerspruch gegen den gemeindlichen Verwaltungsakt erhoben hat und die Aufsichtsbehörde als Widerspruchsbehörde tätig ist; dies setzt freilich voraus, dass ein Widerspruch überhaupt statthaft ist, vgl. Art. 15 AGVwGO.

13 Das Gemeinwohl des Art. 109 II 2 Nr. 1 GO ist ein unbestimmter Rechtsbegriff, dessen Auslegung vom konkreten Einzelfall abhängt. Öffentlich-rechtliche Ansprüche Einzelner sind Ansprüche und rechtlich geschützte Interessen, die im öffentlichen Recht wurzeln. Privatrechtliche Ansprüche Einzelner haben also außer Betracht zu bleiben. Auch die Erforderlichkeit ist ein unbestimmter Rechtsbegriff, wobei ausreichend ist, wenn die Wahrung des Gemeinwohls oder der Ansprüche Einzelner im konkreten Fall ein fachaufsichtliches Einschreiten vernünftigerweise geboten erscheinen lassen[15].

14 Art. 109 II 2 Nr. 2 GO erklärt sich fast von selbst. Art. 84 V GG gibt dem Bund eine Weisungsbefugnis gegenüber den obersten Landesbehörden für die Fälle, in denen die Länder Bundesgesetze als eigene Angelegenheit (Art. 83 GG) ausführen. Gem. Art. 85 III GG unterstehen die (obersten) Landesbehörden den Weisungen der obersten Bundesbehörden, wenn die Länder im Bundesauftrag Bundesgesetze ausführen. Wenn die Länder nun ihrerseits den Vollzug von Bundesgesetzen weiter auf die Ge-

[15] Vgl. Hölzl/Hien/Huber, Art. 109 GO, Erl. II.2.

meinden delegieren, so muss sichergestellt sein – und Art. 109 II 2 Nr. 2 GO ist das Instrument hierzu –, dass die Weisungen der Bundesbehörden weitergereicht werden können.

IV. Aufsichtsbehörden

Die zuständigen Rechtsaufsichtsbehörden sind in Art. 110 GO, die zuständigen Fachaufsichtsbehörden in Art. 115 GO bestimmt. Wegen Art. 119 GO[16] wird mit Bestimmung der richtigen Aufsichtsbehörde zugleich die richtige Widerspruchsbehörde für Widersprüche Privater, die sich gegen gemeindliche Verwaltungsakte wenden wollen, festgelegt. Dies gilt gemäß Art. 105 LKrO entsprechend für die Landkreisebene, bei der regelmäßig Aufsichtsbehörden und Widerspruchsbehörden die Regierungen sind. Eine Abweichung ergibt sich aber auf der Bezirksebene: Aufsichtsbehörde ist in der Regel das Innenministerium, Widerspruchsbehörde jedoch der Bezirk selbst, vgl. Art. 92, 97, 100 BezO. Wegen der unterschiedlichen Aufsichtsbehörden → insbesondere auch die Übersichten in § 2, Rn. 26ff., 39af., sowie nachfolgend § 8, Rn. 22a, b. 15

1. Aufsichtsbehörden der kreisangehörigen Gemeinden (ohne Große Kreisstädte)

Nehmen kreisangehörige Gemeinden Aufgaben des eigenen Wirkungskreises wahr, so unterfallen sie der Rechtsaufsicht, Art. 109 I GO. Zuständige Rechtsaufsichtsbehörde ist dann gem. Art. 110 (1) GO das Landratsamt. Für dieses ist die Aufsicht über die kreisangehörigen Gemeinden eine staatliche Aufgabe, Art. 110 (1) GO; es wird insoweit als Kreisverwaltungsbehörde tätig, Art. 37 I 2 LKrO. Ist das Handeln der kreisangehörigen Gemeinde im übertragenen Wirkungskreis Gegenstand der Beaufsichtigung, so bestimmt sich die zuständige Fachaufsichtsbehörde gem. Art. 115 I 1 GO nach den besonderen Vorschriften; grundsätzlich wird also in dem die Aufgabe an die Gemeinde übertragenden Gesetz auch die Fachaufsichtsbehörde bestimmt sein. Andernfalls obliegt der Rechtsaufsichtsbehörde auch die Führung der Fachaufsicht, also regelmäßig dem Landratsamt. 16

Beispiel: Gem. Art. 53 II BayBO i.V.m. § 5 I ZustVBau wurden dem Markt Garmisch-Partenkirchen die Aufgaben der unteren Bauaufsichtsbehörde übertragen. Gem. Art. 115 I 1 GO i.V.m. Art. 53 I BayBO führt die Fachaufsicht die Regierung von Oberbayern als höhere Bauaufsichtsbehörde. 17

Wegen der Regelung in Art. 119 GO ist Widerspruchsbehörde für Angelegenheiten des eigenen Wirkungskreises die Rechtsaufsichtsbehörde, für Angelegenheiten des übertragenen Wirkungskreises die Fachaufsichtsbehörde. Zu beachten ist in diesem Zusammenhang, dass Art. 119 Nr. 1 GO eine zweifache Abweichung von den Vorschriften der VwGO bringt. Zum einen bestimmt Art. 119 Nr. 1 GO etwas „anderes" im Sinne des § 73 I 2 Nr. 3 VwGO. Zuständige Widerspruchsbehörde ist nicht die kreisangehörige Gemeinde als Selbstverwaltungsbehörde, sondern eben die Rechtsaufsichtsbehörde. Weiterhin beschränkt Art. 119 Nr. 1 GO den in § 68 I VwGO auf die Recht- und 18

[16] Bereits an dieser Stelle sei darauf hingewiesen, dass sich Art. 119 GO nur mit dem Widerspruch gegen einen gemeindlichen Verwaltungsakt befasst. Der durch Gesetz vom 22.3.2018 (GVBl. S. 145) aufgehobene Art. 120 GO befasste sich hingegen mit dem Widerspruch einer Gemeinde gegen einen aufsichtsbehördlichen Verwaltungsakt.

Zweckmäßigkeitskontrolle festgelegten Prüfungsrahmen auf die Rechtmäßigkeitskontrolle (aber Vorsicht: Die Gemeinde hat im Rahmen des Abhilfeverfahrens gem. § 72 VwGO auch die Zweckmäßigkeit zu überprüfen, vgl. Art. 119 Nr. 1 HS. 2 GO). Art. 119 Nr. 1 GO bewirkt damit im Ergebnis, dass im rechtsaufsichtlichen Verfahren wie im Widerspruchsverfahren dieselben Behörden zuständig sind, wobei derselbe Prüfungsumfang besteht. Aber auch Art. 119 Nr. 2 GO, der über § 73 I 2 Nr. 1 VwGO Anwendung findet, enthält eine Besonderheit. Entscheidet die Fachaufsichtsbehörde im Rahmen eines förmlichen Widerspruchsverfahrens, so ist sie nicht an die Beschränkung des Art. 109 II 2 GO gebunden, sondern überprüft voll die Zweckmäßigkeit gemeindlichen Handelns[17]. Auf das weitgehende Entfallen des Widerspruchsverfahrens gem. Art. 15 AGVwGO wurde bereits hingewiesen. Im Geltungsbereich dieser Norm wird durch Landesgesetz bestimmt, dass es keiner Nachprüfung im Rahmen eines Vorverfahrens bedarf, vgl. § 68 I 2 VwGO.

2. Aufsichtsbehörden der Großen Kreisstädte

19 Große Kreisstädte sind kreisangehörig, vgl. Art. 5a III i.V.m. Art. 5 I GO. Damit bestimmt sich die Rechtsaufsichtsbehörde gem. Art. 110 (1) GO; zuständige Rechtsaufsichtsbehörde ist das Landratsamt. Eine Besonderheit enthält Art. 115 GO für die Bestimmung der Fachaufsichtsbehörde der Großen Kreisstadt. Soweit die Wahrnehmung „herkömmlicher“ übertragener Aufgaben beaufsichtigt wird, bestimmt sich die Fachaufsichtsbehörde gem. Art. 115 I 1, 2 GO; soweit nichts anderes spezialgesetzlich bestimmt ist, ist das Landratsamt Fachaufsichtsbehörde. Anderes gilt, soweit die Wahrnehmung der gem. Art. 9 II GO i.V.m. der Verordnung über Aufgaben der Großen Kreisstädte (GrKrV) übertragenen Aufgaben im Raume steht. Diesbezüglich richtet sich gem. Art. 115 II GO die Fachaufsicht nach den für kreisfreie Gemeinden geltenden Vorschriften. Ist spezialgesetzlich nichts anderes bestimmt, so ist zuständige Fachaufsichtsbehörde gem. Art. 115 I 2 i.V.m. Art. 110 (2) die Regierung. Eine parallele Regelung enthält die Vorschrift des Art. 110 (5) GO, wonach sich die Rechtsaufsicht nach den für kreisfreie Gemeinden geltenden Vorschriften richtet, soweit Große Kreisstädte Aufgaben wahrnehmen, die ihnen nach Art. 9 II GO übertragen sind[18]. Da die Angelegenheiten gemäß Art. 9 II GO zum übertragenen Wirkungskreis zählen, ist der Verweis auf die Rechtsaufsicht zunächst nicht selbstverständlich. Ein Handeln der Rechtsaufsicht kann jedoch in diesen Fällen beispielsweise zur Durchsetzung fachaufsichtlicher Weisungen oder zur Ausübung des umfassenden Informationsrechts erforderlich werden. Erneut ist festzuhalten, dass mit der Festlegung der richtigen Aufsichtsbehörde zugleich die richtige Widerspruchsbehörde gefunden wurde.

3. Aufsichtsbehörden der kreisfreien Gemeinden

20 Soweit eine kreisfreie Gemeinde Aufgaben des eigenen Wirkungskreises wahrnimmt, ist richtige Rechtsaufsichtsbehörde gem. Art. 110 (2) GO die Regierung. Zu beachten ist in diesem Zusammenhang insbesondere Art. 9 I 2 GO. Die Aufgaben, die die Landkreise im eigenen Wirkungskreis wahrnehmen, wachsen den kreisfreien Ge-

---

[17] Damit wird dem unterschiedlichen Zweck von aufsichtsbehördlichem und Widerspruchsverfahren Rechnung getragen. Das Widerspruchsverfahren dient dem Schutz des Einzelnen, das aufsichtsbehördliche Verfahren liegt im öffentlichen Interesse, vgl. Hölzl/Hien/Huber, Art. 119 GO, Erl. 5.

[18] Es kann deswegen von einer sog. gespaltenen Aufsicht gesprochen werden.

meinden in ihrem eigenen Wirkungskreis an, so dass auch insoweit von Rechtsaufsicht zu sprechen ist. Hingegen wachsen die Aufgaben des übertragenen Wirkungskreises der Landkreise sowie die Staatsaufgaben des Landratsamtes im übertragenen Wirkungskreis der kreisfreien Gemeinde an, so dass hier Fachaufsicht vorliegt. Soweit kreisfreie Gemeinden übertragene Aufgaben wahrnehmen, ist zuständige Fachaufsichtsbehörde gem. Art. 115 I 2 i. V. m. Art. 110 (2) GO ebenfalls die Regierung, es sei denn, es läge eine besondere Regelung i. S. v. Art. 115 I 1 GO vor. Mit der Bestimmung der zuständigen Aufsichtsbehörde geht wiederum die der zuständigen Widerspruchsbehörde einher, vgl. Art. 119 GO.

Beispiel: Gem. Art. 53 I BayBO sind untere Bauaufsichtsbehörden die Kreisverwaltungsbehörden, über Art. 9 I 1 GO also für ihr Gebiet die kreisfreien Gemeinden selbst. Gem. Art. 115 I 1 GO i. V. m. Art. 53 I BayBO sind Fachaufsichtsbehörden die höheren Bauaufsichtsbehörden, nämlich die Regierungen, die zugleich auch Widerspruchsbehörden sind. **21**

4. Obere Aufsichtsbehörden

Die oberen Rechtsaufsichtsbehörden werden nicht unmittelbar gegenüber den zu beaufsichtigenden Gemeinden tätig, sondern überwachen ihrerseits die aufsichtsbehördliche Tätigkeit der unteren Aufsichtsbehörden. Sie sind prinzipiell darauf beschränkt, den unteren Aufsichtsbehörden Weisungen zu erteilen, die den Charakter innerdienstlicher Vorgänge zwischen Staatsbehörden haben. Von Interesse sind die oberen Rechtsaufsichtsbehörden insbesondere dann, wenn die unteren Aufsichtsbehörden pflichtwidrig untätig bleiben. Dabei besteht kein Recht auf Selbsteintritt der oberen Rechtsaufsichtsbehörde gegenüber der zu beaufsichtigenden Gemeinde, es sei denn, es läge einer der seltenen Fälle des Art. 3b BayVwVfG vor. Art. 110 GO erwähnt nicht – aber das ist selbstverständlich –, dass das Staatsministerium des Innern in Bezug auf die kreisangehörigen Gemeinden oberste Rechtsaufsichtsbehörde ist[19]. Damit ist gezeigt, dass das System der Rechtsaufsichtsbehörden dem **hierarchischen Behördenaufbau** der allgemeinen inneren Verwaltung entspricht[20]. Obere Fachaufsichtsbehörden werden grundsätzlich in dem die Aufgabe übertragenden Gesetz bestimmt; vgl. nur das System der Bauaufsichtsbehörden in Art. 53 I BayBO. Andernfalls gilt wiederum Art. 110 i. V. m. Art. 115 I 2 GO. **22**

---

[19] Vgl. auch Art. 55 Nr. 5, 49 BV i. V. m. der Verordnung über die Geschäftsverteilung der Bayerischen Staatsregierung.

[20] Hölzl/Hien/Huber, Art. 110 GO, Erl. 2.

22a Übersicht 38: Aufsicht über die Gemeinden

Aufsicht über die Gemeinden		
Gemeinde	**Rechtsaufsichtsbehörde**	**Fachaufsichtsbehörde**
kreisangehörig	**Landratsamt** Art. 110 (1) GO	**Landratsamt** Art. 115 I 2, 110 (1) GO, sofern nicht spezialgesetzliche Fachaufsichtsbehörde, Art. 115 I 1 GO
Große Kreisstadt Aufgaben einer „normalen" kreisangehörigen Gemeinde	**Landratsamt** Art. 110 (1) GO	**Landratsamt** Art. 115 I 2, 110 (1) GO, sofern nicht spezialgesetzliche Fachaufsichtsbehörde, Art. 115 I 1 GO
Aufgaben gem. Art. 9 II GO i. V. m. § 1 GrKrV	**Regierung** Art. 110 (5) i. V. m. 110 (2) GO	**Regierung** Art. 115 II i. V. m. 115 I 2, 110 (2) GO, sofern nicht spezialgesetzliche Fachaufsichtsbehörde, Art. 115 I 1 GO
kreisfrei	**Regierung** Art. 110 (2) GO	**Regierung** Art. 115 I 2, 110 (2) GO, sofern nicht spezialgesetzliche Fachaufsichtsbehörde, Art. 115 I 1 GO

22b Übersicht 39: Aufsicht über die Gemeindeverbände

Aufsicht über die Gemeindeverbände		
Gemeindeverband	**Rechtsaufsichtsbehörde**	**Fachaufsichtsbehörde**
Landkreis	**Regierung** Art. 96 (1) LKrO	**Regierung** Art. 101 (2), 96 (1) LKrO, sofern nicht spezialgesetzliche Fachaufsichtsbehörde, Art. 101 (1) LKrO
Bezirk	**Innenministerium** Art. 92 BezO	**Innenministerium** Art. 97 (2), 92 BezO, sofern nicht spezialgesetzliche Fachaufsichtsbehörde, Art. 97 (1) BezO

V. Aufsichtsmittel

1. Befugnisse der Rechtsaufsicht

a) Informationsrecht gem. Art. 111 GO

23 Dem **Informationsrecht** der Rechtsaufsichtsbehörde, sich über alle Angelegenheiten der Gemeinde zu unterrichten, entspricht die **Informationspflicht** der Gemeinden. Umfasst werden nach dem Wortlaut des Art. 111 GO alle Angelegenheiten, also nicht nur die Angelegenheiten des eigenen, sondern auch die des übertragenen Wir-

kungskreises der Gemeinden. Dies ergibt sich u. a. daraus, dass es sich bei der in Art. 56 II GO für die Gemeinde festgelegten Verpflichtung, für den ordnungsgemäßen Gang der Geschäfte zu sorgen, um eine Angelegenheit des eigenen Wirkungskreises, auch soweit inhaltlich übertragene Aufgaben wahrgenommen werden, handelt. Die Rechtsaufsichtsbehörde kann aber den ordnungsgemäßen Gang der Geschäfte der Gemeinde gem. Art. 56 II GO nur dann überwachen, wenn sie sich nötigenfalls auch über den Inhalt der gem. Art. 56 II GO zu erledigenden Aufgaben des übertragenen Wirkungskreises informiert.

Von besonderer Bedeutung sind die in Art. 111 (2) GO erwähnten Besichtigungen 24 der öffentlichen Einrichtungen und Anstalten der Gemeinden, sowie die Prüfung der Geschäfts- und Kassenführung. Ebenfalls in Art. 111 GO finden die sog. Gemeindebesichtigungen ihre Rechtsgrundlage.

b) Beanstandungsrecht gem. Art. 112 GO

Der bayerische Gesetzgeber hat durch Gesetz vom 26.7.1997 (GVBl. S. 344) das bis 25 dahin geltende **Legalitätsprinzip,** wonach die Rechtsaufsichtsbehörde bei rechtswidrigem Verhalten der Gemeinde tätig werden musste und ihr kein Entschließungsermessen zukam, durch das **Opportunitätsprinzip** ersetzt. Es liegt seitdem im pflichtgemäßen Ermessen der Rechtsaufsichtsbehörden, ob bzw. wie eingeschritten wird. Damit hat der Gesetzgeber die ohnehin bereits zuvor ausgeübte Rechtspraxis bestätigt.

Art. 112 GO unterscheidet zwischen der sog. **Gesetzes- oder Rechtskontrolle** 26 gem. Art. 112 (1) GO (rechtswidriges Handeln ist Anknüpfungspunkt für das rechtsaufsichtliche Einschreiten) und der sog. **Pflichtenkontrolle** gem. Art. 112 (2) GO (pflichtwidriges Unterlassen ist Anknüpfungspunkt). Die Rechts- oder Gesetzeskontrolle gem. Art. 112 (1) GO umfasst die Aufsicht über Beschlüsse und Verfügungen der Gemeinden. Eine klare Abgrenzung des Beschlusses von der Verfügung ist weder möglich noch nötig, da jedenfalls beide Begriffe zusammen sämtliche Willensbildungsakte und die gesamte Verwaltungstätigkeit der Gemeinde erfassen. Richtig dürfte es aber sein, Beschlüsse und Verfügungen nicht ihrem Inhalt nach zu unterscheiden, sondern einen Beschluss dann anzunehmen, wenn ein Kollegialorgan gehandelt hat, eine Verfügung dann, wenn der erste Bürgermeister oder eine in seiner Vertretung, Art. 39 I GO, oder in seinem Auftrag, Art. 39 II GO, tätige Person[21] gehandelt hat. Die Rechtswidrigkeit eines Willensbildungsaktes ergibt sich aus den die Willensbildung bestimmenden Rechtsnormen; dabei ist insbesondere zu beachten, dass die handelnden Organe auch das Verhältnismäßigkeitsprinzip zu berücksichtigen haben, wenn sie in Bezug auf Grundrechtsträger, insbesondere also den Bürger handeln. Bei Ermessensvorschriften kann sich die Rechtswidrigkeit eines Willensbildungsaktes daraus ergeben, dass die Grenzen des Ermessens überschritten worden sind oder von dem Ermessen in einer dem Zweck der Ermächtigung nicht entsprechenden Weise Gebrauch gemacht worden ist. Ein bloß unzweckmäßiges Handeln der Gemeinde rechtfertigt dagegen ein rechtsaufsichtsbehördliches Einschreiten nicht, vgl. Art. 109 I GO. An einem für die förmliche Beanstandung gem. Art. 112 GO erheblichen Rechtsverstoß fehlt es, wenn z. B. im Verwaltungsverfahren, das auf Erlass eines Verwaltungsakts abzielte, der Fehler gem. Art. 45 BayVwVfG geheilt wurde, weil dann der Verwaltungsakt nicht mehr rechtswidrig ist[22]. Wenn Mängel gem. Art. 46 BayVwVfG unbeachtlich sind, bleibt der

---

[21] Vgl. Widtmann/Grasser/Glaser, Art. 112 GO, Rn. 11.

[22] Die **Heilung** von Form- oder Verfahrensverletzungen **durch Nachholung** der gebotenen Verfahrenshandlung führt zur Beseitigung des dem Verwaltungsakt anhaftenden Makels mit der

Verwaltungsakt rechtswidrig[23]; die Beanstandung wird aber im Hinblick auf den Verhältnismäßigkeitsgrundsatz regelmäßig zu unterbleiben haben[24]. Unbeachtlich ist auch die Mitwirkung eines persönlich Beteiligten an der Abstimmung im Gemeinderat, wenn es hierauf gem. Art. 49 IV GO nicht ankam. Allerdings kann die Rechtsaufsichtsbehörde im Rahmen ihrer Beratungspflicht die Gemeinde auf die Rechtsfehlerhaftigkeit ihres Handelns hinweisen.

27 Die Rechtsaufsichtsbehörde kann Beschlüsse und Verfügungen, die sie für rechtswidrig erkannt hat, förmlich beanstanden und deren Aufhebung bzw. Änderung verlangen. Dieser förmlichen Beanstandung wird im Rahmen der Beratungspflicht gem. Art. 108 GO ein Meinungsaustausch zwischen Gemeinde und Rechtsaufsichtsbehörde vorausgehen, der u. U. ausschließlich zu einem formlosen Hinweis bzgl. der Rechtswidrigkeit des gemeindlichen Handelns führt. Nur wenn die Gemeinde diesen Hinweis ignoriert und die Rechtsaufsichtsbehörde ein aufsichtsbehördliches Einschreiten nach pflichtgemäßer Ermessensbetätigung für erforderlich hält, wird es zu einer förmlichen Beanstandungsverfügung kommen. Diese zeichnet sich dadurch aus, dass die Gemeinde (erneut) auf die Gesetzwidrigkeit ihres Handelns hingewiesen wird **(Rüge der Gesetzwidrigkeit).** Mit der Beanstandung durch die Rechtsaufsichtsbehörde ist das **Aufhebungs- oder Änderungsverlangen** verbunden[25]. Allerdings darf die Rechtsaufsichtsbehörde nichts Unmögliches verlangen. So kann die Aufhebung eines rechtswidrigen Verwaltungsakts nur dann verlangt werden, wenn dies der Gemeinde z. B. im Rahmen von Art. 48 BayVwVfG möglich ist[26]. Wenn die Rechtsaufsichtsbehörde absehen kann, dass die Gemeinde dem Aufhebungs- oder Abänderungsverlangen nicht freiwillig nachkommen wird, so kann sie – dies wird aber die absolute Ausnahme sein - bereits in dem das Aufhebungs- oder Änderungsverlangen beinhaltenden Schreiben die Voraussetzungen für eine spätere Ersatzvornahme gem. Art. 113 GO schaffen. Das Aufhebungs- oder Änderungsverlangen wird dann mit der **Androhung der Ersatzvornahme** für den Fall, dass die Gemeinde dem Verlangen nicht innerhalb der gesetzten – angemessenen – **Frist** nachkommt, verbunden. Der förmliche Beanstandungsbescheid enthält dann 1. die Feststellung, dass ein gewisses Handeln rechtswidrig war, 2. die Aufforderung, diese Maßnahme innerhalb einer angemessenen Frist zu korrigieren und 3. die Androhung der Ersatzvornahme[27].

28 Beanstandung und Aufhebungs- oder Änderungsverlangen sind anfechtbare Verwaltungsakte, die hinsichtlich Form und Verfahren den Vorschriften des BayVwVfG folgen

---

Folge, dass er als rechtmäßig anzusehen ist. Strittig ist, ob die Heilung mit ex-nunc- oder ex-tunc-Wirkung eintritt.

[23] Verfahrens- und Formfehler der in Art. 46 BayVwVfG genannten Art machen den Verwaltungsakt rechtswidrig, allerdings können die Mängel im Verwaltungsprozess **unbeachtlich** sein. Art. 46 BayVwVfG regelt also, wann solche Fehler mangels **Relevanz für die Sachentscheidung** im Verwaltungsprozess nicht zu berücksichtigen sind. A. A. möglicherweise Becker in B/H/K/M, 2. Teil, Rn. 533.

[24] Prandl/Zimmermann/Büchner/Pahlke, Art. 112 GO, Erl. 3.

[25] Zwischen Aufhebungs-/Änderungsverlangen i. S. v. Art. 112 GO und Weisung i. S. v. Art. 116 I 2 GO besteht kein wesentlicher Unterschied. Allerdings ist die Weisung präventiv und kann auch für Gruppen von Fällen (insbesondere Verwaltungsvorschriften) ergehen, wohingegen das Aufhebungsverlangen stets ein konkret rechtswidriges Handeln der Gemeinde verlangt.

[26] So kann die Aufhebung eines Verwaltungsaktes wegen Vorrang des Vertrauensschutzes gem. Art. 48 II BayVwVfG oder wegen Fristablaufs gem. Art. 48 IV BayVwVfG unmöglich sein. Vgl. Mögele, BayVBl. 1985, 519 ff.

[27] Ferner wird der Bescheid auf die Kostenfreiheit dieses rechtsaufsichtlichen Verfahrens gem. Art. 3 I 1 Nr. 1 KG hinweisen. Davon sind die Kosten zu unterscheiden, die im späteren Ersatzvornahmeverfahren anfallen, Art. 113 (2) GO.

müssen. Hiergegen kann die Gemeinde Anfechtungsklage erheben, die gem. § 80 I VwGO aufschiebende Wirkung zeitigt. Die notwendige Fristsetzung durch die Rechtsaufsichtsbehörde gem. Art. 113 i. V. m. Art. 112 GO ist nicht als Anordnung des Sofortvollzugs gem. § 80 II 1 Nr. 4 VwGO anzusehen; dessen Anordnung ist aber möglich.

Die **Pflichtenkontrolle** gem. Art. 112 (2) GO bezieht sich auf gesetzlich festgelegte oder vertraglich übernommene (nicht aber zivilrechtliche) Aufgaben und Verpflichtungen. Die Aufforderung, die notwendigen Maßnahmen durchzuführen, ist ebenfalls ein Verwaltungsakt mit den o. g. Konsequenzen. 29

c) Ersatzvornahmerecht gem. Art. 113 GO

Die **Ersatzvornahme**[28] kann nur ultima ratio der rechtsaufsichtlichen Mittelanwendung darstellen. Sie setzt voraus, dass dem Aufhebungs- oder Änderungsverlangen der Rechtsaufsichtsbehörde von der Gemeinde nicht innerhalb der gesetzten **Frist** nachgekommen wurde, die **Ersatzvornahme angedroht** wurde und der aufsichtsbehördliche Bescheid **vollziehbar** ist[29]. 30

Die mit der Beanstandung zu verbindende angemessene **Frist** muss **verstrichen** sein. Das gilt im Gegensatz zu einer gelegentlich geäußerten Meinung auch dann, wenn die Gemeinde erklärt, dass sie innerhalb der Frist die Maßnahme nicht treffen werde. Wegen der teilweise komplexen Meinungsbildungsprozesse innerhalb eines Gemeinderats oder eines beschließenden Ausschusses kann im Regelfall nicht davon ausgegangen werden, dass eine Gemeinde nicht innerhalb einer gesetzten Frist noch zu einer anderen Meinung gelangt. Das Erfordernis der **Androhung der Ersatzvornahme** ergibt sich nicht expressis verbis aus dem Gesetz. Auch ist Art. 36 VwZVG weder direkt noch mittelbar anzuwenden. Gleichwohl ergibt sich die Notwendigkeit der Androhung der Ersatzvornahme daraus, dass der Gemeinde unmissverständlich verdeutlicht werden muss, dass sie bei Verstreichen der Frist mit der Sanktion des Art. 113 GO zu rechnen hat. Etwas anderes wäre nicht mit der Selbstverwaltungsgarantie und dem Verhältnismäßigkeitsprinzip zu vereinbaren[30]. Schließlich muss die **Vollziehbarkeit** der angeordneten Maßnahme gegeben sein, also die Rechtsaufsichtsbehörde den Sofortvollzug gem. § 80 II 1 Nr. 4 VwGO angeordnet haben, sofern die Anordnung i. S. v. Art. 113 GO i. V. m. Art. 112 GO noch nicht bestandskräftig geworden ist. In diesem Zusammenhang ist zu beachten, dass ein etwa durch die Gemeinde eingelegter Rechtsbehelf gegen den Grundverwaltungsakt (= Aufhebungs- oder Änderungsverlangen), der mit einer Fristsetzung verbunden ist, bewirkt, dass die Fristsetzung wegen des Suspensiveffekts gegenstandslos werden kann. Dies hat zur Folge, dass die Rechtsaufsichtsbehörde nach rechtskräftiger Bestätigung ihrer Anordnung erneut eine – wenn auch u. U. nur kurze – Frist setzen muss. Dies kann vermieden werden, wenn die Frist von vornherein an die Bestandskraft der Anordnung gekoppelt wird (z. B. „binnen eines Monats nach Bestandskraft dieses Bescheids")[31]. 31

Will sich die Gemeinde gegen die Ersatzvornahme wehren, so können nur solche Einwendungen vorgetragen werden, die nicht bereits gegen die Beanstandungsverfü- 32

---

[28] Vgl. auch Art. 29 ff. VwZVG, insbesondere Art. 32 VwZVG sowie Art. 70 ff. PAG, insbesondere Art. 72 PAG.

[29] Damit ist die Prüfung der Rechtmäßigkeit einer Ersatzvornahme gem. Art. 113 GO ähnlich der der Ersatzvornahme gem. Art. 32 VwZVG. Allerdings muss die Beanstandungsverfügung nicht – wie es Art. 36 VII VwZVG vorschreibt – zugestellt werden, was gleichwohl vernünftig ist.

[30] Ähnlich Hölzl/Hien/Huber, Art. 113 GO, Erl. 1.

[31] Vgl. Hölzl/Hien/Huber, Art. 113 GO, Erl. 1; Prandl/Zimmermann/Büchner/Pahlke, Art. 113, Anm. 2.

gung hätten vorgebracht werden müssen. Ist die Beanstandung und das Abänderungs- oder Aufhebungsverlangen i. S. v. Art. 112 GO bestandskräftig geworden, so können gegen die Ersatzvornahme nur noch die Mängel, die sich aus ihr selbst ergeben, vorgebracht werden, also z. B. die konkrete Umsetzung sei unverhältnismäßig, sie sei vor Ablauf der gesetzten Frist erfolgt etc. Hingegen wäre das Vorbringen, die Gemeinde habe rechtmäßig gehandelt, verspätet, da es sich auf die Beanstandungsverfügung bezieht und diese nicht mehr anfechtbar ist.

33 **Exkurs:** Eine sondergesetzliche Ersatzvornahme regelt Art. 67 BayBO[32], wonach das nach Städtebaurecht (insbesondere nach § 36 BauGB, daneben aber auch z. B. § 14 II 2 BauGB) oder nach Art. 63 III 2 HS 1 BayBO erforderliche gemeindliche Einvernehmen ersetzt werden kann. Darnach ist ein umständliches Verfahren zur Einvernehmensersetzung gem. Art. 112, 113 GO nicht mehr nötig und wohl auch nicht mehr zulässig. Gem. Art. 67 II BayBO entfällt die Beanstandung gem. Art. 112 GO; stattdessen ist die Gemeinde vor Erteilung der Baugenehmigung anzuhören und es ist ihr Gelegenheit zu geben, binnen einer angemessenen Frist erneut über das gemeindliche Einvernehmen zu entscheiden, Art. 67 IV BayBO. Die erteilte Baugenehmigung fingiert die Ersatzvornahme i. S. v. Art. 113 GO, vgl. Art. 67 III BayBO. Vorteil dieser Regelung ist, dass die Gemeinde nicht mehr sowohl gegen den Beanstandungsbescheid als auch die Ersatzvornahme[33] durch Anfechtungsklage vorgehen kann bzw. u. U. um vorläufigen Rechtsschutz ersuchen kann. Vielmehr greift die Gemeinde, deren fehlendes Einvernehmen durch die Baugenehmigung ersetzt wurde, nur noch die Baugenehmigung an, wenn sie der Ansicht ist, das Einvernehmen sei zu Recht verweigert worden. Die materielle Rechtsposition der Gemeinden ist durch diese Regelung nicht angetastet worden, denn nach wie vor ist das gemeindliche Einvernehmen nötig, nach wie vor kann Rechtsbehelf eingelegt werden.

34 Schwierig ist die Bestimmung des richtigen Beklagten, wenn die Rechtsaufsichtsbehörde im Wege der Ersatzvornahme z.B. einen belastenden Verwaltungsakt an einen Bürger adressiert. Nach h. M. ist richtiger Klagegegner für den Drittbetroffenen die Gemeinde, da die im Wege der Ersatzvornahme von der Rechtsaufsichtsbehörde durchgeführte Maßnahme im Außenverhältnis der Gemeinde zugerechnet wird[34]. Dieses Ergebnis erscheint deswegen nicht unzweifelhaft, weil sich die Gemeinde gegen eine Maßnahme zu wehren hat, die sie selbst nicht wollte und der aus diesen Gründen die Argumentation im Prozess belasteter Bürger-Gemeinde denkbar schwer fallen wird[35]. Nach der hier vertretenen Ansicht ist der h. M. beizupflichten. Die Vorzugswürdigkeit dieser Ansicht zeigt sich insbesondere dann, wenn die Aufsichtsbehörde im Wege der Ersatzvornahme eine von der Gemeinde erlassene Rechtsnorm abändert. Es wäre dem Bürger wohl schwer zu vermitteln, wenn er je nach konkret betroffener Regelung einmal gegen die Gemeinde, einmal gegen den Staat vorgehen müsste. Auch wäre es für den Bürger regelmäßig nicht von vornherein ersichtlich, ob die inkriminierte Regelung von

[32] Zur Verletzung der gemeindlichen Planungshoheit durch die Ersetzung des Einvernehmens gem. Art. 81 BayBO 1994 vgl. BayVGH, NVwZ 1996, 919f.

[33] Gegen die Ersatzvornahme können nur solche Einwendungen vorgetragen werden, die nicht bereits gegen die Beanstandungsverfügung hätten vorgebracht werden müssen. Ist die Beanstandung und das Abänderungs- oder Aufhebungsverlangen i. S. v. Art. 112 GO bestandskräftig geworden, so können gegen die Ersatzvornahme nur noch die Mängel, die sich aus ihr selbst ergeben, vorgebracht werden, also z. B. die konkrete Umsetzung sei unverhältnismäßig, sie sei vor Ablauf der gesetzten Frist erfolgt etc. Hingegen wäre das Vorbringen, die Gemeinde habe rechtmäßig gehandelt, verspätet, da es sich auf die Beanstandungsverfügung bezieht und diese nicht mehr anfechtbar ist.

[34] Vgl. zum Meinungsstreit Hölzl/Hien/Huber, Art. 113 GO, Erl. 4.2 m. w. N.; Widtmann/Grasser/Glaser, Art. 113 GO, Rn. 6, 7 m.w.N.

[35] Vgl. BayVGH, BayVBl. 1983, 212ff., ein überaus lesenswertes Urteil, dem ein vollkommen absurder Sachverhalt zugrunde liegt. Vgl. auch Prandl/Zimmermann/Büchner/Pahlke, Art. 113 GO, Anm. 7.

der Gemeinde oder von der Rechtsaufsichtsbehörde erlassen worden ist. Dieses Ergebnis ist auch deswegen richtig, weil die Gemeinde die Möglichkeit hat, gegen den rechtsaufsichtsbehördlichen Akt prozessual vorzugehen. Tut sie dies nicht oder obsiegt im Prozess der beklagte Freistaat Bayern, so ist es ihr zuzumuten, sich die von der Rechtsaufsichtsbehörde erlassene Regelung im Außenverhältnis zurechnen zu lassen.

d) Bestellung eines Beauftragten gem. Art. 114 GO

Art. 114 GO ist nur anwendbar, wenn die sonstigen rechtsaufsichtlichen Mittel versagen oder keinen Erfolg versprechen. Diese Art von **Notstandsaufsichtsmittel** kommt insbesondere dann in Betracht, wenn die Gemeinde nicht handeln kann oder nicht handeln will. Obschon Art. 114 I GO nur von einem „kann“ redet, ist davon auszugehen, dass bei Vorliegen der jeweiligen Tatbestandsvoraussetzungen regelmäßig eine Pflicht zum Tätigwerden der Aufsichtsbehörden besteht, da die tatbestandlichen Hürden vom Gesetzgeber so hoch gelegt worden sind, dass ein Nichteingreifen der Rechtsaufsichtsbehörde kaum vorstellbar ist. Man wird deswegen jedoch nicht anzunehmen haben, dass es sich bei der Kann-Bestimmung des Art. 114 GO um ein reines Kompetenz-Kann handelt, mit der Folge, dass insoweit von einer dem Legalitätsprinzip folgenden Bestimmung gesprochen werden müsste[36]. Vielmehr gilt auch hier das Opportunitätsprinzip, nur mit der Besonderheit, dass sich das Ermessen regelmäßig zu einer Handlungspflicht verdichtet. 35

aa) Ermächtigung des ersten Bürgermeisters

Der **erste Bürgermeister** kann **ermächtigt** werden, anstatt des Gemeinderats zu handeln, wenn der geordnete Gang der Verwaltung durch **Beschlussunfähigkeit** des Gemeinderats oder durch seine Weigerung, gesetzmäßige Anordnungen der Rechtsaufsichtsbehörde auszuführen **(Beschlussunwilligkeit),** ernstlich behindert wird. Die Beschlussunfähigkeit aus Gründen der persönlichen Beteiligung i.S.v. Art. 49 I i.V.m. Art. 47 II GO kann auch nicht über Art. 47 III GO gelöst werden, da Art. 47 III GO an die Anwesenheit und nicht an die persönliche Beteiligung anknüpft. Über Art. 47 III GO kann allerdings die Beschlussfähigkeit des Gemeinderats dann wiederhergestellt werden, wenn ein Teil der Gemeinderatsmitglieder die Sitzung in beschränktem Umfang durch Abwesenheit boykottiert[37]. Unter Umständen besteht auch die Möglichkeit, dass der erste Bürgermeister bei Gefahr im Verzug die Maßnahmen in eigener Zuständigkeit trifft, Art. 37 III GO, so dass ebenfalls eine ernsthafte Behinderung des Geschäftsgangs nicht zu befürchten steht[38]. Die Ermächtigung des ersten Bürgermeisters, anstatt des Gemeinderats zu handeln, stellt sich als Verwaltungsakt dar, der in das Selbstverwaltungsrecht der Gemeinde eingreift. 36

bb) Beauftragung weiterer Bürgermeister und Handeln der Rechtsaufsichtsbehörde

Der Tatbestand von Art. 114 II 1 GO erklärt sich von selbst. Beauftragt werden i.S.v. Art. 114 II 1 GO können nur die **weiteren Bürgermeister** i.S.v. Art. 39 I 1 GO, nicht auch die weiteren Stellvertreter i.S.v. Art. 39 I 2 GO. Ein unmittelbares Handeln der **Rechtsaufsichtsbehörde** nach Art. 114 II 2 GO setzt voraus, dass der geordnete Gang der Gemeindeverwaltung durch Beschlussunfähigkeit oder Beschlussunwilligkeit des Gemeinderats ernstlich behindert ist und dass alle Bürgermeister ver- 37

---

[36] So aber Hölzl/Hien/Huber, Art. 114 GO, Erl. 1.

[37] Vgl. Prandl/Zimmermann/Büchner/Pahlke, Art. 114 GO, Anm. 2.

[38] Vgl. hierzu bereits das Beispiel unter § 4, Rn. 26f.

hindert oder nicht gewillt sind, die Rolle des Beauftragten i. S. v. Art. 114 II 1 GO zu übernehmen.

cc) Auflösung und Neuwahl des Gemeinderats gem. Art. 114 III GO

38 Gem. Art. 114 III GO kann die Staatsregierung, Art. 43 BV, den Gemeinderat auflösen und die **Neuwahl** des Gemeinderats anordnen, wenn sich der gesetzwidrige Zustand anders nicht beheben lässt. Die Neuwahl kann nur durchgeführt werden, wenn die Auflösungsanordnung unanfechtbar geworden oder sofortiger Vollzug gem. § 80 II 1 Nr. 4 VwGO angeordnet ist.

2. Befugnisse der Fachaufsicht

a) Informationsrecht gem. Art. 116 I 1 GO

39 Gem. Art. 116 I 1 GO können sich die Fachaufsichtsbehörden über Angelegenheiten des übertragenen Wirkungskreises in gleicher Weise wie die Rechtsaufsichtsbehörden unterrichten. Wenn Art. 116 I 1 GO den Passus „in gleicher Weise" verwendet, so bezieht sich dies nicht auf den Gegenstand der **Information.** Denn anders als die Rechtsaufsichtsbehörde, die im Rahmen von Art. 111 GO die Befugnis hat, sich über alle Angelegenheiten zu informieren, also unabhängig von der Frage, ob der interessierende Gegenstand im eigenen oder übertragenen Wirkungskreis der Gemeinde beheimatet ist, ist im Rahmen von Art. 116 I 1 GO nur von den Angelegenheiten des übertragenen Wirkungskreises die Rede, so dass die Fachaufsichtsbehörden gegenständlich hierauf beschränkt sind. Ist gem. Art. 115 I 1 GO eine besondere Fachaufsichtsbehörde bestimmt, so beschränkt sich das Informationsrecht sogar auf den Zuständigkeitsbereich der jeweiligen besonderen Fachaufsichtsbehörde[39]. Wenn Art. 116 I 1 GO also davon spricht, dass sich die Fachaufsichtsbehörden „in gleicher Weise" wie die Rechtsaufsichtsbehörden unterrichten können, so bezieht sich dies auf die Methoden, die in Art. 111 GO vorgesehen sind, vgl. insbesondere die Beispielsfälle des Art. 111 (2) GO. Wie sich aus dem Umkehrschluss aus Art. 116 I 2 GO ergibt, ist die Einschränkung des Art. 109 II 2 GO nicht auf die Informationsbefugnis des Art. 116 I 1 GO zu beziehen[40].

b) Weisungsrecht gem. Art. 116 I 2 GO

40 Gem. Art. 116 I 2 GO können die Fachaufsichtsbehörden den Gemeinden **Weisungen** unter Beachtung des Art. 109 II 2 GO erteilen. Die Weisung knüpft anders als die Beanstandung i. S. v. Art. 112 GO nicht nur repressiv an fehlerhaftes Handeln der Gemeinde an[41], sondern sie kann auch präventiv erteilt werden. Das Weisungsrecht umfasst auch die Befugnis, nicht nur Einzelfälle, sondern auch Gruppen von Fällen durch Weisung zu regeln oder sogar allgemeine Richtlinien zu erlassen[42]. Ungeachtet dessen gebietet Art. 109 II GO[43] die Unterscheidung von sog. Rechtmäßigkeits- und Zweckmäßigkeitsweisungen. **Rechtmäßigkeitsweisungen** nehmen rechtswidriges Handeln der Gemeinde im übertragenen Wirkungskreis zum Anlass, eine Korrektur zu

---

[39] Vgl. Prandl/Zimmermann/Büchner/Pahlke, Art. 116 GO, Anm. 1; Widtmann/Grasser/Glaser, Art. 116 GO, Rn. 1.

[40] Vgl. Widtmann/Grasser/Glaser, Art. 116 GO, Rn. 1.

[41] Vgl. auch BayVGH, BayVBl. 1992, 628/629.

[42] Vgl. Widtmann/Grasser/Glaser, Art. 116 GO, Rn. 2; Hölzl/Hien/Huber, Art. 116 GO, Erl. 1.

[43] Vgl. hierzu bereits oben, Rn. 8 f.

fordern. Die Rechtswidrigkeit kann sich beispielsweise aus der fehlerhaften Auslegung von unbestimmten Rechtsbegriffen, aus Ermessensfehlern i. S. v. § 114 VwGO und aus der Missachtung des Verhältnismäßigkeitsprinzips ergeben. Rechtmäßigkeitsweisungen sind ohne die Einschränkung des Art. 109 II 2 GO möglich. Mit Hilfe von Rechtmäßigkeitsweisungen können die Fachaufsichtsbehörden von den Gemeinden die Aufhebung oder Änderung rechtswidriger Beschlüsse verlangen. **Zweckmäßigkeitsweisungen** nehmen nicht rechtswidriges Handeln der Gemeinde zum Anlass, eine Korrektur zu verlangen, vielmehr fordern sie von der Gemeinde, unter mehreren gleichermaßen rechtmäßigen Alternativen die nach Ansicht der Fachaufsichtsbehörde zweckmäßigste (klügste, billigste, angesichts der Reaktionen der Öffentlichkeit am wenigsten nachteilige etc.) zu ergreifen. Solche Zweckmäßigkeitsweisungen dürfen nur unter Beachtung des Art. 109 II 2 GO erteilt werden; es gilt aber auch: Nur für diese Zweckmäßigkeitsweisungen gilt die Beschränkung des Art. 109 II 2 GO.

Faustformel: Das Weisungsrecht der Fachaufsichtsbehörden ist gem. Art. 116 I 2 i. V. m. Art. 109 II 2 GO nur beschränkt für Zweckmäßigkeitsweisungen, unbeschränkt hingegen für Rechtmäßigkeitsweisungen. **41**

c) Unterstützende Maßnahmen der Rechtsaufsichtsbehörde

Gem. Art. 116 I 3 GO sind die Fachaufsichtsbehörden zu weitergehenden Eingriffen in die Gemeindeverwaltung nicht befugt, d. h. neben dem Informationsrecht gem. Art. 116 I 1 GO und dem Weisungsrecht gem. Art. 116 I 2 GO sind den Fachaufsichtsbehörden die weiteren Aufsichtsmittel versagt. Allerdings sind gem. Art. 116 II 1 GO die Rechtsaufsichtsbehörden verpflichtet, die Fachaufsichtsbehörden bei der Durchführung ihrer gesetzlichen Aufgaben nötigenfalls unter Anwendung der in Art. 113 und 114 GO festgelegten Befugnisse zu unterstützen. Wichtigster Anwendungsfall dürfte wohl sein, dass die Fachaufsichtsbehörde per Weisung eine gemeindliche Entscheidung des übertragenen Wirkungskreises beanstandet und die Aufhebung verlangt. Kommt die Gemeinde dieser Weisung nicht nach, so handelt sie rechtswidrig. Die Fachaufsichtsbehörde wird deswegen die Rechtsaufsichtsbehörde bitten, die Weisung im Wege der Ersatzvornahme durchzusetzen. Es ist jedoch zu beachten, dass die Weisung vor Einsatz des Mittels des Art. 113 GO bestandskräftig oder für sofort vollziehbar erklärt sein muss. Ist dies der Fall, kann nun die Rechtsaufsichtsbehörde eine angemessene Frist setzen und nach Fristablauf die notwendigen Maßnahmen anstelle der Gemeinde verfügen. Art. 116 II 2 GO klärt, dass neben der Weisung der Fachaufsichtsbehörde nicht noch eine Anordnung der Rechtsaufsichtsbehörde erforderlich ist. Die Rechtsaufsichtsbehörde hat zu prüfen, ob die gesetzlichen Voraussetzungen für ihr Tätigwerden vorliegen, insbesondere auch, ob sich die Weisung im Rahmen des Art. 109 II 2 GO hält und ob auch darüber hinaus die Weisung rechtmäßig ist. Ebenfalls hat die Rechtsaufsichtsbehörde zu prüfen, ob die Weisung bestandskräftig ist oder der Sofortvollzug i. S. v. § 80 II 1 Nr. 4 VwGO angeordnet wurde. Hat die Fachaufsichtsbehörde eine solche Anordnung unterlassen, so ist es nicht an der Rechtsaufsichtsbehörde, dies nachzuholen, da sich die Anordnung des Sofortvollzugs noch auf den Grundverwaltungsakt, also die Weisung, bezieht. **42**

VI. Rechtsschutz anlässlich aufsichtlicher Maßnahmen

1. Verwaltungsaktcharakter aufsichtlicher Maßnahmen

43 Streitigkeiten zwischen beaufsichtigter Gemeinde und beaufsichtigendem Staat werden von den Verwaltungsgerichten entschieden, § 40 I VwGO; Art. 83 V BV ist nicht heranzuziehen, da der Bund mit Erlass der VwGO abschließend von seiner Gesetzgebungskompetenz gem. Art. 74 I Nr. 1, 72 GG Gebrauch gemacht hat und sich deswegen die Rechtswegzuständigkeit ausschließlich nach § 40 VwGO bestimmt[44]. Im Regelfall stellen sich **rechtsaufsichtliche Maßnahmen** als Verwaltungsakte dar, da sie Außenwirkung sowie Regelungscharakter besitzen. Das ist bei der Beanstandung im Rahmen von Art. 112 GO, bei der Ersatzvornahme im Rahmen von Art. 113 GO, bei den Maßnahmen, die im Rahmen von Art. 114 GO getroffen werden, sowie bei Erteilung oder Versagung einer Genehmigung i. S. v. Art. 117 GO weitestgehend unbestritten. Bei der Bitte um Stellungnahme im Rahmen des Informationsrechts i. S. v. Art. 111 GO kommt es auf die Umstände im Einzelfall an, insbesondere weil es an dem Regelungscharakter fehlen kann; jedenfalls die Anforderung von Akten zur Einsichtnahme stellt unzweifelhaft einen Verwaltungsakt dar. Weigert sich die Gemeinde, dem Informationsverlangen nachzukommen, so wird die Rechtsaufsichtsbehörde eine Beanstandungsverfügung i. S. v. Art. 112 GO erlassen, die wiederum unzweifelhaft einen Verwaltungsakt darstellt, gegen den die Anfechtungsklage statthaft ist.

44 Probleme bereitet allerdings die Rechtsnatur der **Weisung** i. S. d. Art. 116 I 2 GO. Nach allein richtiger, aber heftig umstrittener[45] Ansicht handelt es sich mit der h. M. in der auf das bayerische Kommunalrecht bezogenen Literatur auch bei einer fachaufsichtlichen Weisung um einen Verwaltungsakt i. S. d. Art. 35 BayVwVfG[46]. Der Regelungsgehalt ist darin zu erblicken, dass Weisungen regelmäßig zu einem Tun oder Unterlassen auffordern. Die Außenwirkung liegt deswegen vor, weil die Fachaufsichtsbehörde als eine Behörde der Körperschaft Freistaat Bayern eine von diesem verschiedene Körperschaft, nämlich eine Gemeinde, zu dem in der Weisung enthaltenen Tun oder Unterlassen anweist. Die fachaufsichtliche Weisung ist ein Mittel des Rechtsverkehrs zwischen zwei verschiedenen Körperschaften. Auch wird eine Gemeinde, soweit sie Aufgaben des übertragenen Wirkungskreises wahrnimmt (die sich ihrem Wesen nach als Staatsaufgaben darstellen), nicht zur Staatsbehörde, sondern bleibt selbständige juristische Person des öffentlichen Rechts. Deswegen bestreitet auch niemand, dass in jedem Fall, also unabhängig davon, ob eine Gemeinde Aufgaben im eigenen oder übertragenen Wirkungskreis wahrnimmt, immer die Gemeinde zu verklagen ist, wenn eine von ihr getroffene Maßnahme angegriffen wird. Aus dem gleichen Grunde richten sich Amtshaftungsansprüche auch bei rechtswidriger Aufgabenwahrnehmung im übertragenen Wirkungskreis gegen die Gemeinde. Wer die Außenwirkung von fachaufsichtlichen Weisungen bestreitet, müsste konsequenterweise jegliches Handeln der Gemeinden im übertragenen Wirkungskreis dem Freistaat Bayern zurechnen und die-

---

[44] Die Länder können deswegen nur dann verwaltungsprozessuale Regelungen treffen, wenn ihnen diese Kompetenz durch Bundesgesetz eingeräumt wurde, vgl. z. B. §§ 40 I 2, 42 II, 73 I 2 Nr. 1 und Nr. 3, 73 I 3, 73 II, 78 I Nr. 2, 80 II 1 Nr. 3, 80 II 2 VwGO.

[45] So BayVGH, BayVBl. 1977, 152; BVerwG, BayVBl. 1978, 374; BVerwG, BayVBl. 1995, 474 f.

[46] Vgl. Prandl/Zimmermann/Büchner/Pahlke, Art. 116 GO, Anm. 2; Hölzl/Hien/Huber, Art. 116 GO, Erl. 2; Knemeyer, Rn. 431; Widtmann, BayVBl. 1978, 723; Riegl, BayVBl. 1985, 369; Bauer/Böhle/Ecker, Art. 116 GO, Rn. 4 f.

sen verklagen. Zudem wäre die Norm des Art. 116 GO wenig sinnvoll, wenn die Gemeinde quasi als innerstaatliche Stelle angesehen würde, soweit es um übertragene Angelegenheiten geht. Dann könnte nämlich die fachaufsichtliche Weisung als quasi innerdienstliche Weisung angesehen werden, die ohne weitere Beschränkungen möglich ist[47]. Deswegen ist es auch nicht geboten, den Verwaltungsaktcharakter fachaufsichtlicher Weisungen von einer Einzelfallbetrachtung abhängig machen zu wollen[48]. Richtig ist allein, dass mit der Bejahung des Verwaltungsaktcharakters einer fachaufsichtlichen Weisung noch nichts dazu gesagt ist, ob der Rechtsbehelf im Übrigen zulässig und/oder begründet ist, bzw. ob die Gemeinde in ihren Rechten verletzt ist.

2. Rechtsverletzung durch aufsichtliche Maßnahmen

Es wurde soeben gesagt, dass die Qualifizierung einer aufsichtlichen Maßnahme als Verwaltungsakt noch nichts über die weiteren Erfolgsaussichten eines statthaften Rechtsbehelfs, also wegen Art. 15 AGVwGO nicht mehr der Widerspruch, sondern allein die Anfechtungsklage, aussagt. Im Rahmen der Klagebefugnis ist bei rechtsaufsichtlichen Maßnahmen stets die Verletzung des Selbstverwaltungsrechts aus Art. 11 II 2 BV, Art. 28 II GG denkbar[49]. War das Handeln oder Unterlassen der Gemeinde rechtmäßig, so ist die aufsichtliche Maßnahme stets rechtswidrig, so dass eine Rechtsverletzung zur Begründetheit des Rechtsbehelfs führt. Allerdings ist zu beachten, dass auch bei rechtswidrigem Handeln oder Unterlassen der Gemeinde eine rechtsaufsichtliche Maßnahme die Gemeinde in ihrem Selbstverwaltungsrecht verletzen kann. Es ist nämlich darauf zu achten, dass das abgestufte rechtsaufsichtliche Instrumentarium dem Grundsatz der Verhältnismäßigkeit unterliegt, so dass z. B. eine Maßnahme im Rahmen von Art. 114 GO dann rechtswidrig, weil unverhältnismäßig, sein kann, wenn weniger einschneidende Maßnahmen ausgereicht hätten. Ferner muss nach Einführung des Opportunitätsprinzips die Entscheidung der Rechtsaufsichtsbehörde auch auf der pflichtgemäßen Ausübung ihres Ermessens fußen. **45**

Im Rahmen der Fachaufsicht kann sich eine Gemeinde nicht auf die Verletzung von Art. 11 II 2 BV, Art. 28 II GG berufen, weil hierdurch nur die eigenverantwortliche Wahrnehmung aller Angelegenheiten der örtlichen Gemeinschaft, also der Selbstverwaltungsangelegenheiten, garantiert wird[50]. Kann demnach im Rahmen von fachaufsichtlichen Weisungen nicht auf die verfassungsrechtliche Gewährleistung des Selbstverwaltungsrechts für die Behauptung einer Rechtsverletzung zurückgegriffen werden, so kann eine Gemeinde u. U. ihr „Recht, von Weisungen verschont zu bleiben“ anführen. **46**

---

47 Vgl. Hölzl/Hien/Huber, Art. 116 GO, Erl. 2.

48 Vgl. BVerwG, BayVBl. 1995, 474 f.

49 Vorsicht: Studenten wenden nicht selten zur Bejahung der Widerspruchs- bzw. Klagebefugnis die sog. „Adressatentheorie“ an; das ist fehlerhaft. Die Adressatentheorie ist Kind des Elfes-Urteils (BVerfGE 6, 32 ff.), wonach sich jede natürliche Person wenigstens auf die allgemeine Handlungsfreiheit gem. Art. 2 I GG berufen kann, wenn sie Adressat einer staatlichen Maßnahme ist. Auch wenn die Gemeinde Adressat aufsichtlicher Verfügungen ist, so ist sie doch nicht fähig, sich auf die allgemeine Handlungsfreiheit zu berufen.

50 Es war in Klausuren wiederholt zu beobachten, dass Studenten für die Frage der Widerspruchs- oder Klagebefugnis gem. § 42 II VwGO auch bei fachaufsichtlichen Weisungen auf Art. 11 II 2 BV, Art. 28 II GG zurückgriffen. Es handelt sich hierbei um einen unverzeihlichen Grundlagenfehler, solange nicht die Möglichkeit dargelegt werden kann, dass die fachaufsichtliche Weisung auf den eigenen Wirkungskreis durchschlägt. Das ist z. B. dann denkbar, wenn eine detaillierte fachaufsichtliche Weisung Auswirkungen auf die gemeindliche Organisationshoheit hat; vgl. BVerfGE 78, 331/341.

Wie bereits dargelegt, soll Art. 109 II 2 GO gewährleisten, dass fachaufsichtliche Weisungen aus Zweckmäßigkeitserwägungen (Zweckmäßigkeitsweisungen) nur im Ausnahmefall ergehen. Art. 109 II 2 GO räumt den Gemeinden insoweit einen prinzipiell weisungsfreien Raum ein, den sie auch mit Hilfe von Rechtsbehelfen verteidigen können. Allerdings muss es dann im Rahmen der Prüfung der Klagebefugnis auch möglich erscheinen, dass Art. 109 II 2 GO überhaupt eingreift.

47 **Beispiel:** Der Vollzug des Gaststättengesetzes ist gem. § 1 I 1 BayGastV i. V. m. § 1 I Nr. 4 GrKrV, Art. 9 II 1 GO den Großen Kreisstädten als übertragene Aufgabe zugewiesen. Die Weisung der Regierung (zuständige Behörde gem. Art. 115 II, 9 II, 115 I 2, 110 (2) GO), eine Gaststättenerlaubnis gem. § 15 II GastG zu widerrufen, weil der Erlaubnisinhaber gem. § 4 I Nr. 1 GastG unzuverlässig sei, kann nicht zulässigerweise mit der Anfechtungsklage angefochten werden, wenn die Große Kreisstadt behauptet, der Betroffene sei in Wirklichkeit zuverlässig. Die Frage nach der Zuverlässigkeit des Erlaubnisinhabers ist eine Frage der Auslegung eines unbestimmten Rechtsbegriffes und damit eine Frage der Rechtskontrolle innerhalb der Fachaufsicht; es liegt eine Rechtmäßigkeitsweisung vor. Damit ist nicht das Reservat des Art. 109 II 2 GO einschlägig, da sich Art. 109 II 2 GO nur auf die Fälle der fachaufsichtlichen Kontrolle, die nicht bereits Inhalt der Rechtskontrolle durch die Fachaufsicht sind, also auf Zweckmäßigkeitsweisungen, bezieht. Eine Klagebefugnis kann damit weder auf das Selbstverwaltungsrecht, da es sich bei dem Vollzug des Gaststättengesetzes nicht um eine Selbstverwaltungsangelegenheit handelt, noch auf das in Art. 109 II 2 GO enthaltene Recht, aufgrund von Zweckmäßigkeitserwägungen nur im Ausnahmefall mit Weisungen belastet zu werden, gestützt werden.

3. Anspruch auf Genehmigung

48 Wie bereits dargelegt, kann sich die Genehmigungs- bzw. Zustimmungspflicht gewisser gemeindlicher Akte aus der GO (vgl. Art. 117 GO) bzw. aus Spezialgesetzen ergeben. Versagt die Genehmigungsbehörde die Genehmigung bzw. bleibt sie untätig, so stellt sich die Frage, ob die Gemeinde einen Anspruch auf Genehmigungserteilung hat. Das Gleiche gilt, wenn die Aufsichtsbehörde eine Genehmigung unter bestimmten Maßgaben erteilt; in diesem Fall ist die Genehmigung versagt; erteilt wurde hingegen eine Vorweggenehmigung für einen gemeindlichen Willensbildungsakt, der noch gar nicht vorgenommen wurde (sog. **Maßgabegenehmigung**)[51]. Teilweise wurde pauschal ein Anspruch auf Genehmigungserteilung verneint und den Genehmigungsbehörden ein Ermessens- oder Beurteilungsspielraum bezüglich der Genehmigungserteilung gewährt. Spätestens seit der Entscheidung des Bayerischen Verfassungsgerichtshofs vom 15.12.1988[52] dürfte diese undifferenzierte Sichtweise nicht mehr haltbar sein. Es ist jeweils nach der Funktion des Genehmigungs- bzw. Zustimmungsvorbehaltes zu fragen. Bezweckt der Genehmigungsvorbehalt die Sicherung staatlicher Mitwirkungsbefugnisse, dann ist in der Tat ein Ermessensspielraum des Staates anzunehmen[53]. Die Gemeinde kann dann Verpflichtungsklage in der besonderen Form der Bescheidungsklage i. S. v. § 113 V 2 VwGO einlegen, wenn sie der Ansicht ist, die Genehmigungs-

---

[51] Die rechtliche Situation ist dann folgende: Der von der Gemeinde gefasste Beschluss – meist in diesem Zusammenhang ein Satzungsbeschluss – kann mangels diesbezüglich erteilter Genehmigung nicht wirksam werden. An dem der Genehmigung der Aufsichtsbehörde entsprechenden Beschluss der Gemeinde fehlt es aber. Wenn die Gemeinde wenigstens eine der vorweg erteilten Genehmigung entsprechende Rechtslage herbeiführen will, muss sie noch den der Genehmigung entsprechenden Willensentschluss fassen, sog. **Beitrittsbeschluss.** Erst dann liegt die nötige Identität von gemeindlicher Willensbetätigung und aufsichtlicher Genehmigung vor.

[52] BayVerfGH, BayVBl. 1989, 237 ff.

[53] Keine Mitwirkungsbefugnis bei §§ 6 II, 10 II BauGB, daher reine Rechtskontrolle; echte Mitwirkungsbefugnis z. B. bei Art. 2 II GO.

behörde hätte von ihrem Ermessen in fehlerhafter Art und Weise Gebrauch gemacht. Soll der Genehmigungsvorbehalt jedoch nur die präventive Rechtmäßigkeitskontrolle sichern, so hat die Gemeinde einen Anspruch auf Genehmigung, wenn der zu genehmigende Akt rechtmäßig ist, im übertragenen Wirkungskreis, wenn der zu genehmigende Akt rechtmäßig ist und kein Fall des Art. 109 II 2 GO vorliegt.

4. Hinweis zu Art. 120 GO (aufgehoben)

Anders als Art. 119 GO, der sich mit Rechtsbehelfen des Bürgers gegen gemeindli- **49**
che Verwaltungsakte beschäftigt, befasste sich der durch Gesetz vom 22.3.2018 (GVBl, S. 145) ersatzlos aufgehobene Art. 120 GO mit dem **Widerspruch der Gemeinden gegen aufsichtliche Verwaltungsakte,** wobei allerdings seit der grundsätzlichen, nur für wenige Rechtsbereiche durchbrochenen Abschaffung des Widerspruchsverfahrens gem. Art. 15 AGVwGO Art. 120 GO keinen Anwendungsbereich mehr hatte.

Art. 120 GO sollte eine reine Zuständigkeitsvorschrift sein; das war jedenfalls dann **50**
richtig, wenn man auch fachaufsichtlichen Weisungen von vornherein den Verwaltungsaktcharakter zuspricht. Wollte man dies unter Hinweis auf die fehlende Außenwirkung verneinen, so wäre zu fragen gewesen, ob Art. 120 GO für fachaufsichtliche Maßnahmen nicht konstitutiv den Verwaltungsaktcharakter feststellt. Dies wäre jederzeit möglich gewesen, da die Definition des Verwaltungsakts eine Frage des Verfahrensrechts ist und somit durch Landesrecht geschehen kann, vgl. Art. 83, 84 I GG.

VII. Zusammenfassende Übersicht

51 Übersicht 40: Staatsaufsicht über die Gemeinden

Staatsaufsicht über die Gemeinden Art. 108 ff. GO, Art. 83 IV BV		
	Rechtsaufsicht	**Fachaufsicht**
Tatbestand	Wahrnehmung eigener Angelegenheiten	Wahrnehmung übertragener Angelegenheiten
Kontrollumfang	Rechtmäßigkeitskontrolle • einschließlich Grundsatz der Verhältnismäßigkeit und • Ermessensfehler i. S. v. Art. 40 BayVwVfG keine Zweckmäßigkeitsvorgaben	Rechtmäßigkeitskontrolle und – eingeschränkt, vgl. Art. 109 II 2 GO – Zweckmäßigkeitsvorgaben
Aufsichtsbehörden	Rechtsaufsichtsbehörde Art. 110 GO	Fachaufsichtsbehörde Art. 115 GO Fachbehörde, sonst Rechtsaufsichtsbehörde
Aufsichtsmittel	• Informationsrecht für alle Angelegenheiten, Art. 111 GO • Beanstandungsrecht, Art. 112 GO • Ersatzvornahmerecht, Art. 113 GO • Bestellung eines Beauftragten, Art. 114 GO	• Informationsrecht für Angelegenheiten des übertragenen Wirkungskreises Art. 116 I 1 i. V. m. Art. 111 GO • **Weisungsrecht** Art. 116 I 2 i. V. m. Art. 109 II GO Rechtmäßigkeitsweisungen Zweckmäßigkeitsweisungen (eingeschränkt, vgl. Art. 109 II 2 GO)
Ausnahme	Verordnungserlass i. S. v. Art. 42 I 2 LStVG ist Angelegenheit des übertragenen Wirkungskreises, aber Rechtsaufsichtsbehörde führt nur Rechtmäßigkeitskontrolle durch, vgl. Art. 49 LStVG	

§ 9 Kommunale Zusammenarbeit

I. Allgemeines

Die Notwendigkeit kommunaler Zusammenarbeit ist auch nach der Gebietsreform unabdingbar gegeben. Wenn auch größere und damit leistungsfähigere Gemeinden und Landkreise geschaffen wurden, so können doch nach wie vor gewisse Aufgaben nicht von einzelnen Kommunen isoliert wahrgenommen werden. So sind z.B. gerade im Bereich der Wasserversorgung und Abwasserbeseitigung oftmals nur weiträumige Einrichtungen in der Lage, diese Pflichtaufgaben (vgl. Art. 57 II GO, Art. 34 BayWG) effektiv zu erledigen[1]. Dementsprechend sieht Art. 57 III GO vor, dass eine die Leistungsfähigkeit einer Gemeinde übersteigende Pflichtaufgabe in kommunaler Zusammenarbeit zu erfüllen ist. Das Bundesverfassungsgericht hat entschieden, dass grundsätzlich ein Vorrang der kommunalen Zusammenarbeit vor der Hochzonung gemeindlicher Aufgaben auf die Landkreisebene bestehe und dass erst wenn durch gemeindliche Kooperation die Erfüllung kommunaler Aufgaben nicht sichergestellt werden könne, der Staat den Gemeinden die davon betroffenen Zuständigkeiten entziehen dürfe[2]. 1

Das **Gesetz über die kommunale Zusammenarbeit** (KommZG) regelt die kommunale Arbeitsgemeinschaft gem. Art. 4ff., die Zweckvereinbarung gem. Art. 7ff., den kommunalen Zweckverband gem. Art. 17ff. KommZG und das gemeinsame Kommunalunternehmen gem. Art. 49f. KommZG, vgl. auch die Aufzählung in Art. 2 I KommZG. Daneben gibt es **sondergesetzliche Verbände,** wie vor allem die **Verwaltungsgemeinschaft** nach der Verwaltungsgemeinschaftsordnung (VGemO). Sonstige sondergesetzliche Verbände (z.B. die Regionalen Planungsverbände gem. Art. 8ff. BayLplG oder die Planungsverbände gem. § 205 BauGB) bzw. Sonderzweckverbände (z.B. die Zweckverbandssparkassen gem. Art. 17 SpkG oder die Rettungszweckverbände gem. Art. 4 III BayRDG) interessieren im Rahmen dieser Darstellung nicht. Das gilt auch für die rein privatrechtliche kommunale Zusammenarbeit in den Rechtsformen des Vereins, der Genossenschaft, der BGB-Gesellschaft oder in den Rechtsformen des Handelsrechts. 2

Verwaltungsgemeinschaft einerseits und Arbeitsgemeinschaft, Zweckvereinbarung, Zweckverband bzw. gemeinsames Kommunalunternehmen andererseits unterscheiden sich wesentlich: Während die Verwaltungsgemeinschaft nicht selten gegen den Widerstand der Beteiligten (vgl. Art. 2 I Nr. 2 VGemO) durch Gesetz gebildet wurde oder wird (Art. 2 III VGemO), finden sich die Beteiligten bei Arbeitsgemeinschaft, Zweckvereinbarung, Zweckverband und gemeinsamen Kommunalunternehmen in der Regel freiwillig zusammen (Ausnahmen: Art. 16, 28 KommZG). Weiterer Unterschied ist, dass die Verwaltungsgemeinschaft für alle Aufgaben zuständig ist, die ihr kraft Gesetzes über- 3

---

[1] Zur europarechtlichen bzw. vergaberechtlichen Beurteilung kommunaler Zusammenarbeit wird auf die einschlägigen Fachkommentierungen verwiesen. Vgl. beispielsweise Schulz/Wachsmuth/Zwick, Art. 1 KommZG, Anm. 7; Bonengel/Kitzeder, Art. 17 KommZG, Anm. 3; Ismer/Meßerschmidt, BayVBl. 2018, 400/403 m.w.N. Vgl. EuGH 21.12.2016, Az. C-51/15; vgl. ferner die EU-Vergaberechtsrichtlinien 2014/23/EU, 2014/24/EU, 2014/25/EU und § 108 GWB.

[2] BVerfG, Urt. v. 21.11.2017, Az. 2 BvR 2177/16, Rn. 86.

tragen sind, während bei der kommunalen Zusammenarbeit nach dem KommZG im Rahmen eines öffentlich-rechtlichen Vertrags einzelne Aufgaben herausgegriffen werden. Schließlich ist die Verwaltungsgemeinschaft gem. Art. 1 II 1 VGemO eine Körperschaft des öffentlichen Rechts (keine Gebietskörperschaft, sondern Verband besonderer Art bzw. Verbandskörperschaft mit Dienstherrnfähigkeit), während im Rahmen der Zusammenarbeit nach dem KommZG Arbeitsgemeinschaft und Zweckvereinbarung keine neuen juristischen Personen entstehen lassen (Art. 2 II KommZG) und nur der Zweckverband eine Körperschaft des öffentlichen Rechts bzw. das gemeinsame Kommunalunternehmen eine Anstalt des öffentlichen Rechts ist, Art. 2 III, IV KommZG. Allen Formen der kommunalen Zusammenarbeit nach dem KommZG wie nach der VGemO ist wiederum gemein, dass sie die Beteiligten in ihrem Bestand unberührt lassen, vgl. nur Art. 1 I 1 VGemO.

II. Verwaltungsgemeinschaft

1. Bildung der Verwaltungsgemeinschaft

a) Zweck des Rechtsinstituts der Verwaltungsgemeinschaft

4 Das Rechtsinstitut Verwaltungsgemeinschaft wurde 1971 im Rahmen der allgemeinen Gebietsreform durch das **Erste Gesetz zur Stärkung der kommunalen Selbstverwaltung**[3] neu in das bayerische Gemeinderecht eingeführt. Die Verwaltungsgemeinschaft ist Bestandteil der Gesamtkonzeption einer kommunalen Gebietsreform gewesen. Nach den Zielen der Gebietsreform sollte das Staatsgebiet auf der Ebene der Gemeinden, Kreise und Regierungsbezirke so gegliedert werden, dass der räumliche Zuschnitt der Verwaltungsbereiche den seit den kommunalen Gebietsgliederungen Bayerns im 19. Jahrhundert veränderten Verhältnissen angepasst wurde[4]. Dabei war und ist die Eingliederung einer kreisangehörigen Gemeinde in eine Verwaltungsgemeinschaft als das gegenüber der Bestandsänderung mildere Mittel anzusehen, wenn die Leistungs- oder Verwaltungskraft einer Gemeinde keine Gewähr mehr dafür bietet, dass sie ihre eigenen und die übertragenen Aufgaben ordnungsgemäß erfüllen kann[5]. Mit Hilfe des Instituts der Verwaltungsgemeinschaft war es möglich, die Existenz zahlreicher Gemeinden in Bayern zu sichern, die, auf sich alleine gestellt, den Anforderungen und Ansprüchen der Bürger an eine moderne und leistungsfähige Selbstverwaltung sonst nicht mehr gewachsen gewesen wären[6]. Ziel des Instituts der Verwaltungsgemeinschaft war und ist es, den Gemeinden zu ermöglichen, sich infolge der mit dem Zusammenschluss in einer Verwaltungsgemeinschaft einhergehenden **Entlastung von Verwaltungsaufgaben** kraftvoll den örtlichen (Selbstverwaltungs-)Angelegenheiten unter Zuhilfenahme sachkundigen Verwaltungspersonals zu widmen[7]. Mit der Verwaltungsgemeinschaft wurde keine neue kommunale Ebene eingeführt, was nach bayerischem Verfassungsrecht auch nicht zulässig gewesen wäre, vgl. Art. 10, 11 BV[8]. Die Verwaltungsgemeinschaft ist keine Gebietskörperschaft, da ihr keine von den Mit-

[3] 1. StärkG vom 27.7.1971 (GVBl. S. 247).
[4] BayVerfGH, BayVBl. 1978, 426/431.
[5] BayVerfGH, BayVBl. 1978, 426/431.
[6] BayVerfGH, BayVBl. 1978, 426/430.
[7] BayVerfGH, BayVBl. 1978, 426/430, unter Hinweis auf Gallwas, BayVBl. 1973, 393/400.
[8] BayVerfGH 31, 44/59; 33, 87/91.

gliedsgemeinden unabhängige Gebietshoheit zukommt. Vielmehr entsteht durch den Zusammenschluss kreisangehöriger Gemeinden in einer Verwaltungsgemeinschaft eine Körperschaft des öffentlichen Rechts, Art. 1 II 1 VGemO, und zwar eine Verbands- bzw. Personalkörperschaft, da die Mitglieder selbständige juristische Personen, hier kreisangehörige Gemeinden, sind.

b) Voraussetzungen der Bildung einer Verwaltungsgemeinschaft

Der konkrete Zusammenschluss von Gemeinden zu einer Verwaltungsgemeinschaft 5
muss sich an dem soeben geschilderten Zweck des Rechtsinstituts der Verwaltungsgemeinschaft, der in Art. 1 I 2 VGemO durch die Zielsetzung, die **Leistungs- und Verwaltungskraft** der in der Verwaltungsgemeinschaft zusammengeschlossenen Mitglieder zu **stärken,** beschrieben wird, messen lassen. Während dies bei der Zusammenlegung von Gemeinden durch Schaffung sog. **„Einheitsgemeinden"** unter Verlust der Rechtspersönlichkeit der betroffenen Gemeinden erreicht wird, belässt die Schaffung einer Verwaltungsgemeinschaft die beteiligten Gemeinden in ihrem Bestand, Art. 1 I 1 VGemO. Die beteiligten Gemeinden sind nicht nur formal weiterhin Gebietskörperschaften. Ihr Recht, die örtlichen Angelegenheiten im Rahmen der Gesetze selbst zu ordnen und zu verwalten, bleibt trotz gewisser Beschränkungen, vgl. Art. 4 VGemO, in seinem Wesensgehalt unangetastet[9]. Die Stärkung der Leistungs- und Verwaltungskraft muss für den Bereich der zukünftigen Verwaltungsgemeinschaft insgesamt verfolgt und erreicht werden können, nicht hingegen für jede einzelne Mitgliedsgemeinde. Deswegen können auch Gemeinden, deren Leistungs- und Verwaltungskraft ausreicht, um ihre eigenen und die ihnen übertragenen Aufgaben ordnungsgemäß zu erfüllen, in eine Verwaltungsgemeinschaft eingebunden werden, wenn das erforderlich ist, damit die zu bildende Verwaltungsgemeinschaft ihren Zweck erfüllen kann[10]. Auf der anderen Seite können nur solche Mitgliedsgemeinden in einer Verwaltungsgemeinschaft vereint werden, die über eine gewisse Mindestleistungsfähigkeit verfügen. Andernfalls bleibt nur der Zusammenschluss zu einer Einheitsgemeinde.

Bei einer **einvernehmlichen Bildung** bzw. **Erweiterung** einer Verwaltungsge- 6
meinschaft ist das Einverständnis der Beteiligten, vgl. Art. 2 I Nr. 1 bzw. 2 II Nr. 1 VGemO, erforderlich. Es kann nur durch Gemeinderatsbeschluss bzw. Beschluss der Gemeinschaftsversammlung erklärt werden, wobei keine Bedingungen oder Maßgaben durch die Beteiligten gemacht werden dürfen. Eine **Bildung** bzw. **Erweiterung** einer Verwaltungsgemeinschaft **von Amts wegen,** vgl. Art. 2 I Nr. 2 bzw. 2 II Nr. 2 VGemO, ist aus Gründen des **öffentlichen Wohls** zulässig. Hierbei bedarf es im Rahmen einer Verhältnismäßigkeitsprüfung einer **Abwägung** der Bedürfnisse des öffentlichen Wohls gegen die **Interessen** der einzelnen Gemeinden unter Berücksichtigung des Wesensgehalts der Selbstverwaltung und der mit der Eingliederung in eine Verwaltungsgemeinschaft verbundenen Beschränkungen[11]. Die für die Maßnahme sprechenden Gründe müssen also die dagegen sprechenden überwiegen. Das Rechtsstaatsprinzip gebietet die Beachtung des **Willkürverbots.** Schließlich sind die Beteiligten vor Errichtung bzw. Erweiterung einer Verwaltungsgemeinschaft **anzuhören.**

Gem. Art. 1 I 1 VGemO können nur **benachbarte kreisangehörige Gemeinden** 7
zusammengeschlossen werden. **Benachbart** bedeutet dabei nicht, dass die Mitglieds-

---

[9] BayVerfGH, BayVBl. 1978, 426/427.

[10] BayVerfGH, BayVBl. 1978, 426/428; BayVBl. 1983, 752; Bonengel/Kitzeder, Kennzahl 10.01, Anm. 5.

[11] Vgl. auch BayVerfGH, BayVBl. 1978, 426/431f.

gemeinden jeweils unmittelbar aneinander angrenzen müssen; es genügt ein für die Aufgaben der Verwaltungsgemeinschaft sinnvoller räumlicher Bezug[12]. Da zu den kreisangehörigen Gemeinden auch die **Große Kreisstadt** zählt, stellt sich die Frage, ob auch die Große Kreisstadt Mitglied einer Verwaltungsgemeinschaft sein kann. Dies erscheint zumindest vom Wortlaut gedeckt, vgl. auch Art. 5 I, 5a III GO. Auch die Tatsache, dass die Große Kreisstadt besonders leistungsstark sein muss, damit sie überhaupt als solche klassifiziert wird, spricht noch nicht gegen die Zugehörigkeit zu einer Verwaltungsgemeinschaft, da es – wie gerade gesehen – nicht Kennzeichen für alle zusammengeschlossenen Gemeinden sein muss, dass jede von ihnen über mindere Leistungsfähigkeit und Verwaltungskraft verfügt. Allerdings folgt die Unzulässigkeit der Angehörigkeit einer Großen Kreisstadt zur Verwaltungsgemeinschaft aus Art. 9 II GO. Denn wenn die Große Kreisstadt gem. Art. 9 II GO im übertragenen Wirkungskreis gewisse zusätzliche Aufgaben erhält, so kann es doch nicht angehen, diese zusätzlichen Aufgaben gem. Art. 4 I VGemO sofort wieder auf die Verwaltungsgemeinschaft zu übertragen[13]. Im Übrigen kann dem Merkmal der **Kreisangehörigkeit** nicht entnommen werden, dass sämtliche in der Verwaltungsgemeinschaft zu koordinierenden Mitgliedsgemeinden demselben Landkreis angehören müssen.

8 Bildung, Auflösung, Erweiterung einer Verwaltungsgemeinschaft sowie Entlassung einer Mitgliedsgemeinde aus einer Verwaltungsgemeinschaft geschehen **durch förmliches Gesetz,** Art. 2 III, 9 I, II VGemO.

c) Rechtsbehelf: Popularklage

9 Da die Verwaltungsgemeinschaft gem. Art. 2 III VGemO durch Gesetz gebildet oder erweitert wird, kann nach der Rechtsprechung des Bayerischen Verfassungsgerichtshofs, der das Selbstverwaltungsrecht der Gemeinden als grundrechtsähnliches Recht qualifiziert, hiergegen allein die **Popularklage** gem. Art. 98 (4) BV bemüht werden[14]. Insbesondere angesichts der Aufgabenübertragung gem. Art. 4 II VGemO, die die Selbstverwaltungsaufgaben betrifft, kann eine Verletzung des Selbstverwaltungsrechts behauptet werden; auch eine Verletzung der Organisationshoheit kommt in Betracht[15]. Die Popularklage ist aber auch zulässig, wenn eine Gemeinde rügt, sie sei gleichheitswidrig nicht in eine gesetzliche Regelung zur Korrektur der Gemeindegebietsreform miteinbezogen worden und deswegen nicht aus einer bestehenden Verwaltungsgemeinschaft entlassen worden[16], vgl. Art. 9 VGemO. Sonstige verwaltungsprozessuale Rechtsbehelfe kommen nicht in Betracht, vor allem die Normenkontrolle gem. § 47 VwGO nicht, da die Verwaltungsgemeinschaft durch formelles Landesgesetz gebildet wird. Auch eine Verfassungsbeschwerde gem. Art. 120 BV

---

[12] Vgl. Hölzl/Hien/Huber, Art. 1 VGemO, Erl. 2; Bonengel/Kitzeder, Kennzahl 10.01, Anm. 2.

[13] Vgl. Hölzl/Hien/Huber, Art. 1 VGemO, Erl. 2; Bonengel/Kitzeder, Kennzahl 10.01, Anm. 2.

[14] Vgl. die ausführlichen Anmerkungen zum Rechtsschutz unter § 1, Rn. 86ff., 111/118ff.

[15] BayVerfGH, BayVBl. 1978, 426/428.

[16] Nach ständiger Rspr. des BayVerfGH kann ein Anspruch auf Handeln des Gesetzgebers und damit ein konkreter Verfassungsauftrag, gegen den das Unterlassen des Gesetzgebers nach Vortrag des Antragstellers verstoßen soll, unter bestimmten Voraussetzungen aus dem allgemeinen Gleichheitssatz hergeleitet werden. Nach Art. 118 I BV ist zwar der Gesetzgeber verfassungsrechtlich im Allgemeinen nicht verpflichtet, tätig zu werden; wird er aber tätig, so ist er nach dem Gleichheitssatz gehalten, auch solche Tatbestände, die den bereits normierten im Wesentlichen gleichen, bei der Gesetzgebung nicht unberücksichtigt zu lassen; vgl. BayVerfGH 36, 136/138.

kann nicht erhoben werden, da Prüfungsgegenstand der Verfassungsbeschwerde nach bayerischem Landesverfassungsrecht nie Akte der Normgebung sind. Schließlich müsste die bundesverfassungsrechtliche Kommunalverfassungsbeschwerde gem. Art. 93 I Nr. 4b GG an der Subsidiaritätsklausel scheitern, da Beschwerde beim Bayerischen Verfassungsgerichtshof erhoben werden kann.

2. Aufgaben der Verwaltungsgemeinschaft und ihrer Mitgliedsgemeinden

a) Aufgaben der Verwaltungsgemeinschaft im Rahmen des eigenen Wirkungskreises der Mitgliedsgemeinden

Gem. Art. 4 II VGemO erfüllen die Mitgliedsgemeinden der Verwaltungsgemein- 10
schaft die Aufgaben des **eigenen Wirkungskreises.** Den Mitgliedsgemeinden der Verwaltungsgemeinschaft verbleibt die Verbandskompetenz und somit die Willensbildung hinsichtlich der Aufgaben des eigenen Wirkungskreises. Allerdings ist die gemeindliche Willensbildung – formal – eingeschränkt durch Art. 4 II 3 VGemO, wonach es der Verwaltungsgemeinschaft obliegt, die laufenden Verwaltungsangelegenheiten, die für die Gemeinde keine grundsätzliche Bedeutung haben und keine erheblichen Verpflichtungen erwarten lassen, zu besorgen. Zudem obliegen der Verwaltungsgemeinschaft die verwaltungsmäßige Vorbereitung und der verwaltungsmäßige Vollzug der Beschlüsse der Mitgliedsgemeinden.

Die in Art. 4 II VGemO festgelegte Aufgabenverteilung zwischen Mitgliedsgemein- 11
den und Verwaltungsgemeinschaft gewährleistet, dass alle wichtigen Entscheidungen durch die verbands- und organkompetente Gemeinde selbst getroffen werden, während die Verwaltungsgemeinschaft auf die verwaltungstechnischen Angelegenheiten beschränkt ist und eine Verwaltungsstelle für die Mitgliedsgemeinden im Hinblick auf den eigenen Wirkungskreis darstellt. Es kann deswegen von einer **„Büroeigenschaft“** der Verwaltungsgemeinschaft gesprochen werden, wenn es um die Wahrnehmung von Aufgaben im eigenen Wirkungskreis geht. Die Verwaltungsgemeinschaft ist in den Angelegenheiten des eigenen Wirkungskreises als „sekundäres Hilfsinstrument“ im Wesentlichen auf die verwaltungsmäßige Vorbereitung und den büromäßigen Vollzug der Beschlüsse des Gemeinderats beschränkt[17]. Konsequenz dieser Bürostellung ist es, dass außenwirksames Handeln durch die Verwaltungsgemeinschaft Handeln der Gemeinde[18] und nicht etwa der Verwaltungsgemeinschaft ist. Somit ist auch die Gemeinde passivlegitimiert i. S. v. § 78 I Nr. 1 VwGO.

Diese Aufgabenverteilung wirkt sich vor allem in einer nicht unerheblichen **Entlas-** 12
tung des **ersten Bürgermeisters** der Mitgliedsgemeinden aus. Gleichwohl bleibt aber – s. o. – die Gemeinde in vollem Umfang verbands- und der erste Bürgermeister in vollem Umfang organkompetent. Dies zeigt sich u. a. darin, dass Art. 4 II 2 VGemO im Rahmen der gesetzlichen Delegation des Art. 4 II 3 VGemO der Mitgliedsgemeinde ein Sachweisungsrecht vorbehält. Ferner kann der erste Bürgermeister gem. Art. 4 II 2 HS 2 VGemO die Mitgliedsgemeinde auch insoweit vertreten, als es um die delegierten Angelegenheiten geht. Zwar bewirkt Art. 4 II 2 HS 2 VGemO, dass das Vertretungsrecht auf den Gemeinschaftsvorsitzenden generell übergeleitet ist. Der erste Bürgermeister kann diese Überleitung aber allgemein oder für Einzelfälle rückgängig

---

[17] BayVerfGH, BayVBl. 1978, 426/429.

[18] Die Verwaltungsgemeinschaft ist insoweit Behörde i. S. v. Art. 1 II BayVwVfG der Mitgliedsgemeinde (vgl. auch Hölzl/Hien/Huber, Art. 4 VGemO, Erl. 2).

machen. Deswegen kann sich der erste Bürgermeister z. B. das Zeichnungsrecht vorbehalten und ggf. sein Weisungsrecht ausüben.

13 Von der gesetzlichen Delegation unberührt verbleibt es dem ersten Bürgermeister darüber hinaus, den Gemeinderat und die Ausschüsse einzuberufen, die Tagesordnung aufzustellen, den Vorsitz im Gemeinderat gem. Art. 36 GO zu führen, sowie die Gemeinderatssitzungen vorzubereiten. Weiterhin kann der erste Bürgermeister dringliche Anordnungen gem. Art. 37 III GO erlassen. Auch die Beanstandung von für rechtswidrig erachteten Gemeinderatsbeschlüssen gem. Art. 59 II GO bleibt bei ihm, da es noch nicht um eine Frage des verwaltungstechnischen Vollzugs, sondern noch um gemeindliche Willensbildung geht.

14 Schließlich sei auf Art. 4 III VGemO verwiesen, wonach Mitgliedsgemeinden durch Zweckvereinbarung einzelne Aufgaben und Befugnisse des eigenen Wirkungskreises auf die Verwaltungsgemeinschaft übertragen können. Aufgrund des klaren Wortlauts des Art. 4 III VGemO scheidet eine Übertragung von Aufgaben des übertragenen Wirkungskreises, die den Gemeinden nach Art. 4 I 1, 3 VGemO verbleiben, aus[19].

15 **Beispiel:** Der erste Bürgermeister der Mitgliedsgemeinde M der Verwaltungsgemeinschaft V fertigt eine Tagesordnung zwecks Einberufung des Gemeinderats an, in die er dem Antrag eines Gemeinderatsmitglieds entsprechend den Tagesordnungspunkt „Beschluss über eine Hundesteuersatzung" aufnimmt. Die Ladung zur Gemeinderatssitzung wird technisch durch die V bewirkt, sie sorgt auch für die ortsübliche Bekanntmachung der Gemeinderatssitzung i. S. d. Art. 52 I 1 GO. Die V wird im Rahmen der verwaltungsmäßigen Vorbereitung verschiedene Entwürfe einer Hundesteuersatzung vorlegen. In der Gemeinderatssitzung führt der erste Bürgermeister den Vorsitz und handhabt die Ordnung, Art. 36 (1), 53 GO. Nachdem der Gemeinderat über den Inhalt der Satzung beschlossen hat, stellt die V eine Ausfertigung der Urkunde her, die der erste Bürgermeister unterzeichnet[20]. Für die Bekanntmachung der Satzung gem. Art. 26 II GO sorgt die V. Da es sich beim Erlass der Hundesteuerbescheide um eine laufende Angelegenheit i. S. d. Art. 37 I 1 Nr. 1 GO und damit um eine laufende Verwaltungsangelegenheit i. S. d. Art. 4 II 3 VGemO handelt, erlässt die V im Namen der M die Steuerbescheide, gibt diese bekannt, zieht die Steuern ein und verbucht sie auf dem Konto der M[21]. Der erste Bürgermeister erteilt der V eine Weisung, wie bei der Behandlung des Stundungsantrags des Hundehalters X zu verfahren sei[22].

b) Aufgaben der Verwaltungsgemeinschaft im Rahmen des übertragenen Wirkungskreises der Mitgliedsgemeinden

16 Die Verwaltungsgemeinschaft nimmt in alleiniger Verantwortung die **Aufgaben des übertragenen Wirkungskreises** ihrer Mitgliedsgemeinden wahr, vgl. Art. 4 I 1 VGemO, also die Angelegenheiten, die im Regelfall im Bürowege erledigt werden können[23]. Hierunter fallen z. B. die Aufgaben der Standesämter, der Pass- und Ausweisbehörden, der Vollzug des Meldegesetzes, die Mitwirkung bei Wahlen etc. Durch

---

[19] Vgl. Hölzl/Hien/Huber, Art. 4 VGemO, Erl. 3.

[20] Da durch die Ausfertigung die Identität von gemeindlicher Willensbildung und Urkundeninhalt bezeugt wird und es sich somit um einen zur Willensbildung gehörenden Akt handelt, kann auf die Unterzeichnung durch den ersten Bürgermeister nicht verzichtet werden. Die Ausfertigung ist m. a. W. nicht von der automatischen Delegation des Vertretungsrechts des Art. 4 II 2 HS 2 VGemO erfasst.

[21] Vgl. Bonengel/Kitzeder, Kennzahl 10.04, Anm. 1.1.

[22] Die Stundung bestimmt sich nach Art. 13 I Nr. 5a KAG i. V. m. § 222 AO; da es sich bei der Entscheidung über einen Stundungsantrag um eine Ermessensentscheidung handelt, stellt die Weisung des ersten Bürgermeisters eine ermessenslenkende Weisung dar.

[23] Vgl. Bonengel/Kitzeder, Kennzahl 10.04, Anm. 1a; Wachsmuth/Oehler/Reif, Art. 4 VGemO, Anm. 2.2.

die gesetzliche Übertragung der Angelegenheiten des übertragenen Wirkungskreises werden die in der Verwaltungsgemeinschaft zusammengeschlossenen Mitgliedsgemeinden insoweit inkompetent; sie verlieren ihre Verbandskompetenz[24]. Art. 4 I VGemO bewirkt dabei nicht nur einen **Übergang** der Aufgaben, sondern auch einen Übergang der mit den **Aufgaben** verbundenen **Befugnisse** von den Mitgliedsgemeinden auf die Verwaltungsgemeinschaft. Anders als bei den Aufgaben des eigenen Wirkungskreises kommt den Mitgliedsgemeinden auch kein Weisungsrecht zu; allerdings hat die Verwaltungsgemeinschaft eine Informationspflicht, Art. 4 I 2 VGemO. Die Wahrnehmung der übertragenen Aufgaben durch die Verwaltungsgemeinschaft entlastet die Gemeinden, so dass ihnen mehr Aufmerksamkeit für die Wahrnehmung der Angelegenheiten des eigenen Wirkungskreises verbleibt. Ein Eingriff in das gemeindliche Selbstverwaltungsrecht ist mit der Regelung des Art. 4 I VGemO nicht verbunden, da das Selbstverwaltungsrecht nur die eigenverantwortliche Wahrnehmung der Aufgaben des eigenen Wirkungskreises erfasst. Im Gegenteil: Art. 4 I VGemO trägt der in Art. 1 I 2 VGemO formulierten und die Gebietsreform leitenden Aufgabe der Stärkung des Selbstverwaltungsrechts Rechnung.

Ausgenommen von dieser Zuständigkeitsverlagerung ist der **Erlass von Satzungen** 17
und Verordnungen, vgl. Art. 4 I 1 HS 2 VGemO. Es bleibt aber wegen Art. 4 II 4 VGemO zu beachten, dass die Verwaltungsgemeinschaft die Geschäftsstelle der Mitgliedsgemeinden ist und für die erforderlichen vorbereitenden und vollziehenden Verwaltungstätigkeiten im Umfang des Art. 4 II 2, 3 VGemO zuständig ist. Insoweit meint Art. 4 I 1 VGemO mit „Erlass" tatsächlich nur die Beschlussfassung über Satzungen und Verordnungen. Vorbereitungsmaßnahmen, Planungen etc. fallen nicht hierunter. Allerdings ist die Vorschrift des Art. 4 I 1 VGemO missverständlich, insoweit sie nur den Erlass von Satzungen und Verordnungen von der Regel des Art. 4 I 1 VGemO ausnimmt. Denn gem. § 1 Nr. 8 der **Verordnung über Aufgaben der Mitgliedsgemeinden von Verwaltungsgemeinschaften,** die auf Grundlage des Art. 4 I 3 VGemO ergangen ist, verbleibt auch der Vollzug von Satzungen und Verordnungen des übertragenen Wirkungskreises bei den Gemeinden. Mit Vollzug i. S. v. § 1 Nr. 8 der Verordnung sind wiederum nur die willensbildenden Maßnahmen gemeint, die nach Erlass der Rechtsvorschrift notwendig werden, nicht aber verwaltungstechnische. Im Übrigen werden gem. Art. 4 I 3 VGemO i. V. m. der genannten Verordnung weitere Aufgaben von der Übertragung gem. Art. 4 I 1 HS 1 VGemO ausgenommen. Ob eine Rückübertragung der gem. Art. 4 I 1 2. HS, 3 VGemO bei den Mitgliedsgemeinden verbleibenden Aufgaben in entsprechender Anwendung von Art. 4 III VGemO möglich ist, ist umstritten. Wegen des klaren Wortlauts ist dies abzulehnen[25].

3. Organe der Verwaltungsgemeinschaft

Gem. Art. 6 I VGemO wird die Verwaltungsgemeinschaft durch die **Gemein-** 18
schaftsversammlung verwaltet, soweit nicht der **Gemeinschaftsvorsitzende** zu-

[24] Erlässt die Gemeinde z. B. in einer Angelegenheit des übertragenen Wirkungskreises in angemaßter Zuständigkeit einen Verwaltungsakt, so ist dieser rechtswidrig und damit anfechtbar. Die Nichtigkeit gem. Art. 44 I BayVwVfG wird regelmäßig nicht angenommen werden können, da wegen der im Einzelfall schwierigen Kompetenzabgrenzungsfragen die Rechtswidrigkeit dem Verwaltungsakt „nicht auf die Stirn geschrieben ist" (vgl. Kopp/Ramsauer, § 44 VwVfG, Rn. 12).

[25] Wie hier Hölzl/Hien/Huber, Art. 4 VGemO, Erl. 3; a. A. Bonengel/Kitzeder, Kennzahl 10.04, Anm. 2.3.

ständig ist (vgl. die Parallele zu Art. 29 GO). Weitere Organe, insbesondere Ausschüsse, sieht das Gesetz nicht vor. Daher sind jedenfalls beschließende Ausschüsse unzulässig, beratende werden hingegen für zulässig erachtet. Die Gemeinschaftsversammlung besteht aus Vertretern der Mitgliedsgemeinden. Vertreter sind die ersten Bürgermeister und wenigstens je ein Gemeinderatsmitglied, vgl. Art. 6 II 1, 2 VGemO.

19 Da jeweils der erste Bürgermeister einer Mitgliedsgemeinde automatisch Mitglied der **Gemeinschaftsversammlung** ist, spricht man bei ihm von einem **geborenen Vertreter**. Er gehört der Gemeinschaftsversammlung kraft Amtes an und muss nicht besonders bestellt werden. Bei Verhinderung des ersten Bürgermeisters wird dieser durch seine Stellvertreter vertreten, vgl. Art. 6 II 3 VGemO. Die Stellvertretung regelt sich für den ersten Bürgermeister demgemäß nach Art. 39 I GO, so dass der erste Bürgermeister grundsätzlich von den weiteren Bürgermeistern vertreten wird.

20 **Gekorene Vertreter** nennt man die von den Mitgliedsgemeinden entsandten Vertreter der Mitgliedsgemeinde. Diese werden vom Gemeinderat durch Beschluss gem. Art. 51 I GO bestellt (keine Beschlusswahl gem. Art. 51 III, IV GO), wobei für die Bestellung der gekorenen Vertreter Art. 33 I 2-5 GO entsprechend gilt, Art. 6 II 5 VGemO. Für die Bestimmung der Stellvertreter der gekorenen Vertreter der Mitgliedsgemeinden gelten dieselben Vorschriften wie für die Bestellung der Vertreter selbst, Art. 6 II 4, 5 VGemO. Gem. Art. 6 II 6 VGemO hat jede Mitgliedsgemeinde so viele einzeln abzugebende Stimmen, wie Vertreter von ihr anwesend sind. Die Mitgliedsgemeinde hat gem. Art. 10 II VGemO i. V. m. Art. 33 II 4 KommZG gegenüber ihren Vertretern ein Weisungsrecht, so dass die Mitgliedsgemeinden den Vertretern vorschreiben können, wie sie in der Gemeinschaftsversammlung abzustimmen haben. Hält sich ein Vertreter nicht an die gemeindliche Weisung, so berührt das allerdings die Wirksamkeit des Abstimmungsaktes nicht, Art. 33 II 5 KommZG; das weisungswidrige Abstimmungsverhalten stellt aber ggf. einen Grund zur Abberufung des Vertreters dar[26].

21 Gem. Art. 6 III 1 VGemO wählt die Gemeinschaftsversammlung aus ihrer Mitte auf die Dauer ihres gemeindlichen Amtes einen der Bürgermeister zum **Gemeinschaftsvorsitzenden** sowie einen oder zwei Stellvertreter, wobei die Stellvertreter nicht erste Bürgermeister sein müssen. Für diese Wahlen sind gemeindliche Weisungen nicht zulässig. Gem. Art. 6 IV VGemO gelten für die Aufgaben und Befugnisse des Gemeinschaftsvorsitzenden die Vorschriften über die Zuständigkeit des Verbandsvorsitzenden eines Zweckverbandes entsprechend, so dass Art. 36 KommZG heranzuziehen ist. Die Aufgaben und Befugnisse des Verbandsvorsitzenden eines Zweckverbandes und somit auch die des Gemeinschaftsvorsitzenden entsprechen im Wesentlichen denen des ersten Bürgermeisters, so dass hierzu keine besonderen Anmerkungen zu machen sind. Hingewiesen werden soll nur auf Art. 36 II KommZG i. V. m. Art. 6 IV VGemO i. V. m. Art. 37 I 1 Nr. 1 GO, wonach der Gemeinschaftsvorsitzende die laufenden Angelegenheiten der Verwaltungsgemeinschaft in eigener Zuständigkeit erledigt.

22 Eine besondere Bedeutung kommt dem **Leiter der Geschäftsstelle** zu. Art. 7 II geht i. V. m. Art. 10 II VGemO i. V. m. Art. 39 I 1 KommZG davon aus, dass eine Geschäftsstelle eingerichtet wird. Gem. Art. 10 II VGemO i. V. m. Art. 39 II KommZG wird die Geschäftsstelle durch den Geschäftsleiter geführt, wenn ein solcher bestellt wird. Die Bedeutung des Geschäftsleiters für die Verwaltungsgemeinschaft ergibt sich problemlos aus Art. 39 II KommZG i. V. m. Art. 10 II VGemO, aber insbesondere aus

---

[26] Vgl. Hölzl/Hien/Huber, Art. 6 VGemO, Erl. 4; Bonengel/Kitzeder, Kennzahl 10.06, Anm. 3.7.

Art. 7 II VGemO, so dass vor allem die laufenden Angelegenheiten der Verwaltungsgemeinschaft als solcher (vor allem der laufende Verkehr mit den Mitgliedsgemeinden), aber auch und in erster Linie die laufenden Angelegenheiten bei Erfüllung der sich aus Art. 4 VGemO ergebenden Aufgaben, also insbesondere die laufenden Verwaltungsangelegenheiten im Rahmen von Art. 4 II 3 VGemO, auf den Geschäftsstellenleiter übertragen werden können. Art. 7 II VGemO bietet damit die Möglichkeit, den Gemeinschaftsvorsitzenden weitestgehend zu entlasten.

4. Aufsichtsfragen

Über Art. 10 II VGemO finden zur Regelung der Aufsicht Art. 51, 52, 26 I KommZG sowie Art. 109ff. GO Anwendung. Dabei gilt: Nimmt die Verwaltungsgemeinschaft Angelegenheiten des eigenen Wirkungskreises der Mitgliedsgemeinden bzw. die davon zu unterscheidenden eigenen Angelegenheiten der Verwaltungsgemeinschaft wahr, unterfällt sie der Rechtsaufsicht. Nimmt sie Angelegenheiten des übertragenen Wirkungskreises ihrer Mitgliedsgemeinden wahr, unterfällt sie der Fachaufsicht. **23**

Keine Frage der Beaufsichtigung der Verwaltungsgemeinschaft ist es, wenn die Verwaltungsgemeinschaft im Rahmen von Art. 4 II VGemO Bürotätigkeiten oder laufende Verwaltungsangelegenheiten nach Weisung für die Mitgliedsgemeinde wahrnimmt, da hierbei jegliches Tätigwerden der Verwaltungsgemeinschaft der Mitgliedsgemeinde zugerechnet wird. Da hierbei die Mitgliedsgemeinde (unter Benutzung der Verwaltungsgemeinschaft) im eigenen Wirkungskreis tätig wird, ist zuständige Rechtsaufsichtsbehörde gem. Art. 110 (1) GO das Landratsamt. Der Umfang der Aufsicht richtet sich direkt nach Art. 109 I GO. **24**

Nimmt die Mitgliedsgemeinde Aufgaben des übertragenen Wirkungskreises wahr, die ihr wegen der Regelung des Art. 4 I 1 und 3 VGemO verblieben sind (also insbesondere Satzungs- und Verordnungserlass jeweils im übertragenen Wirkungskreis sowie Vollzug dieser Normen aufgrund des § 1 Nr. 8 der Verordnung über Aufgaben der Mitgliedsgemeinden von Verwaltungsgemeinschaften), so untersteht die Mitgliedsgemeinde der Fachaufsicht gem. Art. 109 II GO. Fachaufsichtsbehörde ist dann gem. Art. 115 I 2 i.V.m. Art. 110 (1) GO regelmäßig das Landratsamt. **25**

Stehen Fragen des Geschäftsbetriebs der Verwaltungsgemeinschaft als solcher inmitten, also Fragen, die die räumliche, sächliche, personelle Ausstattung, das Haushaltswesen oder das Verhältnis der Organe untereinander berühren, handelt es sich um Rechtsaufsicht über die Verwaltungsgemeinschaft, da eigene Aufgaben der Verwaltungsgemeinschaft berührt sind. Rechtsaufsichtsbehörde ist demgemäß nach Art. 10 II VGemO i.V.m. Art. 51 I, 52 1 I Nr. 3 KommZG die Kreisverwaltungsbehörde, also das Landratsamt. Der Umfang der Rechtskontrolle richtet sich gem. Art. 10 II VGemO i.V.m. Art. 26 I KommZG nach Art. 109 I GO. **26**

Nimmt die Verwaltungsgemeinschaft gem. Art. 4 I VGemO die übertragenen Angelegenheiten der Mitgliedsgemeinden wahr, so handelt es sich um Fachaufsicht über die Verwaltungsgemeinschaft. Die Fachaufsichtsbehörde richtet sich gem. Art. 10 II VGemO i.V.m. Art. 52 IV KommZG. Soweit gesetzlich nichts anderes bestimmt ist, ist gem. Art. 52 I Nr. 3 KommZG das Landratsamt Fachaufsichtsbehörde. Der Umfang der fachaufsichtlichen Kontrolle bestimmt sich über Art. 10 II VGemO i.V.m. Art. 26 I KommZG nach Art. 109 II GO. **27**

Soweit die Verwaltungsgemeinschaft ihr gem. Art. 4 III VGemO durch Zweckvereinbarung übertragene Angelegenheiten des eigenen Wirkungskreises der Mitglieds- **28** gemeinden wahrnimmt, handelt es sich um Rechtsaufsicht über die Verwaltungsgemeinschaft. Rechtsaufsichtsbehörde ist darnach gem. Art. 52 I 1 Nr. 3 KommZG die Kreisverwaltungsbehörde. Die Kontrolldichte richtet sich gem. Art. 10 II VGemO i. V. m. Art. 26 I KommZG nach Art. 109 I GO.

III. Kommunale Zusammenarbeit nach dem KommZG

29 Unter Beachtung der allgemeinen Voraussetzungen des Art. 3 KommZG können sich zur kommunalen Zusammenarbeit nach dem KommZG, deren Ziel die „gemeinsame" Erfüllung von Aufgaben des eigenen und/oder übertragenen Wirkungskreises ist, Gemeinden, Landkreise, Bezirke, also die kommunalen Gebietskörperschaften, zusammenfinden, Art. 1 I 1 KommZG. Dies gilt auch für Verwaltungsgemeinschaften und Eigentümer gemeindefreier Grundstücke[27], die im Rahmen ihres Aufgabenbereichs Gemeinden gleichstehen, Art. 1 I 2 KommZG. Dies gilt grundsätzlich ferner für Zweckverbände und selbständige Kommunalunternehmen des öffentlichen Rechts, Art. 1 II KommZG. Sonstige Körperschaften, Anstalten und Stiftungen des öffentlichen Rechts sowie natürliche Personen und juristische Personen des Privatrechts, können sich **beteiligen,** soweit das KommZG dies ausdrücklich ermöglicht, Art. 1 I 3 KommZG.

30 **Beispiel:** An einer einfachen oder besonderen Arbeitsgemeinschaft, Art. 4, 5 KommZG können sich neben den Gebietskörperschaften und den Gemeinden Gleichstehenden, Art. 1 I 2 KommZG, wegen der ausdrücklichen Erwähnung in Art. 4 I 2 KommZG auch sonstige Körperschaften, Anstalten und Stiftungen des öffentlichen Rechts, natürliche und juristische Personen des Privatrechts beteiligen. An einer Zweckvereinbarung können sich die in Art. 1 I 3 KommZG Erwähnten nicht beteiligen, da es an einer ausdrücklichen Erwähnung in Art. 7 I KommZG fehlt.

31 Als **Rechtsformen der kommunalen Zusammenarbeit** nach dem KommZG stehen zur Verfügung die einfache und besondere Arbeitsgemeinschaft, die Zweckvereinbarung, der Zweckverband sowie das gemeinsame Kommunalunternehmen, vgl. Art. 2 I KommZG. Dabei stellen Arbeitsgemeinschaft und Zweckvereinbarung keine neuen Rechtspersönlichkeiten dar, Art. 2 II KommZG. Hingegen ist der Zweckverband eine Körperschaft des öffentlichen Rechts und damit eine juristische Person des öffentlichen Rechts, Art. 2 III KommZG. Er bedarf deswegen auch eigener für ihn handelnder Organe, vgl. Art. 29 KommZG und besitzt Dienstherrnfähigkeit, Art. 23 KommZG. Auch das gemeinsame Kommunalunternehmen stellt eine eigene juristische Person, allerdings eine Anstalt des öffentlichen Rechts dar, die von mehreren kommunalen Gebietskörperschaften getragen wird, vgl. Art. 2 IV KommZG. In der Regel finden sich die Beteiligten an der kommunalen Zusammenarbeit freiwillig zusammen (Ausnahme: Art. 16, 28 KommZG[28]). Besondere Bedeutung erhält die kommunale Zusammenarbeit angesichts Art. 57 III GO, Art. 51 IV LKrO wonach Pflichtaufgaben, deren Wahrnehmung die Leistungsfähigkeit einer Gemeinde bzw. eines Landkreises übersteigt, in kommunaler Zusammenarbeit zu erfüllen sind. Dieser Regelung kann entnommen werden, dass die Übertragung von Gemeinde- bzw. Kreisaufgaben auf Landkreis bzw. Bezirk gem. Art. 52 LKrO, Art. 49 BezO gegenüber der Möglichkeit, Aufgaben in kommunaler Zusammenarbeit zu erfüllen, subsidiär ist.

---

[27] Vgl. Art. 10a II GO.

[28] Art. 3 II KommZG beschränkt den Kreis derer, die zur kommunalen Zusammenarbeit verpflichtet werden können.

Besondere Bedeutung im Rahmen der kommunalen Zusammenarbeit nach dem KommZG kommt dem öffentlich-rechtlichen, **koordinationsrechtlichen Vertrag** zu. Arbeitsgemeinschaft und Zweckvereinbarung werden nämlich durch verwaltungsrechtlichen, koordinationsrechtlichen Vertrag, Art. 4 I, 7 I KommZG, Art. 54ff. BayVwVfG gebildet. Da Arbeitsgemeinschaft und Zweckvereinbarung auch keine neuen Rechtspersönlichkeiten darstellen, kann das zwischen den Beteiligten entstandene Zusammenarbeitsverhältnis nur auf der Basis dieses öffentlich-rechtlichen Vertrags erklärt werden. Dies gilt in ähnlicher Weise auch für den Zweckverband. Obwohl bei dieser Form der kommunalen Zusammenarbeit eine Körperschaft des öffentlichen Rechts entsteht, bedarf es doch eines öffentlich-rechtlichen – kooperationsrechtlichen – Gründungsvertrags, der die Einigung der Beteiligten über die zu vereinbarende Verbandssatzung (vgl. Art. 18, 19 KommZG) beinhaltet (sog. **Gründungsvereinbarung**). Auch beim gemeinsamen Kommunalunternehmen erfolgt insbesondere die Vereinbarung (Art. 49 I 1 KommZG) bzw. Änderung der Unternehmenssatzung (Art. 49 II KommZG) durch kooperationsrechtlichen öffentlich-rechtlichen Vertrag. Für all diese öffentlich-rechtlichen Verträge gelten zunächst die besonderen Vorschriften des KommZG, sodann die Art. 54ff. BayVwVfG, über Art. 62 (1) BayVwVfG ergänzend die übrigen Vorschriften des BayVwVfG und schließlich gem. Art. 62 (2) BayVwVfG die Vorschriften des BGB. **32**

1. Arbeitsgemeinschaft

Durch schriftlichen[29] (Art. 4 IV KommZG, Art. 57 BayVwVfG) öffentlich-rechtlichen Vertrag i. S. v. Art. 54ff. BayVwVfG können die Gebietskörperschaften, Art. 4 I 1 KommZG, die in Art. 4 I 2 KommZG Genannten sowie die in Art. 1 I 2, II KommZG Gleichgestellten einfache oder besondere **Arbeitsgemeinschaften** bilden[30]. Die Arbeitsgemeinschaft ist die lockerste Form der kommunalen Zusammenarbeit; bei der einfachen wie besonderen Arbeitsgemeinschaft treten bezüglich der Wahrnehmung von Aufgaben und Befugnissen **keine Zuständigkeitsänderungen** ein, die Rechte und Pflichten der Beteiligten als Träger von Aufgaben und Befugnissen werden gegenüber Dritten nicht berührt, Art. 4 III KommZG. Eine neue Rechtspersönlichkeit entsteht nicht, Art. 2 II KommZG. Gem. Art. 4 II KommZG befasst sich die Arbeitsgemeinschaft mit einzelnen Angelegenheiten, Art. 4 IV KommZG, welche die an ihr Beteiligten gemeinsam berühren. Die Aufzählung der Angelegenheiten in Art. 4 II 2 KommZG ist beispielhaft. Die einfache Arbeitsgemeinschaft dient damit insbesondere der Abstimmung beabsichtigter Planungen wie z. B. der Bauleitplanung oder kommunaler Einrichtungen und kann auch Instrument zur Bewältigung der sog. Stadt-Umland-Problematik sein[31]. Die **einfache Arbeitsgemeinschaft** wirkt in erster Linie beratend und empfehlend; eine Bindung an die Beschlüsse der einfachen Arbeitsgemeinschaft gibt es nicht. Insbesondere handelt es sich bei „Beschlüssen" der Arbeitsgemeinschaften nur um Beschlussempfehlungen, die an die entscheidenden Organe der Beteiligten gerichtet sind. **33**

---

[29] Bei fehlender Schriftlichkeit: Rechtsfolge der Nichtigkeit des öffentlich-rechtlichen Vertrags gem. Art. 59 I BayVwVfG i. V. m. § 125 BGB.

[30] Eine Arbeitsgemeinschaft bedarf zu ihrem Entstehen der Beteiligung von mindestens zwei Gebietskörperschaften oder ihnen Gleichgestellten, Art. 1 I 2, II KommZG. Eine Arbeitsgemeinschaft kann aber nicht nur z. B. zwischen einer Gemeinde und einer natürlichen Person gebildet werden, vgl. Wortlaut des Art. 4 I 1 KommZG („bilden") bzw. Art. 4 I 2 KommZG („beteiligen").

[31] Vgl. Bonengel/Kitzeder, Kennzahl 40.04, Anm. 1.

34 Genauso wenig wie bei der einfachen Arbeitsgemeinschaft werden bei der **besonderen Arbeitsgemeinschaft** Aufgaben oder Befugnisse an Beteiligte übertragen, auch hier entsteht keine neue Rechtspersönlichkeit, Art. 2 II KommZG. Prinzipiell gelten die Regelungen über die einfache Arbeitsgemeinschaft. Eine gewisse **Verbindlichkeit der Beschlüsse** der Arbeitsgemeinschaft tritt allerdings dann ein, wenn dies innerhalb des die besondere Arbeitsgemeinschaft begründenden öffentlich-rechtlichen Vertrags vereinbart worden ist, eine Beschlussempfehlung der Arbeitsgemeinschaft vorliegt und sämtliche zuständigen Organe aller Beteiligten zugestimmt haben, Art. 5 I 1 KommZG. Für gewisse Fälle kann auch das Mehrheitsprinzip festgelegt worden sein, so dass in den in Art. 5 I 2 KommZG genannten Fällen die Zustimmung der Mehrheit der zuständigen Organe der beteiligten Gebietskörperschaften Bindungswirkung erzeugt. Schließlich kann im öffentlich-rechtlichen Vertrag gem. Art. 5 II KommZG vereinbart werden, dass die zuständigen Organe der Beteiligten verpflichtet sind, binnen dreier Monate über Anregungen der Arbeitsgemeinschaft zu beschließen. Die Bedeutung einer besonderen Arbeitsgemeinschaft liegt nun darin, dass wegen der Bindungswirkung die kommunalen Organe nachträglich keine gegenteiligen Beschlüsse mehr fassen können. Allerdings entfaltet sich die Bindungswirkung **nur im Innenverhältnis** der Beteiligten, Dritte können die Einhaltung der Verpflichtungen nicht erzwingen[32].

35 **Beispiel:** Eine aus drei aneinander grenzenden Gemeinden bestehende besondere Arbeitsgemeinschaft „zur Abstimmung der Bauleitplanung" gibt eine Beschlussempfehlung für die Abstimmung der gemeindlichen Flächennutzungspläne gem. §§ 1 II, 2 II BauGB, wonach die Gemeinden, vorbehaltlich des Bauleitplanungsverfahrens, gehalten sind, gewisse planerische Ziele innerhalb gewisser zeitlicher Rahmen zu verfolgen. Die drei Gemeinderäte der Gemeinden stimmen zu. Es entsteht Bindungswirkung im Innenverhältnis, so dass die Gemeinden nicht willkürlich andere Planungsziele verfolgen dürfen, es sei denn, die Durchführung des Bauleitplanungsverfahrens ergäbe insbesondere im Hinblick auf Bürgerbeteiligung und Beteiligung der Träger öffentlicher Belange Aspekte, die im Rahmen einer ordnungsgemäßen Abwägung mit der Beschlussempfehlung nicht zu vereinbaren wären.

2. Zweckvereinbarung

36 Auch bei Abschluss einer **Zweckvereinbarung** gem. Art. 7 KommZG entsteht keine neue Rechtspersönlichkeit, Art. 2 II KommZG. Durch eine schriftliche (Art. 57 BayVwVfG) Zweckvereinbarung können genau umrissene Aufgaben (Art. 7, 10 I KommZG) und Befugnisse (Art. 8 I KommZG), sogar das Satzungs- und Verordnungsrecht (Art. 11 KommZG), von Beteiligten auf andere **übertragen** werden. Dies hat auf die Verbandskompetenz der Beteiligten Auswirkung, so dass aufgrund von Zweckvereinbarungen Kommunen in Abweichung von Art. 22 I GO[33] ausnahmsweise Hoheitsgewalt außerhalb ihres Gebietes ausüben. Andererseits wird die Aufgaben übertragende Gebietskörperschaft durch die Zweckvereinbarung von ihrer gesetzlichen Pflicht befreit (Art. 8 II KommZG). Hiervon ist die Zweckvereinbarung zu unterscheiden, die die **gemeinschaftliche** Aufgabenbewältigung zum Inhalt hat (Art. 7 III, 8 III KommZG).

37 Die Zweckvereinbarung wird durch öffentlich-rechtlichen, koordinationsrechtlichen Vertrag gem. Art. 54 ff. BayVwVfG geschlossen. Gem. Art. 7 I KommZG können Beteiligte an einer Zweckvereinbarung die Gebietskörperschaften sein und die gem. Art. 1 I 2 KommZG den Gemeinden Gleichgestellten sowie die Zweckverbände und

---

[32] Vgl. Bonengel/Kitzeder, Kennzahl 40.05, Anm. 1.

[33] Vgl. auch Art. 16 I LKrO, Art. 16 I BezO.

selbständigen Kommunalunternehmen gem. Art. 1 II KommZG. Eine Beteiligung anderer juristischer Personen des öffentlichen oder privaten Rechts oder von natürlichen Personen ist nicht möglich, weil es an einer ausdrücklichen Bestimmung i. S. d. Art. 1 I 3 KommZG fehlt. Gem. Art. 10 I KommZG muss die Zweckvereinbarung die Aufgaben aufführen, die übertragen oder gemeinschaftlich durchgeführt werden sollen. Dabei kann der regelmäßig mit einer Aufgabenübertragung einhergehende Übergang der Befugnisse im Einzelfall ausgeschlossen werden (Art. 8 I KommZG). Neben der Angabe der Aufgaben gem. Art. 10 I KommZG muss die Zweckvereinbarung, wenn Aufgaben gem. Art. 7 III KommZG gemeinschaftlich durchgeführt werden, bestimmen, nach welchem Maßstab der Aufwand unter den Beteiligten verteilt wird (Art. 10 IV KommZG). Gem. Art. 12 I KommZG ist die Zweckvereinbarung der Aufsichtsbehörde anzuzeigen, vgl. Art. 52 KommZG. Da meist wegen der Regelung in Art. 8 I KommZG auch Befugnisse übergehen, ist gem. Art. 12 II KommZG in diesem Fall die Genehmigung der Aufsichtsbehörde einzuholen. Gem. Art. 13 I KommZG ist eine genehmigungspflichtige Zweckvereinbarung sowie deren Genehmigung bekannt zu machen.

Im Wesentlichen gibt es bei der Aufgabenverteilung im Rahmen von Zweckvereinbarungen die nachfolgend beschriebenen Gestaltungsmöglichkeiten: 38

(1) Aufgabenübertragung ohne Befugnisübergang gem. Art. 8 I KommZG: Konsequenz ist, dass die Befugnisse bei der die Aufgaben abgebenden Gebietskörperschaft verbleiben, die weiterhin die zum Aufgabenvollzug erforderlichen Anordnungen zu treffen hat. 39

(2) Aufgabenübertragung mit Befugnisübergang, Art. 8 I, II KommZG: Mit Übertragung der Aufgabe gehen die Befugnisse im zur Erfüllung der Aufgabe nötigen Umfang über; die Aufgaben übernehmende Gebietskörperschaft erhält damit das Recht, die zum Vollzug der Aufgaben erforderlichen Anordnungen auch auf dem Gebiet der Aufgaben übertragenden Gebietskörperschaft wahrzunehmen. Eine Befugnis i. S. v. Art. 8 I KommZG ist, wie sich e contrario aus Art. 11 KommZG entnehmen lässt, nicht auch das Satzungs- und Verordnungsrecht.

(3) Aufgabenübertragung mit Befugnisübergang gem. Art. 8 I KommZG, gleichzeitige Übertragung des Satzungs- oder Verordnungsrechts gem. Art. 11 I KommZG ohne Übertragung der Befugnis, die zum Vollzug der nach Art. 11 I KommZG zu erlassenden Rechtsnormen nötigen Maßnahmen zu treffen, vgl. Art. 11 II KommZG. Von Bedeutung ist in diesem Zusammenhang Art. 11 I 2 KommZG, wonach bereits geltende Satzungen und Verordnungen der Gebietskörperschaft durch Zweckvereinbarung auf das Gebiet der übrigen Beteiligten erstreckt werden können. Wie sich aus Art. 11 KommZG ausdrücklich ergibt, hängt das Normgebungs- oder Normerstreckungsrecht nicht zwangsläufig mit dem Vollzugsrecht zusammen.

(4) Aufgabenübertragung mit Befugnisübergang gem. Art. 8 I KommZG und Übertragung des Satzungs- oder Verordnungsrechts gem. Art. 11 I KommZG bei gleichzeitiger Übertragung der Befugnis, die zum Vollzug der erlassenen/übertragenen Rechtsnormen nötigen Maßnahmen zu treffen, Art. 11 II KommZG.

(5) Gemeinschaftliche Aufgabendurchführung gem. Art. 7 III, 8 III, 10 IV KommZG: Werden die Aufgaben von den Beteiligten gemeinschaftlich ausgeführt, so verbleiben die Befugnisse bei den Beteiligten, da Befugnisse nicht gemeinschaftlich ausgeübt werden können.

Beispiel: Die Gemeinde G überträgt der Nachbargemeinde N durch eine Zweckvereinbarung gem. Art. 7 II KommZG die Aufgabe, für den Unterhalt gewisser Straßen in G zu sorgen, für die G die Straßenbaulast trägt, vgl. Art. 9, 46 ff. BayStrWG. Mit der Übertragung dieser Aufgabe gehen, weil nichts Gegenteiliges vereinbart wurde, die zur Erfüllung der Aufgabe notwen- 40 digen Befugnisse über, Art. 8 I KommZG. Deswegen ist N z. B. auch befugt, bei Ausbesserungsarbeiten am Straßenkörper in G die nötigen Verkehrsschilder zur Leitung des Verkehrs aufstellen zu lassen, vgl. § 45 I 2 Nr. 1 StVO, Art. 2 Nr. 1, 3 I ZustGVerk.

41 **Beispiel:** Der Weiler W in der Gemeinde G kann über das Leitungssystem der Gemeinde G nicht mit Trinkwasser versorgt werden, da eine diesbezügliche Erweiterung der Wasserversorgungsanlage in G unrentabel wäre. Hingegen wäre eine Versorgung über die öffentliche Einrichtung zur Wasserversorgung der Nachbargemeinde N leicht und kostengünstig durchzuführen. Es soll eine Zweckvereinbarung zwischen G und N geschlossen werden, wobei beide Seiten der Ansicht sind, dass es praktischer wäre, wenn G mit der Aufgabe der Wasserversorgung und den daraus resultierenden Problemen überhaupt nichts mehr zu tun hätte, sondern alle anfallenden Angelegenheiten von N zu regeln wären. In der Zweckvereinbarung wird N die Aufgabe der Wasserversorgung für W übertragen, Art. 7 II, 8 I KommZG. Weiterhin wird gem. Art. 11 I 2 KommZG die in N vorhandene Wasserabgabesatzung sowie die Beitrags- und Gebührensatzung auf den Weiler erstreckt. Damit gilt aber zunächst nur das Ortsrecht von N in W, ohne dass es von N durchgesetzt werden könnte. Damit aber z. B. auf der Grundlage der Beitrags- und Gebührensatzung zur Wasserabgabesatzung der Gemeinde N auch Abgabebescheide für die Grundstücke in W erlassen und nötigenfalls vollstreckt werden können, muss dieses Recht ebenfalls ausdrücklich übertragen werden, Art. 11 II KommZG.

42 Hinzuweisen ist noch auf Art. 16 KommZG, der die Möglichkeit vorsieht, dass die Aufsichtsbehörde eine **Pflichtvereinbarung** anordnet. Von Interesse ist dies insbesondere dann, wenn eine Pflichtaufgabe die Leistungsfähigkeit einer Gemeinde übersteigt, diese leistungsschwache Gemeinde die Aufgabe auch in kommunaler Zusammenarbeit gem. Art. 57 III GO erfüllen will, aber keine genügend leistungsstarke Gemeinde bereit ist, freiwillig mit der leistungsschwachen Gemeinde zu kooperieren[34]. Die Anordnung der Pflichtvereinbarung ist gegenüber den betroffenen Gemeinden ein anfechtbarer Verwaltungsakt[35].

3. Zweckverband

43 Während bei der Zweckvereinbarung öffentliche Aufgaben und Befugnisse von Beteiligten auf andere Beteiligte übertragen werden, entsteht bei Bildung eines **Zweckverbands** eine neue **Körperschaft** des öffentlichen Rechts[36] (Art. 2 III KommZG) mit **Dienstherrnfähigkeit** (Art. 23 KommZG, vgl. auch Art. 1 I BayBG, § 121 Nr. 2 BRRG, § 2 BeamtStG), die durch ihre **Organe** handelt (Verbandsvorsitzender und Verbandsversammlung, Art. 29 ff. KommZG). Auch hier werden nur bestimmte Aufgaben übertragen (Art. 17 I KommZG). Die Gründung eines Zweckverbands kommt vor allem in Betracht, wenn eine Zweckvereinbarung nicht möglich oder praktikabel ist, weil die zu übertragenden Aufgaben von einer Gebietskörperschaft alleine nicht bewältigt werden könnten.

44 **Beteiligte** (Mitglieder) können die Gebietskörperschaften (Art. 17 I KommZG), die den Gebietskörperschaften Gleichstehenden (Art. 1 I 2, II KommZG), aber auch andere Körperschaften, Anstalten und Stiftungen des öffentlichen Rechts sowie natürliche und juristische Personen des Privatrechts sein (Art. 17 II, 1 I 3 KommZG).

---

[34] Vgl. Hölzl/Hien/Huber, Art. 57 GO, Erl. I.6.

[35] Vgl. Bonengel/Kitzeder, Kennzahl 41.16, Anm. 3.

[36] Genauer: Es entsteht eine sog. Verbands- oder Bundkörperschaft, weil Mitglieder der neu entstehenden Körperschaft juristische Personen sind. Der Zweckverband ist keine Gebietskörperschaft, weil es ihm an der Gebietshoheit, vgl. Art. 22 I GO, Art. 16 I LKrO, Art. 16 I BezO, fehlt. Der Zweckverband hat keine originär gebietsbezogene Kompetenz, vielmehr ist seine Kompetenz aufgabenbezogen, wobei sich erst aus dem Aufgabenbezug mittelbar ein Gebietsbezug bzgl. der Mitglieder ergibt.

Die Beteiligten müssen dem Zweckverband eine Verbandssatzung geben, die subsidiär zu den einschlägigen gesetzlichen Regelungen des KommZG die Rechtsverhältnisse des Zweckverbands regelt, vgl. Art. 19 I KommZG. Die zwingend erforderliche Vereinbarung einer Verbandssatzung geschieht dabei durch öffentlich-rechtlichen Vertrag zwischen den Beteiligten **(Gründungsvereinbarung),** Art. 18 KommZG. Dabei ist zwischen der Wirksamkeit des öffentlich-rechtlichen Vertrags gem. Art. 54 ff. BayVwVfG und der Wirksamkeit der **Verbandssatzung** zu unterscheiden[37]. Der öffentlich-rechtliche Vertrag über die Verbandssatzung setzt voraus, dass die Schriftform gem. Art. 57 BayVwVfG eingehalten ist und sämtliche Beteiligte durch ihre zuständigen Organe die Zustimmung zum Vertrag erklärt haben[38]. Die Verbandssatzung wird erst dann wirksam, wenn der Inhalt der Satzung durch die Aufsichtsbehörde (Art. 52 KommZG) genehmigt (Art. 20 KommZG) und die Verbandssatzung sowie ihre Genehmigung bekannt gemacht (Art. 21 KommZG) worden ist. Erst nach dieser Bekanntmachung entsteht der Zweckverband als Körperschaft des öffentlichen Rechts, Art. 21 I 2 KommZG. 45

Wichtigste Konsequenz seines Entstehens ist, dass der Zweckverband die in der Satzung bestimmten Aufgaben erfüllen kann und erfüllen muss; die den Zweckverband gründenden Gebietskörperschaften und die ihnen Gleichstehenden werden von der Pflicht befreit, die übertragenen Aufgaben zu erfüllen. Kraft Gesetzes gehen mit den übertragenen Aufgaben sämtliche zu ihrer Erfüllung nötigen Befugnisse über, Art. 22 I KommZG. Ebenfalls geht gem. Art. 22 II KommZG das Recht über, anstelle der Verbandsmitglieder Satzungen und Verordnungen zu erlassen und diese auch zu vollziehen. Gem. Art. 22 III KommZG kann der **Übergang** einzelner **Befugnisse,** auch der Übergang des Satzungs- und Verordnungsrechts ausgeschlossen werden. In diesem Fall bleiben sowohl das Recht zum Erlass von Satzungen und Verordnungen als auch die Befugnis, aufgrund der Satzung oder Verordnung Einzelfallmaßnahmen zu treffen, bei den beteiligten Gebietskörperschaften. Wegen dieser recht weitgehenden gesetzlichen Automatik hinsichtlich der Übertragung von mit der Aufgabe zusammenhängenden Befugnissen i. S. v. Art. 22 I, II KommZG ist es in der Praxis zwingend geboten, die vom Zweckverband wahrzunehmende Aufgabe detailliert zu beschreiben. 46

Beispiel: Die kreisangehörigen Gemeinden A, B, C, D und E gründen den X-Tal-Zweckverband und übertragen ihm die Aufgabe der Wasserversorgung und der Abwasserbeseitigung. Gem. Art. 22 I, II KommZG gehen alle zur Aufgabenbewältigung nötigen Befugnisse über, auch das Recht zum Normerlass. In der Satzung wurde nicht von der Möglichkeit Gebrauch gemacht, einzelne Befugnisse oder das Recht zum Normerlass auszuschließen. Der Zweckverband wird die nötigen Einrichtungen schaffen, des Weiteren u. a. eine Wasserabgabesatzung (WAS) und Entwässerungssatzung (EWS) erlassen, die jeweils die Benutzungsbedingungen und die Anordnung des Anschluss- und Benutzungszwangs enthalten, Art. 24 I Nr. 1, 2 GO i. V. m. Art. 22 KommZG. Er wird von diesen Stammsatzungen gesonderte (Art. 2 I 1 KAG) Beitrags- und Gebührensatzungen erlassen, nämlich eine Beitrags- und Gebührensatzung zur Wasserabgabesatzung (BGS-WAS) sowie eine solche zur Entwässerungssatzung (BGS-EWS). Auf dieser Grundlage erlässt der Zweckverband dann Beitrags- und Gebührenbescheide, die er ggf. vollstreckt, 18 ff., 23 ff. VwZVG. Diese Aufzählung ist natürlich längst nicht abschließend. 47

---

[37] Vgl. Bonengel/Kitzeder, Kennzahl 20.18.

[38] Auf gemeindlicher Seite ist zuständiges Organ nur der Gemeinderat; um eine laufende Angelegenheit i. S. v. Art. 37 I 1 Nr. 1 GO handelt es sich selbstverständlich nicht. Auch die Übertragung auf einen beschließenden Ausschuss kommt gem. Art. 32 II 2 Nr. 1 GO nicht in Betracht, da die Gründungsvereinbarung der Genehmigung gem. Art. 20 KommZG bedarf und sich diese Genehmigung auch an die Beteiligten richtet.

48 Mit dem Übergang der dargestellten Aufgaben und Befugnisse wird der Zweckverband als Körperschaft des öffentlichen Rechts verbandskompetent, die Beteiligten verlieren ihre Aufgaben und Befugnisse, so dass ein etwaiges Handeln der **Organe** der Beteiligten mangels Verbandskompetenz der Verbandsmitglieder rechtswidrig wäre. Die für den Zweckverband handelnden Hauptorgane sind gem. Art. 29 (1) KommZG die **Verbandsversammlung** und der **Verbandsvorsitzende.** Gem. Art. 29 (2) KommZG können auch ein Verbandsausschuss sowie weitere beschließende Ausschüsse installiert werden. Im Einzelnen darf bzgl. Verfassung und Verwaltung eines Zweckverbands auf die Art. 29 ff. KommZG verwiesen werden.

4. Gemeinsames Kommunalunternehmen

48a Wie der Zweckverband stellt das **gemeinsame Kommunalunternehmen** eine neue juristische Person des öffentlichen Rechts dar, allerdings nicht eine Körperschaft, sondern eine **Anstalt** des öffentlichen Rechts. Während bei einer Körperschaft die Beteiligten auch als Mitglieder bezeichnet werden, wird beim gemeinsamen Kommunalunternehmen von Anstaltsträgern gesprochen. Diesen Anstaltsträgern, also den Kommunen sowie den gemäß Art. 1 I 2, II KommZG Gleichgestellten, wird es hierdurch ermöglicht, ohne die Zwischenschaltung eines Zweckverbandes[39] in der Rechtsform des selbständigen Kommunalunternehmens zu kooperieren. Art. 50 I KommZG enthält eine Verweisung auf die für Kommunalunternehmen geltenden Vorschriften, insbesondere also die Kommunalgesetze und die Verordnung über Kommunalunternehmen (KUV). Das gemeinsame Kommunalunternehmen kann als juristische Person des öffentlichen Rechts **Dienstherr von Beamten sein,** soweit es hoheitliche Aufgaben ausübt, vgl. Art. 90 IV 1 GO. **Organe** des gemeinsamen Kommunalunternehmens sind der Vorstand, der das Unternehmen in eigener Verantwortung leitet, Art. 90 I 1 GO, und dessen Stellung weitgehend der eines Geschäftsführers einer GmbH entspricht, sowie der Verwaltungsrat, der die Geschäftsführung des Vorstands überwacht, Art. 90 II 1 GO.

48b Die Bildung eines gemeinsamen Kommunalunternehmens kann auf unterschiedliche Weise geschehen, nämlich durch Neuerrichtung eines gemeinsamen Kommunalunternehmens (Art. 49 I 1 KommZG), Beitritt von Kommunen zu einem bestehenden (ggf. gemeinsamen) Kommunalunternehmen (Art. 49 I 2 KommZG), Ausgliederung bestehender Regie- oder Eigenbetriebe in ein gemeinsames Kommunalunternehmen (Art. 49 I 4 KommZG), Verschmelzung von Kommunalunternehmen (Art. 49 II KommZG), Ablösung bzw. Umwandlung eines Zweckverbands (Art. 49 III KommZG) bzw. Umwandlung einer Kapitalgesellschaft in ein gemeinsames Kommunalunternehmen (Art. 49 IV KommZG).

48c Wiederum ist Entstehungsvoraussetzung eines gemeinsamen Kommunalunternehmens eine Satzung, nämlich eine **Unternehmenssatzung,** vgl. Art. 49 V KommZG. Der Mindestinhalt ergibt sich aus Art. 50 II KommZG. Die Vereinbarung der Beteiligten über die Inhalte der Verbandssatzung geschieht durch **öffentlich-rechtlichen Vertrag** gem. Art. 54 ff. BayVwVfG.

---

[39] Die Zwischenschaltung eines Zweckverbands zur Errichtung eines Kommunalunternehmens mehrerer Kommunen wäre allein deswegen aufwendig, weil mit doppeltem Organaufwand verbunden: Erforderlich wären für den Zweckverband Verbandsversammlung und Verbandsvorsitzender und für das Kommunalunternehmen Verwaltungsrat und Vorstand.

5. Aufsichtsfragen

Da Arbeitsgemeinschaft und Zweckvereinbarung keine neuen Rechtspersönlichkeiten darstellen, kann es auch keine besondere Aufsicht hierüber geben; Art. 51 II KommZG stellt deswegen klar, dass sich die Aufsicht über Gebietskörperschaften auch auf die ihnen durch Zweckvereinbarung übertragenen Aufgaben und Befugnisse erstreckt. Da der Zweckverband eine Körperschaft des öffentlichen Rechts und das gemeinsame Kommunalunternehmen eine Anstalt des öffentlichen Rechts sind, unterstehen sie gem. Art. 51 I KommZG der Staatsaufsicht. Die Unterscheidung zwischen Rechts- und Fachaufsicht entspricht der nach Art. 109 GO. Die dem Zweckverband übertragenen Aufgaben haben die Beteiligten vor der Übertragung im eigenen oder übertragenen Wirkungskreis wahrgenommen. An dieser Einordnung ändert sich durch die Aufgabenübertragung auf den Zweckverband nichts. Das bedeutet, dass der Zweckverband die Aufgaben ebenfalls entweder im eigenen oder übertragenen Wirkungskreis erfüllt, abhängig davon, in welchem Wirkungskreis die übertragenden Gebietskörperschaften die Aufgaben erfüllt haben. Selbstverständlich gehören zu den eigenen Aufgaben auch die der Organisation des Zweckverbands. Die Aufsichtsbehörden sind Art. 52 KommZG zu entnehmen. 49

Beispiel: Die Gemeinde A, die dem Landkreis X angehört, übernimmt durch Zweckvereinbarung die Wasserentsorgung für die Gemeinde B, die dem Landkreis Y angehört. Kommt es zu Unzuträglichkeiten hinsichtlich der Wasserentsorgung auf dem Gemeindegebiet der B, so können rechtsaufsichtliche (die Abwasserbeseitigung ist eine Pflichtaufgabe des eigenen Wirkungskreises, Art. 41b I BayWG) Maßnahmen nur vom Landratsamt X gegenüber der pflichtigen Gemeinde A ergehen, vgl. Art. 52 I 1 Nr. 3, 2 KommZG. Gegenüber der Gemeinde B sind keine Maßnahmen denkbar, weil sie durch die Aufgabenübertragung befreit wurde, Art. 8 II KommZG. Auf das Schlichtungsverfahren des Art. 53 KommZG sei hierbei hingewiesen. 50

51

IV. Übersicht 41: Kommunale Zusammenarbeit

Kommunale Zusammenarbeit					
	VGemO	KommZG			
Art der Zusammenarbeit	**Verwaltungsgemeinschaft Art. 1 ff. VGemO**	**Arbeitsgemeinschaft Art. 4 ff. KommZG**	**Zweckvereinbarung Art. 7 ff. KommZG**	**Zweckverband Art. 17 ff. KommZG**	**Gemeinsames Kommunalunternehmen Art. 49 f. KommZG**
juristische Person des öffentlichen Rechts?	Körperschaft des öffentlichen Rechts Art. 1 II 1 VGemO	nein Art. 2 II KommZG	nein Art. 2 II KommZG	Körperschaft des öffentlichen Rechts Art. 2 III KommZG	Anstalt des öffentlichen Rechts Art. 2 IV KommZG
Dienstherrnfähigkeit?	ja Art. 1 II 2, 7 I 2 VGemO	nein	nein vgl. Art. 7 IV KommZG	ja Art. 23 KommZG	ja Art. 50 I KommZG i. V. m. Art. 90 IV GO (vgl. auch Art. 50 II 2 i. V. m. Art. 23 II 2 KommZG)
eigene Organe?	• Gemeinschaftsvorsitzender • Gemeinschaftsversammlung Art. 6 I VGemO	nein vgl. Art. 4, 5 KommZG	nein vgl. Art. 7 II, III, Art. 8 KommZG	• Verbandsvorsitzender • Verbandsversammlung • ggf. Verbandsausschuss • ggf. weitere Ausschüsse Art. 29 ff. KommZG	• Vorstand • Verwaltungsrat Art. 50 I KommZG i. V. m. Art. 90 GO
Beteiligte	kreisangehörige Gemeinden Art. 1 I 1 VGemO als Mitglieder	• Gebietskörperschaften Art. 4 I 1 KommZG • Gleichgestellte Art. 1 I 2, II KommZG • Sonstige Art. 1 I 3 i. V. m. 4 I 2 KommZG	• Gebietskörperschaften Art. 7 I KommZG • Gleichgestellte Art. 1 I 2, II KommZG • Zweckverbände Art. 1 I 3 i. V. m. 7 V KommZG	• Gebietskörperschaften Art. 17 I, II KommZG • Gleichgestellte Art. 1 I 2, II KommZG • Sonstige Art. 1 I 3 i. V. m. 17 II, III KommZG als Mitglieder	• Gebietskörperschaften Art. 49 I KommZG • Gleichgestellte Art. 1 I 2, II KommZG • keine Sonstigen als Anstaltsträger
Entstehungsakt	• durch Gesetz Art. 2 III VGemO • Rechtsbehelf: Popularklage Art. 98 (4) BV, Art. 55 VfGHG • i. d. R. unfreiwillig vgl. Art. 2 I Nr. 2 VGemO	• öffentlich-rechtlicher Vertrag Art. 4 I KommZG i. V. m. Art. 54 ff. BayVwVfG • freiwillig	• öffentlich-rechtlicher Vertrag Art. 7 I KommZG i. V. m. Art. 54 ff. BayVwVfG • ggf. unfreiwillig Pflichtvereinbarung Art. 16 KommZG	• öffentlich-rechtlicher Vertrag (Art. 54 ff. BayVwVfG) + Verbandssatzung (Art. 18 ff. KommZG) • ggf. unfreiwillig Pflichtverband Art. 28 KommZG	• öffentlich-rechtlicher Vertrag (Art. 54 ff. BayVwVfG) + Unternehmenssatzung (vgl. Art. 49, 50 KommZG) • freiwillig

Stichwortverzeichnis